ତ୍ରୁଟି କେଉଁଠି ?

ତ୍ରୁଟି କେଉଁଠି ?

ରାଧାମୋହନ

ବ୍ଲାକ୍ ଇଗଲ୍ ବୁକ୍ସ
ଭୁବନେଶ୍ୱର, ଓଡ଼ିଶା

BLACK EAGLE BOOKS
Dublin, USA

BLACK EAGLE BOOKS

USA address:
7464 Wisdom Lane
Dublin, OH 43016

India address:
E/312, Trident Galaxy, Kalinga Nagar,
Bhubaneswar-751003, Odisha, India

E-mail: info@blackeaglebooks.org
Website: www.blackeaglebooks.org

First International Edition Published by
BLACK EAGLE BOOKS, 2022

TRUTI KEUNTHI
by **Radhamohan**

Copyright © Amarabati

All rights reserved. No part of this publication may be reproduced, stored in a retrieval system, or transmitted, in any form or by any means, electronic, mechanical, photocopying, recording or otherwise without the prior permission of the publisher.

Cover & Interior Design: Ezy's Publication

ISBN- 978-1-64560-286-6 (Paperback)

Printed in the United States of America

ମୁଁ ଲକ୍ଷେବର୍ଷ ବଞ୍ଚିବାକୁ ଚାହେଁ;

ତା'ହେଲେ ପୃଥିବୀରେ ଘଟିବାକୁ ଯାଉଥିବା ବିରାଟ ପରିବର୍ତ୍ତନ ସବୁ ଦେଖିପାରିବି, ଅଙ୍ଗେ ନିଭେଇପାରିବି ଏବଂ ଜଗତର ତଥା ମାନବ ଜାତିର କଲ୍ୟାଣ ପାଇଁ ମୁଁ ଯାହା ସ୍ୱପ୍ନ ଦେଖୁଛି, ସେସବୁ ସାକାର କରିପାରିବି ।

ରାଧାମୋହନ

ପ୍ରଫେସର ରାଧାମୋହନଙ୍କ ପରି ଜଣେ ସଙ୍ଗଠକ ଓ ଦୃଢସଂକଳ୍ପଚିତ୍ତ ମଣିଷ ମୁଁ ଆଉ କୋଉଠି ଦେଖିନାହିଁ। ସେ ଯଦି କୌଣସି ଜନମଙ୍ଗଳକାର୍ଯ୍ୟ କରିବାକୁ ଥରେ ନିଷ୍ପତ୍ତି ନେବେ, ତାହେଲେ ସେ କାମକୁ ସାକାର କରିବା ପାଇଁ ପ୍ରଥମେ ତା'ର ରୂପରେଖ ପ୍ରସ୍ତୁତ କରିବେ। ଯଦି ସେ କାମ ତାଙ୍କ ଛାତ୍ରମାନଙ୍କ ଦ୍ୱାରା ବା ଗାଁ ଲୋକଙ୍କ ଦ୍ୱାରା କରିବା ସମ୍ଭବ, ତେବେ ସେମାନଙ୍କୁ ଏମିତି ମତେଇ ଦେବେ ଯେ ନିଆଁରେ ପତଙ୍ଗ ଝାସ ଦେଲା ପରି ସେମାନେ ସେ କର୍ମଯଜ୍ଞରେ ପାଗଳ ହୋଇ ଝାସଦେବେ। ଆଉ ଯଦି କୌଣସି କାର୍ଯ୍ୟ ପାଇଁ ସରକାରୀ କଳର ସାହାଯ୍ୟ ଆବଶ୍ୟକ ହୁଏ, ତେବେ ସେଥିପାଇଁ ଯେତେ ଉପରସ୍ତରକୁ ଯିବାକୁ ଦରକାର ପଡ଼ିଲେ ବି ସେ ଯିବେ ଓ ସେଠାରେ ଅତି ନିର୍ଭୀକ ଭାବରେ ବଳିଷ୍ଠ ଯୁକ୍ତି ଦେଇ ସମସ୍ୟାଟିର ଉପସ୍ଥାପନ କରିବେ ଓ କାମଟି ଅତ୍ୟନ୍ତ ସଫଳତାର ସହିତ ସମ୍ପୂର୍ଣ୍ଣ କରି ଦେଖାଇଦେବେ। କୌଣସି କାମକୁ ଅସମ୍ଭବ ମନେକରିବା, ସାଲିସ୍ କରିବା କିମ୍ବା ପଛଘୁଞ୍ଚା ଦେବା ତାଙ୍କ ସମ୍ବିଧାନରେ ନଥିଲା।

ବିଜୟ ରାମ ଦାସ

ମୁଖବନ୍ଧ

ଦିବ୍ୟାନୁଭୂତି

ସ୍ତମ୍ଭକାରଙ୍କର ବ୍ୟକ୍ତିତ୍ୱ, ପରିଚୟ, ରଚିତ ସ୍ତମ୍ଭରେ ପ୍ରତିବିମ୍ବିତ ହୋଇଥାଏ, ସେଥିରେ ତାଙ୍କର ବାର୍ତ୍ତାଥାଏ। ତାହା ଅଧିକ ବୋଧଗମ୍ୟ ତଥା ସ୍ପୃହଣୀୟ ଓ ଗ୍ରହଣୀୟ ହୁଏ, ଯଦି ସ୍ତମ୍ଭକାରଙ୍କ କାର୍ଯ୍ୟଶୈଳୀ ଓ ଦେଇଥିବା ବାର୍ତ୍ତା ଭିତରେ ଦୃଢନିବିଡ ଆନ୍ତରିକତା ଥାଏ। ଏକ ସରଳ ଅନ୍ତରଙ୍ଗତା ଥାଏ। ବାର୍ତ୍ତାରେ ଥିବା ସଂକଳ୍ପର ପ୍ରତିଫଳନ ଘଟିଥାଏ। ଅନୁଗାମୀ ବା ପାଠକଗଣ ସେହି ସଂକଳ୍ପର ବାହକ ହୋଇଥାନ୍ତି। ପ୍ରଫେସର ରାଧାମୋହନଙ୍କର ବିଭିନ୍ନ ସଂବାଦପତ୍ରରେ ପ୍ରକାଶିତ ସ୍ତମ୍ଭ ପାଠ କରିବାରେ ମୋର ଯେପରି ଗଭୀର ଆଗ୍ରହ ଥିଲା, ସେଥିଭିତରେ ଥିବା ବାର୍ତ୍ତା ଅନ୍ୱେଷଣରେ ଥିଲା ତତୋଧିକ ଉତ୍ସାହ । ତାଙ୍କ ସହ ଯେତୋଟି ମୁହୂର୍ତ୍ତ କଟାଇଛି, ତା'ଠାରୁ ଅଧିକ ତାଙ୍କ ଲେଖା ସହିତ ଅନ୍ତରଙ୍ଗ ହୋଇଛି।

ଦୂରରୁ ହେଉ ବା ପାଖରୁ ହେଉ, ଲକ୍ଷ୍ୟ କଲେ ପ୍ରଫେସରଙ୍କ ସରଳ ଜୀବନଶୈଳୀ ଓ ସ୍ୱଚ୍ଛ ବାର୍ତ୍ତା ପରିପୂରକ ବୋଧ ହୋଇଥାଏ। ରାଜ୍ୟ ସଚିବାଳୟର କାର୍ଯ୍ୟରତ ପ୍ରଶାସକ, ବିଶ୍ୱବିଦ୍ୟାଳୟର ଜାତୀୟ ସେବାସଂସ୍ଥାର ସଂଯୋଜକ, ଶ୍ରେଣୀଗୃହରେ ଅଧ୍ୟାପନାରତ ଅଧ୍ୟାପକ, ଛାତ୍ର, ଛାତ୍ରୀଙ୍କୁ ନେଇ ଗାଁ ଗାଁରେ ଜାତୀୟ ସେବା ଶିବିରରେ କାର୍ଯ୍ୟରତ ସହଯାତ୍ରୀ, ବିଭିନ୍ନ ସଭାରେ ଓଜସ୍ୱିନୀ ବକ୍ତୃତାରେ ଶ୍ରୋତାଙ୍କୁ ବାନ୍ଧି ରଖିଥିବା ବକ୍ତା, ଏସବୁ ଭିତରେ ବ୍ୟକ୍ତିତ୍ୱ ଏକ ହିଁ ମନେହୁଏ। କୌଣସି ଛଳନା, ଭିନ୍ନତା ପରିଲକ୍ଷିତ ହୁଏ ନାହିଁ।

ତାଙ୍କର ସମସ୍ତ ଲେଖା ଜୀବନାନୁଭୂତିର ଗୋଟିଏଗୋଟିଏ ଅଂଶବିଶେଷ। କାର୍ଯ୍ୟାନୁଭୂତି, ଶିକ୍ଷାନୁଭୂତିରେ ପରିବେଷ୍ଟିତ ଶବ୍ଦ ପଂକ୍ତିଗୁଡିକ ଗାମ୍ଭୀରତା, ସଂକଳ୍ପ ଓ ଅଭିମର୍ଶତାରେ ଭରପୁର। ସେଥିରେ ସମାଲୋଚନା ନଥାଏ, ଅନ୍ୱେଷଣ ଥାଏ। ସିଦ୍ଧାନ୍ତର ସ୍ୱଚ୍ଛ ପଥ ଦେଖାଯାଏ। ଏଇ ଯେମିତି 'ତ୍ରୁଟି କେଉଁଠି ?' ଲେଖାଟିରେ ପ୍ରଫେସର

ଉନ୍ମୋଚନ କରିଛନ୍ତି, ଅଭିଜ୍ଞତାର ଏକ ଧାରା। 'ତିନିଦିନିଆ ଶିବିର କାଳରେ ଛାତ୍ରମାନଙ୍କର କର୍ତ୍ତବ୍ୟପରାୟଣତା, ନିଷ୍ଠା ଓ ଆତ୍ମତୃପ୍ତିକୁ ପରଖିଛନ୍ତି। ବର୍ଷକୁ ଥରେ କ୍ୟାମ୍ପ ପାଇଁ ସରକାର ପଇସା ଦେଉଛି, ଆମେ କିନ୍ତୁ ନିଜେ ରୋଜଗାର କରି ଆଉ ଦୁଇତିନିଟା ଶିବିର କରିବୁ, ଟ୍ୟୁସନ୍ କରି। ପିଲାଙ୍କ ଏହି ପ୍ରସ୍ତାବ ଭିତରେ ସେ ଆତ୍ମହରା ହୋଇଯାଇଛନ୍ତି। କି ସଫଳ ପରୀକ୍ଷଣ ସତରେ! କାରଣ ଦିନେ ସେଇ ପିଲାଙ୍କର ବଦନାମ ଥିଲା ଯେ ଜାତୀୟ ସେବା ଯୋଜନାର ଖରାଦିନିଆ ଶିବିରରେ ଦୈନିକ କାହିଁକି ମାଛମାଂସ ଦିଆଗଲାନି ବୋଲି କ୍ୟାମ୍ପ ଶେଷଦିନ କୂଅରେ ଦରି, ପେଟ୍ରୋମାକ୍ସ ପକାଇଥିଲେ। ସ୍ତମ୍ଭକାର କାହାକୁ ନିନ୍ଦା କରିନାହାନ୍ତି, ସମାଲୋଚନା କରି ନାହାନ୍ତି, କେବଳ ପ୍ରଶ୍ନ ମାଧ୍ୟମରେ ସଂଗଠକଙ୍କ ଭିତରେ ଥିବା ତ୍ରୁଟି ଅନ୍ୱେଷଣ କରିଛନ୍ତି।

ମହାକାଳ କରୋନାରେ ଦାଣ୍ଡଦୁଆର କବାଟ ବନ୍ଦ। ହେଲେ ମୁକ୍ତ ଥିଲା ଅଧ୍ୟାପକ ରାଧାମୋହନଙ୍କ କାଗଜ-କଲମ, ଏବଂ ନିଜ ଭିତରେ ଥିବା 'ଚିନ୍ତନ' ର ରୁଦ୍ଧଦ୍ୱାର। ଅତି ଆକୁଳିତ ହୃଦୟ ଦେଇ ସେ ଲେଖିଛନ୍ତି କରୋନାକାଳରେ ବିଶ୍ୱ ଅର୍ଥନୀତିରେ ଗରିବଙ୍କ ସର୍ବନାଶ ଓ ଧନବନ୍ତଙ୍କ ପୁଷ ମାସ, ଆଉ ତା'ରି ଭିତରେ ନିବେଦନଟିଏ କରିଛନ୍ତି। 'ଜାଣେ, ଯେତେ ଉଚ୍ଚରେ ପାଟିକଲେ ମଧ୍ୟ ତୁମେମାନେ ଏତେ ଊର୍ଦ୍ଧ୍ୱରେ ଅଛ ଯେ ଶୁଭିବ ନାହିଁ। ତଥାପି କହୁଛି ହେ ତିମି, ତିମିଙ୍ଗଳମାନେ ଆଉ ଶରୀରର ମେଦବୃଦ୍ଧି କର ନାହିଁ, ତାହା କାହାପାଇଁ ଶୁଭଙ୍କର ହେବନାହିଁ। ପୃଥିବୀମାତା ପାଇଁ ମଧ୍ୟ ନୁହେଁ।'

ସେ ଥିଲେ ଶାନ୍ତି ମୈତ୍ରୀର ବାର୍ତ୍ତାବହ। ମମତାଭରା ମାଟିର ସନ୍ଧାନୀ। ତଥାପି ଶାସକଙ୍କର ଛଳନାଭରା ପ୍ରତାରଣା ପୂର୍ଣ୍ଣ ବକ୍ତବ୍ୟରେ ସେ ଦେଖିଥିଲେ "ଦେଶରେ ଦି' ପଇସା ହେଇ ବିଦେଶୀ ମୁଦ୍ରାପାଣ୍ଠି କ୍ରମାଗତ ବଢ଼ିଲା ଏସବୁ ସହ ଆମର ଚରିତ୍ର ବଦଳିଗଲା। ଏବେ ଶାନ୍ତି କଥା କହୁନୁ, ଅସ୍ତ୍ର ପ୍ରତିଯୋଗୀତାରୁ ନିବୃତ୍ତ ହେବାକୁ କହିଥାଉ। ପ୍ରକୃତରେ ଶାନ୍ତି ଆମ ମୁହଁରେ ଥାଏ, ହୃଦୟରେ ନଥାଏ। ଏପରି ଏକ କଠୋର ବାର୍ତ୍ତା କେବଳ ସେ ହିଁ ଦେଇପାରିବେ, ଯିଏ ନିରନ୍ତର ମଣିଷକୁ ଭଲପାଆନ୍ତି। ବିଶ୍ୱମାତୃକାକୁ ଭଲ ପା'ନ୍ତି। ମମତାଭରା ପୃଥିବୀ ଅନ୍ୱେଷଣରେ ଅହରହ ଚିନ୍ତାରେ ମଗ୍ନ ଥାନ୍ତି। ସେ ଆଉ କେହି ନୁହନ୍ତି 'ମାଟି ମମତାର ହୃଦୟଭରା ମଣିଷ ଅଧ୍ୟାପକ ରାଧାମୋହନ।'

ତାଙ୍କର ସମସ୍ତ ପ୍ରବନ୍ଧ ହେଉ ଅବା ସ୍ତମ୍ଭ ହେଉ ସବୁଥିରେ ଭରିଥିଲା ମମତା। ଶ୍ରଦ୍ଧାଭରା ମଣିଷ ପାଇଁ ଏକ ଉଦାର ଆହ୍ୱାନ। ସମ୍ଭବ ତାଙ୍କର ପରିଚୟ ନୁହେଁ, ତାଙ୍କର ପ୍ରାଣ - କର୍କଶ ଟାଙ୍ଗର ଭୂଇଁକୁ ଶ୍ୟାମଳିମାରେ ଭରି ଦେଇଥିବା ହାତ। ସେଥିରେ ପ୍ରାଣ ସଞ୍ଚାର କରିଥିବା ବିଚାର, ଅସମ୍ଭବକୁ ସମ୍ଭବରେ ପରିଣତ କରିଥିବା ଏକ ମାଟି ବୈକୁଣ୍ଠ। ଏକ ଆହ୍ୱାନ।

ସେ ଦେଖୁଥିଲେ, ଲେଖୁଥିଲେ। ସେ ସମ୍ଭାବନାରେ କଥା କହୁଥିଲେ। 'ସମ୍ଭାବନା'କୁ ଆଗରେ ତୋଳି ଧରୁଥିଲେ। ଯାହା ଦିନେ ସମ୍ଭବ ହେବ ବୋଲି କେହି ଭାବୁ ନଥିଲେ, ସେ କରି ଦେଖାଉଥିଲେ। ଅନେକ ଜାତିର, ଅନେକ ଧର୍ମର ଗଛ ତାଙ୍କ ହାତଗଢା ଜଙ୍ଗଲରେ ଖୁସିରେ ବଞ୍ଚିବାର ପ୍ରତିଯୋଗିତା କରୁଛନ୍ତି। ପାଣିମୁନ୍ଦାଏ ଦେବାପାଇଁ କଣାମାଠିଆ ଗଛମୂଳେ ରଖି ସେଥିରେ ପାଣି ଢଳା ଯାଉଛି, ଗୋ ମୂତ୍ର ଢଳାଯାଉଛି। ଧନ୍ୟ ମଣିଷ ! ଧନ୍ୟ ତମ ବୁଦ୍ଧି କୌଶଳ- ଘୋଷଣା କରୁଛି ସମ୍ଭାବନାରେ ପ୍ରତ୍ୟେକଟି ବୃକ୍ଷଲତା ।

ନୟାଗଡର ଅନତିଦୂରରେ ତାଙ୍କ ହାତଗଢା ଜଙ୍ଗଲ ଭିତରେ ବୁଲୁ ବୁଲୁ ସେ କହି ଚାଲିଥାନ୍ତି ମୁଁ ଶୁଣୁଥାଏ। "ଗଛ ନିଜ ନିଜ ଭିତରେ ଭାବର ଆଦାନପ୍ରଦାନ କରନ୍ତି, ପରସ୍ପର ଭିତରେ ଶତ୍ରୁତା ଅଛି ଓ ମିତ୍ରତା ଅଛି। ସେ ସବୁ ନପରଖି ଯେତେ ସବୁ ଯୋଜନା ହେଉଛି, ସେଥିରୁ ପୂର୍ଣ୍ଣ ସଫଳତା ଆଶା କରିବା ଠିକ୍ ନୁହେଁ।"

ମହାକାଳ କରୋନା ସମୟରେ ମା' ମାଟିର ପ୍ରିୟ ରାଧାମୋହନ ଅଜ୍ଞାତବାସକୁ ଚାଲିଗଲେ। କିଛିଦିନ ପୂର୍ବରୁ ପଦ୍ମ ପୁରସ୍କାରରେ ମଣ୍ଡିତ ହୋଇଥିଲେ। ସେ ପୁରସ୍କାର ତାଙ୍କୁ କେତେ ତୃପ୍ତି ବା ସନ୍ତୋଷ ଦେଇଥିଲା ଜାଣେ ନାହିଁ, କାରଣ ଫୋନଟିଏ କରି କହିବାକୁ ସାହାସ ଜୁଟାଇ ପାରି ନଥିଲି। ମୋ ବିଚାରରେ ସେ ଥିଲେ ଏହିଠାରୁ ବହୁ ଊର୍ଦ୍ଧ୍ୱରେ। ମାଟି ମନସ୍କ, ସମସ୍ତ ଜୀବଜଗତକୁ ଭଲ ପାଉଥିବା ଧର୍ମାତ୍ମା ବୃକ୍ଷଙ୍କ ସହ ଶାନ୍ତି ସହବସ୍ଥାନର ସମ୍ଭାବନା ସୃଷ୍ଟି କରିଥିବା ବ୍ୟକ୍ତି।

ସେ ଦିବଂଗତ। ଆଜି ନାହାନ୍ତି। ତାଙ୍କ ଲେଖା ସମସ୍ତ ସ୍ତମ୍ଭ-ପ୍ରବନ୍ଧ ଭିତରୁ କିଛି ସଜାଡି ପଢିବାବେଳେ ମନେହେଲା ଏହାରି ଭିତରେ ସେ ବଂଚିଛନ୍ତି ଅତ୍ୟନ୍ତ ଜୀବନ୍ତ ଭାବେ। ସବୁ କିଛି ଯେ ସମ୍ଭବ, କଥାରେ ନୁହେଁ କାର୍ଯ୍ୟରେ ଦେଖାଇଛନ୍ତି ଓ ସେଥିରୁ ସାଉଁଟା ଅନୁଭୂତି ଉତ୍ତରପୀଢ଼ିପାଇଁ ସାଇତି ନଥିଛନ୍ତି। ତାଙ୍କ ଅନୁଭୂତି ବାଣ୍ଟିଛନ୍ତି, ଛଳନା ବା କଳ୍ପନା ନୁହେଁ। ମଣିଷ ସୃଷ୍ଟି କରିପାରିବାର ସମ୍ଭାବନାର ବାର୍ତ୍ତା ବାଣ୍ଟିଛନ୍ତି।

ମତେ କୁହାଯାଇଥିଲା ଛୋଟ ମୁଖବନ୍ଧଟିଏ ସଜାଡ଼ିବା ପାଇଁ। କେତେ ଅବା ଛୋଟ କରିଥାନ୍ତି ? ତାଙ୍କର ଜଣେ ଗୁଣଗ୍ରାହୀ ପାଠକ ଓ ବିଚାରରେ ସମଭାବାଲମ୍ବୀ। ସ୍ୱପ୍ନ ନୁହେଁ, 'ସମ୍ଭବ'ର ଗହଳ ଭିତରେ ଆଲୋକର ପଥ ଦେଖିପାରିଛି। ସମସ୍ତେ ଦେଖନ୍ତୁ, ଆତ୍ମା ଓ ଆତ୍ମୀୟତାକୁ ଯୋଡନ୍ତୁ। ଏହାହିଁ ଏ ପୁସ୍ତକଟିର ସର୍ବଶ୍ରେଷ୍ଠ ଉଦ୍ଦେଶ୍ୟ ବୋଲି ବିଚାର ହେଉ ।

ପଞ୍ଚାନନ କାନୁନ୍‌ଗୋ

ସୂଚିପତ୍ର

ତ୍ରୁଟି କେଉଁଠି ?	୧୭
ଆମେ ସର୍ବୋତ୍ତମ	୨୨
ସବୁ କୁକୁର ଯଦି ଗଙ୍ଗାସ୍ନାନ କରିବାକୁ ଯିବେ ତେବେ...	୨୭
ଧୈର୍ଯ୍ୟର ବନ୍ଧ ଭାଙ୍ଗିବା ପୂର୍ବରୁ	୩୨
ଏବେ ବାଡ଼ ଭାଙ୍ଗିବାର ବେଳ	୩୬
ନାଚାର ଭଗବାନ୍ !	୪୧
ରାଜକୀୟ କରୋନା ଓ ଗାନ୍ଧୀ	୪୬
ପକ୍ଷୀଠୁ ହୀନ	୫୦
ଛୋଟ ଛୋଟ କାମ	୫୫
ଆମ ଟଙ୍କା ଛୁଆଁ, କିନ୍ତୁ...	୬୦
ଜୀବନର ଶେଷଦିନ	୬୪
ଘାଟି ତଳେ ଭାଟି	୬୯
ଆଖି ଥାଉ ଥାଉ ଅନ୍ଧ କିଏ...	୭୩
ସରକାର, ଆମର ଶାନ୍ତି ଦରକାର	୭୬
ଆମେ ଫେଲ୍ ନାଁ ଗାନ୍ଧୀବୁଢ଼ା ଫେଲ୍	୮୦
ଆମେ ଅଇଲୁ... ହୋ	୯୦
କରୋନା ବିପତ୍ତି ଓ ବିଶ୍ୱ ଅର୍ଥନୀତି: ଗରିବଙ୍କ ସର୍ବନାଶ, ଧନବନ୍ତଙ୍କ ପୁଷମାସ	୯୪
ଆମେ କ'ଣ ସର୍ବୋତ୍ତମ ?	୯୯
କେତେଜଣ ମହିଳାଙ୍କ କାହାଣୀ	୧୦୨
ଆମ ଡର: ଆଶଙ୍କାରେ ଗଣତନ୍ତ୍ର	୧୧୦
ଅର୍ଥଶାସ୍ତ୍ରୀଙ୍କ ନୀତି ବିଶ୍ୱ ପାଇଁ ବିପଦ	୧୧୪
ଛୋଟ ଛୋଟ କଥା: ୧	୧୧୮
ଛୋଟଛୋଟ କଥା: ୨	୧୨୨
ଘୋଷଣାନାମା	୧୨୫

ମାଠିଆ ଫମ୍ପା ନୁହେଁ	୧୨୯
କୃତଜ୍ଞ ସମାଜ	୧୩୩
ପ୍ରଥମ ଦେଖାରେ ପ୍ରେମ	୧୩୭
ନୂଆଗାଁ କାହାଣୀ	୧୪୨
ଶିକ୍ଷାରେ ପରୀକ୍ଷା	୧୪୭
ଜରୁରୀ ପରିସ୍ଥିତି ଓ ଆମର ଅର୍ଥନୀତି	୧୫୭
ବିକାଶଶୀଳ ରାଷ୍ଟ୍ରରେ ଶ୍ରମିକ ସଂସ୍ଥାର ସ୍ଥାନ	୧୬୦
ଅନୁନ୍ନତ ରାଷ୍ଟ୍ରର ମୁଦ୍ରାସ୍ଫୀତି	୧୬୪
ଦୁଇଟି ସନ୍ତାନ ଯଥେଷ୍ଟ	୧୭୩
ଗୀତା ରଚନା ପଛରେ ରହିଛି	
ପରଭୋଜୀମାନଙ୍କର ମନ୍ଦ ଉଦ୍ଦେଶ୍ୟ	୧୮୧
ରୋଟି କପଡ଼ା ଓ ମକାନ	୧୮୭
ଅଦମ୍ୟ ସୁଭାଷ	୧୯୧
ବଳଦର ବ୍ରହ୍ମଚର୍ଯ୍ୟ	୧୯୭
ହେ ଭାରତର ଦିବ୍ୟ ସନ୍ତାନ!	୨୦୨
ଧର୍ମ ଓ କର୍ମ	୨୦୭
ସହଜ ଧର୍ମ	୨୧୦
ଅଡ଼େଇ ହଜାର ବର୍ଷ ତଳର ଜଣେ ଝିଅର କାହାଣୀ	୨୧୪
ଚା' ପ୍ଲେଟ୍‌ଟି ଭାଙ୍ଗିଦେଲି ବୋଲି...	୨୧୮
ଶାସ୍ତ୍ର ଓ ଶାସ୍ତ୍ରୀଗଣ	୨୨୩
ନୀରବ ଭଗବାନ	୨୨୭
ସାଧୁଙ୍କ ସ୍ୱୟୟର ପ୍ରସ୍ତାବ	୨୩୧
ସ୍ୱୟୟର ପ୍ରସ୍ତାବ ଓ ସମୂହ ବିବାହ	୨୩୫
ମହିଳାଙ୍କ ଜଞ୍ଜାଳ ଓ ବାମାବାଦୀ ବିଚାର	୨୩୯
ସଫେଇ କର୍ମୀ ଆବଶ୍ୟକ	୨୪୪
ବେଦ, ପୁରାଣ ଓ ସଂହିତାରେ ଅପମିଶ୍ରଣ	୨୪୮
ଅଳିଆ ପ୍ରକ୍ଷେପର ପରିଷ୍କରଣ ଜରୁରୀ	୨୫୩
ସବୁ ଶେଷ ହୋଇଯିବା ପରେ	୨୫୮

ଧନ୍ୟବାଦ

ରାଧାମୋହନ ଥିଲେ ଏ କଥାଟି ଅତ୍ୟନ୍ତ ଶ୍ରଦ୍ଧାର ସହ ହୁଏତ ଲେଖିଥାନ୍ତେ- ଯେଉଁମାନେ ଏ ଚମତ୍କାର ବହିଟି ବାହାର କରିବାକୁ ଅଶେଷ ପରିଶ୍ରମ କରିଛନ୍ତି ଓ ଯେଉଁସବୁ ଖବରକାଗଜ ବା ପତ୍ରପତ୍ରିକାମାନେ ଏହି ଲେଖାମାନ ପ୍ରକାଶ କରି ଅନେକଙ୍କ ପାଇଁ ପଢ଼ିବାର ଓ ଚିନ୍ତା କରିବାର ସୁଯୋଗ ସୃଷ୍ଟି କରିଛନ୍ତି, ସେମାନଙ୍କୁ ଏହି ସଂକଳନ ମାଧ୍ୟମରେ ଅଶେଷ ଧନ୍ୟବାଦ।

ତ୍ରୁଟି କେଉଁଠି ?

ସରକାର କାହିଁକି ତିନିବର୍ଷ ନପୂରୁଣୁ ଏପରିକି ଦୁଇ ବର୍ଷ ବା ଏକ ବର୍ଷ ପୂର୍ତ୍ତି ପୂର୍ବରୁ ଗୋଟିଏ କଲେଜରୁ ଆଉ ଗୋଟିଏ କଲେଜକୁ ବଦଳି କରୁଥିଲେ ସେ ସବୁର କାରଣ ମୋତେ ଜଣାନଥିଲା; ତେବେ ମୋର କିନ୍ତୁ ଲାଭ ହେଉଥିଲା । ପ୍ରଥମ କଥା, ଯେମିତି ପୋଖରୀ ତୁଠ ପାହାଚ ପଥରରେ ଶିଉଳି ଲାଗେ, କିନ୍ତୁ ଗଡ଼ିଗଡ଼ି ଯାଉଥିବା ପଥରରେ ଶିଉଳି ଲାଗେ ନାହିଁ ସେପରି ମୋର ଦେହରେ ଶିଉଳି ବା ଦୋଷ ଲାଗୁନଥିଲା ଓ ଦ୍ୱିତୀୟରେ ପ୍ରତ୍ୟେକ ନୂଆନୂଆ ଜାଗାରେ ବିଭିନ୍ନ ପରିସ୍ଥିତିରୁ ଆସିଥିବା ଛାତ୍ରଛାତ୍ରୀ ଓ ସ୍ଥାନୀୟ ଲୋକଙ୍କ ସହ ମିଶିବାର ଚମତ୍କାର ଅନୁଭୂତି ହେଉଥିଲା । ସେଇ ଅନୁଭୂତିରୁ ଗୋଟିଏ ନିମ୍ନରେ ପଢ଼ିବା । ଢେଙ୍କାନାଳ କଲେଜ ଏକମାତ୍ର କଲେଜ ଯେଉଁଠି ତିନିବର୍ଷରୁ ଅଧିକ ରହିଥିଲି, ଶିଉଳି ଲାଗିବା ପୂର୍ବରୁ ସୌଭାଗ୍ୟବଶତଃ ବ୍ରହ୍ମପୁରସ୍ଥିତ ଖଲ୍ଲିକୋଟ କଲେଜକୁ ବଦଳି ହେଲା । ସେଠାରେ ମୋର ଯୋଗ ଦେଲାବେଳକୁ କଲେଜର ପରିସ୍ଥିତିରେ ବହୁତ ସୁଧାର ଆସିଯାଇଥିଲା । ଆଗରୁ ଉଭୟ ଖଲ୍ଲିକୋଟ କଲେଜ ଓ ବ୍ରହ୍ମପୁର ବିଶ୍ୱବିଦ୍ୟାଳୟରେ ଏକ ପ୍ରକାର ଅରାଜକତା ଥିଲା । ସୁଚାରୁରୂପେ ପରୀକ୍ଷା ପରିଚାଳନା ଏକ ପ୍ରକାର ଅସମ୍ଭବ ଥିଲା । ପରିସ୍ଥିତିରେ ପରିବର୍ତ୍ତନ ଦେଖି ଆଶ୍ୱସ୍ତ ହେଲି । କେତେଜଣ ସହକର୍ମୀ କିନ୍ତୁ ମୋତେ କହିଲେ- 'ଢେଙ୍କାନାଳ କଲେଜ ପିଲାଙ୍କୁ ନେଇ ସେଠାରେ ଯେତେ କାମ କରାଇପାରିଛନ୍ତି, ଏଇଠି ତାହା ସମ୍ଭବ ନୁହେଁ । ଅଳ୍ପଦିନ ତଳେ, ଗୋଟିଏ ଜାତୀୟ ସେବା ଯୋଜନା ଶିବିରରେ କାହିଁକି ଦୈନନ୍ଦିନ ମାଛ, ମାଂସ ହେଲାନି ବୋଲି କ୍ୟାମ୍ପ ଶେଷ ଦିନ ପିଲାମାନେ ସାଙ୍ଗରେ ନେଇଥିବା ଦରି ଓ ପେଟ୍ରୋମାକ୍ସ ଲାଇଟକୁ କୂଅରେ ପକେଇଦେଲେ ।' ପ୍ରକୃତରେ ଇଏ ଗୋଟେ ମୋ ପାଇଁ ଆହ୍ୱାନ ଥିଲା ।

କିଛିଦିନ ପରେ ପିଲାଙ୍କୁ ଗୋଟେ ପ୍ରସ୍ତାବ ଦେଲି । ଆମେ କଲେଜରେ

କ୍ଲାସରେ ଯାହା ପଢୁଛେ ତାହା ସବୁ କିଛି ନୁହେଁ, ଯଦିଓ ଆମେ ଅଧିକାଂଶ ପିଲା ଗାଁରୁ ଆସିଛେ। ତେବେ ଏଇ ଆସୁଥିବା ଦୋଲ ଛୁଟିରେ ଗୋଟେ ଜାଗାରେ ବସ୍‌ରୁ ଓହ୍ଲେଇ ଗାଁକୁ ଗାଁ ଯିବା। ଗାଁରେ ରହିବା, ଯାହା ମିଳିଲା ଖାଇବା। ଲୋକଙ୍କ ସହ ରାତିରେ ଗାଁର ଓ ସାଧାରଣ ଲୋକଙ୍କର ସମସ୍ୟାଗୁଡ଼ିକ ବିଷୟରେ ଆଲୋଚନା କରିବା ଓ ସେମାନେ କ'ଣ ସମାଧାନର ବାଟ କହୁଛନ୍ତି ଶୁଣିବା। ଗୋଟେ ଗାଁରୁ ଅନ୍ୟ ଗାଁକୁ ଚାଲିଲାବେଳେ କୌଣସି ଏକ ସ୍ଥାନୀୟ ଜାତୀୟ ବା ଅନ୍ତର୍ଜାତୀୟ ବିଷୟରେ ଆଲୋଚନା କରିବା। ଚାଲିଚାଲି ହାଲିଆହେଲେ ଆମ୍ବ ତୋଟା ଦେଖି କିଛି ସମୟ ବିଶ୍ରାମ ନେବା। ବିଶ୍ରାମ ନେଲାବେଳେ ମଧ୍ୟ କିଛି ଚଳନ୍ତି ବିଷୟ ବା ଗାଁ ଲୋକଙ୍କଠାରୁ ଯାହା ଜ୍ଞାନ ପାଇଛେ ସେ ବିଷୟରେ ଆଲୋଚନା କରିବା। ପାଖରେ ଜରୁରୀ ଖାଦ୍ୟ ହିସାବରେ ନିଜନିଜର ପସନ୍ଦ ଅନୁଯାୟୀ ମୁଢ଼ି, ବିସ୍କୁଟ, ମୁଢ଼ୁକୁ ଇତ୍ୟାଦି ଧରିବା ଓ ଚଳିବା ପାଇଁ ବେଡସିଟ୍ ଚଦର ସାଙ୍ଗରେ ନେବା। ଏସବୁ ପାଇଁ କିଛି ପଇସା କଉଡ଼ିର ବ୍ୟବସ୍ଥା ନାହିଁ। ତେଣୁ ଗସ୍ତ ଖର୍ଚ୍ଚ ଓ ଆଉ ଛୋଟମୋଟ କିଣାକିଣି ପାଇଁ କିଛି ପଇସା ଧରିଥିବା। ଏ ପ୍ରସ୍ତାବଟି ମୁଁ ପଢ଼ାଉଥିବା ଅର୍ଥଶାସ୍ତ୍ର ବିଭାଗର ପିଲାଙ୍କୁ ଦେଲି ଓ ଆଶା କରିଥିଲି ଅତି ବେଶିରେ ପାଞ୍ଚଦଶ ଜଣ ପିଲା ବାହାରିବେ। ପିଲାମାନେ ତାଙ୍କ ସାଙ୍ଗମାନଙ୍କୁ କହିଲେ ଏବଂ ବିଜ୍ଞାନ ଓ ବାଣିଜ୍ୟ ବିଭାଗର ମିଶି ଚାଳିଶଜଣ ଛାତ୍ର ବାହାରିଲେ। ସାଙ୍ଗରେ ଦୁଇଜଣ ଅଧ୍ୟାପକ ମଧ୍ୟ ବାହାରିଲେ। ପୂର୍ବରୁ ଖଲ୍ଲିକୋଟ କଲେଜ ପିଲାଙ୍କ ବିଷୟରେ ଯାହା ଟିପ୍ପଣୀ ଶୁଣିଥିଲି ସେ ଦୃଷ୍ଟିରୁ ଏଥିରେ ଆଶ୍ଚର୍ଯ୍ୟ ହେଲି ଓ ଖୁସି ମଧ୍ୟ ହେଲି।

ଦୋଳ ଛୁଟି ପୂର୍ବଦିନ ପଢ଼ାସାରି ଅପରାହ୍ନରେ ବ୍ରହ୍ମପୁର ବସ୍‌ଷ୍ଟାଣ୍ଡରୁ ଚାଳିଶ ପିଲା ଓ ଆମେ ତିନିଜଣ ଅଧ୍ୟାପକ ବସ୍‌ରେ ବାହାରିଲୁ। ସାଙ୍ଗରେ ଦୁଇଟି ସାଇକଲ୍ ଥାଏ। ଦିଗପହଣ୍ଡି ପୂର୍ବରୁ ଗୋକର୍ଣ୍ଣପୁରରେ ଓହ୍ଲେଇ ନରସିଂହପୁରରେ ସନ୍ଧ୍ୟା ସୁଦ୍ଧା ପହଞ୍ଚିଗଲୁ। ଖଲ୍ଲିକୋଟ କଲେଜରୁ ପିଲା ଓ ସାର୍‌ମାନେ ଆସିଛନ୍ତି ଓ ତାଙ୍କ ଗାଁରେ ପ୍ରଥମେ ରହିବେ- ଏ କଥା ଶୁଣି ଗାଁରେ ବେଶ୍ କୌତୂହଳ ଜାତ ହେଲା। ସନ୍ଧ୍ୟାରେ ନିତ୍ୟକର୍ମ ସାରି ଲୋକଙ୍କ ସହ ବସିଲୁ। ଜହ୍ନରାତି, ସଭା କିଛି ସମୟ ଚାଲିଲା। ଆଜିପରି ସେତେବେଳେ ମଧ୍ୟ ଦୁର୍ନୀତି ଓ ସରକାରୀ କଳରେ ଉଦାସୀନତା ବିଷୟରେ ଅଧିକାଂଶ ମତ ଦେଲେ। ସଭା ଶେଷ ବେଳକୁ ଗାଁ ତରଫରୁ ଖାଇବା ବ୍ୟବସ୍ଥା ହୋଇଯାଇଥିଲା।

ଗଞ୍ଜାମର ଅନେକ ଅଞ୍ଚଳରେ ଖରାଦିନେ ଧାନ ଚାଉଳ ଗାଁ ଦାଣ୍ଡରେ ଖଣି ଖୋଳି ରଖାଯାଇଥାଏ। ବର୍ଷା ଆରମ୍ଭରେ ବାହାର କରାଯାଏ। ଗାଁଲୋକେ ଅନେକ

ସମୟରେ ସେଥିରେ ବାସନକୁସନ ମଧ୍ୟ ରଖିଥାନ୍ତି। ଏସବୁ ଖରାଦିନର ଘରପୋଡ଼ିରୁ ରକ୍ଷା ପାଇବା ପାଇଁ କରାଯାଇଥାଏ ବୋଲି ଶୁଣିଲି। ଖଣିର ଉପରିଭାଗ ସମତଳ ଥାଏ। ଖରାଦିନେ ଲୋକମାନେ ସେଇଠି ଶୁଅନ୍ତି। ଅଧିକାଂଶ ପିଲା ଜହ୍ନରାତିରେ ଖଣି ଉପରେ ଶୋଇଲେ। ଆମେ କେତେଜଣ ଲୋକମାନଙ୍କର ବାରଣ୍ଡାରେ ରାତି କଟେଇଲୁ। ପ୍ରଥମ ଦିନଟି ଏଭଳି କଟିଲା। ପରଦିନ ସକାଳେ ଜଳଖିଆ ସାରି ବାହାରିଗଲୁ। ବାଟରେ ଲୋକମାନେ ଉଠେଇଥିବା ଦୁର୍ନୀତି ଓ ସରକାରୀ କଳର ଉଦାସୀନତା ବିଷୟରେ ପିଲାମାନେ ଆଲୋଚନା ଆରମ୍ଭ କରିଦେଲେ ଓ ବେଶ୍ ପ୍ରଗଳ୍ଭ ହୋଇଉଠିଲେ। ଶେଷରେ ପିଲାମାନଙ୍କୁ ପଚାରିଲି- 'ପାଠ ସରିଲେ ଚାକିରି କଲେ ତୁମେ ସବୁ ସେଇ ଛାଞ୍ଚରେ ପଡ଼ିବ ନାଁ ଅଲଗା ପ୍ରକାର ବ୍ୟବହାର କରିବ ?' ଖୁବ୍ ଉଚ୍ଚ ସ୍ୱରରେ ସେମାନେ 'ପଡ଼ିବେ ନାହିଁ' ବୋଲି ଉତ୍ତର ଦେଲେ। ଅବଶ୍ୟ ସମସ୍ତଙ୍କ ଖବର ରଖିପାରିନି। ଛାଞ୍ଚରେ କେତେଜଣ ପଡ଼ିଛନ୍ତି ଓ କେଉଁମାନେ ଅଲଗା ମଣିଷ ହୋଇଛନ୍ତି ସେ ହିସାବ ରଖିନି, କିନ୍ତୁ ସେମାନଙ୍କ ଭିତରୁ ଜଣେ ବିଶ୍ୱବିଦ୍ୟାଳୟରେ ପ୍ରଫେସର ହେଲେ, ଚାକିରି ଛାଡ଼ି ଏବେ ଗାଁରେ ଜୈବିକ ଚାଷ କରୁଛନ୍ତି। ଚାକିରି ଆରମ୍ଭରେ ତାଙ୍କର ବିବାହ ପ୍ରସ୍ତାବ ଆସିଲା ଓ ତାଙ୍କୁ କୁହାଗଲା ସେ ଯାଇ ଝିଅକୁ ଦେଖି ଆସିବା ପାଇଁ। ଉତ୍ତରରେ କହିଲେ- 'ମୁଁ ତ ଯାଇ ଝିଅ ଘରେ ରହିବି ନାହିଁ, ଝିଅ ଆସି ଆମ ଘରେ ରହିବ, ତେଣୁ ଆମ ଘରକୁ ଝିଅ ଆସି ଦେଖିଯିବ ଯେ ଏଠି ସେ ଚଳିପାରିବ କି ନାହିଁ।' ଘର ଲୋକ ଚର୍ଚ୍ଚିତ ହେଲେ। ସିଏ ନିଆରା ମଣିଷ ହେଲେ।

ଖରା ଆସ୍ତେଆସ୍ତେ ଟାଣ ହେଲା, ଗୋଟେ ଆମ୍ବ ତୋଟାରେ କିଛି ସମୟ ବିଶ୍ରାମ ନେଲୁ। ଜରୁରୀ ପରିସ୍ଥିତିର ଠିକ୍ ପରେପରେ ଏ ଯାତ୍ରା ହେଉଥିବା ହେତୁ ସ୍ୱାଭାବିକ ଭାବେ ଜରୁରୀ ପରିସ୍ଥିତି ଓ ପର ଅବସ୍ଥା ବିଷୟରେ ଆଲୋଚନା ବେଶ୍ ସରଗରମ ହେଲା। ଦ୍ୱିତୀୟ ଦିନ ବଡ଼ଡୁମୁଳାରେ କଟେଇ ବମକୋଇ ହୋଇ ତୃତୀୟ ଦିନ ନୂଆପଡ଼ାରେ ପହଞ୍ଚିଲୁ। ଦଳ ଭିତରୁ ଦୁଇତିନିଜଣ ପିଲା ସାଇକଲରେ ଆଗୁଆ ଯାଆନ୍ତି, ରହିବା ଖାଇବା ବ୍ୟବସ୍ଥା କରନ୍ତି, ଅନ୍ୟମାନେ ବାଟରେ ପଡୁଥିବା ଗାଁ ମାନଙ୍କରେ ରହି ଲୋକଙ୍କ ସହ ମିଶି ଡେରିରେ ପହଞ୍ଚନ୍ତି। ସାଇକଲରେ ଯାଇ ପିଲାମାନେ ନୂଆପଡ଼ା ହାଇସ୍କୁଲରେ ପହଞ୍ଚି ଦେଖିଲେ ସ୍କୁଲ ଛୁଟି ଅଛି, କିନ୍ତୁ ଇଂରାଜୀ ଶିକ୍ଷକ ପିଲାଙ୍କୁ ପଢ଼ାଉଛନ୍ତି। ପିଲାମାନେ ନିଜର ପରିଚୟ ଦେଲେ ଓ ଖାଇବା ରହିବା ବନ୍ଦୋବସ୍ତ କରିବାରେ ସାହାଯ୍ୟ ପାଇଁ ଅନୁରୋଧ କଲେ, କିନ୍ତୁ 'ହେଡ୍‌ମାଷ୍ଟର ନାହାନ୍ତି ସେ କିଛି ସାହାଯ୍ୟ କରିପାରିବେନି' କହି ଶିକ୍ଷକ ପଢ଼େଇବା ଆରମ୍ଭ କରିଦେଲେ।

ଠିକ୍ ସେ ସମୟକୁ ଗାଁର ତିନି ଚାରିଜଣ ଲୋକ ଦେଖାହେଲେ ଓ ଖୁବ୍ କମ୍ ସମୟ ମଧ୍ୟରେ ସବୁ ବନ୍ଦୋବସ୍ତ କରିଦେଲେ। କିଛି ସମୟ ବିଶ୍ରାମ ପରେ ଅପରାହ୍ନରେ କିଛି ଦୂରରେ ପାହାଡ଼ ତଳେ ଥିବା ଆଦିବାସୀ ଗାଁ ବଳରାମପୁର ଗଲୁ। ସେଇଠି ଦେଖିଲୁ ଗାଁର ପୋଖରୀଟି ପୋତି ହୋଇଗଲାଣି। ଲୋକେ ଦୂରରୁ ନଈରୁ ଖରାଦିନେ ଖାଲିପାଦରେ ତାତିଲା ବାଲିରେ ଯାଇ ଚୁଆରୁ ପାଣି ବୋହି ଆଣୁଛନ୍ତି।

ସନ୍ଧ୍ୟାରେ ଗାଁର ଜଗନ୍ନାଥ ମନ୍ଦିର ଆଗରେ ସଭା ହେଲା। ସଭା ଶେଷ ବେଳକୁ ଜଣେ ଭଦ୍ର ବ୍ୟକ୍ତି ମାଇକ୍ ପାଖକୁ ଆସି ଗାଁ ଲୋକଙ୍କ ନାଁ ଡାକିଲେ ଏବଂ ଜଣେଜଣେ ପିଲା ଓ ସାର୍‌ଙ୍କୁ ଗାଁର ଜଣେଜଣେ ଲୋକ ନିଜ ଘରକୁ ନେଇଗଲେ। ତାଙ୍କରି ଘରେ ରହିବା ଖାଇବା ବ୍ୟବସ୍ଥା କଲେ। ପରଦିନ ସକାଳେ ସରପଞ୍ଚ ତାଙ୍କ ଘରେ ଜଳଖିଆ ବ୍ୟବସ୍ଥା କଲେ। ପତିଗୋବିନ୍ଦପୁରର ଜଣେ ଭଦ୍ରବ୍ୟକ୍ତି ସମସ୍ତଙ୍କ ପାଇଁ ଖାଇବା ବ୍ୟବସ୍ଥା କରିଥିଲେ। ଆମେ ତା'ପରେ ଚିକିଟି ଚାଲିଗଲୁ, ସେଠାରେ ଜଣେ ଛାତ୍ର ଦେଖାହେଲେ। ତାଙ୍କର ବାପା କରିଥିବା ଧର୍ମଶାଳାରେ ଆମର ରହିବା ଖାଇବା ବ୍ୟବସ୍ଥା କଲେ। ସେଇଠୁ ସମସ୍ତେ ବ୍ରହ୍ମପୁର ଆସିଲୁ।

ଜାତୀୟ ସେବା ଯୋଜନା ଖରାଦିନିଆ ଶିବିରଟି ବଳରାମପୁରରେ କରି ପୋଖରୀର ପଙ୍କୋଦ୍ଧାର କରିବା ପାଇଁ ପଚାଶ ପିଲାଙ୍କୁ ନେଇ ପହଞ୍ଚିଲୁ। ପ୍ରଥମେ ଗାଁ ଲୋକ ବିଶ୍ୱାସ କଲେନି। ରହିବାର ଅନ୍ୟ କିଛି ସୁବିଧା ନଥିବାରୁ ପୋଖରୀ ହୁଡ଼ା ସଫା କରିରହିଲେ। ରୋଷେଇ ଓ ଖାଇବା ପାଇଁ ତାଳପତ୍ରର ଛାମୁଣ୍ଡିଆଟିଏ ତିଆରି କଲେ। ଜହ୍ନରାତି, ପାହାଡ଼ ତଳ, ଖରାଦିନ, ଛାମୁଣ୍ଡିଆ ତଳେ ରହିବା ବଡ଼ ରୋମାଞ୍ଚକର ହେଲା। ସନ୍ଧ୍ୟାବେଳେ ପିଲାଙ୍କୁ ପଠେଇଲୁ କାହାଘରେ କ'ଣ ରୋଷେଇ ହୋଇଛି, ସନ୍ଧ୍ୟାରେ ଘରେ ସବୁ କ'ଣ ଖାଇବେ ବୁଝି ଆସିବା ପାଇଁ। ଶୁଣିଲେ କାହା ଘରେ ଡାଲି ବା ତରକାରୀ ନାହିଁ। ଭାତ / ଜାଉ ସହ ପାହାଡ଼ି ଆମ୍ବ। ପରଦିନ ସକାଳେ ପିଲାମାନେ ଜିଦ୍ କଲେ ଗାଁର ସବୁଲୋକ ତାଙ୍କସହ ଖାଇବେ। ପଚାଶ ପିଲାଙ୍କ ପାଇଁ ତ ବ୍ୟବସ୍ଥା, ସବୁ ଲୋକ କେମିତି ଖାଇବେ? ନାଇଁ ସେଇ ଗୋଟିଏ ଜିଦ୍ ଆମେ ମଧ୍ୟ ଭାତ ଓ ଆମ୍ବ ଖାଇବୁ। ଗାଁ ଲୋକ ପ୍ରଥମେ ରାଜି ହେଲେନି, ପରେ ବାଧ୍ୟ ହେଲେ। ପଙ୍କୋଦ୍ଧାର କାମରେ ଗାଁଲୋକ ଓ ପିଲାମାନେ ମିଶିଗଲେ। ପାହାଡ଼ରୁ ଆମ୍ବ ଫଳ ମୂଳ, ପୋଖରୀରୁ ପଙ୍କ ବାହାରିବା ସମୟରେ ଯାହା କିଛି ଚେଙ୍ଗବେଙ୍ଗ ବାହାରିଲେ ସମସ୍ତେ ବାଣ୍ଟିକୁଣ୍ଟି ଖାଇଲେ। ପିଲାଙ୍କର ଏ ତପସ୍ୟା କଥା ଆଖପାଖ ଗାଁରେ ବ୍ୟାପିଗଲା। ପ୍ରଥମେ କିଛି ଦେଖଣାହାରୀ ଆସିଲେ। ପରେ ଡାଲି, ଚାଉଳ, ପନିପରିବା ନେଇ ଆସିଲେ। ଏ କାର୍ଯ୍ୟକ୍ରମଟିକୁ ଆମେ ଏନ୍‌ଏସ୍‌ଏସ୍ କ୍ୟାମ୍ପ ନକହି

'ଶ୍ରମଯଜ୍ଞ' କହୁଥିଲୁ, ଆଉ ଶ୍ରମଯଜ୍ଞରେ ଅମୁକ ଦିନ ପୂର୍ଣ୍ଣାହୁତି ହେଉଛି ଜାଣି ଭାରରେ ଡାଲି, ଚାଉଳ, ପନିପରିବା, ପାଚିଲା ଆମ୍ବ ଦହି ସବୁ ଆସି ପହଞ୍ଚିଲା। ଆମେ ସମସ୍ତେ ଅଭିଭୂତ ହେଲୁ, କିନ୍ତୁ ଶେଷଦିନ ଦେଖାଗଲା ଯେ ଆଉ ଦି'ଦିନ ଲାଗିଲେ କାମଟି ପୂରାହେବ। ଏଇ ସମୟରେ ଜିଲ୍ଲା କର୍ତ୍ତୃପକ୍ଷ ପହଞ୍ଚିଲେ ଓ ପିଲାମାନେ ଫେରିଯାଆନ୍ତୁ, ବାକି କାମ ସେମାନେ ଶେଷ କରିଦେବେ ବୋଲି ପ୍ରସ୍ତାବ ଦେଲେ। ପିଲାମାନେ ଏ ପ୍ରସ୍ତାବରେ ରାଜି ହେଲେନି। ଆମେ ଆରମ୍ଭ କରିଛୁ ଶେଷ କରିବୁ ଓ ତାହାହିଁ କଲେ। ସମସ୍ତ ଘଟଣାରେ ପିଲାମାନେ ଏତେ ଆତ୍ମସନ୍ତୋଷ ଲାଭ କରିଥିଲେ ଯେ ସେମାନେ ଏକ ପ୍ରସ୍ତାବ ଆଣିଲେ- 'ବର୍ଷକୁ ଥରେ କ୍ୟାମ୍ପ ପାଇଁ ସରକାର ପଇସା ଦେଉଛି, ଆମେ କିନ୍ତୁ ନିଜେ ରୋଜଗାର କରି ଆଉ ଦୁଇତିନିଟା ଶିବିର କରିବୁ; ଟ୍ୟୁସନ କଲେ। ସେଇ ପଇସାରେ ତିନିଦିନିଆ, ଚାରିଦିନିଆ ଶିବିର କରି କେଉଁଠି ସ୍କୁଲ ଘର ମରାମତି ତ କେଉଁଠି ପୋଖରୀ ସଫା କାମରେ ଲାଗିଲେ।

ଆଉ ସେଇ ଖଲ୍ଲିକୋଟ କଲେଜ ପିଲାଙ୍କର ବଦନାମ୍ ଥିଲା ଯେ ଦୈନିକ କାହିଁକି ମାଛମାଂସ ଦିଆଗଲାନି ବୋଲି କ୍ୟାମ୍ପ ଶେଷଦିନ କୂଅରେ ଦରି, ପେଟ୍ରୋମାକ୍ସ ପକେଇଦେଲେ। ତେବେ ତ୍ରୁଟି କାହାର ଓ ତ୍ରୁଟି କେଉଁଠି ?

■

ସମାଜ, ୧୫ ଜୁଲାଇ, ୨୦୧୯

ଆମେ ସର୍ବୋତ୍ତମ

ଇଏ କ'ଣ ହେଲା ? ଉଦ୍‌ବେଗରେ ଅପେକ୍ଷାକରିଥିବା ସମସ୍ତ ଭଦ୍ର ମଣ୍ଡଳୀ ସ୍ତମ୍ଭୀଭୂତ ହେଲେ, ନିଜ ନିଜର ଆଖିକୁ ବିଶ୍ୱାସ କରି ପାରିଲେ ନାହିଁ। ଅତୀତରେ ସମସ୍ତ ଅଭିଜ୍ଞତା, ସମସ୍ତ ବିଚାର ଓଲଟ ପାଲଟ ହୋଇଗଲା। ପରସ୍ପରକୁ ଅନାଅନି ହେଲେ, କାହାରି ପାଟିରୁ କଥା ବାହାରିଲା ନାହିଁ। ଯାହା ପ୍ରକୃତିର ଅଲଂଘନୀୟ ନିୟମ ସେ କିପରି ଲଂଘନୀୟ ହେଲା ! ତାହାହିଁ ସମସ୍ତଙ୍କୁ ଆଶ୍ଚର୍ଯ୍ୟାନ୍ୱିତ କଲା ଯେତେବେଳେ ଉପସ୍ଥିତ ସମ୍ଭ୍ରାନ୍ତ ବଂଶୀୟମାନେ ଦେଖିଲେ ଭୋକିଲା ସିଂହଟି ମଣିଷର ପାଦ ଚାଟୁଛି, କୃତଜ୍ଞତା ପୂର୍ଣ୍ଣ ନୟନରେ ବାରମ୍ବାର ପ୍ରାଣ ଭୟରେ ଥରୁଥିବା ଲୋକଟିକୁ ଅନାଉଛି। ଯଦି ଏଭଳି ହୁଏ, ତା' ହେଲେ ସଂସାରେ ଆଉ ଶୃଙ୍ଖଳା ରହିବ ନାହିଁ, ଏ ଦୁରାଚାରୀମାନେ ମନ ଇଚ୍ଛା କାମ କରିବେ ଆଉ ଦଣ୍ଡଭୟ ରହିବ ନାହିଁ, ସମସ୍ତ ବ୍ୟବସ୍ଥା ଭୁଷୁଡ଼ି ପଡ଼ିବ।

ଧିରେ ଧିରେ ଭଦ୍ର ମଣ୍ଡଳୀ ପ୍ରକୃତିସ୍ଥ ହେଲେ ଓ ଘଟଣାଟିକୁ ବୁଝିବାକୁ ଆରମ୍ଭ କଲେ। ଘଟଣାଟି ଏହିଭଳି ଥିଲା : - ରୋମାନ ସଭ୍ୟତା ଯେତେବେଳେ ଶୀର୍ଷ ସ୍ଥାନରେ (?) ଥିଲା, ସେତେବେଳେ ଦାସ ପ୍ରଥା ପ୍ରଚଳିତ ଥିଲା। ଖାଲି ରୋମାନ୍ ସଭ୍ୟତା କାହିଁକି ଭାରତ ଓ ଚୀନ ଭଳି ପୁରାତନ ସଭ୍ୟ ଦେଶମାନଙ୍କରେ ମଧ୍ୟ ଦାସ ପ୍ରଥା ପ୍ରଚଳିତ ଥିଲା। ଯୁଦ୍ଧରେ ଗୋଟିଏ ଦେଶ ପରାଜିତ ହୋଇ ଯିବାପରେ ରୋମାନ୍ ସଭ୍ୟତାର ନିୟମ ଅନୁଯାୟୀ ପରାଜିତ ଦେଶର ସବଳ ବୟସ୍କ ଲୋକମାନଙ୍କୁ ବାନ୍ଧି ଅଣାଯାଉଥିଲା, ସେଥିରୁ କିଛି ଲୋକଙ୍କୁ ସମ୍ଭ୍ରାନ୍ତ ବଂଶୀୟ ରାଜ ପରିବାରର ସଦସ୍ୟ ଓ ପୃଷ୍ଠପୋଷକମାନଙ୍କର ଦାସ ହିସାବରେ ନିୟୋଜିତ କରାଯାଉଥିଲା, ଆଉ କିଛି ସବଳ ଲୋକ ଓ ପରାଜିତ ଦେଶର ସୈନ୍ୟମାନଙ୍କୁ ରୋମର ସୈନ୍ୟବାହିନୀରେ ଯୋଗଦେଇ ରୋମ୍ ପାଇଁ ଆଉ ଅଧିକ ଦେଶ ଜୟ ପାଇଁ ଲଢ଼େଇ କରିବାକୁ ପଡୁଥିଲା। ପରାଜିତ ଦେଶର ତରୁଣୀମାନେ ଦାସୀ ଭାବେ

କାର୍ଯ୍ୟ କରୁଥିଲେ କିନ୍ତୁ ଅଧିକାଂଶ ତରୁଣୀ ରୋମ୍‌ର ସୈନ୍ୟବାହିନୀ ପାଇଁ ଅଧିକ ସୈନ୍ୟ ଉତ୍‌ପାଦନ ପାଇଁ ଯନ୍ତ୍ର ହିସାବରେ କାମ କରିବାକୁ ବାଧ୍ୟ ହୋଉଥିଲେ। ଦାସ ବା ଦାସୀ ହିସାବରେ ସେମାନଙ୍କର କୌଣସି ସ୍ୱାଧୀନତା ନଥିଲା। ରୋମର ନିୟମ ଅନୁଯାୟୀ ଯଦି କୌଣସି ଦାସ କିଛି ନିୟମ ଉଲ୍ଲଂଘନ କଲା, ଦଣ୍ଡଦେବାର ଅଧିକାର ଦାସ ମାଲିକର ହିଁ ଥିଲା, ସେ ଦଣ୍ଡ ମୃତ୍ୟୁ ଦଣ୍ଡ ବି ହୋଇପାରେ। ଏ ସତ୍ତ୍ୱେ ଯେତେବେଳେ ନିର୍ଯ୍ୟାତନା ଓ ଉତ୍ପୀଡ଼ନ ସହିବାର ସୀମା ଟପି ଯାଉଥିଲା, ଅର୍ଥାତ କିଛି ଦାସଙ୍କ ମୃତ୍ୟୁ ଅପେକ୍ଷା ବଂଚିବା ଅଧିକ ଦୁର୍ବିସହ ହୋଇପଡୁଥିଲା, ସେମାନେ ଧରା ପଡ଼ିଲେ ମୃତ୍ୟୁ ଏକ ପ୍ରକାର ସୁନିଶ୍ଚିତ ଜାଣି ମଧ୍ୟ ମୁନିବର କବଳରୁ ଖସି ଚାଲି ଯାଉଥିଲେ। ସେହିଭଳି ଜଣେ ଦାସ ମୁନିବର ଅକଥନୀୟ ଅତ୍ୟାଚାରରୁ ରକ୍ଷା ପାଇବାପାଇଁ ମୁନିବ କବଳରୁ ଖସିଯାଇ ବଣ ଜଂଗଲରେ ବୁଲୁଥିବା ସମୟରେ ଗୋଟିଏ ଦୃଶ୍ୟ ଦେଖି ଆଶ୍ଚର୍ଯ୍ୟ ହେଲେ। ଗୋଟିଏ ସିଂହ ଗୋଟିଏ ଜାଗାରେ ପଡ଼ିରହି ଯନ୍ତ୍ରଣାରେ ଛଟପଟ ହେଉଛି ଓ ଖୁବ୍ ଗର୍ଜନ କରୁଛି ମଝିରେ ମଝିରେ। କିଛି ସମୟ ନିରେଖି ଦେଖିଲା ପରେ ଜାଣି ପାରିଲେଯେ ସିଂହଟିର ଗୋଟେ ଗୋଡ଼ରେ କଣ୍ଟାଟିଏ ଖୁବ୍ ଗହୀରକୁ ଚାଲିଯାଇ ବହୁତ କଷ୍ଟ ଦେଉଛି ଓ ଚାଲିପାରୁ ନଥିବାରୁ କୌଣସି ଶୀକାର କରି ନପାରି ଭୋକରେ ପଡ଼ି ରହିଛି। ଉଦର ଜ୍ୱାଳା ଏଣେ କଣ୍ଟା ଫୋଡ଼ି ହେବାର କଷ୍ଟ । ସିଂହଟି ବଡ଼ ସତୃଷ୍ଣ ନୟନରେ ଲୋକଟିକୁ ଚାହିଁ ରହିଲା। ଦାସ ଜଣକ ଦେଖିଲେ ଯଦି ମୁନିବର ଲୋକ ହାତରେ ଧରାପଡ଼େ ତେବେ ମୃତ୍ୟୁତ ନିଶ୍ଚିତ ତେଣୁ ସାହାସ ସଂଚୟ କରି ସିଂହ ପାଖକୁ ଯିବାକୁ ସ୍ଥିର କଲେ। ସିଂହଟିର ଗୋଡ଼ରୁ କଣ୍ଟାଟି ବାହାର କରି ଚାଲିଗଲାବେଳେ ବେଶ କୃତଜ୍ଞତାପୂର୍ଣ୍ଣ ଚକ୍ଷୁରେ ସିଂହଟି ଚାହିଁ ରହିଲା ଦାସ ଜଣକ ଦୃଷ୍ଟିରୁ ଯିବା ଯାଏ।

କିଛି ଦିନ ପରେ ସିଂହର ଦୁର୍ଭାଗ୍ୟ, ମୁନିବର ଲୋକମାନଙ୍କରେ ଜଂଗଲରେ ଖଂଜା ଯାଇଥିବା ଜାଲରେ ପଡ଼ି ମୁନିବର ଘରେ ପିଂଜରାବଦ୍ଧ ହୋଇ ରହିଲା ଓ ଯାହା ଆହାର ମିଳେ ସେଥିରେ ଭାଗ୍ୟ ଆଦରି ରହିଲା। ତେଣେ ମୁନିବମାନଙ୍କୁ ଜଣା ଦାସମାନେ ଖସିଗଲେ ଯୋଉଁଆଡ଼େ ଯାଆନ୍ତି ଓ ଖସିଯାଇଥିବା ଦାସ ଜଣକୁ ଧରି ଆଣିବା ପାଇଁ ବେଶି ସମୟ ଲାଗିଲା ନାହିଁ । ଦାସ ପାଇଁ ବର୍ତ୍ତମାନ ମୃତ୍ୟୁ ଦଣ୍ଡ ଘୋଷଣା କରି ଦିଆଗଲା।

ମହାନ୍ ରୋମାନ୍ ସଭ୍ୟତାରେ ଦାସମାନଙ୍କୁ ମୃତ୍ୟୁ ଦଣ୍ଡ ଦେବାର ଗୋଟିଏ ଉପାୟ ବାହାର କରାଯାଇଥିଲା। ଉପରୁ ଦେଖାଯାଉଥିବା ଗୋଟିଏ ଖୁଆଡ଼ ବା ଆବଦ୍ଧ ସ୍ଥାନ ଭିତରକୁ ଦାସକୁ ଛାଡ଼ି ଦିଆଯାଇଥିଲା ଓ ପରେ ପରେ ଗୋଟିଏ ସିଂହକୁ କିଛି

ଦିନ ଭୋକିଲା ରଖିଲା ପରେ ଦାସ ଜଣକ ଥିବା ଖୁଆଡ଼ ଭିତରକୁ ଛାଡ଼ି ଦିଆଯାଉଥିଲା । ମୁହୂର୍ତ୍ତକ ପାଇଁ ହେଲେ ମଧ୍ୟ ଦାସ ଜଣକ ନିଜ ଜୀବନ ପାଇଁ ବୃଥା ପ୍ରୟାସ କରି ଭୋକିଲା ସିଂହର ଉଦରସ୍ଥ ହୋଇ ଯାଉଥିଲା । ଏ ସମସ୍ତ କଥାକୁ ଖାଲି ଦେଖିବା ପାଇଁ ନୁହଁ, ବରଂ ଉପଭୋଗ କରିବା ପାଇଁ ଗୋଟିଏ ଗ୍ୟାଲେରୀରେ ଖୁଆଡ଼ ଚାରିପାଖରେ କୁଳୀନ ସମ୍ଭ୍ରାନ୍ତ ବଂଶୀୟ ସମାଜର ମୁଣ୍ଡିଆଳ ମାନେ ବସୁଥିଲେ । ଭୋକିଲା ସିଂହ କବଳରୁ ନିଜକୁ ରକ୍ଷା କରିବା ପାଇଁ ବୃଥା ଚେଷ୍ଟା କଲାବେଳେ ଦର୍ଶକମାନଙ୍କର ଅଟ୍ଟହାସ୍ୟ, ହାସ୍ୟରୋଳରେ ଗ୍ୟାଲେରୀ ଫାଟି ପଡୁଥିଲା, ଓ ଦାସର ଜୀବନ ଦୀପ ଲିଭିଯିବାରେ ପରମ ସନ୍ତୋଷ ଲାଭ କରୁଥିଲେ ସେହି ସମ୍ଭ୍ରାନ୍ତ ବଂଶୀୟ ରୋମାନ୍ ସମାଜର ବଡ଼ପଣ୍ଡାମାନେ । ଏଥର ଦାସ ଠିକ୍ ଶିକ୍ଷା ପାଇଲା ଓ ଭବିଷ୍ୟତରେ ଦାସମାନେ ଖସିଯିବା ପାଇଁ ଉଦ୍ୟମ କରିବା ପୂର୍ବରୁ ଅନେକ ଥର ଭାବିବେ ବୋଲି ମୁନିବମାନେ ଆସ୍ୱସ୍ତ ହେଉଥିଲେ । ଠିକ୍ ସେହି ନ୍ୟାୟରେ ଯେତେବେଳେ ଧରାଯାଇଥିବା ଦାସକୁ ଖୁଆଡ଼ ଭିତରେ ରଖି ସେହି ସିଂହଟିକୁ ଛାଡ଼ି ଦିଆଗଲା, କୂଳୀନମାନେ ଗ୍ୟାଲେରୀରେ ବସି ଯେଉଁ ଆନନ୍ଦ ଉପଭୋଗ ପାଇଁ ଅପେକ୍ଷାରେ ଥିଲେ ତାହା ହେଲା ନାହିଁ, ସିଂହଟି ଭୋକରେ ଥିଲେ ମଧ୍ୟ ସଙ୍ଗେ ସଙ୍ଗେ ଚିହ୍ନି ପାରିଥିଲା ଯେ ସେହି ଲୋକହିଁ ତାର ପାଦରୁ କଣ୍ଟାଟି ବାହାର କରି ତାକୁ ଉଭୟ ଭୋକ ଓ ପାଦରେ କଣ୍ଟାଫୋଡ଼ା ଯନ୍ତ୍ରଣାରୁ ରକ୍ଷା କରିଥିଲା । ପୁଣି ଥରେ କୃତଜ୍ଞତାପୂର୍ଣ୍ଣ ଚକ୍ଷୁରେ ଚାହିଁ ମାରି ଖାଇବାତ ଦୂରର କଥା ସମାନ୍ୟତମ କ୍ଷତି ନକରି ପାଦ ଚାଟିବାରେ ଲାଗିଲା । ତାହାହିଁ ସମସ୍ତଙ୍କୁ ଚକିତ କରିଥିଲା । ଦାସ ଜଣଙ୍କର ନା ଥିଲା ଆନ୍ଦ୍ରେକ୍ଲିସ୍ । ଏଇ ହେଲା ବଣର ହିଂସ୍ର ଜନ୍ତୁ ସିଂହର ଆନ୍ଦ୍ରେକ୍ଲିସ୍ ପ୍ରତି କୃତଜ୍ଞତା ଓ ଜୀବନ ସାରା ମୁନିବ ପାଇଁ ଖଟୁଥିବା ଆନ୍ଦ୍ରେକ୍ଲିସ୍ ପ୍ରତି ସମ୍ଭ୍ରାନ୍ତ ବଂଶୀୟ ମୁନିବଙ୍କର ବିଚାର ତଥା ମହାନ ରୋମାନ୍ ସଭ୍ୟତାର କୁଳୀନ, ସମ୍ଭ୍ରାନ୍ତ ବଂଶୀୟମାନଙ୍କର ତାହାଥିଲା କୁତ୍ସିତ ଓ ଘୃଣ୍ୟ ରୁଚି ।

ମଣିଷର ପୋଷା ମାନିଥିବା ପ୍ରାଣୀମାନଙ୍କ ମଧ୍ୟରେ କୁକୁର ପ୍ରଥମ ବୋଲି କୁହାଯାଏ । ଜୀବନକୁ ପାଣି ଛଡ଼େଇ ମୁନିବକୁ ବିଭିନ୍ନ ପରିସ୍ଥିତିରେ କୁକୁର କିପରି ରକ୍ଷା କରିଛି ତାର ଭୁରି ଭୁରି ଉଦାହରଣ ରହିଛି । ସାମାନ୍ୟ ବିସ୍କୁଟ ଟିଏ ଓ ମୁଢ଼ି ମୁଠାଏ ଦେଇଦେଲେ ଲାଞ୍ଜ ହଲେଇ କେତେଯେ କୃତଜ୍ଞତା ଜ୍ଞାପନ କରେ ତା'ର ଠିକଣା ନାହିଁ । ଆଉ ମଣିଷ କୋଡ଼ିଏ ପଚିଶ ପ୍ରକାର ବ୍ୟଞ୍ଜନ ଭୋଜିରେ ଭୁଞ୍ଜି ସାରିଲା ପରେ କେତେ ଯେ ବାହୁନୁଥାଏ ତାର ଠିକଣା ନାହିଁ । ଅବଶ୍ୟ ସାମ୍ନାରେ ବହୁତ ଭଲ ହୋଇଛି ବୋଲି କହିଥାଉ ।

ଭାଇ ଭାଇ ଭିତରେ, ସ୍ୱାମୀ ସ୍ତ୍ରୀ ମଧ୍ୟରେ, ପ୍ରେମିକ ପ୍ରେମିକା ମଧ୍ୟରେ ବିଶ୍ୱାସଘାତକତାର ଉଦାହରଣ ଖୋଜିବା ପାଇଁ ଆମେ ମହାଭାରତ ପଢ଼ିବା ଆବଶ୍ୟକ ନୁହେଁ। ଦୈନନ୍ଦିନ ଜୀବନରେ, ରାତି ପାହିଲେ ଆମ ଖବରକାଗଜମାନଙ୍କରେ ବିଶ୍ୱାସଘାତକତାର ଉଦାହରଣମାନ ନଜରକୁ ଆସିବ।

ରାଜନୀତି, କାହିଁକି ଯେ ଆମେ ତାକୁ ରାଜନୀତି କହୁ ବୁଝି ହୁଏନା, କାରଣ ରାଜକୀୟ ଖାଦ୍ୟ, ରାଜକୀୟ ପୋଷାକ ଇତ୍ୟାଦି କହିଲାବେଳେ ଆମେ ଅତି ଉତ୍ତମ ଖାଦ୍ୟ ଓ ଅତି ଉତ୍ତମ ପୋଷାକ ବୁଝୁ, କିନ୍ତୁ ରାଜନୀତିରେ ଯାହାସବୁ ଘଟିବାର ଆମେ ଦେଖୁଛୁ ତାକୁ ରାଜନୀତି ନକହି ଅନ୍ୟକିଛି କହିବା ଉଚିତ। ରାଜନୀତି କ୍ଷେତ୍ରରେ କେବଳ ଓଡ଼ିଶାର ଅତୀତରେ ଶିଖି ମନାଇ ନୁହନ୍ତି, ପ୍ରତି ସ୍ଥାନରେ ପ୍ରତି ମୁହୂର୍ତ୍ତରେ ବିଶ୍ୱାସଘାତକତା ହିଁ ପରିଲକ୍ଷିତ ହୁଏ। ଆମେରିକାର ରାଜଧାନୀ ୱାସିଂଟନ୍‌ରେ ଯଦି ଜଣେ କାହାକୁ ବିଶ୍ୱାସ କରିବାକୁ ଚାହୁଁଛ, ତେବେ ଘରେ ଗୋଟିଏ କୁକୁର ରଖିବାକୁ କୁହାଯାଏ। ଅବିଶ୍ୱାସ ଓ ବିଶ୍ୱାସଘାତକତାର ପବନ ଏତେ ପ୍ରବଳ।

ଅତୀତରେ ଜୁଲିୟସ ସିଜରଙ୍କ କଥା ଦେଖାଯାଉ। ଆଣ୍ଟୋନୀଙ୍କ ଷଡ଼ଯନ୍ତ୍ର ଯେତେବେଳେ ସଫଳ ହେଲା ଓ ସିଜରଂକୁ ହତ୍ୟା କରାଗଲା, ଜୁଲିୟସ୍ ସିଜରଙ୍କ ବକ୍ଷରେ ଛୁରୀକାଘାତ ଥିଲା ତାଙ୍କର ଅତି ବିଶ୍ୱସ୍ତ ବନ୍ଧୁ ବ୍ରୁଟସ୍‌ଙ୍କର। ଜୁଲିୟସ ସେତେବେଳେ କହି ପକାଇଥିଲେ – "ଓଃ ତୁମେ ମଧ୍ୟ ବ୍ରୁଟସ୍ !"

ଭାରତରେ ଯେତେ ରାଜା ମହାରାଜାମାନେ ହାରିଛନ୍ତି ଓ ମୃତ୍ୟୁବରଣ କରିଛନ୍ତି ସଂଖ୍ୟାଧିକ କ୍ଷେତ୍ରରେ ନିଜ ଦରବାରର ଓ ରାଜନଅରରେ ରହୁଥିବା କର୍ମଚାରୀ ଓ ବଂଧୁମାନଙ୍କର ଶତ୍ରୁକୁ ବାଟ ଦେଖାଇଦେବା ଫଳରେ ହିଁ ହୋଇଛି।

ଓଡ଼ିଆ ସାହିତ୍ୟର ପ୍ରଥିତଯଶା ଲେଖକ ଶ୍ରୀ ସୁରେନ୍ଦ୍ର ମହାନ୍ତିଙ୍କର ଅନବଦ୍ୟ ସୃଷ୍ଟି 'ନୀଳଶୈଳ'ରୁ ଏଠାରେ କିଛି ଉଦ୍ଧୃତ କରି ଏ ଆଲେଖ୍ୟଟି ଶେଷ କରିବା ପାଇଁ ଉଚିତ ମନେ କରୁଛି। "ରାଜନୀତି ଅତି ବିଚିତ୍ର। ବେଶ୍ୟାର ପ୍ରଣୟ ଅଥବା ଜହ୍ନର ଛାଇରେ ବରଂ କେତେକ ସ୍ଥିରତା ଥାଇପାରେ, ମାତ୍ର କ୍ଷମତା ରାଜନୀତିରେ ବନ୍ଧୁତ୍ୱ ଓ ବୈରୀତ୍ୱ ଚଲାମେଘ ପରି ଅସ୍ଥିର। ଏଇ ମୁହୂର୍ତ୍ତର ଶତ୍ରୁ, ପର ମୁହୂର୍ତ୍ତରେ ପରମ ସୁହୃଦ ବା ବାନ୍ଧବ। ଯେଉଁ ଛୁରୀଟା ଏତେ କାଳ ପଜା ଚାଲିଥିଲା ଶତ୍ରୁର ବେକରେ ପଡ଼ିବା ପାଇଁ ନିମିଷକ ମଧ୍ୟରେ ତାହା ପୁଣି କେତେବେଳେ ମିତ୍ରର ବେକ ଉପରକୁ ଛିଟିକି ଆସେ । ରାଜନୀତି ସୁବିଧାବାଦର ଏକ ମହାରଣ୍ୟ। ଆତ୍ମସମୀକ୍ଷା ଓ ଆତ୍ମସ୍ୱାର୍ଥ ହେଲା ସେଠାରେ ଏକମାତ୍ର ଧର୍ମ (ସୁରେନ୍ଦ୍ର ମହାନ୍ତି - 'ନୀଳଶୈଳ, ପୃ-୩୨୮)। ରାଜନୀତି

ବ୍ୟତୀତ ସେ ବାଣିଜ୍ୟ ବ୍ୟବସାୟ ହେଉ, ଚାକିରୀ ବାକିରୀ ହେଉ, ପାରିବାରିକ ସଂପର୍କ ହେଉ ସ୍ୱାର୍ଥ ଓ ବିଶ୍ୱାସଘାତକତା ପରିଲକ୍ଷ୍ୟ।

ପଶୁରାଜ ସିଂହ ନୁହେଁ, କୃତଜ୍ଞତା ଦୃଷ୍ଟିରୁ ହିଁ କୁକୁରଠାରୁ ମଧ୍ୟ ନ୍ୟୁନ ଏଇ ପ୍ରକୃତିର ସର୍ବୋଚ୍ଚ ଦାନ ମଣିଷ, ତଥାପି ଆମେ ସର୍ବୋତ୍ତମ ।

■

"ଶ୍ରୁତିଲିପି", ତ୍ରୟୋଦଶ ପ୍ରକାଶନ, ୨୦୧୮, ପୃଷ୍ଠା - ୧-୩

ସବୁ କୁକୁର ଯଦି ଗଙ୍ଗାସ୍ନାନ କରିବାକୁ ଯିବେ ତେବେ...

ଗାଁ ମାଇନର ସ୍କୁଲ ଓ ପଚାଶ ବର୍ଷ ତଳର ରଙ୍ଗିଣୀପାଟଣା କଥା ଭାବିଲା ବେଳକୁ ଅନେକ କଥା ମନକୁ ଆସୁଛି। ଗୋଟେ ସ୍ମରଣିକାରେ ସେ କଥା ସବୁ ଲେଖିବାର ସୁଯୋଗ ନାହିଁ, ଖୁବ ଚୁମ୍ବକରେ କିଛି କଥା ଜଣାଇବାର ଉଦ୍ଦେଶ୍ୟ ଏ ଲେଖାଟିର।

ଗାଁର ମୂଳ ବାସିନ୍ଦା ବୋଧହୁଏ ରଙ୍ଗଣୀ ବା ବୁଣାକାର ପରିବାର ମାନେ ଥିବାରୁ ଗାଁ ନାଁ ଏପରି ହୋଇଥିବା କଥା ଜଣାପଡୁଛି। ପଚାଶବର୍ଷତଳେ ଗାଁର ଏ ମୁଣ୍ଡରୁ ସେ ମୁଣ୍ଡକୁ ଗଲାବେଳେ ସେମାନଙ୍କର ଉପସ୍ଥିତି ଭଲଭାବେ ଜଣାପଡ଼ିଯାଏ। ପ୍ରତ୍ୟେକ ଘରେ ଏକ ବା ଏକାଧିକ ଲୁଗାବୁଣା ତନ୍ତ କାମ କରୁଥାଏ। ଖଡ଼ ଖାଡ଼ ଶବ୍ଦ ବାରି ହୋଇପଡୁଥାଏ । ଘର ବାହାରେ କଣ୍ଡା ତିଆରି ଅରଟ ଘୁରୁଥାଏ। ପରିବାରର ସମସ୍ତେ ଲୁଗା ବୁଣା ସହିତ କାମରେ ସଂପୃକ୍ତ ଥାନ୍ତି । ଗାଁ ବେଶ କର୍ମ ଚଞ୍ଚଳ ଥାଏ। କେତେକ ପରିବରରେ କିଛି ଲୋକ ଲୁଗା ବୁଣା କାମ କଲାବେଳେ ଆଉକିଛି ଲୋକ ପନିପରିବା ଚାଷ ମଧ୍ୟ କରୁଥାନ୍ତି। ରଙ୍ଗଣୀ ପରିବାର ମାନଙ୍କ ପାଖରେ ନଗଦ ପଇସା ଥାଏ। ସେଇଥି ପାଇଁ ଗାଁକୁ ସେତେବେଳେ ବାହାର ଲୋକେ ବୋଝରେ, ଭାରରେ ବା ଶଗଡ଼ ଗାଡ଼ିରେ ବାଇଗଣ, କନ୍ଦମୂଳ, ଶୁଖୁଆ, ଛତୁ ଇତ୍ୟାଦି ବିକ୍ରିପାଇଁ ଆଣନ୍ତି ଗାଁର ଦି' ମୁଣ୍ଡରେ ମୁଖ୍ୟତଃ ରଙ୍ଗଣୀ ପରିବାରମାନେ ଥିବାରୁ ସେଇ ସାହିମାନଙ୍କରେ ହିଁ ଶେଷ ହୋଇଯାଏ, ଯଦି କିଛି ବଳେ ତାହାହେଲେ ଅନ୍ୟମାନଙ୍କ ହାବୁଡ଼ରେ ପଡ଼େ।

ଚାକିରୀ କରିଥିବା ବା ଚାକିରୀରୁ ଅବସର ନେଇଥିବା ଲୋକ ସେତେବେଳେ ଗାଁରେ ଜଣେ ହେଲେ କିଏ ନଥା'ନ୍ତି, ତେଣୁ ଅନ୍ୟ ଜାତିର ଲୋକମାନେ କୃଷିଜାତ

ଜିନିଷ ଯଥା ଧାନଚାଉଳ ପନିପରିବା ବିକ୍ରୀକଲେ ଦି ପଇସା ନଗଦ ପାଇଥାନ୍ତି। ଅବଶ୍ୟ ଯେଉଁମାନେ ବ୍ୟବସାୟ କରୁଥିଲେ ସେମାନଙ୍କ ପାଖରେ କିଛି ପଇସା ଥାଏ, ସେମାନଙ୍କର ସଂଖ୍ୟା ଖୁବ୍ କମ୍ ଥିଲା ।

ମାଣିକପାଟଣା ହାଟ ଗୁରୁବାର, ସେଥିପାଇଁ ବୁଧବାରଠାରୁ ଗାଁରେ ପ୍ରସ୍ତୁତି ଦେଖିବାକୁ ମିଳିଥାଏ। ହାଟରେ ଲୁଗା ବିକ୍ରି ପାଇଁ ଲୁଗାରେ ମଣ୍ଡଦେଇ ଶୁଖାଇବା, ସାଇଜ କରିରଖିବା କାମ ବୁଧବାର ଆଗରୁ ହୋଇଥାଏ। ସେଇଭଳି ଶୀତଦିନେ ଓ ଖରାଦିନେ ପରିବା ଯଥା ବାଇଗଣ, ଟମାଟୋ, ଲଙ୍କା ଇତ୍ୟାଦି ତୋଳାହୋଇ ହାଟରେ ବିକ୍ରିବଟା ପାଇଁ ପସ୍ତୁତ ହୁଏ। ଶନିବାର ବୁଗୁଡ଼ା ହାଟ, ରବିବାର ବାଲିପଦର ଓ ସୋମବାର ବେଲଗୁଣ୍ଠା ପାଇଁ ଲୁଗା ଗାଣ୍ଠି ପ୍ରସ୍ତୁତ ହୋଇ ଶନିବାର ସକାଳ ବ୍ରହ୍ମପୁର ଗାଡ଼ିରେ ଲଦା ହୋଇଯାଏ। ଏହା ବ୍ୟତୀତ ନୟାଗଡ଼ ଅଞ୍ଚଳରୁ ସଂଗ୍ରହ କରାଯାଇଥିବା ଛୋଟ ପିଆଜ ସଫା କରାଯାଇ ଶୁକ୍ରବାରଠାରୁ ଶଗଡ଼ସବୁ ବୁଗୁଡ଼ା ହାଟରେ ବିକ୍ରିପାଇଁ ଯାଇଥାଏ। ଗାଁ ଦାଣ୍ଡ ଗାଈ ବଳଦ ଶଗଡ଼ରେ ପୂର୍ଣ୍ଣହୋଇ ରହୁଥିଲା। ଗାଈଗୋଠ ଲମ୍ବାଥିଲା। ତେବେ ଗାଁରେ ସେତେବେଳେ ମାତ୍ର ଦୁଇଟି ସାଇକେଲ ଥିଲା, କାହାରି ପାଖରେ ଘଣ୍ଟା ନଥିଲା। ଛାଇ ମାପିକରି ଓ ଗଉଡ଼ ଗାଈ ଫିଟେଇଲେ ପିଲାମାନେ ସ୍କୁଲକୁ ଯିବାକୁ ପ୍ରସ୍ତୁତ ହେଉଥିଲେ । ଆଉକିଛି ରଙ୍ଗଣୀ ପରିବାରର ଲୋକେ ମୁଣ୍ଡରେ ମୁଣ୍ଡାଇ ଆଖପାଖ ଗାଁରେ ବୁଲେଇ ବୁଲେଇ ଲୁଗା ବିକ୍ରି କରୁଥିଲେ ।

ଧାନ, ଚାଉଳ, ମୁଗ, ବିରି ଓ ପନିପରିବା ଯଥେଷ୍ଟ ଆଦାୟ ହେଉଥିଲେ ମଧ୍ୟ ସେ ସବୁ ଜିନିଷର ଦରଦାମ ଏତେ କମ୍ ରହୁଥାଏ ଯେ କଠିନ ପରିଶ୍ରମର ଫଳ ଅର୍ଥଦୃଷ୍ଟିରୁ ବିଶେଷ ନଥାଏ । ଶଗଡ଼ ଗାଡ଼ିରେ ଗାଡ଼ିଏ ଅର୍ଥାତ୍ ଗୋଟେ କନ୍ଦିରେ କନ୍ଦିଏ ବାଇଗଣ ଟମାଟୋ ନନ୍ଦିଘୋର, ବାଉଁଶଗାଡ଼ିଆ, ଓଡ଼ଗାଁ ଇତ୍ୟାଦି ଗାଁ ମାନଙ୍କରେ ବୁଲାଇ ଆଣିଲେ ଟଙ୍କା ମିଳେ ମାତ୍ର ତିରିଶ ଟଙ୍କା ଭିତରେ। ତେବେ ପନିପରିବା ଆଦାୟ କ୍ଷେତ୍ରରେ ରଙ୍ଗଣୀପାଟଣା ଗାଁର ନାଁ ଥିଲା ନୟାଗଡ଼ରେ। ଗାଁର ଟମାଟୋର ଖ୍ୟାତି ଥିଲା ଆଖପାଖ ଗାଁ ମାନଙ୍କରେ। ସରସ୍ୱତୀ ପୂଜାରେ ବହୁ ଦୂରରୁ ସ୍କୁଲରୁ ଆସୁଥିଲେ ବନ୍ଧାକୋବି ଓ ଟମାଟୋ ପାଇଁ । ଆଖପାଖ ଗାଁ ମାନଙ୍କର ଭୋଜିଭାତ ପାଇଁ ପନିପରିବା ସକାସେ ଲୋକମାନେ ନିଶ୍ଚିତ ହୋଇ ଗାଁକୁ ଆସୁଥିଲେ। ବର୍ତ୍ତମାନ ଭଳି ଓଡ଼ଗାଁରେ ପନିପରିବା ବଜାର ନଥିଲା। ରଙ୍ଗଣୀପାଟଣା ଗାଁକୁ ଗଲେ ନିଶ୍ଚିତ ପନିପରିବା ପାଇଯିବା ଏଇ ଧାରଣା ନେଇ ଲୋକମାନେ ଆସୁଥିଲେ।

ପନିପରିବା ଆଦାୟ କ୍ଷେତ୍ରରେ ଯେମିତି ଗାଁର ନାଁ ଥିଲା ସେଭଳି ଶିକ୍ଷା କ୍ଷେତ୍ରରେ ମଧ୍ୟ ରଙ୍ଗଣୀପାଟଣା ନାଁ କରିଥିଲା। ଗାଁ ସ୍କୁଲରେ ପଞ୍ଚମ ଶ୍ରେଣୀରେ ବୃତ୍ତି ହେଉ ବା ଉଚ୍ଚଶିକ୍ଷା ହେଉ ରଙ୍ଗଣୀପାଟଣାର ଆଖପାଖରେ କୌଣସି ଗାଁ ସମକକ୍ଷ ନଥିଲା। ପାଖ ଗାଁ ମାନଙ୍କୁ ଗଲେ ସେଠାରେ ଲୋକମାନେ ରଙ୍ଗଣୀପାଟଣାର ପଢ଼ା ଓ ଉଚ୍ଚଶିକ୍ଷା ପାଇଁ ପିଲାମାନଙ୍କର ଆଗ୍ରହ ବିଷୟରେ ବେଶ୍ ପ୍ରଶଂସା କରନ୍ତି।

ଗାଁକୁ ପରିଷ୍କାର ପରିଛନ୍ନ ରଖିବା, ପୋଖରୀ ତୁଠ ସଫା କରିବା, ଶ୍ମଶାନ ସଫା କରିବା, ରାସ୍ତା ମରାମତି କରିବା କାମରେ ଗାଁର ସ୍କୁଲ କଲେଜରେ ପଢୁଥିବା ପିଲାମାନେ ବରାବର ଲାଗନ୍ତି। ସେତେବେଳେ ଗାଁରେ ଘରେ ଦିଘର ମାତ୍ର ପକ୍କାଘର ଥାଏ ଆଉ ସବୁ ଚାଳଘର। ଖରାଦିନେ ନିଆଁର ଭୟଥାଏ। ଗାଁ ଦାଣ୍ଡରେ ମାଟି ହାଣ୍ଡିରେ ୪୦/୫୦ ହାଣ୍ଡି ପାଣି ମହଜୁଦ ରଖା ଯାଉଥିଲା। ଖରାଦିନେ ସନ୍ଧ୍ୟାବେଳେ ଗାଁରେ ସାହି ସାହିରେ ବୁଲି ନିଆଁକୁ ହୁସିଆର ସ୍ଲୋଗାନ ଦେଇ ପିଲାମାନେ ବୁଲୁଥିଲେ, ଚୁଲିଠୁ ଚାଳ ଠିକ୍ ଦୂରତାରେ ରହିଛିକି ନାହିଁ ଦେଖୁଥିଲେ। ସେଇଥିପାଇଁ ଆଖପାଖରେ ଥିବା ବଡ଼ ବଡ଼ ଗାଁରେ ପ୍ରତିବର୍ଷ ଘରପୋଡ଼ି ହେଉଥିଲେ ମଧ ରଙ୍ଗଣୀପାଟଣା ସେଥିରୁ ବର୍ତ୍ତି ଯାଉଥିଲା। ଏ ସବୁ କାମ ପାଇଁ ସ୍କୁଲ କଲେଜ ପିଲାମାନଙ୍କ ପ୍ରତି ଗାଁର ଲୋକମାନଙ୍କର ଶ୍ରଦ୍ଧାଥାଏ।

ଆଜିକୁ ୫୦ ବର୍ଷ ତଳେ ୧୯୬୪ ମସହା ମେ ମାସରେ ଗାଁରେ ସ୍କୁଲ କଲେଜ ପିଲାମାନେ ଏକାଠି ହେଲେ, ଗାଁରେ ଗୋଟିଏ ମାଇନର ସ୍କୁଲ୍ କରିବା ପାଇଁ। ମେ ମାସ ୨୬ ତାରିଖ ଦିନ ରାତି ସାଢ଼େ ଏଗାରଟା ଯାଏଁ ଘମାଘୋଟ ଆଲୋଚନା ହେଲା, ସେଇଟା ଥିଲା ୩ୟ ଦିନ। ପିଲାମାନେ ଅଶ୍ଚର୍ଯ୍ୟ ହେଲେ ଯେତେବେଳେ ସବୁ ଆଲୋଚନା ପରେ ଗାଁର ମୁଖିଆ ଲୋକେ, ଯେଉଁମାନେ ଗାଁ ଚଳାଇବାରେ ଆଗୁଆଥିଲେ, ଯେଉଁମାନେ ଗାଁର ଭଲମନ୍ଦ ବୁଝୁଥିଲେ, ଗାଁର ଉନ୍ନତି ମୂଳକ କାମପାଇଁ ଗାଁ ଲୋକଙ୍କୁ ଏକାଠି କରିପାରୁଥିଲେ ଗାଁରେ ଗୋଟେ ମାଇନର ସ୍କୁଲ କରିବାକୁ ପ୍ରବଳ ବିରୋଧ କଲେ ଓ କୌଣସି ପରିସ୍ଥିତିରେ ସ୍କୁଲ କରାଇ ନ ଦେବା ଘୋଷଣା କଲେ।

ସଭା ସରିଲା ଗାଁ ଲୋକମାନେ ରାତିରେ ଯିଏ ଯା' ଘରକୁ ଗଲେ। ପିଲାମାନେ କିନ୍ତୁ ଘରକୁ ଫେରିଲେନି। ରାତି ପାହିଲା ପୂର୍ବରୁ ଗାଁର କାନ୍ଥ ବାଡ଼, ପ୍ରତ୍ୟେକ ଘର କବାଟରେ ମାଇନର ସ୍କୁଲ ନିଶ୍ଚୟ ହେବ ବୋଲି ଲେଖିସାରିଥିଲେ। ପିଲାମାନେ ଆଉ ଘରକୁ ଫେରିଲେନି। ଘରକୁ ଫେରୁ ନାହାନ୍ତି କି ଖାଉ ନାହାନ୍ତି ।

ଦିନ ବଢ଼ିବା ସହ ପିଲାମାନେ ମଧ୍ୟ ଗାଁରେ ସ୍ଲୋଗାନ ଦେଇ ଚାଲିଥାନ୍ତି। ବାପ ମା'ମାନେ ଅତ୍ୟନ୍ତ ବ୍ୟାକୁଳ ହୋଇ ପଡୁଥାନ୍ତି। ଠିକ୍ ସେହି ସମୟକୁ ଅଧ୍ୟାପକ ବାସୁଦେବ ସାହୁ ଗାଁକୁ ଫେରିଲେ ଓ ପିଲାମାନଙ୍କୁ ସହଯୋଗ ଦେଲେ। ତାଙ୍କର ବକ୍ତବ୍ୟ ଏତେ ଜ୍ୱାଳାମୟୀ ଓ ଓଜସ୍ୱୀନୀ ଥିଲା ଯେ ପିଲାମାନେ ଅଧିକ ଉତ୍ସାହ ଓ ଉଦ୍ଦୀପନା ସହ ବୁଲିବାରେ ଲାଗିଲେ। ଅପରାହ୍ଣ ୪ଟା ବେଳକୁ ଗାଁ ହୁଲସ୍ଥୁଲ ହୋଇ ସାରିଥାଏ, ସାରା ଗାଁ ବସି ସ୍କୁଲ କରିବା ପାଇଁ ନିଷ୍ପତି ନେଇଗଲେ। ସେତେବେଳକୁ ପଣ୍ଡିତ ନେହେରୁଙ୍କର ତିରୋଧାନ ବିଷୟରେ ସମ୍ବାଦ ମଧ୍ୟ ପହଞ୍ଚିଥାଏ।

ତେବେ ଗାଁର ବେଶ ଜାଣିବା ଶୁଣିବା ଲୋକ ଗାଁ ଚଳାଉଥିବା ଲୋକମାନେ ସ୍କୁଲ କରିବାକୁ କାହିଁକି ବିରୋଧ କରୁଥିଲେ? ସବୁ ପିଲାଯଦି ପଢ଼ିବେ, ଗରିବ ମୂଲିଆ ଘର ପିଲାମାନେ ବି ପଢ଼ିବେ, ତେବେ ହଳିଆ ମୂଲିଆ ଆଉ ରହିବେନି। ଗରିବ ହଳିଆ ମୂଲିଆଙ୍କ ପିଲା ପାଠ ପଢ଼ିଲେ ମାନିବେନି, ଗାଁରେ ଅରାଜକତା ହୋଇଯିବ, ଗାଁର ଚାଷ ବାସ କାମ ହୋଇପାରିବନି, ଏଇଥିଲା ସେମାନଙ୍କର ଯୁକ୍ତି। ଏକଥା ମଧ୍ୟ ସେମାନେ କହୁଥିଲେ ସେ ସବୁ କୁକୁର ଯଦି ଗଙ୍ଗା ସ୍ନାନ କରିବାକୁ ଯିବେ... ତେବେ ଖଲି ଚାଟିବ କିଏ ?

ଏଭଳି ଧରଣା କେବଳ ରଙ୍ଗଣୀ ପାଟଣା ଗାଁର ନୁହେଁ, ସବୁ ଗାଁର ମୁଖିଆ ମାନଙ୍କର ଏଭଳି ଯୁକ୍ତି। ବଙ୍ଗଳାର ଜମିଦାର ଓ ଉପକୂଳ ଅଞ୍ଚଳର ଜମିଦାର ମାନେ ଭାବୁଥିଲେ ଯେ ସେମାନେ ଓ ତାଙ୍କର ସମ୍ପର୍କୀୟ ମାନଙ୍କର ପିଲାମାନେ ହିଁ ପଢ଼ିବା କଥା। ଗରିବ ଚାଷୀଘରର ପିଲାମାନେ ପଢ଼ିବାକୁ ବାହାରିଲେ ସେମାନଙ୍କୁ କୁହା ଯାଉଥିଲା –

ପାଠ ପଢ଼ାରେ ଲୋକସାନ
ନାହିଁ ଅର୍ଥ ନାହିଁ ମାନ
ପଢ଼ା ପଢ଼ି କରେ ଯିଏ
ଅନାହାରରେ ମରେ ସିଏ

ଗରିବ ଗରିବ ହୋଇ ରହୁ, ମୂଲିଆ ମୂଲିଆ ହୋଇ ରହୁ – ଏଭଳି ବିଚାର ସବୁବେଳେ ସମାଜରେ ବଡ଼ ବଡ଼ିଆମାନଙ୍କର ଥାଏ। ଘରେ ଘରେ ସମସ୍ତ ବିରୋଧ ସତ୍ତ୍ୱେ ସ୍କୁଲ ପ୍ରତିଷ୍ଠା ପାଇଁ ଆବଶ୍ୟକ ଜମି ଓ ଅର୍ଥର ଯୋଗାଡ଼ ହେଲା । ସେହି ସ୍କୁଲରୁ ଆଜି ଅନେକ ଜ୍ଞାନୀ ଗୁଣୀ ଲୋକ ଉତ୍ତୀର୍ଣ୍ଣ ହୋଇ ସମାଜରେ ପ୍ରତିଷ୍ଠା ଲାଭ କରିଛନ୍ତି।

ଆଜି ଅତ୍ୟନ୍ତ ଆନନ୍ଦର କଥା ସ୍କୁଲର ସୁବର୍ଣ୍ଣଜୟନ୍ତୀ ପାଳନ କରାଯାଉଛି ।

(ମୁଁ ଏଠାରେ କହିରଖେ କି ଏସବୁ କାମ ପଛରେ ନନା ହିଁ ମୁଖ୍ୟ ସଂଚାଳକ ଥିଲେ। ପିଲାମାନଙ୍କୁ ସେ ହିଁ ମତାଇଥିଲେ, ବଡ଼ମାନଙ୍କୁ ସେ ହିଁ ବୁଝାଇଥିଲେ। ଶେଷରେ ତାଙ୍କର ନିଷ୍ଠାପର ଉଦ୍ୟମ ଯୋଗୁଁ ସ୍କୁଲ ହେଇପାରିଥିଲା। କିନ୍ତୁ ନିଜ ନାଁ କୋଉଠି ଲେଖିନାହାନ୍ତି। ସେମିତି ମଣିଷ ସେ ଥିଲେ। ମୁଁ କରିଛି ବୋଲି କେବେ କହିନାହାନ୍ତି କି କୋଉଠି ଚିହ୍ନ ଛାଡ଼ିଯାଇନାହାନ୍ତି। - ସାବରମତୀ)

■

"ସ୍ୱର୍ଣ୍ଣଶ୍ରୀ", ଉଦ୍ଧବ ଉଚ୍ଚ ପ୍ରାଥମିକ (ମ.ଇଂ.) ବିଦ୍ୟାଳୟ, ରଙ୍ଗଣୀ ପାଟଣା, ବ୍ଲକ୍-ଓଡ଼ଗାଁ,
ଜିଲ୍ଲା-ନୟାଗଡ଼, ସୁବର୍ଣ୍ଣ ଜୟନ୍ତୀ ଉତ୍ସବ-୨୦୧୪

ଧୈର୍ଯ୍ୟର ବନ୍ଧ ଭାଙ୍ଗିବା ପୂର୍ବରୁ

ରାଜ୍ୟ ତଥା ଦେଶର ଶାସନ କାର୍ଯ୍ୟ ଚଳେଇବା ପାଇଁ ଆମେ ସାଧାରଣତଃ ବୁଦ୍ଧିମାନ ଲୋକଙ୍କୁ ବାଛିବା ବ୍ୟବସ୍ଥା କରିଛୁ। ସେମାନଙ୍କ ଭିତରୁ କିଛି ଅଧିକ ବୁଦ୍ଧିଦୀପ୍ତ ଲୋକ ବୁଝି ପାରିଲେ ଯେ ସରକାର ଯାହା କହୁଛି, ପ୍ରକୃତରେ ସ୍ଥିତି ତାହା ନୁହେଁ। ପରିସ୍ଥିତିରେ ସୁଧାର ଆଣିବା ପାଇଁ ଆହୁରି ଅନେକ କିଛି କରିବାକୁ ହେବ। ଏହି ଚିନ୍ତାରୁ ବୋଧହୁଏ ଆରମ୍ଭ ହୋଇଛି 'ମୋ ସରକାର' ଓ '୫-ଟି' ଯୋଜନା।

ଦୁଇଟି କଥା ଏଠି ଉଠୁଛି। ପ୍ରଥମ କଥାହେଲା ଯଦି ଆମେ ସବୁ ସରକାରୀ କାମ ଓଡ଼ିଆରେ କରିବା କଥା ହେଲା, ତେବେ ପାଞ୍ଚଟି ଇଂରାଜୀ ଶବ୍ଦର ପ୍ରଥମ ଅକ୍ଷରକୁ ନେଇ ଲକ୍ଷ୍ୟ ଘୋଷଣା କରିବା ଉଚିତ ହେଲାନି। ଓଡ଼ିଆରେ ପ୍ରଥମ ଅକ୍ଷରକୁ ନେଇ ଲକ୍ଷ୍ୟ ସେଭଳି ସୁବିଧାରେ କହି ହେଉନି, ତେବେ ତାକୁ 'ପାଞ୍ଚଦଫା' ବା 'ପଞ୍ଚସୂତ୍ରୀ' କାର୍ଯ୍ୟ କହିବା ଅଧିକ ସମୀଚୀନ ହୋଇଥାନ୍ତା। ଦ୍ୱିତୀୟ କଥାହେଲା '୫-ଟି'ର ଯଦି ପ୍ରଥମ ଲକ୍ଷ୍ୟ 'ଟ୍ରାନ୍ସପରେନ୍ସି' ବା 'ସ୍ୱଚ୍ଛତା' ବା ସରକାରୀ କଳରେ ଯାହା କରାଯାଉଛି ସେଥିରେ କିଛି ଲୁଚାଛପା ରହିବନାହିଁ ବା ସବୁକଥା ଲୋକମାନେ ଜାଣିବେ, ତେବେ '୫-ଟି' କୁ ସରଳ ଓ ଓଡ଼ିଆ ଭାଷାରେ ଜନସାଧାରଣ ଜାଣିବା ଭଳି ବ୍ୟାପକ ପ୍ରସାରର ଆବଶ୍ୟକତା ରହିଛି। ଏହା ହେଲେ କେବଳ '୫-ଟି' ସଚିବ କାହିଁକି ଜନସାଧାରଣ ମଧ୍ୟ ସରକାରଙ୍କ ପାଞ୍ଚଦଫା ଲକ୍ଷ୍ୟ ହାସଲରେ ବା ଯୋଜନାରେ ଭାଗୀଦାର ହୋଇପାରିବେ। ଉଦାହରଣ ସ୍ୱରୂପ '୫-ଟି'ରେ 'ଟାଇମ' ବା 'ସମୟ' କଥା ରହିଛି, ଅର୍ଥାତ ସରକାରୀ କାମରେ ଅଯଥା ବିଳମ୍ବ ହେବନାହିଁ, ସବୁ କଥା ଠିକ୍ ସମୟରେ ହେବ। ଏ କଥାଟି ଜନସାଧାରଣ ଜାଣିଲେ ପଚାରି ପାରିବେ କାହିଁକି ବର୍ଷବର୍ଷ ଧରି ଫାଇଲ ଉପରେ ନିଷ୍ପତ୍ତି ନିଆହୋଇପାରୁନି ? କାହିଁକି ବର୍ଷ ବର୍ଷ ଧରି ହାକିମ୍‌ଙ୍କ ଟେବୁଲ୍ ଉପରେ ଫାଇଲ୍ ପଡ଼ି ରହୁଛି ? ନ୍ୟାଯ୍ୟ ଅଧିକାର

ପାଇଁ ଅନେକ ଥର ଅନେକ ଲୋକଙ୍କୁ ବିଭିନ୍ନ ଭାବରେ ସନ୍ତୁଷ୍ଟ କରିବାର ଆବଶ୍ୟକତା ରହିବ କାହିଁକି ?

ସାଧାରଣତଃ କୁହାଯାଏ ଯେ ମଣିଷ ଅତୀତ ବା ଇତିହାସରୁ ଶିଖେନି; କିନ୍ତୁ ଯେଉଁମାନେ '୫-ଟି' କଥା ଚିନ୍ତା କଲେ ଆମ ବିଚାରରେ ସେମାନେ ଇତିହାସକୁ ଭଲ ଭାବେ ବୁଝିଛନ୍ତି। ଯେତେବେଳେ ଶାସନରେ ଥିବା ଲୋକମାନେ ବୁଝିପାରନ୍ତିନି ଦୈନନ୍ଦିନ ଜୀବନରେ ଛୋଟ ଛୋଟ କାମ ପାଇଁ ସରକାରୀ କଳଦ୍ୱାରା ଜଣେ ସାଧାରଣ ଲୋକ କିଭଳି ଭାବେ ଦହଗଞ୍ଜ ହୁଏ, କିଭଳି ଭାବେ ହା ହୁତାଶ ଦେଇ ଗତିକରେ, କିଭଳି ଭାବେ ନିରାଶ ତଥା ନିର୍ଯ୍ୟାତିତ ହୁଏ ସେତେବେଳେ ଶାସନ ଓ ଜନସାଧାରଣଙ୍କ ମଧ୍ୟରେ ବ୍ୟବଧାନ ବଢ଼ିଯାଏ ଓ ଗୋଟିଏ ଅନ୍ୟଠୁ ଅନ୍ତର ହୋଇଯାଏ। ଯେଉଁ କଳଟି ଜନସାଧାରଣଙ୍କ ଟିକସ ପଇସାରେ ପାଳିପୋଷି ହେଉଛି ସେ କଳଟି ଯେତେବେଳେ ସାଧାରଣ ଲୋକଟିର ଆଶା ଆକାଙ୍କ୍ଷାକୁ ଧୂଳିସାତ କରିଦିଏ, ତା'କୁ ପେଷିଦିଏ, ଚିପୁଡ଼ି ଦିଏ, ତା'ର ସୁଖ ଦୁଃଖସହ ସାମିଲ ହୋଇପାରେନି, ସେତେବେଳେ ତାର ମନ ବିଦ୍ରୋହ କରି ଉଠେ। ଫ୍ରାନ୍ସରେ ତାହା ହିଁ ହୋଇଥିଲା।

ଫ୍ରାନ୍ସର ରାଜପରିବାର ଗୋଟିଏ ପରେ ଗୋଟିଏ ଯୁଦ୍ଧରେ ବ୍ୟାପୃତ ରହିଲେ, ଯୁଦ୍ଧ ପାଇଁ ଋଣ, ଆହୁରି ଯୁଦ୍ଧ, ଆହୁରି ଋଣ। ଜନହିତ ପାଇଁ ନୁହେଁ, ଋଣ ଶୁଝିବା ପାଇଁ ଟିକସ ଓ ଆହୁରି ଟିକସ। ଲୋକ ତ୍ରାହିତ୍ରାହି ଡାକିଲେ। ଦାରିଦ୍ର୍ୟ ଉତ୍କଟ ଆକାର ଧାରଣ କଲା। କେବଳ ଉଦର ଜ୍ୱାଳା ମେଣ୍ଟେଇବା ପାଇଁ ଫରାସୀ ରମଣୀମାନେ ବେଶ୍ୟାବୃତ୍ତିକୁ ଆଦରିବାକୁ ବାଧହେଲେ। ସରକାରୀ କଳରେ ଅତି ମାତ୍ରାରେ ଦୁର୍ନୀତି, ପରିବେଶରେ ଅଧୋଗତି, ଦରଦାମ ବୃଦ୍ଧି ଓ ଗୁରୁତର ଖାଦ୍ୟାଭାବ। ପେଟପାଇଁ ରୁଟିଖଣ୍ଡେ ମିଳିବାକୁ ଦାବି କଲାବେଳେ କୁହାଗଲା, ଯଦି ରୁଟି ପାଉନାହଁ, ତେବେ କେକ୍ ଖାଅ। ଆମ ପରିପ୍ରେକ୍ଷୀରେ ଭାତମୁଠେ ମାଗିଲେ ଯଦି କୁହାଯିବ ଭାତ ନମିଳିଲେ କାନିକା ଖାଅ, ଠିକ୍ ସେହିପରି। ତାହାହିଁ ଶାସକ ଓ ଶାସିତ ମଧ୍ୟରେ ଥିବା ବ୍ୟବଧାନ ଓ ଅନ୍ତରର ପରିଚୟ ଦେଲା। ଏସବୁ ମିଶି ଜନ ଆକ୍ରୋଶର ବହ୍ନି ପ୍ରଜ୍ୱଳିତ ହେଲା ଓ ସେଥିରେ ରାଜନ୍ୟ ବର୍ଗ ଓ ସମସ୍ତ ସମର୍ଥକଙ୍କର ଶିରଚ୍ଛେଦ ହେଲା। ରାଜତନ୍ତ୍ରର ବିଲୋପ ହେଲା।

ଏବେ ସୋଭିଏଟ୍ ୟୁନିୟନ କଥା ଦେଖିବା। ପୃଥିବୀରେ ପ୍ରଥମ କରି ଏକ ସମାଜବାଦୀ ସମାଜ ପ୍ରତିଷ୍ଠା ପାଇଁ ଉଦ୍ୟମ ହେଲା ରୁଷରେ। ଏକ ସମାଜବାଦୀ ଓ ପରେ ଏକ ସାମ୍ୟବାଦୀ ସମାଜର କଳ୍ପନା କୋଟିକୋଟି ଲୋକଙ୍କୁ ଉଦ୍‌ବୁଦ୍ଧ କଲା। ସାଧନା, କଠୋର ସଂଯମ ଓ ଶୃଙ୍ଖଳା ରୁଷକୁ ଏକ ଅପରାଜେୟ ଶକ୍ତିରେ ପରିଣତ

କଲା। ସାଧାରଣ ଲୋକଙ୍କ ପାଇଁ ଶିକ୍ଷା ଓ ସ୍ୱାସ୍ଥ୍ୟ ବ୍ୟବସ୍ଥା ସଂପୂର୍ଣ୍ଣ ମାଗଣା, ପ୍ରତ୍ୟେକ ଲୋକ ପାଇଁ କାମ ଓ ଛୋଟ ହେଉ ବା ବଡ଼ ହେଉ, ସମସ୍ତଙ୍କ ପାଇଁ ବାସଗୃହର ବ୍ୟବସ୍ଥା ରାଷ୍ଟ୍ର କଲା, କିନ୍ତୁ କିଛିଦିନ ପରେ କମ୍ୟୁନିଷ୍ଟପାର୍ଟି ସଦସ୍ୟମାନେ ଏକ ବିଶେଷ ସୁବିଧା ଭୋଗୀ ଗୋଷ୍ଠୀରୂପରେ ଉଭା ହେଲେ ଓ ଧୀରେଧୀରେ ଦେଶ ଭୟଙ୍କର ଦୁର୍ନୀତିଗ୍ରସ୍ତ ହୋଇପଡ଼ିଲା। ଅନ୍ୟପକ୍ଷରେ ଦ୍ୱିତୀୟ ବିଶ୍ୱଯୁଦ୍ଧ ପରେ ପୁଞ୍ଜିବାଦୀ ରାଷ୍ଟ୍ରମାନଙ୍କର ସାମ୍ନା କରିବାକୁ ହେଲା ଓ ପୃଥିବୀର ଅନେକ ସ୍ୱାଧୀନତାକାମୀ ଓ ନୂଆକରି ସ୍ୱାଧୀନ ହୋଇଥିବା ଦେଶମାନଙ୍କୁ ଆର୍ଥିକ ତଥା ସାମରିକ ସାହାଯ୍ୟ ଦେବା ଫଳରେ ଦେଶଭିତର ଅର୍ଥନୀତି ଦୁର୍ବଳ ହେଲା ଓ ଲୋକଙ୍କର ଦୁର୍ଦ୍ଦଶା ବଢ଼ିବାରେ ଲାଗିଲା। ପାର୍ଟି ସଦସ୍ୟମାନେ କିନ୍ତୁ ଅୟସରେ ସମୟ କଟାଇଲେ। ସରକାରୀକଳ ଜନସାଧାରଣଙ୍କ ଠାରୁ ଅନ୍ତର ହୋଇଗଲା। ଗୋର୍ବାଚୋଭ ଚେଷ୍ଟାକଲେ ପରିସ୍ଥିତିର ଗାମ୍ଭୀର୍ଯ୍ୟ ବୁଝି କିଛି ସୁଧାର ଆଣିବା ପାଇଁ, କିନ୍ତୁ ନେଡ଼ିଗୁଡ଼ କହୁଣିକୁ ବହିଯାଇଥିଲା, ଠିକ୍ ଯେମିତି ଫ୍ରାନ୍ସର ରାଜା ଶେଷ ମୁହୂର୍ତ୍ତରେ ସୁଧାର ପାଇଁ ଚେଷ୍ଟା କରିଥିଲେ। ଯେଉଁ ସୋଭିଏତ ରୁଷ ଅପରାଜେୟ ଥିଲା, ଆମେରିକା ସହ ସମସ୍ତ ପୁଞ୍ଜିବାଦୀ ଦେଶମାନଙ୍କୁ ଟକ୍କର ଦେଉଥିଲା, ଚାହୁଁ ଚାହୁଁ ଭୁଶୁଡ଼ିଗଲା। ମାଗଣା ଶିକ୍ଷା, ମାଗଣା ସ୍ୱାସ୍ଥ୍ୟ ଇତ୍ୟାଦି ବ୍ୟବସ୍ଥାକୁ ରକ୍ଷା କରିପାରିଲାନି।

ଏବେ ଆମ ରାଜ୍ୟକୁ ଆସିବା। ଅତୀତ ଓ ବର୍ତ୍ତମାନ ଭିତରେ ତଫାତ୍ ଏତିକି ଯେ ଯେଉଁଠି ଦଶପଚାଶ ଲାଞ୍ଚ ଚଳୁଥିଲା, ଏବେ ତାହା ପାଞ୍ଚଶହ ଏବଂ ପାଞ୍ଚଶହ ଜାଗାରେ ଏବେ ପାଞ୍ଚହଜାର। ଇନ୍ଦିରା ଆବାସ ପାଇଁ ଯେତେବେଳେ ପଚିଶହଜାର ମିଳୁଥିଲା, ଲାଞ୍ଚ ଥିଲା ପାଞ୍ଚ ହଜାର। ଏହି ରାଶି ପଚାଶ ହଜାର ହେବାରୁ, ଲାଞ୍ଚ ପରିମାଣ ଦଶହଜାର ହେଲା। ଏବେ ତାହା ଲକ୍ଷେ ହୋଇଥିବାରୁ ଲାଞ୍ଚ ପଚିଶହଜାର। କି ଥାନା, କି ଡାକ୍ତରଖାନା, କି ତହସିଲ ଅଫିସ କିମ୍ବା ଜିଲାପାଳଙ୍କ ଅଫିସ କେଉଁଠି ଛାଡ଼୍ ନାହିଁ। ଦୁର୍ନୀତିର ଚେର ବହୁତ ଗଭୀର। ଜଣେ ସରପଞ୍ଚ ପ୍ରାର୍ଥୀକୁ ଦଶଲକ୍ଷ, ଏମ୍‌ଏଲ୍‌ଏ ହେବା ପାଇଁ ତ କୋଡ଼ିଏ ତିରିଶ କୋଟି। ୟା'ସହ ପୁଣି ଆସନ୍ତା ନିର୍ବାଚନ ପାଇଁ ଖର୍ଚ୍ଚ। ଏ ଭିତରେ ଥାଟ ପଟୁଆର ସହ ଚଳିବା ଖର୍ଚ୍ଚ। ଟଙ୍କା ଆସିବ କେଉଁଠୁ ? ସେଇଥି ପାଇଁ ତ ଆଜି ରାସ୍ତାହେଲେ ବର୍ଷେ ନ ପୂରୁଣୁ ଖାଲଖମାରେ ଭର୍ତ୍ତି, ସରକାରୀ ଘର ତିଆରି ସରୁସରୁ କାନ୍ଥରେ ପାଣି ଓ ବର୍ଷକ ଭିତରେ ମରାମତି। କେଉଁଠି ପୋଲ ଭୁଶୁଡ଼ି ଗଲାଣି ତ କେଉଁଠି ବଙ୍କା ହେଲାଣି। ଇଏ ଏକ ଗୋଲକଧନ୍ଦା। ଭୋଟ ପାଇଁ ଲୋକଙ୍କୁ ଟଙ୍କା ଦେବେ, ତେଣୁ ନିଜ କାମ ପାଇଁ ଲୋକଙ୍କୁ ଟଙ୍କା ଦେବାକୁ ହେବ। ଅବଶ୍ୟ ଟଙ୍କା ନେଲାବାଲା ଓ ଟଙ୍କା ଦେବାବାଲା ଅନେକ ସମୟରେ ଅଲଗା

ହୋଇପାରନ୍ତି। ଥାନା ବାଲା ମାସକୁ ଚାନ୍ଦା ଦେବେ କେଉଁଠୁ? ଚୋର, ଡକାୟତ, କାଠଚୋର, ଖଣି ମାଫିଆ, ଜୁଆଆଡ୍ଡା, ମଦ ବେପାରୀ ଇତ୍ୟାଦିଙ୍କ ଟଙ୍କା ନେବ ଥାନା। ତେବେ ପୁଲିସ ଏସବୁ ନିୟନ୍ତ୍ରଣ କରିବ କେମିତି? ସେହିଭଳି ଯଦି ପ୍ରତି ଅଫିସ ମାସକୁ ଚାନ୍ଦା ଦେବେ, ସେ ପଇସା ଆସିବ କେଉଁଠୁ? ଆଉ ସିଧା ଆଙ୍ଗୁଠିରେ ଘିଅ ବାହାରେନା, ଲୋକଙ୍କୁ ହଇରାଣ କଲେ, ଦଶଥର ଦୌଡ଼ାଇଲେ, ଫାଇଲକୁ ପକେଇ ରଖିଲେ ଯାଇ ପଇସା ବାହାରିବ। ଏଥିସହିତ ଖଣି ଖାଦାନରୁ ଆଖିବୁଜିଆ ଲୁଟ୍, ମାଫିଆଙ୍କ ରାଜୁତି, ଦୁର୍ନୀତିର କାୟା ବିସ୍ତାର, ଦାରିଦ୍ର୍ୟର ତାଡ଼ନାରେ ପିଲା ବିକ୍ରି, ବାଳକ/ବାଳିକା ଚାଲାଣ, ଚାଷୀ ଆତ୍ମହତ୍ୟା, ଶିକ୍ଷା ଓ ସ୍ୱାସ୍ଥ୍ୟ କ୍ଷେତ୍ରରେ ଦୟନୀୟ ଅବସ୍ଥା, ଜରୁରୀ ସରକାରୀ ସହାୟତା ବାଟମାରଣା, ନକଲି ଡାକ୍ତର, ନକଲି ଶିକ୍ଷକ, ଭେଜାଲ୍ ଔଷଧ। ଏ ସବୁ ସାମାଜିକ ଓ ଅର୍ଥନୈତିକ ବ୍ୟବସ୍ଥାକୁ କେଉଁଆଡ଼କୁ ନେବାକୁ ଯାଉଛି ତାହା ବୋଧହୁଏ ୫-ଟିର ଜନକ ହୃଦୟଙ୍ଗମ କରିପାରିଛନ୍ତି। ତେଣୁ କାଳବିଳମ୍ବ ନ କରି ବ୍ୟସ୍ଥାରେ ସୁଧାର ଆଣିବାକୁ ଅଣ୍ଟା ଭିଡ଼ିଛନ୍ତି।

ଲୋକଙ୍କର ସହିବା ଶକ୍ତିର ସୀମା ଅଛି। ସେମାନଙ୍କ ଧୈର୍ଯ୍ୟର ବନ୍ଧ ଭାଙ୍ଗିବା ପୂର୍ବରୁ ପାଞ୍ଚଦଫା କିପରି ନିଷ୍ଠାର ସହ କାର୍ଯ୍ୟକାରୀ ହେବ ସେ ଦିଗରେ ସରକାର ଦୃଷ୍ଟି ଦେବା ଆବଶ୍ୟକ। ଏହାର ସଫଳତା ହିଁ ସମସ୍ତଙ୍କ ପାଇଁ ମଙ୍ଗଳପ୍ରଦ।

■

ସମାଜ, ୨୯ ନଭେମ୍ବର, ୨୦୧୯

ଏବେ ବାଡ଼ ଭାଙ୍ଗିବାର ବେଳ

ଭାରତ ସରକାରଙ୍କର ଅଧୀନରୁ ଫେରି ଭୁବନେଶ୍ୱରରେ କଲେଜରେ ଯୋଗ ଦେଇ ଖରା ଛୁଟିରେ ଗାଁକୁ ଗଲି। ପାଖ ଗାଁର ଜଣେ ଭଦ୍ର ଲୋକଙ୍କ ସହ ଦେଖା ହେବାରେ ଗାଁରେ ସ୍ୱାଭାବିକ ଭାବେ ଯେମିତି ପଚାରନ୍ତି ସେହିଭଳି ପଚାରିଲେ- ଏବେ କୋ'ଠି ଅଛୁ ? ଉତ୍ତରରେ କହିଲି ଏବେ ଭୁବନେଶ୍ୱରରେ ଗୋଟେ କଲେଜରେ ଅଛି। 'ଓଃ, କଲେଜ, ମନ ପାଇଲେ ଗଲେ ଯ' - ତାଙ୍କ ପାଟିରୁ ସ୍ୱତଃ ବାହାରିଗଲା। ଅର୍ଥ ହେଲା - କଲେଜ ଗଲେ ଚଳିବ ନ ଗଲେ ବି ଚଳିବ। ୧୯୮୨ ମସିହାରେ ମଧ୍ୟ କଲେଜ ଅଧ୍ୟାପିକମାନଙ୍କ ଚାକିରି ବିଷୟରେ ଗାଁର ସାଧାରଣ ଲୋକଙ୍କର ଏଭଳି ମତାମତ ଥିଲା। ଅଧ୍ୟାପକମାନଙ୍କ ଭିତରେ ଶୃଙ୍ଖଳାର ଅଭାବର ପ୍ରତିଫଳନ ବା ପ୍ରତିଧ୍ୱନି ଶିକ୍ଷାର ବିଭିନ୍ନ କ୍ଷେତ୍ରରେ ଦେଖିବାକୁ ମିଳେ। ଏ କଥା ଅବଶ୍ୟ ସତ ଯେ ସବୁ କ୍ଷେତ୍ରରେ ଯେପରି ବ୍ୟତିକ୍ରମ ଦେଖିବାକୁ ମିଳେ, ଏଠାରେ ମଧ୍ୟ ସେୟା। ଏବେ ତରୁଣ ଶିକ୍ଷାମନ୍ତ୍ରୀଙ୍କ ନେତୃତ୍ୱରେ ଉଦ୍ୟମ କରାଯାଉଛି ଅତି କମ୍‌ରେ ଉପସ୍ଥାନ କ୍ଷେତ୍ରରେ କିଛି ଶୃଙ୍ଖଳା ଆଣିବା ପାଇଁ। କିଛି ସୁଫଳ ମିଳୁଥିବାର ଖବର ଆସୁଛି। ଏଭଳି ଶୃଙ୍ଖଳା ଅତି ଜରୁରୀ ଥିଲା। ଏଥିରେ କିନ୍ତୁ ସନ୍ତୁଷ୍ଟ ନ ହୋଇ ଆହୁରି ଅନେକ ପରିବର୍ତ୍ତନ କଥା ଚିନ୍ତା କରିବାର ବେଳ ଆସିଛି।

ଆମର ସମାଜ ବହୁଧା ବିଭକ୍ତ। ପ୍ରକୃତିର ଏଇ ସର୍ବୋତ୍ତମ ପ୍ରାଣୀ ମଣିଷ ନିଜ ନିଜ ଭିତରେ ଅନେକ ପାଚେରି ସୃଷ୍ଟି କରିଛି। ଭୌଗୋଳିକ ସୀମାକୁ ନେଇ, ଧର୍ମକୁ ନେଇ, ଧର୍ମ ଭିତରେ ପୁଣି ନାନା ସଂପ୍ରଦାୟ ଓ ସଂପ୍ରଦାୟ ଭିତରେ ଗୋଷ୍ଠୀ। ଭାଷା, ସେଥିରେ ନାନା ଉପଭାଷା, ଜାତି ଓ ସେଥିରେ ବିଭିନ୍ନ ଉପଜାତି, ଦେଶ, ଦେଶ ଭିତରେ ରାଜ୍ୟ, ସେ ଭିତରେ ଅଞ୍ଚଳ, କେତେ ଯେ ବାଡ଼ ପକେଇଛି ତା'ର ଠିକଣା ନାହିଁ। ଇଂରେଜୀ ମାଧ୍ୟମ ସ୍କୁଲ, ଓଡ଼ିଆ ମାଧ୍ୟମ ସ୍କୁଲ, ସହରର ନାମୀ ଦାମୀ ସ୍କୁଲ,

ନିପଟ ମଫସଲର ସ୍କୁଲ୍, ବି.ଏ, ଏମ୍.ଏ ଭଳି ସାଧାରଣ ଶିକ୍ଷା ଓ ମେଡିକାଲ ଇଂଜିନିୟରିଂ ଭଳି ବୈଷୟିକ ଶିକ୍ଷା, ଦେଶ ଭିତରର ଡିଗ୍ରୀ, ବିଦେଶର ଡିଗ୍ରୀ, ନାମୀ ଦାମୀ କଲେଜ ଓ ବିଶ୍ୱବିଦ୍ୟାଳୟର ଡିଗ୍ରୀ, ମଫସଲ କଲେଜରୁ ଡିଗ୍ରୀ।

କଲେଜରେ ବିଜ୍ଞାନ ପଢୁଥିବା ପିଲାମାନେ ନିଜକୁ କଳା ବା ବାଣିଜ୍ୟ ପଢୁଥିବା ପିଲାଙ୍କଠାରୁ ଗୋଟେ ପାହାଚ ଉପରେ ରଖିଥାନ୍ତି। ବିଜ୍ଞାନ ଭିତରେ ପଦାର୍ଥ ବିଜ୍ଞାନର ପିଲାମାନେ, କଳା ଭିତରେ ଅର୍ଥଶାସ୍ତ୍ର ପଢୁଥିବା ପିଲାମାନେ ଅନ୍ୟମାନଙ୍କଠୁ ନିଜକୁ ଗୋଟେ ପାହାଚ ଉପରେ ରଖିଥାନ୍ତି। ଇଂଜିନିୟରିଂ, କୃଷି, ମେଡିକାଲ ପାଠ କ୍ଷେତ୍ରରେ ଉଚ୍ଚତର ଶିକ୍ଷାରେ ମଧ୍ୟ ସେୟା। ବାଡ଼ ଭିତରେ ବାଡ଼, ଖୁଆଡ଼ ଭିତରେ ଖୁଆଡ଼।

ଗୋଟେ ପାଖେ ପୃଥିବୀରୁ ବାହାରି ଚନ୍ଦ୍ରରେ ଓ ମଙ୍ଗଳରେ ବସତି ସ୍ଥାପନ କଥା ମଣିଷ ଚିନ୍ତା କରୁଛି। ଆଜି ହୁଏତ ଏଭଳି ଭାବନା ବିଶୁଦ୍ଧ କଳ୍ପନାବିଳାସ ହୋଇପାରେ, ଆସନ୍ତା କାଲି ସତ୍ୟ ହୋଇପାରେ। କିନ୍ତୁ ଏଇ ପୃଥିବୀରେ ବାସ କଲା ଭିତରେ ଅଧିକରୁ ଅଧିକ ଛୋଟରୁ ଛୋଟ ଖୁଆଡ଼ ଭିତରେ ରହିବାକୁ ମଣିଷ ଭଲ ପାଉଛି।

ଏ ଲେଖାଟିର କ୍ଷୁଦ୍ର କଳେବର ଭିତରେ ମଣିଷ ନିଜେ ସୃଷ୍ଟି କରିଥିବା ସବୁ ପ୍ରକାର ବାଡ଼ ଭାଙ୍ଗିବା କଥା କୁହାଯାଇ ନାହିଁ। ଭୌଗୋଳିକ ସୀମାକୁ ନେଇ ବା ଧର୍ମକୁ ନେଇ ବା ଏପରିକି ଜାତିକୁ ନେଇ ଯେଉଁସବୁ ବାଡ଼ ସୃଷ୍ଟି ହୋଇଛି, ସେ ତ ଅପରିବର୍ତ୍ତନୀୟ ଓ ଏକ ପ୍ରକାର ଅଲଂଘନୀୟ ଜଣାପଡ଼େ। ଆମ ଶିକ୍ଷା ବ୍ୟବସ୍ଥାରେ ଥିବା ସବୁ ପ୍ରକାର ବାଡ଼ ନୁହେଁ, ଯେମିତି କି ନାମୀ ଦାମୀ ଅନୁଷ୍ଠାନ ଓ ମଫସଲରେ ଥିବା ସରକାରୀ ସ୍କୁଲ୍ ମଧ୍ୟରେ ଥିବା ବାଡ଼ ଭାଙ୍ଗିବା କଥା ମଧ୍ୟ କୁହାଯାଇନାହିଁ। ଯେତେଦିନ ଯାଏଁ ସମାଜରେ ଆୟ ଓ ସଂପତ୍ତି ମଧ୍ୟରେ ଆକାଶ ପାତାଳ ପ୍ରଭେଦ ଥିବ, ସେତେଦିନ ଯାଏଁ ଶିକ୍ଷା, ସ୍ୱାସ୍ଥ୍ୟ ଇତ୍ୟାଦି କ୍ଷେତ୍ରରେ ମଧ୍ୟ ସେଭଳି ପ୍ରଭେଦ ରହିବ। ଗୋଟେ ପାଖେ ଗୋଟିଏ ଶ୍ରେଣୀ ଗୃହରେ ଶହେ ପିଲା ଓ ଜଣେ ଶିକ୍ଷକ/ ଶିକ୍ଷୟିତ୍ରୀ, ଅନ୍ୟ ପାଖେ ଶୀତତାପ ନିୟନ୍ତ୍ରିତ କୋଠରିରେ ଅତ୍ୟାଧୁନିକ ଯନ୍ତ୍ରପାତିର ବ୍ୟବହାର ସହ ପାଠପଢ଼ା। ସେହିଭଳି ଚାରିଆଡ଼ ଆବର୍ଜନା, ମାଛି ଭଣ ଭଣ, କୁକୁର ବିଲେଇଙ୍କର ଅବାଧ ପ୍ରବେଶ, ବାରଣ୍ଡାରେ ଘରୁ ଆଣିଥିବା ଛିଣ୍ଡା ମସିଣାରେ ରୋଗୀ, କାନ୍ଥ କଣ୍ଟାରେ ଝୁଲା ହୋଇଥିବା ବା କେହି ଜଣେ ଛିଡ଼ା ହୋଇ ହାତରେ ଧରିଥିବା ସାଲାଇନ୍ ବୋତଲ, ଚିକିତ୍ସା କରିବା ପାଇଁ ଫାର୍ମାସିଷ୍ଟ ତ ଅନ୍ୟ ପାଖେ ଦିନକୁ ଆଠ ଦଶ ହଜାର ଟଙ୍କାର କ୍ୟାବିନ୍‌ରେ ବିଶେଷଜ୍ଞମାନଙ୍କ ଦ୍ୱାରା ଚିକିତ୍ସା। ଏ ବାଡ଼ରେ କିଛି ସୁଧାର ଅଣାଯାଇପାରେ, କିନ୍ତୁ ଏହାକୁ ପୂରା ଭାଙ୍ଗିବା ସରକାରଙ୍କର କ୍ଷମତା ବାହାରେ।

ଯେଉଁ ବାଡ଼ ଭାଙ୍ଗିବା ସରକାରଙ୍କ ପକ୍ଷରେ ସମ୍ଭବ, ଏଇ ଲେଖାଟିରେ ସେଇ ବାଡ଼ କଥା କୁହାଯାଇଛି। ଅନେକ ସମୟରେ ମାଟ୍ରିକ୍ ପାସ୍ କଲା ପରେ ପିଲା କ'ଣ ପଢ଼ିବ ତାହା ବିଭିନ୍ନ କଥା ଉପରେ ନିର୍ଭର କରିଥାଏ। ବାପା ମା'ଙ୍କ ପସନ୍ଦ, ସ୍କୁଲର ଶିକ୍ଷକ/ଶିକ୍ଷୟିତ୍ରୀଙ୍କ ପସନ୍ଦ, ସାଙ୍ଗସାଥୀଙ୍କର ପସନ୍ଦ ଓ ପିଲାର ପସନ୍ଦ, ଘନିଷ୍ଠ ବନ୍ଧୁବାନ୍ଧବଙ୍କର ପସନ୍ଦ- ଏ ସବୁ ନିର୍ଣ୍ଣୟ କରିଥାଏ ପିଲାର ପଢ଼ା। ପିଲାର ପସନ୍ଦ ଓ ବାପା ମା'ଙ୍କର ପସନ୍ଦ ଯଦି ସମାନ ହୋଇଗଲା, ଭଲ କଥା, ନହେଲେ ଅନେକ ସମୟରେ ବାପା ମା'ଙ୍କର ପସନ୍ଦ ଅନୁଯାୟୀ ପିଲା ପଢ଼ିବାକୁ ବାଧ୍ୟ ହୋଇଥାଏ। ମନ ଗୋଟେ ଆଡ଼େ, ପାଠ ଆଉ ଗୋଟେ ଆଡ଼େ। ଭାଗ୍ୟକୁ ଆଦରି ଇଚ୍ଛା ନ ଥିବା ପାଠ ବାଧ୍ୟ ହୋଇ ପଢ଼େ, ସେଥିରେ ଭଲ କରିପାରେ, କିନ୍ତୁ ମନ ପସନ୍ଦର ପାଠ ପଢ଼ିଥିଲେ ହୁଏତ ଆହୁରି ଭଲ କରିପାରିଥାନ୍ତା।

ଏବେ ଦେଖିବା ପିଲାର ପସନ୍ଦରେ ବାପା ମା'ଙ୍କର ପସନ୍ଦକୁ କିପରି ଯୋଡ଼ିହେବ। ପିଲାର ଇଚ୍ଛା ଥିଲା ସଂସ୍କୃତରେ ଉଚ୍ଚତର ଶିକ୍ଷା ପାଇଁ, ତା'ହେଲେ ଭାରତର ମହାନ୍ ଗ୍ରନ୍ଥ ଗୁଡ଼ିକୁ ସେ ଭଲ ଭାବେ ବୁଝିପାରିବ ଓ ସେ ସବୁଥିରେ ନିହିତ ଥିବା ଶାଶ୍ୱତ ମୂଲ୍ୟବୋଧ ବିଷୟରେ ଭଲ ଧାରଣା ଆସିବ। କିନ୍ତୁ ବିଜ୍ଞାନ ପଢ଼ିବାକୁ ବାଧ୍ୟ ହେଲା। ଏବେ ସେ ବିଜ୍ଞାନ ପଢ଼ିଲା, ସେଥିରେ ବଟାନି ବା ଉଦ୍ଭିଦ ବିଜ୍ଞାନ ଓ ରସାୟନ ବିଜ୍ଞାନ ସହ ସଂସ୍କୃତ ମଧ୍ୟ ପଢ଼ିଲା। ଆୟୁର୍ବେଦର ଚରକ, ଶୁଶ୍ରୁତ, ବାଣଭଟ୍ଟଙ୍କର ମୂଳ ଗ୍ରନ୍ଥ ଗୁଡ଼ିକୁ ଆୟତ୍ତ କଲା। କାହିଁକି ଶାସ୍ତ୍ରରେ ଲେଖାଯାଇଛି ଅମୁକ ଗଛର ଛେଲି ବା ମୂଳର ଛେଲି ପୂର୍ଣ୍ଣିମା ବା ସଂକ୍ରାନ୍ତି ଦିନ ସଂଗ୍ରହ କରିବା ପାଇଁ, ସେଥିରେ ଥିବା ରସାୟନରେ କି ପରିବର୍ତ୍ତନ ହେଉଛି ସେ କଥା ଜାଣିବା ପାଇଁ ଉଦ୍ଭିଦ ବିଜ୍ଞାନ ଓ ରସାୟନ ବିଜ୍ଞାନ ସାହାଯ୍ୟ କଲା। ବିଭିନ୍ନ ବୃକ୍ଷଲତାମାନଙ୍କର ଦ୍ରବ୍ୟ ଗୁଣ ଭଲ ଭାବେ ଜାଣିବା ପାଇଁ ରସାୟନ ବିଜ୍ଞାନ ସାହାଯ୍ୟ କଲା। ବିଭିନ୍ନ ଆୟୁର୍ବେଦିକ ଔଷଧର ପ୍ରସ୍ତୁତି ପ୍ରଣାଳୀ କେତେଦୂର ବିଜ୍ଞାନ ସମ୍ମତ ସେ ବିଷୟ ଅନୁଧ୍ୟାନ କରିବା ପାଇଁ ସୁଯୋଗ ପାଇଗଲା।

ସେହିଭଳି ବିଜ୍ଞାନ ପଢ଼ିଲା, ବା କୃଷି ବିଜ୍ଞାନ ପଢ଼ିଲା ତା'ସହ ମ୍ୟୁଜିକ୍ ବା ସଂଗୀତ ମଧ୍ୟ ପଢ଼ିଲା। ଗଛଗୁଡ଼ିକ ସଂଗୀତ ଶୁଣିବାକୁ ଭଲ ପାଉଛନ୍ତି ନା ନାହିଁ, ବା ବିଭିନ୍ନ ରାଗର ସଂଗୀତର କେଉଁ ଗଛ ଉପରେ କି କି ପ୍ରଭାବ ପଡୁଛି, ସେ ବିଷୟରେ ଅଧିକ ଗବେଷଣା ପାଇଁ ବର୍ତ୍ତମାନ ସୁଯୋଗ ପାଇଗଲା। ହୁଏତ ଆବିଷ୍କାର କଲା ଯେ ବାଇଗଣ ଗଛ ବା ଲଙ୍କା ଗଛ ଗୋଟିଏ ଗୋଟିଏ ରାଗର ସଂଗୀତ ଶୁଣିବାକୁ ଭଲ ପାଉଛନ୍ତି ବା ସଂଗୀତର ପ୍ରଭାବ ରହୁଛି ଗଛ ଗୁଡ଼ିକ ଭଲ ଭାବରେ ବଢ଼ିବା ପାଇଁ,

ଅଧିକ ସୁସ୍ଥ ରହିବା ପାଇଁ ଓ ଏପରିକି ଅଧିକ ଫଳ ଦେବା ପାଇଁ। ତା' ଫଳରେ ସାର ବା ପୋକମରା ବିଷର ପ୍ରୟୋଗ ଆବଶ୍ୟକ ହେଲାନି।

ଆଉ ଜଣେ ଛାତ୍ର ବା ଛାତ୍ରୀ ଫିଜିକ୍ସ ବା ପଦାର୍ଥ ବିଜ୍ଞାନ ସହ ବାଦ୍ୟଯନ୍ତ୍ର ଓ ସେଥିରୁ ଉପୁଜୁଥିବା ଶବ୍ଦ ତରଙ୍ଗ ବିଷୟ ମଧ୍ୟ ଅଧ୍ୟୟନ କଲା ବା ଫିଜିକ୍ସ ସହ ଋଷି କଣାଦଙ୍କର ଅଣୁ ତତ୍ତ୍ୱ ବା ଭାରତୀୟ ଦର୍ଶନ ଶାସ୍ତ୍ରରେ ଥିବା ସୃଷ୍ଟିତତ୍ତ୍ୱ ଓ ବ୍ରହ୍ମାଣ୍ଡ ସମ୍ବନ୍ଧୀୟ ପାଠ ମଧ୍ୟ ପଢ଼ିଲେ।

ଗ୍ରୀକ୍ ଦାର୍ଶନିକ ଓ ଗଣିତଜ୍ଞ ପିଥାଗୋରାସ୍ ତାଙ୍କର ଗଭୀର ଅନୁଧ୍ୟାନରୁ ଜାଣିଲେ ଯେ ଗଣିତ ଓ ସଂଗୀତ ମଧ୍ୟରେ ଅଦ୍ଭୁତ ସମନ୍ୱୟ ରହିଛି। 'ସିମେଟ୍ରି', 'ହାରମୋନିକ୍ସ'କୁ ସେ ଉଭୟ ଗଣିତ ଓ ସଂଗୀତ ମଧ୍ୟରେ ଆବିଷ୍କାର କଲେ। ଉଭୟ ଗଣିତ ଓ ଦର୍ଶନ ଶାସ୍ତ୍ରରେ ଅସାଧାରଣ ବ୍ୟୁତ୍ପତ୍ତି ହାସଲ କରିଥିବା ପ୍ରଚଣ୍ଡ ପ୍ରତିଭାଧାରିଣୀ ଆଲେକ୍‌ଜାଣ୍ଡ୍ରିୟା ବିଶ୍ୱବିଦ୍ୟାଳୟର ଅଧ୍ୟାପିକା ଦାର୍ଶନିକ ଓ ଗଣିତଜ୍ଞ ସୁଶ୍ରୀ ହାଇପାସିଆ ଉଭୟ ଶାସ୍ତ୍ରରେ ନିହିତ ଥିବା ସୌନ୍ଦର୍ଯ୍ୟ ଓ ମାଧୁର୍ଯ୍ୟର ସନ୍ଧାନ ପାଇଥିଲେ।

ସେହିଭଳି ମେଡିସିନ୍‌ରେ ଉଚ୍ଚତର ଜ୍ଞାନ ହାସଲ ପରେ ଏଲୋପାଥିକ୍ ଡାକ୍ତର ଜଣେ ହୋମିଓପାଥିକ୍ ବା ଆୟୁର୍ବେଦୀୟ ଶାସ୍ତ୍ର ଅଧ୍ୟୟନ କଲେ ସେ ସବୁରେ ଥିବା ମହତ୍ତ୍ୱପୂର୍ଣ୍ଣ ଚିକିତ୍ସା ବିଷୟରେ ଜାଣିବା ପାଇଁ ଉଦ୍ୟମ କରିପାରନ୍ତି। ହ୍ୟାନିମାନ ତ ଏଲୋପାଥିକ୍ ଡାକ୍ତର ଥିଲେ ଓ ସ୍ୱାମୀ ଶିବାନନ୍ଦ ମଧ୍ୟ ଏଲୋପାଥିକ୍ ଡାକ୍ତର ଥିଲେ ଅଥଚ ଜଣେ ହୋମିଓପାଥିକ୍ ଓ ଆଉ ଜଣେ ଯୋଗ ଓ ଆୟୁର୍ବେଦ ଉପରେ ବିଶ୍ୱାସ ରଖିଲେ। ଜର୍ମାନୀର ପ୍ରଖ୍ୟାତ କବି ଗେଟେ ହେଉଛନ୍ତି 'ମର୍ଫୋଲୋଜି' ଶାସ୍ତ୍ରର ଜନକ ଏବଂ ଖ୍ରୀଷ୍ଟିଆନ ପାଦ୍ରୀ ମେଣ୍ଡେଲ ହୋଇଗଲେ ଆଧୁନିକ 'ଜେନେଟିକ୍ସ'ର ଜନକ। ଭାରତରେ ଇଷ୍ଟ ଇଣ୍ଡିଆ କମ୍ପାନିର ରାଜତ୍ୱ ଓ ତା'ପରେ ପରେ ମଧ୍ୟ ସର୍ଜନମାନେ ଜଙ୍ଗଲର ମହତ୍ତ୍ୱ ବିଷୟରେ ପ୍ରଚାର ପ୍ରସାର କଲେ ଓ ପ୍ରଥମ ବନ ସଂରକ୍ଷକ ଜଣେ ସର୍ଜନ ହୋଇଥିଲେ। ଅର୍ଥଶାସ୍ତ୍ରର ଜନକ ଦର୍ଶନ ଶାସ୍ତ୍ରର ଅଧ୍ୟାପକ ଥିଲେ।

ଜଣେ ସିଭିଲ୍ ଇଂଜିନିୟର ଉଦ୍ୟାନ ବିଜ୍ଞାନରେ ରୁଚି ରଖିଲେ, କୋଠାବାଡ଼ି ସହ ସୁନ୍ଦର ଉଦ୍ୟାନଟିଏ ମଧ୍ୟ ରହିବାର ବ୍ୟବସ୍ଥା କଲେ। ବାଣିଜ୍ୟ ବା ଅର୍ଥଶାସ୍ତ୍ର ପଢୁଥିବା ପିଲା ମନସ୍ତତ୍ତ୍ୱ ବା ଇଣ୍ଟରନ୍ୟାସନାଲ ରିଲେସନ୍ ମଧ୍ୟ ପଢ଼ିଲେ। ଏଭଳି ଅନେକ ସମ୍ଭାବନା ଅଛି।

ଏ ସବୁର ଅର୍ଥ ହେଲା ଆଉ ବି.ଏ, ବି.ଏସ୍.ସି ବା ବି.କମ୍, ଏମ.ଏ, ଏମ୍.ଏ.ସି ବା ଏମ୍.କମ୍, ବି.ଟେକ୍, ଏମ୍.ଟେକ୍, ଏମ୍.ବି.ବି.ଏସ୍ ବା ଏସ୍.ଜି.ଏମ୍.ଏସ୍ ଇତ୍ୟାଦି

ମାର୍କା ରହିବ ନାହିଁ। ଜଣେ ସ୍ନାତକ ହେବ, ସେଥିରେ ବିଜ୍ଞାନ ଓ କଳାର ବିଷୟମାନ ରହିବ, ବିଜ୍ଞାନର ବିଷୟ ଓ କଳାର ବିଷୟମାନ ସାର୍ଟିଫିକେଟ୍‌ରେ ରହିବ ଓ ସେ ସ୍ନାତକ ବା ସ୍ନାତକୋତ୍ତର ଉପାଧି ପାଇବେ। ବାଡ଼ ବା ଖୁଆଡ଼ର ଲୋପ ହେବ। ଗଣିତ ସହିତ ସଙ୍ଗୀତ ବା ବିଜ୍ଞାନ ସହ ସଂସ୍କୃତ, ଇଂଜିନିୟରିଂ ସହ ଉଦ୍ୟାନ ବିଜ୍ଞାନ, ଏଲୋପାଥି ସହ ଆୟୁର୍ବେଦ/ହୋମିଓପାଥି ବା ଫୁଲ ବଗିଚା ତିଆରି ଇତ୍ୟାଦି ରହିବ। କେଉଁଥିରୁ କେତେ ପାଠ ପଢ଼ିଛନ୍ତି, ସେ କଥା କେବଳ ସାର୍ଟିଫିକେଟ୍‌ରେ ଉଲ୍ଲେଖ ରହିବ। ଆମର ମହାବିଦ୍ୟାଳୟ ତଥା ବିଶ୍ୱବିଦ୍ୟାଳୟମାନ ଏଭଳି ପରିବର୍ତ୍ତନ ପାଇଁ ପ୍ରସ୍ତୁତ ହେବା ଆବଶ୍ୟକ ମନେ ହୁଏ।

■

ସମ୍ବାଦ, ୨୮ ନଭେମ୍ବର, ୨୦୧୯

ନାଚାର ଭଗବାନ୍ !

ବିଶ୍ୱ ବ୍ରହ୍ମାଣ୍ଡର ସୃଷ୍ଟି ବର୍ତ୍ତମାନ ସୁଦ୍ଧା ରହସ୍ୟାବୃତ୍ତ ରହିଛି । ଆମେ ଯେ ଚୂଡ଼ାନ୍ତ ସତ୍ୟରେ ପହଞ୍ଚିଛେ ତାହା କହିବା କଷ୍ଟ । ବେଦରେ ମନ୍ତ୍ରଦ୍ରଷ୍ଟା ଋଷି ମଧ୍ୟ କହିଲେ- 'କିଏ କହିବ, କିଏ ଜାଣିଛି ଏ ବିଶ୍ୱ ବ୍ରହ୍ମାଣ୍ଡର ଉତ୍ପତ୍ତି କିପରି ହେଲା ।' ଠିକ୍ ସେହିଭଳି କାହିଁକି କେବଳ ଭାରତ ଭୂଖଣ୍ଡରେ ଜାତିମାନଙ୍କର ସୃଷ୍ଟିହେଲା, କାହିଁକି ହଜାରହଜାର ବର୍ଷଧରି ଜାତିଭେଦ ଚାଲିଆସିଛି ଓ ତା'ର କାୟା ବିସ୍ତାର କରିଛି, କାହିଁକି ଶିକ୍ଷା ଓ ଗଣତନ୍ତ୍ରର ପ୍ରସାର ଫଳରେ ଜାତିବାଦର ବିଲୟ ତ ହେଲାନି, ବରଂ ତା'ର ଚେର ଆହୁରି ଗଭୀର ହେଲା ଓ ପ୍ରସାରିତ ହେଲା, କାହିଁକି ଜାତିଭେଦରେ ବିଶ୍ୱାସ ରଖୁନଥିବା ଇସଲାମ ଓ ଖ୍ରୀଷ୍ଟିଆନ ଧର୍ମରେ ଦୀକ୍ଷିତ ଭାରତୀୟମାନଙ୍କ ମଧ୍ୟରେ ଆମେ ଜାତିଭେଦ ଲକ୍ଷ୍ୟ କରୁ, କାହିଁକି ଅଢ଼େଇ ହଜାର ବର୍ଷତଳୁ ମହାବୀର, ଗୌତମ ବୁଦ୍ଧ, ସ୍ୱାମୀ ବିବେକାନନ୍ଦ, ସ୍ୱାମୀ ଦୟାନନ୍ଦ, ଗାନ୍ଧୀ, ଆମ୍ବେଦକର, ମହାତ୍ମା ଫୁଲେ, ପେରିଆର, ଓଡ଼ିଶାରେ ଭୀମଭୋଇ ଓ ପଞ୍ଚସଖାଙ୍କ ଭଳି ଆହୁରି ଅନେକ ସନ୍ଥ, ବିପ୍ଳବୀମାନଙ୍କର ଜାତିଭେଦ, ବିଶେଷତଃ ଛୁଆଁ ଅଛୁଆଁ ଭେଦଭାବ ବିରୋଧରେ ସଂଗ୍ରାମ ସତ୍ତ୍ୱେ ଜାତିଆଣଭାବ ସଗର୍ବେ ଛିଡ଼ା ହୋଇଛି- ତା'ର ସଠିକ୍ ଉତ୍ତର ପାଇବା ମୁସ୍କିଲ ।

ହିନ୍ଦୁ ଧର୍ମର ଆଧାରଶିଳା ଭାବେ ବେଦ ଓ ଗୀତାକୁ ଗ୍ରହଣ କରାଯାଇଛି । ବେଦର ପୁରୁଷ ସୂକ୍ତରେ କୁହାଗଲା ଯେ ପରମେଶ୍ୱରଙ୍କ ମୁଖରୁ ବ୍ରାହ୍ମଣ, ବାହୁରୁ କ୍ଷତ୍ରିୟ, ଜଂଘରୁ ବୈଶ୍ୟ ଓ ପାଦରୁ ଶୂଦ୍ରମାନଙ୍କର ସୃଷ୍ଟି ହେଲା । ମୁଖରୁ ବ୍ରାହ୍ମଣମାନଙ୍କର ସୃଷ୍ଟି ହୋଇଥିବା ଦୃଷ୍ଟିରୁ ସେମାନେ ସର୍ବୋଚ୍ଚ ସ୍ଥାନରେ ରହିଲେ, ଅଧ୍ୟୟନ, ଅଧ୍ୟାପନା କାର୍ଯ୍ୟ, ହୋମଯଜ୍ଞ, ବେଦ-ଶାସ୍ତ୍ର-ପୁରାଣ ପଠନ ସେମାନଙ୍କର ମୁଖ୍ୟ କାର୍ଯ୍ୟ ହେଲା । ବାହୁରୁ ଜନ୍ମ ଦୃଷ୍ଟିରୁ କ୍ଷତ୍ରିୟମାନେ ବଳର ଅଧିକାରୀ ଓ ପ୍ରଜାମାନଙ୍କର ସୁରକ୍ଷା ଦାୟିତ୍ୱରେ ରହିଲେ । ଜଂଘରୁ ସୃଷ୍ଟି ହୋଇଥିବା ବୈଶ୍ୟମାନେ ବ୍ୟବସାୟ ବାଣିଜ୍ୟ ଏବଂ ପାଦରୁ

ଜାତ ଶୁଦ୍ରମାନେ ସମସ୍ତଙ୍କର ସେବାକାମ ପାଇଁ ଉପଯୁକ୍ତ ହେଲେ। ତେବେ ପ୍ରଶ୍ନ ହେଉଛି ଶରୀରର କେଉଁ ଅଂଗ ବଡ଼ ଓ କେଉଁ ଅଂଗ ସାନ? ବେଦରେ କୃଷିକାର୍ଯ୍ୟ କରିବା ପାଇଁ ଚାଷୀମାନଙ୍କୁ ପରାମର୍ଶ ଦିଆଯାଇଛି। ତେବେ କୃଷିକାର୍ଯ୍ୟ ହେବ କିପରି? ପାଦର ବ୍ୟବହାର ନକରି ଫସଲ କିପରି ହେବ? ରୋଜଗାର କିପରି ହେବ? ପାଦ ଯେପରି ଦରକାର, ହାତ, ମୁଣ୍ଡ ସବୁ ଅଂଗ କାମ ନକଲେ ଅନ୍ନ ଭୋଜନ ବ୍ୟବସ୍ଥା ହେବ କିପରି? ଏସବୁ ବ୍ୟତୀତ ଆମେ ଯେତେବେଳେ ଆମର ଜଣେ ଅତି ନମସ୍ୟ ବ୍ୟକ୍ତିଙ୍କୁ ଭେଟୁ, ଆମେ ତ ପାଦ ଛୁଇଁ ଭକ୍ତି ଜଣାଉ। ପୁଣି ଅର୍ଜ୍ଜୁନ ଶ୍ରୀକୃଷ୍ଣଙ୍କର ପାଦପାଖେ ବସିଥିଲେ ବୋଲି ଶ୍ରୀକୃଷ୍ଣ ତାଙ୍କ ଉପରେ ସନ୍ତୁଷ୍ଟ ହୋଇଗଲେ ଏବଂ ଦୁର୍ଯ୍ୟୋଧନ ତ ଶ୍ରୀକୃଷ୍ଣଙ୍କର ମୁଖ ପାଖରେ ବସିଲେ ବୋଲି ତାଙ୍କୁ ପ୍ରତ୍ୟାଖ୍ୟାନ କଲେ। ଏ ସବୁ କାରଣରୁ ପାଦ କିପରି ନ୍ୟୁନ ହେଲା ମୁଖ କିପରି ଉଚ୍ଚରେ ରହିଲା?

ବେଦର ପୁରୁଷ ସୂକ୍ତ ବ୍ୟତୀତ ଗୀତାର ଶ୍ଳୋକଟି ଜାତିପ୍ରଥା ସପକ୍ଷରେ ଉଦ୍ଧାର କରାଯାଏ, କିନ୍ତୁ ଗୀତାରେ ଶ୍ରୀକୃଷ୍ଣ କହିଲେ ଚାରିବର୍ଣ୍ଣ ମୋ ଦ୍ୱାରା ସୃଷ୍ଟ। ତା'ପରେ ସେଇ ଶ୍ଳୋକରେ ରହିଲା ଗୁଣ କର୍ମ ଅନୁଯାୟୀ, ଜନ୍ମ ଯୋଗୁଁ ନୁହେଁ, ଜାତି ନିର୍ଣ୍ଣୟ ହେବ। ଏଥର ଗୁଣ ବାପାଙ୍କର ଗୁଣ ଅପେକ୍ଷା ଭିନ୍ନ ହେଲେ, ସେ ଅନ୍ୟ ଜାତିର ହୋଇଯିବ, ଗୀତାର ଶ୍ଳୋକ ଅନୁଯାୟୀ। ଆମେତ ଦୈନନ୍ଦିନ ଜୀବନରେ ତାହାହିଁ ଦେଖୁଛେ। ଜଣେ ଇଞ୍ଜିନିୟରଙ୍କ ପୁଅ ଡାକ୍ତର, କଂଟ୍ରାକ୍ଟର, ଅଧ୍ୟାପକ ହୋଇପାରନ୍ତି ବା କୌଣସି କଳକାରଖାନାରେ କାମ କରିପାରନ୍ତି ବା ଚାଷକାମ କରିପାରନ୍ତି ବା ସୈନିକବିଭାଗରେ ରହି ଦେଶରକ୍ଷା କରିପାରନ୍ତି। ଅତୀତରେ ଦସ୍ୟୁ ରତ୍ନାକର ପୁଣି ମହର୍ଷି ବାଲ୍ମୀକି ହୋଇଗଲେ, ରାଜା ଜନକ ଚାଷୀ ହୋଇଗଲେ, ତୈତ୍ତରୀୟ ଉପନିଷଦର ରଚୟିତା ତ ଶୁଦ୍ର ଥିଲେ ଓ କୈବର୍ତ୍ତ କନ୍ୟାଙ୍କର ପୁଅ ମହର୍ଷି ବ୍ୟାସଦେବ ହେଲେ। ତେବେ ଏବେ ବଞ୍ଚିଥିଲା ଯାଏ ତେଲିର ପୁଅ ତେଲି ବା କଣ୍ଡରା ପୁଅ କଣ୍ଡରା ବା ବ୍ରାହ୍ମଣ ପୁଅ କାହିଁକି ବ୍ରାହ୍ମଣ ରହିବ? ଆଉ ଗୀତାର ଶ୍ଳୋକଟି ଉଦ୍ଧାର କରି ଜାତି ପ୍ରଥାଟିକୁ କାହିଁକି ଅଲଂଘନୀୟ ଓ ଅପରିବର୍ତ୍ତନୀୟ ରଖାଯିବ?

ବେଦ ଓ ଗୀତାରେ ମଣିଷକୁ ଚାରିବର୍ଣ୍ଣରେ ବିଭକ୍ତ କରିବା କଥା କୁହାଯାଇଛି, ମଜା କଥା ହେଉଛି, ଆମ ଶାସ୍ତ୍ରମାନେ ସେତିକିରେ ଅଟକି ଯାଇନାହାନ୍ତି। ଜାଣିଲେ ଆଶ୍ଚର୍ଯ୍ୟ ହେବା ଆମର ଶାସ୍ତ୍ର ଖାଲି ମଣିଷକୁ ନୁହେଁ ଦେବତାମାନଙ୍କୁ ମଧ୍ୟ ଚାରିବର୍ଣ୍ଣରେ-ସେଇ ବ୍ରାହ୍ମଣ, କ୍ଷତ୍ରିୟ, ବୈଶ୍ୟ ଓ ଶୁଦ୍ରରେ ବିଭକ୍ତ କରିଛନ୍ତି। ଦେବତାମାନଙ୍କ ମଧ୍ୟରେ ବ୍ରାହ୍ମଣ ହେଲେ ଅଗ୍ନି। ଅଗ୍ନିଙ୍କ ପାଖକୁ ଗଲେ ଉଷ୍ମତା ମିଳିବ, ବ୍ରାହ୍ମଣଙ୍କ ପାଖକୁ ଗଲେ ଯେପରି ଜ୍ଞାନ ପାଇବେ। କ୍ଷତ୍ରିୟ ଦେବତା ହେଲେ ଇନ୍ଦ୍ର, ସୋମ, ରୁଦ୍ର, ଯମ, ମୃତ୍ୟୁ

ଓ ଶଙ୍କର ପ୍ରମୁଖ। ଦମ ଅର୍ଥାତ୍ ଦମନ- ଯେଉଁ ଦେବତାମାନେ ଇନ୍ଦ୍ରିୟମାନଙ୍କୁ ଦମନ ବା ସଂଯତ କରିବାରେ ସାହାଯ୍ୟ କରନ୍ତି ସେମାନେ କ୍ଷତ୍ରିୟ। ବସୁ, ରୁଦ୍ର, ଆଦିତ୍ୟ, ବିଶ୍ୱେଦେବ ଓ ମରୁତଗଣ ହେଲେ ବୈଶ୍ୟ ବର୍ଣ୍ଣର ପ୍ରତିନିଧି। ଅନ୍ନ ଉତ୍ପାଦନ, ଅର୍ଥାତ କୃଷି କାର୍ଯ୍ୟ ବେପାର, କଳକାରଖାନା ଏସବୁ ବୈଶ୍ୟ ଦେବତାମାନଙ୍କ କାର୍ଯ୍ୟ। ଯେପରି ବ୍ୟବସାୟୀମାନେ ଉତ୍ପାଦନ କରିବେ ଓ ଉତ୍ପାଦିତ ଜିନିଷକୁ ସବୁଆଡ଼େ ବିତରଣ କରିବେ ସେହିପରି ଆଦିତ୍ୟଙ୍କ ରଶ୍ମି ଓ ମରୁତ ବା ବାୟୁ ସର୍ବତ୍ର ସଂଚରିତ ହେବ ପ୍ରାଣ ରକ୍ଷା କରିବା ପାଇଁ। ଶୁଦ୍ର ବା ପୋଷକ ଦେବତା ହେଲେ ପୃଥିବୀ, ସମସ୍ତ ଯାତନା, ତାଡ଼ନା ସହି ସେ ସର୍ବଂସହା ହେବେ। ଆଉ ସମସ୍ତଙ୍କର ପୋଷଣ କଥା ବୁଝିବେ। ତେବେ ମଣିଷକୁ ଚାରିବର୍ଣ୍ଣ ଓ ଦେବତାମାନଙ୍କୁ ଚାରିବର୍ଣ୍ଣରେ ବିଭକ୍ତ କରିବା ସମାନ ନୁହେଁ। ଆମେ ଯେପରି ଗୁଣ କର୍ମ ଅନୁଯାୟୀ ସମାଜରେ ସ୍ଥାନ ଦେଉ, ଦେବତାମାନଙ୍କୁ ଆମେ ସେଇ ଦୃଷ୍ଟିରେ ଦେଖୁନୁ। ଜୀବନସାରା ସେ ସୁକର୍ମ ବା ଅପକର୍ମରେ ଲିପ୍ତ ରହିଲେ ମଧ୍ୟ ସେ ବ୍ରାହ୍ମଣ ବୋଲାଇବେ ଓ ଆମେ ତାକୁ ଉଚ୍ଚସ୍ଥାନ ଦେବା। ଅନ୍ୟ ପକ୍ଷରେ ମଣିଷ ଭଳି ଜଣେ ମଣିଷ ଓ କୌଣସି ଅପକର୍ମରେ ନଥିଲେ ମଧ୍ୟ ଯଦି ସେ ଅସବର୍ଣ୍ଣ ଘରେ ଜନ୍ମ ହେଲା, ତା'ହେଲେ ସମାଜରେ ସେ ନୀଚ ସ୍ଥାନରେ ରହିବେ, ଘୃଣାର ପାତ୍ର ହେବେ, ଅଛୁଆଁ ହୋଇରହିବେ। ଆଉ ଏ ଜନ୍ମରେ ସେଇ ସ୍ଥିତିରୁ ତାଙ୍କର ମୁକ୍ତି ନାହିଁ।

ସେଭଳି ସ୍ଥିତିର ପରିବର୍ତ୍ତନ ପାଇଁ ମହାବୀର ଓ ବୁଦ୍ଧଙ୍କଠାରୁ ଆରମ୍ଭ କରି ଅଢ଼େଇ ହଜାର ବର୍ଷଧରି ଅନେକ ମନୀଷୀ ଉଦ୍ୟମ କରିଛନ୍ତି, କିନ୍ତୁ ସଫଳ ହୋଇ ନାହାନ୍ତି। ବରଂ ଯେଉଁଠି ସେଭଳି ଉଦ୍ୟମ ହୋଇଛି, ଜାତିବାଦ ସେହି ସ୍ଥାନରେ ଭୟଙ୍କର ରୂପନେଇ ଫେରି ଆସିଛି। ଏବେ ଦେଖିବା ଭଗବାନଙ୍କ ବିଚାର କ'ଣ? ଆମେ ଜଗତର ନାଥ ବୋଲାଉଥିବା ଶ୍ରୀଜଗନ୍ନାଥଙ୍କଠୁ ଆରମ୍ଭ କରିବା। ଦାସିଆ ବାଉରିଙ୍କୁ ନେଇ ତ ଏକ ପର୍ବ ଅନୁଷ୍ଠିତ ହେଲା, କିନ୍ତୁ ବିଷୟଟିକୁ ଆମେ ଟିକିଏ ଗଭୀରଭାବେ ଆଲୋଚନା କଲେ କ'ଣ ଜଣାଯାଏ? ବାଉରି ଜାତିରେ ଜନ୍ମବୋଲି ମନ୍ଦିର ଭିତରକୁ ପ୍ରବେଶ ମନା, କିନ୍ତୁ ନାଁ ତ ଜଗନ୍ନାଥ। ସେ' ତ ସମସ୍ତଙ୍କ ନାଥ, ବ୍ରାହ୍ମଣ ଓ ବାଉରି ସମେତ। ଜଗନ୍ନାଥ ଦାସିଆ ବାଉରିର ଭକ୍ତିଭାବ ଓ ତା'ର ଅନ୍ତରର ବ୍ୟାକୁଳତା ବୁଝିପାରିଲେ। ଦାସିଆ ବାଉରି ତ ପାଞ୍ଚକେଜି ସୁନା ବା ପଚାଶଲକ୍ଷ ଟଙ୍କା ଦେଇ ପାରିନଥା'ନ୍ତା, ସେ ନଡ଼ିଆଟେ ତା'ର ଅନ୍ତରର ଠାକୁରକୁ ଦେବା ପାଇଁ ଆଣିଥିଲା। ଆଉ ଠାକୁରେ ଭକ୍ତିରେ ପ୍ରୀତ ହୋଇ ତାଙ୍କର ଅଦୃଶ୍ୟ ହାତରେ ଦାସିଆ ବାଉରିର ହାତରୁ ନଡ଼ିଆଟି ନେଇଗଲେ। ଭକ୍ତ ଦାସିଆ ବାଉରି ଚକିତ ହୋଇଗଲେ।

ଭାବବିହ୍ୱଳ ହୋଇଗଲେ, ଯେଉଁ ଅଦୃଶ୍ୟ ହାତ ଦାସିଆ ବାଉରିଙ୍କର ହାତରୁ ନଡ଼ିଆଟି ନେଇଗଲା, ସେଇ ଅଦୃଶ୍ୟ ହାତ ଦାସିଆ ବାଉରିଙ୍କୁ ସିଧା ନେଇ ରତ୍ନ ସିଂହାସନ ପାଖରେ ପହଞ୍ଚାଇ ଦେଇପାରିଥାନ୍ତା ବା ତାଙ୍କୁ ଅଟକାଇଥିବା ଲୋକମାନଙ୍କୁ ବଳୀୟାର ଭୁଜରେ ଆଡ଼େଇ ଦେଇ ଦାସିଆ ବାଉରିଙ୍କୁ ପାଖକୁ ନେଇଯାଇଥାଆନ୍ତା। ଜଗତର ନାଥ କାହାକୁ ଡରି ଭକ୍ତ ପାଇଁ ସେତକ କରି ପାରିଲେନି? ତାଙ୍କର ଅଦୃଶ୍ୟ ହାତ ନଡ଼ିଆଟି ନେଇ ଯିବା ଯୋଗୁଁ ତ ତାଙ୍କର ବାନା ଉଡ଼ିଲା। ଆଉ ଅଧିକ କ'ଣ ଆବଶ୍ୟକ? ପତିତ ଥିଲେ ତ ପତିତପାବନ ବାନା ଉଡ଼ିବ। ସେଇଥିପାଇଁ ପ୍ରାୟ ହଜାରେ ବର୍ଷ ଧରି ପତିତପାବନ ବାନା ଉଡ଼ିଚାଲିଛି।

ଅନ୍ୟ କାହାଣୀଟି ଭକ୍ତ ସାଲବେଗ ସମ୍ପର୍କୀୟ। ସାଲବେଗଙ୍କ ଭଜନରେ କେତେ ଆତ୍ମୀୟତା, କେତେ ବ୍ୟାକୁଳତା, କେତେ ନିରୁତା ଭକ୍ତିଭାବ, କେତେ ସଂପୂର୍ଣ୍ଣ ସମର୍ପଣ ଭାବ! ଚକାଆଖିର ଦର୍ଶନ ପାଇଁ, ନିକଟକୁ ଯାଇ ଟିକିଏ ନିରେଖି ଚାହିଁ ଦେବା ପାଇଁ କେତେ ଆକୁଳ ନିବେଦନ, କିନ୍ତୁ ସିଏ ଯେ ମୁସଲମାନ ସେଇଥି ପାଇଁ ପ୍ରବେଶ ନିଷେଧ, ଅଥଚ ଜଗନ୍ନାଥ ହିସାବରେ ସେ ଅଧିଷ୍ଠିତ ଓ ପରିଚିତ। ଭକ୍ତ ସାଲବେଗର ଭକ୍ତିରେ ସନ୍ତୁଷ୍ଟ ହୋଇ ଜଗନ୍ନାଥ କ'ଣ କଲେ? ଗଜପତିଙ୍କୁ ସ୍ୱପ୍ନରେ କହିଦେଲେ ତାଙ୍କର ଭଜନ ଶ୍ରୀମନ୍ଦିରରେ ଦୈନିକ ଓ ରଥଯାତ୍ରା ସମୟରେ ବୋଲାଯିବ। ଗଜପତି ମହାରାଜ ସେଇ ସ୍ୱପ୍ନାଦେଶ ପାଳନ କଲେ। କାହିଁକି ମହାପ୍ରଭୁ ଶ୍ରୀଜଗନ୍ନାଥ ଗଜପତି ମହାରାଜଙ୍କୁ ସ୍ୱପ୍ନରେ କହିପାରିଲେନି ତାଙ୍କର ଭକ୍ତ ସାଲବେଗଙ୍କୁ ମନ୍ଦିର ଭିତରକୁ ଛାଡ଼ିବା ପାଇଁ? ତାଙ୍କୁ ତାଙ୍କର ଦର୍ଶନ ଦେବା ପାଇଁ? କାହିଁକି ଜଗତରନାଥ ଗୋଟିଏ ଧର୍ମର ସେ ପୁଣି ଗୋଟିଏ ଗୋଷ୍ଠୀର ହୋଇ ରହିବା ପାଇଁ ଉଚିତ ମନେ କଲେ? ଇଏତ କଣାପୁଅର ନାଁ ପଦ୍ମଲୋଚନ ପରି ହେଲା।

ଏବେ ଦକ୍ଷିଣକୁ ଯିବା। ଦକ୍ଷିଣରେ ଉଡୁପିଠାରେ ପ୍ରସିଦ୍ଧ ଶ୍ରୀକୃଷ୍ଣଙ୍କ ମନ୍ଦିର। କନକ ଦାସ ଥିଲେ ଭଗବାନ ଶ୍ରୀକୃଷ୍ଣଙ୍କର ପରମ ଭକ୍ତ। ସେ କିନ୍ତୁ ନୀଚ ବର୍ଣ୍ଣରେ ଜନ୍ମ। ଅନେକ ଦିନ ମନ୍ଦିରକୁ କନକ ଦାସ ଯାଆନ୍ତି। ତାଙ୍କର ମନର ଠାକୁର ଶ୍ରୀକୃଷ୍ଣଙ୍କ ଦର୍ଶନ ପାଇଁ ମନ୍ଦିର ସାମନାରେ ଠିଆହୋଇ ହୋଇ ଆକୁଳ ନିବେଦନ କରି ବିନା ଦର୍ଶନରେ ଫେରନ୍ତି। ମନ୍ଦିର ଭିତରକୁ ଯିବା ମନା ତାଙ୍କର ଜାତି ଯୋଗୁ। ନିରାଶ ହୋଇ ଦିନେ ମନ୍ଦିର ପଛ ପାଖକୁ ଗଲେ, ପଛପାଖ ମନ୍ଦିର କାନ୍ଥରେ ଗୋଟିଏ ଛୋଟ ଝରକା ଥାଏ। ସେଇ ଝରକାବାଟେ ପରମ ଭକ୍ତ କନକ ଦାସଙ୍କର ନିବେଦନ ଶୁଣି ଅନ୍ତର୍ଯ୍ୟାମୀ ଭଗବାନ ଶ୍ରୀକୃଷ୍ଣ ସେଇ ପାଖକୁ ବୁଲିଗଲେ ଓ ଭକ୍ତ କନକଦାସଙ୍କୁ ଦର୍ଶନ ଦେଲେ। ହାୟ! ଭକ୍ତ ପାଇଁ ପ୍ରଭୁ ଶ୍ରୀକୃଷ୍ଣ ନିଜେ ପଛକେ ବୁଲିଗଲେ, କିନ୍ତୁ ମୁଖ୍ୟଦ୍ୱାର

ଦେଇ କନକ ଦାସଙ୍କୁ ଯିବାର ବ୍ୟବସ୍ଥା କରିପାରିଲେନି। ସେଇ ଦିନଠୁ ଉଡୁପିର ଶ୍ରୀକୃଷ୍ଣଙ୍କ ମନ୍ଦିରର ମୁଖ୍ୟ ଦ୍ୱାର ବନ୍ଦ, କେବଳ ପଛ ପାଖ ଝରକା ଦେଇ ଦର୍ଶନ ମିଳିଲା। ମହାପ୍ରଭୁ ଜଗନ୍ନାଥ ଓ ଭଗବାନ ଶ୍ରୀକୃଷ୍ଣ ଭିନ୍ନ ଭିନ୍ନ ରୂପ ମାତ୍ର। ଏବେ ଦେଖିବା ଶଙ୍କର ଭଗବାନଙ୍କ କଥା। ନନ୍ଦନାର ନାମକ ଜଣେ ଲୋକ ଶିବଜୀଙ୍କ ଭକ୍ତ ଥିଲେ। ମନ୍ଦିରରେ ତାଙ୍କର ଦର୍ଶନ ପାଇଁ ଅନେକ ବାର ଚେଷ୍ଟା କଲେ, ହେଲେ ନୀଚ ଜାତିରେ ଜନ୍ମ ଯୋଗୁ ମନ୍ଦିର ଭିତରକୁ ପ୍ରବେଶ କରିପାରିଲେନି। ଶଙ୍କର ଭଗବାନ ମନ୍ଦିର ଭିତରେ, ତାଙ୍କ ଆଗରେ ନନ୍ଦି ଥାଆନ୍ତି। ନନ୍ଦନାର ନନ୍ଦିଙ୍କ ଯୋଗୁଁ ଦର୍ଶନ ପାଇପାରୁନଥାନ୍ତି। ଏବେ ନନ୍ଦିଙ୍କୁ ଟିକିଏ ଘୁଞ୍ଚେଇଦେଲେ ଭଗବାନ ଶଙ୍କର। ନନ୍ଦିଙ୍କୁ ଘୁଞ୍ଚେଇ ନନ୍ଦନାରଙ୍କୁ ସିଧା ଦର୍ଶନ ଦେଇଦେଲେ, ହେଲେ ନୀଚ ଜାତିର ଲୋକମାନଙ୍କୁ ମନ୍ଦିର ପ୍ରବେଶ ନିଷେଧ ବ୍ୟବସ୍ଥା ଘୁଞ୍ଚେଇ ପାରିଲେନି।

ଜାତିବାଦ, ଛୁଆଁ ଅଛୁଆଁ ବିଚାର ଚାଲୁ ରହିଲା। ନାଚାର ଭଗବାନ !

■

ସମାଜ, ୧୩ ମାର୍ଚ୍ଚ, ୨୦୨୦

ରାଜକୀୟ କରୋନା ଓ ଗାନ୍ଧୀ

ଏକଦା ଚୀନରେ ଗୋଟେ ପ୍ରଥା ଥିଲା। ପ୍ରଥାଟି ହେଲା, ସମ୍ରାଟ ରାଜପ୍ରସାଦରୁ ବାହାରି ନଗର ଭିତରେ ଯେଉଁଆଡ଼େ ଯାଉଥିଲେ ସେ ରାସ୍ତାରେ ଉଭୟ ପାର୍ଶ୍ୱରେ ଥିବା ଘରମାନଙ୍କରେ ଲୋକମାନେ କବାଟ କିଳି ରହୁଥିଲେ। ତଥାପି ସମ୍ରାଟଙ୍କ ଉପରେ କାଳେ କାହାର ନଜର ପଡ଼ିବ ସେଥିପାଇଁ ରାସ୍ତାର ଉଭୟ ପାର୍ଶ୍ୱରେ ସୈନିକମାନେ ସିଲ୍କର ପରଦାଟାଣି ଠିଆ ହେଉଥିଲେ। ରାସ୍ତାରେ ଯାଉଥିବା ଅଞ୍ଚଳରେ ସିନା ଲୋକମାନେ ଅଦୃଶ୍ୟ ହେଉଥିଲେ, କିନ୍ତୁ କରୋନା ତ ପୃଥିବୀ ସାରା ଲୋକଙ୍କୁ କବାଟ କିଳି ଭିତରେ ରଖେଇଦେଲା ଓ ଲୋକମାନେ ରାସ୍ତାରୁ ଅଦୃଶ୍ୟ ହୋଇଗଲେ।

ଖାଲି ଘର ଭିତରେ ଲୋକେ ରହିଲେ ନାହିଁ, ମୁହଁରେ ପଟି ବା ତୁଣ୍ଡି ବାନ୍ଧି ରହିଲେ।

ଶାସନ ବ୍ୟବସ୍ଥା ଯାହା ହେଉନା କାହିଁକି, ସେ ରାଜତନ୍ତ୍ର, ଗଣତନ୍ତ୍ର, ଏକଛତ୍ର ବା ଏ ତିନି ବ୍ୟବସ୍ଥାର ବିଭିନ୍ନ ଅନୁପାତର ମିଶ୍ରଣ ହେଉ ସଚରାଚର ଓ ସବୁକାଳେ ଶାସକ ଗୋଷ୍ଠୀ ଚାହାନ୍ତି ଯେ ପ୍ରଜାଗଣ ମୁହଁରେ ପଟି ବା ତୁଣ୍ଡି ବାନ୍ଧି ରହନ୍ତୁ ଓ ରାସ୍ତାକୁ ସହସ୍ର ସଂଖ୍ୟାରେ ନ ଓହ୍ଲାନ୍ତୁ। ଏ କାମଟି କରୋନା ଖୁବ୍ ସହଜରେ କରିଦେଲା। ଏବେ ଲୋକମାନେ ମୁହଁରେ ପଟି ବା ତୁଣ୍ଡି ବାନ୍ଧିବାରେ ଏଭଳି ଧୀରେଧୀରେ ଅଭ୍ୟସ୍ତ ହୋଇଯିବେ ଯେମିତି ସୁଧାର ବଳଦଟି ଯୁଆଳି ପାଖରେ ବେକ ଦେଖେଇଦିଏ। ଏଣିକି ଲୋକମାନେ ମୁହଁରେ ତୁଣ୍ଡିବାନ୍ଧି ହିଁ ବାହାରକୁ ବାହାରିବେ ଓ ପିନ୍ଧାପିନ୍ଧିର ତୁଣ୍ଡି ଗୋଟେ ଅନିବାର୍ଯ୍ୟ ଅଙ୍ଗ ହୋଇଯିବ। ବିଭିନ୍ନ ରଙ୍ଗଢଙ୍ଗର ତୁଣ୍ଡି ତା'ପରେ ଫେସନ ହୋଇଯିବ। ଏହି ତୁଣ୍ଡି ବାନ୍ଧିବାର ସମୟଟି ଶାସକ ଗୋଷ୍ଠୀ ପକ୍ଷରେ ଭିନ୍ନ କାମ କରାଇ ନେବା ପାଇଁ ସୁବିଧା ହୁଏ।

ଯେତେବେଳେ ଗାନ୍ଧୀ ବ୍ରିଟେନ୍‌ର ରାଜାଙ୍କୁ ତାଙ୍କ ରାଜପ୍ରସାଦରେ ଭେଟିବା

କଥା ହେଲା, ସେତେବେଳେ ପ୍ରାଧାନମନ୍ତ୍ରୀ ଚର୍ଚ୍ଚିଲ ବିସ୍ମୟ ଓ କ୍ରୋଧ ପ୍ରକାଶ କରି କହିଲେ ସେ ଅଧା ଲଙ୍ଗଳା ଫକିର କେମିତି ଯିବ ବ୍ରିଟେନର ରାଜାଙ୍କୁ ଭେଟିବା ପାଇଁ। ଗାନ୍ଧୀ ଅବଶ୍ୟ ଗଲେ ଓ ରାଜାଙ୍କୁ ଭେଟିଲେ। କରୋନା ମଧ୍ୟ ବ୍ରିଟେନର ରାଜପ୍ରସାଦ ଭିତରକୁ ଯିବାରେ ଅସୁବିଧା ହେଲାନି, ଥାକଥାକ ଫାଟକ, ଦଳଦଳ ସଶସ୍ତ୍ର ଜଗୁଆଳି କରୋନାକୁ ଅଟକାଇ ପାରିଲେ ନାହିଁ। କରୋନା କେବଳ ଗଲା ନାହିଁ, ବ୍ରିଟେନର ଯୁବରାଜ ପ୍ରଧାନମନ୍ତ୍ରୀ ଯେ କି ବ୍ରିଟେନ୍‌ର ଅତୀତର ମହିମା ମନେ ପକେଇ ୟୁରୋପର ଗୋଟେ ଛୋଟ ଅଂଶୀଦାରଭାବେ ରହିବାକୁ ଚାହିଁଲେ ନାହିଁ, ସେ ମଧ୍ୟ କରୋନା କବଳରେ ପଡ଼ିଗଲେ। କାନାଡ଼ାର ସାଥୀ ପ୍ରଧାନମନ୍ତ୍ରୀଙ୍କ ବାସଭବନ, ସ୍ପେନ୍‌ର ରାଜପ୍ରାସାଦ ବା ଆମେରିକାର ରାଷ୍ଟ୍ରପତି ଭବନ ହେଉ ବା ମୁମ୍ବାଇ ବସ୍ତିର ଗରିବ ଶ୍ରମିକ କୁଡ଼ିଆ ହେଉ, ପୃଥିବୀର ପ୍ରତ୍ୟେକ ଦେଶର ପ୍ରତ୍ୟେକ ସ୍ଥାନରେ କରୋନାର ଅବାଧ ପ୍ରବେଶ। ଯଦି ରାଜଭବନ, ରାଷ୍ଟ୍ରପତି ଭବନ ଓ ରାଜପ୍ରାସାଦ ସବୁ ବାଦ ପଡ଼ିଥାଆନ୍ତା କରୋନା ପ୍ରବେଶରୁ ଯେମିତିକି ସେସବୁ ସ୍ଥାନକୁ ହଇଜା ବା ଯକ୍ଷ୍ମାର ଜୀବାଣୁ ପ୍ରବେଶ କରି ପାରନ୍ତି ନାହିଁ ଓ କେବଳ ବସ୍ତି ଭିତରେ କରୋନାର ଉପସ୍ଥିତି ଥାଆନ୍ତା, ତେବେ ଏତେ ହଇଚଇ, ତୁମ୍ବିତୋଫାନ ଓ କଟକଣା ଓ ଦୈନିକ ବିବରଣୀ ପେସ୍ କରା ହେଉ ନ ଥାନ୍ତା।

ଅବଶ୍ୟ ଏକଥା ସତ ଯେ ବନ୍ୟା ହେଉ ବା ହଇଜା ହେଉ, ଗରିବ ଲୋକ ହିଁ ସବୁଠୁ ବେଶି କ୍ଷତିଗ୍ରସ୍ତ ହୋଇଥାନ୍ତି। ସେହିଭଳି କରୋନାର ସବୁଠି ଅବାଧ ପ୍ରବେଶ ସତ୍ତ୍ୱେ ଗରିବ ଲୋକ ହିଁ ବେଶି ହଇରାଣର ସମ୍ମୁଖୀନ ହେଉଛନ୍ତି ଓ ମୃତ୍ୟୁମୁଖରେ ପଡ଼ୁଛନ୍ତି। ଧନୀଦେଶ ଆମେରିକାରେ ଆକ୍ରାନ୍ତ ଓ ମୃତକଙ୍କ ସଂଖ୍ୟା ସବୁଠୁ ବେଶି। ସେଥିରେ ଗରିବ, କଳାଲୋକ, ଡେଲିଭେରି ବୟ ବା ଘରେ ଜିନିଷ ପହଞ୍ଚାଉଥିବା ଲୋକ, ଆଶ୍ରୟସ୍ଥଳମାନଙ୍କରେ ଆଶ୍ରୟ ନେଇଥିବା ଲୋକ ଅପେକ୍ଷାକୃତ ଭାବେ ଅଧିକ ସଂଖ୍ୟାରେ ମୃତ୍ୟୁର ସମ୍ମୁଖୀନ ହେଉଛନ୍ତି। ଅନ୍ୟଦେଶମାନଙ୍କର ଅବସ୍ଥା ମଧ୍ୟ ସେୟା।

ଆଉ ଯେତେବେଳେ ରିଲିଫ ପ୍ୟାକେଜର ବ୍ୟବସ୍ଥା ହୁଏ ସେତେବେଳେ ଶିଳ୍ପପତି, ପୁଞ୍ଜିପତି ଓ ଧନୀଲୋକମାନେ କଡ଼ାଗଣ୍ଡା ହିସାବ କରି ସରକାରଙ୍କଠାରୁ ଅର୍ଥନୀତିକୁ ପୁଣି ଚଳଚଞ୍ଚଳ କରିବା ପାଇଁ ନେଇଯାଆନ୍ତି। ଗରିବ ଶ୍ରମିକମାନଙ୍କର ଜୀବିକା ଯିବ। ତା' ବଦଳରେ ସେମାନେ ହଜାରହଜାର କିଲୋମିଟର ଯାତ୍ରା ପରେ କିଛି ଚାଉଳ, ଡାଲି ଓ କିଛିଦିନ ପାଇଁ ଭାତ, ଡାଲମା ଓ ଅଣ୍ଡାଝୋଳ ଖାଇ ସନ୍ତୁଷ୍ଟ ହେବେ। କରୋନାର ପ୍ରବେଶ ସବୁଠି ସମାନ ହେଲେ ମଧ୍ୟ ତା'ର ପ୍ରଭାବ ଧନୀ ଓ ଗରିବଙ୍କ ପାଇଁ ଭିନ୍ନ।

ଏବେ କରୋନା ମହାମାରୀର ଅନ୍ୟ ଦିଗ ପ୍ରତି ନଜର ପକାଇବା। ମାସାଧିକକାଳ ମଣିଷ ଘର ଭିତରେ ରହିବା ଫଳରେ ପୃଥିବୀ ମାତାର ଛାତି ଚିରି, ଗର୍ଭ ବିଦାରି ପଡୁଥିବା ବିକାଶର ରଥ ଚକ୍ରର ଘର୍ଘର ନାଦ କିଛି ଦିନ ପାଇଁ ନୀରବି ଗଲା। ଫଳରେ ଆମେରିକାର ସବୁଠୁ ଧନୀରାଜ୍ୟ କାଲିଫର୍ଣ୍ଣିଆର ରାଜରାସ୍ତାରେ ଶତାଧିକ ଛେଳି ନିର୍ଭୟରେ ଚାଲିଲେ, ସ୍ପେନର ଅନ୍ୟତମ ମୁଖ୍ୟ ପର୍ଯ୍ୟଟନସ୍ଥଳୀ ବାର୍ସିଲୋନା ସହରର ରାଜରାସ୍ତାରେ ମେଣ୍ଢା, ଇସ୍ରାଏଲର ରାଜଧାନୀ ତେଲ ଅଭିଭର ରାଜରାସ୍ତାରେ ବିଲୁଆ ଓ ୟୁରୋପର କେଉଁଠି ଏମୁ ପକ୍ଷୀ ତ କେଉଁଠି ବାରାହା ନିର୍ଭୟରେ ବୁଲିଲେ। ଭାରତର ଗୋଟିଏ ସ୍ଥାନରେ ତ ସ୍କୁଲ ହତାରେ ସିଂହ ରାଜୁତି କଲା। ଚଢ଼େଇମାନେ ଖୁସିମନରେ ତାଙ୍କର ଚୂଳ ନଚେଇ ଆନନ୍ଦରେ ଗୀତ ଗାଇଲେ। ସେମାନେ ହୁଏତ ଭାବୁଥିବେ କିଏ ସେ ମହାତ୍ମା ଏ ଦି'ଗୋଡ଼ିଆ ଜନ୍ତୁମାନଙ୍କୁ ଘରେ କବାଟ କିଳି ରଖେଇଦେଲା ଓ ଆମକୁ ସଦାବେଳେ ଭୀତତ୍ରସ୍ତ ହୋଇ ରହିବାରୁ ରକ୍ଷା କରି ସ୍ୱାଧୀନ ଭାବେ ବୁଲିବାର ସ୍ୱାଦ ଚଖେଇ ଦେଲା।

ସେହିଭଳି ସିନ୍ଧୁ ନଦୀର ଜଳ ଏତେ ପରିଷ୍କାର ହୋଇଗଲା ଓ ମଣିଷମାନଙ୍କର ଚଳାଚଳ କମିଗଲା ଯେ ତା'ର ବକ୍ଷରେ ଡଲଫିନ୍ ମାଛ ଖୁସିମନରେ ଖେଳିବାକୁ ଲାଗିଲେ। 'ନମାମୀ ଗଙ୍ଗା' ଯୋଜନାରେ ସହସ୍ରାଧିକ କୋଟି ଟଙ୍କାର ବ୍ୟୟ ବରାଦ, ମାନ୍ୟବର ସୁପ୍ରିମକୋର୍ଟଙ୍କ ତାଗିଦା, ପାଣି ପବନ ନିର୍ମଳ ରଖିବା ଦାୟିତ୍ୱରେ ଥିବା ଉଭୟ ଜାତୀୟ ଓ ରାଜ୍ୟସ୍ତରୀୟ ସଂସ୍ଥାମାନଙ୍କର ପଦକ୍ଷେପମାନ ସତ୍ତ୍ୱେ ଯାହା ହୋଇପାରିନଥିଲା, ଏକା ଅଦୃଶ୍ୟ କରୋନା ସେ କାମଟି କରିଦେଲା। ଗଙ୍ଗାଜଳ ସ୍ୱଚ୍ଛ ହୋଇଗଲା, ହୁଏତ କରୋନା ଗଙ୍ଗାମାତାଙ୍କର ଆଶୀର୍ବାଦ ଲାଭ କରିଥିବ। ଦିଲ୍ଲୀ କାହିଁକି, ଭାରତର ୮୫ଟି ସହର ସମେତ ପୃଥିବୀର ସବୁ ବଡ଼ବଡ଼ ସହରର ଆକାଶ ଧୂଆଁ ଧୂଳିରୁ ମୁକ୍ତ ହୋଇ ସ୍ୱାଭାବିକ ଘନନୀଳ ରଙ୍ଗ ଫେରିପାଇଲା ଯାହା ତିରିଶ ବର୍ଷ ପୂର୍ବେ ଦେଖାଯାଉଥିଲା। ଏବେ ପୁଣି ୨୦୦ କି.ମି. ଦୂରରୁ ହିମାଳୟର ମନୋମୁଗ୍ଧକର ଦୃଶ୍ୟ ଦେଖିବାକୁ ମିଳିଲା।

ତାହାହେଲେ ସ୍ୱାଭାବିକଭାବେ ମନରେ ପ୍ରଶ୍ନ ଆସୁଛି ଯେଉଁ ମାଟି, ପାଣି, ପବନକୁ ନେଇ ଜୀବନର ବିକାଶ ହେଲା, ଯାହା ସକଳ ଉଦ୍ଭିଦ ଓ ଜୀବଜଗତର ଆଧାର, ସେ କାହାଦ୍ୱାରା ଆକ୍ରାନ୍ତ ହେଉଥିଲା ? ସେ ଜୀବନର ମୂଳ ଆଧାର ପାଇଁ କିଏ ବିପଦ ସୃଷ୍ଟିର କାରଣ ? କରୋନା ନା ମଣିଷ ? କିଏ ତେବେ ବେଶି ବିପଜ୍ଜନକ ? ଆଉ ଦ୍ୱିତୀୟ ପ୍ରଶ୍ନଟି ହେଲା ତାହାହେଲେ କ'ଣ ଆମର ପାଣି ପବନକୁ ସୁସ୍ଥ ରଖିବା ପାଇଁ ଆମର ଜୀବନ ନାଡିକାଭାବେ କାର୍ଯ୍ୟ କରୁଥିବା ନଦୀନାଳର ଜଳ ବା ଜୀବନକୁ

ନିର୍ମଳ ଓ ବାୟୁ ବା ପ୍ରାଣବାୟୁକୁ ସ୍ୱଚ୍ଛ ରଖିବା ପାଇଁ କରୋନାଜନିତ ମହାମାରୀ ଏକମାତ୍ର ବାଟ? ଧରିତ୍ରୀମାତାକୁ ଦୀର୍ଘସ୍ଥାୟୀଭାବେ ମଣିଷ ସମେତ ସକଳ ପ୍ରାଣୀଙ୍କ ପାଇଁ ଅଧିକ ବାସୋପଯୋଗୀ କରିବାକୁ ଗୋଟେ ଆତଙ୍କ ସୃଷ୍ଟିକାରୀ ବିଶ୍ୱବ୍ୟାପୀ ମହାମାରୀ କାହିଁକି ଆବଶ୍ୟକ ହେବ?

ଅନ୍ୟ ବାଟଟି ଜାତିର ଜନକ ଗାନ୍ଧୀ ବହୁ ଆଗରୁ ବତେଇ ଦେଇଛନ୍ତି। ଏବେ ପୃଥିବୀର ଦେଶଗୁଡ଼ିକ ଜିନିଷପତ୍ରର ଉତ୍ପାଦନ ଓ ବିକ୍ରିବଟାରେ ଏଭଳି ଛନ୍ଦାଛନ୍ଦି ହୋଇ ରହିଛନ୍ତି ଯେ କୌଣସି ଏକ ଦେଶରେ ମହାମାରୀର ଉତ୍ପତ୍ତି ହେଲେ ଖୁବ୍ ଶୀଘ୍ର ପୃଥିବୀ ଆକ୍ରାନ୍ତ ହୋଇଯାଉଛି। ଗାନ୍ଧୀ ଏଭଳି ବ୍ୟବସ୍ଥାର ବିରୋଧୀ ଥିଲେ। ଏବେ ଆତ୍ମନିର୍ଭରଶୀଳ ଭାରତ କଥା କୁହାଯାଉଛି। ଗାନ୍ଧୀଙ୍କର ଆତ୍ମନିର୍ଭରଶୀଳତାର ନକ୍ସା ଅଲଗା ଥିଲା। ତାଙ୍କ ବିଚାରରେ ମଣିଷର ସରସ ଜୀବନ ପାଇଁ ଅଯଥା ଗୁଡ଼ିଏ ଜିନିଷର ଆବଶ୍ୟକତା ନାହିଁ। ଜୀବନର ମୌଳିକ ଆବଶ୍ୟକତାଗୁଡ଼ିକୁ ପୂରଣ କରିବା ପାଇଁ ପ୍ରତି ଗାଁ ସ୍ତରରେ ଉଦ୍ୟମ ଆବଶ୍ୟକ। ଅତି ବେଶି ହେଲେ ପାଞ୍ଚ/ଦଶ କି.ମି. ଦୂର ଭିତରେ ଥିବା ଗାଁଗୁଡ଼ିକ ସ୍ଥାନୀୟ ସମ୍ବଳର ଉପଯୋଗ କରି ପରସ୍ପରର ଆବଶ୍ୟକତାଗୁଡ଼ିକୁ ପୂରଣ କରିପାରିବେ। ସେତେବେଳେ ହଜାରହଜାର ଗାଡ଼ିମଟର ଆବଶ୍ୟକ ହେବନାହିଁ। ସେହିଭଳି ଲକ୍ଷଲକ୍ଷ ଲୋକ ନିଜର ଭିଟାମାଟି ଛାଡ଼ି ଅତ୍ୟନ୍ତ ଅସ୍ୱାସ୍ଥ୍ୟକର ପରିବେଶରେ ସହରମାନଙ୍କର ବସ୍ତିଗୁଡ଼ିକରେ ରହିବାର ଆବଶ୍ୟକତା ରହିବ ନାହିଁ।

କରୋନାର କରାଳ ରୂପରେ ଭୟଭୀତ ହୋଇ ଏବେ କିଛି ଲୋକ ବିଶ୍ୱ ଅର୍ଥନୀତିର ଢାଞ୍ଚାରେ ପରିବର୍ତ୍ତନ କଥା କହୁଛନ୍ତି। ଉତ୍ପାଦନ ଓ ବଣ୍ଟନ ବ୍ୟବସ୍ଥା ଅଧିକ ବିକେନ୍ଦ୍ରିତ ହେବା ଆବଶ୍ୟକ ବୋଲି ମତ ଦେଉଛନ୍ତି, ଅର୍ଥାତ୍ ଗାନ୍ଧୀ ଯାହା କହୁଥିଲେ ତାହା କରିବାକୁ ପରାମର୍ଶ ଢେଉଛନ୍ତି, କିନ୍ତୁ ଏହା ଶ୍ମଶାନ ବୈରାଗ୍ୟ ଭଳି। ଯେତେଶୀଘ୍ର କରୋନା ପାଇଁ ଫଳପ୍ରଦ ଶସ୍ତା ଔଷଧ ବାହାରିଯିବ ଓ ସାର୍ବଜନୀନ ଟିକା ବ୍ୟବସ୍ଥା ହୋଇଯିବ, ସେତେଶୀଘ୍ର ଏଭଳି ଚିନ୍ତା ଉଭେଇଯିବ ଓ ବର୍ତ୍ତମାନର ତ୍ରୁଟିପୂର୍ଣ୍ଣ ବ୍ୟବସ୍ଥାଟି ଆହୁରି ମଜଭୂତ ହେବ। ପୁଣି ଏକ ଭୟଙ୍କର ମହାମାରୀର ଉଦ୍ଭବ ହେଲେ ଗାନ୍ଧୀବାଟ ପୁଣି ମନେ ପଡ଼ିବ। ଏଇ ହେଲା ସର୍ବୋତ୍ତମ ପ୍ରାଣୀର ମାନସିକତା। ତେବେ କିଏ କହିବ, ଏକ ବିରାଟ ଝଟ୍‌କାରେ ଯେପରି ହିମାଳୟର ଉଦ୍‌ଭବ ହେଲା, ସେହିପରି ଏକ ପ୍ରଚଣ୍ଡ ଝଟ୍‌କାରେ ବର୍ତ୍ତମାନର ବିକାଶ ପ୍ରକ୍ରିୟାଟି ଓଲଟି ଯିବ, ସେତେବେଳେ ପୃଥିବୀ ଅନ୍ତରୀକ୍ଷ ଜଳବାୟୁ ଓ ବନସ୍ପତି ଜଗତରେ ଶାନ୍ତି ବିରାଜିବ।

■

ସମାଜ, ୧୮ ମେ, ୨୦୨୦

ପକ୍ଷୀଠୁ ହୀନ

କିଛିଦିନ ତଳେ ଖବରକାଗଜର ଗୋଟିଏ ସମ୍ବାଦ ଉପରେ ନଜର ପଡ଼ିଲା, ସମ୍ବାଦଟି ଏଇଭଳି ଥିଲା- ଆସାମର ରାଜଧାନୀ ଗୌହାଟୀ ଉପକଣ୍ଠ ଜାତୀୟ ରାଜପଥ ପାର୍ଶ୍ୱରେ ଥିବା ଗୋଟିଏ ତେଜରାତି ଦୋକାନରୁ ଜଣେ ମହିଳା କିଣାକିଣି ସାରି ଫେରିଲାବେଳକୁ କିଛି ତରୁଣ ତାଙ୍କୁ ଘେରିଗଲେ। ଟଣାଓଟରା କରି ତାଙ୍କୁ ବିବସ୍ତ୍ର କରିବା ପାଇଁ ଉଦ୍ୟମ କଲେ। ସ୍ୱାଭାବିକ ଭାବେ ମହିଳାଜଣକ ପ୍ରତିରୋଧ କଲେ ଓ ସାହାଯ୍ୟ ପାଇଁ ଚିତ୍କାର କଲେ। ସେତିକିବେଳକୁ କିଛି ଦେଖଣାହାରୀ ଜୁଟିଗଲେ। କୁଆଡ଼େ ଥିଲେ କେଜାଣି କିଛି ଟେଲିଭିଜନ ସାମ୍ବାଦିକ ଜୁଟି ଫଟୋ ଉଠାଇବା ଆରମ୍ଭ କରିଦେଲେ। ଅନ୍ୟମାନେ ଏ ସମସ୍ତ ଅପକର୍ମର ମୋବାଇଲ ଫୋନ୍‌ରେ ଫଟୋ ଉଠାଇବାରେ ବ୍ୟସ୍ତ। ସେଇ ସନ୍ଧ୍ୟାବେଳେ ଟେଲିଭିଜନରେ ସମସ୍ତ ଦୃଶ୍ୟ, ଯେମିତି ସାଧାରଣତଃ ହୁଏ, ବାରମ୍ବାର ପ୍ରଦର୍ଶିତ ହେଲା। ଜାତୀୟ ଓ ଆଞ୍ଚଳିକ ଖବରକାଗଜମାନଙ୍କରେ ମଧ୍ୟ ସମ୍ବାଦଟି ପ୍ରସାରିତ ହେଲା।

ପରେ ଯେତେବେଳେ ଟେଲିଭିଜନ ସାମ୍ବାଦିକମାନଙ୍କୁ ପଚରାଗଲା କାହିଁକି ସେମାନେ ମହିଳାଙ୍କୁ ଅପକର୍ମରେ ଲିପ୍ତ ଯୁବକମାନଙ୍କ କବଳରୁ ରକ୍ଷା କରିବା ପାଇଁ କିଛି କଲେ ନାହିଁ, ସେମାନଙ୍କର ଉତ୍ତର ଥିଲା- ଆମର ସେ କାମ ନୁହେଁ, ସାମ୍ବାଦିକ ହିସାବରେ ଆମର ଯାହା କର୍ତ୍ତବ୍ୟ ତାହାହିଁ ଆମେ କରିଛୁ।

ଏହିଭଳି ଅନ୍ୟ ଘଟଣାଟି ଘଟିଲା କର୍ଣ୍ଣାଟକର ରାଜଧାନୀ ବାଙ୍ଗାଲୋରର ଗୋଟେ ବ୍ୟସ୍ତବହୁଳ ଫ୍ଲାଇଓଭର ଉପରେ। ଦିନବେଳା ଜଣେ ତରୁଣୀ ତାଙ୍କର ଦି'ଚକିଆ ଗାଡ଼ିରେ ଗଲାବେଳେ ତାଙ୍କୁ କିଛି ତରୁଣ ଘେରିଯାଇ ଭିଡ଼ାଓଟରା ଆରମ୍ଭ କରିଦେଲେ। ବିରୋଧ ଓ କାକୁତିମିନତି ବିଫଳ ହେବା ପରେ ତରୁଣୀ ଜଣକ ଶେଷରେ ଉଚ୍ଚସ୍ୱରରେ ସାହାଯ୍ୟ ପ୍ରାର୍ଥନା କଲେ ରାସ୍ତାରେ ଯାଉଥିବା ବ୍ୟକ୍ତିମାନଙ୍କୁ। ଅସଂଖ୍ୟ

ଦି'ଚକିଆ, ଚାରିଚକିଆ ଚକ୍‌ଚକିଆ ଗାଡ଼ିର ସୁଅ ଛୁଟିଥାଏ। ଗାଡ଼ି ଭିତରୁ କଣେଇ କରି ଟିକିଏ ଅନେଇଦେଇ ଦେଖି ନ ଦେଖିଲା ପରି 'କାଦୁଅକୁ ଯିବୁ କାହିଁକି, ଗୋଡ଼ ଧୋଇବୁ କାହିଁକି' ନ୍ୟାୟରେ ସମସ୍ତେ ଚାଲିଯାଉଥାନ୍ତି। ତାହାହିଁ ଥିଲା ସେଇ ଅତିଶିକ୍ଷିତମାନଙ୍କର ଜୀବନ ଦର୍ଶନ। ଶେଷରେ ପୋଲିସ ଗାଡ଼ି ସେ ବାଟରେ ଆସୁଥିବା ଦେଖି ଜଣେ ଅସହାୟ ତରୁଣୀ ପାଖରେ ପ୍ରଚଣ୍ଡ ପରାକ୍ରମ ପ୍ରଦର୍ଶନ କରୁଥିବା ତରୁଣମାନେ ଛତ୍ରଭଙ୍ଗ ଦେଲେ। ତରୁଣୀଜଣକ ଅଧିକ ଅପଦସ୍ଥ ହେବାରୁ ରକ୍ଷା ପାଇଗଲେ।

ପୂର୍ବ ସମ୍ବାଦଟି ପରି ଏ ସମ୍ବାଦଟି ମଧ୍ୟ ଖବରକାଗଜମାନଙ୍କରେ ପ୍ରକାଶିତ ହେଲା। ତେବେ ସମ୍ବାଦଟି ଦେଖି ଯେଉଁମାନେ ଦେଖି ନ ଦେଖିଲା ପରି ଚାଲିଯାଉଥିଲେ ସେମାନେ କ'ଣ ଲଜ୍ଜିତ ହେଲେ ?

କାପୁରୁଷତା, ଭୀରୁତା, ଏକାନ୍ତ ସ୍ୱାର୍ଥପରତା, ସମ୍ବେଦନହୀନତା ତଥା ବର୍ବରୋଚିତ ବ୍ୟବହାର ପାଇଁ ସର୍ବୋଚ୍ଚ ଆସନଟି ଗୌହାଟୀ ଘଟଣାରେ ଲିପ୍ତ ତରୁଣ, ଦେଖଣାହାରୀ ଓ ଚିତ୍ର ଉତ୍ତୋଳନକାରୀମାନେ ବା ବାଙ୍ଗାଲୋରର ଉଦ୍‌ଭ୍ରାନ୍ତ ତରୁଣ ତଥା ଦେଖି ନ ଦେଖିଲାପରି ଚାଲିଯାଉଥିବା ଲୋକମାନେ ପାଇବେ ନାହିଁ। ଏବେ ଦେଖିବା ସେ ଆସନଟି କିଏ ପାଇବ ? ଆମର ସଭ୍ୟତା ତଥା ସଂସ୍କୃତିକୁ ବହୁଭାବରେ ପ୍ରଭାବିତ କରିଥିବା ଅନ୍ୟତମ ମହାକାବ୍ୟ ମହାଭାରତକୁ ଯିବା। ମହାଭାରତରେ ମହର୍ଷି ବ୍ୟାସଦେବ ମଣିଷ ଚରିତ୍ରର ସମସ୍ତ ବିଭବଗୁଡ଼ିକୁ ଅତି ନିଖୁଣ ଭାବେ ଚିତ୍ରଣ କରି ଆମ ଆଗରେ ରଖିଯାଇଛନ୍ତି। କୁରୁ ରାଜସଭାରେ ଶେଷରେ ପତ୍ନୀ ଦୌପଦୀଙ୍କୁ ପଶାଖେଳରେ ହାରିବା ପରେ କ'ଣ ହେଲା ? ଉଦ୍‌ଭ୍ରାନ୍ତ ଯୁବରାଜ ଦୁର୍ଯ୍ୟୋଧନ ଆଦେଶରେ କୁଳବଧୂ ଦ୍ରୌପଦୀଙ୍କୁ ରାଜସଭାକୁ ବଳପୂର୍ବକ ଟାଣିଆଣି ବିବସ୍ତ୍ର କରିବାର ଉଦ୍ୟମ ହେଲା କୁରୁଶ୍ରେଷ୍ଠ ମହାରାଜା ଧୃତରାଷ୍ଟ୍ର, କୁଳଗୁରୁ କୃପାଚାର୍ଯ୍ୟ, ଗୁରୁ ଦ୍ରୋଣାଚାର୍ଯ୍ୟ, ମହାଦାନୀ କର୍ଣ୍ଣ, ପିତାମହ ଭୀଷ୍ମ ଓ ମହାତ୍ମା ବିଦୁରଙ୍କ ସମ୍ମୁଖରେ। ଦ୍ରୌପଦୀଙ୍କ ସ୍ୱାମୀ ହିସାବରେ ଯୁଧିଷ୍ଠିର, ଧନୁର୍ଦ୍ଧର ଅର୍ଜୁନ, ମହାବଳୀ ଗଦାଧାରୀ ଭୀମଙ୍କ ସହ ନକୁଳ ଓ ସହଦେବ ଥିଲେ। ଏ ବୀଭତ୍ସ କାଣ୍ଡ ବିରୋଧରେ ଦ୍ରୌପଦୀ ପ୍ରତିବାଦ କଲେ, ସବୁ ଜ୍ୟେଷ୍ଠମାନଙ୍କୁ ନିବେଦନ କଲେ, ଧିକ୍କାର କଲେ, କିନ୍ତୁ ହାୟ ! ସମସ୍ତଙ୍କୁ ଚୁପ୍ କରେଇ ଦେଇଥିଲେ ଦୁର୍ଯ୍ୟୋଧନ। ମହାତ୍ମା ବିଦୁରଙ୍କର ପ୍ରତିବାଦ ନିଷ୍ଫଳ ହେଲା। ଏହାପରେ ଯାହା ଘଟିଲା ଆମେ ଜାଣିଛେ।

ଆମର ଅନ୍ୟତମ ମହାକାବ୍ୟ ରାମାୟଣ ଯାହା ଆମ ଜନଜୀବନକୁ ବହୁ ଦୃଷ୍ଟିରୁ ପ୍ରଭାବିତ କରିଛି। ତା'ର ଜଟାୟୁ ଉପାଖ୍ୟାନଟି ପଢ଼ିଲାବେଳକୁ ଆମର ମୁଣ୍ଡ

ସ୍ୱତଃ ସମ୍ମାନରେ ନଇଁଯାଏ। ମାତା ସୀତା ସୁନା ହରିଣର ଲୋଭ ସମ୍ୱରଣ କରିନପାରି ରାବଣର ପ୍ରତାରଣା ଓ ମିଥ୍ୟା ବଚନର ଶିକାର ହୋଇଗଲେ। ଦେବୀ ସୀତାଙ୍କୁ ରାବଣ ଆକାଶ ମାର୍ଗରେ ଅପହରଣ କରିନେବା ସମୟରେ ଜଟାୟୁ ପକ୍ଷୀର ନଜରରେ ପଡ଼ିଲା। କାଳ ବିଳମ୍ବ ନକରି ସେ ତା'ର ସମସ୍ତ ଶକ୍ତି ଖଟାଇ ରାବଣଙ୍କୁ ଆକ୍ରମଣ ଆରମ୍ଭ କରିଦେଲା। କ୍ରନ୍ଦନରତା ମାତା ସୀତାଙ୍କୁ ମୁକ୍ତ କର, ପାପ କାର୍ଯ୍ୟରୁ ନିବୃତ୍ତ ରହ- ବାରମ୍ୱାର ପକ୍ଷୀ ଜଟାୟୁ ଏହା କହିବାରେ ଲାଗିଲା। ଶକ୍ତିଶାଳୀ ଓ ଶସ୍ତ୍ରଧାରୀ ରାବଣ ସେ ସବୁକୁ ଭ୍ରୂକ୍ଷେପ କଲାନାହିଁ। ଜଟାୟୁ ଜାଣିଥିଲା ତା'ର ଶକ୍ତି କେତେ ଓ ରାବଣର ଶକ୍ତି କେତେ, ଶେଷରେ ଗୋଟିଏ ପରେ ଗୋଟିଏ ପକ୍ଷ ହରାଇ ବିଚରା ତଳେ ପଡ଼ିଗଲା। ମୃତ୍ୟୁ ପୂର୍ବରୁ କିନ୍ତୁ ସୀତାଙ୍କୁ ରାବଣ ଅପହରଣ କରି ନେଉଥିବାର ସମ୍ବାଦଟି ରାମଚନ୍ଦ୍ରଙ୍କୁ ଜଣାଇ ଦେଇ ସୀତାଙ୍କୁ ଠାବ ଓ ଉଦ୍ଧାର କରିବାରେ ସାହାଯ୍ୟ କଲା।

ଜଟାୟୁ କଥା ଚିନ୍ତା କଲାବେଳେ ଗୌହାଟୀର ସାମ୍ବାଦିକ ଓ ଦେଖଣାହାରୀ ତଥା ବାଙ୍ଗାଲୋରର ତଥାକଥିତ ଶିକ୍ଷିତ ଓ ଆଧୁନିକମାନଙ୍କର ଦେଖି ନଦେଖିଲା ପରି ଚାଲିଯାଉଥିବା ବ୍ୟକ୍ତିମାନଙ୍କ କଥା ଛାଡ଼ନ୍ତୁ, ମହାଭାରତର ସେଇ ରଥୀ, ଅତିରଥୀ ଓ ମହାରଥୀମାନେ ସତରେ କେତେ ନ୍ୟୁନ ଓ ହୀନ ଜଣାପଡ଼ନ୍ତି !

ଜଟାୟୁକୁ ଆମେ ଦେଖିନେ ବା ସେଭଳି ପକ୍ଷୀ ଦେଖୁନେ। ଆମେ ଦେଖୁଥିବା ଗୋଟିଏ ପକ୍ଷୀ କଥା କହିବା। ଗାଁଗଣ୍ଡାରେ କିଛିମାତ୍ରାରେ ଅଛି, କିନ୍ତୁ ସହର/ ନଗରମାନଙ୍କରେ ଆମେ କ'ଣ ଦେଖୁ ? ପଡ଼ିଶାଘରେ ଚୋରି ଡକାୟତି ହେଉଛି ବା ଘର ଆଗ ରାସ୍ତାରେ କିଛି ଅଘଟଣ ଘଟୁଛି। 'ଆପେ ବଞ୍ଚିଲେ ବାପର ନାଁ' ନ୍ୟାୟରେ ଆମେ ନୀରବ ରହିବାକୁ ଶ୍ରେୟସ୍କର ମଣୁ। କଜଳପାତି କଥା କିନ୍ତୁ ଅଲଗା। କଜଳପାତି ଯଦି ବସା କରିଛି, ଅଣ୍ଡା ଦେଇଛି, ଆଖପାଖରେ ଯିଏ ଆସୁ, ତା'ଠୁ ଆକାରରେ ବଡ଼ ଓ ଅଧିକ ଶକ୍ତିଶାଳୀ କାଉ, ଚିଲ, ଛଞ୍ଚାଣ ବା ତଳେ ବିଲେଇ, କୁକୁର ଯାଆନ୍ତୁ, ନିର୍ଭୀକ ଭାବେ ସେମାନଙ୍କୁ ଆକ୍ରମଣ କରିବା ଆରମ୍ଭ କରିଦିଏ ଓ ଦୂରକୁ ନେଲାଯାଏ ଆକ୍ରମଣ କରି ଚାଲିଥାଏ। ତା'ର ଏଇ ଗୁଣ ଯୋଗୁଁ ଦୁର୍ବଳ ଓ ଡରୁଆ ଚଢ଼େଇମାନେ କଜଳପାତି ବସା ପାଖରେ ବସା କରିଥାନ୍ତି, କାରଣ ତା'ର ଆଖପାଖରେ ଥିବା ସମସ୍ତଙ୍କୁ ସେ ସୁରକ୍ଷା ଦେଇଥାଏ। କଜଳପାତିକୁ ସେଇଥିପାଇଁ ପୋଲିସ ବାର୍ଡ ମଧ୍ୟ କୁହାଯାଏ। ମଣିଷମାନଙ୍କ କ୍ଷେତ୍ରରେ ଯଦି କିଏ କୌଣସି ବାହୁବଳୀଙ୍କ ପାଖରେ ଥାଏ ସିଏ ସର୍ବଦା ଶଙ୍କିତ ଭାବେ ରହିଥାଏ, ନିଶ୍ଚିନ୍ତରେ ରହିପାରେ ନାହିଁ।

ପକ୍ଷୀମାନଙ୍କର ଅନ୍ୟ ଏକ ସାମାଜିକ ଦିଗ ପ୍ରତି ନଜର ପକାଇବା। ହଂସ ହଂସୁଲି, ବଗ ବଗୁଲି ଏବଂ ମାଈ ଓ ଅଣ୍ଡିରା ଆଲ୍‌ବାଟ୍ରସ୍ ତାଙ୍କର ଜୀବନସାଥୀ ଥରେ

ବାଛିନିଅନ୍ତି ଓ ଜୀବନସାରା ଏକାଠି ରହନ୍ତି। କୌଣସି କାରଣରୁ କାହାର ମୃତ୍ୟୁ ହୋଇଗଲେ ଅନ୍ୟ ସାଥୀଟି ଏକା ରହେ, କୌଣସି ନୂଆ ସାଥୀ ଖୋଜେ ନାହିଁ। ସାତ ଜନମ ପାଇଁ ବା ମୃତ୍ୟୁ ଅଲଗା କରିବା ଯାଏ ଏକାଠି ରହିବାର ଶପଥ ନେଇଥିବା ମଣିଷମାନଙ୍କ କଥା ନ କହିବା ଭଲ।

ଏବେ ବିଜ୍ଞାନ କ୍ଷେତ୍ରକୁ ଯିବା। କିଛି ବର୍ଷ ତଳେ 'ଟାଇମ୍ସ ଅଫ୍ ଇଣ୍ଡିଆ'ରେ ଏକ କାର୍ଟୁନ୍ ବା ବ୍ୟଙ୍ଗଚିତ୍ର ପ୍ରକାଶିତ ହୋଇଥିଲା। ଚିତ୍ରଟିର ସାରମର୍ମ ଏହିପରି ଅନେକ ଥର ନାତିକୁ ଆସି ଟିକିଏ ବୁଲିଯିବା ପାଇଁ ଅଜା କହିବାରେ ନାତିଟୋକା କହେ, କାଲି ଯିବି, ପରେ ଅମୁକ ତାରିଖରେ, ପୁଣି ସମୁକ ତାରିଖରେ ନିଶ୍ଚୟ ଯିବି କହିବାରୁ ଅଜା ଦିନେ କହିଲେ- 'ତୋର କଥା ଠିକ୍ ନାହିଁ, ତୁ ଜୀବନରେ କ'ଣ କରିବୁ?' ଉତ୍ତରରେ ନାତିଟୋକା କହିଲା- 'କାହିଁକି, ମୁଁ ପାଣିପାଗ ବିଭାଗରେ ଯୋଗ ଦେବି।'

ଆଜିକାଲି ଦୈନିକ ପାଣିପାଗ ଜାଣିବା ପାଇଁ ଅନେକ ଯନ୍ତ୍ରପାତି ଓ କମ୍ପ୍ୟୁଟର ମଡେଲିଂ ବ୍ୟବହାର କରାଯାଉଛି। ଏସବୁ ସତ୍ତ୍ୱେ ଆସନ୍ତା ଦୁଇଦିନ ପ୍ରବଳ ବର୍ଷା ହେବ ବୋଲି ଘୋଷଣା ହୁଏ, କିନ୍ତୁ ପ୍ରଚଣ୍ଡ ଖରା ତା' ବଦଳରେ। ଏ ବର୍ଷ ମୌସୁମି ଠିକ୍ ସମୟରେ ପହଞ୍ଚିବ, ନାଇଁ କିଛି ଡେରି ହୋଇପାରେ, ବାତ୍ୟା ତାମିଲନାଡୁ ମଧ୍ୟକୁ ପ୍ରବେଶ କରିବ ଓ ପ୍ରବଳରୁ ଅତିପ୍ରବଳ ବର୍ଷା ହେବ, ପରେ ପରେ, ନାଇଁ ବାତ୍ୟା ଆନ୍ଧ୍ର ମୁହାଁଇଲା, ପୁଣି ପରେ ଓଡ଼ିଶା ଓ ଶେଷରେ ବାଂଲାଦେଶକୁ ଚାଲିଗଲା।

ବାତ୍ୟା କ'ଣ ନିଜ ଇଚ୍ଛାନୁଯାୟୀ ଦିଗ ବଦଳାଇ ପାରିବ? ସୂର୍ଯ୍ୟ, ଚନ୍ଦ୍ର କ'ଣ ନିଜ ଇଚ୍ଛାନୁଯାୟୀ ଉଦୟ ଅସ୍ତ ହେବେ? ଚନ୍ଦ୍ରକଳାର ହ୍ରାସବୃଦ୍ଧି କ'ଣ ଚନ୍ଦ୍ରଙ୍କ ଉପରେ ନିର୍ଭର କରେ? ସମୁଦ୍ରର ଜୁଆର ଭଟ୍ଟା କ'ଣ ସମୁଦ୍ରର ଇଚ୍ଛା ଉପରେ ନିର୍ଭର କରେ? ଏ ସମସ୍ତ ପ୍ରାକୃତିକ ଘଟଣାଗୁଡ଼ିକ କେତେକ ଅଲଙ୍ଘନୀୟ ଓ ଅପରିବର୍ତ୍ତନୀୟ ନିୟମ ଅନୁଯାୟୀ ଘଟିଥାଏ। ସେହିଭଳି ବାତ୍ୟା ବା ମହାବାତ୍ୟାର ସୃଷ୍ଟି ବେଗ, ପ୍ରକୋପ ଓ କେଉଁ ଦିଗକୁ ଯିବ- ଏ ସମସ୍ତ ନିଶ୍ଚିତ ଭାବେ କେତେକ ପ୍ରାକୃତିକ ନିୟମ ଅନୁଯାୟୀ ଘଟୁଥିବ। ପ୍ରବଳ ବର୍ଷା ହେବାକୁ ସତର୍କ କରାହୋଇଥିବା ଦିନରେ ଯଦି ପ୍ରଚଣ୍ଡ ଖରାହୁଏ ବା ବାତ୍ୟାଟି ତାମିଲନାଡୁ ପରିବର୍ତ୍ତେ ବାଂଲାଦେଶ ମୁହାଁ ହୁଏ ତେବେ ଆମର ପାଣିପାଗ ବିଜ୍ଞାନଟି ପୁରା ବିକଶିତ ହୋଇନାହିଁ ଓ ଏସବୁ ପଛରେ ଥିବା ନିୟମଗୁଡ଼ିକୁ ମଣିଷ ଆଜିଯାଏ ଭଲଭାବେ ଜାଣି ପାରିନାହିଁ ବୋଲି କହିବାକୁ ହେବ।

ଘରଚଟିଆ ତ ଲୋପ ପାଇଲେଣି, କିନ୍ତୁ ଘରଚଟିଆ ଧୂଳି ଗାଧୋଇଲେ ବର୍ଷା ହେବ ବା ଗେଣ୍ଡାଳିଆମାନେ ଆକାଶରେ ଚକି ଦେଲେ ବର୍ଷା ହେବ ବୋଲି ଲୋକ

ବିଶ୍ୱାସ ଅଛି । ଏହାର ସତ୍ୟତା ପରୀକ୍ଷା ସାପେକ୍ଷ, କିନ୍ତୁ ଯୁକ୍ତରାଷ୍ଟ୍ର ଆମେରିକାର ଉତ୍ତର ଭାଗରେ ଚଟିଆ ଜାତୀୟ ଭିରି ନାମକ ଏକ ପକ୍ଷୀ ରହନ୍ତି । ଶୀତ ଆରମ୍ଭରେ ସେମାନେ ଦକ୍ଷିଣ ଦିଗକୁ ଚାଲିଯା'ନ୍ତି, ସେଠାରେ ବସା ତିଆରି କରି ଅଣ୍ଡାଦେଇ ଛୁଆକୁ ବଡ଼କରି ଫେରନ୍ତି । ସେଇ ଚଟିଆଜାତୀୟ ପକ୍ଷୀମାନେ ଯିବା ଆସିବା ବେଳର ବାଟ ବା ବସା ଜାଗା ସ୍ଥିର କରିବାବେଳେ ସେଠାରେ ହରିକେନ୍ ବା ବାତ୍ୟାର ସୃଷ୍ଟି, ବାତ୍ୟା ବୋହିବାର ଦିଗ ଇତ୍ୟାଦିକୁ ମାସମାସ ଆଗରୁ କଳନା କରି ଜାଣିଥାନ୍ତି । ସେମାନେ କିପରି ହରିକେନ୍ ସୃଷ୍ଟି ଓ ତା'ର ଗତିପଥ ଜାଣନ୍ତି ଏବେ ବୈଜ୍ଞାନିକମାନେ ଲାଗିଛନ୍ତି ତା'କୁ ଆବିଷ୍କାର କରିବା ପାଇଁ । ପକ୍ଷୀମାନଙ୍କଠୁ ବୁଦ୍ଧି ଶିଖିବା ପାଇଁ ଆମେ ଚେଷ୍ଟା କରୁଛୁ ! ତାଙ୍କର ସହଜାତ ଜ୍ଞାନ ଆମର ଅର୍ଜିତ ଜ୍ଞାନଠୁ ଆଗୁଆ । ମଣିଷ ଆତ୍ମ ପ୍ରଶସ୍ତିରେ ନିଜକୁ କିନ୍ତୁ ସର୍ବୋତ୍ତମ ପ୍ରାଣୀ ଭାବେ ବାରମ୍ବାର ଘୋଷଣା କରିଥାଏ ।

■

ସମାଜ, ୧୦ ଜୁଲାଇ, ୨୦୨୦

ଛୋଟ ଛୋଟ କାମ

ପ୍ରଥମ କାମଟି ଏଇଭଳି ଥିଲା। କଟକଠୁ ବଡ଼ମ୍ବା ସାତ କି.ମି. ଥିବ ଗୋପାଳପୁର ଛକ। ମହାନଦୀ ଆଡ଼କୁ ସେଇଠୁ ଗଲେ ପ୍ରାୟ ଅଢ଼େଇ କି.ମି. ଦୂରରେ ଗୋବର୍ଦ୍ଧନପୁର ଗାଁ, ମହାନଦୀ କୂଳରେ। ଅତି ଛୋଟ ବା ଅତି ବଡ଼ ଗାଁ ନୁହେଁ, ପ୍ରାୟ ସମସ୍ତେ ଚାଷ ଉପରେ ନିର୍ଭର କରନ୍ତି। ୨୦୦୩-୦୪ ମସିହାରେ ଗୋଟାଏ ବଡ଼ ଧରଣର ବନ୍ୟା ହେଲା ମହାନଦୀରେ। ଠିକ୍ ଗାଁ ପାଖରେ ନଦୀଟି ବନ୍ଧ ଭାଙ୍ଗିଲା ଓ ଚାହୁଁ ଚାହୁଁ ଗାଁ ଭିତରେ ପାଣି ପଶିବାକୁ ଲାଗିଲା। ପ୍ରାଣ ବିକଳରେ ଲୋକମାନେ ଗାଁ ଛାଡ଼ି ପାଖରେ ଥିବା ଗୋଟିଏ ଛୋଟ ପାହାଡ଼ ଉପରେ ଆଶ୍ରୟ ନେଲେ।

ସେ ଅଞ୍ଚଳରେ 'କାର୍' ନାମରେ ଏକ ସଂସ୍ଥା କାର୍ଯ୍ୟ କରୁଥାଏ କିଛି ବର୍ଷ ଧରି। ତା'ର ମୁଖ୍ୟ ଦାଶରଥି ସେନାପତି ବାତ୍ୟାର ପାଞ୍ଚ' ଛ' ଦିନ ପରେ ପହଞ୍ଚିଲେ ଲୋକମାନଙ୍କ ପାଇଁ କିଛି ପଲିଥିନ୍ ଓ ରନ୍ଧାଖାଦ୍ୟ ଯୋଗାଡ଼ କରିବାକୁ ପଇସାର ବ୍ୟବସ୍ଥା କରିବାକୁ। ଏବେ ମଧ୍ୟ କ'ଣ ପଲିଥିନ୍ ଓ ରନ୍ଧାଖାଦ୍ୟ ଆବଶ୍ୟକ କି ନା ଲୋକମାନଙ୍କର ଆଉ କିଛି ଦରକାର, କିନ୍ତୁ ଆମର ଧାରଣା ଯେ ସେମାନେ ପଲିଥିନ ଓ ରନ୍ଧାଖାଦ୍ୟ ଆବଶ୍ୟକ କରୁଛନ୍ତି, ପଚାରିଲି। ସେ ବନ୍ୟା ପରେପରେ ଯାଇଛନ୍ତି ଓ ସେତେବେଳେ ଯାହା ଆବଶ୍ୟକ ଥିଲା ସେଇ କଥା କହୁଛନ୍ତି ବୋଲି କହିଲେ; କିନ୍ତୁ ଟଙ୍କାପଇସା ଯୋଗାଡ଼ କରିବାରେ ଏବେ ଚାରି ପାଞ୍ଚ ଦିନ ଚାଲିଗଲାଣି। ଶେଷରେ ମୋ ପାଖକୁ ଆସିଛନ୍ତି ବୋଲି କହିଲେ। ଗୋଟେ କାମ କରିବା, ଆଗ ଗାଁକୁ ଯିବା, ଲୋକଙ୍କ ସହ ଆଲୋଚନା କରିବା, ବର୍ତ୍ତମାନ ଯାହା ଦରକାର ବୁଝି ଟଙ୍କାପଇସା ଯୋଗାଡ଼ କରିବା। ଗାଁକୁ ଯାଇ ଦେଖିଲୁ ସରକାରଙ୍କ ତରଫରୁ ପଲିଥିନ ଓ ରନ୍ଧାଖାଦ୍ୟ ଯୋଗାଇ ଦିଆଯାଇଛି, ଲୋକମାନେ ପାହାଡ଼ରୁ ଆସି ଘର ସଜାଡ଼ି ରହିବା ଆରମ୍ଭ କରିଛନ୍ତି ଓ ରୋଷେଇବାସ କରୁଛନ୍ତି। ଏକାଠି ବସି ଆଲୋଚନା କରିବା ପରେ

ଲୋକମାନେ କହିଲେ ପ୍ରାୟ ଚାଳିଶରୁ ପଚାଶ ଏକର ଜମି ବାଲୁଚର ହୋଇଯାଇଛି, ସେଇଠୁ ବାଲି ବାହାର କରିବା ଜରୁରୀ ଦରକାର, ତେବେ ସେମାନେ ଆସନ୍ତା ରବିଋତୁରେ ବାଦାମ ଓ ପରିବା ଇତ୍ୟାଦି ଚାଷ କରିପାରିବେ। ଆଉ ଗୋଟେ କଥା, ବାଦାମ ବିହନ ସବୁ ବଢ଼ିପାଣିରେ ନଷ୍ଟ ହୋଇଯାଇଛି, ତେଣୁ କିଛି ବିହନ ଯୋଗାଡ଼ କରିବାକୁ ହେବ। ଠିକ୍ ଅଛି, ଯଦି ବାଲି ଆମେ ଟ୍ରାକ୍ଟର ଇତ୍ୟାଦି ଯନ୍ତ୍ରପାତି ବ୍ୟବହାର କରି ବାହାର କରିବା କେତେ ପଇସା ଲାଗିବ ଓ ବିହନ ପାଇଁ କେତେ ଖର୍ଚ୍ଚ ହେବ। ଅନେକ ଘାଣ୍ଟଚକଟ ପରେ ଠିକ୍ ହେଲା ଆମେ ସମସ୍ତେ ଲାଗିବୁ। ଦେଢ଼ଲକ୍ଷ ଖର୍ଚ୍ଚହେଲେ ସବୁ ଖର୍ଚ୍ଚ ମେଣ୍ଟିଯିବ। ଆମେ କେତେ ଆଦାୟ କରିପାରିବା ପଚାରିବାରେ, ଗୋଟେ ବର୍ଷରେ ଅଧିକ ଆଦାୟ ହେବ। ଧରାଯାଉ, ଆମେ ଦେଢ଼ଲକ୍ଷ ଯୋଗାଡ଼ କରିବା, ଆଉ ଯଦି ଏତେ ଅଧିକ ଆଦାୟ ହେବ, ଦି'ବର୍ଷରେ ଶୁଝି ଦେଇପାରିବା ? ଆଶ୍ଚର୍ଯ୍ୟ ହେଲି- ଏକ ସ୍ୱରରେ ହଁ କଲେ।

ହାଇଦରାବାଦର ଜଣେ ବନ୍ଧୁଙ୍କ ସହ କଥା ହେବାରେ ସେ ସାଙ୍ଗେସାଙ୍ଗେ ଟଙ୍କା ପଠାଇଦେଲେ ଓ ଖୁବ୍ ଉତ୍ସାହର ସହ ଲୋକମାନେ କାମରେ ଲାଗିଗଲେ। ପ୍ରଚୁର ବାଦାମ ଓ ପରିବା ଇତ୍ୟାଦି ପାଇଲେ। ଦି'ବର୍ଷ ପୂର୍ବରୁ ସେ ଟଙ୍କା ଶୁଝିଦେଲେ। ମୁଁ ଯେତିକି ଖୁସି ହେଲି ତା'ଠୁ ବେଶୀ ଆଶ୍ଚର୍ଯ୍ୟ ହେଲି ମଧ୍ୟ; ସଂସ୍ଥାର ମୁଖ୍ୟ ଦାଶରଥି ମଧ୍ୟ ଆଶ୍ଚର୍ଯ୍ୟ ହେଲେ। ଇଏତ ବଉଳା ଗାଈ ତା' କଥା ରଖିବା କଥା ଭଳି ହେଲା। ବଡ଼ମ୍ବା ଗଡ଼ଜାତର ଲୋକ ହେଲେ ମଧ୍ୟ କଟକ ଜିଲ୍ଲାର ଓ କଟକ ଧାସ ଲାଗିବା କଥା। ବନ୍ୟା ପାଇଁ ସାହାଯ୍ୟ ଓ ସେ ପୁଣି ପଇସା ଫେରାଇବାକୁ ହେବ ? ଇଏ କି କଥା ? ଆମେ ତ ଅନେକ ଦିନଠୁ ଲୋକଙ୍କୁ ଭିକାରି କରିଦେଇ ସାରିଲୁଣି। ସେଭଳି ଭାବନା ସ୍ୱାଭାବିକ ହୋଇଗଲାଣି। ବନ୍ୟାର ଦୁର୍ଗତି ଅପେକ୍ଷା ଇଏ ମାନସିକ ଓ ନୈତିକ ଦୁର୍ଗତି, କିଏ ଅଧିକ କ୍ଷତିକାରକ ?

ବର୍ଷକ ପରେ ସେ ଗାଁକୁ ଯାଇ ଦେଖିଲି ଲୋକଙ୍କର ଉତ୍ସାହ ଓ ଆଉ କିଛି କରିବାର ଇଚ୍ଛା। ପାଖ ଛୋଟ ପାହାଡ଼ ଓ ଦି'ପାଖ ଜମିର ବଳକା ପାଣି ଯାଇ ଗୋଟାଏ ନାଳ ହୋଇଛି ଓ ମହାନଦୀରେ ମିଶିଛି। ସେ ନାଳ ପାଖକୁ ଲୋକମାନେ ଡାକିନେଲେ ଓ ଗୋଟାଏ ବନ୍ଧ ତିଆରି କଲେ ସେଇ ପାଣିରେ ଶୀତଦିନିଆ ପନିପରିବା ଚାଷ ହୋଇପାରିବ ଓ ଦି'ପଇସା ପାଇବେ ବୋଲି କହିଲେ। ଆମେ ଆଗ ଭଳି ଏଥର ମଧ୍ୟ କରିବା, ଯଦି ଏତେ ପଇସା ପାଇବା, ତେବେ ସେ ପଇସା ମଧ୍ୟ ଫେରେଇ ଦେବା। ଏଥିରେ ଖୁସିରେ ରାଜି ହୋଇଗଲେ। ଆଶୀ ହଜାର ଟଙ୍କାର ବନ୍ଦୋବସ୍ତ କରାଗଲା। ବନ୍ଧ ହୋଇଗଲା ତାକୁ ମଧ୍ୟ ବର୍ଷରେ ଶୁଝିଲେ। ପରିବା ଚାଷ ବାଦ୍ ମାଛ

ଚାଷରୁ ମଧ୍ୟ ସେଇ ବନ୍ଧରୁ ବେଶ୍ ଭଲ ପଇସା ପାଇପାରୁଛନ୍ତି। ଏବେ ଶୁଣିଲି, ସରକାର ବନ୍ଧର ସଫଳତା ଦେଖି ସେଗୁଡ଼ିକୁ ଢ଼େର୍ ଉନ୍ନତ କରୁଛନ୍ତି। ସାହାଯ୍ୟ ଓ ବିକାଶର ଏ ବିଚାର ବା ନମୁନାଟିର ସାହାଯ୍ୟକାରୀ ସଂସ୍ଥା ଓ ସରକାର ଅନୁକରଣ ବା ସ୍ଥଳବିଶେଷରେ ପରିବର୍ତ୍ତନ କରି ରାଜ୍ୟର ବିଭିନ୍ନ ଅଞ୍ଚଳରେ କରିବାପାଇଁ ବିଚାର କରିପାରନ୍ତି।

ଦ୍ୱିତୀୟ କାମଟି ଏହିପରି ଥିଲା: ବାଲେଶ୍ୱର ଜିଲ୍ଲାର ସୋର ସହରର ସ୍ୱର୍ଗତ ଶିକ୍ଷାପ୍ରେମୀ ଉପେନ୍ଦ୍ରବାବୁଙ୍କ ସମ୍ମାନାର୍ଥେ ଏକ ସ୍ମୃତି ସଭାର ଆୟୋଜନ କରାଯାଇଥିଲା। ସେଥିରେ ଫକୀର ମୋହନ ବିଶ୍ୱବିଦ୍ୟାଳୟର ପୂର୍ବତନ କୁଳପତି ଡ. କୁମରବର ଦାସଙ୍କ ସହ ଯୋଗ ଦେଇଥିଲି। ସଭା ପରଦିନ ସକାଳେ ଜାତୀୟ ରାଜପଥଠାରୁ ମାତ୍ର ଅଢ଼େଇ କି.ମି. ଦୂରରେ ଥିବା ସୋର ନିକଟସ୍ଥ କେଦାରପୁର ଯିବା ପାଇଁ ସଭାର ଅନ୍ୟତମ ଉଦ୍ୟୋକ୍ତା ତରୁଣ ଉତ୍ସାହୀ ପୂର୍ବାଶାଙ୍କ ଅନୁରୋଧରେ ଗଲୁ। ଜନ୍ମଜାଗାକୁ ଦେଖି ଖୁସି ହେଲି; କିନ୍ତୁ ତାଙ୍କର ସ୍ମୃତିରକ୍ଷା ପାଇଁ ଯେଉଁ ମୂର୍ତ୍ତିଟି କରାଯାଇ ଯେଭଳି ଭାବେ ରଖାଯାଇଛି ଦେଖି ଆମର ମାନସିକ ଦାରିଦ୍ର୍ୟ କଥା ଭାବି ଅତ୍ୟନ୍ତ ଦୁଃଖିତ ହେଲି। ଆମେ ଏଭଳି କ୍ଷେତ୍ରରେ କାହିଁ ଏତେ ମାନସିକ ଦାରିଦ୍ର୍ୟ ଦେଖାଉ ପ୍ରକୃତରେ ବୁଝିହୁଏନି।

ମନର ସମସ୍ତ ବିଷାଦ, ଆମର ଅପାରଗତାକୁ ନେଇ ଯାହା କିଛି ଗ୍ଲାନିବୋଧ ଥିଲା ସେ ଚାଲିଗଲା ସେଇ କେଦାରପୁର ଗାଁର ରମେଶ ଲେଙ୍କା ନାମକ ଜଣେ ତରୁଣଙ୍କ ସହ ସାକ୍ଷାତ ଓ ତାଙ୍କର କାର୍ଯ୍ୟାବଳୀ ଶୁଣି। ରମେଶଙ୍କର ବାପା ବୃକକ୍ ରୋଗରେ ଆକ୍ରାନ୍ତ ଥିଲେ ଓ ତାଙ୍କର ଚିକିତ୍ସା ବାବଦରେ ସବୁ ଖର୍ଚ୍ଚ ସେ ବହନ କରୁଥିଲେ। ବାପାଙ୍କ ଦେହାନ୍ତ ପରେ ସେ ବାବଦ ଖର୍ଚ୍ଚ ବନ୍ଦ ହୋଇଗଲା। ଆଉ ସେ ପଇସାକୁ ସେ ଗଛ ଲଗେଇବାରେ ଖର୍ଚ୍ଚ କଲେ। ପ୍ରଥମେ ରାସ୍ତାକଡ଼ରେ ଆମ୍ବ, ପଣସ, ଜାମୁ ଓ ସପେଟା ଭଳି ଫଳ ଗଛ ଲଗେଇ ତା'ର ରକ୍ଷଣାବେକ୍ଷଣ କାର୍ଯ୍ୟ ମଧ୍ୟ ତୁଲେଇଲେ। ଏଭଳି କ୍ଷେତ୍ରରେ ପ୍ରଥମ ପର୍ଯ୍ୟାୟରେ ଯାହା ହୁଏ ତା' ହେଲା। କୁଆଡୁ ପଇସା ଯୋଗାଡ଼ କରିଛି, କେତେ ପଇସା ପାଇଛି, କେତେ ମାରି ଖାଇବ ଇତ୍ୟାଦି। ରମେଶଙ୍କର ନିଷ୍ଠା ଓ ନିଃସ୍ୱାର୍ଥପରତା ଯୋଗୁଁ ସେ ପର୍ଯ୍ୟାୟ ସହଜରେ ପାରି ହୋଇଗଲେ। ଏବେ ଗାଁମାନଙ୍କରେ ଖାଲି ପଡ଼ିଆ, ସ୍କୁଲ ହତା, ରାସ୍ତାକଡ଼ ଇତ୍ୟାଦିରେ ଗଛଲଗା କାମ ଚାଲୁ ରଖିଛନ୍ତି। ଅବଶ୍ୟ ଅଶୀ ଗଛରୁ ଆରମ୍ଭ କରି ଏବେ ହଜାରହଜାର ଫଳଗଛ ଲଗାଗଲାଣି। ଆଖପାଖ ଗାଁ, ଯୁବ ଅନୁଷ୍ଠାନ ଓ ତିରିଶରୁ ଚାଳିଶଜଣ ସକ୍ରିୟ ସହଯୋଗୀ ବାହାରିଲେଣି। ବିଭିନ୍ନ ସମୟରେ ଜଙ୍ଗଲ ବିଭାଗ, ଜିଲ୍ଲାପାଳ ଓ ବରିଷ୍ଠ

ନାଗରିକ ସେଥିରେ ସହଯୋଗ କଲେଣି। ରମେଶଙ୍କର ବୟସ ଏବେ ମାତ୍ର ସଇଁତିରିଶ ଓ ଦୁଇଟି ଝିଅର ବାପା। ମୋର ଆଶା ରମେଶଙ୍କ କାର୍ଯ୍ୟ ଅଧିକରୁ ଅଧିକ ଯୁବକ/ଯୁବତୀଙ୍କୁ ପ୍ରେରଣା ଦେବ।

ତୃତୀୟ କାହାଣୀଟି ଏଭଳି। ଫଣି ବାତ୍ୟାର ଧ୍ୱଂସଲୀଳା କଥା ସେମାନଙ୍କ କାନରେ ପଡ଼ିଲା। କ'ଣ କରିପାରିବେ ସେମାନଙ୍କ ପାଇଁ ବିଚାର ଚାଲିଲା ଗାଁରେ। ୨୨ ଘରର ଆଦିବାସୀ ଗାଁ। ପଇସା ବା କେତେ ଦେଇପାରିବେ। କାଜୁଗଛ ସବୁ ନଷ୍ଟ ହୋଇଯିବା ଖବର ଥିବା ଯୋଗୁଁ ନିଜର କାଜୁ ଗଛର ମଞ୍ଜି, ଜଙ୍ଗଲରୁ ଆମ୍ବ, ପଣସ ଇତ୍ୟାଦି ମଞ୍ଜି ସଂଗ୍ରହ କଲେ। ଚାରା କରି ପଠେଇବା ପାଇଁ ନିଷ୍ପତ୍ତି ନେଲେ ଓ କାମ ଆରମ୍ଭ କରିଦେଲେ। ମହିଳାମାନେ ସେ ଦାୟିତ୍ୱନେଲେ। ମେ' ମାସ ଖରା, କେତେ ତଳେ ବୋହି ଯାଇଛି ପାହାଡୀ, ଝରଣା। ସେଇଠୁ ପାଣି ବୋହି ଦଶହଜାରରୁ ଉର୍ଦ୍ଧ୍ୱ ଚାରା ପ୍ରସ୍ତୁତି କାମରେ ଲାଗିଗଲେ।

ଗଞ୍ଜାମ ଜିଲ୍ଲାର ବୁଗୁଡ଼ା ବ୍ଲକର ଶେଷ ମୁଣ୍ଡରେ ଥିବା ଗାଁର ମହିଳାମାନଙ୍କର ଏ ଉଦ୍ୟମ ଶୁଣି ସେହି ଜିଲ୍ଲାର ଜଗନ୍ନାଥ ପ୍ରସାଦ ବ୍ଲକର ଚଢ଼େୟାପଲ୍ଲୀର ମହିଳାମାନେ ଚାରା କାମରେ ଲାଗିପଡ଼ିଲେ ଓ ନୟାଗଡ଼ ଜିଲ୍ଲାର ଓଡ଼ଗାଁ ବ୍ଲକର ନୋତରପଲ୍ଲୀର ଆଦିବାସୀମାନେ ଏ ଉତ୍ସାହରେ ସଂକ୍ରମିତ ହୋଇ କାଜୁ ଓ ବିଭିନ୍ନ ଫଳ ଗଛର ଚାରା ପ୍ରସ୍ତୁତି ଆରମ୍ଭ କରିଦେଲେ।

ଜୁଲାଇ ଶେଷ ବେଳକୁ ଭୁବନେଶ୍ୱରର କିଛି ସଂସ୍ଥା କେବଳ ପରିବହନ ଖର୍ଚ୍ଚ ବହନ କରି ଲୋକଙ୍କଠାରୁ ମାଗଣାରେ ଚାରା ଆଣି ବାଣ୍ଟିଲେ। କେଉଁମାନେ ଆମ ପାଇଁ ଚାରା କରି ମାଗଣାରେ ଦେଉଛନ୍ତି ଭାବି ଚିଲିକା କୂଳର କିଛିଲୋକ ତିନିଚାରି ମାସ ପରେ ପ୍ରାୟ ୨୦/୨୨ ଜଣ ଆସି ବରଡ଼ା ସାହିରେ ପ୍ରଥମେ ପହଞ୍ଚିଲେ। ସେମାନେ ଗରିବ; କିନ୍ତୁ ତାଙ୍କର ଭବ୍ୟ ସମ୍ବର୍ଦ୍ଧନା ଓ ସମସ୍ତଙ୍କ ପାଇଁ ଖାଇବା କରି ବାଟରେ ଫେରିଲାବେଳେ ଖାଇବାପାଇଁ କାକରା ପିଠା ଦେଲେ। ସେଥିରେ ଅଭିଭୂତ ହୋଇଗଲେ ବାତ୍ୟାଞ୍ଚଳ ଲୋକମାନେ। ବିଶ୍ୱାସ କରିପାରିଲେନି ଏମାନେ କେତେ ସରଳ, ଗରିବ, ସାହାଯ୍ୟକାରୀ ଓ ଅତିଥିପରାୟଣ। ଅନ୍ୟ ଗାଁଗୁଡ଼ିକର ଲୋକମାନେ ସେହିଭଳି ସମ୍ବର୍ଦ୍ଧିତ କଲେ। ଆଶ୍ଚର୍ଯ୍ୟ, ଆନନ୍ଦ ଓ କୃତଜ୍ଞତାରେ ଆତ୍ମହରା ହୋଇ ଫେରିଲେ।

କିଛି ମାସ ପରେ ସେମାନେ ଏଠାର ଲୋକଙ୍କୁ ଆମନ୍ତ୍ରଣ ଜଣେଇଲେ ଚିଲିକା ଓ ବାତ୍ୟା ବିଧ୍ୱସ୍ତ ଅଞ୍ଚଳ ଦେଖିବାପାଇଁ। ଏମାନେ ଗଲେ। ଚିଲିକା ଡଙ୍ଗା ଓ ବାତ୍ୟାର ବିଭୀଷିକା ଏମାନଙ୍କୁ ଚକିତ କଲା। ସେମାନଙ୍କ ଭୂରିଭୋଜନ ବ୍ୟବସ୍ଥା କରି ଚିଲିକା

ଡଙ୍ଗାରେ ବୁଲେଇଲେ, ପୁରୀ ସମୁଦ୍ରକୂଳ, ଜଗନ୍ନାଥ ମନ୍ଦିର ଓ ପୁରୀ ବୁଲି ଫେରିଲେ। ଜୀବନରେ ସେମାନଙ୍କ ପାଇଁ ଇଏ ଥିଲା ଅଭୁଲା ସ୍ମୃତି। ଏସବୁ କେବେ ଦେଖିବା ସେମାନଙ୍କର ଚିନ୍ତାର ବାହାରେ ଥିଲା।

ଏଇ ତ ମାତ୍ର ତିନିଟି ଉଦାହରଣ ସତ୍‌ବିଚାର ଓ ସତ୍‌କର୍ମର। ଏବେ ଖାଲି ଆମର ଏଠି ନୁହେଁ, ପୃଥିବୀର ଏ ଘୋର ସଂକଟ କାଳରେ ବିଭିନ୍ନ ସ୍ଥାନରେ ବିଭିନ୍ନ ବର୍ଗର, ବିଭିନ୍ନ ବୟସର ଅନେକ ଲୋକ ଓ ସଂସ୍ଥା ଅତ୍ୟନ୍ତ ମହନୀୟ କାର୍ଯ୍ୟ କରୁଛନ୍ତି। ସହଯୋଗ, ସଦ୍‌ଭାବନା ସୃଷ୍ଟି କରିବା, ନିଜର ପ୍ରାଣକୁ ବାଜି ଲଗେଇବା ଭଳି କାର୍ଯ୍ୟ କରୁଛନ୍ତି। ଚଉଦିଗ ହାହାକାର ଓ ଅନ୍ଧକାର ଭିତରେ ଏ ଉଜ୍ଜ୍ୱଳ ଜ୍ୟୋତିଷ୍କମାନେ ବାଟ ଦେଖାଉଛନ୍ତି; ଆଶା ଦେଉଛନ୍ତି। ଯେଉଁ ସମାଜ ଓ ସଭ୍ୟତାରେ ସହାନୁଭୂତି, ପାରସ୍ପରିକ ସହଯୋଗ, ସୌହାର୍ଦ୍ଦ୍ୟ, ତ୍ୟାଗ ଏବଂ ଅନୁକମ୍ପା ଯେତେ ଅଧିକ ସେ ସମାଜ ସେତେ ସୁସ୍ଥ ଓ ଦୀର୍ଘସ୍ଥାୟୀ ହେବ।

■

ସମାଜ, ୨୧ ମେ, ୨୦୨୦

ଆମ ଟଙ୍କା ଛୁଆଁ, କିନ୍ତୁ...

ପଚାଶ ବର୍ଷ ତଳେ ଢେଙ୍କାନାଳ ସହରଟି ଛୋଟ ଥିବା ହେତୁ ଖୁବ୍‌ଶୀଘ୍ର ସମାଜର ବିଭିନ୍ନ ବର୍ଗର ଲୋକମାନଙ୍କ ସହ ପରିଚୟ ଓ ଘନିଷ୍ଠତା ହୋଇଗଲା। ମୃତ୍ତିକା ସଂରକ୍ଷଣ ବିଭାଗର ଜିଲ୍ଲା ଦାୟିତ୍ୱରେ ଥିବା ହାକିମ ଜଣକ ବେଶ୍ ତରୁଣ ତ ଥିଲେ, ତା' ସହ ଖୁବ୍ ମଉଜିଆ, ଉତ୍ସାହୀ ଓ କାମିକା ଥିଲେ। ତାଙ୍କ ସହ ଜିଲ୍ଲାର ବିଭିନ୍ନ ଜାଗା ଦେଖିବାର ସୁଯୋଗ ମିଳିଲା। କଲେଜରେ ଅନେକ ଛୁଟି। ଥରେ ଗୋଟାଏ ଛୁଟିଦିନରେ ତାଙ୍କ ସହ ହିନ୍ଦୋଳ ସବ୍‌ଡିଭିଜନର ବାବନ୍ଧ ଗାଁକୁ ଗଲୁ ସେଠାରେ ଥିବା ଗୋଟିଏ ଗୋଶାଳା ଦେଖିବା ପାଇଁ। ବାବନ୍ଧ ଗାଁଟି ଗୋଟାଏ ବେଶ୍ ବଡ଼ ଗାଁ। ଗାଁର ଜଣେ ମୁଖ୍ୟ ଲୋକ ଦୈତାରୀ ସାହୁଙ୍କ ସହ ସେଠାରେ ଭେଟ ହେଲା। ଗାଁର ଭଲମନ୍ଦ ଜାଣିବା ପାଇଁ ତାଙ୍କୁ ପଚାରିଲି। ଅତି ଦୁଃଖ ଓ ଭବିଷ୍ୟତର ଅନିଶ୍ଚିତତା ତଥା ଏକ ହା-ହୁତାଶ ଭାବ ଥିଲା ତାଙ୍କର କାହାଣୀରେ।

କାହାଣୀଟି ଏଇଭଳି ଥିଲା। ବଡ଼ ଗାଁଟି, କିନ୍ତୁ ଏକଜୁଟ ହୋଇ ଚଳୁଥିଲା। ଗାଁରେ ଥିବା ପୁରୁଣା ଛୋଟ ଚାଳଘରେ ଥିବା ଭାଗବତ ଟୁଙ୍ଗୀକୁ ଭାଙ୍ଗି ଗୋଟାଏ ବଡ଼ ଓ ପକ୍କା ଭାଗବତ ଟୁଙ୍ଗୀ କରିବାକୁ ନିଷ୍ପତ୍ତି ହେଲା। ଗାଁରେ ଥିବା ସବର୍ଣ୍ଣ ଓ ଅସବର୍ଣ୍ଣ ସମସ୍ତେ ଚାନ୍ଦା ଦେଲେ। ଭଲ ଦିନ ଦେଖି ଶୁଭ ମୁହୂର୍ତ୍ତରେ ଘର ପ୍ରତିଷ୍ଠା କାମ ଆରମ୍ଭ ହେଲା। ଅନେକ ଉତ୍ସାହ ଉଦ୍ଦୀପନା ସହ ପ୍ରତିଷ୍ଠା କାମ ଆଗେଇଥାଏ। ଅସବର୍ଣ୍ଣ ସାହିର କିଛି ସ୍କୁଲରେ ପଢୁଥିବା ପିଲା ଭାଗବତ ମଣ୍ଡପରେ ବସିପଡ଼ିଲେ ଅନ୍ୟ ପିଲାଙ୍କ ସହ। ବାସ୍, ସେତିକିରେ ସବୁ ଅଶୁଦ୍ଧ ହୋଇଗଲା ଓ କିଛି ଲୋକ ଚିତ୍କାର କଲେ ସେମାନଙ୍କୁ ସେଇଠୁ ତୁରନ୍ତ ବିଦାୟ କରିବା ପାଇଁ। ଅସବର୍ଣ୍ଣ ସାହିର ବୟସ୍କ ଲୋକମାନେ ଜାଣିଥାନ୍ତି ତାଙ୍କ ପାଇଁ ସମାଜ କରିଥିବା ସୀମା ସରହଦ ବିଷୟରେ। ଗାଁସାରା ଗୋଟାଏ ସାମୂହିକ ପର୍ବର ବାତାବରଣ ଥିଲାବେଳେ ଯଦିଓ ସେମାନେ

କାମକୁ ଯାଇନଥାନ୍ତି। କିନ୍ତୁ ସେମାନେ ନୂଆ ଭାଗବତ ମଣ୍ଡପ ପାଖକୁ ସେଇଥିପାଇଁ ଆସିନାହାନ୍ତି। କିନ୍ତୁ ପିଲାମାନେ ସେ ସୀମା ସରହଦ ବିଷୟରେ ହୁଏତ ଜାଣିନଥିଲେ ବା ପରୀକ୍ଷା କରୁଥିଲେ, ଯେମିତି ଛୁଆ କୁକୁରଟି ଗାଡ଼ି ମୋଟର ଚାଲୁଥିବା ରାସ୍ତାକୁ ପଳେଇଯାଏ ସେଠାରେ ଥିବା ବିପଦ ବିଷୟରେ ନଜାଣି। ଏବେ ଯେତେବେଳେ ପିଲାମାନଙ୍କୁ ଡେଣା ଧରି ମଣ୍ଡପରୁ ହଟେଇ ଦିଆଗଲା, ସେମାନେ ଆରମ୍ଭ ହୋଇଥିବା ନିଆଁରେ ଟିକିଏ ଘିଅ ଢାଳିଦେଲେ। "ସମସ୍ତେ ଯେମିତି ଚାନ୍ଦା ଦେଲେ, ଆମେ ତ ସେଇଭଳି ଚାନ୍ଦା ଦେଲୁ, ଆମ ଟଙ୍କା କେମିତି ଛୁଆଁ, ଆଉ ଆମେ କେମିତି ଅଛୁଆଁ ?" ବାସ୍, ଏବେ ବିଦ୍ୱେଷର ବହ୍ନି ହୁତୁହୁତୁ ହୋଇ ବଢ଼ିବାରେ ଲାଗିଲା। ସତ୍ୟର ଶକ୍ତି ପ୍ରକୃତରେ ଅମାପ। ପରବର୍ତ୍ତୀ ପର୍ଯ୍ୟାୟର ସମୟ ଆସିଗଲା। ଆରୋପ, ପ୍ରତ୍ୟାରୋପ, କଟୁକ୍ତି ଓ କମେଣ୍ଟମରା। ପୋଖରୀ ତୁଠରେ, ଦୋକାନ ଆଗରେ, ହାଟରେ, ବାଟରେ, ବଣରେ କ୍ରୋଧ ଓ ବିଦ୍ୱେଷଭରା ଅନାଅନି। ଦୂରତା ବଢ଼ି ବଢ଼ି ଚାଲିଲା।

ଦିନେ ରାତିରେ ଅନ୍ଧାର ଦୂର ହୋଇନି। ଅସବର୍ଣ୍ଣ ବସ୍ତିରେ ନିଆଁ ଲଗେଇ ଦିଆଗଲା। ଘରୁ ବିକଳରେ ବାହାରକୁ ଚାଲିଆସିଲାବେଳେ ଗୁଳି ଫୁଟିଲା। ଘର ଜଳୁଥିବା ନିଆଁର ଆଲୁଅରେ ପ୍ରାଣବିକଳରେ ଦୌଡ଼ି ପଳାଇଲାବେଳେ ଅସବର୍ଣ୍ଣ ବ୍ୟକ୍ତିଙ୍କ ଭିତରୁ ଗୁଳିମାଡ଼ ଖାଇ କେତେକ ପଡ଼ିଗଲେ। ଚାହୁଁ ଚାହୁଁ ବସ୍ତିଟି ପାଉଁଶ ହୋଇଗଲା। ସବର୍ଣ୍ଣମାନଙ୍କର ଏ ଯୋଜନା ବିଷୟରେ ସାମାନ୍ୟତମ ସୁରାକ ପାଇନଥିଲେ ଅସବର୍ଣ୍ଣମାନେ। ଏଭଳି କ୍ଷେତ୍ରରେ ଯାହା ହେବାକଥା ପରେ ସେୟା ହେଲା। ପୁଲିସ ଆସିଲେ, ଉଭୟ ପକ୍ଷରୁ ମକଦ୍ଦମା ଦାୟର ହେଲା। ହିନ୍ଦୋଳ କୋର୍ଟରେ ମକଦ୍ଦମା ଚାଲିଲା। ସରକାରଙ୍କ ତରଫରୁ ଅସବର୍ଣ୍ଣମାନଙ୍କ କେସ୍ ଓକିଲ ଲଢ଼ିଲେ। ଗାଁଲୋକମାନେ କଟକରୁ ଓ ଢେଙ୍କାନାଳରୁ ଓକିଲ ନିଯୁକ୍ତ କଲେ। ସଙ୍ଗୀନ ଦଫା ଲାଗିଲା। ସେତେବେଳର ହରିଜନ ଆଦିବାସୀ କଲ୍ୟାଣ ବିଭାଗ ମନ୍ତ୍ରୀ ଶାନ୍ତନୁବାବୁ ଗଲେ, ଅନ୍ୟ ହାକିମମାନେ ମଧ୍ୟ ଗଲେ। ସର୍ବୋଦୟ କର୍ମୀମାନେ ଶାନ୍ତି ପ୍ରତିଷ୍ଠା ପାଇଁ ଉଦ୍ୟମ କଲେ। ଅସବର୍ଣ୍ଣ ଲୋକମାନଙ୍କ ପାଇଁ ସରକାର ଜାଗା ଦେଲେ, ଘର ତିଆରି ପାଇଁ କିଛି ସାହାଯ୍ୟ ମିଳିଲା, ଜରୁରୀ ସାହାଯ୍ୟ ହିସାବରେ କିଛିଦିନ ପାଇଁ ଲୁଗାପଟା ଅନ୍ନ ଭୋଜନର ବ୍ୟବସ୍ଥା ହେଲା।

ମକଦ୍ଦମା ସହଜରେ ତୁଟେନି, ବର୍ଷ ବର୍ଷ ଧରି ଚାଲିଲା, ଅନେକ ଲୋକଙ୍କର ସ୍ୱାର୍ଥ ଥାଏ ମକଦ୍ଦମା ଗଡ଼େଇବାରେ। ଯେହେତୁ ସରକାରୀ ଓକିଲ ଅସବର୍ଣ୍ଣଙ୍କ ପାଇଁ ଲଢୁଥିଲେ, ସେମାନଙ୍କ ଖର୍ଚ୍ଚବାର୍ଚ୍ଚ ବିଶେଷ ନଥିଲା, କିନ୍ତୁ ଗାଁଲୋକ ବହୁଭାବେ ଖର୍ଚ୍ଚାନ୍ତ ହେଲେ। ମକଦ୍ଦମା ପାଳିରେ ଗାଁର ଲୋକମାନଙ୍କର ଗାଡ଼ି ଖର୍ଚ୍ଚ, ଖାଇବା

ଖର୍ଚ୍ଚ, ଓକିଲ, ପେସ୍କାର ଖର୍ଚ୍ଚ ଲୋକମାନଙ୍କଠାରୁ ଘରପିଛା ଚାନ୍ଦା କରି ତୁଲେଇବାକୁ ହେଉଥିଲା। ସେଥିରେ ସାଧାରଣ ଗରିବ ପରିବାରଗୁଡ଼ିକ ହନ୍ତସନ୍ତ ହେଲେ, ଶେଷରେ କଂସା ତାଟିଆ ବନ୍ଧା ପକେଇଲେ। ପ୍ରଥମେ ପ୍ରଥମେ ଥିବା ଉତ୍ତେଜନା ହ୍ରାସ ପାଇବା ସହ ଖର୍ଚ୍ଚ ଦାଉ ଅସହ୍ୟ ହେଲା। ଇଏ ପୁଣି ତଳକୋର୍ଟ କଥା, ଆହୁରି କେତେ ପାହାଚ ଅଛି। ଅନ୍ୟପକ୍ଷରେ ସବର୍ଣ୍ଣ ଓ ଅସବର୍ଣ୍ଣଙ୍କ ମଧ୍ୟରେ ଥିବା ବ୍ୟବଧାନ ଓ ଶତ୍ରୁତାମୂଳକ ମନୋଭାବ ବଢ଼ି ବଢ଼ି ଚାଲିଲା। ଅସବର୍ଣ୍ଣମାନଙ୍କୁ ଦୋକାନ ବଜାର ମନା କରିଦିଆଗଲା ଓ କୌଣସି କାମ ଦିଆଗଲାନି। ଯଦି ଜଣେ ଅସବର୍ଣ୍ଣ ଏକା ଯାଉଛନ୍ତି ଓ ଚାରି ପାଞ୍ଚ ଜଣ ସବର୍ଣ୍ଣମାନଙ୍କ ସହ ଦେଖା ହୋଇଗଲା, ତେବେ ସେ ପ୍ରାଣ ବିକଳରେ ଦୌଡ଼ି ଲୁଚିଲେ। ସେହିଭଳି ଜଣେ ସବର୍ଣ୍ଣ ଲୋକ ଚାରି ପାଞ୍ଚଜଣ ଅସବର୍ଣ୍ଣଙ୍କ ସହ ହାବୁଡ଼ିଗଲେ, ସିଏ ମଧ୍ୟ ଲୁଚିଲେ। ଉଭୟପକ୍ଷ ଅନେକ ଭାବେ କ୍ଷତିଗ୍ରସ୍ତ ହେଲେ ଓ ଭୀତତ୍ରସ୍ତ ହୋଇ ରହିଲେ। ଏଣେ ସଙ୍ଗୀନ ଦଫା ଯୋଗୁ କଠୋର ଦଣ୍ଡର ଭୟ ମୁଣ୍ଡ ଉପରେ ଝୁଲି ରହିଲା। ଏତକ କହିସାରିଲା ପରେ ଦୈତାରୀ ସାହୁ ଦୀର୍ଘ ନିଃଶ୍ୱାସ ପକାଇଲେ। ଯଦି ଏ ଅବସ୍ଥାରେ ପରିବର୍ତ୍ତନ ପାଇଁ ଉଦ୍ୟମ କରିବା, ଆପଣମାନେ ସହଯୋଗ କରିବେ, ପଚାରିଲି। ଦେଖନ୍ତୁ, ଚେଷ୍ଟା କରନ୍ତୁ, ମୁହଁରେ ଉଭୟ ଆଶା ଓ ଉଦାସ ଭାବ ଲକ୍ଷ୍ୟ କଲି।

ଇଏ ହେଲା ୧୯୭୨ ମସିହା କଥା। ସେଇ ବର୍ଷ ସ୍ୱାଧୀନତାର ରୌପ୍ୟ ଜୁବୁଲି ପାଳନ ଉପଲକ୍ଷେ ବିଭିନ୍ନ କାର୍ଯ୍ୟକ୍ରମ କରାଯାଉଥାଏ। କଲେଜ ତରଫରୁ ଉଭୟ ଗୋଷ୍ଠୀ ମଧ୍ୟରେ ସଦ୍‌ଭାବ ପ୍ରତିଷ୍ଠା ପାଇଁ ରୌପ୍ୟ ଜୁବୁଲିର ଗୋଟାଏ କାମ ହିସାବରେ ନେଲେ ଠିକ୍ ହେବ ଭାବି ସେଥିପାଇଁ ଆୟୋଜନ ଆରମ୍ଭ କରିଦେଲୁ। ଅଗଷ୍ଟ ଚଉଦ ତାରିଖରେ ପନ୍ଦର କୋଡ଼ିଏ ପିଲାଙ୍କ ସହ ବାବନ୍ଧରେ ପହଞ୍ଚିଲୁ। ସାଥିରେ ଥିଲେ ଐତିହାସିକ, ସୁଲେଖକ ଓ ସଂଗଠକ ଅଧ୍ୟାପକ ନିତ୍ୟାନନ୍ଦ ମିଶ୍ର। ଯେହେତୁ ଅସବର୍ଣ୍ଣମାନେ ହିଁ ଅନ୍ୟାୟ ଓ ଅତ୍ୟାଚାରର ଶିକାର ହୋଇଛନ୍ତି, ଆମେ ଠିକ୍ କଲୁ ତାଙ୍କରି ପାଖରେ ରହିବୁ। ସେଇଠି ରହିବା ପାଇଁ ବ୍ୟବସ୍ଥା ହେଲା- ରାସ୍ତା କଡ଼େ ଗୋଟେ ମଇଁଷି ଗୁହାଳ ପାଇଁ ଭୂଇଁରୁ ସାତ ଆଠ ଇଞ୍ଚର ଉଚ୍ଚା ମାଟି ଚଟାଣ, ଉପର ତାଳପତ୍ରର ଛପର, କାଠ ଖୁଣ୍ଟିରେ ଚାରିପାଖ ଖୋଲା ଓ ଲମ୍ବା ସଦ୍ୟ ତିଆରି ଚାଳିଆଟେ। ବସ୍ତିର ଲୋକମାନେ ପ୍ରଥମେ ବିଶ୍ୱାସ କରିପାରିଲେନି, ଆମେ ସେଇଠି ଚଳିପାରିବୁ ବୋଲି।

ପ୍ରଥମ ଦିନ ସେମାନଙ୍କ ସହ ଆଲୋଚନା ହେଲା। ତାଙ୍କର ସକଳ ଦୁଃଖ, ଯନ୍ତ୍ରଣା, ଯାତନା, ଅଭିଯୋଗ ସବୁ ଶୁଣିଲୁ। କୌଣସି ଆଲୋଚନା ହେଲେ ବା ସମାଧାନ

ପ୍ରସ୍ତାବ ବାବନ୍ଧର ସବର୍ଣ୍ଣମାନଙ୍କ ତରଫରୁ ଆସିଲେ କ'ଣ ସୁବିଧା ଅସୁବିଧା ହେବ, ସେ ବିଷୟରେ ତାଙ୍କର ମତାମତ ନେଲୁ। ପରଦିନ ବାବନ୍ଧ ଗାଁକୁ ଯାଇ ସ୍କୁଲଘରେ ଆଲୋଚନା ହେଲା। ଏଇ ଦୁଇ ଜାଗା ଭିତରେ ଦୂରତା ପ୍ରାୟ ଗୋଟେ କିଲୋମିଟର ହେବ। ବର୍ଷାଦିନ କଚ୍ଚା ମାଟିରାସ୍ତା, ଆଣ୍ଠୁଏ କାଦୁଅ। ରାସ୍ତାର ଦୁଇକଡ଼ରେ ଥିବା ଗୁଗୁଚିଆ ଘାସ ଦେଇ ଯିବାଆସିବା କରୁଥାଉ। ଦିନକେ ଅତି କମ୍‌ରେ ତିନିଥର ଉଭୟଙ୍କ ସହ ଆଲୋଚନା ହେବା ପରେ ଗୋଟାଏ ସମାଧାନ ବାଟ ବାହାରିଲା। ସତ କହିବାକୁ ଗଲେ ଆମର ଏ ବିଷୟରେ କିଛିବର୍ଷ ପୂର୍ବେ ଅଭିଜ୍ଞତା ନଥିଲା। ଗାଁଲୋକମାନେ ଆମଠୁ ଅନେକ ଭାବେ ଅଧିକ ବାଗରେ କଥା କହିପାରନ୍ତି ଓ ସମୟେ ସମୟେ ଆମକୁ ବୁଝିବା କଷ୍ଟ ହେଉଥାଏ। ତେବେ ସୌଭାଗ୍ୟବଶତଃ ବୁଝାମଣାର ବାଟ ବାହାରିଥିବା ଜାଣି ଆମେ ଅନେକ ଖୁସି ହେଲୁ। ଯେହେତୁ ଅସବର୍ଣ୍ଣ ଲୋକମାନେ ଗାଁର ଭାଗବତ ଘର ପାଇଁ ଚାନ୍ଦା ଦେଇଥିଲେ, ଅଥଚ ସେମାନଙ୍କୁ ସେଠାରେ ବଂଚିତ କରାଗଲା, ସେଥିପାଇଁ ଗାଁଲୋକ ସଂପୂର୍ଣ୍ଣ ତାଙ୍କ ଖର୍ଚ୍ଚରେ ଅସବର୍ଣ୍ଣ ବସ୍ତିରେ ଗୋଟାଏ ଭାଗବତ ଘର ତିଆରି କରି ତାଙ୍କୁ ଦେବେ ଓ କ୍ଷମା ପ୍ରାର୍ଥନା କରିବେ। ପ୍ରଥମେ ଅସବର୍ଣ୍ଣମାନଙ୍କ ବିରୋଧରେ ସେମାନେ ଯେଉଁସବୁ ମକଦ୍ଦମା ଦାୟର କରିଛନ୍ତି ତାକୁ ଉଠାଇ ଆଣିବେ ଓ ପରେ ପରେ ଏମାନେ ମଧ୍ୟ ସେମାନଙ୍କ ବିରୋଧରେ କରିଥିବା ମକଦ୍ଦମା ଉଠାଇ ଆଣିବେ ଓ ଉଭୟପକ୍ଷ ଆକ୍ରମଣ ପ୍ରତିଆକ୍ରମଣ, କଥାରେ ବା କାର୍ଯ୍ୟରେ କରିବ ନାହିଁ। ଏଇ ନିଷ୍ପତ୍ତି ହୋଇସାରିଲା ପରେ ଆମେ କଲେଜ ଫେରିଆସିଲୁ।

ଭାଗବତ ଘର ପାଇଁ ମୃତ୍ତିକା ସଂରକ୍ଷଣ ଅଧିକାରୀ ବିଜୟ ରାମଦାସ ସୁନ୍ଦର ନକ୍ସାଟିଏ ତିଆରି କଲେ ଓ ବିଭାଗର ବାବନ୍ଧ ଗୋଶାଳା ଦାୟିତ୍ୱରେ ଥିବା ଅଧିକାରୀଙ୍କ ପାଖରେ ଗାଁଲୋକ ଟଙ୍କା ଜମା କଲେ ଓ ଘରଟି ତିଆରି ହୋଇଗଲା। ଉଭୟପକ୍ଷରୁ ମକଦ୍ଦମା ପ୍ରତ୍ୟାହାର କରାଗଲା। ପରବର୍ତ୍ତୀ ଗଣତନ୍ତ୍ର ଦିବସରେ ଶିକ୍ଷାମନ୍ତ୍ରୀ ଢେଙ୍କାନାଳ ଜିଲ୍ଲାରେ ପତାକା ଉତ୍ତୋଳନ ପରେ ସେଠାକୁ ଯାଇ ସ୍କୁଲଟିଏ ମଂଜୁର କରିଦେଲେ ଓ ମୃତ୍ତିକା ସଂରକ୍ଷଣ ବିଭାଗ ତରଫରୁ ଗୋଟାଏ ଆଡ଼ିବନ୍ଧ ବସ୍ତି ଅଧିବାସୀଙ୍କ ବ୍ୟବହାର ପାଇଁ ତିଆରି ହୋଇଗଲା। ପ୍ରଥମେ ଗଣ୍ଡଗୋଳଟି ଯେପରି ଢେଙ୍କାନାଳ ଜିଲ୍ଲାରେ ଚହଳ ପକେଇଥିଲା, ସେହିପରି ସମାଧାନ କଥାଟି ବହୁଳ ଭାବେ ପ୍ରସାରିତ ହୋଇଗଲା। ଏବେ ଆମକୁ ଗୋଟେ ନୂଆ କାମ ମିଳିଗଲା, ଗାଁ ଗଣ୍ଡଗୋଳକୁ ସମାଧାନ ପାଇଁ ଆମକୁ ଡାକରା ଆସିଲା। ସେଥିରେ ମୁଣ୍ଡ ପୂରାଇବା ପାଇଁ ଆମର କିନ୍ତୁ ସମୟ ନଥିଲା।

■

ପ୍ରମେୟ, ୨୮ ଫେବୃଆରୀ, ୨୦୨୦

ଜୀବନର ଶେଷଦିନ

କୁଆଡ଼େ ଗଲା ସ୍ୱପ୍ନର ଅଖଣ୍ଡ ଭାରତ ? କୁଆଡ଼େ ଗଲା ଏକ ସତ୍ୟନିଷ୍ଠ, ଅହିଂସ ଓ ପରସ୍ପର ପ୍ରେମଭାବରେ ପରିପୂର୍ଣ୍ଣ ସମସ୍ତ ପୃଥିବୀ ପାଇଁ ଆଦର୍ଶସ୍ଥାନୀୟ ଭାରତ ? ଐକ୍ୟ, ସାଂପ୍ରତିକ ସଂପ୍ରୀତି, ସହନଶୀଳତା, ସମ୍ବେଦନଶୀଳତା, ତ୍ୟାଗ- କ'ଣ ହେଲା ସବୁ ମୂଲ୍ୟବୋଧର ? ଆଉ କ'ଣ ହେବ ଏକ ଯାତନା, ଯନ୍ତ୍ରଣା, ଶୋଷଣ, ଦମନମୁକ୍ତ ଭାରତ ଗଠନର ସ୍ୱପ୍ନ ?

ଚତୁର୍ଦ୍ଦିଗରେ ହିଂସା, ପ୍ରତିହିଂସା, ଚରମ ନିଷ୍ଠୁରତା ଓ ବର୍ବରତାର ତାଣ୍ଡବଲୀଳା । ଖୋଦ୍ ଦିଲ୍ଲୀ, କଲିକତା, ଢାକା, କରାଚି ଓ ଅନ୍ୟ ଅନେକ ସହର ଓ ଗ୍ରାମାଞ୍ଚଳରେ ମଧ୍ୟ ରକ୍ତପାତ ହେଲା । ଭାରତ ଭୂଖଣ୍ଡ ସିନା ଦି'ଖଣ୍ଡ ହେଲା, କିନ୍ତୁ ମନ ଓ ହୃଦୟ ବହୁଧା ବିଭକ୍ତ ହୋଇଗଲା । ପ୍ରାଣକୁ ବାଜି ଲଗାଇ ନିଷ୍ଠୁରତା ଓ ହିଂସାର ତୋଫାନର ତୀବ୍ରତା କମେଇବା ପାଇଁ ଗାନ୍ଧୀ ଚେଷ୍ଟା କଲେ, ଅନେକାଂଶରେ ସଫଳ ହେଲେ ମଧ୍ୟ, ତେବେ ଘୃଣାର ଘନବାଦଲ ଢାଙ୍କିହୋଇ ରହିଲା । ମଣିଷର ହୃଦୟ ପରିବର୍ତ୍ତନର ଗାନ୍ଧୀଙ୍କର କ୍ଷୀଣ ଆଶାଟି ତଥାପି ଉଜ୍ଜୀବିତ ରହିଥିଲା, ଯଦିଓ ଶହେ ପଚିଶ ବର୍ଷଯାଏ ବଞ୍ଚିରହି ଭାରତ ମାତାର ସେବା କରିବାର ଇଚ୍ଛାଟି ମଉଳି ଯାଇଥିଲା । ସ୍ୱାଧୀନତା ପାଇବା ପୂର୍ବରୁ ଓ ପରେ ଯାହା ସବୁ ଘଟିଗଲା ସେଥିରେ ଗାନ୍ଧୀ ମର୍ମାହତ ହୋଇପଡ଼ିଲେ ଓ ଜୀବନ ପ୍ରତି ମୋହଭଙ୍ଗ ହୋଇଗଲା । ଏବେ ସଂସାରରୁ ବିଦାୟ ନେବାବେଳେ ଏଭଳି ମନୋଭାବ ଗାନ୍ଧୀଙ୍କୁ ଗ୍ରାସ କରିସାରିଥିଲା, ସତେଯେମିତି ସେ ମୃତ୍ୟୁର ଆଗମନକୁ ଦେଖିପାରୁଥିଲେ ।

ତେବେ ହତ୍ୟାକାରୀମାନେ କାହିଁକି ଗାନ୍ଧୀଙ୍କର ଜୀବନ ନେବାପାଇଁ ଏତେ ବ୍ୟଗ୍ର ହୋଇପଡ଼ିଲେ, ଜାନୁଆରୀ ତିରିଶ ପରେ ଆଉ ଅପେକ୍ଷା କରିବାପାଇଁ ପ୍ରସ୍ତୁତ ନଥିଲେ, ସେଇଦିନ ହିଁ ଗାନ୍ଧୀଙ୍କର ଶହେପଚିଶ ବର୍ଷ ପୂର୍ତ୍ତି କରେଇଦେଲେ ? କଲିକତା,

ବିହାର, ଦିଲ୍ଲୀ ଓ ନୂଆଖାଲିରେ ସାଂପ୍ରଦାୟିକ ସଦ୍‌ଭାବ ଫେରାଇଆଣିବା ପାଇଁ, ସାଂପ୍ରଦାୟିକତାର ଅଗ୍ନିକୁ ପ୍ରଶମିତ କରିବାପାଇଁ ଗାନ୍ଧୀ ଓ ତାଙ୍କର କେତେକ ସହଯୋଗୀ ଯେଭଳି ଅନବରତ ଉଦ୍ୟମ କଲେ, ସେଭଳି ଉଦ୍ୟମ ପାକିସ୍ତାନରେ ହେଉନଥିଲା। ସେଠାରେ ହିନ୍ଦୁ ଓ ଶିଖ ସଂପ୍ରଦାୟର ଲୋକମାନେ ଅକଥନୀୟ ଅତ୍ୟାଚାରର ସମ୍ମୁଖୀନ ହେଉଥାନ୍ତି। ପ୍ରିୟ ପରିଜନମାନଙ୍କୁ ହରେଇ କ୍ଷତବିକ୍ଷତ ହୋଇ, ଅଙ୍ଗପ୍ରତ୍ୟଙ୍ଗ ହରେଇ ପ୍ରାଣ ବିକଳରେ ଯିଏ ଯେଉଁଭଳି ପାରିଲା ପାକିସ୍ତାନରୁ ଆସି ଭାରତରେ ପହଞ୍ଚୁଥାନ୍ତି। ହତ୍ୟା, ଗୃହଦାହ, ଧର୍ଷଣ, ଅପହରଣ, ଲୁଟପାଟର ସମ୍ମୁଖୀନ ହୋଇଥାନ୍ତି ଲକ୍ଷାଧିକ ସଂଖ୍ୟାଲଘୁ ଧର୍ମାବଲମ୍ବୀ। ପାକିସ୍ତାନରୁ ପଳେଇ ଆସୁଥିବା ଶରଣାର୍ଥୀମାନଙ୍କଠାରୁ ସେଠାରେ ଚାଲିଥିବା ବର୍ବରତାର କାହାଣୀମାନ ପରିସ୍ଥିତିକୁ ଜଟିଳ କରିବାରେ ଲାଗିଥାଏ।

ଭାରତ ପାକିସ୍ତାନ ବିଭାଜନ ବେଳେ ଉଭୟ ଭାରତ ଓ ପାକିସ୍ତାନ କେଉଁ କେଉଁ ସର୍ତ୍ତ ପାଳନ କରିବେ ସେସବୁ ଧାର୍ଯ୍ୟ ହୋଇଥାଏ। ସେଥିରୁ ଗୋଟିଏ ସର୍ତ୍ତ ଥିଲା ଯେ, ନୂଆକରି ଗଢ଼ା ହୋଇଥିବା ପାକିସ୍ତାନକୁ ଭାରତ ପଞ୍ଚାବନ କୋଟି ଟଙ୍କା ଦେବ। ପାକିସ୍ତାନ ସେ ସର୍ତ୍ତ ପାଳନ ପାଇଁ ଭାରତ ଉପରେ ଚାପ ପକାଉଥାଏ। ଭାରତରେ ସେତେବେଳର ଉପ ପ୍ରଧାନମନ୍ତ୍ରୀ ସର୍ଦ୍ଦାର ବଲ୍ଲଭଭାଇ ପଟେଲ ପାକିସ୍ତାନର ଦାବିକୁ ଅଗ୍ରାହ୍ୟ କରିଦେଇଥାନ୍ତି। ତା'ର କାରଣ ଥିଲା ଯେ, ସେତେବେଳକୁ ଜାମ୍ମୁ କାଶ୍ମୀର ଭାରତରେ ମିଶିଯାଇଥିଲା। କିନ୍ତୁ ପାକିସ୍ତାନ ଜାମ୍ମୁ କାଶ୍ମୀରକୁ ଦଖଲକୁ ନେଇଯିବା ପାଇଁ ଯୁଦ୍ଧ ଆରମ୍ଭ କରିଦେଇଥାଏ। ପଟେଲଙ୍କର ଯୁକ୍ତି ଥାଏ ଯେ, ଏ ସମୟରେ ଭାରତ ପାକିସ୍ତାନକୁ ଅର୍ଥ ଦେଲେ ସେ ଅର୍ଥ ଭାରତ ବିରୋଧରେ ପାକିସ୍ତାନ ଯୁଦ୍ଧରେ ଲଗେଇବ, ତେଣୁ ପ୍ରଥମେ ଜାମ୍ମୁ କାଶ୍ମୀରରୁ ହଟିଯାଉ, ଯୁଦ୍ଧ ବନ୍ଦ କରୁ। ତା'ପରେ ଭାରତ ତା'ର ଦେୟ ଦେବା କଥା ବିଚାର କରିବ।

ଗାନ୍ଧୀଙ୍କର ବିଚାର ଅଲଗା ଥିଲା। ଯଦି ଆମେ ଟଙ୍କା ଦେବା ସର୍ତ୍ତକୁ ମାନି ନେଇଛେ, ତେବେ ଆମେ ଆମ କଥା ରଖିବା, ତାହା ନହେଲେ ସତ୍ୟର ଉଲ୍ଲଙ୍ଘନ ହେବ, ପରିସ୍ଥିତି ଯାହାହେଉନା କାହିଁକି, ଆମେ ସତ୍ୟ ରକ୍ଷା କରିବା। ଏସବୁ କଥା କହି ପଟେଲଙ୍କୁ ଅର୍ଥ ଦେଇଦେବା ପାଇଁ ବୁଝେଇଲେ ଗାନ୍ଧୀ, କିନ୍ତୁ ପଟେଲ ତାଙ୍କ କଥା ଦୋହରେଇଲେ।

ସତ୍ୟରକ୍ଷା ପାଇଁ ଓ ସରକାରଙ୍କର ବିବେକ ଉଦ୍ରେକ କରିବାପାଇଁ ଗାନ୍ଧୀ ଜାନୁଆରୀ ୧୩ ତାରିଖରେ ଆମରଣ ଅନଶନ ଆରମ୍ଭ କରିଦେଲେ। ସେତେବେଳକୁ ତାଙ୍କର ସ୍ୱାସ୍ଥ୍ୟାବସ୍ଥା ଭଲ ନଥାଏ ଓ ଅନଶନ ଫଳରେ ତାଙ୍କ ସ୍ୱାସ୍ଥ୍ୟର ଦ୍ରୁତ ଅବନତି

ହେଲା। ପାଣି ବା ଫଳରସ ପିଇବା କଷ୍ଟକର ହୋଇପଡ଼ିଲା। କେବଳ ଭାରତ ନୁହେଁ, ସାରା ପୃଥିବୀରେ ଗାନ୍ଧୀଙ୍କର ଜୀବନ ପ୍ରତି ବିପଦକୁ ନେଇ ଘୋର ଉଦ୍‌ବେଗ ପ୍ରକାଶ ପାଇଲା। ପାକିସ୍ତାନରେ ସାଂପ୍ରଦାୟିକ ହିଂସା କମିଗଲା ଓ ହିନ୍ଦୁ ଶିଖମାନେ ସାମାନ୍ୟ ଆଶ୍ୱସ୍ତ ହେଲେ। ଦିଲ୍ଲୀରେ ହିନ୍ଦୁ ମୁସଲମାନମାନେ ମିଳିତ ଭାବେ ଶୋଭାଯାତ୍ରା କଲେ, ଭାରତରେ ଥିବା ପାକିସ୍ତାନର ହାଇକମିଶନର ଗାନ୍ଧୀଙ୍କୁ ଭେଟି ତାଙ୍କର ଅନଶନ ଭାଙ୍ଗିବା ପାଇଁ, ପାକିସ୍ତାନ ଯାହା କରିବାକୁ ଚାହୁଁଛି କହିଲେ ସେ ପାକିସ୍ତାନବାସୀଙ୍କୁ ସେସବୁ ଗ୍ରହଣ କରିବାକୁ କହିବେ। ଭାରତର ବିଭିନ୍ନ ଧର୍ମାବଲମ୍ବୀଙ୍କର ପ୍ରତିନିଧିମାନେ ଏକାଠି ଗାନ୍ଧୀଙ୍କୁ ଭେଟି ଅନଶନ ଭାଙ୍ଗିବା ପାଇଁ ଅନୁରୋଧ କଲେ। ଏକ ଘୋଷଣାପତ୍ରରେ ହିନ୍ଦୁ ମହାସଭାର ପ୍ରତିନିଧିଙ୍କ ସହ ସବୁ ଧର୍ମର ପ୍ରତିନିଧିମାନେ ସ୍ୱାକ୍ଷର କରି ସାମ୍ପ୍ରଦାୟିକ ସଦ୍‌ଭାବ ପ୍ରତିଷ୍ଠାର ପ୍ରତିଶ୍ରୁତି ଦେଇ ଗାନ୍ଧୀଙ୍କୁ ଅନଶନ ଭଙ୍ଗ ପାଇଁ ଅନୁରୋଧ କଲେ।

ଅନଶନ ଭଙ୍ଗ ପାଇଁ ଗାନ୍ଧୀ କେତେକ ସର୍ତ୍ତ ରଖିଲେ। ସେଗୁଡ଼ିକ ହେଲା- ମୁସଲମାନଙ୍କର ଧର୍ମସ୍ଥଳୀ ସବୁ ସେମାନଙ୍କୁ ଫେରାଇଦେବା, ସେଠାରେ ଥିବା ଶରଣାର୍ଥୀମାନଙ୍କୁ ସରକାର ଅନ୍ୟ ବ୍ୟବସ୍ଥା କଲାଯାଏ ହିନ୍ଦୁ ଓ ଶିଖ ପରିବାରରେ ରଖାଇବା, ମୁସଲମାନମାନେ ନିଜ ନିଜର ଘରକୁ ନିର୍ବିଘ୍ନରେ ଫେରନ୍ତୁ, ନିଜ ନିଜର ଉତ୍ସବ ପାଳନ ତଥା ବ୍ୟବସାୟ ଅନାୟାସରେ କରିବା ପାଇଁ କ୍ଷେତ୍ର ପ୍ରସ୍ତୁତ ହେଉ, ଯେଉଁ ମୁସଲମାନମାନେ ପାକିସ୍ତାନକୁ ଚାଲିଯିବା ପାଇଁ ଚାହୁଁଛନ୍ତି, ସେମାନେ ନିରାପଦରେ ଯିବାର ବ୍ୟବସ୍ଥା ଓ ଶେଷରେ ପାକିସ୍ତାନକୁ ପୂର୍ବ ପ୍ରତିଶ୍ରୁତି ମୁତାବକ ୫୫କୋଟି ଟଙ୍କା ଭାରତ ସରକାର ଦେବା। ଏସବୁ ସର୍ତ୍ତ ପୂରଣ ପାଇଁ ପ୍ରତିଶ୍ରୁତି ପାଇଲା ପରେ ଗାନ୍ଧୀ ଅନଶନ ପ୍ରତ୍ୟାହାର କଲେ ଜାନୁଆରୀ ୨୦ରେ। ସମସ୍ତେ ଆଶ୍ୱସ୍ତ ହେଲେ। ପଶ୍ଚିମ ପଞ୍ଜାବରୁ ନାନାଭାବେ ନିର୍ଯ୍ୟାତିତ କିଛି ଉତ୍ୟକ୍ତ ତରୁଣ ଶିଖ୍ କିନ୍ତୁ ଅତ୍ୟନ୍ତ ଅସନ୍ତୁଷ୍ଟ ହେଲେ। ଜାନୁଆରୀ ୨୨ ତାରିଖ ସନ୍ଧ୍ୟା ପ୍ରାର୍ଥନାସଭାରେ ମଦନଲାଲ ନାମକ ଜଣେ ଶିଖ ଯୁବକ ଗୋଟିଏ ହାତବୋମା ଫୁଟାଇଲେ। ଉଦ୍ଦେଶ୍ୟ ଥିଲା- ସେଥିରେ ପ୍ରାର୍ଥନାସଭାରେ ଉପସ୍ଥିତ ଜନତା ଇତସ୍ତତ ହୋଇଯିବେ ଓ ସେହି କୋଳାହଳର ସୁଯୋଗ ନେଇ ବନ୍ଧୁକଧାରୀ ଆତତାୟୀମାନେ ଗାନ୍ଧୀଙ୍କ ଉପରକୁ ଗୁଳି ଚଳାଇ ଖସିଯିବେ। ବୋମା ବିସ୍ଫୋରଣରେ କିନ୍ତୁ ବିଶେଷ ଗୋଳମାଳିଆ ପରିସ୍ଥିତି ସୃଷ୍ଟିହେଲାନି ଓ ନିରବ ଭାବେ ପ୍ରାର୍ଥନା କାମ ଆଗେଇନେବା ପାଇଁ ଗାନ୍ଧୀ ନିର୍ଦ୍ଦେଶ ଦେଲେ। ହତ୍ୟା କରିବାର ସୁଯୋଗ ନପାଇ ହତ୍ୟାକାରୀ ସଭାସ୍ଥଳ ଛାଡ଼ି ଚାଲିଯିବାରେ ସକ୍ଷମ ହେଲେ, କେବଳ ମଦନଲାଲ ଧରାପଡ଼ିଗଲେ। ଗାନ୍ଧୀ ରହୁଥିବା ବିରଳା ଭବନ ଓ ପ୍ରାର୍ଥନାସଭା ଅଞ୍ଚଳର ନିରାପତ୍ତା

ବ୍ୟବସ୍ଥା କଡ଼ାକଡ଼ି କରିଦିଆଗଲା, କିନ୍ତୁ ପ୍ରାର୍ଥନାସଭାକୁ ଯିବାପୂର୍ବରୁ ସମସ୍ତଙ୍କୁ ଯାଞ୍ଚ କରିବା ପ୍ରସ୍ତାବକୁ ଗାନ୍ଧୀ ପ୍ରତ୍ୟାଖ୍ୟାନ କଲେ। ପ୍ରାର୍ଥନା ସମୟରେ ଆମେ ଭଗବାନଙ୍କ ଆଶ୍ରିତ, ତେଣୁ ଆଉ କାହାର ସାହାଯ୍ୟ ଅନାବଶ୍ୟକ।

ଜାନୁଆରୀ ୨୯ ତାରିଖ। କଂଗ୍ରେସ ଦଳ ପାଇଁ ଗାନ୍ଧୀ ଯେଉଁ ଚିଠା ସମ୍ବିଧାନଟି ପ୍ରଣୟନ କରିଥିଲେ ତାକୁ ତନ୍ନ ତନ୍ନ କରି ପଢ଼ି ସେଥିରେ ଆବଶ୍ୟକ ସଂଶୋଧନ କରୁଥାନ୍ତି। ଶେଷରେ କ୍ଳାନ୍ତହୋଇ ରାତିରେ ବିଶ୍ରାମ ନେଲେ। ସ୍ୱାଭାବିକ ଭାବେ ୩୦ ତାରିଖ ଭୋର ତିନିଟାରେ ଉଠି ସକାଳର ନିତ୍ୟକର୍ମ ଓ ଅନ୍ୟାନ୍ୟ ପ୍ରସ୍ତୁତି ଶେଷକଲେ। ଫେବ୍ରୁଆରୀ ମାସ ପ୍ରଥମ ସପ୍ତାହରେ ଦଶଦିନ ପାଇଁ ସେବାଗ୍ରାମ ଯିବେ, ଏ ବିଷୟ ସମସ୍ତଙ୍କୁ ଜଣେଇଦେବା ପାଇଁ ତାଙ୍କ ସେକ୍ରେଟାରୀଙ୍କୁ ନିର୍ଦ୍ଦେଶ ଦେଲେ। ଆଉ ଯାହା ଯାହା ଚିଠିପତ୍ର ଥିଲା ତା'ର ଉତ୍ତରସବୁ ଡାକିଦେଲେ। ସାମାନ୍ୟ ବିଶ୍ରାମ ପରେ ପ୍ୟାରେଲାଲଙ୍କୁ ଚିଠା ସମ୍ବିଧାନଟିକୁ ପୁଣି ଦେଖି ଆବଶ୍ୟକ ସଂଶୋଧନ ଚୂଡ଼ାନ୍ତ ଚିଠାରେ ଅଛି କି ନାହିଁ ପରଖି ଜଣାଇବାକୁ କହିଲେ। ସେତେବେଳେ ମାଡ୍ରାସ ଅଞ୍ଚଳରେ ଖାଦ୍ୟାଭାବ ଦେଖାଦେଇଥାଏ, ତା'ର କିପରି ମୁକାବିଲା କରିହେବ ସେଥିପାଇଁ କିଛି ପରାମର୍ଶ ଲେଖି ସରକାରଙ୍କୁ ଜଣାଇଲେ। ପୂର୍ବ ପାକିସ୍ତାନର ନୂଆଖାଲିରୁ ଫେରି ପ୍ୟାରେଲାଲ ଗାନ୍ଧୀଙ୍କୁ ପ୍ରସ୍ତାବ ଦେଲେ, ହିନ୍ଦୁମାନଙ୍କର ନିରାପତ୍ତା ଦୃଷ୍ଟିରୁ ସେମାନେ ସମସ୍ତେ ଭାରତ ଚାଲିଆସିବା ଉଚିତ ହେବ। ନିର୍ଭୀକ ହୋଇ ନିଜ ଭିଟାମାଟିରେ ମରିବା ଶ୍ରେୟସ୍କର ଭୀରୁ ହୋଇ ଭାରତ ପଳାଇଆସିବା ଅପେକ୍ଷା- ଗାନ୍ଧୀ ମତ ଦେଲେ।

ଅପରାହ୍ନ ଚାରିଟା ବାଜିଲା। ପ୍ରଧାନମନ୍ତ୍ରୀ ନେହରୁ ଓ ଉପପ୍ରଧାନମନ୍ତ୍ରୀ ସର୍ଦ୍ଦାର ବଲ୍ଲଭଭାଇ ପଟେଲଙ୍କ ମଧ୍ୟରେ କିଛି ମତାନ୍ତର ଥାଏ ଓ ସେ ମତାନ୍ତରକୁ ବଢ଼େଇବା ପାଇଁ କିଛି ଲୋକ ଚେଷ୍ଟା କରୁଥାନ୍ତି। ଏଭଳି ଚାଲିଲେ ଭାରତ ଅସୁବିଧାରେ ପଡ଼ିବ ଭାବି ଗାନ୍ଧୀ ପ୍ରଥମେ ଠିକ୍ କଲେ ସେମାନଙ୍କ ଭିତରୁ କିଏ ଜଣେ ଇସ୍ତଫା ଦେଇଦେବାପାଇଁ କହିବେ। କିନ୍ତୁ ସରକାରରେ ଉଭୟ ରହିବା ଆବଶ୍ୟକ ମନେକରି ପ୍ରଥମେ ପଟେଲ ଓ ପ୍ରାର୍ଥନା ପରେ ନେହରୁଙ୍କ ସହ ଆଲୋଚନା କରିବାପାଇଁ ଠିକ୍ କଲେ। ପଟେଲଙ୍କ ସହ ଆଲୋଚନା ଟିକିଏ ଦୀର୍ଘ ହେଲା, ପ୍ରାର୍ଥନା ବେଳ ପାଞ୍ଚଟା ଗଡ଼ିଗଲା। ତାଙ୍କରି ସାହାଯ୍ୟକାରୀ ଉଭୟ ଆଭା ଭଉଣୀ ଓ ମନୁ ଭଉଣୀ ଗାନ୍ଧୀଙ୍କୁ ପରିହାସରେ କହିଲେ "ବାପୁ, ଅଣ୍ଟାରେ ଯୋ ଘଣ୍ଟାଟି ପିନ୍ଧିଛନ୍ତି, ତାକୁ ଦେଖୁନାହାନ୍ତି, ସେ ମନ ଦୁଃଖ କରୁଥିବେ ଯେ।" ଉତ୍ତରରେ ଗାନ୍ଧୀ ମଧ୍ୟ ପରିହାସରେ କହିଲେ "ତୁମେ ଦିହେଁ ମୋର ଘଣ୍ଟା ଅଛ, ସେ ଘଣ୍ଟାକୁ କାହିଁକି ଚାହିଁବି ଯେ।" ସମୟ ବଞ୍ଚେଇବା ପାଇଁ ବାଟରେ ନଯାଇ ଲନ୍ ଭିତରେ ସଳଖି ଚାଲିଲେ ସଭାସ୍ଥଳକୁ।

ସହସ୍ରାଧିକ ଲୋକ ଅପେକ୍ଷାରେ। ଆଉ ସେମାନଙ୍କ ଭିତରେ ଥିଲେ ହତ୍ୟାକାରୀ ନାଥୁରାମ ମଧ୍ୟ। ସମୟ ପାଞ୍ଚଟା ସତର ମିନିଟ୍, ପ୍ରାର୍ଥନାସଭାରେ ଗାନ୍ଧୀଙ୍କୁ ବାଟ ଛାଡ଼ିଦେଇଥାନ୍ତି, ହଠାତ୍ ଜଣେ ବେଶ୍ ସବଳ ଲୋକ ଗାନ୍ଧୀଙ୍କର ପାଦ ଛୁଇଁବା ଢଙ୍ଗରେ ନଇଁପଡ଼ିଲେ। ଗାନ୍ଧୀଙ୍କ ସାଥିରେ ଥିବା ମନୁ ଭଉଣୀ ପାଦ ନଛୁଇଁବା କହିବାରେ ଜୋରରେ ତାଙ୍କୁ ଠେଲିଦେଲେ ଓ ସିଧା ଗାନ୍ଧୀଙ୍କ ଉପରକୁ ପ୍ରଥମେ ଛାତିରେ ଓ ପରେ ଦୁଇଟି ଗୁଳି ପେଟକୁ ଦେଖେଇ ମାରିଲେ। କିଛି ସେକେଣ୍ଡରେ 'ହେ ରାମ' କହି ଗାନ୍ଧୀ ଟଳିପଡ଼ିଲେ। ଗାନ୍ଧୀଙ୍କ ଜୀବନର ପ୍ରିୟ ଭଜନ ଥିଲା 'ରଘୁପତି ରାଘବ...' ଓ 'ରାମ ନାମ...।' ତାଙ୍କର ହତ୍ୟାକାରୀ ଥିଲେ ଜଣେ ରାମ- ନାଥୁରାମ ଗଡସେ।

ଉଚ୍ଚସ୍ୱରରେ କାନ୍ଦୁଥିବା ଜନତାଙ୍କୁ ସେଠାରେ ଉପସ୍ଥିତ ଥିବା ଡ. ସୁଶୀଳା ନାୟାର କହିଲେ ଯେ "ଗାନ୍ଧୀ କ'ଣ ତରଳ ଝାଡ଼ା ବା ଜଣ୍ଡିସରେ ମୃତ୍ୟୁଲାଭ କରିଥିଲେ ଭଲ ହୋଇଥାନ୍ତା ? ସେ ଜଣେ ଶହୀଦର ମୃତ୍ୟୁଲାଭ କରିଛନ୍ତି, ତେଣୁ ସମସ୍ତେ କାନ୍ଦ ବନ୍ଦ କରନ୍ତୁ।" ନେହରୁ କହିଲେ- ଆମ ମଧ୍ୟରୁ ଆଲୋକ ଚାଲିଗଲା, ସଂକଟ ସମୟରେ ଆମେ ଏବେ କାହାପାଖକୁ ଯିବୁ ପରାମର୍ଶ ପାଇଁ। ଗାନ୍ଧୀଙ୍କ ମୃତ୍ୟୁ ଶ୍ରୀକୃଷ୍ଣଙ୍କର ମୃତ୍ୟୁ ଭଳି ବୋଲି ବିନୋବା ମନ୍ତବ୍ୟ ଦେଲେ। ଲୀଳା ଶେଷକରି ଶ୍ରୀକୃଷ୍ଣ ସଂସାର ତ୍ୟାଗ କଲାପରି ଭାରତ ପାଇଁ ସ୍ୱାଧୀନତା ଆଣିଲା ପରେ ତାଙ୍କର ଲୀଳା ଶେଷ ହୋଇଗଲା ଓ ସଂସାର ତ୍ୟାଗ କଲେ। ଶବ ସାଇତିବା ବିରୋଧରେ ଗାନ୍ଧୀ କହିଥିବାରୁ ତାଙ୍କର ତୁରନ୍ତ ସଂସ୍କାର ପାଇଁ ବ୍ୟବସ୍ଥା କରାଗଲା। ପ୍ରାୟ ଦଶଲକ୍ଷ ଶୋକାକୁଳ ଜନତାଙ୍କର 'ମହାତ୍ମା ଗାନ୍ଧୀ ଅମର ରହେ' ଧ୍ୱନି ଭିତରେ ଯମୁନା କୂଳେ ଗାନ୍ଧୀଙ୍କର ପାର୍ଥିବ ଶରୀର ପଞ୍ଚଭୂତରେ ଲୀନ ହୋଇଗଲା।

■

ପ୍ରମେୟ, ୩୦ ଜାନୁଆରୀ, ୨୦୧୯

ଘାଟି ତଳେ ଭାଟି

୧୯୮୩ ମସିହା, ମୋର ଅନୁରୋଧରେ ସରକାର ଖୁସିରେ ମୋତେ ଫୁଲବାଣୀ କଲେଜରେ ଅବସ୍ଥାପିତ କଲେ। ଅର୍ଥଶାସ୍ତ୍ରରେ ଅନର୍ସ ପାଠ ପଢ଼ାଇଲାବେଳେ ଦେଖିଲି ଯେ ସ୍ଥାନୀୟ ଆଦିବାସୀ ପିଲା କେହି ନାହାନ୍ତି। ଆଦିବାସୀମାନଙ୍କର ଜୀବନଯାପନ ପ୍ରଣାଳୀ, ତାଙ୍କର ଜୀବିକା, ଜଙ୍ଗଲ ସହ ତାଙ୍କର ସମ୍ପର୍କ ଓ ମୋଟାମୋଟି ଭାବେ ଆଦିବାସୀ ଅର୍ଥନୀତି କ'ଣ ସେକଥା ଅଙ୍ଗେ ନିଭେଇବା ପାଇଁ ପିଲାଙ୍କୁ ଗୋଟେ ପ୍ରସ୍ତାବ ଦେଲି। ଦୋଳ ଛୁଟିରେ ଯିବା, ଆଦିବାସୀ ପରିବାର ଭିତରେ ତିନିଦିନ ରହିବା, ସେ ଯାହା ଖାଉଛନ୍ତି ଆମେ ସେୟା ହିଁ ଖାଇବା ଓ ସେ ଯେଉଁ କାମକୁ ଯାଉଛନ୍ତି, ଆମେ ତାଙ୍କ ସାଙ୍ଗରେ ଯାଇ ତାଙ୍କ ସହ କାମ କରିବା। ଏଥିରେ ଆଦିବାସୀ ଜନଜୀବନ ବିଷୟରେ ସହରୀ ଅଣଆଦିବାସୀ ଲୋକଙ୍କର ଯେଉଁସବୁ କିମ୍ଭୁତ କିମାକାର ଧାରଣା ଅଛି ସେ ଧାରଣା ତ ଯିବ, ତା' ସହ ଗରିବୀ କ'ଣ, ଖାଦ୍ୟାଭାବ କ'ଣ, ତାକୁ ଦୂର କରିବା ପାଇଁ ହେଉଥିବା ବିଭିନ୍ନ ସରକାରୀ ଯୋଜନାର କାର୍ଯ୍ୟକାରିତା କ'ଣ- ଏସବୁ ଜାଣିବା ପାଇଁ ଅର୍ଥନୀତି ବହିର ପୃଷ୍ଠା ବା ଅମୁକ କମିଟିର ରିପୋର୍ଟ ଇତ୍ୟାଦି ରାତି ଅନିଦ୍ରା ହୋଇ ଆଉ ମୁଖସ୍ଥ କରିବାକୁ ହେବନି। ଏହା ହିଁ ଥିଲା ମୋର ଉଦ୍ଦେଶ୍ୟ। ଏହା ବ୍ୟତୀତ ଆମେ ଦେଖୁ, ପରୀକ୍ଷା ପାଇଁ ଯାହାସବୁ ମୁଖସ୍ଥ କରାଯାଏ ପରୀକ୍ଷା ପରେ ସେସବୁ ସହଜରେ ଭୁଲି ହୋଇଯାଏ। କିନ୍ତୁ ଯାହା ଅଙ୍ଗେ ନିଭେଇବେ ଅନେକ ଦିନଯାଏ ସେ ସ୍ମୃତି ଉଜ୍ଜିବୀତ ହୋଇ ରହିବ। ଆଶ୍ଚର୍ଯ୍ୟ ହେଲି ଅର୍ଥନୀତି ଅନର୍ସ ଛାତ୍ରମାନଙ୍କ ବ୍ୟତୀତ ଏକଥା ଶୁଣି ଯେତେବେଳେ ଅନ୍ୟ ଅନର୍ସର ଛାତ୍ର ମଧ୍ୟ ବାହାରିଲେଣି ଓ ମୋଟ୍ ଅଠତିରିଶ ଛାତ୍ର ଓ ଆମେ ଦୁଇଜଣ ଅଧ୍ୟାପକ ଏଭଳି ଚାଳିଶ ଜଣ ଗାଡ଼ିଙ୍ଗିଆ ପଞ୍ଚାୟତ ଯିବାକୁ ଠିକ୍ ହେଲା। ଗାଡ଼ିଙ୍ଗିଆ ପଞ୍ଚାୟତଟି ଗୋଟେ ଘାଟି ଉପରେ, ଚାରିଆଡ଼ ପାହାଡ଼ ପର୍ବତରେ ଘେରା, ମଝିରେ ଗୋଟେ ସମତଳ ଅଞ୍ଚଳରେ

ତେରଖଣ୍ଡ ଗାଁ'। ସେଠାକୁ ଯିବାକୁହେଲେ ଟିକାବାଲିଠୁ ବୁର୍ବିନାଙ୍କୁ ଦେଇ ଗୋଟିଏ ସରୁ ରାସ୍ତାରେ ଘାଟି ଉପରକୁ ଯିବାକୁ ହେବ। ସେତେବେଳେ ବାହାର ରାଜ୍ୟର ଓ ଅର୍ଥନୀତିର ଛାତ୍ର ଜଣେ ତରୁଣ, ଉତ୍ସାହୀ ଓ ନୂଆକଥା କରିବାରେ ଆଗ୍ରହୀ ଜିଲ୍ଲାପାଳ ଥିଲେ। ଆମର ପ୍ରସ୍ତାବ ଶୁଣିବା ପରେ ସେ ବହୁତ ଆଗ୍ରହ ପ୍ରକାଶ କଲେ।

ଏପାଖେ ତିନିଦିନର କାର୍ଯ୍ୟକ୍ରମ କ'ଣ ହେବ ପିଲାମାନଙ୍କ ସହ ଆଲୋଚନା କରି ସ୍ଥିର ହେଲା। ପରିବାର ଭିତରେ ଆମେ କିପରି ଚଳିବା, ପରିବାରର ସବୁଲୋକଙ୍କ ସହ ତାଙ୍କର ସୁଖଦୁଃଖ ବୁଝିବା, ଲୋକଙ୍କ ସହ ପରିଚୟ ହେବା ଭଳି କାର୍ଯ୍ୟକ୍ରମ ରହିବ। ଦ୍ୱିତୀୟ ଦିନ ଆଖପାଖ ତିନି ଚାରି ଖଣ୍ଡ ଗାଁକୁ ନେଇ ସଭା କରିବା, ପ୍ରତ୍ୟେକ ଗାଁ ତଥା ସାମୂହିକ ସମସ୍ୟାଗୁଡ଼ିକୁ ଆଲୋଚନା କରି ସମାଧାନର ସୂତ୍ର ବାହାର କରିବା ଓ ତୃତୀୟ ଦିନ ସାରା ପଞ୍ଚାୟତର ସଭାକରି ମୁଖ୍ୟ ସମସ୍ୟାଗୁଡ଼ିକ ଚିହ୍ନିଟ କରି ତା'ର ସମାଧାନର ବାଟ ବାହାର କରିବା। ଆଉ ଆମ କଲେଜରୁ ପାଠ ପଢୁଆ ପିଲା ଆସିଛୁ ଆମ କଥା ଶୁଣ- ଏଭଳି ନଭାବି ଲୋକମାନଙ୍କର ମତାମତକୁ ମନଦେଇ ଶୁଣିବା ଓ ତାଙ୍କର ମତାମତକୁ ପ୍ରାଧାନ୍ୟ ଦେବା।

ନିର୍ଦ୍ଦିଷ୍ଟ ଦିନ ଆସିଲା। ପିଲାମାନଙ୍କ ଭିତରେ ଖୁବ ଆନନ୍ଦ, ଉନ୍ମାଦନା ଓ ଉତ୍ସାହ ଥାଏ। ଜିଲ୍ଲାପାଳଙ୍କ ଦ୍ୱାରା ଆୟୋଜିତ ଗୋଟିଏ ଟ୍ରକରେ ଯାଇ ଦିନ ଦୁଇଟା ସୁଦ୍ଧା ଗାଡ଼ିଙ୍ଗିଆରେ ପହଞ୍ଚିଗଲୁ। ପଞ୍ଚାୟତର ତେରଖଣ୍ଡ ଗାଁରେ ପିଲାମାନେ ବାଣ୍ଟିହୋଇଗଲେ। ମୋର ଓ ସାଥୀ ଅଧ୍ୟାପକଙ୍କର ପାଳି ପଡ଼ିଲା ଗସାବାଜୁ ଗାଁର ଇନ୍ଦର ପ୍ରଧାନଙ୍କ ଘରେ। ଦୋଳପୂର୍ଣ୍ଣିମା ବେଳକୁ ମହୁଲ ଫୁଲର ମାଦକତାଭରା ବାସ୍ନାରେ ଚାରିଆଡ଼ ସୁବାସିତ। ସନ୍ଧ୍ୟା ପୂର୍ବରୁ ଇନ୍ଦର ପ୍ରଧାନ ଗାଁର ଅନ୍ୟ ବୟସ୍କ ବ୍ୟକ୍ତିଙ୍କ ସହ ମୋତେ ନେଇଗଲେ ପାହାଡ଼ପାଖ ଗୋଟାଏ ସଲପ ଗଛ ତଳକୁ। ତାଙ୍କ ଭିତରୁ ଜଣେ ସଲପ ଗଛକୁ ଚଢ଼ି ଦିନସାରା ସଂଗୃହୀତ ସଲପ ରସ ନେଇଆସିଲେ ଓ ତଳେଥିବା ଲୋକମାନଙ୍କୁ ଗୋଟାଏ ଲେଖାଏଁ ପତ୍ରଠୋଲାରେ ପିଇବା ପାଇଁ ବାଣ୍ଟିଦେଲେ, ମୋ' ଭାଗରେ ମଧ୍ୟ ଠୋଲାଟିଏ ପଡ଼ିଲା। କେମିତି ପିଇବି, ପିଇଲେ କ'ଣ ହେବ- ଏଭଳି ଭାବୁଛି ଓ ମୋର ଦୋ ଦୋ ପାଞ୍ଚହେବା ଦେଖି ଅନ୍ୟମାନେ ଉତ୍ସାହିତ କଲେ, କିନ୍ତୁ ଶିଷ୍ଟାଚାର ଦୃଷ୍ଟିରୁ ମାତ୍ର ଢୋକଟିଏ ପିଇ ରହିଗଲି ଓ ସମସ୍ତେ ମୋର ଅସହାୟତା ଦେଖି ବେଶ୍ ହସିଲେ। ଜୀବନରେ ତାହା ଥିଲା ପ୍ରଥମ ଓ ବୋଧହୁଏ ଶେଷଥର ସଲପ ରସ ପିଇବା।

ସନ୍ଧ୍ୟାରେ ଗାଁରେ ସଭା ହେଲା ଓ ଅନେକ ଆଲୋଚନା ପରେ ରାସ୍ତା, ସ୍କୁଲ, ପୋଷ୍ଟ ଅଫିସ, ଇଲେକ୍ଟ୍ରିସିଟି, ଡାକ୍ତରଖାନା ଭଳି କେତେକ ଆବଶ୍ୟକତା ସହ ଜଙ୍ଗଲର

ବୃକ୍ଷ ଅବକ୍ଷୟ, ପୋଡୁଚାଷ, ଧାନକଟା ପରେ ଗାଈଗୋରୁ ଛାଡ଼ିଦେବା ପରେ ପାଣି ଥିଲେ ମଧ୍ୟ ଫସଲ ନକରିପାରିବା ଓ ଜଙ୍ଗଲଜାତ ପଦାର୍ଥ ପାଇଁ ଟିକାବାଲି ସୋସାଇଟି କମ୍ ପଇସା ଦେବାଭଳି ସମସ୍ୟାଗୁଡ଼ିକ ମଧ୍ୟ ଆସିଲା। ସେମାନେ ନିଜେ କ'ଣ କରିପାରିବେ ଓ ସରକାରଙ୍କ ପାଖରେ କେଉଁ କେଉଁ ସମସ୍ୟାର ସମାଧାନ ପାଇଁ ଦାବି କରିବେ ସ୍ଥିରହେଲା। ସଭାପରେ ରାତ୍ରିଭୋଜନ। ପରିବାରର ସମସ୍ତେ ଏକାଠି ବସିଲେ, ଭୋଜନରେ ଥିଲା ଗୋଟାଏ ପତ୍ରଠୋଲାରେ କୁହୁଡ଼ି (ଗୋଟାଏ ଅତି ଛୋଟ ଦାନା ଶସ୍ୟ) ଚାଉଳର ଭାତ, ଆଉ ଗୋଟିଏ ଛୋଟ ପତ୍ରଠୋଲାରେ ସୋରିଷ ଶାଗକୁ ଶୁଖେଇ ତା'ର ଗୁଣ୍ଡ, ସେଥିରେ ମିଶିଛି ଲଙ୍କାଗୁଣ୍ଡ ଓ ଲୁଣ। ଗୋଟିଏ ଗୁଣ୍ଡା ଭାତ ଖାଇ ଓଦା ଟିପରେ ଶାଗ ଗୁଣ୍ଡରୁ କିଛି ନେଇ ଖାଇବା।

ପରଦିନ ସକାଳୁ ଉଠି ଦେଖିଲୁ ଗାଁର ସମସ୍ତେ ମହୁଲ ଫୁଲ ଗୋଟାଇ ବାହାରି ଯାଇଛନ୍ତି। ଅଳ୍ପକିଛି ଅତି ବୁଢ଼ାବୁଢ଼ୀ ନାତିନାତୁଣୀମାନଙ୍କ ଦାୟିତ୍ୱରେ ଅଛନ୍ତି। ଗୋଟିଏ କଥା ଦେଖି ଆଶ୍ଚର୍ଯ୍ୟ ଲାଗିଲା। ଘରେ କେବଳ ଶିକୁଳି ଲଗେଇ ଦେଇଯାଇଛନ୍ତି, ତାଲା କେଉଁଠି ନାହିଁ। କଲେଜ ପିଲାମାନେ ମଧ୍ୟ ନିଜେ ନିଜେ ରହୁଥିବା ପରିବାର ସଦସ୍ୟମାନଙ୍କ ସହ ମହୁଲ ଗୋଟାଇବାକୁ ଚାଲିଗଲେ। ଦ୍ୱିତୀୟ ଦିନ ଦି'ପହରେ ଗସାବାଜୁ ଓ ଆଖପାଖ ଚାରିଖଣ୍ଡ ଗାଁକୁ ନେଇ ତଗାନାଜୁରେ ସଭାହେଲା। ସଭାରେ ଆଲୋଚନାରୁ ଜଣାପଡ଼ିଲା ଯେ ପୋଡୁଚାଷରେ ପରିଶ୍ରମ ବେଶୀ ଓ ଯାହା ଯାହା ଆଦାୟ ହେଉଛି, ସେଥିରୁ ଲାଭ ମହାଜନର। ତା'ପରେ ସରକାରୀ କର୍ମଚାରୀଙ୍କ ଭାଗ ଗଲାପରେ ନିଜ ପାଇଁ ଯାହା ରହୁଛି ତାହା ତାଙ୍କ ଖଟଣି ଦୃଷ୍ଟିରୁ କିଛି ନୁହେଁ। ବହୁ ଆଲୋଚନା ପରେ ଠିକ୍ କଲେ ଯେ ସେମାନେ ପୋଡୁଚାଷ ବନ୍ଦ କରିଦେବେ, ପାହାଡ଼ ପର୍ବତକୁ ସୁରକ୍ଷିତ ରଖିବେ, କିନ୍ତୁ ପାହାଡ଼ ତଳ ଢାଲୁଜାଗାରେ ଅଧିକ ପଇସା ଦେଉଥିବା ଓ କମ୍ ପରିଶ୍ରମରେ ହୋଇପାରୁଥିବା ବିନ୍, ବର୍ଷାଦିନିଆ ଟମାଟୋ ଇତ୍ୟାଦି ଚାଷ କରିବେ। ତା'ପରେ ଖଲିପତ୍ର କଥା ଉଠିଲା। ସେତେବେଳେ ଆଇନ ଅନୁଯାୟୀ ଟିକାବାଲି ସୋସାଇଟିକୁ ଖଲିପତ୍ର ସହ ଅନ୍ୟାନ୍ୟ ଜଙ୍ଗଲଜାତ ଜିନିଷ ବିକ୍ରି କରିବାକୁ ଆଦିବାସୀମାନେ ବାଧ୍ୟ। କିନ୍ତୁ ଆଲୋଚନାରୁ ଜଣାପଡ଼ିଲା ଯେ ଟିକାବାଲି ସୋସାଇଟି ଆଦିବାସୀମାନଙ୍କଠୁ ଅଶୀଟି ବଡ଼ ସିଆଳି ପତ୍ରର ଖଲିକୁ ମାତ୍ର ବାରଣା (ପଞ୍ଚସ୍ତରୀ ପଇସା)ରେ କିଣି ବ୍ରହ୍ମପୁରରେ ତିନି ଟଙ୍କାରେ ବିକ୍ରି କରୁଛି। ସେତେବେଳେ ପ୍ରସ୍ତାବ ଦେଲି ତା'ହେଲେ ଆମେ ସେତିକି ଖଲି ପାଇଁ ସୋସାଇଟିରୁ କାହିଁକି ଅଢ଼େଇ ଟଙ୍କା ଦାବି କରିବା ନାହିଁ, ଦି' ପଇସା ଅଧିକ ପାଇଲେ ସୁବିଧାରେ ଚଳିବା। ସଙ୍ଗେ ସଙ୍ଗେ ଜଣେ ମଧ୍ୟବୟସ୍କା ମହିଳା ଉଠିପଡ଼ି ପଚାରିଲେ- ମୁଣ୍ଡିଆରେ ବର୍ଷା ହେଲେ ପାଣି

କେଉଁଠି ରହେ ? ପ୍ରକୃତରେ ଏହାର ସମ୍ପର୍କ କ'ଣ ବୁଝିପାରିଲିନି ଓ ମୁଁ ବୁଝିପାରିଲିନି ବୋଲି ସେ ବୁଝିଲେ ଓ କହିଲେ- ଏବେ ବାରଣା ପାଉଛୁ ବୋଲି ସନ୍ଧ୍ୟାବେଳକୁ ଚାପୁଡ଼ାଟେ ମାରି ଚାରଣା (୨୫ ପଇସା) ସେ ନେଉଛି, ଏ ଘାଟି ତଳେ ଭାଟି ଅଛି, ସେ ଭାଟିକୁ ପଳାଉଛି, ଅଢ଼େଇ ଟଙ୍କା ପାଇଲେ କେତେ ଚାପୁଡ଼ା ଖାଇବ ହିସାବ କର ବାବୁ। ସେ ପଇସା ଆମ ପାଖରେ ନରହି ଭାଟିକୁ ପଳେଇବ ବାବୁ, ଯେମିତି ମୁଣ୍ଡିଆରେ ବର୍ଷା ହେଲେ ପାଣି ତଳକୁ ପଳାଏ। ଏକଥା ଶୁଣି ଅବାକ୍ ହେଲି ଓ ସେ ମହିଳାଙ୍କ ପାଇଁ ଏକ ଅପୂର୍ବ ସମ୍ମାନବୋଧ ମୋର ସମଗ୍ର ସତ୍ତାକୁ ଆବୋରି ଦେଲା। ମୋର ଅର୍ଥଶାସ୍ତ୍ର ବ୍ୟର୍ଥଶାସ୍ତ୍ର ହେଲାଭଳି ଜଣାପଡ଼ିଲା। ପୃଥିବୀର ସବୁ ଦେଶରେ ଧର୍ମ, ରାଜନୈତିକ ଓ ଅର୍ଥନୈତିକ ବିଚାର ନିର୍ବିଶେଷରେ ଜାତୀୟ ଆୟ ଓ ମୁଣ୍ଡପିଛା ଆୟକୁ ସର୍ବମାନ୍ୟ ଦେବତା ଆସନରେ ବସେଇବାରେ ଅର୍ଥଶାସ୍ତ୍ରୀମାନେ ସଫଳ ହୋଇଥାନ୍ତି, କିନ୍ତୁ ମହିଳାଜଣକ ଜାତୀୟ ଆୟ/ମୁଣ୍ଡପିଛା ଆୟକୁ ଦେବତା ଆସନରୁ ତଳକୁ ଖସେଇଦେଲେ। ସରକାରୀ ଯୋଜନାର ଅର୍ଥ ଓ ବ୍ୟକ୍ତିଗତ କଷ୍ଟାର୍ଜିତ ଆୟର ବଡ଼ଭାଗ ଏଇ ଭାଟିମାନଙ୍କର ଅତଳ ଗହ୍ବରରେ ଲୀନ ହୋଇଯାଉଛି। ସେଥିପାଇଁ ନାରୀ ନିର୍ଯ୍ୟାତନା, ପୁଷ୍ଟିହୀନତା ଓ ଭୋକର ଭୂଗୋଳରେ ପରିବର୍ତ୍ତନ ଆସୁନାହିଁ। ଦୁଃଖର ସହ ଆମେ ଲକ୍ଷ୍ୟ କରୁଛେ ଯେ ସରକାର ଯେତେ ଅଧିକ ଖର୍ଚ୍ଚ ବରାଦ କରୁଛନ୍ତି, ସେଇ ଭାଟି ବା ଅତଳ ଗହ୍ବରମାନଙ୍କରେ ସଂଖ୍ୟା ସମୟାନୁପାତିକ ଭାବେ ବଢ଼ିଚାଲିଛି। ତୃତୀୟ ଦିନ ଜିଲ୍ଲାପାଳ ସସ୍ତ୍ରୀକ ପହଞ୍ଚିଲେ ଓ ବିପୁଳ ଉତ୍ସାହ, ଉଦ୍ଦୀପନାରେ ପଞ୍ଚାୟତର ତେରଖଣ୍ଡ ଗାଁର ଆବାଳବୃଦ୍ଧବନିତା ପହଞ୍ଚିଲେ। ପୋଡୁଚାଷ ବନ୍ଦ, ଜଙ୍ଗଲ ସୁରକ୍ଷା ଘୋଷଣା ପରେ ମହିଳାମାନେ ଘାଟିତଳ ଭାଟିକୁ ଭାଙ୍ଗିଦେଲେ। ସନ୍ଧ୍ୟାରେ ଆମେ ବିଦାୟ ନେଲୁ, ଛାତ୍ରମାନେ ଅନେକ କଥା ଶିଖିଲେ, କିନ୍ତୁ ତାଙ୍କ ଗୁରୁଙ୍କର ଶିକ୍ଷା ନିଶ୍ଚୟ ଅଧିକ ତାତ୍ପର୍ଯ୍ୟପୂର୍ଣ୍ଣ ଓ ଅବିସ୍ମରଣୀୟ ହେଲା।

■

ପ୍ରମେୟ, ୩ ଅକ୍ଟୋବର, ୨୦୧୮

ଆଖି ଥାଉ ଥାଉ ଅନ୍ଧ କିଏ...

୧୯୮୫-୮୬ ମସିହା କଥା, ସେତେବେଳେ ପରିବେଶ ବିଭାଗରେ କାମ କରୁଥାଏ। ସରକାରୀ କାମରେ ସେତେବେଳର ଫୁଲବାଣୀ ଜିଲ୍ଲାର ଜି.ଉଦୟଗିରି ଅଞ୍ଚଳକୁ ଯାଇଥାଏ। ଜି.ଉଦୟଗିରିଠାରୁ ୧୭-୧୮କି.ମି.ରେ ପାବୁରିଆ, ସେଠୁ ମଣ୍ଡାକିଆ ରାସ୍ତାରେ ଦୁଇ କି.ମି. ଗଲେ ବାଁ ପାଖେ ଦାମିଗୁଡ଼ା ଗୋଟିଏ ପାହାଡ଼ତଳିଆ ଗାଁ। ଗାଡ଼ିରେ ଗଲାବେଳେ ଦେଖିଲି ଗୋଟେ ଉଚ୍ଚା ଲମ୍ୱା ପାହାଡ଼। ପାହାଡ଼ଟି ବେଶ ସବୁଜ ଦିଶୁଛି, କିନ୍ତୁ ଗୋଟିଏ ହେଲେ ଉଚ୍ଚା ଗଛ ଦେଖାଯାଉନି। ମନେମନେ ସ୍ଥିର କଲି ଏଇ ଗାଁକୁ ଯିବି, ଯଦି ଲୋକମାନେ ରାଜି ହୋଇଯାଆନ୍ତି ଓ ପାହାଡ଼ଟିକୁ କିଛି ଗଛପତ୍ର ନକାଟି କେବଳ ଜଗିଦିଅନ୍ତି, ତେବେ ଗୋଟେ ଚମତ୍କାର ପ୍ରାକୃତିକ ଜଙ୍ଗଲ ସୃଷ୍ଟି ହୋଇଯିବ ଅଳ୍ପ କେତେଟା ବର୍ଷରେ।

ରାସ୍ତାକଡ଼ରେ ଗାଡ଼ିରଖି ଗାଁକୁ ଚାଲିଚାଲି ଅଳ୍ପବାଟ ଯାଇଛି, ଜଣେ ବୟସ୍କ ଲୋକ ହାବୁଡ଼ିଲେ। ତାଙ୍କୁ କୁଇ ଭାଷାରେ ଅଭିବାଦନ ଜଣାଇ ଗାଁକୁ ସାଙ୍ଗରେ ଯିବା ପାଇଁ ଅନୁରୋଧ କଲି। ଆଉ କିଛି ଅଧିକ କହିବା ପୂର୍ବରୁ ସେ ତାଙ୍କ ଦୁଃଖମିଶା ରାଗରେ କହିଲେ "ବାବୁ! ତମେ ତ କହୁଛ କନ୍ଧ ଅନ୍ଧ, ହେଲେ କିଏ ଅନ୍ଧ, ସରକାର ନା ଆମେ। ଶାଳ ଜଙ୍ଗଲକୁ କାଟି ସରକାର ଆକାଶିଆ ଗଛ ଲଗଉଛି।"

ଗାଁକୁ ଯାଇ ଲୋକମାନଙ୍କୁ ବୁଝାଇବି କାହିଁକି ପାହାଡ଼ଟିକୁ ଗାଁ ତରଫରୁ ଜଗାରଖା କରିବା ଆବଶ୍ୟକ, ଆମ ପାଇଁ ଓ ଆମ ପିଲାଙ୍କ ଚଳିବା ପାଇଁ ଜଙ୍ଗଲଟିର ପୁନରୁଦ୍ଧାର କେତେ ଜରୁରି, ସେ ବିଷୟରେ ଲୋକଙ୍କ ସହ ଆଲୋଚନା ହେବ ଓ ଯଦି ଲୋକମାନେ ରାଜି ହୋଇଯାଆନ୍ତି ତାହାହେଲେ ଖୁବ୍ ଖୁସିରେ ଫେରିବି। ବୟସ୍କ ଲୋକଜଣଙ୍କଠାରୁ ଅନ୍ଧ କିଏ... କଥାଟି ଶୁଣି ଚକିତ ହେଲି ଓ ମୁଣ୍ଡ ନଇଁଗଲା। ସତ କହିବାକୁ ଗଲେ ଗୋଟାଏ ଶକ୍ତ ଚାପୁଡ଼ା ଖାଇଲା ପରି ଲାଗିଲା।

ଆମେସବୁ ପାଠୁଆ, ପ୍ରକୃତି, ପରିବେଶ, ଆଦିବାସୀ ଜନଜୀବନ, ତାଙ୍କର ଜୀବିକା ବିଷୟରେ ଆମେ ସେମାନଙ୍କଠାରୁ ବେଶୀ ଜାଣୁ, ଆଉ ସେମାନେ ନିରକ୍ଷର, କିଛି ଜାଣନ୍ତିନି, ସେମାନେ କେମିତି ଚଳିବାକୁ ହେବ ସେ କଥା ଆମକୁ କହିବାକୁ ହେବ ଆଉ ସେମାନଙ୍କୁ ଆମ କଥା ମାନି ଚଳିବାକୁ ହେବ, ଏଇ ହେଲା ପାଠୁଆ, ଅତି ପାଠୁଆ ଓ ବିଶେଷକରି ସରକାରୀ ହାକିମମାନଙ୍କର ବିଚାର। ସେଦିନ ଦାମିଗୁଡ଼ାର ବୟସ୍କ ଲୋକଙ୍କଠାରୁ ଶୁଣିସାରିଲା ପରେ ଉଦୟଗିରିକୁ ଫେରିଲି ଓ ସେଠାରେ ଥିବା ଜଙ୍ଗଲ ବିଭାଗର ଜଣେ ତରୁଣ ଆ.ଏ.ଏଫ.ଏସ. ଅଧିକାରୀଙ୍କ ସହ ଭେଟ ହେଲା। କଥାବାର୍ତ୍ତାରୁ ଜାଣିଲି ସେ ଆନ୍ଧ୍ରପ୍ରଦେଶର କାକିନଡ଼ାର ଓ ଉଦ୍ଭିଦ ବିଜ୍ଞାନର ଛାତ୍ର ଥିଲେ। ଲକ୍ଷ ଲକ୍ଷ ବର୍ଷର ବିବର୍ତ୍ତନ ଓ ବିକାଶ ପରେ ସୃଷ୍ଟି ହୋଇଥିବା ନାନାବିଧ ବୃକ୍ଷଲତାରେ ଭରା ଜଙ୍ଗଲକୁ କାଟି ଗୋଟିଏ ପ୍ରକାର ବିଦେଶୀ ଗଛ ଲଗାଇବାର କ'ଣ ଆବଶ୍ୟକତା ଥିଲା ପଚାରିବାରେ, ସେ ପ୍ରଥମେ କି ଉତ୍ତର ଦେବେ ବୁଝିପାରିଲେନି। ଏଭଳି ପ୍ରଶ୍ନ ପାଇଁ ହୁଏତ ସେ ପ୍ରସ୍ତୁତ ନଥିଲେ। ତେବେ ମୋଟାମୋଟି ଭାବେ ତାଙ୍କ ସହ ଆଲୋଚନାରୁ ବୁଝିଲି ଯେ ସେ ନାଚାର।

ଅନ୍ୟ କାମ ଶେଷକରି ଭୁବନେଶ୍ୱର ଫେରିଲାବେଳେ ବାଟରେ ଫୁଲବାଣୀରେ ତରୁଣ, ଉତ୍ସାହୀ ଓ ଜଙ୍ଗଲପ୍ରେମୀ ଜିଲ୍ଲାପାଳଙ୍କୁ ଭେଟିଲି ଓ ଦାମିଗୁଡ଼ାର ଅନୁଭୂତି ସଂପର୍କରେ କହିଲି ଓ କିପରି ଆଉ ସେଭଳି ନହେବ ତାଙ୍କ ଜିଲ୍ଲାରେ, ସେଥିପାଇଁ ଅନୁରୋଧ କଲି। ତାଙ୍କ ସହ ଆଲୋଚନାରୁ ଜାଣିଲି ସେ ଆଦିବାସୀବହୁଳ ଓ ପ୍ରାକୃତିକ ଜଙ୍ଗଲରେ ଭରପୂର ମୟୂରଭଞ୍ଜର ଉଦଳା ଅଞ୍ଚଳର ଲୋକ ଓ ଅର୍ଥନୀତିର ଛାତ୍ର। ତାଙ୍କ ଉତ୍ତରରୁ ଜାଣିଲି ଯେ, ସେତେବେଳର ତରୁଣ ଓ ଅତିମାତ୍ରାରେ ଉତ୍ସାହୀ, ପ୍ରଧାନମନ୍ତ୍ରୀଙ୍କ ଦପ୍ତରରୁ କଡ଼ା ତାଗିଦ ଆସୁଛି ପ୍ରତି ପନ୍ଦର ଦିନରେ କେତେ ଗଛ ହେଲା ତା'ର ରିପୋର୍ଟ ଦାଖଲ କରିବା ପାଇଁ। ତେଣୁ ଦାମିଗୁଡ଼ାର ତ୍ରୁଟି ମାର୍ଜନୀୟ। ଦାମିଗୁଡ଼ାର ସେଇ ବୟସ୍କ ଲୋକଙ୍କର ପ୍ରଶ୍ନ- 'କିଏ ଅନ୍ଧ'ଟି ମନକୁ ବାରମ୍ବାର ଆନ୍ଦୋଳିତ କରୁଥାଏ। ଭୁବନେଶ୍ୱର ଫେରିଲା ପରେ ଚୁପ୍ ନରହି ସେତେବେଳର ଜଙ୍ଗଲ ଓ ପରିବେଶ ବିଭାଗ ମନ୍ତ୍ରୀଙ୍କୁ ଭେଟିଲି। ସେ ଅତି ଭଦ୍ର ନମ୍ର ଓ କଥା ଶୁଣିବା ପାଇଁ ପ୍ରସ୍ତୁତ। ନିଜେ ଜଣେ ଆଦିବାସୀ ହୋଇଥିବା ଯୋଗୁ ଓ ଜଙ୍ଗଲ ଇଲାକାର ଲୋକ ହାଇଥିବାରୁ ସେ ଅଧିକ ବୁଝିପାରିବେ ଓ ଦାମିଗୁଡ଼ାର ପୁନରାବୃତ୍ତି ଯେପରି ନହେବ ସେ ଦେଖିବେ ବୋଲି ଧରିନେଇଥିଲି। ମନ୍ତ୍ରୀ ମହୋଦୟ ସବୁ ଶୁଣିସାରିଲା ପରେ ଫୁଲବାଣୀ ଗସ୍ତରେ ଗଲାବେଳେ ସେ ବୁଝିବେ ବୋଲି ମୋତେ ଆଶ୍ୱାସନା ଦେଇ ବିଦାୟ ଦେଲେ।

କିଛିଦିନ ପରେ ସେକ୍ରେଟାରିଏଟରେ ବୃକ୍ଷରୋପଣ ଉପରେ ଏକ ସମୀକ୍ଷା ବୈଠକ ଡକାହେଲା। ସେଥିରେ ଯୋଜନା ବିଭାଗ ମନ୍ତ୍ରୀ ଅଧ୍ୟକ୍ଷତା କରୁଥାନ୍ତି। ସେ ମଧ୍ୟ ବେଶ୍ ତରୁଣ ଓ ଆଦିବାସୀ ଜନଜୀବନ ଓ ଜଙ୍ଗଲ ବିଷୟରେ ବେଶ୍ ଅବହିତ। ତାଙ୍କ ଅଞ୍ଚଳରେ କିପରି ମୃତ୍ତିକା ସଂରକ୍ଷଣ ବିଭାଗ ତରଫରୁ ଶାଳ ଜଙ୍ଗଲ କାଟି କାଜୁବାଦାମ ଲଗାହେଉଛି ସେ ଉଲ୍ଲେଖ କଲେ ଓ ମନ୍ତ୍ରୀ ମହୋଦୟ ସେଥିରେ ନାଚାର ମଧ୍ୟ ଥିଲେ।

କାକିନଡ଼ା ଓ ମୟୂରଭଞ୍ଜର ସରକାରୀ ହାକିମ ଓ ରାୟଗଡ଼ା ଓ ସୁକିନ୍ଦାର ମନ୍ତ୍ରୀ ଏ ସମସ୍ତେ ତରୁଣ ଥିଲେ। ଯୋଉ ବୟସରେ ଗତାନୁଗତିକତାକୁ ଭାଙ୍ଗି ନୂଆ ବାଟ ବାହାର କରିବାର ସାମର୍ଥ୍ୟ ବିରୋଧରେ ଯିବା ଇଚ୍ଛା ଓ ଶକ୍ତି, ସବୁ ବାଧା ବନ୍ଧନ ନିୟମକାନୁନ ମାନି ବା ସେସବୁକୁ ବଙ୍କେଇ ଦେବାର ଶକ୍ତି ନେଇ ଆଗେଇଯିବାର ଉତ୍ସାହ ଥାଏ। ଅଥଚ ସ୍ଥାନୀୟ ପାଣିପାଗକୁ ନେଇ କୋଉ ଅନାଦି କାଳରୁ ବଢ଼ିଆସିଥିବା ନାନାବିଧ ବୃକ୍ଷଲତା ଯାହାସବୁ କେବଳ ସ୍ଥାନୀୟ ଅଧିବାସୀ ଓ ଆଦିବାସୀମାନଙ୍କ ପାଇଁ ନୁହେଁ, ସମସ୍ତ ଲୋକଙ୍କ ପାଇଁ ତଥା ଅନେକ ପ୍ରକାର ପଶୁ, ପକ୍ଷୀ, କୀଟ ପତଙ୍ଗ, ସୂକ୍ଷ୍ମ ଅଣୁଜୀବମାନଙ୍କ ପାଇଁ ଆଶ୍ରୟସ୍ଥଳ, ଖାଦ୍ୟ, ପାନୀୟ, ଔଷଧର ଉତ୍ସ ସେସବୁକୁ ନିପାତ କରି ଗୋଟିଏ ପ୍ରକାର ଗଛକୁ; ଯାହା ସହ ସ୍ଥାନୀୟ ବାସିନ୍ଦାମାନଙ୍କର ସମ୍ପର୍କ ହିଁ ନାହିଁ ରୋପଣ କରି ବୃକ୍ଷରୋପଣର କୀର୍ତ୍ତି ଅର୍ଜନ କରିବାର ପ୍ରୟାସ ସେଇମାନେ ହିଁ କରିଥାନ୍ତି। ପରେ ଅବଶ୍ୟ ବୁଝିଲି, ଏ ଶିକ୍ଷିତମାନଙ୍କର ଶକ୍ତି ଓ ସାମର୍ଥ୍ୟ ଅନ୍ୟ ଏକ ଶକ୍ତି; ଯାହା ଦୈବୀ ନୁହେଁ, ତାହା ଆଗରେ ନିଷ୍ପ୍ରଭ ହୋଇଯାଏ।

ସେତେବେଳେ ସେକ୍ରେଟେରିଏଟର ପରିବେଶ ବିଭାଗଟି ଉପର ମହଲାରେ ଥିଲା। ଶିକ୍ଷା ବିଭାଗଟି ତଳ ମହଲାରେ ଥାଏ। ଫୁଲବାଣୀରୁ ଫେରିବାର କିଛିଦିନ ପରେ ଶିକ୍ଷା ବିଭାଗର ପ୍ରବେଶ ଦ୍ୱାର ପାଖ କାନ୍ଥରେ କିଛି ପୋଷ୍ଟର ମରାହୋଇଥାଏ ସେପ୍ଟେମ୍ବର ମାସ ଆଠ ତାରିଖ ତଥା ଆନ୍ତର୍ଜାତିକ ସାକ୍ଷରତା ଦିବସ ଉପଲକ୍ଷେ। ସେଥିରୁ ଗୋଟିଏ ପୋଷ୍ଟରରେ ଲେଖାଥିଲା 'ଆଖି ଥାଉ ଥାଉ ଅନ୍ଧ କିଏ, ପାଠ ନପଢ଼ିଛି ଯିଏ।' ଅନ୍ୟ ପୋଷ୍ଟରଟି ଥିଲା ନିରକ୍ଷର ଲୋକ ପଶୁତୁଲ୍ୟ। ଏଭଳି ପୋଷ୍ଟର ଦ୍ୱାରା ନିରକ୍ଷର ଲୋକମାନଙ୍କୁ କିପରି ସାକ୍ଷର ହେବାପାଇଁ ଉତ୍ସାହିତ କରାଯାଇପାରିବ ବୁଝିପାରୁନି। କିନ୍ତୁ ଆଖି ଥାଉ ଥାଉ ଅନ୍ଧ କିଏ ପଢ଼ିଲାବେଳେ ଦାମିଗୁଡ଼ାର ବୟସ୍କ ଆଦିବାସୀଙ୍କର "ବାବୁ ତମେ କହୁଛ କନ୍ଧ ଅନ୍ଧ, ହେଲେ କିଏ ଅନ୍ଧ। ଆମେ ନା ସରକାର, ଥିବା ଜଙ୍ଗଲକୁ କାଟି ଆକାଶିଆ ଲଗାଉଛ" କଥାଟି ମନେ ପଡ଼ିଯାଉଥିଲା।

■

ପ୍ରମେୟ, ୮ ସେପ୍ଟେମ୍ବର, ୨୦୧୮

ସରକାର, ଆମର ଶାନ୍ତି ଦରକାର

'ଧର ଅସ୍ତ୍ର, କର ରଣ, ପ୍ରସ୍ତୁତ ଅଛି ମୁଁ'- ପିଲାଦିନେ ଗାଁରେ ସମ୍ବରାସୁର ବଧ ଭଳି ନାଟକ ଦେଖିଲାବେଳେ ଏଭଳି ଶୁଣିଥାଉ। ଠିକ୍ ସେଇପରି ଏବେ ଆମେ ଚୀନ୍ ଓ ଭାରତ ମଧ୍ୟରେ ବାକ୍ୟ ବିନିମୟ ଦେଖୁଛୁ। ଉଭୟ ରାଷ୍ଟ୍ର ଏଭଳି ଯୁଦ୍ଧ ଡାକରାରୁ ଓହରିଯିବା ଜରୁରି ମନେହୁଏ। ଯୁଦ୍ଧ କେବଳ ଦୁଃଖ ଓ ବିନାଶର କାରଣ ହୁଏ, ଯଦିଓ ଅସ୍ତ୍ରଶସ୍ତ୍ର ନିର୍ମାଣକାରୀ ଓ ବ୍ୟବସାୟୀ ଯୁଦ୍ଧରୁ ଫାଇଦା ଉଠାଇଥାନ୍ତି। ଆମେ ଆମର ଦୁଇଟି ମହାକାବ୍ୟ- ରାମାୟଣ ଓ ମହାଭାରତକୁ ଦେଖିବା। ଆମର ସଂସ୍କୃତି, ବିଚାର ଓ ପରମ୍ପରା ବହୁ ଭାବରେ ଏ ଦୁଇ ମହାକାବ୍ୟ ଦ୍ୱାରା ପ୍ରଭାବିତ। ପତ୍ନୀ ମନ୍ଦୋଦରୀଙ୍କର ନ୍ୟାୟ, ଶାନ୍ତି ଓ ବୁଝାମଣାର ପ୍ରସ୍ତାବ ଗ୍ରହଣ କରିଥିଲେ ରାବଣର ସବଂଶ ନିଧନ ଓ ଲଙ୍କା ଧ୍ୱଂସରୁ ରକ୍ଷା ପାଇଯାଇଥାନ୍ତା। ସେହିଭଳି ଶ୍ରୀକୃଷ୍ଣଙ୍କର ଶାନ୍ତି ପ୍ରସ୍ତାବ କୌରବମାନେ ଗ୍ରହଣ କରିଥିଲେ କୁରୁକୁଳ ସମୂଳ ବିନାଶରୁ ରକ୍ଷାପାଇଥାନ୍ତା ଓ ଅଶେଷ ପ୍ରାଣହାନି ଘଟିନଥାନ୍ତା।

ଆନ୍ତର୍ଜାତିକ କ୍ଷେତ୍ରରେ ବିଶ୍ୱ ଶାନ୍ତି ପାଇଁ କିଛି ତ୍ୟାଗର ମହତ୍ତ୍ୱ ଲକ୍ଷ୍ୟ କରିବା। ୧୯୬୬ ମସିହା, ଅକ୍ଟୋବର ମାସ ମଝାମଝି। ବନ୍ଧୁରାଷ୍ଟ୍ର କ୍ୟୁବାର ଅନୁରୋଧରେ ସେତେବେଳର ସୋଭିଏତ ୟୁନିୟନ, ସହଜରେ ବୁଝିବା ପାଇଁ ରୁଷିଆ କହିବା, ଏକ ଜାହାଜରେ ଜଳପଥରେ କ୍ୟୁବାରେ ଏକ ସାମରିକ ଘାଟି ତିଆରି ପାଇଁ ଆବଶ୍ୟକ ସରଞ୍ଜାମ ପଠାଉଥିବା ଖବର ଯୁକ୍ତରାଷ୍ଟ୍ର ଆମେରିକାର ଗୁପ୍ତଚର ସଂସ୍ଥା ରାଷ୍ଟ୍ରପତି କେନେଡ଼ିଙ୍କୁ ଜଣାଇବା ପରେ କ୍ୟୁବା ଅଭିମୁଖେ ଯାଉଥିବା ଯେକୌଣସି ଦେଶର ଜାହାଜ ହେଉନା କାହିଁକି ତାକୁ ଅଟକାଇ ତନ୍ନ ତନ୍ନ କରି ଦେଖିବେ ଓ ଅସ୍ତ୍ରଶସ୍ତ୍ର ବା ଘାଟି ପାଇଁ ସରଞ୍ଜାମ ଦେଖିଲେ ତାକୁ ଆକ୍ରମଣ କରି ବୁଡ଼ାଇଦେବା ପାଇଁ ଆମେରିକା ରାଷ୍ଟ୍ରପତି ଆଦେଶ ଦେଇଥିଲେ। ତାହା ରାଷ୍ଟ୍ରପତିଙ୍କର ଚୂଡ଼ାନ୍ତ ନିର୍ଦ୍ଦେଶ ବୋଲି

ଜଣାଇଦେଲେ। ଏକଥା ଜାଣିବା ପରେ ରୁଷିଆର ରାଷ୍ଟ୍ରପତି କୃଶ୍ଚେଭ କହିଲେ ଯେ, ଯଦି ରୁଷର ସୀମାରେ ମାଳ ଭଳି ଅନେକ ସାମରିକ ଘାଟି କରିବାର ଅଧିକାର ଆମେରିକାର ଅଛି, କ୍ୟୁବାରେ ସେଭଳି ଘାଟି କରିବାର ଅଧିକାର ରୁଷର ଅବଶ୍ୟ ଅଛି ଓ ପରିସ୍ଥିତି ଯାହାହେଉନା କାହିଁକି ରୁଷ ଘାଟି ପାଇଁ ସରଞ୍ଜାମ ପଠାଇବ ଓ ଆବଶ୍ୟକ ହେଲେ ଯୁଦ୍ଧ ଅବଶ୍ୟ ହେବ। ଉଭୟେ ମହାଶକ୍ତି, ଉଭୟେ ବିପୁଳ ମହାବିଧ୍ୱଂସକାରୀ ପରମାଣୁ ଅସ୍ତ୍ରରେ ସଜ୍ଜିତ। ଏକ ବିଶ୍ୱବ୍ୟାପୀ ପରମାଣୁ ଯୁଦ୍ଧ ତଥା ତୃତୀୟ ବିଶ୍ୱଯୁଦ୍ଧର ଆଶଙ୍କା ଦେଖାଦେଲା। ବିଭିନ୍ନ ରାଷ୍ଟ୍ରନାୟକ, ଚିନ୍ତାଶୀଳ, ଶାନ୍ତିକାମୀ ଜନସାଧାରଣ ଏଭଳି ଏକ ମୁକାବିଲାମୂଳକ ପରିସ୍ଥିତିରୁ ଓହରିଯିବା ପାଇଁ ଉଭୟ ଆମେରିକା ଓ ରୁଷିଆକୁ ଅନୁରୋଧ କଲେ। କେନେଡ଼ି କିନ୍ତୁ ନଛୋଡ଼ବନ୍ଦା ଥିଲେ, ତା'ର କାରଣ ଥିଲା ଠିକ୍ ତା'ର ପୂର୍ବ ବର୍ଷ ତାଙ୍କରି ଆଦେଶରେ କ୍ୟୁବା ଉପରେ ଆକ୍ରମଣ କରାଯାଇଥିଲା। ଯେଉଁଥିରେ ଛୋଟିଆ କ୍ୟୁବାଠାରୁ ଆମେରିକା ପରାଜୟ ସ୍ୱୀକାର କରିଥିଲା। ସେଇ ଗ୍ଲାନିରେ ଜର୍ଜରିତ କେନେଡ଼ି ପ୍ରତିଶୋଧ ନେବାପାଇଁ ସୁଯୋଗ ଉଣ୍ଡୁଥିଲେ। ବିଶ୍ୱଶାନ୍ତି ପାଇଁ ବିଭିନ୍ନ ସ୍ତରରୁ ଅନୁରୋଧରେ ଶେଷରେ କୃଶ୍ଚେଭ ଓହରିଗଲେ। ସାରା ଦୁନିଆ ଆଶ୍ୱସ୍ତ ହେଲା, କୃଶ୍ଚେଭଙ୍କର ଭୂରି ଭୂରି ପ୍ରଶଂସା କଲା। ପୃଥିବୀ ତାଙ୍କୁ ଦୁର୍ବଳ ବୋଲି ଭାବିଲା ନାହିଁ, ବରଂ ଶାନ୍ତି ପାଇଁ ଓ ଏକ ଅବଶ୍ୟମ୍ଭାବୀ ପରମାଣୁ ଯୁଦ୍ଧରୁ ପୃଥିବୀକୁ ରକ୍ଷା କରିଦେଇଥିବାରୁ ସେ ଅଶେଷ ଧନ୍ୟବାଦର ପାତ୍ର ହେଲେ। କ୍ୟୁବା ସଂକଟ ଟଳିଗଲା।

ଏ ଘଟଣାର ପ୍ରଭାବ ଭାରତର ଜନମାନସ ଉପରେ ବିଶେଷ ରେଖାପାତ କରିପାରିନଥିଲା। ତା'ର କାରଣ ହେଲା, ତାହା ଭାରତ-ଚୀନ ଯୁଦ୍ଧର ସମୟ। ଚୀନରେ ସେହି ସମୟରେ ଘୋର ଦୁର୍ଭିକ୍ଷ। ଖାଦ୍ୟାଭାବ ଯୋଗୁ ଲକ୍ଷ ଲକ୍ଷ ଲୋକଙ୍କର ପ୍ରାଣହାନି ଘଟୁଥାଏ ଓ ଚୀନ ପ୍ରାଣମୂର୍ଚ୍ଛା ଉଦ୍ୟମ କରୁଥାଏ ଦୁର୍ଭିକ୍ଷର ମୁକାବିଲା ପାଇଁ। ରୁଷିଆ ସହ ତୀବ୍ର ମତଭେଦ ଯୋଗୁ ଚୀନ ପ୍ରାୟ ଏକଘରକିଆ ହୋଇଯାଇଥାଏ। ଯୁଦ୍ଧ ହେଲେ ଅନ୍ୟ କାହାରିଠୁ ସାହାଯ୍ୟ ପାଇବା ଆଶା କରିବା ନିରର୍ଥକ ଥିଲା। ଏ ପରିସ୍ଥିତିରେ ଚୀନ ବା କାହିଁକି ଯୁଦ୍ଧ ଆରମ୍ଭ କରିବ? ତେବେ ଭାରତର ସେନାବାହିନୀ ପାଖରେ ସେତେବେଳେ ହିମାଳୟର ବରଫାବୃତ୍ତ ଅଞ୍ଚଳରେ ଯୁଦ୍ଧ କରିବାପାଇଁ ଅସ୍ତ୍ରଶସ୍ତ୍ର ତିଆରି ପାଇଁ ଉଦ୍ଦିଷ୍ଟ ସରକାରୀ କାରଖାନାରେ ସେତେବେଳେ ଅସ୍ତ୍ରଶସ୍ତ୍ର ବଦଳରେ ସୁନ୍ଦରିଆ ସୌଖିନ ଚୀନା ବାସନ, କପ୍, ପ୍ଲେଟ ତିଆରି ହେଉଥାଏ। ଏକଥା ଭାରତର ଦେଶରକ୍ଷା ମନ୍ତ୍ରୀ, ସେନାଧ୍ୟକ୍ଷ ବା ପ୍ରଧାନମନ୍ତ୍ରୀଙ୍କୁ ଅଜଣା ନଥିବ। ଏଭଳି ସ୍ଥିତିରେ ଭାରତ ବା କାହିଁକି ଯୁଦ୍ଧ ଆରମ୍ଭ କରିବା ପାଇଁ ନିଷ୍ପତ୍ତି ନେଇଥିବ? ତେବେ ସେ ଯୁଦ୍ଧ

କାହିଁକି ହେଲା, ଚୀନ କାହିଁକି ହଠାତ୍ ଯୁଦ୍ଧ ବିରତି ଘୋଷଣା କଲା, ତାହା ସ୍ପଷ୍ଟ ହୋଇନାହିଁ। ସେ ସଂପର୍କରେ କେନ୍ଦ୍ର ସରକାର ହେଣ୍ଡେରସନଙ୍କ ଅଧ୍ୟକ୍ଷତାରେ ଏକ କମିଟି ଗଢ଼ିଥିଲେ, କିନ୍ତୁ କେନ୍ଦ୍ରରେ ବିଭିନ୍ନ ଦଳ ଶାସନ କଲେ ମଧ୍ୟ କେହି ସେହି ରିପୋର୍ଟ ପ୍ରକାଶ କରିବାକୁ ପ୍ରସ୍ତୁତ ନୁହନ୍ତି। ରିପୋର୍ଟଟି ପ୍ରକାଶ ପାଇଲେ ପ୍ରକୃତ କଥା ଜଣାପଡ଼ିପାରେ। ତେବେ ପାଶ୍ଚାତ୍ୟ ଶକ୍ତିମାନଙ୍କର ଏକ ଷଡ଼ଯନ୍ତ୍ରରେ ଭାରତ ଫସିଯାଇ ଯୁଦ୍ଧ ଆରମ୍ଭ କରିଥାଇପାରେ ବୋଲି ଅନ୍ଦାଜ କରାଯାଇଛି। ୧୯୬୨ ଚୀନ ସହ ଯୁଦ୍ଧ ପୂର୍ବରୁ ଭାରତର ନିରପେକ୍ଷ ଆନ୍ଦୋଳନର ନେତୃତ୍ୱ, ହିନ୍ଦି-ଚୀନି ଭାଇ ଭାଇ, ପଞ୍ଚଶୀଳ ନୀତିରେ ଉଭୟ ଭାରତ ଓ ଚୀନର ସ୍ୱାକ୍ଷର, ଜାତିସଂଘରେ ଚୀନର ସଦସ୍ୟତା ପାଇଁ ଭାରତର ସମର୍ଥନ ପାଶ୍ଚାତ୍ୟ ଶକ୍ତିମାନଙ୍କୁ ସୁହାଉନଥିଲା। ତେଣୁ ଉଭୟଙ୍କ ଭିତରେ ଶତ୍ରୁତା ସୃଷ୍ଟି ପାଇଁ ସେମାନେ କ୍ଷେତ୍ର ପ୍ରସ୍ତୁତ କରିଥିଲେ। ଚୀନର ଆଭ୍ୟନ୍ତରୀଣ ଦୂରବସ୍ଥା ସମୟରେ ଭାରତ ଯଦି ଆକ୍ରମଣ କରେ ହୁଏତ ଚୀନ୍ ହାରିଯାଇପାରେ। ଚୀନ୍ ଯଦି ହାରିଯାଏ ତେବେ କମ୍ୟୁନିଜିମ ଉପରେ ଗଣତନ୍ତ୍ରର ବିଜୟ ହେଲା ବୋଲି ଦୁନିଆକୁ ଦେଖେଇଦେବେ। ଯଦି ଭାରତ ହାରିଯାଏ, ତେବେ ନିରପେକ୍ଷବାଦ ଛାଡ଼ି ପାଶ୍ଚାତ୍ୟ ରାଷ୍ଟ୍ରଙ୍କର ଦ୍ୱାରସ୍ଥ ହେବ। ତେଣୁ ଭାରତ ଜିଣିଲେ ଲାଭ, ହାରିଲେ ଅଧିକ ଲାଭ। କାରଣ, କେବଳ ସାମରିକ ସାହାଯ୍ୟ ପାଇଁ ଭାରତ ଅଧିକ ନିର୍ଭରଶୀଳ ହେବ ଓ ପାଶ୍ଚାତ୍ୟ ଶକ୍ତିଙ୍କ ଖାପ୍‌ଚାକୁ ଚାଲିଆସିବ। ନିଜର ନିରାପତ୍ତା ପାଇଁ ହୁଏତ ହିମାଳୟର ଏ ମୁଣ୍ଡରୁ ସେ ମୁଣ୍ଡଯାଏ ଚୀନ ସୀମାରେ ଭାରତ ମାଟିରେ ସାମରିକ ଘାଟି କରିପାରିବ। ବୋଧହୁଏ, ଏଭଳି ଇସାରା ପାଇ ଚୀନ ହଠାତ୍ ଯୁଦ୍ଧବିରତି ଘୋଷଣା ପରେ ପରେ ବିଲାତର ବୈଦେଶିକ ମନ୍ତ୍ରୀ ଡନକାନ ସାଣ୍ଡିସ୍ ଭାରତ ଆସି ପ୍ରସ୍ତାବ ଦେଲେ ଯେ ପୂର୍ବ ପାକିସ୍ତାନ, ବର୍ତ୍ତମାନର ବାଂଲାଦେଶ ଭାରତରେ ମିଶିଯାଉ ଓ ଭାରତ କାଶ୍ମୀରକୁ ପାକିସ୍ତାନକୁ ଦେଇଦେଉ। ଆମେରିକା ପ୍ରସ୍ତାବ ଦେଲା କଲିକତାରେ ଭଏସ୍ ଅଫ୍ ଆମେରିକା ତରଫରୁ ଏକ ଶକ୍ତିଶାଳୀ ରେଡିଓ ଷ୍ଟେସନ ସ୍ଥାପନ କରାଯାଉ, ଯାହାଫଳରେ ଭାରତର ମତାମତ, ଅବଶ୍ୟ ଆମେରିକାର ମତ ମଧ୍ୟ ଦକ୍ଷିଣ-ପୂର୍ବ ଏସିଆର ରାଷ୍ଟ୍ରମାନଙ୍କୁ ପ୍ରସାର କରିହେବ। ଯୁଦ୍ଧର ବିପଦ ଟଳିଯାଇଥିବାରୁ ଭାରତ ଅବଶ୍ୟ ଏଭଳି ପ୍ରସ୍ତାବମାନଙ୍କୁ ଗ୍ରହଣ କରିନଥିଲା। ସେ ଯାହାହେଉ, ଯାହା ପାଶ୍ଚାତ୍ୟ ଶକ୍ତିମାନେ ଚାହୁଁଥିଲେ ତାହାହିଁ ହେଲା। ଉଭୟ ଚୀନ ଓ ଭାରତ ମଧ୍ୟରେ ବୈରଭାବ ସୃଷ୍ଟି ହୋଇଗଲା।

ବର୍ତ୍ତମାନର ଯୁଦ୍ଧ ଡାକରାର ପୃଷ୍ଠଭୂମି ଦେଖିବା। ଅନେକ ଦିନର ବୈରଭାବ ପରେ ଉଭୟ ରାଜୀବ ଗାନ୍ଧୀ ଓ ଅଟଳବିହାରୀ ବାଜପେୟୀ କେତେକ ସାହସିକ

ପଦକ୍ଷେପ ନେଲେ, ଫଳରେ ଭାରତର ଆମେରିକା ସହ ବାଣିଜ୍ୟ କାରବାରଠାରୁ ଚୀନ ସହ ଅଧିକ ହୋଇଗଲା। ବ୍ରିକ୍ସ, ସାଂଘାଇ କୋଅପରେସନ ଅର୍ଗାନାଇଜେସନ ଓ ଚୀନ ଦ୍ୱାରା ଆରମ୍ଭ ହୋଇଥିବା ଉନ୍ନୟନ ବ୍ୟାଙ୍କରେ ଭାରତର ସଦସ୍ୟତା କିଛି ଶକ୍ତିଙ୍କୁ ସୁହାଇନଥିବ। ସେଇଭଳି ଭାରତର ବର୍ତ୍ତମାନର ସରକାର ଚୀନ ସହ ସଂପର୍କରେ ଅର୍ବିଟାଲ ସିଫ୍ଟ ବା ଅତି ଗୁରୁତ୍ୱପୂର୍ଣ୍ଣ ପରିବର୍ତ୍ତନ ଆଣିବେ ବୋଲି ଘୋଷଣା କଲେ ଓ ଭାରତର ପ୍ରଧାନମନ୍ତ୍ରୀଙ୍କର ଚୀନ ପରିଦର୍ଶନ, ଚୀନ ରାଷ୍ଟ୍ରପତିଙ୍କର ଭାରତ ପରିଦର୍ଶନ ଓ ଉଭୟ ଦେଶ ଭିତରେ ସଂପର୍କକୁ ଅଧିକ ନିବିଡ଼ କରିବାର ଘୋଷଣା କେତେକ ଦେଶ ପାଇଁ ବଡ଼ ଅସ୍ୱସ୍ତିକର ହୋଇଥିବ।

ବର୍ତ୍ତମାନ ଯେଉଁ ଡୋକଲାମ ଉପତ୍ୟକାରେ ଚୀନର ରାସ୍ତା ନିର୍ମାଣକୁ ନେଇ ଯୁଦ୍ଧର ସମ୍ଭାବନା ଦେଖାଦେଇଛି ସେଇ ଅଞ୍ଚଳଟି ପଡ଼ୋଶୀ ଭୁଟାନ ଦେଶ ମଧ୍ୟରେ। ଯୁଦ୍ଧକୁ ଏଡ଼ାଇବା ପାଇଁ ସବୁମନ୍ତେ ଉଦ୍ୟମ କରିବା ଆବଶ୍ୟକ। ଭାରତର ସାମ୍ବାଦିକ, ରାଜନୈତିକ ଦଳମାନଙ୍କର ପ୍ରତିନିଧି, ଚିନ୍ତାଶୀଳ ଶାନ୍ତିକାମୀ ଲେଖକ, ବୁଦ୍ଧିଜୀବୀମାନେ ଡୋକଲାମ ଉପତ୍ୟକାକୁ ଯାଆନ୍ତୁ ଓ ଉଭୟ ସରକାରଙ୍କୁ ଠିକଣା ପରାମର୍ଶ ଦିଅନ୍ତୁ। ଉଭୟ ଚୀନ ଓ ଭାରତର ମିତ୍ର ରାଷ୍ଟ୍ରମାନଙ୍କର ପ୍ରତିନିଧିମାନେ ସମାଧାନର ବାଟ ବାହାର କରିବାରେ ସାହାଯ୍ୟ କରନ୍ତୁ। ଯୁଦ୍ଧକୁ ଏଡ଼ାଇ ଶାନ୍ତିପାଇଁ ସମସ୍ତ ପ୍ରକାର ଉଦ୍ୟମ ହେବା ଆବଶ୍ୟକ, କାରଣ ଯୁଦ୍ଧ ସାଧାରଣ ଲୋକଙ୍କ ପାଇଁ ଦୁଃଖର କାରଣ ହେବ ଓ ଅନେକ ଜୀବନହାନି ଘଟିବ।

ସଂକଟ ଟଳିଯିବା ପରେ ଅନେକ ଦିନ ଧରି ଆମେରିକା ଓ ରୁଷିଆ ମଧ୍ୟରେ ଆଲୋଚନା ଚାଲୁରହିଲା ଓ ଆମେରିକା କ୍ୟୁବା ଉପରେ ଆକ୍ରମଣ କରିବନାହିଁ ଓ ରୁଷିଆ ସୀମାରେ ଆମେରିକା ଆଉ ଘାଟି କରିବନାହିଁ ବୋଲି ନିଷ୍ପତ୍ତି ନେଲେ। ଯାହା ଯୁଦ୍ଧରେ ହୋଇପାରିନଥାନ୍ତା, ଆଲୋଚନା ଜରିଆରେ ସମ୍ଭବ ହେଲା।

■

ପ୍ରମେୟ, ୧୭ ଅଗଷ୍ଟ, ୨୦୧୭

ଆମେ ଫେଲ୍ ନାଁ ଗାନ୍ଧୀବୁଢ଼ା ଫେଲ୍

ପ୍ରଚଳିତ ଅର୍ଥଶାସ୍ତ୍ରର ଜନକ ହେଲେ ଆଡ଼ାମ ସ୍ମିଥ୍। ସେ ନୈତିକ ଦର୍ଶନର ପ୍ରଫେସର ଥିଲେ ସତ, କିନ୍ତୁ ଅର୍ଥଶାସ୍ତ୍ର କଥା କହିଲାବେଳେ ସେ ନୀତିକୁ ଜଳାଞ୍ଜଳି ଦେଇ କହିଦେଲେ ଅର୍ଥଶାସ୍ତ୍ରରେ ନୀତିଫିତି କିଛି ନାହିଁ। ଅର୍ଥାତ୍ ବର୍ତ୍ତମାନର ଅର୍ଥନୀତି ନୀତିହୀନ। ଗାନ୍ଧୀ ବୁଢ଼ାର ମତ କିନ୍ତୁ ଓଲଟା। ଅର୍ଥନୀତି କଥା ଛାଡ଼, ରାଜନୀତି କ୍ଷେତ୍ରରେ ମଧ୍ୟ ଗାନ୍ଧୀ କହିଲେ ନୀତିହୀନ ରାଜନୀତି ପଙ୍କିଳ ଓ ସର୍ବଥା ବର୍ଜନୀୟ। ସେ ଅର୍ଥନୀତି ହେଉ ବା ରାଜନୀତି ହେଉ ସବୁକ୍ଷେତ୍ରରେ କେତେକ ନୀତିକୁ ମାନିବାକୁ ପଡ଼ିବ। ସତ୍ୟ ଓ ଅହିଂସା ହେଲା ମୂଳ ପିଣ୍ଡ, ଗାନ୍ଧୀ ବିଚାରର ଗାଁ ହେଲା ଆତ୍ମା, ମଣିଷ ହେଲା କେନ୍ଦ୍ରବିନ୍ଦୁ।

ଯେତେ ପାରୁଛ ନିଜର କର ବଦଳରେ ଗାନ୍ଧୀ କହିଲେ ନିଜର ମୌଳିକ ଆବଶ୍ୟକତାଠାରୁ ଅଧିକ ରଖିବା ଅର୍ଥ ଅନ୍ୟ କେହି ସେତିକି ପରିମାଣରେ ବଞ୍ଚିତ ହେଲା ଓ ସେଥିରେ ହିଂସା ରହିଲା ଓ ତାହା ଚୋରି ସହ ସମାନ। ମଣିଷର କାମନା ବାସନା ଅସୀମ ଓ ପ୍ରଚଳିତ ଅର୍ଥଶାସ୍ତ୍ର କହିଲା ଯେତେ ପାରୁଛ ସେଗୁଡ଼ିକୁ ପୂରଣ କର ଆଜି କିଣ, ଏବେ କିଣ, ଆହୁରି କିଣ, ପୁରୁଣାକୁ ବଦଳେଇ ନୂଆ କିଣ, ପାଖରେ ପଇସା ନଥିଲେ କରଜ କରି କିଣ, ତେବେ ଯାଇ ଅର୍ଥନୀତି ଚଳଚଞ୍ଚଳ ଓ ଗତିଶୀଳ ହେବ, ଦେଶର ଜାତୀୟ ଆୟ ବଢ଼ିବ। ଗାନ୍ଧୀ କହିଲେ ଯେତେ ପାରୁଛ କମ୍‌ରେ ଚଳ, ମଣିଷର କାମନା ବାସନା ଅସୀମ ହୋଇପାରେ, କିନ୍ତୁ ପୃଥିବୀ ମାତା ପାଖରେ ଥିବା ସମ୍ବଳ ଅସୀମ ନୁହେଁ, ତେଣୁ ଆମର ଆବଶ୍ୟକତାଗୁଡ଼ିକୁ ସୀମିତ କରିବାକୁ ହେବ; ତେବେ ଯାଇ ଅସୀମ କାଳପାଇଁ ମଣିଷ ତିଷ୍ଠିପାରିବ।

ପାରମ୍ପରିକ ଅର୍ଥଶାସ୍ତ୍ର କହିଲା ଯେଉଁଠୁ ଜିନିଷ ଶସ୍ତାରେ ମିଳିବ ସେଇଠୁ କିଣ, ସେ ଦେଶ ଭିତରୁ ବା ଦେଶ ବାହାରୁ ହେଉ, ସେଥିରେ କିଛି ଯାଏଆସେ

ନାହିଁ। ଗାନ୍ଧୀ ଅର୍ଥନୀତି କହିଲା, ସମସ୍ତ ମୌଳିକ ଆବଶ୍ୟକତାଗୁଡ଼ିକ ନିଜ ଗାଁରେ ବା ଅତିବେଶୀ ହେଲେ ପାଞ୍ଚ ସାତ ମାଇଲ ଭିତରେ ଉତ୍ପାଦିତ ହେଉଥିବା ଆବଶ୍ୟକ। ସ୍ୱଦେଶୀ ହେଲା ଗାନ୍ଧୀ ଅର୍ଥନୀତିର ମୂଳମନ୍ତ୍ର।

ଏବର ଅର୍ଥନୀତିର ନିୟମ ହେଲା ଯଦି ପୁଞ୍ଜି ଖଟେଇ, ଯନ୍ତ୍ର ବସେଇ, ଶ୍ରମିକ ଛଟେଇ କରି, କମ୍ ଦାମ୍‌ରେ ଅଧିକ ଜିନିଷ ଉତ୍‌ପାଦନ କରିପାରିଲ ଓ ଲୋକକୁ ଶସ୍ତାରେ ଜିନିଷ ମିଳିପାରିଲା ତେବେ ତାହା ହିଁ କରିବା ବିଚାରବନ୍ତ ଲୋକର କାମହେବ, ଅନ୍ୟଥା ଅବିବେକୀ କାର୍ଯ୍ୟ ହେବ। ଗାନ୍ଧୀ ଅର୍ଥନୀତିରେ ଯନ୍ତ୍ର ହେଉଛି ଦାନବ ସଦୃଶ।

ସହର ଓ ଯନ୍ତ୍ର ଏକ ସଇତାନୀ ସଭ୍ୟତାର ପ୍ରତୀକ। ଯେଉଁ ଯନ୍ତ୍ର ଯୋଗୁ ମଣିଷ ବେକାର ହେଲା ସେ ଯନ୍ତ୍ର ଗ୍ରହଣୀୟ ନୁହେଁ। ମଣିଷର ହାତକୁ ଅଚଳ କରି ଯନ୍ତ୍ର ଚଳେଇବା ଅବିବେକୀ କାର୍ଯ୍ୟ।

ଯେଉଁମାନେ ଉତ୍‌ପାଦନ କରିବା ଦାୟିତ୍ୱ ନେଇଛନ୍ତି ସେମାନେ ଭାବିବା ଉଚିତ ଯେ ମଣିଷ ହେଉଛି ଅସଲ ପୁଞ୍ଜି, ମଣିଷକୁ ଅକ୍ଷମ କରି ଘରେ ବସେଇ ବା ତାକୁ ଦେଉଥିବା ମଜୁରିକୁ କମେଇ କାରଖାନା ମାଲିକ ସବୁଦିନ ପାଇଁ ଲାଭବାନ୍ ହୋଇପାରିବେ ନାହିଁ। ବ୍ୟବସ୍ଥାଟିକୁ ଚିରନ୍ତନ କରିବାକୁ ହେଲେ ଶ୍ରମିକମାନେ ସନ୍ତୁଷ୍ଟ ରହିବା ଆବଶ୍ୟକ।

ବର୍ତ୍ତମାନର ଅର୍ଥଶାସ୍ତ୍ରୀମାନଙ୍କ ମତରେ ନିଜର ଆୟ ଓ ସମ୍ପତ୍ତି ଉପରେ ବ୍ୟକ୍ତିଗତ ମାଲିକାନା ରହିଲେ ଯାଇ ହିଁ ଜଣେ ବ୍ୟକ୍ତି ଅଧିକ ରୋଜଗାର କରିବା ପାଇଁ ଉତ୍ସାହିତ ହେବ, ନଚେତ୍ ତା'ର ଉତ୍ସାହ ରହିବ ନାହିଁ ଅଧିକ ପରିଶ୍ରମ କରି ଅଧିକ ଅର୍ଜନ କରିବା ପାଇଁ। ଫଳରେ ସମାଜରେ ଅଳସୁଆମି ବଢ଼ିବ, ମୋଟ ଉତ୍ପାଦନ କମିବ ଓ ଗରିବୀ ହିଁ ରହିବ। ଗାନ୍ଧୀ ବିଚାର ହେଲା ମଣିଷ ନିଜନିଜର ବିଦ୍ୟାବୁଦ୍ଧି ଖଟେଇ ଅଧିକ ରୋଜଗାର କରିପାରେ ଓ ସେଥିପାଇଁ ଉପଯୁକ୍ତ ବାତାବରଣ ସୃଷ୍ଟି କରାଯାଇପାରେ; କିନ୍ତୁ ସେ ରୋଜଗାରରୁ ନିଜର ମୌଳିକ ଆବଶ୍ୟକତା ଯାହା ସମସ୍ତଙ୍କପାଇଁ ସମାନ, ସେତକ ମେଣ୍ଟେଇବା ପରେ ବଳକା ଧନରେ ସେ ଟ୍ରଷ୍ଟି ହୋଇ ରହିବେ ଓ ସମାଜର ବୃହତ୍ତର ମଙ୍ଗଳ ପାଇଁ ସେ ଧନ ଖର୍ଚ୍ଚ କରିବେ।

ଏବେ କହନ୍ତୁ ବର୍ତ୍ତମାନର ଅର୍ଥଶାସ୍ତ୍ରର ପରାମର୍ଶଗୁଡ଼ିକୁ ଗାନ୍ଧୀ ଯଦି ସବୁ ଅଗ୍ରାହ୍ୟ କରିଦେଲେ, ତେବେ ଶୂନ୍ ଛଡ଼ା ଆଉ କେତେ ନମ୍ବର ପାଇବେ ? ଫେଲ୍ ତ ହେବେ; ଶୂନ ରଖି ଫେଲ୍ ହେବେ। ଏବେ ଦେଖିବା ଗାନ୍ଧୀ ଅର୍ଥନୀତିରେ ବର୍ତ୍ତମାନର ଅର୍ଥଶାସ୍ତ୍ରୀ ପାଶ୍ କରୁଛନ୍ତି କି ଫେଲ୍ ହେଉଛନ୍ତି। ଗାନ୍ଧୀଙ୍କର ଅର୍ଥନୈତିକ ବିଚାରଗୁଡ଼ିକୁ ଆଉ ଟିକିଏ ବିସ୍ତାର କରିଦେଲେ କଥାଟା ସ୍ପଷ୍ଟ ହେବ।

ଆମ୍ବେଦକର ଭାବୁଥିଲେ ଭାରତର ଗାଁଗୁଡ଼ିକ ଅଶିକ୍ଷା, ଅନେକ କୁସଂସ୍କାର, ବାଛ ବିଚାର, ଉତ୍କଟ ଜାତିଆଣ ମନୋଭାବ ଓ ମାନସିକ ସଂକୀର୍ଣ୍ଣତାର ନର୍କକୁଣ୍ଡ। ଗାନ୍ଧୀ କହୁଥିଲେ ଭାରତର ଆତ୍ମା ହେଉଛି ତା'ର ସାତଲକ୍ଷ ଗାଁ। ଗାଁ ଗୁଡ଼ିକର ପରିବର୍ତ୍ତନ ହେଲେ ହିଁ ଭାରତ ସ୍ୱାଧୀନ ହେବା ସାର୍ଥକ ହେବ। ଖାଲି ସେତିକି ନୁହେଁ ଗାଁଗୁଡ଼ିକର ପରିବର୍ତ୍ତନକୁ ସେ ଗ୍ରାମ-ସ୍ୱରାଜ କହୁଥିଲେ ଓ ପ୍ରତ୍ୟେକ ଗାଁ ନିଜ ନିଜର ବିକାଶର ଖସଡ଼ା ତିଆରି କରିବ ଓ ଯେତେଦୂର ସମ୍ଭବ ତା'ର ନିଜର ମୌଳିକ ଆବଶ୍ୟକତାଗୁଡ଼ିକୁ ନିଜେ ପୂରଣ କରିବ। ଭାରତର ସାତଲକ୍ଷ ଗାଁ ଯେତେବେଳେ ସ୍ୱାବଲମ୍ବୀ ହୋଇଯିବ, ଭାରତ ପ୍ରକୃତରେ ସ୍ୱାଧୀନ ହେଲା ବୋଲି ବିଚାର କରାଯିବ।

ଭାରତ ବଞ୍ଚି ନାହିଁ, ତା'ର ଦଶ କୋଡ଼ିଏଟି ସହର/ନଗରରେ। ନଗରଗୁଡ଼ିକର ଚାକଚକ୍ୟ, ଆଖି ଝଲସା କୋଠାବାଡ଼ିଗୁଡ଼ିକ ଗାଁମାନଙ୍କର ଶୋଷଣରୁ ହିଁ ସୃଷ୍ଟି। ଗାଁଗୁଡ଼ିକର ଦୁର୍ଦ୍ଦଶା ସହ ସହରମାନଙ୍କର ସମୃଦ୍ଧି ସଂପୃକ୍ତ। ଗୋଟିଏ ଜାଗାକୁ ଉଚ୍ଚ କରିବାକୁ ହେଲେ ଯେପରି ଆଉ ଗୋଟିଏ ଜାଗାକୁ ଖାଲ କରିବାକୁ ପଡ଼େ, ସେହିପରି ଗାଁମାନଙ୍କର ଦାରିଦ୍ର୍ୟ ଓ ଅପପୁଷ୍ଟି ହିଁ ସହରକୁ ବଢ଼େଇଛି, ସହରବାସୀମାନଙ୍କର ଧନ ଦୌଲତ ବୃଦ୍ଧି କରିଛି। ଗାନ୍ଧୀ କହୁଥିଲେ ଭାରତର ଆତ୍ମା ପ୍ରତ୍ୟେକ ଗାଁ ନିଜ ନିଜର ଖାଦ୍ୟ ଉତ୍ପାଦନ କରିବ ଯେପରି ସମସ୍ତେ ପେଟପୁରା ଖାଇବେ, ପୁଷ୍ଟିହୀନତାର ଶିକାର ହେବେନି। ଖାଲି ସେତିକି ନୁହେଁ, ଶିଶୁ, ବୟସ୍କ, ବେମାରରେ ପଡ଼ିଥିବା ଲୋକମାନଙ୍କର ସ୍ୱତନ୍ତ୍ର ଖାଦ୍ୟ ଆବଶ୍ୟକତାକୁ ମଧ୍ୟ ଗାଁ ଧ୍ୟାନଦେବ। ଗୋପାଳନ, ଫଳଚାଷ, ପନିପରିବା, ପ୍ରତ୍ୟେକ ଦିଗପ୍ରତି ଗାଁ ବିଚାର କରି ଯୋଜନା ପ୍ରସ୍ତୁତ କରିବ। ଚାଷ ଜୈବିକ ହେବ।

ଏସବୁ ସହିତ ମନୋରଞ୍ଜନ ପାଇଁ ଗାଁ ବା ଆଖପାଖର ଗାଁକୁ ନେଇ ଥିଏଟର ହଲ, ଖେଳ ପଡ଼ିଆ, ପାର୍କ, ବ୍ୟାୟାମପାଇଁ ବ୍ୟବସ୍ଥା ଥାଇ ବାସଗୃହ, ପିଇବା ପାଣି, ପାଇଖାନା, ଗାଁର ରାସ୍ତାଘାଟ ଓ ଅନ୍ୟାନ୍ୟ ସର୍ବସାଧାରଣ ସ୍ଥାନର ସୌନ୍ଦର୍ଯ୍ୟ, ପରିଷ୍କାର ପରିଚ୍ଛନ୍ନତା ମଧ୍ୟ ଗାଁର କର୍ତ୍ତବ୍ୟ ହେବ। ଏସବୁ ବ୍ୟବସ୍ଥା ହେଲାପରେ ସାଧାରଣ ସ୍ୱାସ୍ଥ୍ୟ ଅବସ୍ଥାରେ ତା ଛାଏଁ ପରିବର୍ତ୍ତନ ହେବ ଓ ବର୍ତ୍ତମାନର ଗାଁକୁ ଗଲେ ଯେଉଁ ଅସ୍ଥି କଙ୍କାଳ ସାର ଓ ଭୋକିଲା ପେଟର ଦୃଶ୍ୟ ଦେଖିବାକୁ ମିଳୁଛି ସେଥିରେ ପରିବର୍ତ୍ତନ ଆସିଯିବ। ନିଜର ଶକ୍ତି ଚାହିଦା ମେଣ୍ଟେଇବାପାଇଁ ଘରେ ଘରେ ବାୟୋଗ୍ୟାସ ପ୍ଲାଣ୍ଟ ରହିବ।

ମୋଟ ଉପରେ ଗାଁଗୁଡ଼ିକ ଅଧିକ ଆକର୍ଷଣୀୟ ଓ ବଞ୍ଚିବା ଓ ରହିବା ଉପଯୋଗୀ ହେବ। ସ୍ଥାନୀୟଭାବେ ମିଳୁଥିବା କଞ୍ଚାମାଲକୁ ନେଇ କୁଟୀର ଶିଳ୍ପ ସ୍ଥାପନ ଜରିଆରେ

ନିଯୁକ୍ତିର ସୁଯୋଗ ସୃଷ୍ଟି ହେବ ଓ କେହି ଯେପରି ବେକାର ରହିବେନି ସେଥିପାଇଁ କପା ଉତ୍ପାଦନ, ସୂତା ତିଆରି, ଲୁଗା ବୁଣା ଇତ୍ୟାଦି କାମ ଗାଁରେ ହେବ। ଶିଳ୍ପଜାତ ଦ୍ରବ୍ୟଗୁଡ଼ିକ ନିଜ ଗାଁ ଅଞ୍ଚଳରେ ତିଆରି ହେବା ଆବଶ୍ୟକ।

ଗାଁସବୁ ନିଜେ ନିଜ ଆବଶ୍ୟକତା ମେଣ୍ଟେଇବା ସହ ଶୃଙ୍ଖଳା କାର୍ଯ୍ୟ ଓ ଯଦି କିଛି ଗଣ୍ଡଗୋଳ ଉପୁଜେ ତା'ର ସମାଧାନ ବ୍ୟବସ୍ଥା କରିବେ। ଗାଁର ମାଲିମକଦ୍ଦମା କୋର୍ଟକୁ ଯିବନାହିଁ।

ଏ ସମସ୍ତ କାର୍ଯ୍ୟ ସୁଚାରୁରୂପେ ଚଳେଇବା ପାଇଁ ଗାଁ ପ୍ରତିବର୍ଷ ପଞ୍ଚାୟତ ଗଠନ କରିବ। ପଞ୍ଚାୟତ ସଦସ୍ୟ ତଥା ସ୍ୱେଚ୍ଛାସେବୀମାନେ ଏଭଳି ଆତ୍ମନିର୍ଭରଶୀଳ, ସ୍ୱୟଂସମ୍ପୂର୍ଣ୍ଣ ଗାଁଗୁଡ଼ିକୁ ଗଣରାଜ୍ୟରେ ପରିଣତ କରିଦେବେ, ସେତେବେଳେ ସହର ଉପରେ ଗାଁଗୁଡ଼ିକ ନିର୍ଭର କରିବେ ନାହିଁ ଓ କର୍ମସଂସ୍ଥାନପାଇଁ ଗାଁରୁ ସହରକୁ ଲୋକମାନଙ୍କର ସୁଅ ଛୁଟିବ ନାହିଁ ବା ଅତ୍ୟନ୍ତ ଅସ୍ୱାସ୍ଥ୍ୟକର ବସ୍ତିରେ ରହିବାର ଆବଶ୍ୟକତା ଉପୁଜିବ ନାହିଁ, ଏଣିକି ଆଉ ସରକାରୀ ହୁକୁମତି ଚଳିବ ନାହିଁ ଓ ଗୋରା ସାହେବଙ୍କ ବଦଳରେ ଧୂସର ସାହେବଙ୍କର ରାଜୁତି ରହିବ ନାହିଁ। ତା' ନହେଲେ କେବଳ ଶାସକମାନଙ୍କର ରଙ୍ଗ ବଦଳିଯିବ ଓ ପରାଧିନତାର ବିଷ ପୂରା ଦୂର ହେବନି। ଏବେ ସହରର, ଗାଁ ଶୋଷଣ ବନ୍ଦ ହୋଇଯିବ। ସହର ଯେଉଁଭଳି ଗାଁ ପିଠିରେ ସବାର ହୋଇ ବସିଛନ୍ତି ତା'ର ଅନ୍ତ ହୋଇଯିବ।

ଗାନ୍ଧୀଙ୍କର ଗ୍ରାମ୍ୟ ପୁନର୍ଗଠନ ଯୋଜନାରେ ସମ୍ପତ୍ତି ଠୁଳ ହେବାର ସମ୍ଭାବନା ରହିବ ନାହିଁ। ସମୁଦାୟ ଉତ୍ପାଦନ, ବଣ୍ଟନ ଓ ଉପଭୋଗ ବ୍ୟବସ୍ଥାଟିର ବିକେନ୍ଦ୍ରୀକରଣ ହୋଇଯିବ। ସାରା ରାଇଜର ବା ଦେଶର କପା ଓ ତୈଳବୀଜ ଭଳି କଞ୍ଚାମାଲ ଗୋଟିଏ ଦୁଇଟି ସ୍ଥାନକୁ ଯିବ ଓ ସେଇଠାରେ ବଡ଼ ବଡ଼ କଳକାରଖାନାରେ ଜିନିଷ ତିଆରି ହୋଇ ପୁଣି ଦେଶଯାକ ବୁହାହେବ। ଏ ବ୍ୟବସ୍ଥା ଠିକ୍ ନୁହେଁ। ଭାରତର ସାତ ଲକ୍ଷ ଗାଁ ନିଜ ନିଜର ମୌଳିକ ଆବଶ୍ୟକତାଗୁଡ଼ିକୁ ନିଜେ ନିଜେ ଛୋଟଛୋଟ କୁଟୀର ତଥା କ୍ଷୁଦ୍ର ଶିଳ୍ପ ଜରିଆରେ ମେଣ୍ଟେଇବେ। ଏଥିରେ ପରିବହନ ଜନିତ ପ୍ରଦୂଷଣ କମିବ, କଳକାରଖାନା ଚାଲିବା ଓ ସେଥିପାଇଁ ଇନ୍ଧନ ପୋଡ଼ିବା ମଧ୍ୟ ହେବନାହିଁ। ପ୍ରଦୂଷଣର ପଂଝାରୁ ମୁକ୍ତି ମିଳିବ। ବଡ଼ ବଡ଼ କଳକାରଖାନା ବସେଇବାପାଇଁ ଆବଶ୍ୟକ ପଡୁଥିବା ବିପୁଳ ପରିମାଣର ପୁଞ୍ଜି ଯୋଗାଡ଼ କରିବାପାଇଁ ଶୋଷଣର ଆବଶ୍ୟକତା ରହିବ ନାହିଁ, ତେଣୁ କାରଖାନା ମାଲିକମାନେ ବିପୁଳ ସମ୍ପତ୍ତିର ମାଲିକ ହେବେ ନାହିଁ ଓ ଆୟ ତଥା ସମ୍ପତ୍ତିରେ ଭୟଙ୍କର ବ୍ୟବଧାନ ମଧ୍ୟ ରହିବ ନାହିଁ।

ଚାଷ ଜମିରେ କାମ, କୁଟୀର ଶିଳ୍ପରେ କାମ, ସୂତା କଟା ଓ ଲୁଗା ବୁଣା

ଇତ୍ୟାଦି କାମରେ ଶରୀର ଶ୍ରମର ଯଥେଷ୍ଟ ସୁଯୋଗ ରହିବ ଯାହାକି ଶରୀର ଓ ମନକୁ ସୁସ୍ଥ ରଖିବ। ବଡ଼ବଡ଼ କଳ କାରଖାନାରେ କାମ କଲାବେଳେ ମଣିଷ ସମୁଦାୟ ଜିନିଷଟିର ଗୋଟିଏ କ୍ଷୁଦ୍ର ଅଂଶ ହିଁ ମେସିନ୍ ଭଳି କରିଥାଏ, ସେଥିରେ ତାର ଆନନ୍ଦ ନଥାଏ। ଅନ୍ୟ ପକ୍ଷରେ ସିଏ ଶାଢ଼ୀଟିଏ ହେଉ ବା ସାବୁନ ହେଉ, ପରିବାର ସଦସ୍ୟମାନେ ମିଳିମିଶି ତିଆରି କରନ୍ତି ଓ ମାନସିକ ତୃପ୍ତି ପାଇଥାନ୍ତି। ଏଇ ମାନସିକ ତୃପ୍ତିର ଅଭାବରେ ନାନା ଅଶାନ୍ତି, ନିଶା ସେବନ, ମାନସିକ ଅବସାଦ ଭଳି ଗୁରୁତର ପ୍ରମାଦମାନ ଦେଖାଯାଇଥାଏ। କୁଟୀର ଓ କ୍ଷୁଦ୍ର ଶିଳ୍ପଜାତ ଜିନିଷର ମୂଲ୍ୟ ମେସିନ ତିଆରି ଜିନିଷର ମୂଲ୍ୟଠାରୁ ସାମାନ୍ୟ ଅଧିକ ହେଲେ ମଧ୍ୟ ମଣିଷ ଓ ପରିବେଶର ସାମଗ୍ରିକ ମଙ୍ଗଳ ଦୃଷ୍ଟିରୁ କୁଟୀର ଶିଳ୍ପ ଓ କ୍ଷୁଦ୍ର ଶିଳ୍ପ ହିଁ ଅଧିକ ସ୍ପୃହଣୀୟ ଜଣାପଡ଼େ।

ବଡ଼ବଡ଼ କଳକାରଖାନାର ଅନ୍ୟ ଏକ ଦିଗ ଅଛି। ସେଥିପାଇଁ ପ୍ରଚୁର କଞ୍ଚାମାଲ ଆବଶ୍ୟକ। ସେଥିରୁ ଯେଉଁ ବିପୁଳ ପରିମାଣର ଜିନିଷ ଉତ୍ପାଦିତ ହେବ ସେ ସବୁର ବିକ୍ରୀବଟା ବ୍ୟବସ୍ଥା କରିବାକୁ ହେବ। ଏଇ କଞ୍ଚାମାଲ ଯୋଗାଡ଼ ଓ ଉତ୍ପାଦିତ ଜିନିଷର ବିକ୍ରୀବଟାପାଇଁ ଅନ୍ୟଦେଶର କଞ୍ଚାମାଲ ଓ ଅନ୍ୟଦେଶର ବଜାର ଉପରେ ନିର୍ଭର କରିବାକୁ ହେବ। ସେଥିପାଇଁ ହିଁ ବ୍ରିଟିଶ୍‌ବାଲା ଭାରତକୁ କବ୍‌ଜା କରି ରଖିଥିଲେ। ଉପନିବେଶବାଦର ଏଇ ହେଲା ମୂଳହେତୁ। ଆଉ ଯେତେବେଳେ ଅନ୍ୟଦେଶମାନେ ମଧ୍ୟ କଞ୍ଚାମାଲ ଓ ବଜାର ପାଇଁ ପ୍ରତିଯୋଗିତା କରନ୍ତି ସେତେବେଳେ ଯୁଦ୍ଧର ସୂତ୍ରପାତ ହୁଏ। ପ୍ରଥମ ଓ ଦ୍ୱିତୀୟ ମହାଯୁଦ୍ଧ ଓ ଏବେ ପୃଥିବୀରେ ଯେଉଁ ଯୁଦ୍ଧର ଘନଘଟା ଦେଖୁଛେ ତା'ରି ମୂଳରେ ଏଇ ଅର୍ଥନୀତିକ କାରଣ ରହିଛି। ଆଜି ଭାରତ ଓ ଚୀନ ମଧ୍ୟରେ, ଚୀନ ଓ ଆମେରିକା ତଥା ଅନ୍ୟ ପାଶ୍ଚାତ୍ୟ ଦେଶମାନଙ୍କ ମଧ୍ୟରେ ଯେଉଁ ତିକ୍ତତା ଓ ଯୁଦ୍ଧ ହୋଇଯିବା ପରିସ୍ଥିତି ଦେଖାଯାଉଛି ସେ ମଧ୍ୟ ସେଇ କାରଣରୁ। ଗାନ୍ଧୀ ଅର୍ଥନୀତିରେ ଏଭଳି ପରିସ୍ଥିତିର ସମ୍ଭାବନା ନାହିଁ। ସେଥିପାଇଁ ଗାନ୍ଧୀ ଅର୍ଥନୀତିକୁ ଆମେ ଅହିଂସା ଅର୍ଥନୀତି ବୋଲି କହିପାରିବା।

ଗାନ୍ଧୀଙ୍କର ଅହିଂସା ଅର୍ଥନୀତିର ଅନ୍ୟଦିଗଟି ହେଲା ଟ୍ରଷ୍ଟିସିପ୍ ବା ନ୍ୟାସ ବ୍ୟବସ୍ଥା। ଯଦିଓ ବହୁ ଯୁଗରୁ ଭାରତରେ ମଠମନ୍ଦିର ବିପୁଳ ସମ୍ପତ୍ତିକୁ ପରିଚାଳନା କରୁଥିବା ଲୋକମାନେ ସେ ସମ୍ପତ୍ତିର ମାଲିକ ନଥିଲେ, ଅନୁଷ୍ଠାନଗୁଡ଼ିକ ତରଫରୁ ସେସବୁର ପରିଚାଳନା କରୁଥିଲେ। ଟ୍ରଷ୍ଟ ହିସାବରେ ଗାନ୍ଧୀ ଏ ବିଚାରକୁ ଅର୍ଥନୀତିରେ ବ୍ୟାପକ କ୍ଷେତ୍ରରେ ପ୍ରୟୋଗ କରିବାପାଇଁ ପ୍ରସ୍ତାବ ବାଢ଼ିଲେ। ଏ ବିଚାର ବିଷୟରେ ଆଲୋଚନା କରିବା ପୂର୍ବରୁ ଏହାର ପୃଷ୍ଠଭୂମି ଉପରେ କିଛି ଆଲୋକପାତ କରିବା ଆବଶ୍ୟକ ହେଉଛି। ପୁଞ୍ଜିବାଦୀ ଅର୍ଥନୀତି ଓ ଶିଳ୍ପ ବିପ୍ଳବର ଅୟମାରମ୍ଭ ସମୟରେ

ବଡ଼ବଡ଼ କଳକାରଖାନା ଗୁଡ଼ିକର ପ୍ରଚଳନ ଓ ବିପୁଳ ପରିମାଣର କଞ୍ଚାମାଲକୁ ଜିନିଷରେ ପରିଣତ କରିବାପାଇଁ ଏକ ଶ୍ରମିକ ଶ୍ରେଣୀ ସୃଷ୍ଟି କରିବାକୁ ହେଲା। ଗାଁରେ ଥିବା ଶିଳ୍ପଗୁଡ଼ିକ ଧ୍ୱଂସ ହେଲା, ତା ସହ ଜମିଜମାରୁ ମଧ୍ୟ ଲୋକମାନଙ୍କୁ ବେଦଖଲ କରାଗଲା। ଯେପରିକି ନିଜର ଜୀବିକା ପାଇଁ ସେମାନେ ବାଧ୍ୟହେବେ ସହରକୁ ଆସିବାପାଇଁ ଓ ଅଳ୍ପ ମଜୁରୀରେ ଖଟିବାପାଇଁ। ଜଣେ ଜଣେ ଶ୍ରମିକ ଲଗାତାର ବାରଘଣ୍ଟା, ଚଉଦ ଘଣ୍ଟା ଓ ଏପରିକି ଅଠରଘଣ୍ଟା କାମ କରିବାକୁ ବାଧ୍ୟ ହେଉଥିଲେ। ଅତ୍ୟନ୍ତ ଅପରିଷ୍କାର ପରିବେଶରେ କାମ କରୁଥିଲେ ଓ ରହୁଥିଲେ ମଧ୍ୟ। ସେମାନଙ୍କର ଶୋଷଣ ଚରମ ସୀମାରେ ପହଞ୍ଚିଥିଲା। ସେହି ଅକଥନୀୟ ଶୋଷଣ ହିଁ ମାଲିକମାନଙ୍କୁ ଅଧିକ ଲାଭ ତଥା ପୁଞ୍ଜି ଦେଲା ଓ ସେମାନଙ୍କର ବ୍ୟବସାୟ ବଢ଼େଇଲା।

ଶ୍ରମିକମାନଙ୍କର ସେଇ ଦୀନହୀନ ଅବସ୍ଥା ଅନେକ ଚିନ୍ତାଶୀଳ ବ୍ୟକ୍ତିଙ୍କୁ ବ୍ୟଥିତ କରିଥିଲା। ସେ ବ୍ୟବସ୍ଥା ବିରୁଦ୍ଧରେ ଧୀରେଧୀରେ ଜନମତ ସୃଷ୍ଟିହେଲା ଓ କେତେକ ବିକଳ୍ପ ବିଚାରର ସୂତ୍ରପାତ ହେଲା। ସମାଜବାଦ ଓ ସାମ୍ୟବାଦର ସୃଷ୍ଟିର ସେଇହେଲା ପୃଷ୍ଠଭୂମି। ପୁଞ୍ଜିବାଦକୁ ବଦଳେଇବାକୁ ହେବ, ଆବଶ୍ୟକ ହେଲେ ହିଂସାର ଆଶ୍ରୟ ନେବାକୁ ହେବ ବା ହିଂସାତ୍ମକ ବିପ୍ଳବରେ ଓ ପୁଂଜିପତିଙ୍କୁ ନିର୍ମୂଳ ନକଲେ ଏକ ମାନବିକ ମୂଲ୍ୟବୋଧ ଉପରେ ପର୍ଯ୍ୟବେସିତ ସମତାଭିତ୍ତିକ ସମାଜ ପ୍ରତିଷ୍ଠିତ ହୋଇପାରିବ ନାହିଁ - ଏଇ ଥିଲା ମାର୍କ୍ସଙ୍କ ମତ। କମ୍ୟୁନିଜିମ୍‌ର ଏଇ ହେଲା ପ୍ରଧାନ ମନ୍ତ୍ର। ପୁଞ୍ଜିବାଦୀ ବ୍ୟବସ୍ଥାରେ ଶ୍ରମିକ ଓ ମାଲିକ ଦୁଇଟି ଶ୍ରେଣୀ ସୃଷ୍ଟି ହେବେ ଓ ଏ ବିନା ଶ୍ରେଣୀ ସଂଘର୍ଷରେ ବିନା ହିଂସା ଓ ରକ୍ତପାତରେ ମାଲିକ ଶ୍ରେଣୀକୁ ଲୋପ କରିହେବନି ଓ ଶ୍ରମିକମାନଙ୍କର ସ୍ୱାର୍ଥସାଧିତ ହୋଇପାରିବ ନାହିଁ। ଏଇ ବିଚାରର ଆଧାରରେ ଋଷିଆ ଓ ଚୀନରେ ବିପ୍ଳବ ହେଲା ଓ ଶୋଷଣହୀନ ସାମ୍ୟବାଦୀ ସମାଜ ପ୍ରତିଷ୍ଠାପାଇଁ ପୃଥିବୀରେ ପ୍ରଥମକରି ଉଦ୍ୟମ ହେଲା।

ଗାନ୍ଧୀଙ୍କର ବିଚାର ହେଲା ପୁଞ୍ଜିବାଦକୁ ଧ୍ୱଂସ କରାଯାଉ, କିନ୍ତୁ ଦଳେ ପୁଞ୍ଜିପତିଙ୍କୁ ନିପାତ କରି ନୂଆ ସମାଜ ପ୍ରତିଷ୍ଠା କଲେ ସେଥିରେ ଆଉ ଦଳେ ପୁଞ୍ଜିପତି ଉପୁଜିବେ ଏବଂ ହିଂସାଦ୍ୱାରା ଯେଉଁ ସାମଜ ବା ଅର୍ଥନୀତିରେ ପରିବର୍ତ୍ତନ ହେବ, ତାହା ସ୍ଥାୟୀ ହେବନାହିଁ। ସେ ଟ୍ରଷ୍ଟ ଭଳି ଏକ ଅହିଂସ ବିକଳ୍ପ ରଖିଲେ ଆମ ଆଗରେ।

ଗାନ୍ଧୀଙ୍କର ମତହେଲା ଧନୀ ବା ଗରିବ, ସମସ୍ତଙ୍କର ଆତ୍ମା ସମାନ, ବଞ୍ଚିବାର ଆବଶ୍ୟକତା ମଧ୍ୟ ସମାନ। ସେ ଧନୀ ଜମିଦାର ହେଉ ବା କଳକାରଖାନାର ମାଲିକ ପୁଞ୍ଜିପତି ହେଉ, ସେମାନଙ୍କର ଧନ ଆସିଲା କେଉଁଠୁ ? ଶ୍ରମିକମାନଙ୍କର, ଚାଷୀମାନଙ୍କର ଶ୍ରମ ହିଁ ସେ ଧନର ମୁଖ୍ୟ ଆଧାର। ଯେପରି ନଈ କୂଳରେ ଥିବା ଉର୍ବର ଜମିରୁ ଚାଷୀ

ଅଧିକ ଫସଲ ଆମଦାନୀ କରେ, ଅଥଚ ପାହାଡ଼ିଆ ଢିପ ଅନୁର୍ବର ଜମିରୁ ଚାଷୀ କମ୍ ଫସଲ ପାଏ, ସେଇଭଳି କିଛି ଲୋକ ଅଧିକ ଚତୁର, ସିଆଣିଆ ହୋଇପାରନ୍ତି ଓ ତାଙ୍କର ବୁଦ୍ଧି ଖଟେଇ ଅଧିକ ରୋଜଗାର କରିପାରନ୍ତି, କିନ୍ତୁ ସମସ୍ତଙ୍କର ମୌଳିକ ଆବଶ୍ୟକତାଗୁଡ଼ିକ ସମାନ। ଜଣେ ବୁଦ୍ଧି ଓ ନିଜର ଜ୍ଞାନ ବଳରେ ଅର୍ଥର ପାହାଡ଼ ସୃଷ୍ଟି କରିପାରେ, କିନ୍ତୁ ତା ପଛରେ କିଛି ଲୋକଙ୍କର ଶ୍ରମଯୋଗୁ ହିଁ ସେ ଧନ ଅର୍ଜନ ସମ୍ଭବ।

ଯେଉଁମାନେ ଅର୍ଥର ପାହାଡ଼ ସୃଷ୍ଟି କରିପାରିଲେ, ନିରନ୍ନ ଓ ଉତ୍କଟ ଦାରିଦ୍ର୍ୟଭିତରେ ଦିନକାଟୁଥିବା ଲୋକଙ୍କପାଇଁ ତାଙ୍କର କର୍ତ୍ତବ୍ୟ ଅଛି। ଧନୀ ଜମିଦାରମାନେ ଏଭଳି ଭାବିବା ଆରମ୍ଭ କଲେ ସେମାନଙ୍କର ଉଦ୍‌ବୃତ୍ତଧନକୁ ଭାରତର ସାତଲକ୍ଷ ଗାଁରେ ଅତ୍ୟନ୍ତ ଅସ୍ୱାସ୍ଥ୍ୟକର ଅବସ୍ଥାରେ ଜୀବନ୍ତ ମଢ଼ ଭଳି ଦିଶୁଥିବା ଭୋକିଲା ଲୋକଙ୍କପାଇଁ ବ୍ୟୟ କରିବେ। ବଳକା ଧନକୁ ସମାଜ ତରଫରୁ ଟ୍ରଷ୍ଟି ହିସାବରେ କେବଳ ବ୍ୟବହାର କରିବେ ଓ ସମାଜର ସାମୁହିକ ମଙ୍ଗଳପାଇଁ ଖର୍ଚ୍ଚ କରିବେ। ଏହା ଏକ ଅବାସ୍ତବ ସ୍ୱପ୍ନ ନୁହେଁ, ଅତୀତରେ ଏହାର ଉଦାହରଣ ଥିବା କଥା ଗାନ୍ଧୀ ଉଲ୍ଲେଖ କରିଛନ୍ତି। ସେହିଭଳି ଖଲିଫା ଓମାର ନିଜର ପରାକ୍ରମ ଓ ବିଚକ୍ଷଣ ବୁଦ୍ଧି ବଳରେ ଏକ ବିରାଟ ସାମ୍ରାଜ୍ୟର ଅଧିକାରୀ ହେଲେ, କିନ୍ତୁ ନିଜେ ଜଣେ ଅତି ସାଧାରଣ ଲୋକର ଜୀବନଯାପନ କଲେ। ଜାପାନର ସାମୁରାଇମାନଙ୍କର ଉଦାହରଣ ଦେଇ ଗାନ୍ଧୀ କହିଲେ ଯେ ସେମାନଙ୍କର ବିପୁଳ ସମ୍ପତ୍ତିକୁ ସାଧାରଣ ଜନତାଙ୍କର କଲ୍ୟାଣରେ ଖର୍ଚ୍ଚ କରି ନିଜେ ସାଧାସିଧାଭାବେ ଚଳୁଥିଲେ। ଆମର ଜମିଦାର ଓ ପୁଞ୍ଜିପତିମାନେ ମଧ୍ୟ ସେମାନଙ୍କର ଅନୁକରଣ କରିପାରିବେ। ସମସ୍ତେ ଯଦି ଈଶ୍ୱରଙ୍କ ସନ୍ତାନ, ତେବେ ସବୁ ଭାଇଭଉଣୀ ସମାନ ଭାବେ ଚଳିବା ଆବଶ୍ୟକ। ସେହି ଦୃଷ୍ଟିରୁ ଗାନ୍ଧୀଙ୍କ ବିଚାରଥିଲା ଜଣେ ଖୁବ୍ ଦକ୍ଷ ଓକିଲ ବା ଡାକ୍ତର ଓ ଜଣେ ବାରିକଙ୍କର ସମାନ ହେବା ଆବଶ୍ୟକ।

ଏଭଳି କହିସାରିଲା ପରେ ଗାନ୍ଧୀ ମଧ୍ୟ ଅନୁଭବ କରିଥିଲେ ଯେ ଟ୍ରଷ୍ଟିସିପ୍ ବିଚାରଟି କିଛି ଲୋକଙ୍କୁ ଅବାସ୍ତବ ଓ ସ୍ୱପ୍ନ ବିଳାସଭଳି ଜଣାପଡ଼ିପାରେ, କିନ୍ତୁ ଜ୍ୟାମିତି କ୍ଷେତ୍ରରେ ଇଉକ୍ଲିଡଙ୍କର ବିନ୍ଦୁ ଓ ରେଖାର ଉଦାହରଣ ଦେଇ ସେ କହିଛନ୍ତି ଯେ ଯେପରି କୁହାଯାଏ ବିନ୍ଦୁର ଦୈର୍ଘ୍ୟ ପ୍ରସ୍ଥ ନାହିଁ ବା ରେଖାର ପ୍ରସ୍ଥ ନାହିଁ କିନ୍ତୁ ଆମେ ବିନ୍ଦୁଟିଏ କରୁ ବା ରେଖାଟିଏ ଟାଣୁ, ସେହିପରି ଧନୀ ଜମିଦାରମାନେ ସେମାନଙ୍କ ପାଖରେ ଥିବା ଧନର କେବଳ ଟ୍ରଷ୍ଟି ଓ ନିଜର ଆବଶ୍ୟକତା ତୁଲେଇ ସାରିବା ପରେ ବଳକା ଧନକୁ ଦୁର୍ବଳମାନଙ୍କର କଲ୍ୟାଣ ନିମନ୍ତେ ଟ୍ରଷ୍ଟି ହିସାବରେ ଖର୍ଚ୍ଚ କରିବେ।

ଅନ୍ୟଥା ଘୋର ବିଶୃଙ୍ଖଳା ଓ ହିଂସା ଅନିବାର୍ଯ୍ୟ ହୋଇପଡ଼ିବ। ଏ ବିଷୟଟି ଧନୀ ଓ ଜମିଦାରମାନଙ୍କୁ ହୃଦୟଙ୍ଗମ କରିବାକୁ ହେବ।

ଗାନ୍ଧି ଅର୍ଥନୀତିର ଅନ୍ୟ ଏକ ସ୍ତମ୍ଭ ହେଲା ସ୍ୱଦେଶୀ ବିଚାର। ଇଂଲଣ୍ଡରେ ଶିଳ୍ପ ବିପ୍ଲବ ଆରମ୍ଭ ହେଲା ବୟନ ଶିଳ୍ପରେ। ନୂଆନୂଆ ଯନ୍ତ୍ରପାତି ପାଇଁ ପ୍ରଚୁର ପରିମାଣର କଞ୍ଚାମାଲ ଅର୍ଥାତ୍ ତୁଳା ଓ ସେଥିରୁ ଉତ୍ପାଦିତ ଲୁଗାପଟାର ବିକ୍ରୀପାଇଁ ନିଶ୍ଚିତ ବଜାର ଆବଶ୍ୟକ। ଭାରତକୁ ଉପନିବେଶରେ ପରିଣତ କରିବାର ତାହାଥିଲା ଇଂଲଣ୍ଡର ଆବଶ୍ୟକତା। ଭାରତ ଯେପରି ଅନ୍ୟ କାହାକୁ କଞ୍ଚାମାଲ ବିକ୍ରୀ କରିପାରିବ ନାହିଁ ଓ ଅନ୍ୟ କାହା ଲୁଗାପଟା କିଣିବ ନାହିଁ ବା ନିଜର ବସ୍ତ୍ର ନିଜେ କରିପାରିବ ନାହିଁ ସେଇଥିପାଇଁ ବ୍ରିଟିଶ୍ ସେନା ଭାରତରେ ରହିବେ, ବ୍ରିଟିଶ୍ ତାକୁ ସୁହାଇଲା ଭଳି ଆଇନ କରିବେ, ଭାରତର ବୟନ ଶିଳ୍ପ ଧ୍ୱଂସ କରାଯିବ ଓ ତାହାର ଅମାନ୍ୟ ହେଲେ କଠୋର ଦଣ୍ଡ ଭୋଗିବେ।

ଗାନ୍ଧୀ ଏ ମୂଳକଥାଟି ବୁଝିସାରିଲା ପରେ ସ୍ୱଦେଶୀ ଆନ୍ଦୋଳନ ଆରମ୍ଭ କରିଦେଲେ। ଭାରତବାଲା ଯଦି ନିଜେ ନିଜର ପୂର୍ବଭଳି କପାରୁ ତୁଳା ଓ ସେଥିରୁ ବସ୍ତ୍ର ଉତ୍ପାଦନ କରି ବ୍ୟବହାର କରିବେ, ବିଲାତି ବସ୍ତ୍ର ବର୍ଜନ କରିବେ, ତେବେ ବିଲାତବାଲା ତା ଛାଏଁ ଚାଲିଯିବେ। ଯାହା ଜରୁରୀ ନୁହେଁ ଜୀବନ ବଞ୍ଚାଇବାପାଇଁ, ସେଭଳି ସବୁ ବିଦେଶୀ ଜିନିଷ ବର୍ଜନ କରିବା ଗାନ୍ଧିଜୀ ପରେ ଆହ୍ୱାନ ଦେଲେ।

ତା' ଅର୍ଥ ନୁହେଁ ବିଦେଶରୁ ଜ୍ଞାନ ଆହରଣ କରିବ ନାହିଁ, ବିଦେଶର ବହି ପଢ଼ିବ ନାହିଁ, ବା କୌଣସି ଔଷଧ ଜୀବନରକ୍ଷାପାଇଁ ଆବଶ୍ୟକ ହେଉଛି, ତାକୁ ଆଣିବ ନାହିଁ, କିନ୍ତୁ ଭାରତର ଲକ୍ଷଲକ୍ଷ ବୁଣାକାର ଜୀବିକା ଦୂରେଇ ହାତଗୋଡ଼ ବାନ୍ଧି ଭୋକ ଉପାସରେ ଦିନ କାଟିବେ ଓ ଆମେ ବିଲାତ ବସ୍ତ୍ର ବ୍ୟବହାର କରିବୁ - ଏ ବ୍ୟବସ୍ଥାଟି କେବଳ ଅନ୍ୟାୟ ନୁହେଁ, ଏହା ଏକ ପାପକାର୍ଯ୍ୟ ହେବ।

କଳକାରଖାନାରୁ ତିଆରି ଜିନିଷ ବିଦେଶରୁ ଆମଦାନୀ ହେଲେ କିଛି ଶସ୍ତା ହୋଇପାରେ, ଭାରତରେ ତିଆରି ଜିନିଷ କିଛି ମହଙ୍ଗା ହୋଇପାରେ, ବା ଆମର ଜିନିଷ ସେତେ ଉନ୍ନତ ନ ହୋଇପାରେ, କିନ୍ତୁ ଆମକୁ ଆମ ଜିନିଷ ବ୍ୟବହାର କରିବାକୁ ପଡ଼ିବ, ତେବେ ଯାଇ ଆମର ବେକାରୀ ଦୂର ହେବ ଓ ଲୋକମାନେ ଭୋକ ଉପାସରେ ରହିବେ ନାହିଁ। ଧୀରେ ଧୀରେ ଆମର କାରିଗରମାନଙ୍କୁ ତାଲିମ ଦେଇ ବିଦେଶୀ ଜିନିଷ ଭଳି ଆମେ ମଧ୍ୟ କରିପାରିବା ଓ ସେଥିପାଇଁ ଅପେକ୍ଷା କରିବାକୁ ପ୍ରସ୍ତୁତ ହେବା। ଜୀବନ ଧାରଣପାଇଁ ଯାହା ଆବଶ୍ୟକ ନାହିଁ ଓ ଯେଉଁସବୁ ସୌଖୀନ ଜିନିଷ ବ୍ୟତୀତ ଜୀବନ ଦୁର୍ବିସହ ହେବ ନାହିଁ, ସେଭଳି ଜିନିଷ ବିଦେଶରୁ ଆମଦାନି

କରିବାର କ'ଣ ଆବଶ୍ୟକତା ରହିଛି ? କିନ୍ତୁ ଏସବୁରୁ ବୁଝିବା ଉଚିତ ନୁହେଁ ଯେ ଆମର ଇଂଲଣ୍ଡ ବା ସେହିଭଳି ଅନ୍ୟ ଦେଶମାନଙ୍କ ପ୍ରତି ଦ୍ୱେଷଭାବ ରହିବ। ଭାରତର ଅର୍ଥନୀତି ମଜଭୁତ ହେଲେ, ତାହା ବିଦେଶ ପାଇଁ ମଧ୍ୟ କଲ୍ୟାଣକର ହେବ।

ଗାନ୍ଧୀଙ୍କର ସ୍ୱଦେଶୀ ଡାକରାରେ ଲକ୍ଷଲକ୍ଷ ଲୋକ ବିଦେଶୀ ଲୁଗା ବର୍ଜନ କଲେ, ସହରର ଛକ ଜାଗାରେ ନିଜ ନିଜ ପାଖରେ ଥିବା ବିଦେଶୀ ଲୁଗା ଏକାଠି କରି ଅଗ୍ନି ସଂଯୋଗ କଲେ। ସମାଜର ସବୁ ବର୍ଗର ଲୋକମାନେ ଓ ସ୍ୱାଧୀନତା ସଂଗ୍ରାମୀମାନେ ଗାନ୍ଧୀଙ୍କୁ ଅନୁକରଣ କରି ସୂତା କାଟିବା ଆରମ୍ଭ କରିଦେଲେ ଓ ଖଦୀ ବସ୍ତ୍ର ପରିଧାନ ଦେଶଭକ୍ତିର ପରିଚୟ ହୋଇଗଲା।

ଭାରତ ନିଜର ବସ୍ତ୍ର ଆବଶ୍ୟକତା ପାଇଁ ଯେପରି ଇଂଲଣ୍ଡ ଉପରେ ସମ୍ପୂର୍ଣ୍ଣ ନିର୍ଭରଶୀଳ ସେଥିପାଇଁ ଯେଉଁଭଳି ବ୍ୟବସ୍ଥା କରାଯାଇଥିଲା ଓ ସେଥିପାଇଁ ବିଦେଶୀ ବସ୍ତ୍ର ବର୍ଜନ ଓ ନିଜର ଖଦୀ ଉତ୍ପାଦନ ପାଇଁ ଆନ୍ଦୋଳନ ହେଲା, ସେହିଭଳି ଇଂଲଣ୍ଡ ଭାରତ ଉପରେ ଲୁଣ ମାରିବା ଉପରେ କଟକଣା ଲଗେଇଦେଲେ। ତା' ବିରୁଦ୍ଧରେ ଗାନ୍ଧୀ ଲବଣ ସତ୍ୟାଗ୍ରହ ଆରମ୍ଭ କରିଦେଲେ ଓ ନିଜେ ଲୁଣ ମାରିବାର ଅଧିକାର ହାସଲ ପାଇଁ ଡାକରା ଦେଲେ। ଖଦୀପାଇଁ ଆନ୍ଦୋଳନ ଓ ଲବଣ ସତ୍ୟାଗହ ଦେଶବାସୀଙ୍କୁ ଅନେକ ଭାବରେ ଉଦ୍‌ବୁଦ୍ଧ କରିଦେଲା।

ଗାନ୍ଧୀଙ୍କର ଅର୍ଥନୀତିର ଏ ସ୍ୱଦେଶୀ ବିଚାରଟି ଆଜି ଆମେରିକା ଗ୍ରହଣ କରିଛି, ନିଜେ ଇଂଲଣ୍ଡ ମଧ୍ୟ ଗ୍ରହଣ କରିଛି। ଦ୍ୱିତୀୟ ମହାଯୁଦ୍ଧ ପରେ ଜାପାନର ନାଗରିକମାନେ ସ୍ୱଦେଶୀ ଜିନିଷ ବ୍ୟବହାରକୁ ଏକ ବ୍ରତ ଭାବେ ଗ୍ରହଣ କରିଥିଲେ। ଜାପାନର ଯୁଦ୍ଧ ପରବର୍ତ୍ତୀ ଅଭ୍ୟୁତ୍‌ଥାନର ଏହା ଏକ ପ୍ରମୁଖ କାରଣ ଥିଲା।

ଗାନ୍ଧୀଜୀଙ୍କର ମତଥିଲା କୌଣସି ଯୋଜନା ଆରମ୍ଭ କରିବା ପୂର୍ବରୁ ତର୍ଜମା କରିବା ଉଚିତ ଯେ ସେହି ଯୋଜନା ଫଳରେ ସମାଜର ସବୁଠୁ ତଳେ ଥିବା ଲୋକଜଣକ ଉପକୃତ ହେଉଛନ୍ତି କି ନାହିଁ। ଯୋଜନାର ତାହା ହିଁ କଷଟି ପଥର। ଆଜି ଯାହାକୁ ଇନ୍‌କ୍ଲୁସିଭ୍ ଡେଭଲପମେଣ୍ଟ କୁହାଯାଉଛି, ଗାନ୍ଧୀଙ୍କର ସେ ଥିଲା ସର୍ବୋଦୟ। ସମାଜର ପ୍ରତ୍ୟେକ ବର୍ଗଙ୍କର ଉତ୍‌ଥାନ ଗାନ୍ଧୀ ଅର୍ଥନୀତିର ଅନ୍ୟ ଏକ ଦିଗ ଥିଲା।

ଏଇ ହେଲା ଗାନ୍ଧୀ ଅର୍ଥନୀତିର ମୋଟାମୋଟି ରୂପରେଖ ଯାହା ପ୍ରଚଳିତ ଅର୍ଥଶାସ୍ତ୍ରର ଚୌହଦୀ ବାହାରେ। ଏବେ ଦେଖିବା ଗାନ୍ଧୀ ଦେଶରେ ଗାନ୍ଧୀଙ୍କର ଦାୟାଦମାନେ କ'ଣ କରୁଛନ୍ତି। ଗାନ୍ଧୀ ଅହିଂସାକୁ ମୂଳମନ୍ତ୍ର କଲେ। ଆମେ ଏବେ ପୃଥିବୀର ଦ୍ୱିତୀୟ ବୃହତ୍ତମ ମାରଣାସ୍ତ୍ର କ୍ରେତା ଏବଂ ଅନ୍ୟଦେଶକୁ ଯୁଦ୍ଧ ସାମଗ୍ରୀ ବିକ୍ରୀ

କରିବା ଆରମ୍ଭ କରି ମୃତ୍ୟୁର ସୌଦାଗର ପାଲଟିଛୁ। କୁଟୀର ଶିଳ୍ପ ଓ ଖଦୀ ଉତ୍ପାଦନ ନାଁକୁ ମାତ୍ର କହୁଛୁ, ରାମାୟଣର କାଳନେମି ପରି ଏସବୁକୁ ଉଚ୍ଚାରଣ କରି ବୃହତ୍ ଶିଳ୍ପକୁ ଉତ୍ସାହିତ କେବଳ କରୁନୁ, ସେଥିରେ ପରମ ତୃପ୍ତିଲାଭ କରୁଛୁ। ବିଦେଶୀ ବର୍ଜନ ସ୍ୱାଧୀନତା ସଂଗ୍ରାମର ଅନ୍ୟ ଏକ ମୁଖ୍ୟ ଆୟୁଧ ହୋଇଗଲା ଗାନ୍ଧୀଙ୍କ ଡାକରାରେ। ଏବେ ସ୍ୱଦେଶୀ ବର୍ଜନ ଆମର ଧ୍ୟେୟ। ବିଦେଶୀ ଜିନିଷ କିଣିବାରେ, ଘରେ ରଖିବାରେ ଆମର ଗର୍ବ ଗୌରବ। ଗାନ୍ଧୀ ବେକାରୀ ଦୂରପାଇଁ ବାଟ ବତେଇଲେ, ଆମେ ବେକାର ସୃଷ୍ଟି କରିବାର ବାଟ ବାହାରକଲୁ। ଗାନ୍ଧୀ କହିଲେ ଭାରତର ଆତ୍ମା ରହିଛି ଗାଁରେ, ଆମେ ସହରରେ ସବୁ କଥା କେନ୍ଦ୍ରୀଭୂତ କଲୁ, ଗାଁରୁ ସୁଅ ଛୁଟିଲା ସହରକୁ। ଗାନ୍ଧୀ ଗୋପାଳନ ଓ ଜୈବିକ ଚାଷ କରିବା ପାଇଁ କହିଲେ। ଆମର ଗାଈ, ଗୋରୁ ଶେଷ ହେବା ଉପରେ ଓ ରାସାୟନିକ ସାର ଉପରେ ନିର୍ଭର କଲୁ। ଜଳ ବା ଜୀବନରେ ଜହର ଭର୍ତ୍ତି କଲୁ, ବାୟୁ ବା ପ୍ରାଣବାୟୁକୁ ଓ ମାଟି ମା'କୁ ବିଷାକ୍ତ କଲୁ। ଆମର କାମନା ବାସନାକୁ ସୀମିତ ରଖିଲେ ଯାଇ ହିଁ ପୃଥିବୀମାତାର ସସୀମ ସମ୍ବଳକୁ ଦୀର୍ଘକାଳ ଭୋଗ କରିପାରିବା କଥା ଗାନ୍ଧୀ କହିଲେ। ଆମେ ଏକ ଭୋଗବାଦୀ ବିଚାରର ମୋଟା ପରଳ ଯୋଗୁ ତାହାବ୍ୟତୀତ ଅନ୍ୟକିଛି ଦେଖିପାରିଲୁନି।

ସଂକ୍ଷେପରେ ଗାନ୍ଧୀଗାନ୍ଧୀ କହିଲୁ, ଗାନ୍ଧୀଙ୍କୁ ଅଳିଆଗଦାକୁ ଫୋପାଡ଼ିଦେଲୁ। ଗାନ୍ଧୀ ବିଚାରରେ ଆମେ ଫେଲ, ଆମ ବିଚାରରେ ଗାନ୍ଧୀ ଫେଲ୍।

■

ଶ୍ରୀ ସାହିତ୍ୟ, ବିଷୁବ ୨୦୨୧
ଗାନ୍ଧୀ ବିଶେଷାଙ୍କ, ପୃଷ୍ଠା ୬୨-୬୯

ଆମେ ଅଇଲୁ... ହୋ

ଆମେ ଅଇଲୁ ଉ ଉ ଉ...ହୋ, ଜାତିରେ ସାପୁଆ କେଳା - ଏଭଳି କହି ଦଣ୍ଡନାଟର ସାପୁଆ/ ସାପୁଆଣୀ ଦର୍ଶକମାନଙ୍କ ମଧ୍ୟକୁ ଆସିବେ ଓ ସାପୁଆ କେଳାର କାମ ବିଷୟରେ ସଂକ୍ଷେପରେ ଗୀତ ଆକାରରେ କହିବେ। ସେହିଭଳି ଚଢ଼େୟା/ଚଢ଼େୟାଣୀ ଇତ୍ୟାଦି ନିଜ ନିଜର ପରିଚୟ ଓ କାମ ବିଷୟରେ ଘୋଷଣା କରିବେ। ଏବେ ଠିକ୍ ସେହିଭଳି ଗଲା ମେ' ୧୪ ତାରିଖ ଦିନ ୨୯ଟି ଦେଶର ରାଷ୍ଟ୍ର/ସରକାର ମୁଖ୍ୟ ଓ ପାଖାପାଖି ଶହେ ଦେଶର ବିଭିନ୍ନ ବର୍ଗର ପ୍ରତିନିଧିଙ୍କୁ ଏକାଠି କରି ଚୀନରେ ରାଷ୍ଟ୍ରପତି ଜୀ ଜିନ୍ ପିଙ୍ଗ୍ ଘୋଷଣା କଲେ, ପରୋକ୍ଷରେ ଆମେ ଅଇଲୁ ହୋ ଏବର ପୃଥିବୀର ଏକମାତ୍ର ମହାଶକ୍ତି, ଆର୍ଥନୀତିକ ଦୃଷ୍ଟିରୁ ବା ଅର୍ଥର ଚକ୍ରବର୍ତ୍ତୀ।

ଏଭଳି ଘୋଷଣା କରିବାପାଇଁ ବର୍ତ୍ତମାନ ହିଁ ଅମୃତବେଳା ବୋଲି ଭାବିବାର ଚୀନର ଅନେକ କାରଣ ରହିଛି। ଦୁଇ ଦୁଇଟା ବିଶ୍ୱଯୁଦ୍ଧରେ ବିଭିନ୍ନ ଦେଶକୁ ଯୁଦ୍ଧାସ୍ତ୍ର ବିକ୍ରିକରି ଓ ବର୍ତ୍ତମାନ ସେଇ ଉଡ଼ାଜାହାଜଠାରୁ ଆରମ୍ଭକରି ବିଭିନ୍ନ କିସମର ଯୁଦ୍ଧାସ୍ତ୍ର ବିକ୍ରିକରି ଅମାପ ସମ୍ପତ୍ତିର ଅଧିକାରୀ ଆମେରିକା ଏବେ ସବୁଠୁ ଋଣଗ୍ରସ୍ତ ରାଷ୍ଟ୍ର। କେବଳ ଚୀନଠୁ ୬୫ଲକ୍ଷ କୋଟିରୁ ଉର୍ଦ୍ଧ୍ୱ ଟଙ୍କା କରଜ କରିଛି ଆମେରିକା। ଚୀନ ଓ ଆମେରିକାର ସମ୍ପର୍କ ଏବେ ଋଣଦାତା ଓ ଋଣ ଗ୍ରହୀତାର ସମ୍ପର୍କ। ଜଗତୀକରଣ କଥା, ଅର୍ଥାତ୍ ଆମ ଦେଶର କମ୍ପାନୀମାନେ ଯେକୌଣସି ଦେଶରେ ବିନା ବାଧାରେ କାରଖାନା ବସେଇପାରିବେ ଓ ଆମର ପୁଞ୍ଜି ଯେକୌଣସି ଦେଶରେ ଲାଗିପାରିବ ବିନା କଟକଣାରେ- ଏଇ ନୀତି ଆମେରିକା, ତା'ର ସହଯୋଗୀ ଦେଶସମୂହ ଓ ବିଶ୍ୱବ୍ୟାଙ୍କ ଭଳି ଅନୁଷ୍ଠାନମାନ ଲଦି ଦେଇଥିଲେ ଅନ୍ୟ ଦେଶମାନଙ୍କ ଉପରେ। ଆଶା ଥିଲା, ସେମାନେ ସେଥିରେ ଅଧିକ ବେପାର ବଣିଜରେ ଖୁବ୍ ଲାଭବାନ ହେବେ। ଫଳ କିନ୍ତୁ ଓଲଟା ହେଲା। ଆମେରିକା ବଜାର, ୟୁରୋପୀୟ ବଜାର ଚାଇନା ତିଆରି ଜିନିଷରେ ଭର୍ତ୍ତି ହୋଇଗଲା। ଏପରିକି

ଭାରତ ମଧ୍ୟ ଆମେରିକାରୁ କିଣିବା ଅପେକ୍ଷା ବେଶୀ ବିକ୍ରି କଲା। ପାକିସ୍ତାନ, ଆଫ୍ରିକା, ଦକ୍ଷିଣ ଆମେରିକାରେ ଏବେ ହରେକମାଲ୍ ଚାଇନା ମାଲ୍। ଗଣେଶ ପୂଜା ପାଇଁ ଗଣେଶ ମୂର୍ତ୍ତି ବା ହୋଲିଖେଳ ପାଇଁ ରଙ୍ଗ ବା ଦୀପାବଳୀର ବାଣ ଏବେ ଚୀନ ତିଆରି। ଲକ୍ଷ ଲକ୍ଷ କୋଟି ଟଙ୍କାର ବଳକା ବୈଦେଶିକ ମୁଦ୍ରାର ପାହାଡ଼ ଉପରେ ଚୀନ ବସିଛି। ଏ ପରିପ୍ରେକ୍ଷୀରେ ଆମେରିକା ଓ ୟୁରୋପୀୟ ଦେଶମାନେ ଜଗତୀକରଣ କଥା ଆଉ ନକହି ନିଜ ରକ୍ଷଣ କଥା କହୁଛନ୍ତି। ଗେଣ୍ଡାକୁ ଛୁଇଁଲେ ଯେମିତି ଖୋଳ ଭିତରକୁ ପଶିଯାଏ ସେଇଭଳି ଆମେରିକା ଓ ତା'ର ବନ୍ଧୁ ରାଷ୍ଟ୍ରମାନେ କେମିତି ନିଜ ନିଜର କଳକାରଖାନା ଉତ୍ପାଦିତ ଜିନିଷକୁ ବଞ୍ଚାଇ ରଖିବେ ସେଥିରେ ବ୍ୟସ୍ତ। ପଡ଼ୋଶୀ ଜାପାନ ଅବସ୍ଥା ଭଲ ନୁହଁ। ଜାପାନର ଆଖି ଝଲସେଇ ଦେଉଥିବା ପ୍ରଗତି ଏବେ ଆଉ ନାହିଁ, ନିଜର ବାର୍ଷିକ ଆୟ ଯାହା ଋଣବୋଝ ତା'ର ଦୁଇଗୁଣ। ଭାରତ ବାହାରୁ ଯେଉଁ ବିଶେଷଜ୍ଞମାନେ ଉଭୟ ଭାରତ ଓ ଚୀନର ପ୍ରଗତିକୁ ଲକ୍ଷ୍ୟ କରୁଛନ୍ତି ସେମାନଙ୍କ ମତରେ ଉତ୍ପାଦନ କୌଶଳ, ବିଜ୍ଞାନ, କାରିଗରୀ ଇତ୍ୟାଦି କ୍ଷେତ୍ରରେ ଭାରତ ଚୀନଠୁ ପଚିଶ ବର୍ଷ ପଛରେ।

ତେଣୁ ବେପାର ବଣିଜରୁ ବଳକା ଅର୍ଥର ପାହାଡ଼ ଉପରେ ବସି ନିଜକୁ ପୃଥିବୀର ଅର୍ଥନୀତିର ଚକ୍ରବର୍ତ୍ତୀ ଘୋଷଣା କରିବାର ଏବେ ହିଁ ଅମୃତବେଳା ଭାବି ଚୀନ ମେ ମାସ ୧୪ ଓ ୧୫ରେ ଦୁଇଦିନିଆ ସମ୍ମିଳନୀ ଡାକି ଓ ମେ ୧୬ରେ ଏକ ଭବ୍ୟ ବିଦାୟ ସମ୍ବର୍ଦ୍ଧନା ଉତ୍ସବର ଆୟୋଜନ କରିଥିଲା। ଭାରତ ଅବଶ୍ୟ ଏଥିରେ ଯୋଗଦେଲା ନାହିଁ। ଯୋଗନଦେଇ କେତେକଙ୍କ ମତରେ, ଠିକ୍ କଲା ଓ ଆଉ କେତେକ ଲୋକଙ୍କ ମତରେ ଭୁଲ୍ କଲା। ଏହି ସମ୍ମିଳନୀକୁ ଏବେ ସଂକ୍ଷେପରେ ବେଲ୍ଟ ଆଣ୍ଡ ରୋଡ ଇନିସିଏଟିଭ ବା ବ୍ରୀ କୁହାଯାଉଛି। ଏଭଳି ନାମକରଣର ଠିକ୍ ଉଦ୍ଦେଶ୍ୟ ଜଣାପଡୁନାହିଁ, ଯାଠୁ ଅଧିକ ସୁନ୍ଦରିଆ ନାଁ ଦିଆଯାଇପାରିଥାନ୍ତା ବୋଲି ଅନେକ ମତପ୍ରକାଶ କରୁଛନ୍ତି। ତେବେ ସେ ଯାହାହେଉ, ସମ୍ମିଳନୀକୁ ଉଦ୍‌ଘାଟନ କରିବା ସମୟରେ ଚୀନର ରାଷ୍ଟ୍ରପତି ପୁରୁଣା ସିଲ୍କ ରୋଡ ବିଷୟ ଉଲ୍ଲେଖ କରିଛନ୍ତି। ପାଖାପାଖି ଦୁଇହଜାର ବର୍ଷ ପୂର୍ବେ ଚୀନ, ଭାରତ, ଦକ୍ଷିଣ-ପୂର୍ବ ଏସିଆ, ମିଶର ଓ ଆଫ୍ରିକୀୟ ଦେଶମାନଙ୍କ ସହ ଉଭୟ ନୌବାଣିଜ୍ୟ ଓ ସ୍ଥଳପଥରେ ବାଣିଜ୍ୟର ବିକାଶ ଘଟିଥିଲା। କେବଳ ଯେ ଜିନିଷ ପତ୍ରର ବିକ୍ରିବଟା ହୋଇଥିଲା ତାହା ନୁହେଁ; ବିଭିନ୍ନ ଦେଶର ବିଜ୍ଞାନ, କାରିଗରୀ, ଜ୍ୟୋତିର୍ବିଦ୍ୟା, ଚିକିତ୍ସାର ମଧ୍ୟ ପ୍ରସାର ଘଟିଥିଲା। ଅନ୍ୟ ଦେଶ ଦେଖିବ, ନୂଆ କଥା ଶିଖିବ ଓ ବାଣିଜ୍ୟ କରି ଦି' ପଇସା ରୋଜଗାର କରିବ। ଏଥିପାଇଁ ଯୁଗେ ଯୁଗେ ମଣିଷ ନଦୀନାଳ, ସମୁଦ୍ର, ମହାସମୁଦ୍ର, ସଂକଟପୂର୍ଣ୍ଣ ଅତ୍ୟୁଚ୍ଚ ଗିରିପଥ, ମରୁଭୂମି, ହିଂସ୍ରଜନ୍ତୁପୂର୍ଣ୍ଣ ଘଞ୍ଜଜଙ୍ଗଲ ଡଙ୍ଗାରେ, ଓଟରେ, ଶଗଡ଼ ଗାଡ଼ିରେ, ଚାଲିଚାଲି ପାରି ହୋଇଛି।

ଏସବୁର ଅବତାରଣା କରି ଚୀନ ରାଷ୍ଟ୍ରପତି ବେଲ୍ଟ ଆଣ୍ଡ ରୋଡ୍ ଇନିସିଏଟିଭ ବା ବ୍ରୀ'ର ଉଦ୍‌ଘାଟନ କଲେ। ସେ ମଧ୍ୟ କହିଲେ ଯେ, ଏହାକୁ ବର୍ତ୍ତମାନର ସିଲ୍କ ରୁଟ୍ ମଧ୍ୟ କୁହାଯାଇପାରେ। ପ୍ରଥମ ପର୍ଯ୍ୟାୟ ଜଗତୀକରଣ ଆମେରିକା ନେତୃତ୍ୱରେ ଆରମ୍ଭ ହୋଇଥିଲା। ଏବେ ଦ୍ୱିତୀୟ ପର୍ଯ୍ୟାୟ ଜଗତୀକରଣ ଚୀନ ନେତୃତ୍ୱରେ ଆରମ୍ଭ ହେଲା। ଆଉ କିଛି ବ୍ୟକ୍ତି ପ୍ରକାଶ କରୁଛନ୍ତି ଯେ, ପ୍ରଥମ ସାମ୍ରାଜ୍ୟବାଦୀ ଇଂଲଣ୍ଡ, ଦ୍ୱିତୀୟ ଆମେରିକା ଓ ଏବେ ତୃତୀୟ ସାମ୍ରାଜ୍ୟ ବିସ୍ତାରରେ ଚୀନ। ଏବେ ଆଲୋଚନା କରିବା ପ୍ରକୃତରେ ଏ ଯୋଜନାଟି କ'ଣ? ବ୍ରୀ'ର ରୂପରେଖ କ'ଣ?

ପ୍ରକୃତରେ କହିବାକୁ ଗଲେ, ଏବର ବ୍ରୀ ବା ଏକବିଂଶ ଶତାବ୍ଦୀର ସିଲ୍କ ରୋଡର ଅୟମାରମ୍ଭ ହୋଇଥିଲା ୨୦୧୩ ମସିହାରେ ଇଣ୍ଡୋନେସିଆ ଓ କାଜାଖସ୍ତାନରେ ଓ ଏଇ ୪ବର୍ଷରେ ପାଖାପାଖି ୧୦୦ ଦେଶ ଓ ଅର୍ଥଲଗାଣକାରୀ ସଂସ୍ଥା ଏଥିରେ ସଂପୃକ୍ତ ହୋଇଛନ୍ତି। ନୌବାଣିଜ୍ୟର ସୁବିଧା ପାଇଁ ଅତି ଉନ୍ନତମାନର ବନ୍ଦର ପ୍ରତିଷ୍ଠା ଓ ବନ୍ଦର ସହ ଦେଶ ଭିତରୁ ଆଧୁନିକ ହାଇୱେ, ହାଇସ୍ପିଡ୍ ରେଲୱେ ଦ୍ୱାରା ସଂଯୋଗୀକରଣ, ନୂତନ ଏୟାରପୋର୍ଟ ପ୍ରତିଷ୍ଠା, ରାସ୍ତାଘାଟ, ପୋଲ, ଆଧୁନିକ ଇଣ୍ଟରନେଟ ଓ ଟିଭି ନେଟୱର୍କ, କୃଷି ପାଇଁ, ଶିଳ୍ପ ପାଇଁ ସ୍ୱତନ୍ତ୍ର ପାର୍କ ସ୍ଥାପନ, ଦ୍ରୁତ ପରିବହନ ପାଇଁ ସ୍ୱତନ୍ତ୍ର କରିଡର ପ୍ରତିଷ୍ଠା, ଶିକ୍ଷା, ସଂସ୍କୃତିର ବିକାଶ, ଯନ୍ତ୍ରପାତି ତିଆରି କାରଖାନା, ଗବେଷଣା, ଶିକ୍ଷା କ୍ଷେତ୍ରରେ ସହଯୋଗ ଓ ଚୀନର ଆର୍ଥନୀତିକ ନୀତି ସହ ଓ ଉତ୍ପାଦନ ସହ ଅନ୍ୟଦେଶର ନୀତି ଓ ଉତ୍ପାଦନର ସଂଯୋଗ- ଏସବୁ ପୃଥିବୀର ବିକାଶ ଓ ଶାନ୍ତି ପାଇଁ ଉଦ୍ଦିଷ୍ଟ - ଏହା ଥିଲା ଚୀନ ରାଷ୍ଟ୍ରପତିଙ୍କର ବକ୍ତବ୍ୟ।

ନିର୍ଦ୍ଦିଷ୍ଟ ଭାବେ କହିଲେ, ଗତ ୪ବର୍ଷରେ ଇଣ୍ଡୋନେସିଆରେ ଜାକର୍ତ୍ତା-ବାନ୍ଦୁଙ୍ଗ ହାଇସ୍ପିଡ୍ ରେଲୱେ, ଚୀନ-ଲାଓସ ରେଲୱେ, ଆଦିସ୍ ଆବ୍ବା-ଜିବୋଟି ରେଲୱେ, ହଙ୍ଗେରୀ-ସର୍ବିୟା ରେଲୱେ, ପାକିସ୍ତାନର ଗ୍ୱାଦର ବନ୍ଦର, ଚୀନ-ମଙ୍ଗୋଲିଆ-ରୁଷିଆ ଅର୍ଥନୈତିକ କରିଡର, ଚୀନ- ପାକିସ୍ତାନ ଅର୍ଥନୀତିକ କରିଡର କାମର ଶୁଭାରମ୍ଭ ହୋଇଛି। ଧୀରେ ଧୀରେ ୪୦, ୪୦ରୁ ୬୦, ୬୦ରୁ ୧୦୦ ଦେଶକୁ କାର୍ଯ୍ୟକ୍ରମ ସବୁ ସଂପ୍ରସାରିତ ହେବ।

ଏଥିପାଇଁ ଅର୍ଥ ଆସିବ କେଉଁଠୁ? ବିପୁଳ ପରିମାଣର ଆବଶ୍ୟକ ଅର୍ଥର ସିଂହଭାଗ ବା ବେଶୀ ଅଂଶ ଚୀନ ଯୋଗାଇଦେବ, କିଛି ସାହାଯ୍ୟ ଆକାରରେ ଓ କିଛି ଅଂଶ ଋଣ ଆକାରରେ, ଆଉ କିଛି ଅଂଶ ସଂପୃକ୍ତ ଦେଶ, ସେଠାକାର ପୁଞ୍ଜିଲଗାଣ ସଂସ୍ଥା, ଓ ବିଶ୍ୱ ବ୍ୟାଙ୍କ ଭଳି ସଂସ୍ଥା, ଚୀନ ଦ୍ୱାରା ପ୍ରତିଷ୍ଠିତ ଅନେକ ଅର୍ଥ ଲଗାଣକାରୀ ସଂସ୍ଥା ମଧ୍ୟ ଏଥିରେ ଭାଗନେବେ। ବର୍ତ୍ତମାନ ପାଇଁ ୬୦ଲକ୍ଷ କୋଟି ଟଙ୍କା ଅଟକଳ

କରାଯାଇଛି। ଆଗାମୀ ୫ବର୍ଷରେ ଏ ପରିମାଣ ୩ଗୁଣରୁ ଅଧିକ ହୋଇପାରେ। ଏତେ ପରିମାଣର ଅର୍ଥ ବିନିଯୋଗ କରି ପୃଥିବୀର ଅର୍ଦ୍ଧାଧିକ ଦେଶରେ ଏତେ ନିର୍ମାଣ କାର୍ଯ୍ୟ ଏତେ କମ୍ ସମୟରେ ଅତୀତରେ କେବେ ହୋଇନଥିଲା ବୋଲି କୁହାଯାଉଛି। ଏଥିରେ ଚୀନର ଲାଭ କ'ଣ ?

କଥା ଅଛି, ବାଣିଜ୍ୟେ ବସତି ଲକ୍ଷ୍ମୀ। ଶିଳ୍ପବିପ୍ଳବ ସମୟରେ ଅର୍ଥାତ୍ ଉନବିଂଶ ଶତାବ୍ଦୀରେ ଇଂଲଣ୍ଡ ପୃଥିବୀର ଶିଳ୍ପଜାତ ଦ୍ରବ୍ୟର ମୁଖ୍ୟ କେନ୍ଦ୍ର ଥିଲା ଓ ତାହା ଇଂଲଣ୍ଡର ସମ୍ପତ୍ତିର ପ୍ରଧାନ ଉତ୍ସ ଥିଲା। ପରେ ପରେ ଆମେରିକା ମୁଖ୍ୟକେନ୍ଦ୍ରରେ ପରିଣତ ହେଲା ଓ ସେହି ଯୋଗୁ ଆମେରିକା ପୃଥିବୀର ବଡ଼ ଧନୀରାଷ୍ଟ୍ର ହୋଇଗଲା। ଏବେ କିନ୍ତୁ ପୃଥିବୀର ଶିଳ୍ପଜାତ ପଦାର୍ଥର ମୁଖ୍ୟ ଉତ୍ପାଦନ କେନ୍ଦ୍ର ରୂପେ ଚୀନ ଉଭା ହୋଇଛି। ଲକ୍ଷ ଲକ୍ଷ କୋଟି ଟଙ୍କାର ଉଦ୍‌ବୃତ୍ତ ଅର୍ଥ ଜମାହୋଇ ରହିଛି। ସେ ବିପୁଳ ପୁଞ୍ଜିର ଯଥାଯଥ ବିନିଯୋଗ ଆବଶ୍ୟକ। ତେଣୁ ସେ ବିନିଯୋଗ ହାରକୁ ଆହୁରି ବଢ଼ାଇବାର ଆବଶ୍ୟକତା ରହିଛି। ଦ୍ୱିତୀୟ, ଆମେରିକା ଓ ୟୁରୋପର ଲୋକମାନଙ୍କର ଅଧିକ କ୍ରୟଶକ୍ତି ଥିବା ଯୋଗୁ ସେଠାରେ ଚୀନ ଜିନିଷ ବେଶୀ ବିକ୍ରି ହେଉଥିଲା। ଏବେ କିନ୍ତୁ ସେଠାରେ ଏକପ୍ରକାର ସ୍ୱଦେଶୀ ହାୱା ଜୋରରେ ବୋହିବା ଆରମ୍ଭ ହୋଇଛି। ଏବେ ଏଇ ଯେଜନାରେ ଚୀନ ଯେଉଁ ପୁଞ୍ଜି ଖଟାଇବ, ସେଥିରେ ଚୀନ ଜିନିଷ ବିକ୍ରି ହେବାର ବ୍ୟବସ୍ଥା ରହିବ। ହାଇୱେ, ରେଲୱେ, ବନ୍ଦର, ଏୟାରପୋର୍ଟ ଇତ୍ୟାଦିର ତିଆରି ପାଇଁ ସିମେଣ୍ଟ, ନିର୍ମାଣ ଉପକରଣ, ଇସ୍ପାତ ଇତ୍ୟାଦିର ବ୍ୟବହାର ସେସବୁ ହେବ ଚୀନ ତିଆରି। ସେତେବେଳେ ଚୀନର ଖାଉଟି ଜିନିଷ ମଧ୍ୟ ବିକ୍ରି ବଢ଼ିବ। ତୃତୀୟ, ଭାରତ ଭଳି ଏବେ ଚୀନରେ ମଧ୍ୟ ଲୋକମାନେ କୃଷିବିମୁଖ। ଅଥଚ, ଆୟ ବୃଦ୍ଧି ସହ ମାଛ, ମାଂସ, କ୍ଷୀରଜାତୀୟ ପଦାର୍ଥ ଓ ଅନ୍ୟାନ୍ୟ ଫଳ ଓ ପନିପରିବା, ଖାଦ୍ୟଶସ୍ୟର ମଧ୍ୟ ଚାହିଦା ବୃଦ୍ଧି ପାଇଛି। ଏହି ଯୋଜନାରେ ବିଭିନ୍ନ ଦେଶରେ କୃଷିକ୍ଷେତ୍ରରେ ହଜାର ହଜାର ଏକର ଜମିରେ ଉନ୍ନତ କୃଷି ଉତ୍ପାଦନ କୌଶଳର ପରୀକ୍ଷାନିରୀକ୍ଷା ହେବ ଓ ସେ ଦେଶଗୁଡ଼ିକ ଋଣ ଶୁଝିବାପାଇଁ କୃଷିଜାତ ଜିନିଷ ଚୀନକୁ ବିକ୍ରି କରିବାକୁ ବାଧ୍ୟହେବେ। ତେଣୁ ଚୀନର ଖାଦ୍ୟ ପାଇଁ ବର୍ଦ୍ଧିଷ୍ଣୁ ଚାହିଦାକୁ ସହଜରେ ପୂରଣ କରିହେବ। ଶେଷରେ, ଚୀନର କଳକାରଖାନାଗୁଡ଼ିକ ପାଇଁ ତୈଳ ସହ ଅନେକ କଞ୍ଚାମାଲ ଆବଶ୍ୟକ। ସେସବୁର ନିରନ୍ତର ଯୋଗାଣକୁ ନିଶ୍ଚିତ କରିବାପାଇଁ ଆଫ୍ରିକା, ଦକ୍ଷିଣ ଆମେରିକା ଓ ଦକ୍ଷିଣ ଓ ଦକ୍ଷିଣ-ପୂର୍ବ ଏସିଆ, ପୂର୍ବ ୟୁରୋପୀୟ ରାଷ୍ଟ୍ରଗୁଡ଼ିକର ବିପୁଳ ପୁଞ୍ଜି ଖଟାଇଲେ ଋଣ ଶୁଝିବା ପାଇଁ ସେମାନେ କଞ୍ଚାମାଲ ଆବଶ୍ୟ ବିକ୍ରି କରିବେ। ■

ପ୍ରମେୟ, ୧୨ଜୁନ୍, ୨୦୧୭

କରୋନା ବିପତ୍ତି ଓ ବିଶ୍ୱ ଅର୍ଥନୀତି: ଗରିବଙ୍କ ସର୍ବନାଶ, ଧନବନ୍ତଙ୍କ ପୁଷମାସ

ପ୍ରକୃତରେ ଦୁନିଆ ବଡ଼ ବିଚିତ୍ର, ବଡ଼ ଅଦ୍ଭୁତ। କରୋନା ମହାମାରୀରେ ପୃଥିବୀ ଥରହର ହେବା ସମୟରେ ଆମେ ଏ ବୈଚିତ୍ର୍ୟ ବେଶି ଅନୁଭବ କରୁଛୁ। ଗୋଟେ ଦେଶରେ ପାଞ୍ଚାଅଶୀବର୍ଷର ବୟସ୍କ ଲୋକ କରୋନା ପାଇଁ ଚିକିତ୍ସିତ ହେଉଥିଲେ। ଅନ୍ୟଜଣେ ପ୍ରାୟ ଅଧା ବୟସର ଲୋକ ଆସିଲେ, ଡାକ୍ତରଖାନାରେ ବେଡ୍ ଖାଲି ନାହିଁ ଶୁଣି ବୟସ୍କ ଲୋକ ଜଣଙ୍କ କହିଲେ- 'ମୋ ଜୀବନ ମୁଁ ବଞ୍ଚି ସାରିଲିଣି, ଏଇ ତରୁଣଙ୍କର ଆହୁରି ବଞ୍ଚିବାର ଅଛି।' - ଏତକ କହି ନିଜର ବେଡ୍‌ଟି ଛାଡ଼ିଦେଲେ ତରୁଣଙ୍କ ପାଇଁ। ଆଉ ତିନିଦିନ ପରେ ସେ ସଂସାରରୁ ବିଦାୟ ନେଇଗଲେ। ଏ କାହାଣୀଟି ଦଧୀଚି ଉପାଖ୍ୟାନଠୁ କୋଉ ଗୁଣରେ କମ୍ ? ସ୍କୁଲ୍‌ମାନଙ୍କରେ ଏହି କାହାଣୀଟି ପଢ଼େଇବାର ଆବଶ୍ୟକତା ରହିଛି।

ଆମ ଚାରିପାଖରେ ଭାରତରେ ତଥା ପୃଥିବୀର ବିଭିନ୍ନ ଦେଶରେ ଅନେକ ଲୋକ ଜୀବନ ମୂର୍ଚ୍ଛି ରୋଗୀଙ୍କର ସେବା କରୁଛନ୍ତି। ଅନେକ ଡାକ୍ତର, ତାଙ୍କର ସହଯୋଗୀ ଓ ଚିକିତ୍ସା ଅନୁଷ୍ଠାନ ପ୍ରାଣମୂର୍ଚ୍ଛା ଉଦ୍ୟମ ଚାଲୁ ରଖିଛନ୍ତି ଲୋକମାନଙ୍କୁ ଚିକିତ୍ସା ଯୋଗାଇ ଦେବା ପାଇଁ। ଏହାବାଦ କିଏ ଇତର ପ୍ରାଣୀଙ୍କ କଥା ବୁଝିଲେଣି ତ ଆଉକିଏ ଘରେ ଏକା ରହିଯାଇଥିବା ବୁଢ଼ା ବୁଢ଼ୀ, ପିଲାମାନଙ୍କୁ ଖାଇବା ଯୋଗାଉଛନ୍ତି ଓ ସେମାନଙ୍କ କଥା ବୁଝୁଛନ୍ତି। ସ୍ଥାନୀୟ ଆବଶ୍ୟକତାକୁ ଚାହିଁ ବିଭିନ୍ନ ବ୍ୟକ୍ତି, ଅନୁଷ୍ଠାନମାନେ ଓ ସରକାରୀ କଳ କାର୍ଯ୍ୟକ୍ରମମାନ ଗ୍ରହଣ କରୁଛନ୍ତି। ଏସବୁ ଅତ୍ୟନ୍ତ ଉତ୍ସାହଜନକ ଏ ଘୋର ବିପତ୍ତି ସମୟରେ। ମାନବିକତାର ଉତ୍ତରଣ କଥା ଯାହା ଶ୍ରୀ ଅରବିନ୍ଦ କହିଛନ୍ତି, ଏ ସବୁରୁ ଜଣାପଡୁଛି ଯେ ସେ ଉତ୍ତରଣ ପ୍ରକ୍ରିୟା ଚାଲୁ ରହିଛି।

ଅପରପକ୍ଷରେ ଆମେ ମଣିଷର ଅନ୍ୟ ଦିଗଟିକୁ ମଧ୍ୟ ଦେଖୁଛୁ। ଚାରିଶହ ଟଙ୍କାର ଔଷଧକୁ ଚଉଦଶହ ଟଙ୍କା କରିବା, ହସ୍ପିଟାଲ୍‌କୁ ପଶିବା ପାଇଁ, ବେଡ୍‌ଟେ ପାଇବା ପାଇଁ, ଭେଣ୍ଟିଲେଟରଟିଏ ଯୋଗାଡ଼ କରିବା ପାଇଁ ଲକ୍ଷାଧିକ ଟଙ୍କା ଆଦାୟ କରୁଛନ୍ତି କେତେକ ଘରୋଇ ଡାକ୍ତରଖାନା। ଏ ଟଙ୍କା ଯୋଗାଡ଼ ନ କରିପାରିଲେ ତୁମେ ସେ ପାରିକୁ ଯାଅ। କେତେକ ଅଟୋବାଲା ଡାକ୍ତରଖାନାକୁ ମାଗଣାରେ ରୋଗୀକୁ ନେବା ପାଇଁ ବ୍ରତ କରିଛନ୍ତି, ଆଉ କିଛି ସେମାନଙ୍କର ଭାଇ ଓ ଟାକ୍ସିବାଲା ଯେତେ ପାରିବେ ହାଙ୍କୁଛନ୍ତି। ଲେମ୍ବୁରୁ ଶେଷ ଟୋପାକ ରସ ଚିପୁଡ଼ି ଚୋପାଟିକୁ ଫୋପାଡ଼ି ଦେଲାଭଳି, ଯେତେ ଯିଏ ପାରିବେ, ରୋଗୀଠୁ ଚିପୁଡ଼ି ଦେଉଛନ୍ତି। ଶେଷରେ ମୁର୍ଦ୍ଦାର କରି ଛାଡ଼ି ଦେଉଛନ୍ତି। କମ୍ୟୁନିଷ୍ଟ ଚୀନ୍(?) ଏଥିରୁ ବାଦ୍ ପଡ଼ିଲାନି। କରୋନା ସଂପର୍କିତ ଜିନିଷର ଦାମ ପାଞ୍ଚଗୁଣ ବଢ଼େଇଦେଲା। ଏ ବିପତ୍ତିକୁ କିଛି ଲୋକ ସଂପତ୍ତିର ଉତ୍ସ ବୋଲି ଧରି ନେଇଛନ୍ତି।

କିନ୍ତୁ ଏସବୁ ଖୁଚୁରା କାରବାର ଯଦିଓ ବ୍ୟକ୍ତିଗତ, ଏହାର ପ୍ରଭାବ ଅନେକ ସମୟରେ ସାଂଘାତିକ ହେଉଛି। ଏବେ ତିମିମାନଙ୍କର କଥା। କରୋନା ଯୋଗୁଁ ଦେଶର ଶିକ୍ଷା ବ୍ୟବସ୍ଥା ବିପର୍ଯ୍ୟସ୍ତ ହୋଇପଡ଼ିଛି। ଲକ୍ଷ ଲକ୍ଷ ପିଲା ପାଠ ପଢ଼ାରୁ ବଞ୍ଚିତ ହେଲେ। ବଳଦ ବିକ୍ରି କରି, ସାଇକେଲ୍ ଖଣ୍ଡେ ବିକ୍ରିକରି ବା କିଛି ଜିନିଷ ବନ୍ଧା ପକେଇ ପିଲାଙ୍କ ପାଇଁ ଗୋଟେ ସ୍ମାର୍ଟଫୋନ୍ କରିବାକୁ ପଡ଼ିଲା। କିଏ ଗଛ ଉପରକୁ ଚଢ଼ିଲା, ଚାଳରେ ଚଢ଼ିଲା, ପାଖ ପାହାଡ଼କୁ ଗଲା; କିନ୍ତୁ ଲାଇନ୍ ଥିଲେ ତ ଅନ୍‌ଲାଇନ୍ ପାଠପଢ଼ା, ନ ହେଲେ ହା ହୁତାଶ ହୋଇ ଉଭୟ ପିଲା ଓ ପିତାମାତା ରହିଲେ। ବିଶେଷ ଭାବରେ ଯଦି କଷ୍ଟେ ମଷ୍ଟେ ଗୋଟିଏ ସ୍ମାର୍ଟଫୋନ୍ ଯୋଗାଡ଼ କରିହେଲା ତେବେ ପୁଅଟି ଅଗ୍ରାଧିକାର ପାଇବ, ଝିଅଟି ମନମାରି ରହିବାକୁ ବାଧ୍ୟ ! ତା'ର ପାଠପଢ଼ାରେ ଡୋରି ବନ୍ଧା ହୋଇଗଲା।

ଠିକ୍ ଯେଉଁ ବର୍ଷ କରୋନା ଯୋଗୁଁ ଲକ୍ଷ ଲକ୍ଷ ପିଲା ପାଠପଢ଼ାରୁ ବଞ୍ଚିତ ହେଲେ ବା ନାମକେ ବାସ୍ତେ ପଢ଼ାହେଲା, ଠିକ୍ ସେଇବର୍ଷ କୋଚିଂ କ୍ଲାସ ମାଲିକ ବାଇଜୁ ରବୀନ୍ଦ୍ରନ୍‌ଙ୍କ ସମ୍ପତ୍ତି ଶତକଡ଼ା ୩୯ ଭାଗ ବଢ଼ିଗଲା। ଅଢ଼େଇ ବିଲିଅନ୍ ଡଲାର ବା ଲକ୍ଷେ ସତାଅଶୀ ହଜାର କୋଟି ଟଙ୍କା। ବଡ଼ମାଛ ଛୋଟମାଛକୁ ଗିଳିଦେଲା ପରି ବାଇଜୁ କିଣିଦେଲା ବା ଗିଳିଦେଲା ଆକାଶ କୋଚିଂ ସେଣ୍ଟରକୁ।

କରୋନା ମହାମାରୀର ପ୍ରଥମ ବର୍ଷକ ମଧ୍ୟରେ କୋଟି କୋଟି ଲୋକ ଜୀବିକା ହରେଇଲେ, ଜୀବନ ବିକଳରେ ଲକ୍ଷ ଲକ୍ଷ ଲୋକ ଚାଲିଚାଲି ଶହ ଶହ ମାଇଲ ଗଲେ ନିଜର ଭିଟାମାଟିରେ ପହଞ୍ଚିବା ପାଇଁ। ସେ କରୁଣ ଦୃଶ୍ୟ ଚେଷ୍ଟା କଲେ ମଧ୍ୟ

ମନରୁ ଯାଉନି। ଭାରତ ମାନବ କଲ୍ୟାଣ କ୍ଷେତ୍ରରେ ତାଜିକସ୍ଥାନ, ନିକାରାଗୁଆ ଓ ଭୁଟାନ ଭଳି କ୍ଷ୍ୟୁଦ୍ର ଦେଶମାନଙ୍କଠୁ ପଛରେ ପଡ଼ିଗଲା ଓ ଜାତୀୟ ଆୟ ଶତକଡ଼ା ସାତଭାଗରୁ ଅଧିକ କମିଗଲା। ଏବେ ଦେଖିବା ତିମିମାନଙ୍କର ଅବସ୍ଥା। ରିଲାଏନ୍ସ ଉଦ୍ୟୋଗ ପୁଞ୍ଜିର ଆୟରେ ଶତକଡ଼ା ୧୨୯ ଭାଗ ବଢ଼ି ୩୬.୮ ବିଲିୟନ ଡଲାରରୁ ୮୪.୫ ବିଲିଅନ ଡଲାର ହେଲା। ଏହିସବୁକୁ ଆମ ଆଖିପାଉନି। ସରଳ ଭାବରେ କହିଲେ ଏହି ଉଦ୍ୟୋଗପୁଞ୍ଜିର ମାଲିକମାନଙ୍କର କରୋନା ବର୍ଷରେ ପ୍ରତି ସେକେଣ୍ଡରେ ଏକ ଲକ୍ଷ ତେର ହଜାର ଟଙ୍କା ହିସାବରେ ବଢ଼ିଲା।

ସେହିଭଳି ଆଦାନୀ ଉଦ୍ୟୋଗପୁଞ୍ଜିର ଆୟ କରୋନା କାଳରେ ୮.୯ ବିଲିଅନ୍ ଡଲାରରୁ ପାଞ୍ଚଗୁଣ ବଢ଼ି ପଚାଶ ବିଲିଅନ୍ ଡଲାରରେ ପହଞ୍ଚିଲା। ତେବେ ଖାଲି ଏହି ଦୁଇ ଉଦ୍ୟୋଗ ସଂସ୍ଥା କାହିଁକି ? ଅର୍ଥନୀତିର ଏ ଘୋର ଦୁର୍ଦ୍ଦିନରେ ବିଲିୟନ ଡଲାର (ପ୍ରାୟ ସାତହଜାର ପାଞ୍ଚ ଶହ କୋଟି ଟଙ୍କା) ରୋଜଗାର କରିଥିବା ଲୋକଙ୍କର ସଂଖ୍ୟା କେବଳ ଭାରତରେ ୧୦୨ ରୁ ୧୪୦କୁ ବଢ଼ିଗଲା। ଏହି ୧୪୦ ଜଣଙ୍କର ଆୟ ଜାତୀୟ ଆୟର ୨୨.୭ ଭାଗ ହୋଇଗଲା। କରୋନା ଏକ ଭୟଙ୍କର ସ୍ୱାସ୍ଥ୍ୟଗତ ସମସ୍ୟା ସୃଷ୍ଟି କରିବା ଫଳରେ, ସ୍ୱାସ୍ଥ୍ୟସେବା ଯୋଗାଉଥିବା ୨୪ ଜଣ ପ୍ରତ୍ୟେକ ଅନ୍ୟୂନ ବିଲିଅନ୍‌ଏୟାରଙ୍କ ମଧ୍ୟରୁ ୨୪ ହେଲେ ସ୍ୱାସ୍ଥ୍ୟକ୍ଷେତ୍ରରେ (ସ୍ୱାସ୍ଥ୍ୟ କେବଳ ସଂପଦ ନୁହେଁ ସମ୍ପତ୍ତିର ଉତ୍ସ ମଧ୍ୟ ହୋଇଗଲା।) ସ୍ୱାସ୍ଥ୍ୟ ସମ୍ବନ୍ଧୀୟ ଅନେକ ଜିନିଷର ମୂଲ୍ୟ ବହୁଗୁଣ ବଢ଼େଇ ଦିଆଗଲା। ତେଣୁ ଆଶ୍ଚର୍ଯ୍ୟ ହେବାର ନାହିଁ ଯେ ଭାରତର ପ୍ରଥମ ଦଶ ଧନୀ ରହିଲେ, ଯେଉଁମାନେ ଦୂରଦୃଷ୍ଟି ସଂପନ୍ନ। ସେମାନେ ଖୁବ୍ ଶୀଘ୍ର ଜାଣିଯାଆନ୍ତି ଓ ଯେଉଁଠି ମୃତ୍ୟୁର ଭୟ ବେଶୀ ଓ ଯନ୍ତ୍ରଣା ବେଶୀ ସେଭଳି କ୍ଷେତ୍ରରେ ଆଗତୁରା ପୁଞ୍ଜି ଖଟେଇ ଦିଅନ୍ତି। ବିଲଗେଟ୍‌ସ୍ ସେୟା ହିଁ କରିଥିଲେ କରୋନା ଆରମ୍ଭରୁ। ଟିକା ଓ ଅନ୍ୟାନ୍ୟ ଆନୁସଙ୍ଗିକ ଔଷଧପତ୍ର ଇତ୍ୟାଦି ଉଦ୍‌ଭାବନରେ ତାଙ୍କର ଫାଉଣ୍ଡେସନ ପ୍ରଭୂତ ଅର୍ଥ ଖର୍ଚ୍ଚ କରିଥିଲେ। ସେ ପଇସା ତ ସେ ଫେରିପାଇବେ ଲାଭ ସହିତ। ସେଥିପାଇଁ ଦାନ ସୂତ୍ରରେ ପାଞ୍ଚ ଛଅଶହ ବା ହଜାର କୋଟି ଦାନ କରିପାରନ୍ତି ଓ ସବୁଠୁ ବଡ଼ ଦାନୀର ମର୍ଯ୍ୟାଦା ପାଇପାରନ୍ତି, କିନ୍ତୁ ଟିକା ବା ଔଷଧରୁ ପେଟେଣ୍ଟ୍ ଛାଡ଼ିବେ ନାହିଁ। ତାହା ହିଁ ଧନର ଉତ୍ସ।

ଆମକୁ ପ୍ରକୃତରେ ଆଶ୍ଚର୍ଯ୍ୟ ଲାଗେ ଯେ ଯେତେବେଳେ ହଜାର ହଜାର ଚାଷୀ, କୁଲି, ମିସ୍ତ୍ରୀ, ମଜୁରିଆ, ପାନ ଦୋକାନୀ, ଚା' ଦୋକାନୀ, ବସ୍‌ଷ୍ଟାଣ୍ଡ ଇତ୍ୟାଦିରେ ବିକ୍ରିକରି କଷ୍ଟେମଷ୍ଟେ ଗୁଜୁରାଣ ମେଣ୍ଟାଉଥିବା ଲକ୍ଷ ଲକ୍ଷ ଲୋକ ଭୋକ ଉପାସରେ ହାହାକାର ଭିତରେ ରହିଲେ ସେତେବେଳେ ପୁରୁଣା ଧନୀଦେଶ ଯଥା ଜର୍ମାନୀ,

ଇଂଲଣ୍ଡ ଓ ଫ୍ରାନ୍ସ ଭଳି ଦେଶକୁ ଟପିଗଲା ଭାରତ ବିଲିଅନ୍‌ଏୟାର ସଂଖ୍ୟାରେ। ଆମେରିକା ଓ ଚୀନ୍ କେବଳ ଭାରତ ଉପରେ ରହିଲେ। ଆଉ ଯେଉଁମାନେ କେବଳ ଜାତୀୟ ଖାଦ୍ୟ ନିରାପତ୍ତା ଆଇନର ଅନ୍ତର୍ଭୁକ୍ତ, ସେମାନେ ପାଇଲେ ମୁଣ୍ଡ ପିଛା ପାଞ୍ଚକେଜି ଚାଉଳ, କେଜିଏ ଡାଲି ଛ'ମାସ ପାଇଁ।

ଏବେ ବିଶ୍ୱକୁ ଯିବାର ବେଳ। ବିଲ୍‌ଗେଟ୍‌ସଙ୍କଠୁ ଆରମ୍ଭ କରିବା। ତାଙ୍କର ଫାଉଣ୍ଡେସନର ମୂଳ ପୁଞ୍ଜି ହେଲା ୫୦ ବିଲିୟନ ଡଲାର, ଅର୍ଥାତ ପ୍ରାୟ ତିନି ଲକ୍ଷ ପଞ୍ଚସ୍ତରି ହଜାର କୋଟି। ଚଳିତ ମହାମାରୀର ପ୍ରଥମ ବର୍ଷରେ ଗେଟ୍‌ସଙ୍କର ଆୟ ବଢ଼ିଲା ଦଶ ବିଲିଅନ୍ ଡଲାର। ଅର୍ଥାତ୍ ପଞ୍ଚସ୍ତରି ହଜାର କୋଟି। ଏଥିରୁ ଅଧା ଟଙ୍କା ହାତରେ ଧରି ଗେଟ୍‌ସ ମହୋଦୟ ପୃଥିବୀର ଯେ କୌଣସି ରାଷ୍ଟ୍ରମୁଖ୍ୟ ଓ ନେତାମାନଙ୍କୁ ଭେଟିପାରିବେ ଓ ସେ ଦେଶର ନୀତି ନିୟମ, ଆଇନ କାନୁନ୍‌କୁ ବଦଳେଇ ଦେଇ ପାରିବେ। ବିଡ଼ମ୍ବନା ହେଉଛି ଯେ ଯେଉଁ ମହାମାରୀ ପୃଥିବୀରେ ବାଇଶରୁ ପଚାଶ କୋଟି ଲୋକଙ୍କୁ ଦରିଦ୍ର ଓ ଅତି ଦରିଦ୍ର କରିଦେଲା ସେହି ମହାମାରୀ ହିଁ ଗେଟ୍‌ସ ମହୋଦୟଙ୍କର ଆୟ ବଢ଼େଇଲା ପଞ୍ଚସ୍ତରୀ ହଜାର କୋଟି। ଟିକା ଓ କରୋନା ପାଇଁ ଆବଶ୍ୟକୀୟ ଔଷଧପତ୍ର ତଥା ଯନ୍ତ୍ରପାତି ଉଦ୍‌ଭାବନ ଓ ତିଆରିରେ ଅତି ଗୁପ୍ତରେ ଚତୁର ଗେଟ୍‌ସ ପଇସା ଖଟେଇଲେ ଓ ମହାମାରୀ ତାଙ୍କୁ ଆହୁରି ଧନୀ କରିଦେଲା।

ସବୁଠୁ ବଡ଼ ଧନବନ୍ତ ଆମାଜନର ମାଲିକ ଜେଫ୍ ବେଜସ୍‌ଙ୍କ କଥା ଦେଖନ୍ତୁ। ଦୋକାନ ବଜାର ବନ୍ଦ ହେଲା। ମହାମାରୀରେ ଦୋକାନୀମାନେ ହାତବାନ୍ଧି ବସିଲେ। ଆମାଜନ ସେଇଥି ପାଇଁ ବିକ୍ରିରେ ରେକର୍ଡ କଲା। ଆମାଜନର ମୋଟ୍ କର୍ମଚାରୀ ସଂଖ୍ୟା ଆଠଲକ୍ଷ ଛଅସ୍ତରୀ ହଜାର। ପ୍ରତି କର୍ମଚାରୀଙ୍କୁ ଯଦି ଆମାଜନ ଦେଇଥା'ନ୍ତା ଅଠସ୍ତରୀ ଲକ୍ଷ ବୋନସ୍, ତେବେ ମହାମାରୀ ପୂର୍ବରୁ ଆୟସହ ସମାନ ରହିଥା'ନ୍ତା। ଆପଣ ଗୁଣନ୍ତୁ ୭୮,୦୦,୦୦୦ X ୮,୭୬,୦୦୦। ଆଖି ପାଉନିରେ ବାପା। ଗୁଣଫଳ ହେଲା ଆମାଜନଙ୍କୁ ମହାମାରୀ ଦାନ। ଆଉ ମଜାକଥା ହେଉଛି ଉଭୟ ଆମେରିକା ତଥା ୟୁରୋପରେ ରେକର୍ଡ ପରିମାଣର ବିକ୍ରି କରି ମଧ୍ୟ କୌଣସିଠାରେ ପଇସାଟିଏ ମଧ୍ୟ ଟିକସ ନ ଦେଇ ଆମାଜନ ପାର୍। ସେ କୌଶଳ ସେମାନଙ୍କୁ ଜଣା।

ଆମେରିକାରେ ଯେପରି ଆମାଜନ ମାଲିକ ବେଜସ୍, କମ୍ୟୁନିଷ୍ଟ ଚୀନରେ ସେଇଭଳି ଅର୍ଡର ନେଇ ଘରେ ପହଞ୍ଚେଇବାର ସଂସ୍ଥା ଆଲିବାବାର ମାଲିକ ଜ୍ୟାକ୍ ମା। ତାଙ୍କ ଆୟ ବଢ଼ିଲା ୧.୫ ବିଲିଅନ୍ ଡଲାର ଓ ସବୁଠୁ ବଡ଼ ଧନବନ୍ତଙ୍କର ଆୟମିଶି ହୋଇଗଲା ୧୦ ଟ୍ରିଲିଅନ୍ ଡଲାର। କରୋନା କାଳରେ ତା'ର ଅର୍ଥ କ'ଣ ? ଏକ ଟ୍ରିଲିଅନ୍ ହେଲା ୧୦ ରେ ୧୨ଟା ଶୂନ ଦିଅନ୍ତୁ। ତାକୁ ଦଶରେ ଗୁଣନ୍ତୁ। ଅର୍ଥାତ୍

୧ରେ ୧୩ଟି ଶୂନ ଯୋଡ଼ନ୍ତୁ ଓ ଟଙ୍କାରେ କହିବାକୁ ହେଲେ ତାକୁ ୭୫ରେ ଗୁଣନ୍ତୁ। ଫଳ ହେଲା ୭୫,୦୦୦,୦୦୦,୦୦୦,୦୦୦,୦ ଏତିକି କ'ଣ। ଆଖି ପାଉନିରେ ବାପା।

ଜ୍ୟାକ୍ ମା ବା ବେଜସ୍ ଜିନିଷ ଘରେ ପହଞ୍ଚେଇ ଲାଭ କଲେ। ଗେଟ୍ସ ଟିକା ଓ ଆନୁସଙ୍ଗିକ ଯନ୍ତ୍ରପାତି ଓ ଔଷଧରେ ପୁଞ୍ଜି ଖଟେଇ ପାଇଲେ। ଏଲନ ମସ୍କ ଭଳି ଅନ୍ୟମାନେ କ'ଣ କଲେ ? ଷ୍ଟକ୍ ମାର୍କେଟକୁ ନିଜର ବିପୁଳ ପୁଞ୍ଜି ଖଟେଇ ଇଚ୍ଛାନୁଯାୟୀ ତଳ ଉପର କରି ପ୍ରଭୂତ ଅର୍ଥ ଲାଭ କଲେ।

'ଜାଣେ, ଯେତେ ଉଚ୍ଚରେ ପାଟି କଲେ ମଧ୍ୟ ତୁମେମାନେ ଏତେ ଉର୍ଦ୍ଧ୍ୱରେ ଅଛ ଯେ ଶୁଭିବ ନାହିଁ। ତଥାପି କହୁଚି, ହେ ତିମି ଓ ତିମିଙ୍ଗଳମାନେ ! ଆଉ ଶରୀରରେ ମେଦବୃଦ୍ଧି କର ନାହିଁ। ତାହା କାହା ପାଇଁ ଶୁଭଙ୍କର ହେବ ନାହିଁ, ପୃଥିବୀ ମାତା ପାଇଁ ମଧ୍ୟ।'

■

ସକାଳ, ୧୯ ମଇ, ୨୦୨୧

ଆମେ କ'ଣ ସର୍ବୋତ୍ତମ ?

ସମ୍ବାଦଟି ଏଇଭଳି ଥିଲା । ବାଙ୍ଗାଲୋରର ଏକ ବ୍ୟସ୍ତ ବହୁଳ ରାଜପଥ । ପ୍ରତି ମୁହୂର୍ତ୍ତରେ ଦି'ଚକିଆ, ଚାରିଚକିଆ ଯାନଗୁଡ଼ିକ ଅହରହ ଛୁଟି ଚାଲିଥାନ୍ତି । ଏଇଭଳି ଏକ ରାସ୍ତାରେ ଜଣେ ଯୁବତୀଙ୍କୁ କିଛି ଯୁବକ ଘେରିଯାଇ ତାଙ୍କର ପିନ୍ଧାଲୁଗାକୁ ଟଣାଟଣି କରୁଥାନ୍ତି ଓ ଯୁବତୀ ଜଣକ ଗାଡ଼ି ମୋଟରରେ ଯାଉଥିବା ଲୋକମାନଙ୍କୁ ସାହାଯ୍ୟ ପାଇଁ ନିବେଦନ କରୁଥାଆନ୍ତି । ନ ଦେଖିଲା ପରି ନ ଶୁଣିଲା ପରି ଲୋକମାନେ ଚାଲିଯାଉଥାନ୍ତି । ସାହସ ସଞ୍ଚୟ କରି କୌଣସି ବୀରପୁଙ୍ଗବ ଯୁବତୀଙ୍କୁ ବଦମାସ୍‌ମାନଙ୍କ କବଳରୁ ଉଦ୍ଧାର କରିବା ପାଇଁ ଆଗେଇ ଆସୁନଥାନ୍ତି । କିଛି ସମୟ ପରେ ଦୈବାତ୍ ପୋଲିସ ଗାଡ଼ି ସେ ରାସ୍ତାରେ ଗଲା ଓ ଯୁବତୀ ଜଣକ ଆଉ ଅଧିକ ଯନ୍ତ୍ରଣାରୁ ମୁକ୍ତ ହେଲେ ।

ଦ୍ୱିତୀୟ ସମ୍ବାଦଟି ଏଇଭଳି ଥିଲା । ଆସାମରୁ ମେଘାଳୟ ଯିବା ବାଟରେ ସୀମାରେ ଥିବା ଆସାମର ଏକ ସହରରେ ସନ୍ଧ୍ୟା ସମୟରେ ଜଣେ ତରୁଣୀ ସଉଦା କିଣିସାରି ଗୋଟିଏ ଦୋକାନରୁ ବାହାରୁ ବାହାରୁ ଦୋକାନ ସାମନାରେ କିଛି ଯୁବକ ଘେରିଗଲେ । ତରୁଣୀ ଜଣଙ୍କୁ ଭିଡ଼ାଓଟରା କରି ତାଙ୍କର ଇଜ୍ଜତ ଲୁଣ୍ଠନ ପାଇ ଉଦ୍ୟମ ଆରମ୍ଭ କରିଦେଲେ । ସେ ପରିସ୍ଥିତିରୁ ମୁକୁଳେଇବା ପାଇଁ ତରୁଣୀ ଜଣକ ସ୍ୱାଭାବିକ ଭାବେ ଆର୍ତ୍ତ ଚିତ୍କାର କଲେ । ବାଙ୍ଗାଲୋର ଭଳି ଏଠି ମଧ୍ୟ କୌଣସି ଲୋକ ତାକୁ ସାହାଯ୍ୟ କରିବାକୁ ଆସିଲେ ନାହିଁ, ବରଂ ଦେଖଣାହାରୀ ସାଜି ସମସ୍ତ ଘଟଣାଟିକୁ ଉପଭୋଗ କଲେ । ସେତିକି ନୁହେଁ ଜଣେ ଟି.ଭି. ସାମ୍ବାଦିକ ଏହି ସର୍ବଦା ନିନ୍ଦନୀୟ ଘଟଣାଟିକୁ ଫଟୋ ଉଠାଇ ଏକ ଟି.ଭି. ଚ୍ୟାନେଲ୍‌ରେ ପ୍ରସାରଣ ପାଇଁ ଦେଇଦେଲେ । ତୁମେ କାହିଁକି ତରୁଣୀ ଜଣକୁ ସାହାଯ୍ୟ କଲ ନାହିଁ ପଚାରିବାରେ ସେ ଉତ୍ତର ଦେଲେ ସଂପୂର୍ଣ୍ଣ ନିର୍ବିକାର ଚିତ୍ତରେ, ଯେ ସେ ଜଣେ ସଚ୍ଚା ସାମ୍ବାଦିକ ଭାବେ କର୍ତ୍ତବ୍ୟ ପାଳନ କରୁଥିଲେ । ତରୁଣୀଙ୍କୁ ସାହାଯ୍ୟ କରିବା ସାମ୍ବାଦିକର କାମ ନୁହଁ । କିଛିଦିନ ପାଇଁ

ଘଟଣାଟିକୁ ନେଇ ଆସାମ ହୁଲସ୍ଥୁଲ ହେଲା ଓ ଜାତୀୟ ସ୍ତରରେ ମଧ୍ୟରେ ଆଲୋଚିତ ହେଲା । କିନ୍ତୁ ଏଭଳି ସବୁ କଥାର ଯେପରି ଅନ୍ତ ହୁଏ, ଅର୍ଥାତ୍ ଚାରି ଛ'ଦିନ ପରେ ସବୁ କିଛି ଦୃଶ୍ୟପଟରୁ ଚାଲିଗଲା ।

ଏଇ ଦୁଇଟି ଘଟଣା ଯାହା ଉଲ୍ଲେଖ କରାଗଲା ତାହା ଯେ କେବଳ ବାଙ୍ଗଲୋର ବା ଆସାମ ସୀମାନ୍ତ ସହରର ଘଟଣା ନୁହେଁ ବା ସମସାମୟିକ ଭାରତର ଘଟଣା ନୁହେଁ । ପାଖାପାଖି ଚାରିହଜାର ବର୍ଷ ପୂର୍ବେ କୂଳବଧୂ ଏକବସ୍ତ୍ରୀ ଦ୍ରୌପଦୀଙ୍କୁ ପିତାମହ ଭୀଷ୍ମ, କୁଳଗୁରୁ କୃପାଚାର୍ଯ୍ୟ, ମହାରାଜ ଧୃତରାଷ୍ଟ୍ର ଓ ନିଜର ପାଞ୍ଚ ସ୍ୱାମୀ ଓ ଅନ୍ୟାନ୍ୟ ସଦସ୍ୟମାନଙ୍କ ସମ୍ମୁଖରେ ଯେପରି ଭାବେ ବିବସନ ପାଇଁ ଉଦ୍ୟମ ହେଲା ଓ ସେ ସମୟରେ ମହାନ୍ କୁରୁବଂଶର ଦାୟାଦମାନେ ଯେପରି ଟିଟ୍କିକାର ଅଟ୍ଟହାସ୍ୟ ଓ ଆନନ୍ଦ ଉଲ୍ଲାସରେ ମନ୍ତବ୍ୟମାନ ପ୍ରଦାନ କରୁଥିଲେ, ସେ କଥା ଭାବିଲା ବେଳକୁ ମଣିଷ ଚରିତ୍ରର ଏ କଳଙ୍କିତ ଦିଗକୁ ନେଇ ଅତ୍ୟନ୍ତ ବ୍ୟଥିତ ଓ ଲଜ୍ଜିତ ହେବାକୁ ପଡ଼େ ।

ଏ ସଂପର୍କରେ ରାମାୟଣରେ ବର୍ଣ୍ଣିତ ଗପଟି ପ୍ରଣିଧାନ ଯୋଗ୍ୟ । କେଉଁ କାରଣରୁ ବା କେଉଁ ପରିସ୍ଥିତିରେ ମାତା ସୀତା ଅପହୃତା ହେଲେ ସେ ବିଷୟରେ ଏଠାରେ ଉଲ୍ଲେଖ କରିବାର ଆବଶ୍ୟକତା ନାହିଁ । ସେହିଭଳି ସାଧାରଣ ମଣିଷ ଭଳି ନିଜର ସ୍ତ୍ରୀଙ୍କୁ କୁଟୀରରେ ନ ପାଇ ମର୍ଯ୍ୟାଦାପୁରୁଷ ପୁରୁଷୋତ୍ତମ ରାମଚନ୍ଦ୍ର ବିଳାପ କରି ବୃକ୍ଷଲତା ଓ ପଶୁପକ୍ଷୀମାନଙ୍କୁ ସୀତାଙ୍କ ବିଷୟରେ ସମ୍ବାଦ ଜାଣିବା ପାଇଁ କିଭଳି ବିବ୍ରତ ହୋଇପଡୁଥିଲେ ସେ କଥା ବର୍ଣ୍ଣନା କରିବାର ମଧ୍ୟ ଆବଶ୍ୟକତା ନାହିଁ । ତେବେ ରାବଣର ଆକାଶ ମାର୍ଗରେ ସୀତାଙ୍କୁ ପୁଷ୍ପକ ଯାନରେ ନେବା ବେଳେ ଜଟାୟୁ ପକ୍ଷୀ କିପରି ପ୍ରାଣକୁ ବାଜି ଲଗାଇ ରାବଣକୁ ଆକ୍ରମଣ କରି ଲାଗିଲା ଓ ରାବଣର ଲଢ଼େଇରେ ସମକକ୍ଷ ନହେଲେ ମଧ୍ୟ ଓ ହାରିବା ବା ମୃତ୍ୟୁ ନିଶ୍ଚିତ ଜାଣି ମଧ୍ୟ ସାଧ୍ୟମତେ ଚେଷ୍ଟାକଲା ଓ ପକ୍ଷହୀନ ହୋଇ ତଳେ ପଡ଼ି ରାମଚନ୍ଦ୍ରଙ୍କୁ ସମ୍ବାଦଟି ଜଣାଇଲା । ସେ ବୃତ୍ତାନ୍ତ ଜାଣିଲା ପରେ ପକ୍ଷୀର ସାହସ ଓ ଚରିତ୍ର ସହ ଉପରେ ଲେଖା ହୋଇଥିବା ଘଟଣାମାନଙ୍କରେ ବର୍ଣ୍ଣିତ ମଣିଷର ଚରିତ୍ର କଥା ବିଚାର କଲା ବେଳେ ସର୍ବଶ୍ରେଷ୍ଠ ପ୍ରାଣୀ ହିସାବରେ ମଣିଷର ବଡ଼ିମା ତୁଚ୍ଛ ଓ ମିଥ୍ୟା ଜଣାପଡ଼େ ।

ଆମର ଚରିତ୍ରର ଅନ୍ୟ ଏକ ଦିଗ ପ୍ରତି ଦୃଷ୍ଟି ଦେବା । ଆମର ସମ୍ବିଧାନରେ ଯେପରି ମହାନ୍ ଆଦର୍ଶନ ଜନମାନଙ୍କର ଅବତାରଣା କରାଯାଇଛି କିନ୍ତୁ ବାସ୍ତବ କ୍ଷେତ୍ରରେ ଅଙ୍ଗେ ଲିଭେଇଥିବା ଦୈନନ୍ଦିନ ଜୀବନର ବାସ୍ତବତା ତା'ଠାରୁ ସଂପୂର୍ଣ୍ଣ ବିପରୀତ । ଠିକ୍ ସେହିଭଳି ଆମର ଅନେକ ଗ୍ରନ୍ଥମାନଙ୍କରେ ନାରୀମାନଙ୍କର ସାମାଜିକ ସ୍ଥିତି ବିଷୟରେ ଚମତ୍କାର ଭାବେ କୁହାଯାଇଛି, କିନ୍ତୁ ପ୍ରକୃତ ସ୍ଥିତି ଅତି ଲଜ୍ଜାଜନକ ।

ସେଥିପାଇଁ ଘରେ ଝିଅଟିଏ ଜନ୍ମହେଲେ ଅଧିକାଂଶ କ୍ଷେତ୍ରରେ ଏକ ନୈରାଶ୍ୟ, ଦୁଃଖ ଓ ହତାଶାର ବାତାବରଣ ସୃଷ୍ଟି ହେଇଥାଏ। ପରିସ୍ଥିତିର ତାଡ଼ନାରେ ଓ ଭୟଙ୍କର ମାନସିକ ଚାପରେ ଜନ୍ମ ଦେଇଥିବା ମା' ମଧ୍ୟ ସଦ୍ୟ ଜନ୍ମିତ କନ୍ୟା ସନ୍ତାନକୁ ଡ଼ାକ୍ତରଖାନାର ଡ଼ଷ୍ଟବିନ୍‌ରେ, ପୋଲତଳେ, ବୁଦା ଉହାଡ଼ରେ, ପଡ଼ିଆ ଜମିରେ ଫୋପାଡ଼ି ଦେଇଥାଏ। ଆଉ ଯଦି ସନ୍ତାନଟି, ପୁଅ ହେଉ ବା ଝିଅ ହେଉ, ବିବାହ ବନ୍ଧନ ବାହାରେ ଜନ୍ମ ହୋଇଥାଏ ତେବେ ଅନେକ ସମୟରେ ତା'ର ଭାଗ୍ୟ ସେଇ ଡଷ୍ଟବିନ୍ ବା ବୁଦା ଉହାଡ଼ ବା ପୋଲତଳ ଇତ୍ୟାଦି ସ୍ଥାନରେ ଶେଷ ହେଇଥାଏ।

ଭାରତରେ ଯେ ଆଜି କେବଳ ଏଭଳି ଘଟଣା ଘଟୁଛି ତା' ନୁହେଁ। ଚାଷ କଲାବେଳେ ତ ଜନକ ମହର୍ଷି ସୀତାଙ୍କୁ ପାଇଥିଲେ ଜମିରୁ। ମାତା କୁନ୍ତୀ ତାଙ୍କର ଜନ୍ମିତ ପୁତ୍ର ସନ୍ତାନକୁ ନଦୀରେ ଭସାଇ ଦେଇଥିଲେ। ପରେ ସେ କର୍ଣ୍ଣ ନାମରେ ପରିଚିତ ହେଲେ। ଆଉ ଗୋଟିଏ ନିର୍ଦ୍ଦିଷ୍ଟ ପୁରାଣ ବର୍ଣ୍ଣିତ ଘଟଣାର ଏଠାରେ ଉଲ୍ଲେଖ କରୁଛି। କନ୍ୟା ସନ୍ତାନଟି ଖୋଲା ପଡ଼ିଆରେ ପଡ଼ି କାନ୍ଦୁଛି ସୂର୍ଯ୍ୟକିରଣ ଧୀରେ ଧୀରେ ଟାଣ ହେବାରେ ଲାଗିଛି। ଆକାଶ ମାର୍ଗରୁ ସଦ୍ୟଜାତ କନ୍ୟା ସନ୍ତାନକୁ ଦେଖି କ୍ଷୁଧାର୍ତ୍ତ ଶକୁନ୍ତ ବା ଶାଗୁଣାଟି ବଢ଼ିଆ ଆହାର ମିଳିଗଲା ଭାବି ତଳକୁ ଓହ୍ଲାଇଲା, କିନ୍ତୁ ଆଶ୍ଚର୍ଯ୍ୟ କଥା ଶାଗୁଣାଟି ବୁଭୁକ୍ଷୁ ଥିଲେ ମଧ୍ୟ ଖାଇବା ପରିବର୍ତ୍ତେ ଦୟାପରବଶ ହୋଇ ସନ୍ତାନଟିକୁ ସୂର୍ଯ୍ୟକିରଣରୁ ରକ୍ଷା କରିବା ପାଇଁ ତା'ର ଦୁଇଟିଯାକ ଡ଼େଣା ମେଲାଇ ଛାଇ କରିଦେଲା। ଶକୁନ୍ତ ରକ୍ଷା କରିଥିବା ହେତୁ କଣ୍ୱମୁନି ସେହି କନ୍ୟାର ନାମ ରଖିଲେ ଶକୁନ୍ତଳା।

ଶକୁନ୍ତଳା କନ୍ୟା ସନ୍ତାନର ମା' ନଥିଲା, ବରଂ କନ୍ୟା ସନ୍ତାନଟି ତା'ର ଖାଦ୍ୟ ଥିଲା ଓ ଶକୁନ୍ତଟି ବୁଭୁକ୍ଷୁ ଥିଲା।

■

ଶ୍ରୁତିଲିପି ଦ୍ୱାଦଶ ପ୍ରକାଶନ ୨୦୧୩, ପୃଷ୍ଠା - ୪୦

କେତେଜଣ ମହିଳାଙ୍କ କାହାଣୀ

ତାମିଲ ଓ ସଂସ୍କୃତ - ଏଇ ଦୁଇଟି ଭାଷା ମଧ୍ୟରେ କିଏ ଅଧିକ ପୁରାତନ ବା କିଏ ଅଧିକ ମହାନ ସେ ବିଷୟରେ ମୁଁ କିଛି କହିପାରିବିନି କାରଣ ସେଥିରେ ମୋର ପ୍ରବେଶ ନାହିଁ। କିନ୍ତୁ ଉଭୟ ତାମିଲ ଓ ସଂସ୍କୃତ ଭାଷା ସୃଷ୍ଟି ବିଷୟରେ ଏକ ରୋଚକ ପୌରାଣିକ କାହାଣୀ ଅଛି। ଯେତେବେଳେ ଶିବ ଓ ପାର୍ବତୀଙ୍କର ବିବାହ ହେଲା ସେତେବେଳେ ସେ ଉତ୍ସବରେ ଯୋଗ ଦେବା ପାଇଁ ଦକ୍ଷିଣରୁ ଲୋକସବୁ ଚାଲି ଆସିଲେ। ଦେଶର ଗୋଟେ ପାଖ ପୁରା ଖାଲି ହୋଇଯିବାରୁ ଜନସଂଖ୍ୟାରେ ଭାରସାମ୍ୟ ଆଣିବାରେ ସାହାଯ୍ୟ କରିବା ପାଇଁ ଋଷି ଅଗସ୍ତ୍ୟଙ୍କୁ ମନୋନୀତ କଲେ ଶଙ୍କର। ଅଗସ୍ତ୍ୟ ଖର୍ବକାୟ ଥିଲେ କିନ୍ତୁ ବିପୁଳ ଶକ୍ତିର ଅଧିକାରୀ ଥିଲେ। ଗୋଟେ ଚଳା ଆଞ୍ଜୁଳାରେ ସମୁଦ୍ରର ପାଣି ପିଇଦେଇଥିଲେ ଋଷି ଅଗସ୍ତ୍ୟ। ସେ ଦାୟିତ୍ୱ ନେବାରେ ସମ୍ମତି ପ୍ରକାଶ କଲେ କିନ୍ତୁ ଦକ୍ଷିଣର ଭାଷା ଜାଣିବାର ଆବଶ୍ୟକତା ବିଷୟରେ ଶିବଙ୍କୁ ଗୁହାରି ଜଣାଇଲେ। ଉଭୟ ପାଣିନି ଓ ଅଗସ୍ତ୍ୟଙ୍କୁ ଏକାଠି କରି ବାଦ୍ୟ ଓ ନୃତ୍ୟ ପ୍ରିୟ ଶିବ ଦୁଇହାତରେ ବାଜା ବଜାଇବା ଆରମ୍ଭ କରିଦେଲେ। ବାଜାର ଯେଉଁ ପାଖକୁ ବାଁ ହାତରେ ବଜାଇଲେ ସେଥିରୁ ଯେଉଁ ଶବ୍ଦ ବାହାରିଲା ସେ ତାମିଲ ଭାଷାର ମୂଳ ଭିତ୍ତି ହେଲା ଓ ବାଜାର ଡ଼ାହାଣ ପାଖରୁ ବାହାରିବା ଶବ୍ଦରୁ ସଂସ୍କୃତ ଭାଷାର ସୃଷ୍ଟି ହେଲା। ଅଗସ୍ତ୍ୟ ଋଷି ତାମିଲ ଭାଷାର ବ୍ୟାକରଣ ଓ ପାଣିନି ସଂସ୍କୃତ ଭାଷାର ବ୍ୟାକରଣ ରଚନା କଲେ। ତେଣୁ ଉଭୟ ଭାଷା ଏକ ସମୟରେ ସୃଷ୍ଟି ହେଲେ ଓ ତା'ପରେ ନିଜ ନିଜ ଦୃଷ୍ଟିରୁ ଉଭୟ ସମୃଦ୍ଧ ହେଲେ। ଏ କାହାଣୀର ସତ୍ୟତା ବିଷୟରେ କିଛି କହୁ ନାହିଁ। ତାମିଲ ଭାଷାରେ ଯେଉଁ ପାଞ୍ଚଟି ମହାକାବ୍ୟ ଅଛି ସେଥି ମଧ୍ୟରୁ ଗୋଟିଏ ହେଲା ସିଲପାଦ୍ଦିକାରମ୍। ମହାକାବ୍ୟଟି ହେଲା ଜଣେ ନାରୀର ଅତୁଟ ପ୍ରେମର କାହାଣୀ। କୋଭଲନ ନାମକ ଜଣେ ସ୍ୱଚ୍ଛଳ ଓ ସମ୍ଭ୍ରାନ୍ତବଂଶୀୟ ବ୍ୟକ୍ତି କନ୍ନକି ନାମକ ଜଣେ

ଅତି ମଧୁର ଭାଷିଣୀ ଓ ସୁନ୍ଦରୀ ସ୍ତ୍ରୀକୁ ବିବାହ କଲେ। ବିବାହର କିଛି ଦିନ ପରେ କନ୍ନକିଙ୍କର ଦୁର୍ଭାଗ୍ୟର ଦିନ ଆରମ୍ଭ ହୋଇଗଲା। କୋଭଲନ ମାଧବୀ ନାମକ ଏକ ବାରାଙ୍ଗନାର ପ୍ରେମରେ ପଡ଼ିଗଲେ। ସେ ଏପରି ବେଶ୍ୟାସକ୍ତ ହୋଇଗଲେ ଯେ ନିଜର ଚମତ୍କାର ଚେହେରାର ସ୍ତ୍ରୀଙ୍କୁ ଭୁଲିଗଲେ ଓ କନ୍ନକିଙ୍କୁ ସମ୍ପୂର୍ଣ୍ଣ ଅବହେଳା କଲେ। ବର୍ଷ ପରେ ବର୍ଷ ବିତିଗଲା। କୋଭଲନ୍ ତାଙ୍କର ସମସ୍ତ ଧନ ଦୌଲତ ମାଧବୀ ପିଛା ଖର୍ଚ୍ଚ କରି ସାରିଦେଲାପରେ ସମ୍ପୂର୍ଣ୍ଣ ନିଃସ୍ୱ ହୋଇଗଲେ। ତା'ପରେ ତାଙ୍କର ନିଜ ସ୍ତ୍ରୀ କନ୍ନକିଙ୍କ କଥା ମନେ ପଡ଼ିଲା। ପ୍ରକୃତରେ କନ୍ନକି ଜଣେ ଅସାଧାରଣ ମହିଳା ଥିଲେ। ତାଙ୍କର ଚାହାଣୀରେ ଚାତୁର୍ଯ୍ୟ ଥିଲା, କଥାରେ ମାଧୁର୍ଯ୍ୟ ଓ ମମତା ଥିଲା। କନ୍ନକିଙ୍କର ଦେହର କାନ୍ତି ଓ ଶୋଭା ଅତି ଆକର୍ଷଣୀୟ ଥିଲା। ମାଧବୀର ପ୍ରେମରେ ଅନ୍ଧ ହୋଇ କୋଭଲନ୍ ଏସବୁକୁ ପଛରେ ପକାଇଦେଲେ। କନ୍ନକିଙ୍କର କିନ୍ତୁ ଲମ୍ପଟ ସ୍ୱାମୀ ପ୍ରତି ଆନୁଗତ୍ୟ ତଥା ପ୍ରେମ ଅତୁଟ ରହିଥିଲା। ତେଣୁ ସ୍ୱାମୀଙ୍କର ସମସ୍ତ ଅବହେଳା, ଲାଞ୍ଛନ ଓ ଅତୀତର ସମସ୍ତ ଦୁଃଖ ଯନ୍ତ୍ରଣାକୁ ଭୁଲିଯାଇ କନ୍ନକି ତାଙ୍କୁ କ୍ଷମା କରିଦେଇଥିଲେ।

ସେଇ ନିଃସ୍ୱ ଅବସ୍ଥାରେ ଉଭୟ କୋଭଲନ୍ ଓ ସ୍ତ୍ରୀ କନ୍ନକି ନିଜର ବାସସ୍ଥାନ ପୁହାର ଛାଡ଼ି ମଦୁରାକୁ ଚାଲିଯାଇ ସେଠାରେ ବାସ କଲେ। ଘଟଣାକ୍ରମେ ଏକ ଭୁଲ ବିଚାରରେ ରାଜା କନ୍ନକିଙ୍କର ସ୍ୱାମୀ କୋଭଲନ୍‌ଙ୍କୁ ମୃତ୍ୟୁଦଣ୍ଡ ଦେଲେ ଯଦିଓ କୋଭଲନ୍ ନିର୍ଦ୍ଦୋଷ ଥିଲେ। ନିର୍ଦ୍ଦୋଷ ସ୍ୱାମୀଙ୍କର ମୃତଶରୀରକୁ ଦେଖି ଭୟଙ୍କର ଉତ୍ତେଜନା, ହତାଶା, କ୍ରୋଧରେ ଜର୍ଜରିତ କନ୍ନକି ଉଚ୍ଚ ସ୍ୱରରେ କହିଲେ- "କହ, ଏ ରାଜ୍ୟରେ, ଏ ସହରରେ କିଏ ଜଣେ ନାରୀ ନାହିଁ ମୋର ନିର୍ଦ୍ଦୋଷ ସ୍ୱାମୀଙ୍କୁ ଅନ୍ୟାୟରେ ଯେଉଁ ଦଣ୍ଡ ଦିଆଗଲା ତା'ର ପ୍ରତିବାଦ କରିବା ପାଇଁ?

କହ, କହ, କ'ଣ କେହି ଜଣେ ନାରୀ ନାହିଁ ଏ ସହରରେ ଏ ଅନ୍ୟାୟର ପ୍ରତିବାଦ କରିବା ପାଇଁ?

କହ, କହ, କହ, ଏଠି କ'ଣ ଜଣେ ହେଲେ ନାହିଁ ଏହାର ପ୍ରତିବାଦ କରିବା ପାଇଁ?

ପୁଣି ଉଚ୍ଚ ସ୍ୱରରେ କନ୍ନକି କହିଲେ-

କହ ଏ ସହରରେ କେହି ଜଣେ ପୁରୁଷ ନାହିଁ ଏ ଅନ୍ୟାୟର ପ୍ରତିବାଦ କରିବା ପାଇଁ?

କହ, କହ ଏଠି କେହି ପୁରୁଷପୁଙ୍ଗବ ନାହିଁ ଯିଏକି ବାହାରି ଆସିବେ ଏ ଅନ୍ୟାୟର ପ୍ରତିବାଦ କରିବା ପାଇଁ?

କହ, କହ, କହ ଏ ସହରରେ କେହି ଜଣେ ହେଲେ ପୁରୁଷ ନାହିଁ ଏ ଘୋର ଅନ୍ୟାୟର ପ୍ରତିବାଦ କରିବା ପାଇଁ ?

ଏଥର କନ୍ନକି ସେଇଭଳି ସ୍ୱରରେ କହିଲେ-

ହେ ଭଗବାନ୍ ତୁମେ କ'ଣ ନାହଁ, କାହିଁକି ମୋ ନିର୍ଦ୍ଦୋଷ ସ୍ୱାମୀ ଏଭଳି ଦଣ୍ଡ ପାଇଲେ ?

କହ ଭଗବାନ, ତୁମର ଏ କି ନ୍ୟାୟ, ଅନ୍ୟାୟରେ ମୋର ସ୍ୱାମୀକୁ ମୃତ୍ୟୁ ଦଣ୍ଡ ଭଳି ଭୟଙ୍କର ଦଣ୍ଡ ଦିଆଗଲା ? କହ କହ ଭଗବାନ ତୁମେ କେଉଁଠି ଅଛ, କାହିଁକି ମୋର ସ୍ୱାମୀ ଏଭଳି ଦଣ୍ଡିତ ହେଲେ ?

ନୈରାଶ୍ୟ, ହତାଶା ଓ କ୍ରୋଧର ସମସ୍ତ ସୀମା ଟପି ଯାଇଥିଲା ସେତେବେଳେକୁ ଓ ଭୟଙ୍କର ଉତ୍ତେଜନାର ବଶବର୍ତ୍ତୀ ହୋଇ କନ୍ନକି ନିଜ ହାତରେ ନିଜର ଏକ ସ୍ତନକୁ ମୋଡ଼ି ଭିଡ଼ି ଛିନ୍ନ କରି ରାସ୍ତା ଉପରକୁ ଫୋପାଡ଼ି ଦେଲେ ଓ କହିଲେ ଏ ସହର ଯେଉଁଠି ମୋର ସ୍ୱାମୀଙ୍କୁ ଏଭଳି ଘୋର ଅନ୍ୟାୟରେ ମୃତ୍ୟୁ ଦଣ୍ଡ ଦିଆଯାଇଅଛି ଅତି ଶୀଘ୍ର ଧ୍ୱଂସ ହୋଇଯିବ । ଏହାପରେ ତାଙ୍କର ପ୍ରାଣ ବାୟୁ ଚାଲିଗଲା । ମଦୁରା ସହର ଧ୍ୱଂସ ହୋଇଗଲା ଓ ସେଠାର ରାଜା ଓ ରାଣୀଙ୍କର ମଧ୍ୟ ମୃତ୍ୟୁ ହୋଇଥିଲା ।

ତାମିଲ ଭାଷାରେ କନ୍ନକି ଆଖ୍ୟାନଟି ଏଭଳି ମର୍ମସ୍ପର୍ଶୀ ଓ ହୃଦୟସ୍ପର୍ଶୀ ଭାବେ ଲେଖା ଯାଇଛି ଯେ କେବଳ ତାମିଲ ଭାଷାଭାଷୀ ନୁହନ୍ତି, ଯିଏ ବା ପଢ଼େ ବି ଶୁଣେ ତା'ର ହୃଦୟର ସମସ୍ତ ତନ୍ତ୍ରୀ ଥରି ଉଠେ ।

ଶେଷ କଥା - ଜଣେ ସତୀ, ପତିବ୍ରତା ନାରୀର କରାମତିରେ ଗୋଟିଏ ରାତି ସପତରାତି ହୋଇପାରେ, ମୃତସ୍ୱାମୀ ଯମପୁରରୁ ଫେରିପାରେ ବା ମଦୁରାଭଳି ସହର ଧ୍ୱଂସ ପାଇଯାଇପାରେ । ପୁରୁଷମାନଙ୍କ କ୍ଷେତ୍ରରେ ଏଭଳି କିଛି କାହାଣୀ ଅଛି କି ?

ସତୀ ଶବ୍ଦଟି ସ୍ତ୍ରୀ ଲିଙ୍ଗ, ସତୀ ଶବ୍ଦର ପୁଲିଙ୍ଗ ଅଛି କି ?

(ଖ)

ଆଧୁନିକ ଗଣିତ ଶାସ୍ତ୍ର, ବିଜ୍ଞାନ ତଥା ଜ୍ୟୋତିର୍ବିଜ୍ଞାନର ମୂଳଦୁଆ ପକାଇବାରେ ଯେଉଁମାନଙ୍କର ମହାନ ଭୂମିକା ରହିଛି ସେମାନଙ୍କ ଭିତରେ ଆଲୋକ୍‌ଜାଣ୍ତ୍ରିଆର ହାଇପାସିଆ ଅନ୍ୟତମ । ହାଇପାସିଆଙ୍କର ଜନ୍ମ ଚତୁର୍ଥ ଶତାବ୍ଦୀର ଦ୍ୱିତୀୟ ଭାଗରେ ଓ ମୃତ୍ୟୁ ପଞ୍ଚମ ଶତାବ୍ଦୀର ପ୍ରଥମ ଭାଗରେ ପ୍ରାୟ ଷାଠିଏ ବର୍ଷ ବୟସରେ । ତାଙ୍କର ବାପା ଥିଲେ ଥିଅନ୍ ଯେ କି ଉଭୟ ଦର୍ଶନଶାସ୍ତ୍ର ଓ ଗଣିତଶାସ୍ତ୍ର ବିଶାରଦ ଥିଲେ ଓ ସେ ଆଲେକ୍‌ଜାଣ୍ତ୍ରିଆ ବିଶ୍ୱବିଦ୍ୟାଳୟରେ ଅଧ୍ୟାପନା କରୁଥିଲେ ।

ଝିଅ ହାଇପାସିଆର ଗଣିତ ତଥା ଦର୍ଶନଶାସ୍ତ୍ର ପ୍ରତି ଅନୁରାଗ ଦେଖି ଥିଅନ୍

ବହୁ ଉତ୍ସାହର ସହ ଉପରୋକ୍ତ ଉଭୟ ଶାସ୍ତ୍ରରେ ହାଇପାସିଆଙ୍କୁ ପଢ଼େଇବାରେ ଲାଗି ପଡ଼ିଲେ। ପିତାଙ୍କର ପ୍ରତ୍ୟକ୍ଷ ତତ୍ତ୍ୱାବଧାନରେ ହାଇପାସିଆ ଗଣିତର ଜଟିଳ ସୂତ୍ରଗୁଡ଼ିକୁ ଖୁବ୍ ଶୀଘ୍ର କେବଳ ବୁଝିପାରିଲେ, ତା' ନୁହେଁ, ଗଣିତ ଶାସ୍ତ୍ରରେ ଅସମ୍ଭବ ବ୍ୟୁତ୍ପତ୍ତି ହାସଲ କରିଦେଲେ। ତା'ସହ ଦର୍ଶନଶାସ୍ତ୍ର, ବିଜ୍ଞାନ ତଥା ଜ୍ୟୋତିର୍ବିଜ୍ଞାନରେ ରୁଚି ରଖିଲେ। ପୃଥିବୀରୁ ଗ୍ରହ ନକ୍ଷତ୍ରମାନଙ୍କ ଦୂରତ୍ୱ ମାପିବା ପାଇଁ ଯନ୍ତ୍ର ଓ ସେହିଭଳି ଆଉ ଅନେକ ଯନ୍ତ୍ର ମଧ୍ୟ ଉଦ୍ଭାବନ କଲେ। ପିତାଙ୍କର ସହଯୋଗୀ ତଥା ସହକର୍ମୀ ହିସାବରେ ବିଶ୍ୱବିଦ୍ୟାଳୟରେ ଯୋଗ ଦେଲେ ଓ ଅଧ୍ୟାପନା କାର୍ଯ୍ୟ ଆରମ୍ଭ କରିଦେଲେ।

ହାଇପାସିଆଙ୍କଠାରେ ଉଭୟ ରୂପ ଓ ଗୁଣର ଏକ ଅପୂର୍ବ ସମନ୍ୱୟ ଥିଲା। ସମସ୍ତ ନାରୀ ସୁଲଭ ସୌନ୍ଦର୍ଯ୍ୟ ଅଜାଡ଼ି ଦେବାରେ ପ୍ରକୃତି ଆଦୌ କୁଣ୍ଠା କରି ନଥିଲା। ହାଇପାସିଆଙ୍କର ଅସାମାନ୍ୟ ସୌନ୍ଦର୍ଯ୍ୟ ଓ ପ୍ରଚଣ୍ଡ ବୌଦ୍ଧିକ ପ୍ରତିଭା ତାଙ୍କର ଖ୍ୟାତିକୁ ଦୂରଦୂରାନ୍ତକୁ ପ୍ରସାରିତ କରିଦେଲା। ହାଇପାସିଆଙ୍କର ଖ୍ୟାତି ବଢ଼ିବାର ଅନ୍ୟ ଏକ କାରଣ ଥିଲା। ତା'ହେଲା ଦର୍ଶନ ଶାସ୍ତ୍ର, ଗଣିତ ଶାସ୍ତ୍ର ଓ ବିଜ୍ଞାନର ଜଟିଳ ତତ୍ତ୍ୱଗୁଡ଼ିକୁ ଅତି ସରଳ ଭାବେ ସେ ବୁଝାଇପାରୁଥିଲେ। ହାଇପାସିଆ ଅସମ୍ଭବ ବାଗ୍ମୀ ଥିଲେ। ତାଙ୍କର ବାଗ୍ମୀତାରେ ଆଲେକ୍‌ଜାଣ୍ଡ୍ରିଆର ଆବାଳବୃଦ୍ଧ ବନିତା ଅଭିଭୂତ ହୋଇ ପଡୁଥିଲେ। ସେ ଘରୁ ବାହାରି ବିଶ୍ୱବିଦ୍ୟାଳୟ ଯିବା ବାଟରେ ଛକ ଜାଗାମାନଙ୍କରେ ଲୋକ ଭିଡ଼ ଜମାଇ ଦେଉଥିଲେ ତାଙ୍କ ତୁଣ୍ଡରୁ କିଛି ପଦ ଶୁଣିବା ପାଇଁ। ସେ ଏଭଳି ବିଖ୍ୟାତ ହୋଇଗଲେ ଯେ ବିଭିନ୍ନ ଦେଶବିଦେଶରୁ ଛାତ୍ର ଓ ପଣ୍ଡିତମାନେ ଆସୁଥିଲେ ତାଙ୍କ ସହ ବିଭିନ୍ନ ବିଷୟରେ ଆଲୋଚନା କରିବା ପାଇଁ, ତଥା ଉଚ୍ଚତର ଅଧ୍ୟୟନ ଓ ଗବେଷଣା ପାଇଁ ହାଇପାସିଆଙ୍କର ଖ୍ୟାତିର ବୃଦ୍ଧି ସହ ଉଭୟ ଆଲେକ୍‌ଜାଣ୍ଡ୍ରିଆ ସହର ତଥା ବିଶ୍ୱବିଦ୍ୟାଳୟ ଖାତିର ବୃଦ୍ଧି ଘଟିବାରେ ଲାଗିଲା।

ପୂର୍ବରୁ ହାଇପାସିଆଙ୍କର ଅପରୂପ ସୌନ୍ଦର୍ଯ୍ୟ କଥା କୁହାଯାଇଛି। ସେ ସୌନ୍ଦର୍ଯ୍ୟ ପ୍ରକୃତରେ ପ୍ରକୃତିର ଅବଦାନ ଥିଲା ଓ ହାଇପାସିଆଙ୍କର ନିଜ ଦେହ ପ୍ରତି ଆଦୌ ଧ୍ୟାନ ନଥିଲା। ସେ ସୌନ୍ଦର୍ଯ୍ୟରେ ବିମୋହିତ ହୋଇ ଥରେ ତାଙ୍କର ଜଣେ ଛାତ୍ର ତାଙ୍କ ନିକଟରେ ବାରମ୍ବାର ପ୍ରେମ ନିବେଦନ କରିବାରେ ଲାଗିଲା। ଥରେ ବିଶ୍ୱବିଦ୍ୟାଳୟ ଯିବା ବାଟରେ ସେଇ ଛାତ୍ରଟି ଏକ ଜନଗହଳି ଛକରେ ତାଙ୍କର ଯାନକୁ ଅଟକାଇ ପ୍ରେମ ନିବେଦନ କଲା। ସେଥିରେ ହାଇପାସିଆ କ୍ଷୁବ୍ଧ ହୋଇ ତାଙ୍କର ଅନ୍ତଃବସ୍ତ୍ର ସହିତ ସମସ୍ତ ବସ୍ତ୍ର ବାହାର କରିଦେଲେ ଓ କହିଲେ - ରେ ମୂଢ଼, ରେ ପାମର, ଦେଖ, ତୁ ଯାହା ପାଇଁ ଲାଳାୟିତ ସେ କେତେ କୁତ୍ସିତ! ଏଇ କୁତ୍ସିତ ବସ୍ତୁଟି ପାଇବା ପାଇଁ ଆଉ ଉଦ୍ୟମ ନକରି ଯାହାର ସୌନ୍ଦର୍ଯ୍ୟ ଚିରନ୍ତନ ଓ ଯାହା

ଅପାର ଆନନ୍ଦ ଦେବ ସେଇ ଗଣିତଶାସ୍ତ୍ର, ଦର୍ଶନଶାସ୍ତ୍ର ଗଭୀର ଭାବେ ଅଧ୍ୟୟନ କର। ତା'ପରେ କ'ଣ ହେଲା ଇତିହାସରୁ କିଛି ଜଣାପଡ଼େ ନାହିଁ, କିନ୍ତୁ ଏଥିରୁ ସିଧାସଳଖ ସତ୍ୟର ସମ୍ମୁଖୀନ ହେବା ପାଇଁ ତାଙ୍କର ଅସୀମ ସାହସର ସୂଚନା ମିଳେ।

ଯେତେବେଳେ ହାଇପାସିଆ ତାଙ୍କର ଖାତିର ଶୀର୍ଷରେ ଥିଲେ ସେତେବେଳେ ଆଉ କେତେକ ଘଟଣା ଘଟିଲା। ରୋମ ସାମ୍ରାଜ୍ୟର ସମ୍ରାଟ କନ୍‌ଷ୍ଟାଣ୍ଟିନ୍ ଖ୍ରୀଷ୍ଟଧର୍ମ ଗ୍ରହଣ କଲାପରେ ତାହା ସମଗ୍ର ସାମ୍ରାଜ୍ୟର ଧର୍ମ ହୋଇଗଲା ଓ ଖ୍ରୀଷ୍ଟଧର୍ମର ଧର୍ମଯାଜକମାନେ ଖୁବ୍ ଉତ୍ସାହରେ ଖ୍ରୀଷ୍ଟଧର୍ମ ପ୍ରସାର କାର୍ଯ୍ୟରେ ଲାଗିଗଲେ। ଆଲେକ୍‌ଜାଣ୍ଡ୍ରିଆର ଅନେକ ଲୋକ ନୂତନ ଧର୍ମରେ ଦୀକ୍ଷିତ ହେଲେ। ଫଳରେ ହାଇପାସିଆଙ୍କର ଅନେକ ଶିଷ୍ୟ ଖ୍ରୀଷ୍ଟିଆନ ଥିଲେ ଓ ଉଭୟ ରାଜନୀତି ତଥା ପ୍ରଶାସନରେ ଗୁରୁତ୍ୱପୂର୍ଣ୍ଣ ଆସନରେ ରହିଲେ। ଆଲେକ୍‌ଜାଣ୍ଡ୍ରିଆର ସେତେବେଳେର ଗଭର୍ଣ୍ଣର ଖ୍ରୀଷ୍ଟିଆନ ଥିଲେ, ସେ ହାଇପାସିଆଙ୍କର ଜଣେ ଉଚ୍ଚପ୍ରଶଂସକ ଥିଲେ, ତା ସହ ସେ ଅତି ଉଦାରବାଦୀ ଓ ସମଦର୍ଶୀ ଥିଲେ। ଅନ୍ୟ ଧର୍ମର ଲୋକମାନଙ୍କ ପ୍ରତି ତାଙ୍କର ଶ୍ରଦ୍ଧା ଥିଲା।

ତେବେ ଆଲେକ୍‌ଜାଣ୍ଡ୍ରିଆରେ ଚର୍ଚ୍ଚର ଆର୍କବିଶପ୍ ହିସାବରେ ସିରିଲ ଯୋଗଦାନ କଲାପରେ ପରିସ୍ଥିତି ଦ୍ରୁତଗତିରେ ବଦଳିବାରେ ଲାଗିଲା। ସେତେବେଳେ ଖ୍ରୀଷ୍ଟଧର୍ମାବଲମ୍ବୀମାନେ ବିଜ୍ଞାନର ଆବିଷ୍କାର ଓ ଉଦ୍‌ଭାବନ ଗୁଡ଼ିକୁ ଗୁଣିଗାରେଡ଼ି ସହ ସମାନ ଦୃଷ୍ଟିରେ ଦେଖୁଥିଲେ ଓ ସେଗୁଡ଼ିକ ଧର୍ମବିରୋଧୀ ବୋଲି ବିଚାର କରୁଥିଲେ। ତା' ସହ ଯେତେବେଳେ ବିଜ୍ଞାନ ଗ୍ରହନକ୍ଷତ୍ରର ସୃଷ୍ଟି ଓ ସେମାନଙ୍କର ଗତିବିଧି ବିଷୟରେ ନୂତନ ନୂତନ ତଥ୍ୟ ପ୍ରଦାନ କଲା ସେତେବେଳେ କଠୋରପନ୍ଥୀ ଖ୍ରୀଷ୍ଟିଆନ୍‌ମାନେ ସେସବୁ ଭଗବାନ ବିରୋଧୀ ଓ ବାଇବେଲ୍‌ରେ ସୃଷ୍ଟି ସମ୍ପର୍କରେ ଥିବା ବର୍ଣ୍ଣନାର ବିରୋଧୀ ବୋଲି ଭାବିଲେ ଓ ବିଜ୍ଞାନରେ ବିଶ୍ୱାସ କରୁଥିବା ଲୋକମାନେ ଧର୍ମଦ୍ରୋହୀ ବୋଲି ବିଚାର କଲେ। ଯେହେତୁ ହାଇପାସିଆ ବିଜ୍ଞାନ ଓ ବୈଜ୍ଞାନିକ ମନୋଭାବର ପ୍ରସାର କାର୍ଯ୍ୟରେ ଲିପ୍ତ ତେଣୁ ସେ ଧର୍ମଦ୍ରୋହୀ ଓ ସେ ଅତ୍ୟନ୍ତ ଲୋକପ୍ରିୟ ଥିବାରୁ ଖ୍ରୀଷ୍ଟିଆନ ଧର୍ମର ପ୍ରସାରରେ ପ୍ରଧାନ ବାଧକ ବୋଲି ମନେ କଲେ। ଏଭଳି ଯୁକ୍ତି କରି ସିରିଲ୍ ହାଇପାସିଆଙ୍କ ପ୍ରତି ଅତି ଅସହିଷ୍ଣୁ ହୋଇ ପଡ଼ିଲେ। ଆଲେକ୍‌ଜାଣ୍ଡ୍ରିଆକୁ ହିଂସା, ଅସହିଷ୍ଣୁତା, ଦ୍ୱେଷର ଏକ କଳାବାଦଲ ଆସ୍ତେ ଆସ୍ତେ ଢ଼ାଙ୍କି ଦେଲା।

ପରିସ୍ଥିତ ଅଧିକରୁ ଅଧିକ ଉତ୍ତେଜନାପୂର୍ଣ୍ଣ ହେଲା। ଭୟ, ଆଶଙ୍କା ଓ ଆସନ୍ନ ବିପଦର ଝଡ଼ର ବେଗ ତୀବ୍ରରୁ ତୀବ୍ରତର ହେବାରେ ଲାଗିଲା। ସହରର ଅଗଣିତ ନରନାରୀ ଯେଉଁମାନେ ହାଇପାସିଆଙ୍କର ପ୍ରଶଂସକ ଥିଲେ ସେମାନଙ୍କ ଉଦ୍‌ବେଗ

ବଢ଼ିବାରେ ଲାଗିଲା। ହାଇପାସିଆଙ୍କର ଜୀବନ ପ୍ରତି ବିପଦ ଘନେଇବାରେ ଲାଗିଲା। ତାଙ୍କର ସମସ୍ତ ବନ୍ଧୁ, ଶୁଭେଚ୍ଛୁ ଗୁଣମୁଗ୍ଧ ନରନାରୀମାନେ ଓ ଶିଷ୍ୟମଣ୍ଡଳୀ ସହର ଛାଡ଼ି ଅନ୍ୟ ନିରାପଦ ସ୍ଥାନକୁ ଚାଲିଯିବା ପାଇଁ ହାଇପାସିଆଙ୍କୁ ଅନୁନୟ କଲେ। ସେମାନେ ଦେଖିଲେ ଉଦାରବାଦୀ ଓ ହାଇପାସିଆଙ୍କର ବଡ଼ ପ୍ରଶଂସକ ଗଭର୍ଣ୍ଣର ମଧ୍ୟ ହାଇପାସିଆଙ୍କୁ ସୁରକ୍ଷା ଦେଇପାରିବେନି; ତା'ର କାରଣ ଥିଲା ସିରିଲ୍ ଅତ୍ୟନ୍ତ କ୍ଷମତାଲୋଭୀ ଥିଲେ ଓ ଗର୍ଭର୍ଣ୍ଣରଙ୍କର ଅନେକ କ୍ଷମତାକୁ ସେ ନିଜେ ଜାହିର କରୁଥିଲେ। ହାଇପାସିଆ କିନ୍ତୁ ଅଟଳ ଓ ଅବିଚଳିତ ରହିଲେ। ପ୍ରାଣଠୁ ଅଧିକ ପ୍ରିୟ ଆଲେକ୍‌ଜାଣ୍ଡ୍ରିଆର ନରନାରୀ ଓ ବିଶେଷତଃ ତା'ର ବିଶ୍ୱବିଦ୍ୟାଳୟ ତଥା ଲାଇବ୍ରେରୀକୁ ନିଜର ପ୍ରାଣଭୟରେ ଛାଡ଼ିଯିବା ପାଇଁ ହାଇପାସିଆ ଆଦୌ ପ୍ରସ୍ତୁତ ନଥିଲେ। ବରଂ ପରିସ୍ଥିତିକୁ ସେ ସାମ୍ନା କରିବେ ବୋଲି ଜିଦ୍ ଧରିଲେ।

ସିରିଲଙ୍କ ନିର୍ଦ୍ଦେଶରେ ଆଲେକ୍‌ଜାଣ୍ଡ୍ରିଆ ବିଶ୍ୱବିଦ୍ୟାଳୟ ଓ ତା'ର ଲାଇବ୍ରେରୀରେ କଠୋରପନ୍ଥୀମାନେ ନିଆଁ ଲଗାଇଦେଲେ। ସେମାନଙ୍କ ଯୁକ୍ତି ହେଲା ଯାହାସବୁ ବାଇବେଲ୍‌ରେ ଅଛି ଯଦି ସେହିକଥା ଲାଇବ୍ରେରୀ ବହି ମାନଙ୍କରେ ରହିଛି, ତେବେ ସେସବୁ ଅନାବଶ୍ୟକ, ଆଉଯଦି ବାଇବେଲ୍‌ରେ ନଥିବା କଥା ସେ ବହିମାନଙ୍କର ଅଛି ତେବେ ସେସବୁ ଧର୍ମ ବିରେଧୀ, ତେଣୁ ସେସବୁକୁ ପୋଡ଼ି ଦେବା ଜରୁରୀ। ତେଣୁ ଉଭୟ କ୍ଷେତ୍ରରେ ଲାଇବ୍ରେରୀରେ ଥିବା ବହି ସବୁ ନଷ୍ଟ କରିଦେଲେ ଯାଏଆସେ ନାହିଁ। ଏହି ଯୁକ୍ତି ବଳରେ ସିରିଲ୍‌ଙ୍କର ଅନୁଗାମୀମାନେ ନିଆଁ ଲଗାଇଦେଲେ।

ସେତେବେଳେ ସେ ଲାଇବ୍ରେରୀରେ ପାଞ୍ଚ ଲକ୍ଷରୁ ସାତଲକ୍ଷ ବହି (ହାତ ଲେଖା ସ୍କ୍ରୋଲ) ଥିଲା ଓ ତାହା ଥିଲା ବିଶ୍ୱର ସବୁଠାରୁ ବଡ଼ ଲାଇବ୍ରେରୀ। ଯେଉଁ ବିଶ୍ୱବିଦ୍ୟାଳୟ ଓ ଲାଇବ୍ରେରୀକୁ ପ୍ରାଣଭରି ଭଲପାଉଥିଲେ ହାଇପାସିଆ ସେଥିରେ ନିଆଁ ଲାଗିଯାଇଥିବା ଖବର ଶୁଣି ଅତିମାତ୍ରାରେ ଉଦ୍‌ବିଗ୍ନ ହୋଇପଡ଼ିଲେ ଓ ନିଜ ଯାନରେ ସେହି ଆଡ଼କୁ ବାହାରି ପଡ଼ିଲେ। ସେ ଘରୁ ବାହାରିବାର ଦେଖି କେତେକ ଧର୍ମାନ୍ଧ ଉନ୍ମାଦଗ୍ରସ୍ତ ସିରିଲ୍‌ଙ୍କର ଅନୁଗାମୀ 'ତାକୁ ଧର, ଧର, ମାର ମାର ରଡ଼ିକରି ହାଇପାସିଆଙ୍କର ପିଛାକଲେ ଓ ଅତି ଶୀଘ୍ର ତାଙ୍କ ନିକଟରେ ପହଞ୍ଚିଗଲେ। ହାଇପାସିଆଙ୍କୁ ଯାନରୁ ଘୋଷାଡ଼ି ଆଣିଲେ, ବିବସ୍ତ୍ର କଲେ ଓ ତୀକ୍ଷ୍ଣ ତରବାରୀରେ ତାଙ୍କର ସେହି ସୁନ୍ଦର ଶରୀରକୁ ଖଣ୍ଡ ଖଣ୍ଡ କରି କାଟି କିଳିକିଳା ନାଦ କରି ଅଗ୍ନିରେ ନିକ୍ଷେପ କଲେ। ହାଇପାସିଆଙ୍କର ଅକାଳ ମୃତ୍ୟୁରେ ଦର୍ଶନ, ବିଜ୍ଞାନ, ଗଣିତ ଓ ଜ୍ୟୋତିର୍ବିଜ୍ଞାନର ଏକ ଉଜ୍ଜ୍ୱଳ ଜ୍ୟୋତିଷ୍କ ଅସ୍ତମିତ ହୋଇଗଲା ଓ କିଛିଦିନ ପାଇଁ ଧର୍ମାନ୍ଧତାର ଅଖଣ୍ଡ ରାଜୁତି ଲାଗି ରହିଲା।

ପରମକାରୁଣିକ, କରୁଣେଶ ଓ ଅନନ୍ତ ପ୍ରେମର ଅବତାର, କ୍ଷମାର ଅତଳ ବାରିଧି, ପରମପିତାଙ୍କର ପୁତ୍ର ଯୀଶୁଙ୍କର ପ୍ରେମର ଓ କ୍ଷମାର ବାଣୀ ପ୍ରସାର ପାଇଁ ଆର୍କବିଶପ୍ ସିରିଲ୍‌ଙ୍କର ପ୍ରରୋଚନାରେ କିଛି ଧର୍ମାନ୍ଧ ଓ ଉନ୍ମାଦଗ୍ରସ୍ତ ଅନୁଗାମୀ ଏଭଳି ବର୍ବରକାଣ୍ଡ କରି ବସିଲେ ଓ ହିଂସା, ହତ୍ୟା, ଗୃହଦାହ, ଭୟ, ଆତଙ୍କ, ଦ୍ୱେଷ ଓ ଘୃଣାର ପ୍ରମାଦପୂର୍ଣ୍ଣ ଓ ଘୃଣ୍ୟ ବାଟ ଧରିଲେ। ବିଡ଼ମ୍ବନା ହେଲା ସିରିଲ୍ ତା'ପରେ ସେଣ୍ଟ ସିରିଲ୍ ହେଲେ।

ଶେଷକଥା - ଧର୍ମର ପ୍ରସାର ପାଇଁ ଏଭଳି ବର୍ବରୋଚିତ ପଥ ଧରିବାରେ ସିରିଲ ଶେଷ ବ୍ୟକ୍ତି ନୁହନ୍ତି ବା ଖ୍ରୀଷ୍ଟିଆନ ଧର୍ମ ଏକମାତ୍ର ଧର୍ମ ନୁହେଁ।

(ଗ)

ଏବେ ଆଉ ଜଣେ ମହିଳାଙ୍କ ବିଷୟରେ କହିବା। ହାଇପାସିଆଙ୍କ ସମୟ ହେଲା ଚତୁର୍ଥ ଶତାବ୍ଦୀର ଶେଷ ଭାଗ ଓ ପଞ୍ଚମ ଶତାବ୍ଦୀର ପ୍ରଥମ ଭାଗ। କିନ୍ତୁ ଆଗ୍ନୋଡାଇସଙ୍କର ସମୟ ହେଲା ଖ୍ରୀଷ୍ଟପୂର୍ବ ଚତୁର୍ଥ ଶତାବ୍ଦୀ ଅର୍ଥାତ୍ ହାଇପାସିଆଙ୍କର ପ୍ରାୟ ଆଠ ଶହ ବର୍ଷ ପୂର୍ବର କଥା। ଆଗ୍ନୋଡ଼ାଇସ୍‌ଙ୍କର ଜନ୍ମ ଏଥେନ୍ସ ସହରରେ। ଜନ୍ମରୁ ତାଙ୍କର ଗୋଟିଏ ଝୁଙ୍କ, ସେ ଡ଼ାକ୍ତରୀ ପଢ଼ିବେ ଓ ବିଶେଷ ଭାବେ ସ୍ତ୍ରୀ ଓ ପ୍ରସୂତି ବିଭାଗରେ ଅଧ୍ୟୟନ କରି ମହିଳାମାନଙ୍କର ସେବା କରିବେ। ତା'ର କାରଣ ଥିଲା। ନିଜ ଇଚ୍ଛା ଓ ସୁବିଧା ଦେଖି ସନ୍ତାନ ଜନ୍ମ କରିବା ପାଇଁ ଆଜି କାଲି ଯେଉଁସବୁ ସୁବିଧା ରହିଛି ସେତେବେଳେ ସେ ସୁବିଧା ନଥିଲା, ତେଣୁ ମହିଳାମାନେ ନିରୂପାୟ ଥିଲେ ଓ ଅନେକ ସନ୍ତାନ ଜନ୍ମଦେବାକୁ ବାଧ୍ୟ ହେଉଥିଲେ। ସେଥିରେ ମହିଳା ଧାଈମାନେ ସାହାଯ୍ୟ କରୁଥିଲେ ସତ, କିନ୍ତୁ ଯେତେବେଳେ କିଛି ଜଟିଳତା ଦେଖାଯାଉଥିଲା ସେତେବେଳେ ଧାଈମାନେ କିଛି କରିପାରୁ ନଥିଲେ, ତା'ପରେ ଧାଈମାନଙ୍କର ଶିକ୍ଷା ଓ ତାଲିମ ପାଇଁ କିଛି ବ୍ୟବସ୍ଥା ମଧ୍ୟ ନଥିଲା। ଆଜିକାଲି ପରି ସେତେବେଳେ ମଧ୍ୟ ମହିଳାମାନେ ସେମାନଙ୍କର ବେମାର ପାଇଁ ପୁରୁଷଲୋକମାନଙ୍କ ପାଖକୁ ଯିବାକୁ ପସନ୍ଦ କରୁନଥିଲେ। ଏ ସମସ୍ତ କାରଣ ଯୋଗୁଁ ଉଭୟ ଶିଶୁ ଓ ମାତୃ ମୃତ୍ୟୁହାର ଯଥେଷ୍ଟ ଅଧିକ ଥିଲା।

ଆଗ୍ନୋଡାଇସ୍‌ଙ୍କର ଡ଼ାକ୍ତରୀ ପାଠ ପଢ଼ିବା ପାଇଁ ଥିବା ପ୍ରବଳ ଇଚ୍ଛାକୁ ପରିବାରର ସମର୍ଥନ ଥିଲା, କିନ୍ତୁ ଆଇନ୍ ଭିନ୍ନ ଥିଲା। ଏଥେନ୍ସର ଆଇନ ଅନୁଯାୟୀ କୌଣସି ଝିଅ/ମହିଳା ଡ଼ାକ୍ତରୀପାଠ ପଢ଼ିବା ମନା ଥିଲା। ଯଦି କେହି ପଢ଼େ ସେଥିପାଇଁ କଠୋର ଦଣ୍ଡର ବ୍ୟବସ୍ଥା ଥିଲା। ଆଗ୍ନୋଡ଼ାଇସ୍ କିନ୍ତୁ ନଛୋଡ଼ ବନ୍ଧା। ସେ ପୁଅ ପିଲାଙ୍କର ପୋଷାକ ପିନ୍ଧିଲେ, ଚୁଟି କାଟି ଛୋଟ କରିଦେଲେ। ମହାବୀର ଓ ଧନୁର୍ଦ୍ଧର ଅର୍ଜୁନ

ବୃହନ୍ନଳା ହୋଇ ରହିଲେ ଓ ଆଗ୍ନୋଡାଇସ୍ ପୁରୁଷ ବେଶ ଧାରଣ କରି ହେରୋଫିଲ୍ସ ନାମକ ଡ଼ାକ୍ତରଙ୍କ ପାଖକୁ ସ୍ତ୍ରୀ ଓ ପ୍ରସୂତି ରୋଗ ବିଷୟରେ ପାଠ ପଢ଼ିଲେ।

ପାଠ ସାରି ଏଥେନ୍ସରେ ଚିକିତ୍ସା ଆରମ୍ଭ କରିଦେଲେ। ମହିଳାମାନେ ପୁରୁଷ ଡ଼ାକ୍ତରଙ୍କ ପାଖକୁ ଚିକିତ୍ସା ପାଇଁ ଅନିଚ୍ଛୁକ ଥିବା ହେତୁ ପ୍ରଥମେ କିଛି ସମ୍ଭ୍ରାନ୍ତବଂଶୀୟ ମହିଳାଙ୍କୁ ସେ ନିଜର ପିନ୍ଧା ପୋଷାକକୁ ଟେକି ତାଙ୍କର ଲିଙ୍ଗର ପ୍ରକୃତ ପରିଚୟ ଦେଲେ। କଥାଟା ମହିଳାମାନଙ୍କ ଭିତରେ ଖୁବ୍ ଶୀଘ୍ର ବ୍ୟାପିଗଲା ଓ ଆଗ୍ନୋଡ଼ାଇସ୍ଙ୍କ ପାଖରେ ମହିଳା ରୋଗୀମାନଙ୍କର ଅସମ୍ଭବ ଭିଡ଼ ଲାଗି ରହିଲା। ଏଥିରେ ଅନ୍ୟ ପୁରୁଷ ଡ଼ାକ୍ତରମାନଙ୍କର ଈର୍ଷା ହେଲା ଓ ରାଜାଙ୍କ ପାଖରେ ଗୁହାରି କଲେ ଯେ ଏ ନୂଆ ଟୋକା ଡ଼ାକ୍ତର ଜଣକ ଫୁସୁଲା ଫୁସୁଲି କରିବାରେ, ମନେଇବା, ପଟେଇବାରେ ସିଦ୍ଧହସ୍ତ ଓ ଅନୈତିକ କାର୍ଯ୍ୟରେ ଲିପ୍ତ। ଏବେ ଆଗ୍ନୋଡାଇସ୍ଙ୍କୁ ରାଜ ଦରବାରରେ ହାଜର ହେବାକୁ ପଡ଼ିଲା। ସେ ଟୋକା ବା ପୁରୁଷ ନୁହନ୍ତି ବା କୌଣସି ପଟାପଟି ଓ ଅନୈତିକ କାର୍ଯ୍ୟରେ ଲିପ୍ତ ନାହାନ୍ତି, କାରଣ ସେ ପ୍ରକୃତରେ ଜଣେ ମହିଳା। ଦରବାରରେ ସେ ତା'ର ପ୍ରମାଣ ଦେଇଦେଲେ। ରାଜା ତାଙ୍କୁ ଖଲାସ କରିଦେଲେ, କିନ୍ତୁ ଅଭିଯୋଗକାରୀ ଡ଼ାକ୍ତରମାନେ ପୁଣି ଅଭିଯୋଗ କଲେ ଯେ ସେ ଯଦି ମହିଳା ତେବେ ରାଜ୍ୟରେ ଯେଉଁ ଆଇନ ଅଛି ଯେ ମହିଳାମାନେ ଡ଼ାକ୍ତରୀ ପଢ଼ି ପାରିବେ ନାହିଁ ସେ ତା'ର ଖିଲାପ କରିଛନ୍ତି ଏବଂ ସେଥିପାଇଁ ସେ ଦଣ୍ଡ ପାଇବାର ଯୋଗ୍ୟ।

ବର୍ତ୍ତମାନ ଏଥେନ୍ସ୍ ସହରର ସମ୍ଭ୍ରାନ୍ତ ବଂଶୀୟ ମହିଳାମାନଙ୍କଠାରୁ ଆରମ୍ଭ କରି ଅନେକ ମହିଳା ରାଜାଙ୍କୁ ଅନୁରୋଧ କରି କହିଲେ ସହରର ସବୁ ମହିଳା କିଭଳି ଭାବେ ତାଙ୍କଦ୍ୱାରା ଉପକୃତ ହୋଇଛନ୍ତି। ସେଥିପାଇଁ ତାଙ୍କୁ ଛାଡ଼ କରାଯାଉ।

ଆଗ୍ନୋଡ଼ାଇସ୍ ଏ ଅଭିଯୋଗରୁ ମଧ୍ୟ ମୁକ୍ତ ହେଲେ ଓ ଏଥେନ୍ସର ମହିଳାମାନେ ଡ଼ାକ୍ତରୀ ପଢ଼ିବାରେ ଯେଉଁ ଆଇନ ଗତ ବାଧା ଥିଲା ତାକୁ ଉଠାଇ ଦିଆଗଲା।

ଶେଷକଥା - ମହିଳାମାନଙ୍କ ପାଇଁ ସମାଜରେ ଶୃଙ୍ଖଳର ସଂଖ୍ୟା ଓ ପ୍ରକାର ଅନେକ ଓ ସେ ସବୁ ଛିନ୍ନ କରି ଊର୍ଦ୍ଧ୍ୱକୁ ଉଠିବା ସବୁ ମହିଳାଙ୍କ ପକ୍ଷରେ ଏବେବି ସମ୍ଭବ ନୁହେଁ, ସେତେବେଳେ ଯେପରି ନଥିଲା।

■

କଳିଙ୍ଗାୟନ, ତୃତୀୟ ସଂଖ୍ୟା - ୨୦୧୮

ଆମ ଡର: ଆଶଙ୍କାରେ ଗଣତନ୍ତ୍ର

ନିକଟରେ ଶେଷ ହୋଇଥିବା ସାଧାରଣ ନିର୍ବାଚନରେ ଯାହା ସବୁ ହେଲା ସେ ସମ୍ପର୍କରେ ଅନେକ ଚିନ୍ତାଶୀଳ ବ୍ୟକ୍ତି ଗଭୀର ଉଦବେଗ ପ୍ରକାଶ କରିଛନ୍ତି ଦେଶର ଗଣତନ୍ତ୍ରର ଭବିଷ୍ୟତକୁ ନେଇ। ସେ ସମସ୍ତେ ଧନ୍ୟବାଦାର୍ହ। ଅତି ନିମ୍ନସ୍ତରର ରୁଚିହୀନ ବ୍ୟକ୍ତିଗତ କୁତ୍ସାରଟନା, ଅମାପ ଅର୍ଥବ୍ୟୟ, ମଦର ବିପୁଳ ବ୍ୟବହାର ଓ ହିଂସା। ଏ ସବୁ ବିଷୟରେ ଯଥେଷ୍ଟ ଲେଖାଲେଖି ହୋଇସାରିଛି। ସେ ସବୁର ଶେଷ ପରିଣତି କ'ଣ ହେବାକୁ ଯାଉଛି ଓ ସେ ସମ୍ପର୍କରେ ଆମର ଯାହାସବୁ ଡର ରହିଛି ଏ ଲେଖାଟିରେ ତା'ର ଉଲ୍ଲେଖ କରାଯାଇଛି।

ନିର୍ବାଚନରେ ଜିତିବା ପାଇଁ ପ୍ରଚାରରେ ନିୟୋଜିତ ଦେଶର ଉଦୀୟମାନ ତରୁଣମାନଙ୍କୁ ମଦରେ ଆସକ୍ତ କରିବା ଓ ମଦକୁ ନିର୍ବାଚନ ଯୁଦ୍ଧରେ ଅନ୍ୟତମ ଆୟୁଧ ହିସାବରେ ପ୍ରୟୋଗ ଫଳରେ ଆମେ ଏକ ଗଭୀର ନିଶାସକ୍ତ ସମାଜ ସୃଷ୍ଟି କରୁଛନ୍ତି। ଆଗ ଅଧିକାଂଶ ଗାଁରେ ମଦ ଓ ମଦୁଆମାନଙ୍କୁ ନିମ୍ନଦୃଷ୍ଟିରେ ଦେଖାଯାଉଥିଲା। ଏବେ ସହର ଓ ଗାଁ- ସବୁଠି ସବୁପ୍ରକାର ଉତ୍ସବ ଓ ମହୋତ୍ସବରେ ମଦ ଏକପ୍ରକାର ଅନିବାର୍ଯ୍ୟ ଅଙ୍ଗ ହୋଇଯାଇଛି। ଏ ପ୍ରକ୍ରିୟା ଜାରି ରହିଲେ ମଦ ନଛୁଉଁଥିବା ଲୋକମାନେ ଅଛୁଆଁ ଅଲୋଡ଼ା ହୋଇପଡ଼ିବେ। 'ମଦ ପିଉନଥିବା ଏ ଜନ୍ତୁଟି କିଏ ଭୋଜିର ସେ କୋଣରେ ବସିଛି, ଏଠିକି ସିଏ କାହିଁକି ଆସିଲା'- ଏଭଳି ମନ୍ତବ୍ୟ ସେ ଲୋକଟିକୁ ଶୁଣିବାକୁ ପଡ଼ିବ ଓ ଧୀରେଧୀରେ ସେ ବ୍ୟକ୍ତିଜଣକ ମେଳା, ଉତ୍ସବ, ଭୋଜି ଭାତକୁ ଯିବାକୁ ଆଉ ପସନ୍ଦ କରିବନି। ଅର୍ଥଶାସ୍ତ୍ରର 'ବ୍ୟାଡ୍‌ମନି ଡ୍ରାଇଭସ୍ ଆୱେ ଗୁଡ୍‌ମନି' ଏ ନିୟମଟି କେବଳ ଅର୍ଥନୈତିକ ଓ ସାମାଜିକ କ୍ଷେତ୍ର କାହିଁକି ଏବେ ସବୁ କ୍ଷେତ୍ରରେ ଲାଗୁ ହୋଇଯିବ।

ଯଦି ଏହିଧାରା ଜାରିରହେ ତେବେ କିପରି ଅବସ୍ଥା ସୃଷ୍ଟିହେବ ତାହାର

ଏକ ପରିକଳ୍ପନା କରାଯାଉ- ସମଗ୍ର ଦେଶରେ ମଦର ଯେପରି ବହୁଳ ବ୍ୟବହାରକୁ ପ୍ରୋତ୍ସାହିତ କରାଯାଉଛି, ମନ ଭିତରେ ସ୍ୱତଃ ଅଦ୍ଭୁତ ପ୍ରଶ୍ନ ସବୁ ଉଙ୍କି ମାରୁଛି। ବିଭିନ୍ନ ଜନକଲ୍ୟାଣମୂଳକ ଯୋଜନା ପାଇଁ ଅଧିକ ଅର୍ଥ ଆବଶ୍ୟକ ହେଉଥିବାରୁ ଦେଶ ଓ ରାଜ୍ୟସ୍ତରରେ ସମ୍ବଳ ସଂଗ୍ରହ ପାଇଁ କେବଳ ଯେ ଅଧିକ ମଦ ଦୋକାନ ଖୋଲାଯିବ ତା' ନୁହଁ; ବରଂ ହୁଏତ ରାଜ୍ୟ, ଜିଲ୍ଲା, ବ୍ଲକ ବା ମଣ୍ଡଳ ପଞ୍ଚାୟତ ସ୍ତରରେ ଯିଏ ସବୁଠୁ ଅଧିକ ମଦ ବିକ୍ରି କରିପାରିବେ ସେମାନଙ୍କୁ ପୁରସ୍କୃତ କରାଯିବ। କ୍ରମଶଃ ବିଭିନ୍ନ ସ୍ତରରେ କିଏ ବେଶି ମଦ ପିଇପାରିବ ତା'ର ପ୍ରତିଯୋଗିତାମାନ ଆୟୋଜିତ ହେବ। ସବୁଠୁ ବଡ଼ ମଦୁଆ ଓ ବିକ୍ରେତାମାନଙ୍କୁ ପୁରସ୍କୃତ କରାଯିବ। ଦଳମତ ନିର୍ବିଶେଷରେ ନିର୍ବାଚନ ଲଢୁଥିବା ସମସ୍ତ ପ୍ରାର୍ଥୀ ମଦ ଭଳି ଏକ ଅମୋଘ ଅସ୍ତ୍ର ଉପରେ ନିର୍ଭରଶୀଳ ହୋଇଥିବା ଦୃଷ୍ଟିରୁ ଉପରୋକ୍ତ ପୁରସ୍କାର ଓ ପ୍ରୋତ୍ସାହନ ପ୍ରତି ରାଜନୈତିକ ସମର୍ଥନ ରହିବ। ସେତେବେଳେ ସମୁଦାୟ ବ୍ୟବସ୍ଥାରେ ରୂପାନ୍ତର ହେବ। ରୂପାନ୍ତର ଶମ୍ବାଳୁଆରୁ ପ୍ରଜାପତି ନୁହେଁ, ବରଂ ପ୍ରଜାପତିଟି ଶମ୍ବାଳୁଆ ହୋଇଯିବ। ଗଣତନ୍ତ୍ର ମଦତନ୍ତ୍ରରେ ପରିଣତ ହୋଇଯିବ।

କିଛି ବର୍ଷତଳେ ଫୁଲବାଣୀ ଅଞ୍ଚଳର କେତେକ ପଞ୍ଚାୟତରେ ଆଦିବାସୀ ତରୁଣମାନେ ବୟସ୍କ ଲୋକମାନଙ୍କର ନିଶା ଅଭ୍ୟାସ ବିରୋଧରେ ଅଭିଯାନ ଚଳେଇଥିଲେ। ସେ ଅଭିଯାନରେ ବିଭିନ୍ନ ସ୍ଲୋଗାନ ଭିତରେ ଥିଲା- 'ଯିଏ ପିଏ ନିଶାପାଣି, ସିଏକି ଜାଣେ ମା'ଭଉଣୀ।' ତେଣୁ ପରିବର୍ତ୍ତିତ ପରିସ୍ଥିତିରେ ନିଶାଗ୍ରସ୍ତ ତରୁଣମାନେ ନାନା କୁକର୍ମରେ ଲିପ୍ତ ରହିବେ। ବୁଢ଼ୀ ମାଆ/ବୁଢ଼ା ବାପା ମଦ ପାଇଁ ପଇସା ଦେଇ ନପାରି ପୁଅର ଛୁରୀ ମାଡ଼, ଠେଙ୍ଗାମାଡ଼ରେ ପ୍ରାଣ ହରେଇବେ। ନବବିବାହିତା ବୋହୂଟି ମଦୁଆ ସ୍ୱାମୀର ନିଷ୍ଠୁର ପ୍ରହାର ସମ୍ଭାଳି ନପାରି ହୁଏତ ଆତ୍ମହତ୍ୟା କରିବ। ବିବାହିତ ଯୁବକ ଯୌତୁକରେ ପାଇଥିବା ଗାଡ଼ିଟିକୁ ପେଟେ ମଦପିଇ ବେପରୁଆ ଭାବେ ଚଳେଇ ବିବାହର କେତେମାସ ମଧ୍ୟରେ ପ୍ରାଣ ହରେଇବ ଓ ନବ ବିବାହିତାଟି ଅମଙ୍ଗୁଳିର ଆଖ୍ୟା ପାଇ ହୁଏତ ସାରା ଜୀବନ ବୈଧବ୍ୟ ଯନ୍ତ୍ରଣାରେ ଛଟପଟ ହେବ, ତା'ର ଲୁହ ଓ କୋହକୁ କେହି ବୁଝିବାକୁ ନଥିବେ। ଅବଶ୍ୟ ସେ ବିଧବାଭତ୍ତା ପାଇବ। କେତେ ଯେ ସଂସାର ଉଜୁଡ଼ିଯିବ କିଏ କହିବ? ଏସବୁ ହେବ ଯୁବକ, ମହିଳାମାନଙ୍କ ପାଇଁ କଲ୍ୟାଣ ନିମନ୍ତେ ପାଣ୍ଠି ସଂଗ୍ରହର ଫଳ।

ଯେତେବେଳେ ସମାଜରେ ଅପରାଧ ଓ ଅରାଜକତା ଅସମ୍ଭବଭାବେ ବଢ଼ିଯିବ, ସେତେବେଳେ କିଏ କହିବ ନିଶାଗ୍ରସ୍ତ ଯଦୁବଂଶ ନାଶ ହେଲାପରି ନିଶାଗ୍ରସ୍ତ ସମାଜର ବିଲୟ ନଘଟିବ!

ଯେତେଥର ନିର୍ବାଚନ ଆସିବ କେନ୍ଦ୍ର ଓ ରାଜ୍ୟ ସରକାରମାନେ ସେତେଥର ନୂଆ ନୂଆ ଯୋଜନା ଘୋଷଣା କରିବେ ଓ ସେଥିପାଇଁ ଅଧିକରୁ ଅଧିକ ଅର୍ଥ ଆବଶ୍ୟକ ହେବ। ବିକାଶ ନିମନ୍ତେ ହେଉ ପଛେ ଅର୍ଥର ଆବଶ୍ୟକତା ପୂରଣ ପାଇଁ ମଦ ପ୍ରସାରକୁ ପ୍ରୋତ୍ସାହନ ଦିଆଯିବ। ଏପରିକି ସରକାରୀ ଅନୁମୋଦିତ ଜୁଆ ଆଡ୍ଡାସ୍ଥଳମାନ ମଧ୍ୟ ଖୋଲିପାରେ।

କିଛିଦିନ ତଳେ ୟୁରୋପର କେତେକ ଦେଶ, ଯଥା- ପର୍ତ୍ତୁଗାଲ୍, ଆୟାରଲାଣ୍ଡ, ଗ୍ରୀସ ଓ ସ୍ପେନ ଘୋର ଆର୍ଥିକ ଦୁର୍ଦ୍ଦଶା ଭୋଗିଲେ। ବିଭିନ୍ନ ପ୍ରକାର କାର୍ଯ୍ୟପାଇଁ ସରକାର ଆଖିବୁଜା ଋଣ କଲେ। ପରିସ୍ଥିତି ଏପରି ହେଲା ଯେ ଋଣ ଶୁଝି ପାରିଲେନି ଓ ଶେଷରେ ସେଇ ଗରିବ ଲୋକମାନଙ୍କ ନାଁରେ କରାଯାଇଥିବା ଋଣ ଯୋଗୁଁ ଖର୍ଚ୍ଚକାଟ କରିବାକୁ ହେଲା ଓ ସବୁଠୁ କଷ୍ଟ ପାଇଲେ ସମାଜର ଦୁର୍ବଳ ଭାଗର ଲୋକ। ଆମକୁ ଆଶ୍ଚର୍ଯ୍ୟ ଲାଗିଲା ଯେ ଗ୍ରୀସ୍ ଓ ଇଟାଲିରେ ଲୋକମାନେ ଭୋକ ବିକଳରେ ହୋଟେଲର ଉଚ୍ଛିଷ୍ଟ ଖାଦ୍ୟ ଖାଇଲେ। ଏଇ ଏକବିଂଶ ଶତାବ୍ଦୀରେ ଆମର ଡର ଯେ ସରକାର ଯେଉଁ ଭଳି ଋଣ କରୁଛନ୍ତି ସମୟ ଆସିବ କେବଳ ଋଣ ଓ ସୁଧ ଶୁଝିବାକୁ ସରକାରଙ୍କର ଅର୍ଥ ଅଣ୍ଟିବ ନାହିଁ ଓ ଆଖିବୁଜା ଖର୍ଚ୍ଚକାଟ କରିବାକୁ ସରକାର ବାଧ୍ୟହେବେ ଯାହାର ଅସଲ କୋଡ଼ମାଡ଼ ଗରିବମାନଙ୍କୁ ହିଁ ଭୋଗିବାକୁ ପଡ଼ିବ। ଦଳଦଳ ବେକାର ଯୁବକଯୁବତୀ ରାସ୍ତାଘାଟରେ ବିନା କାମରେ ବୁଲିବେ।

ଗତ ସାଧାରଣ ନିର୍ବାଚନରେ ନିର୍ବାଚନ କମିସନ ପଚାଶ ହଜାରରୁ ଷାଠିଏ ହଜାର କୋଟି ଟଙ୍କା ଖର୍ଚ୍ଚ କରିଥିବା କୁହାଯାଉଛି। ଏ ଖର୍ଚ୍ଚ ସହ ନିର୍ବାଚନରେ ଲଢୁଥିବା ସମସ୍ତ ପ୍ରାର୍ଥୀଙ୍କର ଖର୍ଚ୍ଚକୁ ଯଦି ହିସାବରେ ନେବା ତେବେ ଲକ୍ଷାଧିକ କୋଟିରେ ପହଞ୍ଚିବ। ପରିସ୍ଥିତି ଏମିତିଯେ ଏକେତ ନିଜେ ଧନୀ ହୋଇଥିବ, ବା ଧନୀଲୋକଙ୍କର ସାହାଯ୍ୟ ସମର୍ଥନ ଥିବ, ତେବେ ଯାଇ ନିର୍ବାଚନରେ ଜଣେ ଜିତିବ। ଏଥିରେ ଅବଶ୍ୟ ଗୋଟେଅଧେ ବ୍ୟତିକ୍ରମ ଥାଇପାରେ। ସେଥିପାଇଁ କୁହାଯାଏ ସାଧାରଣ ଲୋକ ଭୋଟ ଦିଅନ୍ତି, କିନ୍ତୁ ଧନୀଲୋକ ଶାସନ ଚଳାନ୍ତି ଓ ନୀତି ନିର୍ଦ୍ଧାରଣ କରନ୍ତି। ଯେମିତି ଆମେରିକାରେ ରାଜଧାନୀ ୱାଶିଂଟନ୍‌ରେ ଯାହା ସରକାର କରନ୍ତି ତାହା ଧନର ଖଣି ନ୍ୟୁୟର୍କରେ ଠିକ୍ କରାଯାଇଥାଏ, ସେଇଭଳି ଆମ ସରକାରଙ୍କର ମୁଖ୍ୟ ନିଷ୍ପତ୍ତିଗୁଡ଼ିକ ଦିଲ୍ଲୀରେ ନୁହେଁ, ବରଂ ମୁମ୍ବଇରେ ଠିକ ହୁଏ। ଦଳମତ ନିର୍ବିଶେଷରେ ଏହାହିଁ ହୋଇଥାଏ।

ଯେତେବେଳେ ସାଧାରଣ ଲୋକ ଏକଥାଟି ବୁଝିବେ ସ୍ୱାଭାବିକ ଭାବେ ପ୍ରଶ୍ନ ଉଠିବ- ତେବେ ହଜାରହଜାର କୋଟି ଖର୍ଚ୍ଚ କରି ନିର୍ବାଚନ କ'ଣ ପାଇଁ?

କ'ଣ ପାଇଁ ଏତେ କୁସ୍ଥାରଟନା ଏତେ ତୁମ୍ଭିତୋଫାନ, ଘାଣ୍ଟଚକଟ, ହିଂସା, ପ୍ରତିହିଂସା ଇତ୍ୟାଦି ? ଯଦି ନିର୍ବାଚନ ଓ ଶାସନରେ ଧନର ପ୍ରଭାବ ଏତେବେଶୀ, ତେବେ କଥାଟିକୁ ଅତି ସରଳ କରାଯାଇପାରେ। ଗୋଟିଏ ପନ୍ଥା ହେଲା- ନିର୍ବାଚନ ବଦଳରେ ପଞ୍ଚାୟତର ୱାର୍ଡମେମ୍ବର, ପଞ୍ଚାୟତ ପ୍ରତିନିଧି ଓ ସରପଞ୍ଚ ପଦ ପାଇଁ ବ୍ଲକ ସ୍ତରରେ, ପଞ୍ଚାୟତ ସମିତି ପାଇଁ ଜିଲ୍ଲାସ୍ତରରେ ଓ ଏମଏଲଏ/ ଏମପି ପଦ ପାଇଁ ରାଜ୍ୟସ୍ତରରେ ଇ-ନିଲାମ ହେବ ଓ ସର୍ବୋଚ୍ଚ ଅର୍ଥ ପାଇଁ ପଦଗୁଡ଼ିକ ବଣ୍ଟାଯିବ। ଏଥିରେ ନିର୍ବାଚନ ଖର୍ଚ୍ଚ ହେବ ନାହିଁ ଓ ତତ୍ ସମ୍ପର୍କୀୟ ସମସ୍ତ ବ୍ୟଥା ଦୂରହେବ।

ଜମିବାଡ଼ି ବିକ୍ରିକରି ଧାରଉଧାର କରି କୋଡ଼ିଏ କୋଟି ଖର୍ଚ୍ଚ କରି ପଚାଶ କୋଟି କମେଇବାର ଆଶାଟି ଧୂଳିସାତ୍ ହୋଇଯାଏ ଯେତେବେଳେ ଚାଳିଶ କୋଟି ଖର୍ଚ୍ଚକରି ପ୍ରତିଦ୍ୱନ୍ଦ୍ୱୀଜଣକ ଜିତିଯାଆନ୍ତି। ଉପଭୋକ୍ତା ନିଲାମ ବ୍ୟବସ୍ଥାରେ ସେଭଳି ହା ହୁତାଶର ପ୍ରଶ୍ନ ରହିବ କି ? ନିର୍ବାଚନ ପାଇଁ ଖର୍ଚ୍ଚ ନହୋଇ ନିଲାମ ବାବଦକୁ ସରକାର ପଇସା ପାଇବେ ଓ ସେ ଅର୍ଥ ନିଲାମ ଜିତିଥିବା ଲୋକଙ୍କର ଅଞ୍ଚଳରେ ଖର୍ଚ୍ଚ ହେବ। ଏଥିରେ ଗଣତନ୍ତ୍ରର ଆବରଣ ରହିବ ନାହିଁ। ଧନତନ୍ତ୍ରର ପୂର୍ଣ୍ଣ ପ୍ରତିଷ୍ଠା ହେବ।

ବର୍ତ୍ତମାନର ବ୍ୟବସ୍ଥାରେ ବ୍ୟତିବ୍ୟସ୍ତ ହୋଇ ଜନସାଧାରଣ ଅନ୍ୟ ବିକଳ୍ପ ଖୋଜିପାରନ୍ତି। ଯାହାକୁ ହଟେଇ ଗଣତନ୍ତ୍ର ପ୍ରତିଷ୍ଠା ପାଇଁ ଉଦ୍ୟମ ତଥା ବିପ୍ଳବମାନ ହୋଇଥିଲା, ସେ ହେଲା ରାଜତନ୍ତ୍ରର ପୁନଃପ୍ରତିଷ୍ଠା। ଏକଥା ଅନେକ ସମୟରେ ହୋଇଥାଏ। ପୁରୁଣାରେ ବ୍ୟସ୍ତ ଓ ବିବ୍ରତ ହେଲାପରେ ନୂଆକୁ ଆଦରି ଥାଉ, ଏବଂ କିଛିଦିନ ପରେ ପୁରୁଣାଟି ଅଧିକ ଶ୍ରେୟ ଜଣାପଡ଼େ। ସେହି ନ୍ୟାୟରେ ରାଜତନ୍ତ୍ର ଫେରିପାରେ। ସେତେବେଳେ ଦଳବଦଳ, ଘୋଡ଼ାବେପାର ଇତ୍ୟାଦି ଶବ୍ଦମାନଙ୍କର ବ୍ୟବହାର ହେବ ନାହିଁ। ଗଣତନ୍ତ୍ର, ଧନତନ୍ତ୍ର ଅଧିକ ଶ୍ରେୟ ଜଣାପଡ଼ିବାଯାଏ ରାଜତନ୍ତ୍ର ଚାଲୁ ରହିବ। ଅବଶ୍ୟ ପେଣ୍ଡୁଲମଟି ରାଜତନ୍ତ୍ରରେ ମଧ୍ୟ ଅନାଦି କାଳ ରହିପାରବ ନାହିଁ।

■

ସମାଜ, ୨୪ ଜୁଲାଇ ୨୦୧୯

ଅର୍ଥଶାସ୍ତ୍ରୀଙ୍କ ନୀତି ବିଶ୍ୱ ପାଇଁ ବିପଦ

ଭାରତ ସରକାରଙ୍କ ଅଧୀନରୁ ଫେରି ବିଜେବି କଲେଜରେ ଯୋଗଦେଲି। ସେତେବେଳେ ଖରାଛୁଟି ଚାଲିଥାଏ। କଲେଜ୍ ଖୋଲିବାର ଦିନେ ଦି'ଦିନ ପରେ କ୍ଲାସ ଆରମ୍ଭ ହେଲା। ଛୁଟିରେ ଯୋଗ ଦେଇଥିବାରୁ କଲେଜର ସହକର୍ମୀମାନଙ୍କ ସହ ପରିଚୟ ହୋଇନଥାଏ। ଦିନେ ସକାଳ ସାତଟାବେଳର କ୍ଲାସ ନେବା ପାଇଁ ପହଞ୍ଚିଲି। କମନ୍ ରୁମ୍‌ରେ ମୋ ଆଗରୁ ଜଣେ ଅଧ୍ୟାପିକା ପହଞ୍ଚି ଏକା ବସିଥିଲେ। ମୋର ପୋଷାକ ପତ୍ର ଓ ହଳେ ହାୱାଇ ଚପଲ ଦେଖି କପେ ଚା' ଆଣିବା ପାଇଁ ବରାଦ କଲେ। 'ମୁଁ ଚା' ପିଏନି ଓ ଏଠି କେଉଁଠି ଚା' ମିଳେ ଜାଣିନି' କହିବାରେ କିଛି ଭୁଲ ହୋଇଗଲା ଭାବି ଚୁପ୍ ରହିଗଲେ। ତା'ପରେ ପିଲାଙ୍କ ହଜିରା ଖାତା ଧରି ଯେଝା କ୍ଲାସକୁ ଗଲୁ।

ଏ କଥାଟି ମନେ ପଡ଼ିଲେ ଏବେ ମନେମନେ ହସେ। ବିଜେବି କଲେଜର ଅନ୍ୟ ଏକ ଅନୁଭୂତି କିନ୍ତୁ ଗଭୀର ରେଖାପାତ କରିଥିଲା। କୌଟିଲ୍ୟଙ୍କର ଅର୍ଥଶାସ୍ତ୍ର ତ ବହୁ ପୁରୁଣା, କିନ୍ତୁ ଆଧୁନିକ ଅର୍ଥଶାସ୍ତ୍ରର ଜନକ ହେଉଛନ୍ତି ଆଡ଼ାମ ସ୍ମିଥ୍। ସେ ଥିଲେ ମୋରାଲ୍ ଫିଲୋସଫି ବା ନୈତିକ ଦର୍ଶନର ଅଧ୍ୟାପକ। ସେ କହିଲେ ଅର୍ଥଶାସ୍ତ୍ରରେ ନୀତିଫିତି କିଛି ନାହିଁ। ଏ ଶାସ୍ତ୍ରରେ ନୀତି ଚଳେନି, ନୀତି-ଅନୀତି ଭୁଲିଯିବାକୁ ପଡ଼ିବ। ପିଲାଙ୍କୁ ସେଇକଥା ମୋତେ କହିବାକୁ ପଡ଼ିଲା।

ଗୋଟିଏ କ୍ଷୀର ଗ୍ଲାସ୍‌ର ଦାମ ଦଶଟଙ୍କା ଓ ଗୋଟିଏ ମଦ ଗ୍ଲାସ୍‌ର ଦାମ ମଧ୍ୟ ସେଇ ଦଶଟଙ୍କା। ମୁଁ ଯଦି ମଦ ଗ୍ଲାସ୍‌ରୁ ଅଧିକ ତୃପ୍ତି ବା ଆନନ୍ଦ ପାଏ ତେବେ ସେ ଦଶଟଙ୍କା ମଦରେ ଖର୍ଚ୍ଚ କରିବା ମୋ ପକ୍ଷରେ ବିବେକବାନ ବା ବିଚାରଶୀଳ ଲୋକର କାମ ହେବ। ନୀତି-ଅନୀତି କଥା ଭାବି ଯଦି ମୁଁ କ୍ଷୀର ଗ୍ଲାସଟିଏ ପିଏ ତାହା ଅବିବେକୀ କାର୍ଯ୍ୟ ହେବ ଅର୍ଥଶାସ୍ତ୍ରୀଙ୍କ ମତରେ।

ସେହିଭଳି ପ୍ରଦୂଷଣ ରୋକିବା ପାଇଁ କୌଣସି ପଦକ୍ଷେପ ନନେଇ କମ୍ ଦାମରେ କାଗଜ ଉତ୍ପାଦନ କରି ଓ ଅଧିକ ଲାଭକରି ବଜାରରେ ତିଷ୍ଠି ରହିବ ଗୋଟିଏ କାଗଜକଳ। ଅନ୍ୟ ପକ୍ଷରେ ଆଉ ଗୋଟିଏ କାଗଜକଳ ସମସ୍ତ ପ୍ରକାର ପଦକ୍ଷେପ ନେଲା ପ୍ରଦୂଷଣକୁ ସମ୍ପୂର୍ଣ୍ଣ ରୂପେ ରୋକିବା ପାଇଁ। ଫଳରେ ଅଧିକ ଖର୍ଚ୍ଚ ହେଲା ଓ କାଗଜ ଦାମ ବଢ଼ିଲା। ଶେଷରେ ପ୍ରତିଯୋଗିତାରେ ତିଷ୍ଠି ନପାରି କାଗଜକଳ ବନ୍ଦ ହେଲା। ଏଠାରେ ପ୍ରଥମ କାଗଜକଳର ମାଲିକ ହିଁ ଅର୍ଥଶାସ୍ତ୍ରୀଙ୍କ ଦ୍ୱାରା ବିଚାରଶୀଳ ଓ ଅଧିକ ବିବେକବାନ ବିବେଚିତ ହେଲା। ପିଲାଙ୍କୁ ବୁଝେଇବା ପାଇଁ ଆହୁରି କିଛି ଉଦାହରଣ ଦେବାକୁ ହେଲା। ଯଦି ଦୋକାନ ଘରଟିଏ ଭଡ଼ା ଦେବାକୁ ଅଛି ତେବେ ଲୁଗା ଦୋକାନ ବା ତେଜରାତି ଦୋକାନ କରିବା ପାଇଁ ଯେତିକି ଭଡ଼ା ମିଳିବ, ତା'ର ଦି'ଗୁଣ ଭଡ଼ା ମିଳିବ ମଦଦୋକାନରୁ। କମ୍ବଳ କାରଖାନାରେ କାମ କଲେ ଯାହା ଦରମା ମିଳିବ ତା'ଠୁ ଢ଼େର ଅଧିକ ମିଳିବ ବନ୍ଧୁକ କାରଖାନାରେ କାମ କଲେ। ଯଦି କିଛି ବଳକା ପଇସା ଅଛି, କୃଷି ଯନ୍ତ୍ରପାତି କାରଖାନାରେ ଖଟେଇଲେ ଯାହା ଲାଭ ଆସିବ ତା'ଠୁ ବେଶ୍ ଅଧିକ ପାଇବ ଗୁଟ୍‌କା ବା ସିଗାରେଟ୍ କାରଖାନାରେ। ଜମିରୁ ଘାସ ବାହାର କରିବା ପାଇଁ କେମିକାଲ ପ୍ରୟୋଗରେ କମ୍ ଖର୍ଚ୍ଚହେବ ମଜୁରି ଅପେକ୍ଷା। ତେବେ ଏ ସବୁ କ୍ଷେତ୍ରରେ ଯେଉଁଠି ଅଧିକ ଆୟର ସମ୍ଭାବନା ତା'କୁ ଆପଣାଇ ନେବା କର୍ତ୍ତବ୍ୟ, ଅନ୍ୟଥା ଏହା ବିବେକହୀନତାର ପରିଚୟ ହେବ।

ଯେହେତୁ ଏଇ ନୀତିହୀନତା ଆଧୁନିକ ଅର୍ଥଶାସ୍ତ୍ରର ମୂଳମଞ୍ଜି କଥା, ତେଣୁ ବେଶ୍ କିଛି ସମୟ ଦେଇ ବୁଝେଇବାକୁ ହେଲା। ଶେଷରେ କହିଲି- ଜଣେ ଲୋକ ବେକରେ ଗୋଟିଏ ପ୍ଲାକାର୍ଡ ଲଗେଇବେ ଯେଉଁଥିରେ ଲେଖାଥିବ ଯେ ସେ ରାସ୍ତାର ନିୟମ ମାନନ୍ତି ନାହିଁ ଓ ସେ ରାସ୍ତାର ମଝିରେ ଚାଲିବେ, ତାଙ୍କୁ କ'ଣ ଆମେ ବରଦାସ୍ତ କରିବା? ସେଇଭଳି ଅର୍ଥଶାସ୍ତ୍ରରେ ନୀତି-ଫିତି କିଛି ନାହିଁ କହି ଆମେ କ'ଣ ସବୁ କଥା କରିପାରିବା ବା ସହିଯିବା? ପିଲାମାନେ ନାହିଁ କହିବାରେ ଖୁସି ହେଲି, କିନ୍ତୁ ଯେତେବେଳେ ପିଲାଙ୍କୁ କହିଲି- ତା'ହେଲେ ତୁମ ଭିତରୁ କିଏ ସାହସ ସଞ୍ଚୟ କରି କହିପାରିବ ଏଭଳି ଅର୍ଥଶାସ୍ତ୍ର ପଢ଼େଇବା ବନ୍ଦ କରନ୍ତୁ, ଏଭଳି ଅର୍ଥଶାସ୍ତ୍ର ଆମେ ପଢ଼ିବାକୁ ଚାହୁଁନୁ? ଯେତେ ଉସ୍‌କେଇଲେ ମଧ୍ୟ ଜଣେ ହେଲେ ପିଲା ବାହାରିଲେ ନାହିଁ। ତା'କୁ ଅଧ୍ୟାପକ ଜୀବନର ମୋର ସବୁଠୁ ବଡ଼ ବିଫଳତା ବୋଲି ଭାବେ।

ତେବେ ପରମାଣୁ ଯୁଦ୍ଧର ଭୟାବହତା ଓ ପରମାଣୁ ନିରସ୍ତ୍ରୀକରଣର ଆବଶ୍ୟକତା ନେଇ ପିଲାଙ୍କୁ ବୁଝାଇବାରେ ସେଇ ବିଜେବି କଲେଜର ପିଲାମାନେ ଜନମତ ସୃଷ୍ଟି

ପାଇଁ ପ୍ଲାକାର୍ଡମାନ ଧରି ଭୁବନେଶ୍ୱରରେ ଏକ ବଡ଼ ଧରଣର ରାଲି କରିଥିଲେ। ଏଇ ସୁଖଦ ଅନୁଭୂତି ନେଇ ଚାରିମାସ ନ ପୁରୁଣୁ କଲେଜରୁ ବିଦାୟ ନେଲି।

ପ୍ରାୟ ସାତ ଆଠ ବର୍ଷପରେ ମୋର ମଝିଆଁ ଝିଅ ଯୁକ୍ତ ଦୁଇ ପାସ୍‌କଲାପରେ ବିଜେବି କଲେଜରେ ନାଁ ଲେଖାଇଲା। ଅନର୍ସ ବିଷୟରେ ନିର୍ବାଚନ ପାଇଁ ଘରେ ଆଲୋଚନାବେଳେ ସେ ସିଧାସଳଖ କହିଲା, 'ଆଉ ଯାହା ବିଷୟ ନେବି ପଛକେ ଅର୍ଥଶାସ୍ତ୍ର ନେବି ନାହିଁ। ଯେଉଁ ପାଠ କହୁଛି ମାଆର କାମ, କାମ ନୁହେଁ, ସେ ପାଠ ପଢ଼ିବା ପାଇଁ ଅଯୋଗ୍ୟ।'

ଗର୍ଭଧାରଣଠାରୁ ସନ୍ତାନ ଜନ୍ମ, ଲାଳନପାଳନ ପାଇଁ ମାଆ ଅନେକ ଦୁଃଖକଷ୍ଟ ସହେ, ଅନେକ ଶ୍ରମ କରେ, ସେ ସବୁ ପାଇଁ ଅବଶ୍ୟ ସେ ପଇସା ପାଏନାହିଁ। ସେଥିପାଇଁ ତା'ର ସହସ୍ର ଶ୍ରମକୁ ଜାତୀୟ ଆୟ ହିସାବରେ ନିଆଯାଏ ନାହିଁ। ଘରଓଳା, ସଫାକାମ, ରୋଷେଇ କାମ, ବାଡ଼ିବଗିଚା କାମ, ଛୁଆର ଯତ୍ନ, ଲୁଗାପଟା ସଫା, ଘର ଜଗାରଖା କାମ- ଏସବୁ ଅଲଗାଅଲଗା କାମ ପାଇଁ ଯଦି ଲୋକ ରହିବେ ଓ ପଇସା ପାଇବେ, ତେବେ ତାହାକୁ ଜାତୀୟ ଆୟ ହିସାବରେ ନିଆଯିବ। ମାଆର ଏ ସବୁ କାମ ପାଇଁ ପଇସା ମିଳୁନଥିବାରୁ ଅର୍ଥଶାସ୍ତ୍ର ତା'କୁ ସ୍ୱୀକାର କରେ ନାହିଁ।

ଏବେ ଝିଅ ସହ ଦେଖାହେଲେ ପଚାରେ- ତୁ'ତ ଇକୋନୋମିକ୍ସ ନେଲୁନି, ତୋର ପିଲାମାନେ, ନାତି ନତୁଣୀମାନେ ଅର୍ଥଶାସ୍ତ୍ର ପଢ଼ିବେ ନା ନାହିଁ। ଉତ୍ତରରେ ସେ କହେ ଯେତେଦିନ ଯାଏ ଅର୍ଥଶାସ୍ତ୍ର କହୁଥିବ ମା'ର କାମ କାମ ନୁହେଁ, ସେତେଦିନଯାଏ ମୋ ବଂଶରେ କେହି ଅର୍ଥଶାସ୍ତ୍ର ପଢ଼ିବେ ନାହିଁ। ତା' ସହ ପୁରା ଏକମତ ହୁଏ।

ଯେଉଁମାନେ ପୃଥିବୀର ବେକାରୀ ସମସ୍ୟା, ପରିବେଶ ପ୍ରଦୂଷଣ ଓ ଜଳବାୟୁରେ ଦ୍ରୁତ ପରିବର୍ତ୍ତନ ନେଇ ଚିନ୍ତିତ, ସେମାନେ ସମସ୍ତେ ଗାନ୍ଧୀଙ୍କ କଥା କହୁଛନ୍ତି। ପୃଥିବୀର ସମ୍ବଳ ସୀମିତ, ଯେତେପାର କମ୍‌ରେ ଚଳ। ଦ୍ୱିତୀୟ ହେଲା ଲୋକମାନଙ୍କର ଆବଶ୍ୟକତା ସବୁ ସ୍ଥାନୀୟ ଭାବେ ଉତ୍ପାଦିତ ହେବ ଛୋଟଛୋଟ ଉଦ୍ୟୋଗ ଦ୍ୱାରା ଏଥିରେ ବେକାରୀ ଯିବାସହ ପରିବେଶର ସୁରକ୍ଷା ହେବ ଓ ପୃଥିବୀର ଯେଉଁ ତାତି ବଢୁଛି, ତା' ମଧ୍ୟ କମିବ।

ଅର୍ଥଶାସ୍ତ୍ର ଠିକ୍ ଓଲଟା କହୁଛି। ବଡ଼ବଡ଼ କଳକାରଖାନା ଓ ଅତ୍ୟାଧୁନିକ ଯନ୍ତ୍ରପାତି ବ୍ୟବହାର ଦ୍ୱାରା ଜିନିଷ ପତ୍ର ଦାମ କମ୍ ହେବ ଓ ଲୋକ ଅଧିକ କିଣିପାରିବେ। ସେଥିପାଇଁ ଆଜି କିଣ, ଏବେ କିଣ, ଆହୁରି ଆହୁରି କିଣ କୁହାଯାଉଛି। ଜିନିଷ ପତ୍ରର ମଡେଲ ସବୁ ଶୀଘ୍ରଶୀଘ୍ର ପରିବର୍ତ୍ତନ କଲେ ନୂଆ ମଡେଲ ଜିନିଷ କିଣିବେ। ଯାହା

ବିନା ଚଳିବାରେ ବିଶେଷ କିଛି ଅସୁବିଧା ହେବନି ସେସବୁ ଜିନିଷକୁ ଅତି ଆବଶ୍ୟକ କହି ଗୁଡ଼ାଏ ଅନାବଶ୍ୟକ ଜିନିଷ ବିକ୍ରି କରିବେ। ଯଦି କାର୍‌ର ଚାହିଦା କମିଗଲା ଚିନ୍ତାପ୍ରକଟ କରାଯାଉଛି। ଆମେ କାହାକୁ ଆଶୀର୍ବାଦ କଲାବେଳେ ଶତାୟୁ ଭବ, ଦୀର୍ଘଜୀବୀ ହୁଅବୋଲି କହିଥାଉ। ସମାଜରେ କିନ୍ତୁ ବୟସ୍କ ବା ବୁଢ଼ାବୁଢ଼ୀଙ୍କ ସଂଖ୍ୟା ବଢ଼ିଗଲେ ଅର୍ଥଶାସ୍ତ୍ରୀମାନେ ଚିନ୍ତିତ ହୋଇପଡ଼ନ୍ତି। କାରଣ ବୁଢ଼ାବୁଢ଼ୀଙ୍କର ଚାହିଦା କମ୍ ଓ ସେମାନଙ୍କ ସଂଖ୍ୟା ବଢ଼ିଲେ ଅର୍ଥନୀତିରେ ମାନ୍ଦାବସ୍ଥା ଦେଖାଦେବ। ତେଣୁ ଅର୍ଥଶାସ୍ତ୍ରୀଙ୍କ ଆଶୀର୍ବାଦ କ'ଣ ହେବ ଅନ୍ଦାଜ୍ କରନ୍ତୁ।

କୌଣସି ଦେଶରପ୍ରେମରେ ପଡ଼ି ନୁହେଁ, ବରଂ ଯେଉଁଠି ଶ୍ରମିକ ଆଇନ୍, ପରିବେଶ ଆଇନ କୋହଳ ବା ସହଜରେ ଅଳ୍ପ ଖର୍ଚ୍ଚରେ ଫାଙ୍କି ଦେଇହେବ, ବଡ଼ବଡ଼ ଉତ୍ପାଦନକାରୀ କମ୍ପାନୀମାନେ ସେହିଠାକୁ ଚାଲିଯାଆନ୍ତି। ଯେତେବେଳେ ଶୋଷଣ ଓ ପ୍ରଦୂଷଣରେ ଲୋକମାନେ ଅତିଷ୍ଠ ହୋଇପଡ଼ନ୍ତି ଓ ଆଇନସବୁ କଠୋର ହୁଏ ବା କଠୋରଭାବେ ପାଳିତ ହୁଏ ସେମାନେ ସେଇ ଦେଶରୁ ସେମାନଙ୍କୁ ସୁହାଇଲାଭଳି ଦେଶକୁ ଚାଲିଯାଆନ୍ତି। ଗୋଟିଏ ପରେ ଗୋଟିଏ ଦେଶ ଏହିଭଳି ଶୋଷଣ ଓ ପ୍ରଦୂଷଣର ଶିକାର ହୁଅନ୍ତି। ସେମାନେ ଭାବନ୍ତି ଗରିବ ଦେଶମାନଙ୍କର ମରଣ ଅତି ସାଧାରଣ କଥା ଓ ଏଠି ଜୀବନ ଶସ୍ତା। ସେଇଥିପାଇଁ ବିଶ୍ୱବ୍ୟାଙ୍କର ପ୍ରମୁଖ ଅର୍ଥନୀତିଜ୍ଞ ସମରସ୍ ପ୍ରାୟ ଚବିଶବର୍ଷ ତଳେ ଗରିବ ଦେଶମାନଙ୍କୁ ପ୍ରଦୂଷଣକାରୀ ଶିଳ୍ପ ଓ ସମସ୍ତ ବର୍ଜ୍ୟବସ୍ତୁ ରପ୍ତାନୀ କରିବା ପାଇଁ ପରାମର୍ଶ ଦେଇଥିଲେ ଶିଳ୍ପୋନ୍ନତ ଦେଶମାନଙ୍କୁ। ସେମାନେ ପ୍ରଥମେ ଏସିଆ ମହାଦେଶର ଚୀନ୍ ଭାରତ ଇତ୍ୟାଦି ଦେଶରେ ସେଇୟା କଲେ ଓ ଏବେ ଏଇଠି ପ୍ରତିବାଦ ପରେ ଆଫ୍ରିକାମୁହାଁ ହୋଇଛନ୍ତି। ସେଭଳି କରୁଥିବା କମ୍ପାନୀମାନେ ଅର୍ଥଶାସ୍ତ୍ରୀଙ୍କର ଆଶୀର୍ବାଦ ପାଇଥାନ୍ତି। ବାସ୍ତବରେ ଅର୍ଥଶାସ୍ତ୍ରୀଙ୍କର ଆଶୀର୍ବାଦ ବିଶ୍ୱପାଇଁ ବିପଦ।

■

ସମାଜ, ୧୭ ଅଗଷ୍ଟ ୨୦୧୯

ଛୋଟ ଛୋଟ କଥା: ୧

ଏଇ ଅଳ୍ପଦିନ ତଳେ ଏକ ଘରୋଇ ହସ୍ପିଟାଲ୍‌ରେ ଜଣେ ବନ୍ଧୁଙ୍କୁ ଦେଖାକରି ଫେରିବାବେଳେ ଜୟଦେବ ବିହାର ପୂର୍ବରୁ ସରକାରୀ ବିଭାଗର ଗୋଟିଏ ଗାଡ଼ି ଦେଖିଲି। ଏହି ବୋଲେରୋ ଗାଡ଼ିଟିକୁ ସମ୍ପୃକ୍ତ ବିଭାଗକୁ ଏକ ଘରୋଇ କମ୍ପାନୀ ଦାନ ଦେଇଥିବା ଲେଖାଯାଇଥିଲା। ମନରେ ସ୍ୱତଃ ପ୍ରଶ୍ନ ଆସିଲା। ସରକାରୀ ବିଭାଗକୁ କମ୍ପାନୀ କାହିଁକି ଦାନ ସୂତ୍ରରେ ଗାଡ଼ି ଦେବ? ଦି'ପଇସା ଖଟେଇଲେ ଚାରିପଇସା ମିଳିବାର ସମ୍ଭାବନା ନଥିଲେ କମ୍ପାନୀ କାହିଁକି ଗାଡ଼ିଦାନରେ ପଇସା ଖର୍ଚ୍ଚ କରିବ? ଖାଲି ଭୁବନେଶ୍ୱର ପାଇଁ ଏଇ ଗୋଟିକ ଗାଡ଼ି ନା ରାଜ୍ୟର ଅନ୍ୟାନ୍ୟ ଅଞ୍ଚଳରେ ବ୍ୟବହାର ପାଇଁ ପଚାଶ ଶହେ ଗାଡ଼ି ଦାନ କରିଛି କମ୍ପାନୀ? କମ୍ପାନୀ ତା'ହେଲେ ସମ୍ପୃକ୍ତ ବିଭାଗଠାରୁ କ'ଣ ଆଶା କରୁଛି ବା ସମ୍ପୃକ୍ତ ବିଭାଗ କିଭଳି ଭାବେ କମ୍ପାନୀକୁ ସାହାଯ୍ୟ କରିବ?

କମ୍ପାନୀ କୌଣସି ସରକାରୀ ବା ବେସରକାରୀ ହସ୍ପିଟାଲକୁ ଆମ୍ବୁଲାନ୍ସ ଗାଡ଼ି ଦେବା ଗ୍ରହଣୀୟ ବା ସ୍ପୃହଣୀୟ ହୋଇପାରେ, କିନ୍ତୁ ଅନ୍ୟ ଯେଉଁ ବିଭାଗ କମ୍ପାନୀଠାରୁ ଅନୁଗ୍ରହ ଲାଭ କରିବ ସେହି ବିଭାଗ ପ୍ରତିବଦଳରେ କମ୍ପାନୀକୁ ଅନୁଗ୍ରହ ଦେଖାଇବାକୁ ହେବ। ଏ ଦିଗଟି ପ୍ରତି ସମ୍ପୃକ୍ତ ବିଭାଗର ଉଚ୍ଚକର୍ତ୍ତୃପକ୍ଷ କିପରି ଆଖି ବୁଜିଦେଲେ? ବିଭାଗର ପରିଚାଳନା ପାଇଁ ଯେତେବେଳେ ସରକାରୀ ତହବିଲରୁ ଖର୍ଚ୍ଚ କରିବାର ବ୍ୟବସ୍ଥା ଅଛି ସେଭଳି କ୍ଷେତ୍ରରେ ଗାଡ଼ି କେତେଟା ପାଇଁ ତହବିଲ କାହିଁକି କୁଣ୍ଠିତ ହୋଇଥାଆନ୍ତା ଯେ ସମ୍ପୃକ୍ତ ବିଭାଗକୁ କମ୍ପାନୀର ଅନୁଗ୍ରହ ଉପରେ ନିର୍ଭର କରିବାକୁ ହେଲା?

ଦ୍ୱିତୀୟ: ଅନେକ ସମୟରେ ଆମେ ସମ୍ବାଦ ଦେଖୁ ଯେ ବଜାରରେ ମିଳୁଥିବା କ୍ଷୀରର ଅଧିକାଂଶ ଭାଗ ଅପମିଶ୍ରିତ। କ୍ଷୀରରେ ଲୁଗାସଫା ପାଉଡର ବା ଡିଟରଜେଣ୍ଟ

ମିଶାଇବାଠୁ ଆରମ୍ଭ କରି କଣ କଣ ଦ୍ରବ୍ୟ ଯେ ମିଶାଯାଉଛି ତା'ର ଠିକଣା ନାହିଁ। ସେ କ୍ଷୀର ଛୋଟଛୁଆଙ୍କୁ, ରୋଗୀଙ୍କସହ ଅନ୍ୟମାନଙ୍କୁ ଦିଆଯାଉଛି ପୁଷ୍ଟିକର ଖାଦ୍ୟ ହିସାବରେ। ସେହିଭଳି ତାଜା ତଥା ଆକର୍ଷଣୀୟ ଦେଖାଯିବା ପାଇଁ ପୋଟଳ, ଭେଣ୍ଡି, ଜହ୍ନି, ଝୁଡ଼ଙ୍ଗ ଭଳି ପରିବାଗୁଡ଼ିକୁ ରାସାୟନିକ ଦ୍ରବଣରେ ବୁଡ଼େଇ ରଖାଯାଉଛି ଓ ପରେ ବଜାରରେ ବିକ୍ରି ହେଉଛି। ଶରୀର ପାଇଁ ବହୁଭାବେ ଉପକାରୀ ହଳଦୀଗୁଣ୍ଡରେ ରାସାୟନିକ ରଙ୍ଗ ମିଶାଯାଉଥିବା ଖବର ବାହାରେ। ସେ ପ୍ରକାର ହଳଦୀ ଉପକାର କରିବା ପରିବର୍ତ୍ତେ ଅପକାର ହିଁ କରିଥାଏ।

ହୋଟେଲ, ରାସ୍ତାକଡ଼ ଜଳଖିଆ ଦୋକାନ ବା ନାମୀ ରେସ୍ତୋରାଁ ଘରେ ବା ଭୋଜିଭାତରେ ଜଲବି, ମିଠା ଓ ତରକାରି ଭଳି ଖାଦ୍ୟପଦାର୍ଥକୁ ଆଖିଦୃଶିଆ କରିବା ପାଇଁ ବିଭିନ୍ନ ପ୍ରକାର ରାସାୟନିକ ଦ୍ରବ୍ୟ ମିଶାଯାଉଛି।

ଗାଈ ଅଧିକ କ୍ଷୀର ଦେବା ପାଇଁ, କୁକୁଡ଼ାର ଓଜନ ବଢ଼େଇବା ପାଇଁ ଲାଉଭଳି ପରିବାକୁ ରାତାରାତ୍ ବଡ଼ କରିଦେବା ପାଇଁ, ଫୁଲକୋବିକୁ ଦିନଦିନ ଧରି ସତେଜ ରଖିବା ପାଇଁ ହରମୋନ ଓ ଅନ୍ୟ ବିପଜ୍ଜନକ ରାସାୟନିକ ଦ୍ରବ୍ୟ ବ୍ୟବହାର କରାଯାଉଛି। ପନିପରିବାରେ ସାଙ୍ଘାତିକ ବିଷପ୍ରୟୋଗ କରିବାର ଦିନେ ଦୁଇଦିନ ଭିତରେ ବଜାରରେ ବିକ୍ରି କରାଯାଉଛି।

ଏ ତାଲିକାକୁ ଆଉ ନବଢ଼େଇ ଏତିକି କହିବା ଯେ ଏସବୁ ତଦାରଖ କରିବା ପାଇଁ ବଜାରରେ ମିଳୁଥିବା କ୍ଷୀର, ଛେନା, ଖାଇବା ତେଲ ଇତ୍ୟାଦିର ଗୁଣବତ୍ତା ପରୀକ୍ଷା କରିବା ପାଇଁ ସରକାରଙ୍କର ନିର୍ଦ୍ଦିଷ୍ଟ ବିଭାଗ ଅଛି। ସେମାନେ ବାରବାର ପରୀକ୍ଷା କରି ଆବଶ୍ୟକ ପଦକ୍ଷେପ ନେବା ଜରୁରୀ, କିନ୍ତୁ ଅନେକ ସମୟରେ ବେସରକାରୀ ସଂସ୍ଥାମାନେ ଯାଞ୍ଚ କରି ରିପୋର୍ଟ ପ୍ରକାଶ କରନ୍ତି। ଧରାଯାଉ ଖବର ବାହାରିଲା ଯେ ଜହ୍ନି, ପୋଟଳ ଇତ୍ୟାଦି ପରିବାଗୁଡ଼ିକ ମାରାତ୍ମକ ଶାଗୁଆ ଦ୍ରବଣରେ ବୁଡ଼େଇ ବିକ୍ରି ହେଉଛି, ତା'ପରେ କ'ଣ ହୁଏ ?

ଏସବୁ ଅପମିଶ୍ରଣରେ ଆମର ବିଶେଷ ବ୍ୟସ୍ତ ହେବାର ନଥାନ୍ତା ଯଦି ତା'ଦ୍ୱାରା କ୍ୟାନସର ଭଳି ରୋଗ ହେବାର ସମ୍ଭାବନା ନଥାନ୍ତା। ଆଉ କ୍ୟାନସର ବଢ଼ିଲେ ସରକାରୀ ଆଭିମୁଖ୍ୟ କ'ଣ ? ଅଧିକ କ୍ୟାନସର ରୋଗ ପାଇଁ ଅଧିକ ଡାକ୍ତରଖାନା, ଅତ୍ୟାଧୁନିକ ଯନ୍ତ୍ରପାତି କିଣା, ଔଷଧ ପତ୍ରରେ କିଛି ରିଆତି ଓ ରୋଳଭଡ଼ାରେ ରିଆତି।

ତୃତୀୟ: ଅନେକ ସମୟରେ ସମ୍ବାଦ ପ୍ରକାଶିତ ହୁଏ ଯେ ବାହାରେ ଯେତେ ଔଷଧ ମିଳେ ସେଥିରୁ ଶତକଡ଼ା ତିରିଶ ଭାଗ ନକଲି। ଆଜିକାଲି ସାମାନ୍ୟ ଶର୍ଦ୍ଦି କାଶ ହେଲେ ଡାକ୍ତରଖାନାକୁ ଗଲେ ଚାରିପାଞ୍ଚ ହଜାର ଖର୍ଚ୍ଚ, ସେଥିରେ ଯଦି ଔଷଧ ନକଲି

ହେଲା ତେବେ ବେଡ଼ି ଉପରେ କୋରଡ଼ା ଭଳି ହେବ। କାଶ, ଜ୍ୱର ଔଷଧ ନକଲି ହେଲେ କଥାଏ, ଯଦି ଜୀବନରକ୍ଷାକାରୀ ଔଷଧରେ ନକଲି ହୁଏ, ତେବେ? ଔଷଧଗୁଡ଼ିକୁ ବରାବର ଯାଞ୍ଚକରି ପ୍ରତିକାର କରିବାର ବ୍ୟବସ୍ଥା କରାଯାଇଛି ସରକାରୀ କଳରେ। ଜୀବନ ମରଣ କ୍ଷେତ୍ରରେ ଯଦି ଅବହେଳା ହୁଏ ତେବେ?

ଚତୁର୍ଥ: ସହର ଭିତରେ ଓ ରାଜପଥମାନଙ୍କରେ କେତେକ ସ୍ଥାନରେ ଯାନବାହାନର ଗତି କମେଇ ଦୁର୍ଘଟଣା ନଘଟାଇବା ପାଇଁ ହମ୍ପସ୍ ତିଆରି ହୋଇଥାଏ। ଅବଶ୍ୟ କେତେକ ସ୍ଥାନରେ ଚାନ୍ଦାଭେଦା ଆଦାୟ ପାଇଁ ଗାଡ଼ିଗଡ଼ିକୁ ଗତି କମେଇବାକୁ ବାଧ କରିବା ପାଇଁ। ଅନ୍ୟ କେତେକ ସ୍ଥାନରେ ଦ୍ରୁତଗାମୀ ଗାଡ଼ିଗୁଡ଼ିକ ବାଟରୁ ଯାତ୍ରୀ ଉଠାନ୍ତି ନାହିଁ, ସେଭଳି ସ୍ଥାନରେ ଗାଡ଼ିଗୁଡ଼ିକର ଗତି କମିଲେ ଯୁବକମାନେ ଚଢ଼ିଯିବା ପାଇଁ ରାସ୍ତାରେ ହମ୍ପସ୍ ତିଆରି ହୋଇଥାଏ। ଏବେ ଠିକଣା ଉଚ୍ଚତା ଓ ଦି'ପାଖରେ ଉଚିତ୍ ଗଡ଼ାଣୀ ଥାଇ ଗୋଟିଏ ହମ୍ପସ୍ ତିଆରି ନ ହୋଇ ଉଭୟ ସହର ଭିତରେ ଓ ରାଜପଥମାନଙ୍କରେ ପାଞ୍ଚରୁ ଆରମ୍ଭ କରି ପନ୍ଦର ଯାଏଁ ଛୋଟଛୋଟ ହିଡ଼ ବା ରମ୍ବଲରସ୍ ତିଆରି କରାଯାଉଛି। ବଡ଼ ଚକଥିବା ଗାଡ଼ିଗୁଡ଼ିକ ତାକୁ ପାରି ହେବା ପାଇଁ ବିଶେଷ ଅସୁବିଧା ହୁଏନି, କିନ୍ତୁ ଛୋଟ ଚକଥିବା ଗାଡ଼ିଗୁଡ଼ିକ ବହୁତ ଅସୁବିଧାର ସମ୍ମୁଖୀନ ହେଉଥିବାର ଲକ୍ଷ୍ୟ କରାଯାଉଛି। ଦି'ଚକିଆ ଗାଡ଼ିର ପଛରେ ବସିଥିବା ଲୋକଜଣକ ଛିଟିକି କରି ପଡ଼ିଯିବାର ଆଶଙ୍କା ରହୁଛି। ଯଦି ଜଣେଲୋକ ସେ ରାସ୍ତାରେ ଅଭ୍ୟସ୍ତନୁହନ୍ତି କିମ୍ବା ରମ୍ବଲରସ୍ ସମ୍ପର୍କରେ ଆଗରୁ ସତର୍କ କରାଯାଇନାହିଁ କିମ୍ବା ଯଦି ପଛରେ ଜଣେ ଗର୍ଭବତୀ ବସିଥିବେ ତେବେ ନିଶ୍ଚିତ ବିପଦରୁ ରକ୍ଷା ପାଇବା କଷ୍ଟକର ହେବ। ପୂର୍ତ୍ତ ବିଭାଗର ଇଂଜିନିୟରମାନେ କୋଡାଲ ପ୍ରୋଭିଜନ କଥା କହିଥାନ୍ତି। ଅର୍ଥାତ୍ ଘରଟିଏ କିପରି ତିଆରି ହେବ, ରାସ୍ତାଟି କିପରି ତିଆରି ହେବ- ଏସବୁ ପାଇଁ ନିୟମ ଉଲ୍ଲେଖ କରାଯାଇଛି। ରାସ୍ତାରେ ରମ୍ବଲର ତିଆରି ପାଇଁ, ବିଶେଷତଃ ଦଶରୁ ପନ୍ଦର ଯାଏଁ ତିଆରି ପାଇଁ କୋଡାଲ ପ୍ରୋଭିଜନ ଅଛିକି? ଏ ବିଷୟ ପ୍ରତି ଧ୍ୟାନ ଦିଆଯାଇଛି କି? ଏ ପ୍ରସଙ୍ଗରେ ଆଉ ଗୋଟିଏ କଥା ଉଲ୍ଲେଖଯୋଗ୍ୟ। ଯଦି ପଚାଶ ଷାଠିଏ କି.ମି. ରାସ୍ତାରେ ଚାଳିଶ ଜାଗାରେ ହମ୍ପସ୍ ଓ ରମ୍ବଲର ରହିବ, ତେବେ ସଂକଟାପନ୍ନ ଅବସ୍ଥାରେ ଥିବା ଜଣେ ରୋଗୀକୁ ଆମ୍ବୁଲାନ୍ସ ବା ଗାଡ଼ିରେ ଆଣିଲାବେଳେ ତା'ଛାଏଁ ଅଧଘଣ୍ଟାଏ ଡେରି ହୋଇଯିବ। ହୁଏତ ସେଇ ଅଧଘଣ୍ଟା ଜୀବନ ଓ ମରଣର ନିର୍ଣ୍ଣୟକ ହେବ। ତେଣୁ ଦୁର୍ଘଟଣାପ୍ରବଣ ଅଞ୍ଚଳରେ ଗାଡ଼ିର ଗତିର ସୀମା ନିର୍ଦ୍ଧାରଣ କରି ଯଥେଷ୍ଟ ଆଗରୁ ସତର୍କ କରାଯାଉ ଓ ଉଲ୍ଲଘଂନକାରୀଙ୍କୁ ଧରିବା ପାଇଁ ଯନ୍ତ୍ରପାତି ବ୍ୟବହାର କରି ଦଣ୍ଡିତ କରାଯାଉ।

ପଞ୍ଚମ: କୋର୍ଟ କଚେରି ସାଧାରଣତଃ ସମନ କରିଥାନ୍ତି ଦିନ ୧୧ଟାରେ ହାଜର ହେବା ପାଇଁ। କିଏ କେତେଦୂରରୁ ଆସିଥାନ୍ତି, କାହାପାଳି କେତେବେଳେ ପଡ଼ିବ ଜଣାନାହିଁ। ହୁଏତ ଦିନସାରା ଅପେକ୍ଷା କଲାପରେ ଆଉ ଗୋଟେ ତାରିଖ ହୋଇଯାଏ। ସାରାଦିନ ଅପେକ୍ଷା କଲାବେଳେ ଝାଡ଼ା/ପରିସ୍ରା ପାଇଁ ଆମ କୋର୍ଟକଚେରିମାନଙ୍କରେ ଲୋକଙ୍କୁ ଚାହିଁ କିଛି ବ୍ୟବସ୍ଥା ଅଛିକି? ପୁରୁଷ ଲୋକମାନଙ୍କର ବିଶେଷ ଅସୁବିଧା ହୁଏନି, କିନ୍ତୁ ଝିଅ/ସ୍ତ୍ରୀଲୋକମାନେ ନାହିଁନଥିବା ଅସୁବିଧାର ସମ୍ମୁଖୀନ ହୋଇଥାଆନ୍ତି। ପୁରୁଷ ହେଉ ବା ମହିଳା ହେଉ, ସଭ୍ୟଭାବେ ଚଳିବା ପାଇଁ ଖାଲି କୋର୍ଟକଚେରି କାହିଁକି ବିଭିନ୍ନ ଦପ୍ତରମାନଙ୍କରେ ଶୌଚାଳୟ ଯଥେଷ୍ଟ ସଂଖ୍ୟାରେ ଓ ପରିଷ୍କାର ପରିଚ୍ଛନ୍ନ ଭାବେ ଉପଲବ୍ଧ ହେବା ଆବଶ୍ୟକ। ଅନେକ ସମୟରେ ଲକ୍ଷ୍ୟ କରିଛି, ଜିଲାପାଳଙ୍କୁ ଦେଖା କରିବାକୁ ଲୋକମାନଙ୍କୁ ବହୁତ ସମୟ ଅପେକ୍ଷା କରିବାକୁ ପଡ଼ିଥାଏ। ଜିଲ୍ଲାପାଳମାନେ ଜିଲ୍ଲାରେ କେତେ ଶୌଚାଳୟ ନିର୍ମାଣ ହୋଇଛି ତା'ର ସମୀକ୍ଷା କରିବା ପୂର୍ବରୁ ନିଜ ଅଫିସକୁ ଆସୁଥିବା ଲୋକମାନଙ୍କ ପାଇଁ ଯଥେଷ୍ଟ ଶୌଚାଳୟର ବ୍ୟବସ୍ଥାକରିବା ଜରୁରୀ ନୁହେଁ କି? ସେହିଭଳି ଲମ୍ବାରାସ୍ତାରେ କାର୍‌ରେ ବା ବସ୍‌ରେ ଗଲାବେଳେ ପରିସ୍ରା ପାଇଁ ସୁବିଧା ଜାଗା ଖଣ୍ଡେ ଖୋଜିବାକୁ ହୋଇଥାଏ। ସେଥିପାଇଁ ଅନେକ ସମୟ ମଧ୍ୟ କଟିଯାଏ।ଅନେକ କାକୁତିମିନତି ପରେ ବସ୍‌ଟି ରହିଲେ ମହିଳାମାନେ ସେହି କାର୍ଯ୍ୟ ତୁଲାଇଥାନ୍ତି। ଇଏ କ'ଣ ଗୋଟେ ସଭ୍ୟ ସମାଜର ଲକ୍ଷଣ? ବିଳମ୍ବରେ ହେଲେ ମଧ୍ୟ ଏବେ କିଛି ଉଦ୍ୟମ କରାଯାଇଛି, କିନ୍ତୁ ପ୍ରତି ପଚାଶ/ଷାଠିଏ କି.ମି. ଦୂରରେ ଶୌଚାଳୟ ବ୍ୟବସ୍ଥା ରହିବା ଆବଶ୍ୟକ।

ଶେଷ: ବର୍ଷା, ପବନ। ଲାଇନ୍ ନାହିଁ। ଚାରିଆଡ଼ ଅନ୍ଧାର। ମାଆ ପିଲାର ହାତଧରି ଫୁଟ୍‌ପାଥ୍‌ରେ ଚାଲୁଛି। ହଠାତ୍ ପିଲାଟି ହାତରୁ ଖସି ଡ୍ରେନରେ ପଡି ପ୍ରଖର ସୁଅରେ ଚାଲିଗଲା। ଆମେ ଅନ୍ଦାଜ୍ କରିପାରିବା ପିଲାଟିର ଓ ମାଆର ଅବସ୍ଥା। ଏ କ୍ଷେତ୍ରରେ ମ୍ୟୁନିସିପାଲିଟି ବା ପୂର୍ତ୍ତବିଭାଗକୁ ଯଦି କୋଟିଏ ଦି କୋଟି ଟଙ୍କା ଅପରାଧମୂଳକ ଅବହେଳା ପାଇଁ ଜୋରିମାନାର ବ୍ୟବସ୍ଥା ଥାଆନ୍ତା ତେବେ ଏଭଳି ବାରମ୍ବାର ହୁଅନ୍ତା କି? ଆମର ଭାଗ୍ୟବିଧାତାମାନେ କିନ୍ତୁ ଧରିନେଇଛନ୍ତି ଯେ ଏଇଠି ମରଣ ସାଧାରଣ କଥା ଓ ଜୀବନ ଶସ୍ତା, ଅବଶ୍ୟ ସାଧାରଣ ଲୋକଙ୍କର! ଲେଖାଟିର ଶିରୋନାମା ଯଦିଓ 'ଛୋଟଛୋଟ କଥା', ଏସବୁ ପ୍ରକୃତରେ କ'ଣ ଛୋଟ କଥା?

■

ସମାଜ, ୧୦ ଅକ୍ଟୋବର ୨୦୧୯

ଛୋଟଛୋଟ କଥା: ୨

ଛୋଟଛୋଟ କଥାରେ ଅନେକ ଗୁରୁତ୍ୱପୂର୍ଣ୍ଣ ପ୍ରସଙ୍ଗ ଲୁଚି ରହିଥାଏ

ଡାକ୍ତରଖାନା/କ୍ଲିନିକରେ ଅପରେସନ୍‌ର ଠିକ୍ ପୂର୍ବରୁ ରୋଗୀ କିମ୍ବା ତାଙ୍କର ସମ୍ପର୍କୀୟଙ୍କଠାରୁ ଗୋଟିଏ ମୁଚାଲିକା ଲେଖେଇ ନିଆଯାଏ। ସେଥିରେ ଲେଖା ଯାଇଥାଏ ଯେ ଅପରେସନ ସମୟରେ ଯଦିକିଛି ଘଟିଯାଏ, (ରୋଗୀର ମୃତ୍ୟୁ ମଧ ହୋଇଯାଏ) ତେବେ ଡାକ୍ତର, ଅପରେସନରେ ସଂଶ୍ଳିଷ୍ଟ କର୍ମଚାରୀ, ଡାକ୍ତରଖାନା/ କ୍ଲିନିକ୍ କର୍ତ୍ତୃପକ୍ଷ ଦାୟୀ ରହିବେନି। ଏଭଳି ମୁଚାଲିକା ବା ଚୁକ୍ତିପତ୍ର ଲେଖି ନ ଦେଲେ ଅପରେସନ କରିବା କଷ୍ଟକର ହୋଇପଡ଼ିବ। ଅଯଥାରେ ଓ ବିନା ଦୋଷରେ ମଧ ଡାକ୍ତର ଓ ତାଙ୍କର ଦଳ, ଡାକ୍ତରଖାନା/ କ୍ଲିନିକ୍ କର୍ତ୍ତୃପକ୍ଷ ହଇରାଣ ହୋଇଯିବେ।

ତେବେ ଏଠି ପ୍ରଶ୍ନ ହେଉଛି ରୋଗୀଙ୍କ ନିକଟରୁ ଯେମିତି ଡାକ୍ତର ବା ଡାକ୍ତରଖାନା/ କ୍ଲିନିକ୍ କର୍ତ୍ତୃପକ୍ଷ ମୁଚାଲିକା ଲେଖେଇ ନେଉଛନ୍ତି ସେଭଳି ମୁଚାଲିକା ଡାକ୍ତର ଓ ଡାକ୍ତରଖାନା/କ୍ଲିନିକ୍ କର୍ତ୍ତୃପକ୍ଷ ରୋଗୀ/ ସମ୍ପର୍କୀୟଙ୍କୁ ଦେଉଛନ୍ତି କି ? 'ଚିକିତ୍ସା ବିଜ୍ଞାନର ସମସ୍ତ ଆବଶ୍ୟକ ବିଧିବିଧାନ ବା ପ୍ରୋଟୋକଲ୍ ପାଳନ କରିବାରେ କୌଣସି ପ୍ରକାର ଅବହେଳା ପ୍ରଦର୍ଶନ କରାଯିବ ନାହିଁ ଓ ରୋଗୀଙ୍କର ସର୍ବୋତ୍ତମ ମଙ୍ଗଳ ପାଇଁ ସମସ୍ତ ପ୍ରକାର ପଦକ୍ଷେପ ନିଆଯିବାରେ ମଧ ତ୍ରୁଟି ରହିବନାହିଁ। ଯଦି ସେଭଳି ଅବହେଳା ବା ତ୍ରୁଟି ରହେ ଓ ସେଥିପାଇଁ ରୋଗୀଙ୍କର ଅସୁବିଧା ହୁଏ ତେବେ ସମ୍ପୂର୍ଣ୍ଣ ଡାକ୍ତର ଓ ତାଙ୍କର ସହଯୋଗୀ କର୍ମଚାରୀ ଏବଂ ଡାକ୍ତରଖାନା/କ୍ଲିନିକ୍ କର୍ତ୍ତୃପକ୍ଷ ଦାୟୀ ରହିବେ।' ଏଭଳି ମୁଚାକିଲା ଦାବି କରିବା ଠିକ ହେବ ନାହିଁ କି ? ରୋଗୀମାନଙ୍କ ପାଇଁ କୌଣସି ମୁଚାକିଲା ନଥିବାରୁ ଆମେ ଦେଖୁ ଅପରେସନ ସମୟରେ ରୋଗୀଙ୍କର ଦେହରେ କଇଁଚି, ଗଜ୍‌କନା ଇତ୍ୟାଦି ରହିଯାଉଛି, ରୋଗୀଙ୍କର ଜୀବନ ବିପଦାପନ୍ନ ହେଉଛି ଓ ପୁନର୍ବାର ଅପରେସନ୍

ଆବଶ୍ୟକ ହେଉଛି। ବର୍ତ୍ତମାନ ଯେଉଁ ମୁଚାଲିକା ଲେଖାଯାଉଛି ତାହା ଏକତରଫା ହେଉନାହିଁ କି ?

ଦ୍ୱିତୀୟ- ସମ୍ବାଦ ପ୍ରକାଶ ପାଏ ଯେ ଅମୁକ ସ୍କୁଲପିଲାମାନେ ଝାଡୁଧରି କ୍ଲାସ ବା ସ୍କୁଲ ହତା ସଫା କରୁଛନ୍ତି। ସେଥିପାଇଁ ସ୍କୁଲ କର୍ତ୍ତୃପକ୍ଷଙ୍କୁ କୈଫିୟତ ମଗାଯାଏ। ଜିଲ୍ଲା ଶିଶୁମଙ୍ଗଳ ଅଧିକାରୀମାନେ ପହଞ୍ଚିଯାଆନ୍ତି ତଦାରଖ କରିବା ପାଇଁ। ଯଦି ସ୍କୁଲ ପିଲାଙ୍କୁ ସ୍କୁଲ ବାହାରକୁ ପଠାଇ ଅନ୍ୟ ଜାଗାରେ ସଫେଇ କରି ସ୍କୁଲ କର୍ତ୍ତୃପକ୍ଷ ପଇସା କମଉଥିବେ ତେବେ ତାହା ସର୍ବଥା ନିନ୍ଦନୀୟ କିନ୍ତୁ ପିଲାମାନେ ଯଦି ନିଜ ରହିବା ଘର, ବିଦ୍ୟାଳୟର ଶ୍ରେଣୀଗୃହ ସଫା କରିବେ ଓ ନିଜେ ବ୍ୟବହାର କରୁଥିବା ଶୌଚାଳୟ ପାଳି କରି ସଫା କରିବେ ତାହା କିପରି ଅପରାଧ ହେବ ? ଛୁଟି ଦିନରେ ଚଉଦ ବର୍ଷରୁ କମ୍ ବୟସର ପିଲାଟିଏ ବାପା/ମାଆଙ୍କ ସାଙ୍ଗରେ ଯାଇ ଜମିରେ କାକୁଡ଼ି ବା ବିଲାତି ତୋଳିଲା, ତା'କୁ କ'ଣ ଆମେ ବାଲ-ଶ୍ରମ କହିବା ? ବୁଣାକାର ଘରର ପିଲାଟି ଯଦି ଘରେ ଲୁଗା ବୁଣିଲାବେଳେ ସୂତାଟି ଛିଣ୍ଡିଗଲେ ଯୋଡ଼ି ଦେବାର କୌଶଳ ଶିଖିଗଲା ଓ ଘରେ ବାପା ମାଆଙ୍କୁ ସାହଯ୍ୟ କଲା ତା'କୁ କ'ଣ ଆମେ ଅପରାଧ କହିବା ? ଘରେ ପିଲାମାନେ ସଫେଇ କରିବା କେମିତି ଅପରାଧ ହେବ ? ଦି' ଅକ୍ଷର ପଢ଼ିଦେଲେ ଆଉ ଶରୀର ଶ୍ରମ କରିବୁ ନାହିଁ, ତା' ବାଦ୍ ଘର, ହତା, ପାଇଖାନା ସଫା କରିବା ଭଳି କାମ ସମାଜର ନିମ୍ନବର୍ଗର ଲୋକଙ୍କ ପାଇଁ ଉଦ୍ଦିଷ୍ଟ। ସେଭଳି କାମ କେମିତି ପଢୁଆ ପିଲାମାନେ କରିବେ ? ଏଭଳି ଚିନ୍ତା ଆମକୁ ଏପରି ଗ୍ରାସିଛି ଯେ ସ୍କୁଲ ଓ ଆବାସିକସ୍କୁଲର ପିଲାମାନେ ନିଜନିଜର ରହିବା ଓ ପଢ଼ିବା ଜାଗାକୁ ନିଜେ ସଫା ରଖିବା କାମକୁ ସହଜରେ ହଜମ କରିପାରୁନାହାନ୍ତି। ରକ୍ଷା ଅଛି ବର୍ତ୍ତମାନ ସୁଦ୍ଧା ବାପାମାଆଙ୍କ ସାଙ୍ଗରେ ଯାଇ ବିଲରୁ ପରିବା ତୋଳିଲାବେଳେ ବା ମାଆଙ୍କ ସାଙ୍ଗରେ ଯାଇ ଦୋକାନର ସଉଦା/ପରିବା କିଣିବା ବା ଘରେ ମାଆଙ୍କୁ ଘରସଫା, ବେସରବଟାରେ ଝୁଅଝିଅ ସାହାଯ୍ୟ କଲାବେଳେ ଜିଲ୍ଲା ଶିଶୁମଙ୍ଗଳ ଅଧିକାରୀ ପହଞ୍ଚି ବାପାମାଆଙ୍କୁ ତଣ୍ଡି ନାହାନ୍ତି ଶିଶୁ ଶ୍ରମିକ ଆଇନ ବଳରେ।

ତୃତୀୟ- ଧୂମପାନ ଫଳରେ ମୁଖ ଗଳା ଓ ଫୁସ୍‌ଫୁସ୍‌ରେ କର୍କଟ ରୋଗ ହେବାସହ ଶିରା ପ୍ରଶିରାଗୁଡ଼ିକ ଟାଣ ବା ଅନମନୀୟ ହୋଇଯିବା ଏବଂ ସେଥିପାଇଁ ଉଚ୍ଚରକ୍ତଚାପ ଓ ହୃଦ୍‌ଘାତ ହେବାର ନିଶ୍ଚିତ ପ୍ରମାଣ ମିଳିଲାପରେ ପୃଥିବୀବ୍ୟାପୀ ସିଗାରେଟ୍ ବ୍ୟବହାର କମେଇବା ପାଇଁ ବିଭିନ୍ନ ପଦକ୍ଷେପ ନିଆଯାଉଛି। ସ୍ୱାସ୍ଥ୍ୟ ପାଇଁ ହାନିକାରକ ସିଗାରେଟ ଉପରେ ଥିବା କାଗଜ ନୁହେଁ, ଭିତରେ ଥିବା ଧୂଆଁ ପତ୍ରର ଗୁଣ୍ଡି ହିଁ ଦାୟୀ। ସରକାର ଯେତେବେଳେ କେନ୍ଦୁପତ୍ର ବିକ୍ରି କରୁଛନ୍ତି ସେତେବେଳେ

ଜାଣନ୍ତି ଯେ କେନ୍ଦୁପତ୍ର ଖଲି ତିଆରି ବା ସେଭଳି କିଛି ବ୍ୟବହାର ପାଇଁ ନୁହେଁ, ବିଡ଼ି ତିଆରି ପାଇଁ। ବିଡ଼ି ଓ ସିଗାରେଟ ଭିତରେ ତଫାତ ଏତିକି ଯେ ଧୂଆଁପତ୍ରର ଗୁଣ୍ଡିକୁ ରଖିବା ପାଇଁ ଗୋଟିକରେ କାଗଜ ଓ ଅନ୍ୟଟିରେ କେନ୍ଦୁପତ୍ର ଗୁଡ଼ା ହୋଇଥାଏ, କିନ୍ତୁ ଉଭୟଙ୍କ ଭିତରେ ଧୂଆପତ୍ର ଗୁଣ୍ଡି ହିଁ ରହିଥାଏ। ଶରୀର ଉପରେ ବିଡ଼ିର ଧୂଆଁ ଓ ସିଗାରେଟ ଧୂଆଁର ପ୍ରଭାବ ତ ସମାନହେବା କଥା। ଏଣେ କିନ୍ତୁ ସିଗାରେଟ ବା ଧୂଆଁପତ୍ରର ବ୍ୟବହାର କମେଇବା ପାଇଁ ସରକାର ବିଭିନ୍ନ ପଦକ୍ଷେପ ନେବେ ଓ ସେପାଖେ ବର୍ଷକୁବର୍ଷ ଅଧିକରୁ ଅଧିକ ବିକ୍ରିକରି ପଇସା ଯୋଗାଡ଼ କରିବେ। ସରକାରଙ୍କର ଏଭଳି କାର୍ଯ୍ୟର ସମୀକ୍ଷା ତଥା ପରିବର୍ତ୍ତନ କରିବା ଆବଶ୍ୟକ ନୁହେଁକି ? କେନ୍ଦୁପତ୍ର କାରବାରର ଅନ୍ୟ ଏକ ଦିଗ ମଧ୍ୟ ଅଛି। ଶୀତଋତୁ ଶେଷ ନହେଉଣୁ ଯେଉଁସବୁ ଅଞ୍ଚଳରୁ କେନ୍ଦୁପତ୍ର ତୋଳାଯାଏ ସେଇଠି ନିଆଁ ଲଗେଇ ଦିଆଯାଏ, କାରଣ ପୋଡ଼ିଗଲା ପରେ ନୂଆ କଅଁଳିଆପତ୍ର ବାହାରିବ ଓ ବିଡ଼ି ବଳିବା ପାଇଁ ଭଲ ହେବ। ଆକାଶକୁ ଧୂଆଁ ଯାଏ ଓ ବାୟୁମଣ୍ଡଳ ସକାଳୁସକାଳୁ ଥଣ୍ଡାଥିବା ଯୋଗୁଁ ଧୂଆଁ ଉପରକୁ ଉଠିପାରେନି ଓ ତଳସ୍ତରରେ ରହେ। ସେଥିଯୋଗୁଁ କାଶ ଓ ଶ୍ୱାସଭଳି ରୋଗ ବଢ଼େ। ତା'ସହ ଅନେକ ପୋକଜୋକ ମଧ୍ୟ ମରିଯାଆନ୍ତି। ବଣରେ ନିଆଁ ଲାଗିଲେ ଆମେ ଲୋକଙ୍କୁ ଦୋଷ ଦେଇଥାଉ, କିନ୍ତୁ ଏ ନିଆଁ ଲଗା କାମଟି ଜଙ୍ଗଲ ବିଭାଗର ପ୍ରରୋଚନାରେ ହିଁ ହୋଇଥାଏ।

ଚତୁର୍ଥ- ଘରକୁ ବିଦ୍ୟୁତ୍ ସଂଯୋଗ ଆଣିଲାବେଳେ, ବ୍ୟାଙ୍କରୁ ଋଣ ଆଣିଲାବେଳେ, ଜୀବନ ବୀମା, ସେଭଳି କୌଣସି ବୀମା କଲାବେଳେ ଆମକୁ ବିଭିନ୍ନ ପ୍ରକାର ଫର୍ମସବୁ ପୂରଣ କରିବାକୁ ହୁଏ। ସେଥିରେ ଅମୁକ ବର୍ଷର ବିଜୁଳି ଯୋଗାଣ ଆଇନର ଅମୁକ ଧାରାର ଅମୁକ ଉପଧାରା ଓ ତା'ର ନିୟମର ଅମୁକ ସଂଖ୍ୟାରେ ଲିଖିତ ନିୟମଗୁଡ଼ିକ ମାନିବାକୁ ରାଜି, ସେହିଭଳି ବ୍ୟାଙ୍କ ବା ଇନ୍ସ୍ୟୁରାନ୍ସ ଆଇନ୍‌ର ଅମୁକ ଧାରା, ଅମୁକ ଉପଧାରାରେ ଥିବା ନିୟମ ମାନିବାକୁ ରାଜି ବୋଲି ଆମେ ତଳେ ଥିବା ଜାଗାରେ ଆଖିବୁଜି ଦସ୍ତଖତ କରିଦେଉଥାଉ। ପ୍ରକୃତରେ ସେ ସବୁ ଆଇନ ବିଷୟରେ କ'ଣ ଆମକୁ କେହି ବୁଝାନ୍ତି କି ? ଏ ସମସ୍ତ ବ୍ୟବସ୍ଥା ସବୁ ଏକତରଫା ହିଁ ହୋଇଯାଏ ଓ ଆମର ଅଧିକାର କ୍ଷୁର୍ଣ୍ଣ ହେଉଥିବା କ୍ଷେତ୍ରରେ ସଂପୃକ୍ତ କର୍ତ୍ତୃପକ୍ଷ ଅଲଗାଭାବେ ଲେଖି ଜଣାଇବା ଆବଶ୍ୟକ ନୁହେଁ କି ?

■

ସମାଜ, ୩୦ ଅକ୍ଟୋବର ୨୦୧୯

ଘୋଷଣାନାମା

ପୁରୀରେ ଚାରିବର୍ଷ ପଢ଼ିସାରିବା ପରେ ମାତ୍ର ଦୁଇବର୍ଷ ବ୍ୟବଧାନ ପରେ ପୁଣି ସେହି କଲେଜରେ ଅର୍ଥନୀତିରେ ଅଧ୍ୟାପକ ଭାବେ ଯୋଗଦେଲି । ପୁରା ପରିଚିତ ପରିବେଶରେ ପ୍ରଥମ ଚାକିରି ଆରମ୍ଭର ସୁଯୋଗ ପାଇ ଖୁସି ହେଲି । ସେତେବେଳେ ଏତେ ସରକାରୀ କଲେଜ ନଥିଲା, ବଦଳି ଖୁବ୍ କମ୍ ହେଉଥିଲା, ତେଣୁ ଅଧିକାଂଶ ଅଧ୍ୟାପକ ଯେଉଁମାନେ ପଢ଼ୁଥିଲେ ସେଇଠି ଥିଲେ । ତେଣୁ ପ୍ରକୃତରେ କେବଳ ଖୁସି ହେଲିନି, ବେଶ୍ ନିରାପଦ ମଧ୍ୟ ମଣିଲି । କିନ୍ତୁ ହଠାତ୍ ପରିସ୍ଥିତି ବଦଳିଗଲା ଓ ମୋ ପାଇଁ ଜଟିଳ ଜଣାପଡ଼ିଲା । କିଛି ଅଧ୍ୟାପକ କହିଲେ- ତୁମକୁ ଧୋତି ହାଫ୍ ସାର୍ଟ ଛାଡ଼ିବାକୁ ହେବ, ପ୍ୟାଣ୍ଟ ସାର୍ଟ ପିନ୍ଧିବାକୁ ହେବ । ଭେକ ଥିଲେ ସିନା ଭିକ ମିଳିବ, ତୁମକୁ ପିଲା ମାନିବେନି ଏ ପୋଷାକରେ ।

ମୋର ଗାଁ ଓଡ଼ଗାଁ ନିକଟ ରଙ୍ଗଣୀପାଟଣାରେ ଅଧିକାଂଶ ରଙ୍ଗଣୀ ଲୋକ ଓ ସମସ୍ତେ ଲୁଗା ବୁଣୁଥିଲେ । ତାଙ୍କ ଭିତରୁ କାଶୀନାଥ ସାହୁ ଛବିଶ ନମ୍ବର ସୂତାର (ଏବର ହିସାବରେ ବେଶ୍ ମୋଟା ସୂତା) ସାତହାତି ଧୋତି ବୁଣନ୍ତି ଓ ସେଇ ଧୋତି କିଣି ପିନ୍ଧୁଥିଲି । ମୋର ସେଥିରେ ଆନନ୍ଦ ଥିଲା ।

କଲେଜ ଷ୍ଟାଫ କମନରୁମ୍ ତରଫରୁ ଘୋଷଣା କରିଦିଆଗଲା ଯେ ଗୋଟେ କମିଟି ହେବ, ସେ କମିଟି ଆଗରେ ମୋତେ କାହିଁକି ଧୋତି ଛାଡ଼ିବିନାହିଁ ସେଥିପାଇଁ ସାକ୍ଷ୍ୟ ଦେବାକୁ ହେବ । ସେଥିପାଇଁ ଦିନ ଓ ସମୟ ଧାର୍ଯ୍ୟ କରିଦିଆଗଲା । କମିଟିରେ ଜଣଙ୍କୁ ଛାଡ଼ିଦେଲେ ଅନ୍ୟ ସମସ୍ତେ ମୋର ଗୁରୁ ଥିଲେ ଓ ବୟୋଜ୍ୟେଷ୍ଠ ଥିଲେ । କମିଟି ଆଗରେ ମୋର ଯୁକ୍ତି ଥିଲା- ଏ ପୋଷାକରେ ମୁଁ ବେଶ୍ ଖୁସି ଓ ଯେଉଁ ଗାଁରୁ ମୁଁ ଆସିଛି ସେ ଗାଁର ଲୋକସବୁ ଧୋତି ହିଁ ପିନ୍ଧନ୍ତି, ଅନ୍ୟ ପୋଷାକ ପିନ୍ଧିଲେ ସେମାନଙ୍କ ପ୍ରତି ବିଶ୍ୱାସଘାତକତା ହେବ । ସର୍ବୋପରି ପିଲା ମାନିବା ନମାନିବା ପୋଷାକ ଉପରେ

ନିର୍ଭର କରେନି। ପାଠ ଉପରେ ଦଖଲ, ପଢ଼େଇବାର ଶୈଳୀ, ସମୟାନୁବର୍ତ୍ତିତା ଓ ନିରପେକ୍ଷତା ଭଳି ଅନେକ ଜିନିଷ ଉପରେ ନିର୍ଭର କରେ। ପିଲାମାନଙ୍କର ବିଚାର ଅଧିକ ସାମଗ୍ରିକ, ପୋଷାକକୈନ୍ଦ୍ରିକ ନୁହେଁ। ଏସବୁ ତ କହିଲି, କିନ୍ତୁ ମୋ ସପକ୍ଷରେ ବାହାରିଲେ ଡ. ସତ୍ୟବାଦୀ ମିଶ୍ର ତର୍କ; ଓ ଦର୍ଶନ ଶାସ୍ତ୍ରର ଅଧ୍ୟାପକ, ମୋର ଗୁରୁ, କଲେଜରେ ସାଧାରଣ ଭାବେ ଦୁର୍ବାସା ଭାବେ ପରିଚିତ। ତାଙ୍କର ସମର୍ଥନ ଏତେ ଦୃଢ଼ ଓ ଯୁକ୍ତିନିଷ୍ଠ ଥିଲା ଯେ ବିଚାର ବିଶେଷ ଆଗେଇନପାରି ସମାପ୍ତ ହୋଇଗଲା। ଧୋତିପିନ୍ଧାକୁ ନେଇ ଦାବି ମିଳେଇଗଲା, ଯଦିଓ କଟାକ୍ଷ ଓ କଟୂକ୍ତିର ପୁରା ଅନ୍ତ ହେଲାନି।

ତିନି ବର୍ଷ ପୁରିବା ପୂର୍ବରୁ ସରକାର ବାରିପଦାକୁ ବଦଳି କରିଦେଲେ। ବାରିପଦା ମୋ ପାଇଁ ଅପରିଚିତ ଥିଲା, କିନ୍ତୁ ବାରିପଦାରୁ କିଛିଦିନ ପୂର୍ବରୁ ବଦଳି ହୋଇ ଆସିଥିବା ଅଧ୍ୟାପକ ହୃଦାନନ୍ଦ ରାୟ ବାରିପଦାର ଛାତ୍ରଛାତ୍ରୀ, ସେଠାର ସଂସ୍କୃତି, ସାଧାରଣଲୋକଙ୍କର ଅଧ୍ୟାପକମାନଙ୍କ ପାଇଁ ଥିବା ସମ୍ମାନ ଇତ୍ୟାଦି ବିଷୟରେ ତାଙ୍କର ସ୍ୱଭାବସୁଲଭ ଢ଼ଙ୍ଗରେ ଅତି ଚମତ୍କାର ଭାବେ ଏପରି ବର୍ଣ୍ଣନା କଲେ ଯେ ଅଳ୍ପଦିନରେ ବଦଳି ହେବାର ମନଦୁଃଖ ଉଭେଇଗଲା। ବାରିପଦାରେ ପହଞ୍ଚି କିଛିଦିନ ଭିତରେ ଅନୁଭବ କଲି ଯେ, ହୃଦାନନ୍ଦ ରାୟଙ୍କର ବକ୍ତବ୍ୟରେ କୌଣସି ଅତିରଂଜନ ନଥିଲା।

ବଡ଼ବଡ଼ ସରକାରୀ କଲେଜମାନଙ୍କରେ ସେତେବେଳେ ସରକାର ସାନ୍ଧ୍ୟ କଲେଜ ଖୋଲିଥାନ୍ତି। ମାଟ୍ରିକ୍ୟୁଲେସନ ବା କଲେଜରେ ଦୁଇବର୍ଷ ପଢ଼ିଲା ପରେ କିଛି ନା କିଛି ଚାକିରି ସେତେବେଳେ ମିଳିଯାଉଥିଲା। ଦିନବେଳା ଚାକିରି କରି ସନ୍ଧ୍ୟାରେ କଲେଜରେ କ୍ଲାସ କରୁଥିଲେ। ସେପାଖେ ପରିବାରର ବୋଝ ସମ୍ଭାଳୁଥିଲେ। ମୋଠୁ ସେଭଳି ଛାତ୍ରମାନେ ଅଧିକ ବୟସ୍କ ଥିଲେ। ସେମାନଙ୍କ ପ୍ରତି ମୋର ଯେତିକି ସହାନୁଭୂତି ଥିଲା, ତାହାଠୁ ଯଥେଷ୍ଟ ଅଧିକ ମାତ୍ରାରେ ସେମାନେ ମୋ ପ୍ରତି ଶ୍ରଦ୍ଧା ଓ ସମ୍ମାନ ଦେଖାଉଥିଲେ।

ବର୍ଷେ ପରେ କିନ୍ତୁ ଦିନେ କଲେଜ ନୁହେଁ, ସହରର ବସ୍ତିରେ ପଢ଼େଇବା ପାଇଁ ମୋତେ କୁହାଗଲା। ମୋ ସହ ଆଉ ଦୁଇଜଣ ଧୋତିପିନ୍ଧା ଅଧ୍ୟାପକ ଥିଲେ। ଆମେ ତିନିହେଁ ଏକାଠି ହେଲୁ। ବାରିପଦାର ଜିଲ୍ଲା ହସପିଟାଲ ପଛରେ ଥିବା ମେହେନ୍ତର/ସଫେଇ କର୍ମଚାରୀ ବସ୍ତିରେ ରାତିରେ ପଢ଼େଇବା ଆରମ୍ଭ କଲୁ। ସେହି ସମୟ ଭିତରେ ହିଁ ଜାତିସୂଚକ ସଂଜ୍ଞା କାଟିଲି ବାରିପଦା କୋର୍ଟରେ ଆଫିଡେଭିଟ କରି ଓ ଜାତିର ଅନ୍ୟ ଚିହ୍ନକୁ ସଫାଇ କର୍ମଚାରୀ ବସ୍ତିକୁ ଲାଗି ରହିଥିବା ଝରଣାରେ (ଏବେ ସେ ନର୍ଦ୍ଦମାରେ ପରିଣତ ହୋଇଯାଇଛି) ବିସର୍ଜନ କଲି।

ବାରିପଦାରେ ଥିବା ସମୟରେ ବିନୋବାଜୀଙ୍କର ପଦଯାତ୍ରା ହେଲା। ସ୍ଥାନୀୟ ହାଇସ୍କୁଲରେ ସଭା ହେଲା, ସଭାରେ ସ୍କୁଲପିଲାଙ୍କୁ ବିନୋବାଜୀ ପଚାରିଲେ- ସପ୍ତାହରେ ସ୍କୁଲରେ କେତୋଟି ଇଂରାଜୀ କ୍ଲାସ ହେଉଛି ଓ କେତେ କ୍ଲାସ ଓଡ଼ିଆ ପାଇଁ ଅଛି। ଉତ୍ତର ଶୁଣିଲା ପରେ ବିନୋବାଜୀ ପିଲାଙ୍କୁ କହିଲେ- ଯଦି ଇଂଲଣ୍ଡରେ ଓଡ଼ିଆ ପାଇଁ ଆଠ କ୍ଲାସ ଓ ଇଂରାଜୀ ପାଇଁ ଦୁଇଟି କ୍ଲାସ ସପ୍ତାହରେ ରହିବାର ବ୍ୟବସ୍ଥା ହେବ, ତେବେ ସେ ସରକାର ଭାଙ୍ଗିଯିବ। ମାତୃଭାଷାରେ ପଢ଼େଇବା ଓ ମାତୃଭାଷା ଅଧ୍ୟୟନରେ ଅଧିକ ସମୟ ଦେବା ପାଇଁ ପରାମର୍ଶ ଦେଲେ।

ଅନ୍ୟ ଏକ ଉଲ୍ଲେଖଯୋଗ୍ୟ ଘଟଣା ଘଟିଲା। ସୁଇଡେନର ଜଣେ ତରୁଣ ଓ ତାଙ୍କର ତରୁଣୀ ସାଥୀ ବିନୋବାଜୀଙ୍କର ପଦଯାତ୍ରା ସହ ଚାଲିଥାନ୍ତି। ସେମାନଙ୍କ ସହ କଥାବାର୍ତ୍ତା ସମୟରେ କହିଲେ- ଆମେ ଏକ ନୂତନ ସମାଜଗଠନ ପ୍ରକ୍ରିୟାକୁ ଅନୁଭବ କରିବାକୁ ଆସିଛୁ। ସେମାନଙ୍କଠାରୁ ପ୍ରଥମେ ଶୁଣିଲି ରାଚେଲ କାର୍‌ସନ୍‌ଙ୍କର 'ସାଇଲେଣ୍ଟ ସ୍ପ୍ରିଙ୍ଗ' ବହି ବିଷୟରେ ଓ ବିଶ୍ୱ ପରିବେଶ ପାଇଁ ଆସୁଥିବା ବିପଦ ସମ୍ପର୍କରେ। ବିନୋବାଜୀଙ୍କର ଭୂଦାନ, ଗ୍ରାମଦାନ ଓ ସର୍ବୋପରି ବିଚାର ସେମାନଙ୍କୁ ବହୁମାତ୍ରାରେ ଆକୃଷ୍ଟ କରିଥିବା ଜାଣିବାକୁ ପାଇଲି।

ଜାତୀୟ ସ୍ତରରେ ଓ ଆର୍ଥନୀତିକ କ୍ଷେତ୍ରରେ ସେହି ସମୟରେ ଏକପ୍ରକାର ଭୂମିକମ୍ପ ସୃଷ୍ଟିହେଲା ଇନ୍ଦିରା ଗାନ୍ଧିଙ୍କ ଦ୍ୱାରା। ଭାରତର ବଡ଼ ବଡ଼ ବ୍ୟାଙ୍କଗୁଡ଼ିକର ପରିଚାଳନା ସରକାର ହାତକୁ ନେଇଗଲେ। ପ୍ରାଇଭେଟ ବ୍ୟାଙ୍କଗୁଡ଼ିକ ସାଧାରଣ ଲୋକ, ଚାଷୀ, ଛୋଟ ଛୋଟ ବ୍ୟବସାୟୀ ଓ କାରିଗରମାନଙ୍କୁ ସାହାଯ୍ୟ କରିବାପାଇଁ ବିମୁଖ ଓ ବ୍ୟାଙ୍କଗୁଡ଼ିକ ଧନୀ ଲୋକଙ୍କର, ଧନୀ ଲୋକଙ୍କ ଦ୍ୱାରା ଓ ଧନୀ ଲୋକଙ୍କ ପାଇଁ। ସରକାର ହାତକୁ ନେଇଗଲା ପରେ ଏଣିକି ବ୍ୟାଙ୍କଗୁଡ଼ିକ ଗରିବ, ସାଧାରଣ ଲୋକଙ୍କର ଋଣ ଆବଶ୍ୟକତାକୁ ତୁଲେଇବେ, ମହାଜନମାନଙ୍କର ଉପଦ୍ରବ କମିବ ଓ ସମାଜର ସବାତଳେ ଥିବା ଲୋକ ମଧ୍ୟ ନିଜ ଭାଗ୍ୟ ବଦଳେଇପାରିବ। କଚେରି ଆଗରେ ଅତି ଦୀନହୀନ ଦେଖାଯାଉଥିବା, ଜୋତା ମରାମତି କରୁଥିବା କାରିଗରଟି ହେଉ, ବା ଦୂରରୁ ବିନା ଚପଲରେ ପାଦରେ ଧୂଳି ଜମିଥିବା ଓ ଦେହରୁ ଝାଳଗନ୍ଧ ବାହାରୁଥିବା ଚାଷୀ ହେଉ, ସେ ଦରଜୀ ହେଉ, ବା ଛୋଟିଆ ପାନଦୋକାନଟିଏରୁ କଷ୍ଟେମଷ୍ଟେ ବଞ୍ଚୁଥିବା ଦୋକାନୀ ହେଉ- ଏଣିକି ସେମାନଙ୍କ ପାଇଁ ବ୍ୟାଙ୍କ ଦୁଆର କେବଳ ଖୋଲାହେବନି, ସେମାନଙ୍କୁ ସ୍ୱାଗତ କରାଯିବ ଓ ବ୍ୟାଙ୍କମାନେ ସେମାନଙ୍କୁ ଆର୍ଥିକ ସାହାଯ୍ୟ ଓ କମ୍ ସୁଧରେ ଋଣ ଯୋଗାଇବାକୁ ବାଧ୍ୟହେବେ। ସାଧାରଣ ଲୋକଙ୍କ ପାଇଁ ସତେଯେପରି ଅପୂର୍ବ ସୁଯୋଗ ଆସିଗଲା ଓ ସେମାନଙ୍କର ଭାଗ୍ୟର

ପରିବର୍ତ୍ତନର ବେଳ ପହଞ୍ଚିଗଲା- ଏଭଳି ଏକ ଧାରଣା ଘୋଷଣାନାମା ଜରିଆରେ ସୃଷ୍ଟି କରିବାପାଇଁ ଉଦ୍ୟମ ହେଲା।

ସେଇ ସମୟରେ ବାରିପଦା ଉପକଣ୍ଠରେ ନଦୀକୂଳରେ ଥିବା ତେନ୍ତୁଳିଡିଙ୍ଗା ଗାଁକୁ ଦିନେ ବୁଲିଗଲି। ନଦୀ କୂଳେ କୂଳେ ତେଣ୍ଡାରେ ପାଣି ଉଠେଇ ଅନେକ ଚାଷୀ ପନିପରିବା କରିଥାନ୍ତି। ସେମାନଙ୍କ ଭିତରୁ ଜଣେ କଲେଜର ବିଜ୍ଞାନ ବିଭାଗର ପିଅନ ନଦୀରୁ ପ୍ରଥମେ ତେଣ୍ଡାରେ କିଛିବାଟ ଓ ପୁଣି ଆଉ ଗୋଟାଏ ତେଣ୍ଡାରେ ନିଜ ଜମିକୁ ପାଣି ଉଠେଇ ପରିବା ଚାଷ କରୁଥିବା ଦେଖିଲି। ଏତେ ପରିଶ୍ରମ କରୁଛ, ନିଜର ଡ଼ିପ ଜମିକୁ ଗୋଟାଏ ପମ୍ପସେଟରେ ପାଣି ଉଠାଇପାରିବ ଓ ଅନ୍ୟମାନଙ୍କୁ ମଧ୍ୟ କିଛି ପଇସା ବିନିମୟରେ ପାଣି ଦେଇପାରିବ ବୋଲି କହିବାରୁ ସେ ମୋତେ ଅନେଇଲେ ଓ କହିଲେ- ପମ୍ପ ପାଇଁ ପଇସା କେଉଁଠୁ ପାଇବି ଯେ ପମ୍ପ କିଣିବି ? ଆଜିକାଲି ବ୍ୟାଙ୍କମାନେ ଚାଷୀମାନଙ୍କୁ ପମ୍ପ କିଣିବାରେ ସାହାଯ୍ୟ କରିବେ ବୋଲି ତ ରେଡ଼ିଓ ଖବରକାଗଜମାନଙ୍କରେ ସରକାର ବାରମ୍ବାର ଘୋଷଣା କରୁଛନ୍ତି। ତୁମେ କାହିଁକି ପାଇବନି ବୋଲି କହିବାରୁ ସେ ହସିଲେ ଓ ଅବିଶ୍ୱାସ କଲେ। ସରକାର ସିନା କହୁଛି, ହେଲେ ବ୍ୟାଙ୍କବାଲା କ'ଣ ଆମକୁ ସତରେ ଦେବେ। ଉତ୍ତରରେ କହିଲେ- ଦିନେ କଲେଜରେ ତାଙ୍କୁ ବହୁତ ବୁଝାଶୁଝା କରି ସରକାର ହାତକୁ ନେଇଥିବା ଗୋଟେ ବ୍ୟାଙ୍କକୁ ତାଙ୍କୁ ନେଲି ଓ ମ୍ୟାନେଜରଙ୍କୁ ତାଙ୍କୁ ସାହାଯ୍ୟ କରିବାକୁ ଅନୁରୋଧ କଲି। ଅନେକ ଭାବରେ ତାଙ୍କୁ କହିଲା ପରେ ସେ ଆମ ଉଭୟଙ୍କୁ ଅନେଇକ କହିଲେ- ଲେଟ୍ ଇନ୍ଦିରା ଗାନ୍ଧୀ କମ୍, ଲେଟ୍ ହର୍ ଗିଭ୍ ଲୋନ୍, ଆଇ ଆମ ନଟ୍ ଗୋଇଂ ଟୁ ଗିଭ୍ - ଅର୍ଥାତ୍ ଇନ୍ଦିରା ଗାନ୍ଧୀ ଆସି ପମ୍ପ ପାଇଁ ଲୋନ୍ ଦିଅନ୍ତୁ, ମୁଁ ଦେବିନାହିଁ। ପିଅନ ଓ ମୁଁ ପରସ୍ପର ଅନାଅନି ହୋଇ ନିରାଶ ହୋଇ ଫେରିଲୁ। ପିଅନଙ୍କ କଥା ସତ ହେଲା, ପ୍ରଫେସର ଭୁଲ୍ ପ୍ରମାଣିତ ହେଲେ। ପ୍ରଫେସରଙ୍କର ସାଂସାରିକ ଜ୍ଞାନ କମ୍ ଜଣାପଡ଼ିଲା। ତେବେ ବରଂ ସାଂସାରିକ ଜ୍ଞାନ କମ୍ ହେଉ ବା ବୁଦ୍ଧି ଆହୁରି ପାକଳ ନହେଉ, ସରକାର ଭୁବନେଶ୍ୱରରେ ଏତେ ଲକ୍ଷ ଗଛ ଲଗେଇବେ, ଅମୁକ ରୋଗ ପାଇଁ ସରକାର ସବୁଖର୍ଚ୍ଚ ବହନ କରିବେ, ଦୁର୍ନୀତିକୁ ନିର୍ମୂଳ କରାଯିବ, ପାଞ୍ଚବର୍ଷ ଭିତରେ ସବୁ ଘରକୁ ପାଇପ ପାଣି ଦିଆଯିବ ବା ଚାଷୀଙ୍କ ଆୟ ଗଲା ତେରବର୍ଷରେ ସାତଗୁଣ ବଢ଼ିଛି ଓ ଆସନ୍ତା ପାଞ୍ଚ ବର୍ଷରେ ଏତେଗୁଣ ବଢ଼ିଯିବ- ଏସବୁ ଘୋଷଣାନାମାରେ ବିଶ୍ୱାସ ରଖି ଚାଲିଛି। ଯେମିତି ମୋ ଭଳି ଅନେକ ଲୋକ ବିଶ୍ୱାସ କରୁଛନ୍ତି। ତେବେ ସରକାରୀ ଘୋଷଣା ଶୁଣିବା ପରେ ବାରପଦା ଅନୁଭୂତି ମନକୁ ଆସେ। ■

ପ୍ରମେୟ, ୧୫ ନଭେମ୍ବର, ୨୦୧୯

ମାଠିଆ ଫମ୍ପା ନୁହେଁ

ବାଲେଶ୍ୱରରେ ମାତ୍ର ବର୍ଷେ ରହିଲି, ବାଲେଶ୍ୱର ଲୋକଙ୍କ ବିଷୟରେ ପ୍ରଥମେ ଖୋଦ୍ ବାଲେଶ୍ୱର ଲୋକଙ୍କଠାରୁ ଯାହା ଶୁଣିଥିଲି, ସେସବୁ ଭୁଲ୍ ପ୍ରମାଣିତ ହେଲା। ଖାଲି ଯେ ଭୋଇ ସାହିର ଲୋକେ ସ୍ନେହ, ଶ୍ରଦ୍ଧା ଓ କୃତଜ୍ଞତାରେ ପୋତିଦେଲେ ତାହା ନୁହେଁ, କଲେଜର ଛାତ୍ରଛାତ୍ରୀ ଓ ସାଧାରଣ ଲୋକଙ୍କଠାରୁ ଯଥେଷ୍ଟ ସ୍ନେହ ଓ ସମ୍ମାନ ପାଇଲି। ଅଧ୍ୟାପନାର ଅବଧି ମାତ୍ର ବର୍ଷେ ହୋଇଥିଲେ ମଧ୍ୟ ଗତବର୍ଷ କଲେଜର ପୁରାତନ ଛାତ୍ର ସଂସଦ ତରଫରୁ ଶିକ୍ଷକ ଗୌରବ ସମ୍ମାନ ପ୍ରଦାନ ସେଠାର ସଂସ୍କୃତି ଓ ବିଚାରର ପରିଚୟ ଦିଏ।

ମାତ୍ର ବର୍ଷେ ପରେ ବଦଳି ହୋଇଯିବାରୁ ମନଦୁଃଖରେ ଆସି ଢେଙ୍କାନାଳରେ ଯୋଗଦେଲି। ୧୯୭୧ ମସିହାରେ ଢେଙ୍କାନାଳ ସହରର କଳେବର ବହୁତ ଛୋଟ ଥିଲା ଓ ଖୁବ୍‌ଶୀଘ୍ର ଆତ୍ମୀୟ ଭାବରେ ବାନ୍ଧି ହୋଇଗଲି। ଛାତ୍ରାବସ୍ଥାରେ ପାଠ ପଢ଼େଇବା ବା ଅଧ୍ୟାପନାର ଅନୁଭୂତି ପାଇବା ପାଇଁ ବାଲେଶ୍ୱରରେ ଯେଉଁ ପରୀକ୍ଷା ଆରମ୍ଭ କରାଯାଇଥିଲା, ଢେଙ୍କାନାଳରେ ଆରମ୍ଭ କରିବା ପାଇଁ ସ୍ଥିର କରି ପିଲାମାନଙ୍କର ମତାମତ ନେଲି। ପୂର୍ବଭଳି ପିଲାମାନେ ଖୁବ୍ ଉତ୍ସାହ ଓ ଉଦ୍ଦୀପନା ସହ ପାଠ ପ୍ରସ୍ତୁତ କରି କ୍ଲାସରେ ପଢ଼େଇଲେ। ଆଉ ଟିକିଏ ସଂସ୍କାର ଆଣି ବିଏ ଅନର୍ସ କ୍ଲାସର ଶେଷ ବର୍ଷର ଛାତ୍ର ତଳ କ୍ଲାସର ପିଲାଙ୍କୁ ପଢ଼େଇଲେ। ମନେଅଛି, ମାତୃପ୍ରସାଦ ବୋଲି ଜଣେ ପିଲା ବ୍ୟାଙ୍କିଙ୍ଗ୍‌ର ଗୋଟାଏ ଅଧ୍ୟାୟ ତଳ କ୍ଲାସର ପିଲାଙ୍କୁ ଏତେ ଚମତ୍କାର ଭାବେ ବୁଝେଇଲେ ଯେ ସ୍ୱତଃ ଛିଡ଼ାହୋଇ ମୁଁ କହିଲି- ତୁମେ ତୁମ ଗୁରୁଙ୍କଠୁ ବଳେଇଗଲ (ୟୁ ହାଭ୍ ଏକସେସ୍ ଇଓର ଟିଚର)। ପିଲା ଜଣକ ବ୍ୟାଙ୍କିଙ୍ଗ୍‌ରେ ଯୋଗଦେଇ ଏଇ ଅଳ୍ପଦିନ ହେଲା ଅବସର ନେଇଛନ୍ତି। ଏଥିରେ ଗୋଟିଏ ଲାଭ ହେଉଥିଲା ଯେ, ଯେଉଁ ପିଲାମାନେ ପଢ଼େଇବା ପାଇଁ ପ୍ରସ୍ତୁତ ହେଉଥିଲେ ସେମାନଙ୍କୁ

ପରୀକ୍ଷା ପାଇଁ ସେ ବିଷୟରେ ଆଉ ଅଧିକ ପ୍ରସ୍ତୁତି ଆବଶ୍ୟକ ହେଉନଥିଲା, କାରଣ ଥିଲା ନିଜେ ଭଲଭାବେ ବୁଝିଲେ ଯାଇ କ୍ଲାସରେ ପଢ଼େଇବେ।

ମୋର ନିଜର ବ୍ୟାଙ୍କିଙ୍ଗ୍‌ରେ ଆକାଉଣ୍ଟ ନଥାଏ, ତେଣୁ ବ୍ୟାଙ୍କ ବିଷୟରେ ଯାହା ପଢ଼ାଏ ସେସବୁ ବହିରୁ ପଢ଼ି ହିଁ ପଢ଼ାଏ। ଏ କଥାଟା ମନକୁ ମୋର ଯାଉନଥାଏ। ପିଲାଙ୍କୁ ଏ ବିଷୟରେ କହିଲି ଓ ପ୍ରସ୍ତାବ ଦେଲି ଯେ, ବ୍ୟାଙ୍କିଙ୍ଗ୍‌ର କେତେକ ବିଷୟ ପଢ଼େଇବା ପାଇଁ ଜଣେ ବ୍ୟାଙ୍କ ମ୍ୟାନେଜରଙ୍କୁ ଡାକିବା। କାନାରା ବ୍ୟାଙ୍କର ଜଣେ ତରୁଣ ମ୍ୟାନେଜର ଶ୍ରୀ ରଙ୍ଗନାଥନ, ବ୍ୟାଙ୍କ କାମରୁ କିଛି ସମୟ ବାହାର କରି କେତୋଟି ଅଧ୍ୟାୟ ପଢ଼େଇବାକୁ ରାଜି ହେଲେ। ଗୋଟିଏ ଫୁଲତୋଡ଼ା ଦେଇ ପିଲାମାନେ କ୍ଲାସକୁ ସ୍ୱାଗତ କଲେ ତାଙ୍କର ମ୍ୟାନେଜର ଅଧ୍ୟାପକଙ୍କୁ। ଦିନକୁ ପାଞ୍ଚଜଣ ଲେଖାଏ ଛାତ୍ରଛାତ୍ରୀ ବ୍ୟାଙ୍କକୁ ଯିବେ ଓ ବ୍ୟାଙ୍କର ବିଭିନ୍ନ କାମ ଯଥା- ନଗଦ ଜମା, ବିଭିନ୍ନ ପ୍ରକାର ଜମା, ଚେକ ଜରିଆରେ ଜମା ଓ ଟଙ୍କା ଉଠାଣ, ଋଣ ମଞ୍ଜୁରି ପାଇଁ ଆବଶ୍ୟକ ହେଉଥିବା କାଗଜପତ୍ର ଇତ୍ୟାଦି ନିଜେ ଦେଖିବେ ଓ ବୁଝିବେ- ଏଇଥିପାଇଁ ମ୍ୟାନେଜର ପିଲାଙ୍କୁ ନିମନ୍ତ୍ରଣ କଲେ। ପିଲାମାନେ ଏ ସମସ୍ତ ବ୍ୟବସ୍ଥାରେ ଅତ୍ୟନ୍ତ ଆନନ୍ଦିତ ହେଲେ ଓ ବ୍ୟାଙ୍କର କାମରେ ନିଜେ ଅନେକ ଅନୁଭୂତି ହାସଲ କଲେ। ଏବେ ସେମାନେ ତାଙ୍କ ଗୁରୁଙ୍କ ଗୁରୁ ହୋଇଗଲେ।

କପିଳାସ ପାହାଡ଼ ତିନି ଚାରି କିଲୋମିଟର ଥିବ ବାଟରେ ବିରାଡ଼ିଆ ଗାଁ ପଡ଼େ। ଗାଁର ଉପରମୁଣ୍ଡରେ ଢେଙ୍କାନାଳରୁ ଗଲାବେଳେ ଡାହାଣ ପାଖେ ଜଳସେଚନ ପାଇଁ ଗୋଟିଏ ବନ୍ଧ ରହିଛି। ସେହି ବନ୍ଧର ପାଣି କେନାଲ ଜରିଆରେ ବିରାଡ଼ିଆ ଗାଁ ଲୋକଙ୍କର ଜମି ଦେଇ ତଳକୁ ଯାଇ ଅନ୍ୟ ଗାଁର ଲୋକଙ୍କ ଜମିରେ ପାଣି ମାଡୁଥାଏ। କିନ୍ତୁ ବିରାଡ଼ିଆ ଲୋକଙ୍କ ଜମି ତଇଳା ବା ପଦର ଜମି ହେତୁ ପାଣିରୁ ବଂଚିତ ହେଉଥାଏ। ଲୋକମାନେ ଅତି ଗରିବ ଓ କପିଳାସ ଜଂଗଲ ଉପରେ ଜୀବିକା ପାଇଁ ନିର୍ଭର କରିଥାନ୍ତି। ଅର୍ଥ ଅଭାବରୁ ନିଜ ଜମି ଭାଙ୍ଗି ସେଥିରେ ଧାନ ବା ଅନ୍ୟ ଫସଲ କରିପାନ୍ତିନି। ଏ ସଂପର୍କରେ ଲୋକଙ୍କ ସହ ଆଲୋଚନା ପରେ କାନାରା ବ୍ୟାଙ୍କ ମ୍ୟାନେଜର, ମୃତ୍ତିକା ସଂରକ୍ଷଣ ବିଭାଗର ତରୁଣ, ଉତ୍ସାହୀ ଓ ଖୁବ୍ କାମିକା ହାକିମ ବିଜୟରାମ ଦାସଙ୍କ ସହ କଥାବାର୍ତ୍ତା ହେଲା। କିଛି କଲେଜ ଛାତ୍ରମାନଙ୍କୁ ତାଲିମ ଦିଆଗଲା। ଜମି ଭାଙ୍ଗିବା ଖର୍ଚ୍ଚ ଆକଳନ କରି ବ୍ୟାଙ୍କ ତରଫରୁ ଋଣ ବ୍ୟବସ୍ଥା କରି ଲୋକମାନେ ନିଜ ଜମିକୁ ଭାଙ୍ଗି ଚାଷଯୋଗ୍ୟ କରିଦେଲେ। ପିଲାମାନେ ବ୍ୟାଙ୍କ, ମୃତ୍ତିକା ସଂରକ୍ଷଣ ବିଭାଗ ଓ ଲୋକଙ୍କ ସହ ଯୋଗାଯୋଗ କରି ଏ କାମଟି ସୁରୁଖୁରୁରେ ହାସଲ କରିଦେଲେ। ଲୋକମାନଙ୍କୁ ବ୍ୟାଙ୍କକୁ ବାରମ୍ବାର ଦୌଡ଼ିବା ଦରକାର ହେଲାନି।

ବର୍ଷାଦିନେ ଗଲେ ବିରାଡ଼ିଆ ଲୋକଙ୍କର ଏକଦା ଢିପ ଥିବା ଜମି ଧାନ ଫସଲରେ ଲହଡ଼ି ଭାଙ୍ଗୁଥିବାର ଦେଖିବାକୁ ମିଳିଲା।

ପଣ୍ଡିତମାନେ ଦାରିଦ୍ର୍ୟର ସଂଜ୍ଞା, ଗ୍ରାମାଞ୍ଚଳର ଦାରିଦ୍ର୍ୟର କାରଣ ଓ ନିରାକରଣ ଇତ୍ୟାଦି ସମ୍ପର୍କରେ ସନ୍ଦର୍ଭ ଲେଖୁଥାନ୍ତୁ। ଆଉ କିଛି ଲୋକ ଅନର୍ଗଳ ଭାଷଣ ଦେଉଥାନ୍ତୁ, କିନ୍ତୁ ପିଲାମାନେ ଗୋଟିଏ ଗାଁର କିଛି ଲୋକଙ୍କର ତ ଦାରିଦ୍ର୍ୟ ଦାଉ କମେଇ ଦେଇପାରିଲେ ପାଠପଢ଼ା ସହ !

ପାଠପଢ଼ାରେ ଆଉ ଏକ ପରୀକ୍ଷା କରାଗଲା। ଗୋଟେ ଛୁଟିଦିନରେ ଅର୍ଥଶାସ୍ତ୍ରର ଅନର୍ସ ପିଲାଙ୍କୁ ନେଇ ଢେଙ୍କାନାଳ ଉପକଣ୍ଠରେ ଥିବା ଗୋବିନ୍ଦପୁର ନିକଟରେ ସିଆରିଆ ଗାଁକୁ ଗଲୁ, ଦ୍ୱିପହରେ ଚାଷୀମାନଙ୍କ ସହ ଆଲୋଚନା ହେଲା। ସେତେବେଳେ ଭାରତର ଅର୍ଥନୀତି ପଢ଼ାଉଥାଏ ଓ ସେଥିରେ ଭାରତର ଚାଷ ବ୍ୟବସ୍ଥା କାହିଁକି ପଛୁଆ ଓ ଚାଷରେ ଉତ୍ପାଦନ କମ୍ ହେଉଛି, ସେ ବିଷୟରେ ପଢ଼ାଉଥାଏ। ଅଲକ ଘୋଷଙ୍କର ଭାରତୀୟ ଅର୍ଥନୀତି ଉପରେ ଲିଖିତ ବହିଟି ସର୍ବମାନ୍ୟ ବହି ହିସାବରେ ପଢ଼ାଯାଉଥାଏ। ଲୋକମାନଙ୍କ ସହ ଆଲୋଚନା ଭିତରେ ବର୍ଷାର ଠିକ୍ ଠିକଣା ନରହିବା, ସ୍ଥାୟୀ ଓ ନିଶ୍ଚିତ ଜଳସେଚନ ବ୍ୟବସ୍ଥା ନଥିବା, ଜମି ଏଠି ଖଣ୍ଡେ ସେଠି ଖଣ୍ଡେ ରହିବା ଫଳରେ ଫସଲ ଜଗାରଖା କରିବାରେ ଅସୁବିଧା ସହ କୂଅ ଖୋଳି ପମ୍ପସେଟ ସାହାଯ୍ୟରେ ପାଣି ବ୍ୟବସ୍ଥାରେ ଅସୁବିଧା ହେବା, ପମ୍ପସେଟ କିଣିବା ପାଇଁ ଅର୍ଥାଭାବ ଓ ବ୍ୟାଙ୍କ ଇତ୍ୟାଦିରୁ ଠିକ୍ ସମୟରେ ଋଣ ପାଇବାରେ ଅସୁବିଧା, ଚାଷରୁ ଉତ୍ପାଦିତ ଜିନିଷର ଠିକଣା ମୂଲ୍ୟ ନପାଇବା ଇତ୍ୟାଦି ସମସ୍ତ ବିଷୟ ଗୋଟି ଗୋଟି କରି ନିଖୁଣ ଭାବେ ବର୍ଣ୍ଣନା କଲେ।

ପରେ କ୍ଲାସରେ ପିଲାଙ୍କୁ ପଚାରିଲି ଅଲକ ଘୋଷଙ୍କର ବହିରେ ଲୋକମାନେ କହିଥିବା କଥାରୁ କିଛି ଅଧିକ ଅଛି କି। ଗାଁର ଲୋକମାନେ ଯେ ଫମ୍ପା ମାଠିଆ ନୁହନ୍ତି ଓ ସେମାନଙ୍କ ପାଖରେ ଥିବା ଜ୍ଞାନ ଆମ ପାଇଁ ଅମୂଲ୍ୟ, ଏ କଥାଟି ପିଲାମାନେ ହୃଦୟଙ୍ଗମ କଲେ। ଅଥଚ କଲେଜ ପଢୁଆ ଲୋକମାନେ ଧରିନେଇଥାନ୍ତି ଯେ, ସେମାନେ ହିଁ ସବୁ ଜ୍ଞାନର ଭଣ୍ଡାର ଓ ସାଧାରଣ ଲୋକଙ୍କର କେବଳ ସେମାନଙ୍କଠାରୁ ଶିଖିବାର ଅଛି, ତାଙ୍କର ଫମ୍ପା ମାଠିଆରେ ଜ୍ଞାନ ଭରିବାର ଦାୟିତ୍ୱ ବାବୁମାନଙ୍କର।

ବିଦ୍ରୋହୀ ତରୁଣ

୧୯୭୧ ମସିହା ଅଗଷ୍ଟ ମାସରେ ଢେଙ୍କାନାଳ କଲେଜରେ ଯୋଗଦେଲି। ନଭେମ୍ବର ମାସରେ ଗୋଟାଏ ବଡ଼ଧରଣର ବାତ୍ୟା ହେଲା। କଟକ ଜିଲ୍ଲାରେ ବହୁ ଧନଜୀବନ ହାନି ହେଲା। କଟକ ଜିଲ୍ଲାକୁ ଲାଗିକରି ରହିଥିବା ଢେଙ୍କାନାଳର ଲାଉଲଇ, ବେଗା, ଖଙ୍କିରା ଗାଁସବୁ ସାଙ୍ଘାତିକ ଭାବେ ପ୍ରଭାବିତ ହେଲା। ପିଲାମାନେ

ଅନେକ ଜିନିଷ ବାତ୍ୟା ପ୍ରଭାବିତ ଅଞ୍ଚଳ ପାଇଁ ସଂଗ୍ରହ କଲେ। ଜିଲ୍ଲା ପ୍ରଶାସନ ସହ ଆଲୋଚନା ପରେ ପିଲାମାନେ ରହିବା ପାଇଁ କିଛି ତମ୍ବୁର ବ୍ୟବସ୍ଥା କରିଦେଲେ ଓ ଅନେକ ସାମଗ୍ରୀ ମଧ୍ୟ ପିଲାଙ୍କ ଜରିଆରେ ବାଣ୍ଟିବା ପାଇଁ ବ୍ୟବସ୍ଥା କଲେ। ଲାଉଲଇ ସ୍କୁଲ ହତାରେ ତମ୍ବୁ ପଡ଼ିଲା। ମୋ ସହ ଇଂରାଜୀ ଅଧ୍ୟାପକ ଦୀନେଶ ପଟ୍ଟନାୟକ ଓ ପିଲାମାନେ ତମ୍ବୁରେ ରହି ରିଲିଫ ସାମଗ୍ରୀ ବାଣ୍ଟିବା କାମ ଆରମ୍ଭ କଲୁ। ସକାଳ ନଅଟାରେ ଚୁଡ଼ା ଓ ଗୁଡ଼ ଖାଇ ସମସ୍ତେ ବାହାରିଯାଉ ଓ ଅପରାହ୍ନ ପାଞ୍ଚଟା ସୁଦ୍ଧା ଫେରି ଭାତ ଡାଲମା ଖାଉ। ଗାଁରେ ରିଲିଫ ବାଣ୍ଟିବା ସମୟରେ ସରକାରଙ୍କ ତରଫରୁ ଯେଉଁମାନେ କିଛି ପାଇନଥାନ୍ତି ସେମାନେ ପାଇନଥିବା କଥା କହନ୍ତି ଓ କିଛି ପାଇଥିବା ଲୋକେ ଅଧିକ ପାଇବା ଆଶାରେ ମଧ୍ୟ ପାଇନଥିବା କଥା କହନ୍ତି। ଘରଭଙ୍ଗା ସାହାଯ୍ୟ ପାଇଁ କର୍ମଚାରୀମାନେ ହାତଗୁଞ୍ଜା ଦାବି କରୁଥିବା କଥା ମଧ୍ୟ କହନ୍ତି। ପିଲାମାନେ ଦୈନିକ ଏ କଥା ଶୁଣି ଫେରୁଥାନ୍ତି।

ଲାଉଲଇଠାରେ ଗୋଟିଏ ଛୋଟିଆ ରେଭିନ୍ୟୁ ବଙ୍ଗଳାରେ ସରକାରୀ ରିଲିଫ କାମ କରୁଥିବା କର୍ମଚାରୀମାନେ ରହୁଥାନ୍ତି। ଦିନେ ସନ୍ଧ୍ୟାରେ ସେମାନେ ରୋଷେଇରେ ମାଂସ ତରକାରି ପ୍ରସ୍ତୁତ କରୁଥାନ୍ତି। ପିଲାମାନେ କାମରୁ ଫେରି ବୁଲିଲାବେଳେ ମାଂସ ତରକାରିର ଗନ୍ଧ ବାରି ବଙ୍ଗଳା ଭିତରେ ପଶି ରୋଷେଇ ହେଉଥିବା ଡେକଚିଟି ନେଇଆସି ଲାଉଲଇ ହାଇସ୍କୁଲର ଚାଳଟି କାନ୍ଥରୁ ଖସି ପଡ଼ିଥାଏ, ତା'ରି ତଳେ ରଖିଦେଇଥାନ୍ତି।

ସେଦିନ ଆମେ ଟିକିଏ ଡେରିରେ କାମରୁ ଫେରି ଏ ସମ୍ବାଦ ପାଇଲୁ। ବହୁତ ମନଦୁଃଖ ହେଲା ଓ ତମ୍ବୁ ବାହାରେ ଅନଶନରେ ବସିଲି। ମାଂସ ଡେକଚି ଫେରାଇବା ଓ ସେମାନଙ୍କ ପାଖରେ କ୍ଷମା ମାଗିବାପାଇଁ ପିଲାଙ୍କୁ କହିଲି। "ଆମେ ସକାଳେ ଚୁଡ଼ା ଗୁଡ଼ଖାଇ ସନ୍ଧ୍ୟାରେ ଭାତ ଡାଲମା ଖାଉଛୁ, ଆଉ ସେମାନେ ଲୋକମାନଙ୍କ ଦୁର୍ଦ୍ଦଶା ସମୟରେ ମାଂସ ତରକାରି ଖାଇବେ।" ସେମାନଙ୍କର ମନର ବିଦ୍ରୋହ କଥା ବୁଝିଲି ଓ ବୁଝାଇଲି ଯେ, ଖାଇବା ଆଶାରେ ସେମାନେ ରାନ୍ଧୁଥିବା ମାଂସ ତରକାରି ଡେକଚି ନେଇଆସିବା ଭୁଲ୍। ଆମେ ତା' ପରଦିନ ତାଙ୍କୁ ଭେଟି କହିପାରିଥାନ୍ତେ, ଆମଭଳି ଭାତ ଡାଲମା ଖାଇବା ପାଇଁ। ଶେଷରେ ପିଲାମାନେ ଚାଳ ତଳେ ଲୁଚେଇଥିବା ମାଂସ ଡେକଚିଟି ଫେରେଇଲେ ଓ କ୍ଷମା ମାଗିଲେ। ସମୁଦାୟ କଥାଟି ଢେଙ୍କାନାଳରେ ପ୍ରଚାର ହୋଇଗଲା ବିଭିନ୍ନ ପୁଟ ଦେଇ।

■

ପ୍ରମେୟ, ୯ ଜାନୁଆରୀ, ୨୦୨୦

କୃତଜ୍ଞ ସମାଜ

ବାରିପଦାରେ ଦୁଇବର୍ଷରୁ କମ୍ ରହଣି ସମୟରେ ସଂଜ୍ଞା କାଟିଲି, ଜାତିସୂଚକ ଅନ୍ୟ ଯାହା ଥିଲା ତାକୁ ବିସର୍ଜନ କଲି। ତାହା ସହ ଆଉ ଏକ ଉଲ୍ଲେଖନୀୟ ଘଟଣା ଘଟିଲା। ଭାରତ ସରକାରଙ୍କର ଏଚଏମଟି କମ୍ପାନୀ ହାତଘଣ୍ଟା ତିଆରି ଆରମ୍ଭ କରିଥାଏ। ପୁଅମାନଙ୍କ ପାଇଁ ଜନତା ଓ ଝିଅମାନଙ୍କ ପାଇଁ ସୁଜାତା। ଏଇ ଦୁଇଟି ପ୍ରକାର ମାତ୍ର। ମୁଁ ଗୋଟାଏ ଜନତା ଘଣ୍ଟା ପିନ୍ଧୁଥାଏ ଓ ମୋ ପତ୍ନୀଙ୍କ ପାଇଁ ସୁଜାତା ଘଣ୍ଟାଟିଏ ମଗାଇଲି। ମୋର ପଡ଼ୋଶୀ ଥିଲେ ଗଣିତର ଅଧ୍ୟାପକ, ମୋର ପତ୍ନୀଙ୍କର ଘଣ୍ଟା ଦେଖି ତାଙ୍କ ପତ୍ନୀ ବି ଚାହିଁଲେ ଓ ସେ ମଧ୍ୟ ଘଣ୍ଟାଟିଏ ମଗାଇଦେଲେ। ପାଖରେ ଜଳଯୋଗାଣ ବିଭାଗର ପମ୍ପଚାଳକ ରହୁଥାନ୍ତି। ଏ ଦୁଇଜଣଙ୍କର ଘଣ୍ଟାପିନ୍ଧା ଦେଖି ଚାଳକଙ୍କର ପତ୍ନୀ ତାଙ୍କ ସ୍ୱାମୀଙ୍କୁ କହିଲେ ଘଣ୍ଟାଟିଏ ଆଣିବା ପାଇଁ। ପଇସା ନାହିଁ, ଘଣ୍ଟା ଆଣିହେବନାହିଁ କହିବାରେ ପମ୍ପଚାଳକଙ୍କର ପତ୍ନୀଙ୍କର ମନ ଦୁଃଖ ହେଲା।

ସେତେବେଳେ ଅର୍ଥନୀତି ଅନର୍ସରେ ଖୁବ୍ କମ୍ ଝିଅ ପଢୁଥିଲେ। ଜଣେ ଝିଅ ତାଙ୍କର ଶାଢ଼ି ସପ୍ତାହରେ ତିନି ଚାରିଥର ବଦଳାଉଥାନ୍ତି, ଦାମୀ ଶାଢ଼ି ଉପରେ ଦାମୀ ହାର, ହାରର ଲକେଟ ମଝିରେ ମଝିରେ ବଦଳାଉଥାନ୍ତି। ତାଙ୍କରି ପାଖରେ ଆଉ ଜଣେ ବସୁଥାନ୍ତି, ନୀଳରଙ୍ଗର ଚଉଡ଼ା ଧଡ଼ି ଓ ଶାଢ଼ିଟି ଧଳା, ସପ୍ତାହଯାକ ସେଇ ଶାଢ଼ିଟି ପିନ୍ଧି ଆସୁଥାନ୍ତି। ଦିନେ ରବିବାର ଛୁଟିରେ ରେଳଲାଇନ କଡ଼େକଡ଼େ ବୁଲିଲାବେଳେ ଦେଖିଲି ସେଇ ଝିଅ ଜଣକ ରେଳବାଇର ଗ୍ୟାଙ୍ଗ କୁଲିଙ୍କର ଓ ସେଇ ଧଳା ଶାଢ଼ି ଖଣ୍ଡକ ଆସନ୍ତା ସପ୍ତାହ ପାଇଁ ସାବୁନରେ ସଫା କରୁଥାନ୍ତି।

ମୋର ପତ୍ନୀଙ୍କର ଘଣ୍ଟାପିନ୍ଧା ଦେଖି ପଡ଼ୋଶୀ ଅଧ୍ୟାପକଙ୍କର ପତ୍ନୀ ଘଣ୍ଟା ପିନ୍ଧିଲେ, କିନ୍ତୁ ଏମାନଙ୍କର ଘଣ୍ଟାପିନ୍ଧା ଦେଖି ପମ୍ପଚାଳକଙ୍କ ପତ୍ନୀ ଚାହିଁଲେ, କିନ୍ତୁ ପାଇଲେନାହିଁ, ମନଦୁଃଖରେ ରହିଲେ। ତେବେ ଏଇ ଝିଅ ଜଣକ ପାଖରେ ବସୁଥିବା

ଝିଅଙ୍କର ଶାଢ଼ି, ହାର ଓ ଲକେଟ ଇତ୍ୟାଦି ଦେଖି ତାଙ୍କର ମନ କ'ଣ ହେଉଥିବ- ଏ ନେଇ ମନ ଅନେକ ଘାଣ୍ଟିଚକଟି ହେଲା। ତାର ପରଦିନ ସକାଳ ଏଗାରଟାରେ କ୍ଲାସ ଥାଏ। ଦାମୀ ଶାଢ଼ି ପିନ୍ଧି ଆସୁଥିବା ଝିଅକୁ ସାଦାସିଧା ପିନ୍ଧି ଆସିବାକୁ କହିବାକୁ ସ୍ଥିର କଲି। କିନ୍ତୁ ତା' ପୂର୍ବରୁ ଘଣ୍ଟାଟି ମୋତେ ଆଗ ଛାଡ଼ିବାକୁ ହେବ। ହାତରୁ ଘଣ୍ଟାଟି ବାହାର କରି କ୍ଲାସକୁ ଗଲି ଓ ସବୁ କଥା କହି ଦାମୀ ଶାଢ଼ି, ହାର ଇତ୍ୟାଦି ଛାଡ଼ି କ୍ଲାସକୁ ଆସିବା ପାଇଁ ଝିଅଜଣଙ୍କୁ କହିଲି ଖୁବ୍ ଆବେଗଭରା କଣ୍ଠରେ। ଜାଣିନଥିଲି ସେ ଝିଅଙ୍କର ଭାଇ ମଧ୍ୟ ସେଇ କ୍ଲାସରେ ପଢ଼ନ୍ତି ବୋଲି। ଦୁଇଦିନ ପରେ ସେ ଘରକୁ ଆସିଲେ। ଶୁଣିଲି ବାପା ଜଣେ ନାମଜାଦା ଓକିଲ। ତାଙ୍କର ଝିଅ ଯୋଗୁ ମୋତେ ଘଣ୍ଟା ଛାଡ଼ିବାକୁ ପଡ଼ିଲା ଶୁଣି ବାପା ମନ ଦୁଃଖ କଲେ ଓ କ୍ଲାସରେ ନକହି ଅଲଗା ଡାକି କହିଥିଲେ ଭଲ ହୋଇଥାନ୍ତା ବୋଲି କହିଲେ।

ବାରିପଦାର ମାଟି, ପାଣି, ପବନ, ଛାତ୍ରଛାତ୍ରୀମାନଙ୍କର ବ୍ୟବହାର ସାଧାରଣ ଲୋକମାନଙ୍କ ଚଳଣି ଓ ସମ୍ମାନ- ଏସବୁ ବହୁତ ଭଲ ଲାଗିଥିଲା। କିନ୍ତୁ ଦୁଇବର୍ଷ ନପୂରୁଣୁ ବାଲେଶ୍ୱର ବଦଳି ହୋଇଗଲା ଫକୀର ମୋହନ କଲେଜକୁ। ଲକ୍ଷ୍ୟ କଲି ପିଲାମାନେ ବହୁତ ପ୍ରତିଭାବାନ। ଅନେକ ପିଲା କଲେଜ ପାଖ ମଠସାହି ଓ ଆଖପାଖ ଅଞ୍ଚଳରେ ମେସରେ ରହି ପଢୁଥାନ୍ତି। ଛୁଟିଦିନରେ ଓ ସନ୍ଧ୍ୟା ସମୟରେ ମେସମାନଙ୍କୁ ବୁଲିଯାଏ। ଅନେକ ଗରିବ ପ୍ରତିଭାବାନ ପିଲା ଭାତ ଓ ଗଗୁଆମାଛ (ଅତି ଛୋଟ ଚିଙ୍ଗୁଡ଼ି) ତରକାରି ଖାଇ ମିଞ୍ଜି ମିଞ୍ଜି ଆଲୁଅରେ ପଢୁଥାନ୍ତି। କଲେଜରେ ଯୋଗଦେବାର ଅଳ୍ପ କେତେ ମାସ ପରେ ସୁବର୍ଣ୍ଣରେଖାରେ ବନ୍ୟା ହେଲା। ଖୁବ୍ କମ୍ ସମୟରେ ପିଲାମାନେ ଅନେକ ରିଲିଫ ସାମଗ୍ରୀ ଯୋଗାଡ଼ କରିଦେଲେ। ସେସବୁ ନେଇ ସୁବର୍ଣ୍ଣରେଖା ବନ୍ୟା ଅଞ୍ଚଳକୁ ଗଲୁ। ପାଖରେ ଡଙ୍ଗା ନଥାଏ। ସେ ଅଞ୍ଚଳର ପିଲାମାନେ ପାଣିରେ ବାଟ କଢ଼ଉଥାନ୍ତି। ଗୋଟିଏ ପିଲା ବଳୁଆ, କାହା ପ୍ରତି ଭୟ ବା କୌଣସି କଥାକୁ ଖାତିର ନଥାଏ। ସିଏ ଆଗେଇ ଆସିଲା। ମୋର ଯେତେଦୂର ମନେପଡୁଛି, ନାଁ ଥିଲା ମନ୍ମଥ।

ଏସବୁ ଭିତରେ ପଢ଼ାପଢ଼ିରେ ଏକ ପରୀକ୍ଷା ଆରମ୍ଭ ହେଲା। ପିଲାମାନଙ୍କର ପ୍ରତିଭାକୁ ଲକ୍ଷ୍ୟକରି ଦିନେ ଅର୍ଥନୀତିର ଅନର୍ସ ପିଲାଙ୍କୁ ଗୋଟେ ପ୍ରସ୍ତାବ ଦେଲି। ପାଠ ପଢ଼ିଲାବେଳେ ଅଧ୍ୟାପକ ହେବାର ଅନୁଭୂତି ପାଅ; ଗୋଟିଏ ବିଷୟରେ ଯାହା ପଢ଼ାହେଲା, ତା'ର ପରବର୍ତ୍ତୀ ଅଧ୍ୟାୟଟି ପିଲାମାନେ ନିଜେ ପଢ଼ିବେ, ପୂରା ପ୍ରସ୍ତୁତ ହେବେ। ସେମାନଙ୍କ ଭିତରୁ ତିନିଜଣ ଆସନ୍ତା କ୍ଲାସରେ ପଢ଼େଇବେ। ପଢ଼େଇବା ବେଳେ କିଛି ଅସୁବିଧାର ସମ୍ମୁଖୀନ ହେଲେ ତାଙ୍କୁ ସାହାଯ୍ୟ କରିବି। ତିନିଜଣ ଭିତରୁ

ଯାହାର ପଢ଼େଇବା ସବୁଠୁ ଭଲ ବୋଲି ବିବେଚିତ ହେବ, ସେ ପରବର୍ତ୍ତୀ ପଢ଼େଇବା ପର୍ଯ୍ୟନ୍ତ କ୍ଲାସରେ ପ୍ରଥମ ଛାତ୍ରଛାତ୍ରୀ ବୋଲି ବିବେଚିତ ହେବେ; ଯେମିତି ରାଜ୍ୟପାଳ ରାଜ୍ୟର ବା ରାଷ୍ଟ୍ରପତି ଦେଶର ପ୍ରଥମ ନାଗରିକ ସେମିତି ତାଙ୍କର ରୋଲ ନମ୍ବର ପ୍ରଥମେ ଡ଼କାଯିବ। ଏଥିପାଇଁ କୌଣସି ଅର୍ଥ ବା ଅନ୍ୟ ଆକାରରେ ପୁରସ୍କାର ଦିଆଯିବ ନାହିଁ। ପିଲାମାନେ ଖୁବ୍ ଆଗ୍ରହ ଓ ଉତ୍ସାହର ସହ ପ୍ରସ୍ତାବଟି ଗ୍ରହଣ କଲେ।

କଲେଜ ପାଖରେ ମଠସାହିରେ ରହୁଥାଏ। ଯେଉଁ ପିଲାମାନେ କ୍ଲାସରେ ପଢ଼େଇବା ପାଇଁ ବାହାରୁଥିଲେ, ସେମାନେ ଘରେ ପହଞ୍ଚି ଯାଉଥିଲେ। କ'ଣ ମାଗାଜିନ ଅଛି, ଆଉ କ'ଣ ବହି ଅଛି ସେମାନେ ପଢ଼ି ପ୍ରସ୍ତୁତ ହୋଇ କ୍ଲାସକୁ ଆସିବେ, ତାଙ୍କ ପ୍ରସ୍ତୁତି ଠିକ୍ ଅଛି କି ନାହିଁ କହିବେ ଜାଣିବା ପାଇଁ। ପ୍ରକୃତରେ ପାଠ ପଢ଼ିଲାବେଳେ ଅଧ୍ୟାପନାର ଅନୁଭୂତି ପାଇବା ପାଇଁ ପିଲାଙ୍କ ଭିତରେ ପ୍ରତିଯୋଗିତା ଆରମ୍ଭ ହୋଇଗଲା। କିଛିଦିନ ପରେ ଅନ୍ୟ ଅନର୍ସର ସାଙ୍ଗ ପିଲାଙ୍କୁ କ୍ଲାସକୁ ଡାକିଆଣିଲେ ତାଙ୍କର କୃତିତ୍ୱ ଦେଖିବା ପାଇଁ। କିଛି ନକହି ନିଜନିଜ ଭିତରେ ଚାନ୍ଦା କରି ପ୍ରଥମ, ଦ୍ୱିତୀୟ ଓ ତୃତୀୟ ପୁରସ୍କାର ପାଇଁ ତିନୋଟି ବେଶ୍ ବଡ଼ କପ୍‌ଟିଏ ଲେଖାଏଁ ବ୍ୟବସ୍ଥା କରିବାର ଦେଖି ଆଶ୍ଚର୍ଯ୍ୟ ହେଲି।

ଏସବୁ ଭିତରେ ଏକ ଦୁଃଖଦ ଘଟଣା ଘଟିଲା। ଦିନେ କ୍ଲାସରେ ପିଲାଙ୍କର ଉପସ୍ଥାନ ଦେବାପାଇଁ ପକେଟରେ କଲମ ନଥିବା ଦେଖି ସାମନାରେ ବସିଥିବା ପିଲାଟିଏ କଲମଟିଏ ବଢ଼େଇଦେଲେ। ଦେଖିଲି କଲମଟି ଚୀନ ତିଆରି କିଙ୍ଗକଙ୍ଗ ନାଁ। ୧୯୬୨ ମସିହାରେ ଚୀନଠୁ ଅତି ଲଜ୍ଜାଜନକ ଭାବେ ହାରିବାର କ୍ଷତ ଶୁଖିନଥାଏ, ମନରୁ ତିକ୍ତତା ଯାଇନଥାଏ। କିନ୍ତୁ ଚୀନର ଶସ୍ତା ସୁନ୍ଦରିଆ କଲମ କିଣିବାରେ ଆଗ୍ରହ ବଢୁଥାଏ, ଏବେ ଯେମିତି। ସେତେବେଳକୁ ଶପଥ ନେଇଥାଏ ବିଦେଶୀ ଜିନିଷ ବ୍ୟବହାର ନକରିବା ପାଇଁ ଓ ଏକଥା ପିଲାଙ୍କୁ କହିଦେଇଥାଏ। ତେଣୁ କଲମଟି ଚୀନ ତିଆରି ଦେଖି ପିଲାଟି ପାଖକୁ ଯାଇ ଚାପୁଡ଼ାଏ ମାରିଦେଲି। ପିଲାଟି ମୂର୍ଚ୍ଛା ହୋଇପଡ଼ିବାର ଦେଖି ଆଶ୍ଚର୍ଯ୍ୟ ଓ ଦୁଃଖିତ ହେଲି। ସଙ୍ଗେ ସଙ୍ଗେ ହଷ୍ଟେଲକୁ ନେଇ ପାଣି ସିଞ୍ଚିବାରେ ଚେତା ଫେରିଆସିଲା। ମୂର୍ଚ୍ଛା ଯିବାର କାରଣ ନଥିଲା, ଚାପୁଡ଼ାଟି ଶକ୍ତ ଥିଲା ବୋଲି, କାରଣ ହେଲା- ସେ ଅତି ଗରିବ, ଦଶ କିଲୋମିଟର ଦୂରରୁ ନଖାଇ ସାଇକେଲରେ କଲେଜକୁ ଆସନ୍ତି ଓ ସେଇ ଭୋକ ପେଟରେ ପଢ଼ି ଘରକୁ ଫେରିଲେ ଦିନ ଭିତରେ ବକ୍ତେ ଖାଇବାକୁ ମିଳେ, ଏହା ସତ୍ତ୍ୱେ ଭଲ ପଢୁଥିଲେ ଓ ଆଗ ଧାଡ଼ିରେ ବସୁଥିଲେ। ଚାପୁଡ଼ାର ଅପମାନ ଓ ପେଟରଭୋକ ସହିବାରଶକ୍ତିକୁ ବଳେଇଗଲା। ପିଲାମାନଙ୍କର ମୋଟାମୋଟି ଭାବେ ମୋ ପ୍ରତି ଶ୍ରଦ୍ଧା ଓ ସମ୍ମାନବୋଧ ଥିବା ହେତୁ ଘଟଣାଟି ସେଇଠି

ଶେଷ ହେଲା। ନଚେତ୍ ପରିସ୍ଥିତି ଅନ୍ୟପ୍ରକାର ହୋଇଥାନ୍ତା। ଏ ଘଟଣାଟି ଗ୍ଲାନି ଓ ଦୁଃଖର ଅଲିଭା ଦାଗ ହୋଇ ମୋର ହୃଦୟରେ ରହିଗଲା।

ଗୋଟେ ଛୁଟିଦିନରେ, ମଠସାହି ସ୍କୁଲ ବାଙ୍କ ବୁଲି ଭୋଇ ସାହିକୁ ବୁଲିଗଲି। ଲୋକଙ୍କ ସହ କଥାବାର୍ତ୍ତା ପରେ ସେମାନେ ବାଟେଇ ଦେବାକୁ ଆସିଲେ। ସାହିମୁଣ୍ଡରେ ଥିବା ପୋଖରୀଟି ଦଳ ଓ ଆବର୍ଜନାମୟ ଓ ହୁଡ଼ାଗୁଡ଼ିକ ମଧ୍ୟ ତଦ୍ରୂପ। ୧୯୬୯ ମସିହାରେ ଗାନ୍ଧୀଙ୍କର ଜନ୍ମ ଶତବାର୍ଷିକୀ ପାଳନ କରାଯାଉଥାଏ ଓ ତାଙ୍କର ରଚନାତ୍ମକ କାର୍ଯ୍ୟର ସ୍ମାରକ ହିସାବରେ କଲେଜରେ ପଢୁଥିବା ପିଲାମାନଙ୍କ ଭିତରେ ଶରୀରଶ୍ରମ ପ୍ରତି ଆଗ୍ରହ ସୃଷ୍ଟିପାଇଁ ଦେଶର କେତେକ ବଛା ବଛା ବିଶ୍ୱବିଦ୍ୟାଳୟମାନଙ୍କରେ ଏନଏସଏସ କାର୍ଯ୍ୟ ଆରମ୍ଭ ହୋଇଥାଏ। ୧୯୭୦ ମସିହାରେ ଫକୀରମୋହନ କଲେଜରେ ଏନଏସଏସ କାର୍ଯ୍ୟକ୍ରମ ଆରମ୍ଭ ହୋଇଥାଏ। ମୋ ସହିତ ପ୍ରହ୍ଲାଦ ମହାନ୍ତିଙ୍କୁ ଦାୟିତ୍ୱ ଦିଆଗଲା କାର୍ଯ୍ୟକ୍ରମକୁ ଆଗେଇବା ପାଇଁ। ପ୍ରଥମେ ଭୋଇ ସାହିର ପୋଖରୀ ସଫା କାମ ନେବାପାଇଁ ଠିକ୍ କରି ଲୋକଙ୍କ ସହ ଆଲୋଚନା କଲୁ। କଲେଜ ପିଲା ଆସି ତାଙ୍କ ସାହିର ପୋଖରୀ ସଫା କରିବା କଥାଟାକୁ ସେମାନେ ବିଶ୍ୱାସ କରିପାରିଲେନି, ଶିବିର ଆରମ୍ଭ ହେବାର ପ୍ରଥମ ଦିନ ଦେଖିଲେ ପିଲାଙ୍କ କାମ। ସନ୍ଧ୍ୟାରେ ଲୋକ ଆଲୋଚନା କଲେ ସାହିରେ। ଦ୍ୱିତୀୟ ଦିନଠାରୁ ସବୁ ସମର୍ଥ ଲୋକ କାମରେ ମିଶିଗଲେ। ସପ୍ତାହେ ବେଳକୁ ପୋଖରୀ ଦଳ ଓ ଆବର୍ଜନାମୁକ୍ତ ହୋଇଗଲା। ପିଲା ଖୁସି ହେଲେ, ତାଙ୍କଠୁ ବେଶି ଖୁସି ହେଲେ ଭୋଇସାହିର ଲୋକ।

ଆଉ ଦିନେ ଭୋଇସାହି ବୁଲିବାକୁ ଗଲି। ପୋଖରୀ ହୁଡ଼ାରେ ତୁଠ ପାଖରେ ମୋର ଗୋଟାଏ ମୂର୍ତ୍ତି ବସେଇବା ପାଇଁ ସାହି ଲୋକ ଠିକ୍ କରିଛନ୍ତି ଶୁଣି ଅବାକ୍ ହେଲି। ସେଭଳି ନକରିବା ପାଇଁ ବୁଝାଇଲି, କିନ୍ତୁ ଜିଦ୍ କଲେ। ଯେତେବେଳେ କହିଲି ଲୋକ ମରିଗଲା ପରେ ମୂର୍ତ୍ତି ବସାଯାଏ, ତା'ପରେ ସେମାନେ ସେଥିରୁ ଓହରିଗଲେ। ସାମାନ୍ୟ ଶ୍ରଦ୍ଧା ଓ କିଞ୍ଚିତ ସାହାଯ୍ୟରେ ଆମ ସମାଜର ସେହି ଅଂଶଟି ବାସ୍ତବରେ କୃତକୃତ୍ୟ ହୁଏ। କିଏ କଳିଜା ଖାଉଛି କି ପେଟି ମାଛ ଖାଉଛି ସେ ବିଷୟ ସେମାନେ ଭାବିନାହାନ୍ତି। ହାଡ଼ ଖଣ୍ଡେ ପାଇଲେ ବା ପାଇବାର ସମ୍ଭାବନା ଥିଲେ ମଧ୍ୟ ସେମାନେ କେବଳ କୃତଜ୍ଞ ହେବାର ଶିଖିଛନ୍ତି। ଖୁସି ହେବାର ଜାଣନ୍ତି। ସେଥିପାଇଁ ତ ସେମାନେ ବର୍ଷ ପରେ ବର୍ଷ ତାଙ୍କର ସମର୍ଥନ ଅତୁଟ ରଖିଛନ୍ତି।

■

ପ୍ରମେୟ, ୬ ଡ଼ିସେମ୍ବର ୨୦୧୯

ପ୍ରଥମ ଦେଖାରେ ପ୍ରେମ

ଢେଙ୍କାନାଳ କଲେଜରେ ଯୋଗଦେବାର ଅଳ୍ପଦିନ ପରେ ପୁରୀରୁ ଗଣିତ ଅଧ୍ୟାପକ ଦୟାନିଧି ପରିଡ଼ା ସେଠାକୁ ବଦଳି ହୋଇ ପହଞ୍ଚିଲେ। ଆଗରୁ ପୁରୀରେ ଏକାଠି ଥିଲୁ, ଏବେ ଛୁଟିଦିନମାନଙ୍କରେ ବା କଲେଜରେ କ୍ଲାସ ଶେଷ ହେଲାପରେ ସାଙ୍ଗହୋଇ ଆଖପାଖ ଗାଁକୁ ଗଲୁ। ସାଇକେଲ ଚଲେଇବା ମୁଁ ଜାଣିନଥିବାରୁ ସେ ମୋତେ ପଛରେ ବସେଇ ନିଅନ୍ତି। ଦିନେ ଢେଙ୍କାନାଳ ପାରି ହୋଇ ସିମୁଳିଆ, କାଙ୍କଡ଼ପାଳ ଗାଁ ସବୁ ଦେଇ ଖଲିବନ୍ଧ ଗାଁରେ ପହଞ୍ଚିଲୁ। ଗାଁମୁଣ୍ଡର କିଛିବାଟ ଦୂରରେ ଗୋଟାଏ ଆଡ଼ିବନ୍ଧ ଖୋଲା ହୋଇଥିବା ଦେଖିଲୁ। ସେହି ବନ୍ଧ ଭିତରେ ସାଇକେଲଟି ରଖି ପାଖରେ ଥିବା ନୂଆଗାଁକୁ ଚାଲି ଚାଲି ଗଲୁ। ଆମେ ଆମର ପରିଚୟ ଦେଇ ଲୋକମାନଙ୍କ ସହ କଥାବାର୍ତ୍ତା କଲୁ। ତାହାପରେ ଅନେକ ଥର ସେ ଗାଁକୁ ଗଲୁ। ଗାଁଟି ଢେଙ୍କାନାଳରୁ ପ୍ରାୟ ଦଶ କିଲୋମିଟର, ଗାଡ଼ିମୋଟର ନଥାଏ, ସାଇକେଲରେ ବା ଚାଲି ଚାଲି ଯିବାକୁ ହୁଏ।

ଢେଙ୍କାନାଳ ସହରର କିଛି ଲୋକ ଓ ଢେଙ୍କାନାଳ ବ୍ଲକର କିଛି କର୍ମଚାରୀଙ୍କ ନୂଆଗାଁ ବିଷୟରେ ମତାମତ ହେଲା- ସେଇଠି କିଛି ହେବନି, କୌଣସି ନୂଆ କଥାକୁ ସେମାନେ ଶୁଣନ୍ତି ନାହିଁ, ଅଧିକ ଦି' ପଇସା ରୋଜଗାର କରିବାପାଇଁ ସେମାନେ ବିଶେଷ ଆଗ୍ରହୀ ନୁହଁନ୍ତି। ମୋଟାମୋଟି ଭାବେ ସେମାନେ ଅଳସୁଆ। ସେମାନଙ୍କର ଏ ଧାରଣାକୁ ଆମେ ଅନ୍ୟ ଭାବରେ ନେଲୁ। ସେମାନେ ଅଳ୍ପକେ ସନ୍ତୁଷ୍ଟ। ଜମିବାଡ଼ିରୁ ଚଳିବା ପାଇଁ ଦି' ପଇସା ଓ ବର୍ଷକ ଖାଇବା ପାଇଁ ମିଳିଗଲେ ସେମାନେ ଖୁସି। ନୂଆଗାଁ ଲୋକମାନେ ଆମକୁ ସେମାନଙ୍କର ସ୍ନେହଶ୍ରଦ୍ଧା ଅଜାଡ଼ି ଦେଉଥିଲେ ଓ ଆମ ଭିତରେ ସେମାନଙ୍କ ପ୍ରତି ସମ୍ମାନବୋଧ ଥିଲା, କାରଣ ସେମାନେ ମୋଟାମୋଟି ଭାବେ ଆଧୁନିକତାର ଛାଞ୍ଚରେ

ପଡ଼ିନଥିଲେ, ମୁଖ୍ୟସ୍ରୋତର ବାହାରେ ଥିଲେ, ବିକଳ ଦୌଡ଼ରେ, ଯାହାକୁ ଇଂରାଜୀରେ ରାଟ୍ ରେସ୍ କୁହାଯାଉଛି।

ସେଦିନ ଥିଲା ରବିବାର ସକାଳ। ପୂର୍ବଦିନ ପ୍ରବଳ ବର୍ଷା, ରାତିରେ ମଧ୍ୟ ତୁହାକୁ ତୁହା ବର୍ଷା। ରବିବାର ସକାଳ ସମୟକୁ ବର୍ଷାର ପ୍ରକୋପ କମିଯାଇଥାଏ। ନୂଆଗାଁର ଜଣେ ପାମ୍ପଡ଼ ବିକାଳି, ସକାଳେ ଘରେ ପହଞ୍ଚି କହିଲେ- ଆଜ୍ଞା, ତୁଳସୀବଣିଆ ବନ୍ଧ ଭାଙ୍ଗିଯିବ। ବନ୍ଧ କାମ ପୂରା ଶେଷ ହୋଇନି, ବନ୍ଧ କିନ୍ତୁ ଭର୍ତ୍ତି ହୋଇଗଲାଣି, ଆଉ ବର୍ଷା ହେଲେ ବନ୍ଧ ଭାଙ୍ଗିଯିବା ଥୟ।

ଅମଲାପଡ଼ାରେ ଘର ଭଡ଼ା ନେଇ ରହୁଥିଲି, ପାଖରେ ଦୁଇ ତିନି ଜଣ କଲେଜ ପିଲା ରହୁଥିଲେ ନିଜ ନିଜର ଘରେ। ତାଙ୍କ ଘରକୁ ଯାଇ ସଙ୍ଗେ ସଙ୍ଗେ କାଳବିଳମ୍ବ ନକରି ସାଙ୍ଗମାନଙ୍କୁ କହ, ପନ୍ଦର କୋଡ଼ିଏ ପିଲା କୋଡ଼ି କୋଦାଳ ଧରି ସାଇକେଲରେ ଚାଲିଯିବା ନୂଆଗାଁ, ଗୋଟାଏ ବନ୍ଧ ଭାଙ୍ଗିଯିବାରୁ ରକ୍ଷା କରିବା କଥା କହିଲି। ଅଧଘଣ୍ଟାଏ ଭିତରେ ପିଲାଙ୍କ ସହ ବାହାରିଗଲୁ। ପ୍ରାୟ ପନ୍ଦର ଜଣ ପିଲା ବଳକା ପାଣି ଯିବାପାଇଁ ନାଳ ଖୋଳିବା କାମ ଆରମ୍ଭ କରିଦେଲେ, ଆଉ ତିନି ଚାରିଜଣ ପିଲା ନୂଆଗାଁକୁ ଯାଇ ଲୋକମାନେ ନାଳ ଖୋଳା କାମରେ ତୁରନ୍ତ ଯୋଗଦେବା ପାଇଁ କହିଲେ।

କ'ଣ ହେଲା! ତୁଳସୀବଣିଆ ବନ୍ଧ ଭାଙ୍ଗିଯିବ ଶୁଣି ଢେଙ୍କାନାଳରୁ ଏ ବର୍ଷାପାଗରେ କଲେଜ ପିଲା ଚାଲିଆସିଲେଣି, ଆଉ ଆମେ ଗାଁରେ ଅଛୁ, ଜାଣିନୁ? ତୁରନ୍ତ ଗାଁର ଅନେକ ଲୋକ କୋଡ଼ି କୋଦାଳ ଧରି ଚାଲିଆସିଲେ। ମିଳିମିଶି ଦିନ ଏଗାରଟା ବେଳକୁ ନାଳ ଖୋଳା କାମ ଶେଷ ହୋଇଗଲା। ବନ୍ଧ ବିପଦମୁକ୍ତ ହୋଇଗଲା। ସମସ୍ତେ ଗାଁକୁ ଗଲୁ, ଆମେ ସମସ୍ତେ ଭୋକରେ ଥିଲୁ, ଗାଁଲୋକ ମୁଢ଼ି ବାଦାମ ଦେଲେ, ତାକୁ ଖାଇ ଲୋକଙ୍କ ସହଯୋଗ ପାଇଁ ଧନ୍ୟବାଦ ଦେଇ ଢେଙ୍କାନାଳ ଫେରିଆସିଲୁ।

ପରେ ଶୁଣିଲୁ, ଆଡ଼ିବନ୍ଧଟି ଯେଉଁଠି ଆମେ ପ୍ରଥମ ଯିବା ଦିନ ସାଇକେଲଟି ରଖି ଯାଇଥିଲୁ, ତା'ର ନାଁ ତୁଳସୀବଣିଆ ବନ୍ଧ ଓ ମୃତ୍ତିକା ସଂରକ୍ଷଣ ବିଭାଗ ତାକୁ ତିଆରି କରିଛନ୍ତି। ଆମେ ଆସିଲାପରେ ବିଭାଗ ତରଫରୁ ଯେଭଳି ଭାବେ ବଳକା ପାଣି ଯିବାପାଇଁ ରାସ୍ତା ବା ସରପ୍ଲସ୍ ୱେ'ଟି ଯଥାଯଥ ଭାବେ ତିଆରି କରି ଆଡ଼ିବନ୍ଧଟି ସଂପୂର୍ଣ୍ଣ କଲେ। ପିଲାମାନେ ଓ ଗାଁଲୋକ ମିଶି ବନ୍ଧଟିକୁ ରକ୍ଷା କରିଦେଇଥିବାରୁ କୃତଜ୍ଞତା ପ୍ରକାଶ କଲେ ସ୍ଥାନୀୟ ମୃତ୍ତିକା ସଂରକ୍ଷଣ ଅଧିକାରୀ ବିଜୟରାମ ଦାସ। ଖାଲି ସେତିକି ନୁହେଁ, ଆଉ ଦୁଇଟି ଜାଗା ଚିହ୍ନଟ କରି ସେଠି ମଧ୍ୟ ଆଡ଼ିବନ୍ଧ ତିଆରି କରିଦେଲେ।

ସମୁଦାୟ ଘଟଣାଟି ପିଲାମାନଙ୍କୁ ଖୁବ୍ ଆତ୍ମସନ୍ତୋଷ ଦେଲା ଓ ଗାଁଲୋକଙ୍କ ମନରେ ଗଭୀର ରେଖାପାତ କଲା। ଢ଼େଙ୍କାନାଳ ତଥା ନୂଆଗାଁର ଆଖପାଖ ଗାଁମାନଙ୍କରେ ଘଟଣାଟି ଯେମିତି ହୋଇଥିଲା, କିଛି କିଛି ଅତିରଞ୍ଜନ ସହ ପ୍ରସାରିତ ହୋଇଗଲା। ଯେକୌଣସି କାମରେ ଢ଼େଙ୍କାନାଳ ସହର ଆସିଲେ, ଗାଁ ଲୋକମାନେ ଘରକୁ ଆସି ଗାଁର ତଥା ତାଙ୍କର ଭଲମନ୍ଦ ବିଷୟରେ ଆଲୋଚନା କଲେ। ଏହା ଥିଲା ୧୯୭୧ ମସିହା କଥା।

ସମୁଦାୟ ଘଟଣାଟି କଲେଜ ପିଲାଙ୍କର ଓ କଲେଜର ସୁନାମ ବଢ଼େଇଦେଲା। ଆମେ ତାହାପରେ ତରଭା, ଖଳିବନ୍ଧ ଗାଁମାନଙ୍କୁ ଯାଇ ଲୋକମାନଙ୍କୁ ଭେଟିଲୁ। ସେମାନେ ଶ୍ରଦ୍ଧା ଓ ସମ୍ମାନର ସହ ଆମମାନଙ୍କୁ ଗ୍ରହଣ କଲେ।

ପରବର୍ତ୍ତୀ ବର୍ଷ ମରୁଡ଼ି ହେଲା, ଠିକ୍ ସେପ୍ଟେମ୍ବର ମାସ ଶେଷବେଳକୁ ବର୍ଷା ପୂରା ଛାଡ଼ିଗଲା। ଧାନସବୁ ଆଉ ଗୋଟେ ଭଲ ଅସରାଏ ବର୍ଷାକୁ ଚାହିଁଥାଏ, ପୁଡ଼ାରୁ ବାହାରି ପାରୁନଥାଏ। ସେବର୍ଷ ଏ ମରୁଡ଼ି ପରିସ୍ଥିତି ଦେଶର ଅଧିକାଂଶ ଭାଗରେ ଦେଖାଯାଇଥିଲା। ସେତେବେଳେ କୌଣସି ଗାଁଗଣ୍ଡାରେ ପମ୍ପସେଟ ଟିଏ ନଥାଏ ନଦୀନାଳରୁ ପାଣି ଉଠେଇ ଫସଲ ବଞ୍ଚାଇବା ପାଇଁ। ବ୍ଲକରେ ତିନି ଚାରୋଟି ଡିଜେଲ ପମ୍ପସେଟ୍ ଥାଏ, ସେଥିରୁ ଗୋଟିଏ ଦୁଇଟି ସବୁବେଳେ ଖରାପ। ଆଉ ଯାହା ରହିଲା, ମାରିନେଲେ ମହାପାତ୍ରେ ଚାହିଁଛନ୍ତି ଜଳକା ନ୍ୟାୟରେ ବ୍ଲକ ପାଖ ଗାଁ, ଅନ୍ୟ ଭାବରେ ପ୍ରଭାବଶାଳୀ ଲୋକ ସେଇ ଗୋଟିଏ ଦୁଇଟି ପମ୍ପସେଟ ନେଇଯାଇଥାନ୍ତି।

ନୂଆଗାଁ ଲୋକଙ୍କର ଜମିକୁ ପାଣି ଯୋଗେଇଦେବା ପାଇଁ ପାଖରେ ଥିବା ବଡ଼ ଜୋର ବା ନାଳରୁ ପାଣି ଉଠାଇବାକୁ ହେବ। ଜିଲ୍ଲା କୃଷି ଅଧିକାରୀଙ୍କ ସହ କଥାବାର୍ତ୍ତା କରି ଗୋଟିଏ ଡିଜେଲ ପମ୍ପସେଟ ବିଭାଗୀୟ ଟ୍ରକରେ ଲଦି ପାଞ୍ଚ ଛଅଜଣ ପିଲାଙ୍କୁ ନେଇ ବାହାରିଗଲୁ ଦିନ ପ୍ରାୟ ଚାରିଟାବେଳେ। ବାଟରେ ନୂଆଗାଁ ପହଞ୍ଚିବାକୁ ପ୍ରାୟ ଗୋଟେ କି.ମି. ଅଛି। ଆମକୁ ଖଳିବନ୍ଧ ଗାଁଲୋକ ଅଟକେଇଲେ ଓ ତରଭା ଗାଁ ଆଡ଼େ ଚାହିଁବାକୁ କହିଲେ। ଦେଖିଲୁ ପ୍ରାୟ ତିନିଶହ ଲୋକ ବିଲହୁଡ଼ାରେ ଗୋଟାଏ ଲମ୍ବା ଲାଇନରେ ବିଭିନ୍ନ ପ୍ରକାର ଅସ୍ତ୍ରଶସ୍ତ୍ରରେ ସଜ୍ଜିତ ହୋଇ ଆସୁଛନ୍ତି। କାରଣ ପଚାରି ବୁଝିଲୁ ଯେ, ପୂର୍ବ ରାତିରେ ତରଭାର ଜଣେ ଲୋକ ଖଳିବନ୍ଧ ଲୋକ ରଖିଥିବା ଜଙ୍ଗଲରୁ କାଠ କାଟି ଗୋଟାଏ ଶଗଡ଼ରେ ନେବାପାଇଁ ଆସିଥିଲେ। ଗଛ କାଟିବା ସମୟରେ ଜଙ୍ଗଲଟି ଗାଁକୁ ଲାଗି ରହିଥିବା ହେତୁ ଶବ୍ଦ ଶୁଣି ଲୋକମାନେ ଉଠି ସେ ଲୋକଙ୍କୁ ଗାଳିଗୁଲଜ କଲେ, ଶଗଡ଼ ଜବତ କଲେ, ଜରିମାନା ପକାଇଲେ ଓ ରାତିରେ

ହିଁ ଜରିମାନା ଦେଇ ଶଗଡ଼ ନେବାପାଇଁ କହିଲେ। ସେ ଲୋକ ଜରିମାନା ପଇଠ କରି ଶଗଡ଼ ନେଲେ ଓ ତରଭା ଗାଁରେ ଏକଥା ପ୍ରଚାର ହେଇଗଲା। ଖଳିବନ୍ଧ ଗୋଟିଏ ବକଟେ ଗାଁ, ଏ ଗାଁରୁ କିଛିଦିନ ତଳେ ଯାଇ ସେଇଠି ରହିଛନ୍ତି, ତରଭା ଗାଁର ଲୋକଙ୍କୁ ଜରିମାନା ପକାଇବାକୁ ତାଙ୍କର ସାହସ ହେଲା କେମିତି, ସାରା ଗାଁ ଯିବ, ତାଙ୍କ ଜଙ୍ଗଲ କାଟିବ, କିଏ ସେ ଜଙ୍ଗଲକୁ ରକ୍ଷାକରିବ ଦେଖିବା। ସେଇଥିପାଇଁ ସଜବାଜ ହୋଇ ଆସୁଛନ୍ତି। ଏପାଖେ ଛୋଟ ଗାଁଟିରୁ ତିରିଶ ସରିକି ଯୁବକ ବାହାରି ଅସ୍ତ୍ରଶସ୍ତ୍ରରେ ସଜ୍ଜିତ ହୋଇ ତରଭା ଆସିଲେ। ଆମେ ମଲେ ଯାଇ ହିଁ ସେମାନେ ଆମ ଜଙ୍ଗଲ କାଟିବେ ବୋଲି ପଣ ନେଇ ଠିଆ ହୋଇଛନ୍ତି। ସ୍ତ୍ରୀଲୋକମାନଙ୍କର କାନ୍ଦ ବୋବାଳି, ବୁଢ଼ା ଲୋକମାନେ କିଂକର୍ତ୍ତବ୍ୟବିମୂଢ଼।

ଏଭଳି ପରିସ୍ଥିତିର ସାମ୍ନା କେବେ କରିନଥିଲୁ। ସାହସ ସଞ୍ଚୟ କରି ଉଭୟଙ୍କ ମଝିରେ ରହିଲୁ। ଗୋଟେ ପାଖେ ତିନିଶହ ଅନ୍ୟ ପାଖେ ତିରିଶ। ଉଭୟଙ୍କୁ ନିବେଦନ କଲୁ ପ୍ରଥମେ ଅସ୍ତ୍ରଶସ୍ତ୍ର ତଳେ ରଖିଦେବା ପାଇଁ ଓ ଉଭୟ ପକ୍ଷରୁ ପାଞ୍ଚଜଣ ଆସି ଆଲୋଚନା କରିବା ପାଇଁ। କୌଣସି ପକ୍ଷ ରାଜି ହେଲାବେଳେ ଜଣେ କିଏ ହୁଙ୍କାରିଦେଲା ତ ପୁଣି ଉତ୍ତେଜନା, ଶେଷରେ ହଠାତ୍ ପରିବର୍ତ୍ତନ ହେଲା। ଶେଷରେ ଉଭୟପକ୍ଷ ରାଜିହେଲେ ପରଦିନ ତରଭା ସ୍କୁଲରେ ସଭା ହେବ ଓ ନିଷ୍ପତ୍ତି ନିଆଯିବ। ଲୋକମାନେ ଏଭଳି ପରିସ୍ଥିତିରେ କହିଲେ- ଆପଣମାନଙ୍କୁ ଭଗବାନ ପଠାଇଛନ୍ତି, ନହେଲେ ଏତେବେଳକୁ କ'ଣ ହୁଅନ୍ତାଣି ? ଇତ୍ୟାଦି।

ସମସ୍ତେ ଆଶ୍ୱସ୍ତ ହେଲୁ। ଆଗକୁ ଯାଇ ପମ୍ପସେଟ ଦେଇ ଫେରିଲା ବେଳକୁ ପୁଣି ଅଟକାଇଲେ ଖଳିବନ୍ଧ ଲୋକ। କାରଣ ପଚାରିବାରେ କହିଲେ- ସେମାନେ ଶୁଣୁଛନ୍ତି ଆଜି ରାତିରେ ଖଳିବନ୍ଧ ଗାଁରେ ନିଆଁ ଲଗେଇଦେବେ, ତେବେ ସେମାନେ ନୁହେଁ, ଆମେ ହିଁ ଆମ ଜଙ୍ଗଲ କାଟିବୁ ଆମ ଘର ତିଆରି କରିବା ପାଇଁ। ସେଠାରେ ରହି ପିଲାଙ୍କୁ କହିଲି ଢେଙ୍କାନାଳ ଯାଇ ଯେତେ ପିଲା ପାରିବ ସଙ୍ଗେ ସଙ୍ଗେ ଚାଲିଆସ। ପ୍ରାୟ ଷାଠିଏ ସତୁରି ପିଲାଙ୍କୁ ନେଇ ତରଭା ଗାଁକୁ ଗଲୁ। ଆମଠୁ ଶୁଣି ବ୍ୟସ୍ତ ହେଲେ, ଆମକୁ ପୂର୍ଣ୍ଣ ପ୍ରତିଶ୍ରୁତି ଦେଲେ ନିଶ୍ଚିତ ରହିବାକୁ।

ପରଦିନ ସ୍କୁଲରେ ସଭା ହେଲା। ନିଷ୍ପତ୍ତି ହେଲା- ଖଳିବନ୍ଧ ଜଙ୍ଗଲକୁ ସେମାନେ ଯିବେନାହିଁ ଓ ତାଙ୍କର ଆବଶ୍ୟକତା ପୂରଣ ପାଇଁ ବଡ଼ ପାହାଡ଼- ବରକନ୍ୟା ପାହାଡ଼ଟିକୁ ତରଭା ଗାଁଲୋକ ଜଗାରଖା କରିବେ। ପାହାଡ଼ଟିର ନାଁ ବରକନ୍ୟା, କାରଣ କେଉଁ ଅତୀତରେ ବ୍ରାହ୍ମଣୀ ନଦୀ ଆରପାଖରୁ ବାହା ହୋଇ ବରକନ୍ୟା ଆସିବା ସମୟରେ ଉଭୟଙ୍କୁ ବାଘ ଖାଇଦେଇଥିଲା।

ଆମେ ଦେଖିଲୁ କାଠର ଆବଶ୍ୟକତା ଥିବାରୁ ଲୋକ ଜଣକ ବିପଦ ଜାଣି ସୁଦ୍ଧା ରାତିରେ କାଠ ଆଣିବାକୁ ଯାଇଥିଲେ। ଏପାଖେ ଭବିଷ୍ୟତ କଥା, ବିଚାର କରି ଗାଁଲୋକ ଜଙ୍ଗଲ ରଖିବା ଆରମ୍ଭ କରିଛନ୍ତି ଏବଂ ଜଙ୍ଗଲ ପାଇଁ ପ୍ରାଣ ଦେବାପାଇଁ ପ୍ରସ୍ତୁତ ଓ ଅନ୍ୟ ପାହାଡ଼କୁ ମଧ୍ୟ ପୁନରୁଦ୍ଧାର କରିବାର ସୁଯୋଗ ଅଛି। ଜଙ୍ଗଲ ରକ୍ଷାକରିବା ଆମର ଗୋଟେ ବଡ଼ କାମ ହେଇଗଲା। ପଦଯାତ୍ରା ହେଲା ଲମ୍ବା ଛୁଟି ମାନଙ୍କରେ। ଅନେକ ଗାଁ ସହଯୋଗ କଲେ। ଆମେ ନଯାଇଥିବା ଗାଁମାନେ ଶୁଣି କରି ନିଜ ନିଜର ପାହାଡ଼ ସୁରକ୍ଷା କାମ କରିଦେଇଥିଲେ। ଲୋକମାନଙ୍କ ଦ୍ୱାରା ଜଙ୍ଗଲ ସୁରକ୍ଷାର ଏକ ନୂଆ ଅଧ୍ୟାୟ ଆରମ୍ଭ ହୋଇଗଲା।

■

ପ୍ରମେୟ, ୧୨ ଜୁନ୍ ୨୦୨୦

ନୂଆଗାଁ କାହାଣୀ

'ପ୍ରଥମ ଦେଖାରେ ପ୍ରେମ' ଶିରୋନାମାରେ ଏଇ ସମ୍ବାଦପତ୍ରରେ ଢେଙ୍କାନାଳ ନୂଆଗାଁକୁ ଯିବା ଆସିବା ଭିତରେ ଲୋକମାନଙ୍କ ଓ ଆମ ଭିତରେ ଶ୍ରଦ୍ଧା ସମ୍ମାନ ଭାବ ବଢ଼ିବା କଥା ବର୍ଣ୍ଣନା କରାଯାଇଥିଲା। କିନ୍ତୁ ସେମାନେ ଜାଣିଥିଲେ ଏମାନେ ତ ଆଉ ବିଡିଓ ବା କଲେକ୍‌ଟର ନୁହଁନ୍ତି, ଏମାନେ ଏକପ୍ରକାର ଫକଡ଼ରାମ ଗିରିଧାରୀ, କୌଣସି କାମ ପାଇଁ ଟଙ୍କାପଇସା ବ୍ୟବସ୍ଥା କରେଇ ପାରିବେ ନାହିଁ। ତେବେ ଯେତେବେଳେ ଦେଖିଲେ ତୁଳସୀ ବଣିଆ ଆଡ଼ିବନ୍ଧ ସହ ଆଉ ଦୁଇଟି ଜାଗାରେ ଆଡ଼ିବନ୍ଧ ହୋଇଗଲା, ସେମାନେ ଭାବିଲେ ଏମାନେ ସିନା କୌଣସି କାମ ପାଇଁ ଟଙ୍କା ପଇସା ମଞ୍ଜୁର କରିପାରିବେନି, ଅନ୍ୟକୁ କୁହାକୁହି କରି କିଛି କରିପାରିବେ। ଏବେ ସାହସ ସଞ୍ଚୟ କରି ଆମକୁ ଦିନେ ବ୍ରାହ୍ମଣୀ ନଦୀ କୂଳକୁ ନେଲେ ଓ ତାଙ୍କର ସବୁଠୁ ଉର୍ବର ଜମି କିପରି ବାଲିଚର ହୋଇ ଅକାମି ହୋଇଯାଇଛି ଦେଖେଇଲେ।

ବ୍ରାହ୍ମଣୀ ବନ୍ୟାରୁ ରକ୍ଷା କରିବାପାଇଁ ନଦୀର ଦୁଇକୂଳରେ ବନ୍ଧ ତିଆରି ହୋଇଛି। କିନ୍ତୁ ଯେଉଁ ଜାଗାରେ ନଦୀଟିର ପାଣିର ସୁଅ ଠିକ୍ ଗାଁଆଡ଼କୁ, ସେଇ ଜଗାରେ ବନ୍ଧଟି ନାହିଁ, ପାଖାପାଖି ଗୋଟେ କିଲୋମିଟର ଫାଙ୍କା ରହିଛି, ସେଥିପାଇଁ ବନ୍ୟା ଆସିଲେ ସବୁ ପାଣି ଗାଁ ଲୋକଙ୍କ ଜମିରେ ମାଡ଼ି ବାଲିଚର କରିଛି। ତରଭା, ଖଳିବନ୍ଧ, ନୂଆଗାଁ, କିଛି ଅଂଶରେ ମଣ୍ଡାପାଳ, କୋଟପାଳ ଗାଁ ଲୋକଙ୍କର ଜମି ବାଲିଚର ହୋଇ ନଷ୍ଟ ହୋଇଯାଇଛି, ଅଥଚ ନଈକୂଳିଆ ଜମି, ଖୁବ୍ ଉର୍ବର ଓ ଧାନ ପରେ ପରେ ନାନା ପ୍ରକାର ଫସଲ, ସେସବୁ ଯାଇଛି।

ଆମେ ତା'ର କୌଣସି କାରଣ ବୁଝିପାରିଲୁନି, କାହିଁକି ଉପର ମୁଣ୍ଡ ଆଡ଼କୁ ଓ ତଳମୁଣ୍ଡ ଆଡ଼କୁ ବନ୍ଧ ହୋଇଛି, ଅଥଚ ମଝିରେ ଯେଉଁଠି ପାଣିର ସୁଅ, ସେଇଠି ନଦୀକୂଳ ମେଲା। ଲୋକଙ୍କୁ ପଚାରିଲୁ ଏ ବିଷୟରେ ସେମାନେ ସ୍ଥାନୀୟ,

ଏମ୍.ଏଲ୍.ଏ. ବା ଜଳସେଚନ ବିଭାଗର ଅଧିକାରୀ ପ୍ରଭୃତିଙ୍କୁ କହିଛନ୍ତି କି ? ସମସ୍ତେ ଶୁଣୁଛନ୍ତି, ହଉ ଦେଖିବା ବୋଲି କହୁଛନ୍ତି କିନ୍ତୁ କିଛି ହେଉନି- ଏଇ ଉତ୍ତର ଶୁଣିଲୁ। ଠିକ୍ ଅଛି, ଆମେ ଜିଲ୍ଲାପାଳଙ୍କୁ ଭେଟିବା, ଦରଖାସ୍ତ ଦେବା ଗାଁକୁ ଡାକି ଦେଖେଇବା ଓ ସମସ୍ୟାଟିକୁ ବୁଝାଇବା। ଦିନ ବାର ଓ ସମୟ ଠିକ୍ ହେଲା, ଗାଁଲୋକ ଯିବେ ଜିଲ୍ଲାପାଳଙ୍କୁ ଭେଟିବା ପାଇଁ।

ଗାଁରୁ ପ୍ରାୟ ଶହେ ଲୋକ ଆସିଲେ, କିନ୍ତୁ ସିଧାସଳଖ ଜିଲ୍ଲାପାଳଙ୍କ ପାଖକୁ ନଯାଇ ଘରେ ପହଞ୍ଚିଲେ ଓ ତାଙ୍କ ସାଙ୍ଗରେ ଯିବାପାଇଁ ଅନୁରୋଧ କରିବାରେ ସେମାନଙ୍କ ସାଥିରେ ଗଲି ଜିଲ୍ଲାପାଳଙ୍କ ଘର ଅଫିସକୁ। ଗାଁର ପାଞ୍ଚ ଜଣଙ୍କ ସହ ଭେଟିବାପାଇଁ କହିଲେ। ଦରଖାସ୍ତଟି ଦେଇ ସମସ୍ୟାଟି ବୁଝେଇଲି ଓ ନିଜେ ସମୟ ବାହାର କରି ଯାଇ ଦେଖିବାପାଇଁ ଅନୁରୋଧ କଲୁ। ଗାଁଲୋକ ଦିନେ ଚେଷ୍ଟା କରି ବିଭିନ୍ନ ଲୋକଙ୍କୁ ଦେଖା କରି ବିଫଳ ହେବାପରେ ମୋତେ କହିଲେ ଓ ଯାଇ ଦେଖିଲା ପରେ ମୋର ହୃଦୟଙ୍ଗମ ହେଲା ଯେ ଗାଁ ପ୍ରତି ଅନ୍ୟାୟ ହୋଇଛି, ସେଥିପାଇଁ ସେମାନଙ୍କ ସହ ଆସିଛି, ଏଥିରେ ଆପଣ ଖରାପ ଭାବିବେନି। ଏତକ ଶୁଣିସାରିଲା ପରେ ସାମାନ୍ୟ ମୁରୁକି ହସି କହିଲେ- ରାଧାମୋହନ ବାବୁ, ଆପଣଙ୍କର ବିବେକ ଯଦି ଅନୁମୋଦନ କରୁଛି କିଛି ବ୍ୟସ୍ତ ହୁଅନ୍ତୁନି।

୧୯୭୪-୭୫ ମସିହା। ଜିଲ୍ଲାପାଳଙ୍କୁ ସାଦର ସମ୍ବର୍ଦ୍ଧନା ଜଣାଇ ଗାଁଲୋକ ନଈକୂଳକୁ ନେଲେ। ଜିଲ୍ଲାପାଳ ସୁଧାଂଶୁ ଭୂଷଣ ମିଶ୍ର ତରୁଣ ଓ ଲମ୍ବା ଥିଲେ। ବାଲି ପାର ହୋଇ ନଈକୂଳକୁ ଚାଲି ଚାଲି ଅନାୟାସରେ ପହଞ୍ଚି ଦେଖିସାରିବା ପରେ ନିଜେ କାରଣ ବୁଝିପାରିଲେ ନାହିଁ ଓ ଆଶ୍ଚର୍ଯ୍ୟ ହେଲେ। ଅଳ୍ପଦିନ ପରେ ନଦୀବନ୍ଧ କାମ ଆରମ୍ଭ ହୋଇ ଶେଷ ହୋଇଗଲା। ଆମର ଓ ଲୋକଙ୍କର ଆନନ୍ଦ କହିଲେ ନସରେ। ଜିଲ୍ଲାପାଳଙ୍କୁ ଅନେକ ଧନ୍ୟବାଦ ଦେଲେ।

ଗାଁର ଲୋକମାନେ ଯେତେବେଳେ କୌଣସି କାମରେ ଢେଙ୍କାନାଳ ଆସନ୍ତି, ନିଶ୍ଚୟ ଘରକୁ ଆସିବେ, ଗାଁର ତଥା ନିଜର ଭଲମନ୍ଦ କଥା କହିବେ, ଟିକିଏ ଦେଖାକରି ଯିବେ। ନନ୍ଦିନୀ ଶତପଥୀଙ୍କର ନିର୍ବାଚନ ମଣ୍ଡଳୀ, ଓଡ଼ିଶା କୃଷି ବିଦ୍ୟାଳୟ ତରଫରୁ ବିଭିନ୍ନ ପ୍ରକାର ସଂପ୍ରସାରଣ କାମ ଚାଲିଥାଏ। ଆଳୁ, ଗହମ ଫସଲକୁ ଉତ୍ସାହିତ କରାଯାଉଥାଏ। ଛତୁଚାଷ ସଂପର୍କରେ ତାଲିମ କାର୍ଯ୍ୟ ମଧ୍ୟ ହେଉଥାଏ। ନୂଆଗାଁ, ଖଳିବନ୍ଧ ଓ ତରଭାର ଗାଁଲୋକଙ୍କ ପାଇଁ ଛତୁଚାଷ ତାଲିମ ବ୍ୟବସ୍ଥା କରାଗଲା। ଅଦିନରେ ଘରେ ପାଳଛତୁ, ଧିଙ୍ଗିରି ଛତୁ ଇତ୍ୟାଦି କରି ଖାଇବାରେ

ଅପାର ଆନନ୍ଦ। ଘରକୁ ବନ୍ଧୁବାନ୍ଧବ ଆସିଲେ ଅଦିନରେ ଛତୁ ତରକାରି ଦେଇ ଆଶ୍ଚର୍ଯ୍ୟ କରିଦେଉଥିଲେ।

ଗାଁମାନଙ୍କ ଲୋକମାନେ ଯେତେବେଳେ ଘରକୁ ଆସିଲେ ସାଙ୍ଗରେ କେଉଁଦିନ କିଏ ଆଳୁ, କିଏ ବିନ୍ସ, କିଏ ଛୋଟ ପିଆଜ, ଶାଗ ଓ ଆମ୍ବ ଦିନେ ଆମ୍ବ ଇତ୍ୟାଦି ନେଇ କରି ଆସିବେ। ଘରେ ଦେଇ ଦୁଃଖସୁଖ ହୋଇଯିବେ। ଦିନେ ମୋର ପତ୍ନୀ କହିଲେ- ତୁମେ କଲେଜରେ ପାଠ ପଢ଼େଇବା ଚାକିରି କଲ, ଏଥିରେ ଯଦି ଏମିତି ଲୋକମାନେ ଘରକୁ ଜିନିଷ ଆଣିବେ ଓ ତୁମେ ରଖିବ, ତେବେ ଅନ୍ୟ ଚାକିରି କରିଥିଲେ କ'ଣ ହୋଇଥାନ୍ତା। ଅନ୍ୟ ଚାକିରି ଅର୍ଥ ବୁଝୁଥିବେ। ସେଇଦିନଠୁ ଠିକ୍ ହେଲା, ଯଦି ପ୍ରତିବଦଳରେ ଆମେ କିଛି ଦେଇପାରୁନେ ତେବେ କାହାଠୁ ଆଉ ଏଣିକି କିଛି ରଖାଯିବ ନାହିଁ। କିନ୍ତୁ ଠିକ୍ ତା' ପରଦିନ ନୂଆଗାଁ ଘନ ବରାଳ, ସଦାବେଳେ ହସହସ ମୁହଁ, ଘରେ କରିବା କିଛି ଛତୁ ନେଇକରି ଆସିଲେ। ପୂର୍ବଦିନ ନିଷ୍ପତ୍ତି ଅନୁଯାୟୀ ତାଙ୍କୁ ମନା କରିଦିଆଗଲା। ବହୁତ କାକୁତି ମିନତି ହୋଇ କହିଲେ ସୁଦ୍ଧା ରଖାଗଲା ନାହିଁ। ଆଜି ସୁଦ୍ଧା ମନେଅଛି ସେ ଯେଭଳି ମନଦୁଃଖରେ ଗଲେ। ଭାବିଲି, ଆଗ ଗାଁରେ ନିଷ୍ପତ୍ତିଟି ଶୁଣେଇ ଦେଇଥିଲେ ଘନ ବରାଳଙ୍କର ଏଭଳି ମନ ଦୁଃଖ ହୋଇନଥାନ୍ତା। ସରକାରୀ ବାବୁମାନେ ଅନେକ ସମୟରେ ଏଭଳି ହୃଦୟହୀନ ଭାବରେ କେତେକ ନିୟମକୁ ଲାଗୁ କରିଥାନ୍ତି। ତେବେ ପରେ ଯେତେବେଳେ ନୂଆଗାଁ ଗଲି ଘନ ବରାଳଙ୍କ ଘରକୁ ଯାଇ କ୍ଷମା ମାଗିଲି।

ଡ. ନିହାର ପାଣିଗ୍ରାହୀ ଉଦ୍ୟାନ ବିଭାଗର ଡାଇରେକ୍ଟର ଭାବେ ଯୋଗ ଦେଲାପରେ ଖୁବ୍ ଉତ୍ସାହ ସହ ଓଡ଼ିଶାରେ ଆମ୍ବ ଚାଷକୁ ବଢ଼େଇବା ପାଇଁ ଲାଗିଥାନ୍ତି। ଢ଼େଙ୍କାନାଳରେ ତାଙ୍କ ସହ ଦେଖା ହେଲା, ଅନେକ ପରିମାଣରେ ତାଙ୍କ ଉତ୍ସାହ ମୋତେ ସଂକ୍ରମିତ କଲା। ଢ଼େଙ୍କାନାଳର ଜଳବାୟୁ ଆମ୍ବ ପାଇଁ ଅତି ଅନୁକୂଳ। ଅତୀତରେ ରାଜାମାନେ ବଡ଼ ବଡ଼ ଆମ୍ବ ତୋଟାମାନ କରିଥିଲେ ଓ ସେ ତୋଟାଗୁଡ଼ିକ ଆଜି ସୁଦ୍ଧା ଫଳପ୍ରଦ, ଯଦିଓ ଢ଼େଙ୍କାନାଳ ସହରକୁ ସେତେବେଳେ ଲାଗି ରହିଥିବା କୁଞ୍ଜକାନ୍ତ ତୋଟାଟି ସହର ସଂପ୍ରସାରଣ କବଳରେ ଏବେ ଲୋପ ପାଇଆସୁଛି।

ପ୍ରଥମେ ଖଲିବନ୍ଧ ଗାଁରେ ସଭା ହେଲା ଯୋଜନା ଟିକିନିଖି ବୁଝେଇ ଦିଆଗଲା, ସରକାର ସବୁମନ୍ତେ ସାହାଯ୍ୟ କରିବେ ଗଛ ଚାରିବର୍ଷ ହେଲାଯାଏଁ। ତା'ପରେ ଫଳ ଫଳିବା ଆରମ୍ଭ ହେଲେ ଲୋକମାନେ ଦାୟିତ୍ୱ ନେବେ ଫଳ ଆଦାୟ ଓ ବିକ୍ରିବଟାର। କଥାଟି ଲୋକମାନଙ୍କ ମନକୁ ପାଇଲା ଓ ପ୍ରଥମ ପର୍ଯ୍ୟାୟରେ ପଚାଶ ଏକରରେ ଆମ୍ବ ଚାଷ କରିବାକୁ ସ୍ଥିର ହେଲା। ଆନନ୍ଦ ମନରେ ଫେରିଲୁ।

କିଛି ଦିନ ପରେ ବୁଝିଲୁ ଗାଁରେ କାମ କିଛି ହେଲାନି ଓ ଲୋକମାନେ ମନା କରିଦେଲେ । କାରଣ ବୁଝିବାରେ ଜଣାଗଲା ଯେ, ଗାଁର ଜଣେ ବୁଢ଼ାଲୋକ ତାଙ୍କର ଜ୍ଞାନରେ ଲୋକମାନଙ୍କୁ ବୁଝେଇଦେଲେ "ଆରେ ସରକାର ଯଦି ସବୁ ଖର୍ଚ୍ଚ ଦେବ ଫଳ ହେଲାଯାଏଁ, ଫଳଟା କେମିତି ତୁମର ହୋଇଯିବ ? ସରକାର କ'ଣ ଏତେ ବୋକା ? ଯଦି ସବୁ ଖର୍ଚ୍ଚ କରିବ ଫଳ ବି ସିଏ ନେବ । ସେତେବେଳେ ତୁମର ଫଳ ଯିବ ତାହା ସହ ଜମି ମଧ୍ୟ ସରକାର ନେଇଯିବ ।" ଏ କଥାଟା ଲୋକଙ୍କ ମନକୁ ଏମିତି ପାଇଗଲା ଯେ, ଆଉ ଯେତେ କହିଲେ କିଛି ଲାଭ ହେଲାନି । ଗୋଟେ ଗୁଜବ କ'ଣ କରିପାରେ ବୁଝିଲୁ । ସରକାରୀ କଳ ଅନେକ ସମୟରେ ଏଭଳି ଅସୁବିଧାରେ ପଡ଼େ ଓ ଧାର୍ଯ୍ୟଲକ୍ଷ୍ୟ ପୂରଣ କରିପାରେନାହିଁ । ଉପର ହାକିମମାନେ କିନ୍ତୁ କଥା ବୁଝନ୍ତି ନାହିଁ ଓ ବିଚରା ତଳିଆ କର୍ମଚାରୀମାନେ ସବୁ କୋଡ଼ମାଡ଼ ସହିସମ୍ଭାଳି ରହନ୍ତି ।

ତେବେ କିଛି ଦିନ ପରେ ଢେଙ୍କାନାଳରୁ ବଦଳି ହୋଇ ବ୍ରହ୍ମପୁର ଚାଲିଗଲି । କିନ୍ତୁ ଆମ୍ବ ବଗିଚା ନହୋଇ ପାରିବାର କ୍ଷତଟି ମନରେ ନେଇକରି ଗଲି ।

କଲିକତା ସ୍ଥିତ ମୁଖ୍ୟତଃ ସ୍ୱାଧୀନତା ସଂଗ୍ରାମୀ ଓ ପରେ ଗାନ୍ଧୀଙ୍କର ରଚନାତ୍ମକ କାର୍ଯ୍ୟରେ ଲିପ୍ତ ପାନାଲାଲ ଦାସଗୁପ୍ତଙ୍କ ଦ୍ୱାରା ପ୍ରତିଷ୍ଠିତ ଟାଗୋର ସୋସାଇଟି ଫର୍ ରୁରାଲ ଡେଭଲପମେଣ୍ଟର ଗୋଟେ ଓଡ଼ିଶା ଶାଖା ଥାଏ, ତା'ର ଚେୟାରମ୍ୟାନ ପ୍ୟାରୀମୋହନ ମହାପାତ୍ର ଥାଆନ୍ତି ଓ ସେଥିରେ ମୁଁ ଅନ୍ୟତମ ସଦସ୍ୟ ଥାଏ । ସେହି ସୋସାଇଟି ତରଫରୁ ବୃକ୍ଷରୋପଣ କାର୍ଯ୍ୟ ଓଡ଼ିଶାରେ ଆରମ୍ଭ ହେଲା । ଖଳିବନ୍ଧରେ ଆମ୍ବ ବଗିଚା ନହୋଇ ପାରିବାର କ୍ଷତ ତ ଥିଲା ମନରେ, ବର୍ତ୍ତମାନ ବୃକ୍ଷରୋପଣ କାର୍ଯ୍ୟକ୍ରମକୁ ଏକ ସୁଯୋଗ ମିଳିଲା ଭାବି ପ୍ୟାରିବାବୁଙ୍କ ସହ ସେହି ଗାଁରେ ତିରିଶ ବର୍ଷ ପରେ ପହଞ୍ଚିଲି । ପୁରୁଣା ଲୋକ କିଛି ଚାଲିଯାଇଥିଲେ, କିଛି ଲୋକ ଥିଲେ । ଯେଉଁମାନେ ପିଲା ହୋଇଥିଲେ ସେମାନେ ଏବେ ଗଜା ଭେଣ୍ଡିଆ । ସଭା ଆରମ୍ଭ ହେଲା । ପୁରୁଣା ଲୋକ, ବୁଢ଼ାବୁଢ଼ୀ ଲୋକ ପୁଅ ବୋହୂଙ୍କ ସହ ସାଷ୍ଟାଙ୍ଗ ପ୍ରଣିପାତ ହେଲେ । ଯେତେ ମନାକଲେ ମଧ୍ୟ ଶୁଣିଲେ ନାହିଁ । ସେ ପର୍ବ ସରିଲା । ଏଥର ଆଲୋଚନା ପରେ ନିଷ୍ପତ୍ତି ହେଲା- ପ୍ରଥମ କିସ୍ତିରେ ଖଳିବନ୍ଧ ଓ ନୂଆଗାଁର ପଚାଶ ଏକର ଜାଗାରେ ଆମ୍ବ ଲାଗିବ । କାମ ଆରମ୍ଭ ହେଲା । ଦୁଇ ତିନି ବର୍ଷ ଭିତରେ ଏ ଦୁଇଟି ଗାଁକୁ ମିଶେଇ ଆଖପାଖ ଗାଁରେ ଆମ୍ବ ଓ କାଜୁ ଲଗା କାମ ଚାଲିଲା । ଏବେ ପ୍ରାୟ ତିନିଶହ ଏକର ଆମ୍ବ ଓ କାଜୁବାଦାମ । ପ୍ରଥମ ଥର ବିଫଳ ହେବାରେ ଯେଉଁ କ୍ଷତ ଥିଲା ସେ ଚାଲିଗଲା ।

ପ୍ରଥମ ଦିନରେ ପ୍ୟାରୀବାବୁଙ୍କ ସହ ସଭାରେ ଲୋକମାନଙ୍କର ସ୍ନେହ, ଶ୍ରଦ୍ଧା ଓ ଭକ୍ତିଭାବ ଦେଖି ବାଟରେ ପ୍ୟାରୀବାବୁ କହିଲେ- ରାଧାମୋହନଜୀ, (ସିଏ ସେଇଭଳି ସମ୍ବୋଧନ କରନ୍ତି,) କାହିଁକି ଶିଷ୍ୟବର୍ଗଙ୍କୁ ଧରି ବାବା ହୋଇଯାଉନାହନ୍ତି। ତାଙ୍କର ପରିହାସରେ ହସିଲି, ସେ ମଧ୍ୟ ହସିଲେ। ସେ ଭଲଭାବେ ଜାଣିଥିଲେ ବାବାମାନଙ୍କ ବିଷୟରେ ମୋର ମତାମତ।

■

ପ୍ରମେୟ, ୮ ଜୁଲାଇ ୨୦୨୦

ଶିକ୍ଷାରେ ପରୀକ୍ଷା

ଖାଲି ଆମ ରାଜ୍ୟ ବା ଦେଶରେ ନୁହେଁ, ପୃଥିବୀର ବିଭିନ୍ନ ଦେଶରେ ବିଭିନ୍ନ ସମୟରେ ଶିକ୍ଷା କ୍ଷେତ୍ରରେ ନାନା ପ୍ରକାର ପରୀକ୍ଷା ନିରୀକ୍ଷା କରାଯାଇଛି ଓ ଯାଉଛି ମଧ୍ୟ। ଆମ ଦେଶରେ ସୁଦୂର ଅତୀତରେ ଋଷିମାନଙ୍କର ଆଶ୍ରମରେ ଗୁରୁକୁଳ ମାନଙ୍କରେ ଶିକ୍ଷା ପ୍ରଦାନ କରାଯାଉଥିଲା, ଯେଉଁଠି ରାଜପୁତ୍ରମାନଙ୍କ ସହ ସାଧାରଣ ଲୋକ-ମୁଖ୍ୟତଃ ବ୍ରାହ୍ମଣ ପିଲାମାନଙ୍କର ପାଠ ସମାପ୍ତ ହେଉଥିଲା। ଏ ଭିତରେ ଶିକ୍ଷାର ଅନେକ ଅବତାର ଶେଷ ହୋଇ ବର୍ତ୍ତମାନର ବ୍ୟବସ୍ଥାଟି ଚାଲୁ ରହିଛି।

ଦେଶ ସ୍ୱାଧୀନ ହେବା ପରେ ଗାନ୍ଧୀଜୀଙ୍କର 'ନଇ ତାଲିମ' ବା ମୌଳିକ ଶିକ୍ଷା ବ୍ୟତୀତ ଆଉ ଯାହା କିଛି ପରିବର୍ତ୍ତନ କରାଯାଇଛି ବିଭିନ୍ନ ସମୟରେ, ସେସବୁ ମୁଖ୍ୟତଃ ସ୍କୁଲରେ କେତେ ବର୍ଷ ଓ ସେ ପୁଣି କେତେ ବର୍ଷ ପ୍ରାଇମେରି ବା ପ୍ରାଥମିକ ଶିକ୍ଷା, କେତେ ବର୍ଷ ହାଇସ୍କୁଲ ବା ଉଚ୍ଚ ମାଧ୍ୟମିକ ଓ କେତେ ବର୍ଷ କଲେଜରେ- ସେସବୁ କେବଳ ମିଶାଣ ଫେଡ଼ାଣରେ କଥା। ଅନ୍ୟ ପରିବର୍ତ୍ତନ ଗୁଡ଼ିକ ହେଲା କେବେ ପରୀକ୍ଷା ହେବ, ବର୍ଷକରେ କେତୋଟି ପରୀକ୍ଷା ହେବ, ପରୀକ୍ଷାରେ ପାସ୍ ଫେଲ ବ୍ୟବସ୍ଥା ସମ୍ପର୍କୀୟ କେଉଁ କ୍ଲାସରେ କେତେ ପାଠ ଓ କେଉଁ କେଉଁ ବିଷୟରେ କେତେ ପାଠ ପଢ଼ାଯିବ ସେଥିରେ ମଧ୍ୟ କିଛିକିଛି ପରିବର୍ତ୍ତନ ହୋଇଛି।

ଏବେ ଶିକ୍ଷା କ୍ଷେତ୍ରରେ ରାଜ୍ୟରେ ଯାହା କିଛି ହଇଚଇ ସୃଷ୍ଟି ହେଉଛି, ସେସବୁ ମୂଳ ଢ଼ାଞ୍ଚାରେ ପରିବର୍ତ୍ତନ ପାଇଁ ଉଦ୍ଦିଷ୍ଟ ନୁହେଁ; କେବଳ ବ୍ୟବସ୍ଥାଟିରେ କିଛି ଶୃଙ୍ଖଳା ଆଣିବା ପାଇଁ ଯାହାକି ଶିକ୍ଷା ବ୍ୟବସ୍ଥାରେ ଥିବା ଲୁକ୍କାୟିତ ଉଦ୍ଦେଶ୍ୟ ସାଧନ ପାଇଁ ଅଭିପ୍ରେତ। ଯେପରି ଗୋଟିଏ ଧାର୍ମିକ ରାଷ୍ଟ୍ରରେ ଶିକ୍ଷା ବ୍ୟବସ୍ଥାଟି ସମ୍ପୃକ୍ତ ଧର୍ମ ପ୍ରଧାନ ହୋଇଥାଏ ଓ ସେହିଭଳି ଏକ ଗଣତାନ୍ତ୍ରିକ ରାଷ୍ଟ୍ରରେ ଶିକ୍ଷା ବ୍ୟବସ୍ଥା ଗଣତାନ୍ତ୍ରିକ ହେବା ଆଶା କରିବା କଥା। କିନ୍ତୁ ଆମର ବ୍ୟବସ୍ଥାଟି ସମ୍ପୂର୍ଣ୍ଣ ଅଗଣତାନ୍ତ୍ରିକ। ଯଦି ଧନୀ

ଓ ଗରିବ ଲୋକଙ୍କର ଭୋଟର ମୂଲ୍ୟ ସମାନ, ତେବେ ସମସ୍ତଙ୍କ ପାଇଁ ସମାନ ଶିକ୍ଷା ବ୍ୟବସ୍ଥା ହେବା ଆବଶ୍ୟକ। କିନ୍ତୁ ଆମ ସମାଜଟି ଯେପରି ବହୁଧା ବିଭକ୍ତ, ଯେପରି ଆୟ ଓ ଅନ୍ୟାନ୍ୟ ସୁବିଧା ସୁଯୋଗରେ ଲୋକମାନଙ୍କ ମଧ୍ୟରେ ଆକାଶ ପାତାଳ ତଫାତ୍, ସେହିପରି ଶିକ୍ଷା ବ୍ୟବସ୍ଥାଟି ବହୁ ଭାବରେ ବିଭାଜିତ। ସମାଜରେ ମଣିଷ ମଣିଷ, ଗୋଷ୍ଠୀ ଗୋଷ୍ଠୀ ମଧ୍ୟରେ ଯେତେ ଯେତେ ଫାଟ, ପାଠପଢ଼ା ବ୍ୟବସ୍ଥାରେ ମଧ୍ୟ ସେତେସେତେ ଫାଟ ସ୍କୁଲ କଲେଜ ଯେମିତି ପ୍ରକାର ପ୍ରକାର, ଶିକ୍ଷାଦାନ କରୁଥିବା ଲୋକ ମଧ୍ୟ ପ୍ରକାର ପ୍ରକାର। ସମାଜର ସବାତଳେ ଥିବା ଲୋକମାନଙ୍କର ପିଲାମାନଙ୍କୁ ଉପରେ ଥିବା ଲୋକମାନଙ୍କର ପିଲାମାନଙ୍କୁ ଆମେ ଏକାପ୍ରକାର ସ୍କୁଲ ଓ ପାଠପଢୁଥିବା ଦେଖିବା ଏକ ପ୍ରକାର ଅସମ୍ଭବ।

ଖାଲି ସେତିକି ନୁହେଁ, ସବୁ ପ୍ରକାର ସ୍କୁଲମାନଙ୍କରେ ଶିକ୍ଷାଦାନ କରୁଥିବା ଓ ଛାତ୍ର/ଛାତ୍ରୀମାନଙ୍କ ମଧ୍ୟରେ ଥିବା ସମ୍ପର୍କ ମଧ୍ୟ ଗଣତନ୍ତ୍ର ପାଇଁ ଅନୁକୂଳ ନୁହେଁ। ପାଠ ପଢ଼େଇବା ବେଳେ ଶିକ୍ଷକ/ଶିକ୍ଷୟିତ୍ରୀ ଯାହା କହୁଛନ୍ତି ତା'କୁ ବିନା ପ୍ରଶ୍ନରେ ପିଲାମାନେ ଗ୍ରହଣ କରିବା ଆଶା କରାଯାଏ। ଧରାଯାଉ ଶିକ୍ଷକ/ଶିକ୍ଷୟିତ୍ରୀ କ୍ଲାସ୍‌ରେ କହିଲେ ଯେ ବହୁ କୋଟି ବର୍ଷତଳେ ସୂର୍ଯ୍ୟଠୁ ଛିଟ୍‌କି ନଅଟି ଗ୍ରହର ସୃଷ୍ଟି ହେଲା ଓ ପୃଥିବୀରୁ ଛିଟ୍‌କି ତା'ର ଏକ ମାତ୍ର ଉପଗ୍ରହ ଚନ୍ଦ୍ରର ସୃଷ୍ଟି ହେଲା। ,କଥା ଶୁଣି ସାରିଲା ପରେ ଯଦି ପିଲାଟି କ୍ଲାସରେ ଛିଡ଼ା ହୋଇ କହିଲା, ଆଜି ପର୍ଯ୍ୟନ୍ତ ଆମେ ନଅଟି ଗ୍ରହର ସନ୍ଧାନ ପାଇଛେ, କାଲି ହୁଏତ ଆଉ ଗୋଟିଏ ଦୁଇଟି ବା ତିନିଟି ଗ୍ରହର ସନ୍ଧାନ ପାଇବା ବା ପୃଥିବୀରୁ ଛିଟ୍‌କି ଚନ୍ଦ୍ରର ସୃଷ୍ଟି ନ ହୋଇ ମହାକାଶରେ ବୁଲୁବୁଲୁ ପୃଥିବୀର ମାଧ୍ୟାକର୍ଷଣ ବଳୟକୁ ଚାଲି ଆସି ସେହିଦିନଠାରୁ ଚନ୍ଦ୍ର ପୃଥିବୀର ଚାରିପାଖେ ଘୂରି ବୁଲୁଛି ଓ ପୃଥିବୀର ଉପଗ୍ରହ ହୋଇଯାଇଛି ବା ଗୋଟିଏ ଅଙ୍କର ସମାଧାନର ଅନ୍ୟ ଏକ ଉପାୟ ସୂତ୍ର ପିଲାଟିଏ କହିଲା; ତେବେ ସେ ପିଲାର ଅବସ୍ଥା କ'ଣ ହୁଏ ? ବା ସାହିତ୍ୟ କ୍ଲାସ୍‌ରେ ପିଲାଟିଏ କହିଲା ଆମର ଯେମିତି ଅ ଅକ୍ଷରରେ ଆକାର ଦେଇ ଆ ହେଲା, ସେହିପରି ଅରେ 'ଇ' କାର ଦେଲେ ଇ, 'ଉ' କାର ଦେଲେ ଉ ଓ ଏହିଭଳି ଆରେ 'ଓ' କାର ଦେଲେ ଓ ହୋଇଯିବ ତେବେ ଆମର ଏତେ ଅକ୍ଷର ଦରକାର ହେବନି ଅଥବା, ପିଲାଟିଏ କହିଲା ଆମେ ସାଧାରଣତଃ କୌଣସି ଶବ୍ଦକୁ ଦାନ୍ତରୁ ବା ତାଳୁରୁ ବାହାରିବା ଯୋଗୁ ସ ଓ ଶର ବ୍ୟବହାର କରନ୍ତୁ, ତେଣୁ ଗୋଟିଏ ସ କରିଦେଲେ ସୁବିଧା ହୁଅନ୍ତା। ଏଭଳି ଭିନ୍ନ ଚିନ୍ତାକୁ ଆମେ କ୍ଲାସରେ ଉତ୍ସାହିତ କରୁ କି ? ଗତାନୁଗତିକତାକୁ ଗ୍ରହଣ କରିବା ପାଇଁ ଆମେ ପିଲାମାନଙ୍କୁ ବାଧ୍ୟ କରୁ। ଭିନ୍ନ ଚିନ୍ତା ପିଲାମାନଙ୍କର ଆଗ୍ରହ, ସର୍ଜନଶୀଳତା, ବିକଳ୍ପ ବିଚାର ଓ ଭିନ୍ନ ମତକୁ ଉତ୍ସାହିତ

କରିବା ଦୂର କଥା, ସେଭଳି ବିଚାରକୁ ନିରୁତ୍ସାହିତ କରାଯାଏ ଓ ପିଲାଟିକୁ ନାନା କଟୁକଥା କହି ଦବେଇ ଦିଆଯାଏ। ବିନା ପ୍ରଶ୍ନରେ, ବିନା ଦ୍ୱିଧାରେ ସବୁ କଥାକୁ ଗ୍ରହଣ କରି ନେବା ପାଇଁ ପିଲାମାନେ ବାଧ୍ୟ ହୋଇଥାନ୍ତି। ଭଲ ପିଲା କିଏ ? ଯିଏ ମାଛିକୁ ମ କହେନି, କାଦୁଅକୁ ଯାଏନି ବା ଗୋଡ଼ ଧୁଏନି, ସବୁ କଥାକୁ ମୁଣ୍ଡ ପାତି ସହିନିଏ। ଏଭଳି ବ୍ୟବସ୍ଥାରେ ଗଣତାନ୍ତ୍ରିକ ମୂଲ୍ୟବୋଧର ବିକାଶ ହେବ କିପରି ? ପ୍ରକୃତରେ ପିଲାଟି ବଡ଼ ହେଲେ ସରକାରରେ ବା ଘରୋଇ କମ୍ପାନିରେ ଚାକିରି କଲେ ଯେପରି ଯାହା କୁହାଯିବ ବିନା କିଛି ପ୍ରଶ୍ନରେ ତାକୁ ମୁଣ୍ଡ ଟୁଙ୍ଗାରି ଗ୍ରହଣ କରିନେବ, ସେଇଥିପାଇଁ ଆମେ ଆମର କ୍ଲାସମାନଙ୍କରେ ପିଲାଙ୍କୁ ପ୍ରସ୍ତୁତ କରୁଛୁ। ତା'ର କାରଣ ହେଲା ଶିକ୍ଷାକୁ ମୁକ୍ତି ପାଇଁ ନୁହେଁ, ନିଯୁକ୍ତି ପାଇଁ ବ୍ୟବହାର କରାଯାଉଛି। ସୁଧାର ବଳଦଟି ଯେମିତି ଯୁଆଳି ପାଖରେ ମୁଣ୍ଡ ଦେଖେଇ ଦିଏ, ଠିକ୍ ସେହିଭଳି ବିନା କିଛି ପ୍ରଶ୍ନରେ ଉପର ହାକିମ/ମାଲିକ ଯାହା କହୁଛନ୍ତି ତା'କୁ ଗ୍ରହଣ କରିବା ହିଁ ବିଜ୍ଞତାର ପରିଚାୟକ। ଆମ ପାଠ ବ୍ୟବସ୍ଥାଟି ସେଇଥିପାଇଁ ହିଁ ଉଦ୍ଦିଷ୍ଟ। ଆମ ଶିକ୍ଷକ/ ଶିକ୍ଷୟିତ୍ରୀମାନେ ସେଇଥିପାଇଁ ପିଲାମାନଙ୍କୁ ମୂଳରୁ ତାଲିମ ଦେଉଥିବା ଜଣାଯାଏ। ଏ କାମଟି ଯେପରି ସୁରୁଖୁରୁରେ ହେବ ଓ ସବୁ ପିଲା ଯେପରି ସୁଧାର ବଳଦ ଛାଞ୍ଚରେ ପଡ଼ିବେ ସେଇଥିପାଇଁ ଏବେ ଶୃଙ୍ଖଳା ରକ୍ଷା ପାଇଁ ତନାଘନା ବା ସବୁ ପିଲାଙ୍କୁ ସ୍କୁଲରେ ଭର୍ତ୍ତି କରିବାର ଉଦ୍ଦେଶ୍ୟ ଭଳି ଜଣାଯାଏ।

ଆମେ ତ ପିଲାମାନଙ୍କୁ ମୁକ୍ତ ଭାବେ ଚିନ୍ତା କରିବା ବ୍ୟବସ୍ଥାର ବିଭିନ୍ନ ଦିଗଗୁଡ଼ିକୁ ପ୍ରଶ୍ନ କରିବାର ବାଟ ବତାଉନୁ, ଆମେ ପିଲାଙ୍କୁ ସରକାରୀ ବା ବେସରକାରୀ ଯୁଆଳିରେ ବେକ ଦେଖେଇବା ପାଇଁ ଅର୍ଥାତ୍ ସରକାରୀ ବା କମ୍ପାନିରେ ଚାକିରୀ ପାଇଁ କେବଳ ପ୍ରସ୍ତୁତ କରୁଛୁ। ସୈନ୍ୟ ବାହିନୀରେ ଗୋଟିଏ ନିରୀହ ଜନତା ଉପରେ ଗୁଳି ଚଳେଇବା ପାଇଁ ବା ଗୋଟିଏ ସହରକୁ ନିଶ୍ଚିହ୍ନ କରି ଦେବା ପାଇଁ ଆଦେଶ ମିଳିଲେ ସୈନ୍ୟମାନଙ୍କର ପ୍ରଶ୍ନ କରିବାର ଅଧିକାର ନ ଥାଏ, ଯେତେ ଅନ୍ୟାୟମୂଳକ କାର୍ଯ୍ୟ ବୋଲି ସୈନିକ ଜଣକ ବିଚାର କଲେ ମଧ୍ୟ ମୁଣ୍ଡପାତି ଆଦେଶ କାର୍ଯ୍ୟକାରୀ କରିବା ପବିତ୍ର କର୍ତ୍ତବ୍ୟ ମନେ କରନ୍ତି। ଠିକ୍ ସେହିଭଳି ଗୋଟିଏ ଜିଲ୍ଲାରେ ଭୋକ ଉପାସ ଓ ବେମାର ଯୋଗୁଁ ଜନସଂଖ୍ୟାରେ ବୃଦ୍ଧି ହାର ଆଶାତୀତ ଭାବେ କମ୍ ହୋଇଥିଲେ ମଧ୍ୟ ଯଦି ସେଠାର ଜିଲ୍ଲାପାଳ ଜନସଂଖ୍ୟା ନିୟନ୍ତ୍ରଣ ଏବଂ ବନ୍ଧ୍ୟାକରଣ କରିବା ପାଇଁ ଆଦେଶ ପାଆନ୍ତି ଓ ସେଥିପାଇଁ ଲକ୍ଷ୍ୟ ଧାର୍ଯ୍ୟ କରି ଦିଆଯାଏ, ତେବେ ଜିଲ୍ଲାପାଳ ସେଇଠି କହିବେ ନାହିଁ ଯେ ସେ କାର୍ଯ୍ୟ ଅପେକ୍ଷା କ୍ଷୁଧା ଓ ବେମାର ଜନିତ ମୃତ୍ୟୁକୁ ରୋକିବା ତାଙ୍କର ପ୍ରଥମ କାମ।

ସରକାରଙ୍କୁ ସେଭଳି କହିବା ପାଇଁ ସିଏ କିଏ ? ଆଉ ଯଦି ଲାଗିପଡ଼ି ଧାର୍ଯ୍ୟ ଲକ୍ଷ୍ୟ ଠାରୁ ଅଧିକ ବନ୍ଧ୍ୟାକରଣ କରିପାରିଲେ ସେ ବରଂ ସରକାରଙ୍କ ଦ୍ୱାରା ପୁରସ୍କୃତ ହେବେ, ସାବାସି ପାଇବେ। ଆମ ଶିକ୍ଷା ବ୍ୟବସ୍ଥାଟି ସେଭଳି ସାବାସି ପାଇବା ଜିଲ୍ଲାପାଳମାନଙ୍କୁ ସୃଷ୍ଟି କରିବା ପାଇଁ ଉଦ୍ଦିଷ୍ଟ। ଏଠି ଜିଲ୍ଲାପାଳ ଏକ ପ୍ରତୀକ ମାତ୍ର, ସେ ମନ୍ତ୍ରୀ ହୋଇପାରନ୍ତି ବା ଯନ୍ତ୍ରୀ ହୋଇପାରନ୍ତି ଅଥବା ଯେକୌଣସି ପଦରେ ଥାଇ ପାରନ୍ତି। ଅସଲ ଲକ୍ଷ୍ୟ ହେଲା ଅତି ଶୃଙ୍ଖଳିତ ଉନ୍ନତ କିସମର ମେଣ୍ଢା ବା ସୁଧାର ବଳଦ କିପରି ଆମ ଶିକ୍ଷାନୁଷ୍ଠାନମାନଙ୍କରୁ ବାହାରିବେ ତାହା ଦେଖିବା। ଶିକ୍ଷାନୁଷ୍ଠାନଟି ମାଗଣା ଶିକ୍ଷା ଦେଉଥାଇପାରେ ବା ଅତି ମହାର୍ଘ ହୋଇପାରେ। କିନ୍ତୁ ଦ୍ୱିତୀୟ ପ୍ରକାର ଅନୁଷ୍ଠାନ ମାନଙ୍କରେ ସେ ଲକ୍ଷ୍ୟ ପୂରଣ ପାଇଁ ସମସ୍ତ ବ୍ୟବସ୍ଥା ହୋଇଥାଏ, ସେଥିପାଇଁ ସରକାରଙ୍କୁ ବ୍ୟସ୍ତ ହେବାକୁ ପଡେନି।

କିଛି ନୂଆ ଚିନ୍ତା କରିବା, ପ୍ରତି କଥାକୁ ଭିନ୍ନ ଦିଗରୁ ଦେଖିବା, ଯାହା କିଛି ଗତାନୁଗତିକ ଭାବେ ଚାଲିଛି ତାକୁ ପ୍ରଶ୍ନ କରିବା, ନୂଆ ଦିଗନ୍ତ ଆବିଷ୍କାର/ ଉଦ୍ଭାବନ କରିବା ପାଇଁ ଯେଭଳି ବାତାବରଣ ଆବଶ୍ୟକ ଆମ ଶିକ୍ଷାନୁଷ୍ଠାନଗୁଡ଼ିକରେ ସେସବୁ ନାହିଁ। ସେଇଥିପାଇଁ ଆମେ ଆଇ.ବି.ଏମ୍ ବା ମାଇକ୍ରୋସଫ୍ଟ ଭଳି କମ୍ପାନି ବା ମେଣ୍ଢା ମାଲିକ ସୃଷ୍ଟି କରିପାରିବାନି, ସେ କମ୍ପାନିର ମୁଖ୍ୟ ପ୍ରଶାସକ ବା ଉନ୍ନତ ମେଣ୍ଢା ହେବାରେ ଗର୍ବ ଅନୁଭବ କରିବା। ଆଉ ଯଦି ଆମ ଶିକ୍ଷାନୁଷ୍ଠାନମାନଙ୍କରେ ଭିନ୍ନ ବିଚାରକୁ ସମ୍ମାନ ଦେଇ ଶିଖିବା ନାହିଁ, ତେବେ ଅଗଣତାନ୍ତ୍ରିକ ଶିକ୍ଷା ବ୍ୟବସ୍ଥାରୁ ଗଣତନ୍ତ୍ରକୁ ମଜଭୁତ କରିବା କିପରି ସମ୍ଭବ ହେବ ? ସେଇଥିପାଇଁ ଆମର ଗଣତାନ୍ତ୍ରିକ ବ୍ୟବସ୍ଥାଟି କେବଳ ଉପରଠାଉରିଆ ଓ ମିଛମିଛିକିଆ ହୋଇ ରହିଛି।

ଆମେ ସମ୍ବିଧାନରେ ଭାରତକୁ ଏକ ସମାଜବାଦୀ ରାଷ୍ଟ୍ର ଭାବେ ଘୋଷଣା କଲୁ ଓ ଆମର ପ୍ରଥମ ପଞ୍ଚବାର୍ଷିକ ଯୋଜନାଠାରୁ ଆମର ସମାଜକୁ ସମାଜବାଦୀ ଢ଼ାଞ୍ଚାରେ ତିଆରି କରିବା ପାଇଁ ସଂକଳ୍ପ କଲୁ। କିଛି ମୁଷ୍ଟିମେୟ ଲୋକଙ୍କ ହାତରେ ସମ୍ପତ୍ତି ଯେପରି ଠୁଳ ନ ହେବ ରାଷ୍ଟ୍ର ସେଥିପାଇଁ ଉଦ୍ୟମ କରିବ ବୋଲି ସମ୍ବିଧାନର ରାଷ୍ଟ୍ରକୁ ନିର୍ଦ୍ଦେଶ ରହିଲା। ଫଳ କିନ୍ତୁ ସବୁ ବିପରୀତ ହେଲା। କାରଣ ବିପରୀତ ଫଳର ମଞ୍ଜିଟି ଆମେ ଆମର ଶିକ୍ଷାଦାନ ପ୍ରଣାଳୀରେ ପୋତିଲୁ। ଶିକ୍ଷା ବ୍ୟବସ୍ଥାର ବୈଷମ୍ୟ ଅର୍ଥ ରୋଜଗାରର ବୈଷମ୍ୟ ତା' ଛାଏଁ ସୃଷ୍ଟି କଲା। ଭବିଷ୍ୟତରେ ଅଧିକ ଉପାର୍ଜନ ପାଇଁ ଖର୍ଚ୍ଚବହୁଳ ପାଠସବୁ ଖର୍ଚ୍ଚବହୁଳ ଶିକ୍ଷାନୁଷ୍ଠାନମାନଙ୍କରେ ପଢ଼ା ହେଲା ଓ କେବଳ ଧନିକ ବା ଅତିଧନିକ ଶ୍ରେଣୀର ପିଲାମାନେ ତା'ର ସୁଯୋଗ ନେଲେ। ଗାଁ ପାଖରେ ଥିବା ଶିକ୍ଷାନୁଷ୍ଠାନମାନଙ୍କରୁ ର ଠ କରି କୌଣସି ପ୍ରକାରେ କିଛି ପାଠ ହାସଲ କରିଥିବା

ପିଲା ବେକାର ବା ଖୁବ୍ କମ୍ ରୋଜଗାର କରି ଚଳିଲେ। ଏଥିରେ ସମୟେ ସମୟେ କିଛି ବ୍ୟତିକ୍ରମ ପାଇବା, କିନ୍ତୁ ସେଗୁଡ଼ିକ ବ୍ୟତିକ୍ରମ ମାତ୍ର।

ଏବେ ଅନ୍ୟ ଏକ ଦିଗ ପ୍ରତି ଦୃଷ୍ଟି ଦେବା। ଆମର ସମୁଦାୟ ବ୍ୟବସ୍ଥାଟି ପ୍ରତିଯୋଗିତା ମୂଳକ; ସହଯୋଗ ମୂଳକ ନୁହେଁ। ଧରାଯାଉ କ୍ଲାସ୍‌ରେ ଚାଳିଶ ଜଣ ପିଲା ଅଛନ୍ତି। ଅଙ୍କ ଶିକ୍ଷକ/ଶିକ୍ଷୟିତ୍ରୀ ଗୋଟିଏ କ୍ଲାସରେ ଭଗ୍ନାଂଶକୁ କିପରି ଦଶମିକରେ ପରିଣତ କରିବାକୁ ହେବ ପଢ଼େଇଲେ। ପ୍ରଥମେ ଦଶ ଜଣ ପିଲା ବୁଝିପାରିଲେ, କିଛି ପିଲା ଆଉଥରେ ବୁଝେଇବା ପାଇଁ କହିବାରେ ପୁଣି ବୁଝେଇ ଦିଆଯିବା ପରେ ଆଉ ଦଶ ଜଣ ବୁଝିଗଲେ, ଅର୍ଥାତ୍ ଅଧା ପିଲା ବୁଝିଲେ କିନ୍ତୁ ଆଉ ଅଧା ପିଲା ଅବୁଝା ରହିଗଲେ ଓ ପରବର୍ତ୍ତୀ କ୍ଲାସ୍‌ରେ ଅନ୍ୟ ପାଠ ପୁଣି ଅବୁଝା ରହିଗଲେ। ଏଠି ଯଦି ଯେଉଁ କୋଡ଼ିଏ ଜଣ ବୁଝିଲେ ସେଇ ପିଲାମାନେ କ୍ଲାସର ଆଉ କୋଡ଼ିଏ ଜଣଙ୍କୁ ବୁଝେଇବା ପାଇଁ ଜଣକୁ ଜଣେ ହିସାବରେ ଭଗ୍ନାଂଶକୁ ଦଶମିକରେ ପରିଣତ କରିବା କଥା ବୁଝେଇ ଦେଇଥାନ୍ତେ, ତେବେ ପରବର୍ତ୍ତୀ କ୍ଲାସରେ ପଢ଼ା ପାଠକୁ ବୁଝିବାରେ କାହାରି ଅସୁବିଧା ହୁଅନ୍ତା ନାହିଁ। ଏଥିରେ ସମସ୍ତେ ମିଳିମିଶି ଆଗେଇ ଯାଆନ୍ତେ। ଗୋଟିଏ ସମାଜବାଦୀ ସମାଜ ପ୍ରତିଷ୍ଠା କରିବାରେ ଏଭଳି ଶିକ୍ଷାଦାନ ସାହାଯ୍ୟ କରନ୍ତା। ଆମର କିନ୍ତୁ ପ୍ରତିଯୋଗିତାମୂଳକ ବ୍ୟବସ୍ଥାରେ ଯିଏ ରହିଗଲା, ସିଏ ରହିଗଲା। କେବଳ ଧର୍ମରାଜ ସ୍ୱର୍ଗାରୋହଣ କଲେ, ପତ୍ନୀ ଦ୍ରୌପଦୀ ଓ ଭାଇମାନେ ଯିଏ ଯେଉଁଠି ରହିଗଲେ, ସେଇଠି ରହିଲେ। ଆମର ଆଇ.ଆଇ.ଟି, ଆଇ.ଆଇ.ଏମ ବା ଆଇ.ଏ.ଏସ ଭଳି ସ୍ୱର୍ଗାରୋହଣରେ କେବଳ ଧର୍ମରାଜମାନେ ସଫଳ ହେଲେ। ଧର୍ମରାଜଙ୍କ ପରି ସେମାନେ ଆଉ ପଛକୁ ଅନେଇଲେ ନାହିଁ।

■

ସମ୍ବାଦ, ୧୯ ଫେବୃଆରୀ, ୨୦୨୦

ଜରୁରୀ ପରିସ୍ଥିତି ଓ ଆମର ଅର୍ଥନୀତି

ଲାଲଚୀନ୍ ଭାରତ ଆକ୍ରମଣ କରିବାର ବର୍ଷେ ପୁରିଗଲା। ଚୀନ୍‌ର ଏ ପ୍ରକାର ଲଜ୍ଜାହୀନ ଓ ବିଶ୍ୱାସଘାତୀ ଆକ୍ରମଣରେ କେବଳ ଭାରତ ବା ଦକ୍ଷିଣପୂର୍ବ ଏସିଆରେ କାହିଁକି ସମଗ୍ର ପୃଥିବୀରେ ଏକ ନୂତନ ପରିସ୍ଥିତି ସୃଷ୍ଟି ହୋଇଗଲା। ଚୀନ୍‌ର ଏ ଆକ୍ରମଣର ଅନ୍ୟ ଯାହାକିଛି ମତଲବ୍ ରହୁନା କାହିଁକି ଏହା ଯେ ଭାରତର ଅର୍ଥନୈତିକ ପ୍ରଗତିର ଏକ ଘଡିସନ୍ଧି ବେଳେ ଆସିଛି ଏଥିରେ ଦ୍ୱିରୁକ୍ତି ନାହିଁ। ଚୀନ୍ ଭାରତକୁ ଠିକ୍ ଏହି ସମୟରେ ଆକ୍ରମଣ କରି ବୋଧହୁଏ ଦକ୍ଷିଣ-ପୂର୍ବ ଏସିଆ, ଆଫ୍ରିକା ଏବଂ ଲାଟିନ୍ ଆମେରିକାର ନୂଆ ହୋଇ ମୁଣ୍ଡଟେକୁଥିବା ଦେଶମାନଙ୍କୁ ଦେଖାଇ ଦେବାକୁ ଚାହେଁଯେ ଗଣତାନ୍ତ୍ରିକ ଯୋଜନା ପଦ୍ଧତିରେ ନୁହେଁ ସାମ୍ୟବାଦର କଠୋର ସରକାରୀ ଅନୁଶାସନ ଜରିଆରେହିଁ ଦ୍ରୁତତର ଅର୍ଥନୈତିକ ପ୍ରଗତି ହାସଲ କରିବା ସମ୍ଭବ ଏବଂ ଏକ ଉଚ୍ଚତରଜୀବନ ମାନ ହାସଲ କରିବାକୁ ହେଲେ ପାଶ୍ଚାତ୍ୟ ରୀତିରେ ଗଣତନ୍ତ୍ର ଅବଲମ୍ବନ କରିବା ପରିବର୍ତ୍ତେ ଚୀନ୍‌ର ସାମ୍ୟବାଦୀ ନୀତିରେ ଦୀକ୍ଷିତ ହେବାକୁ ହେବ। କାରଣ ଚୀନ୍ ନେତାମାନେ ଜାଣନ୍ତି ଯେ ଏପ୍ରକାର ଆକ୍ରମଣ ପାଇଁ ଭାରତ କଦାପି ପ୍ରସ୍ତୁତ ନୁହେଁ ଏବଂ ଏଥିରେ ଭାରତର ଶାନ୍ତିପୂର୍ଣ୍ଣ ଅର୍ଥନୈତିକ ପ୍ରଗତି ପାଇଁ ବ୍ୟବହୃତ ହେଉଥିବା ପୁଞ୍ଜି ଯୁଦ୍ଧସାମଗ୍ରୀ ପ୍ରସ୍ତୁତ କରିବା ପାଇଁ ବ୍ୟବହୃତ ହେବ ଯଦ୍ଦ୍ୱାରାକି ଭାରତର ଅର୍ଥନୈତିକ ପ୍ରଗତି ବାଧାପ୍ରାପ୍ତ ହେବ। ବାସ୍ତବିକ୍ ଚୀନ୍‌ର ଏ ଆକ୍ରମଣ ପଛରେ ଯଦି ଏପରି ହିଂସ୍ର ଓ ଭୟଙ୍କର ମନୋବୃତ୍ତି ରହିଥାଏ ତାହାହେଲେ ଏ ଆକ୍ରମଣର ସମ୍ମୁଖୀନ ରହିବାକୁ ସାମରିକ ପ୍ରସ୍ତୁତିକୁ ଦୃଢ କରିବା ସଙ୍ଗେ ସଙ୍ଗେ ଅର୍ଥନୈତିକ ପ୍ରଗତିର ହାର ବଢାଇବାକୁ ପଡିବ ଏବଂ ଯୋଜନା କାର୍ଯ୍ୟକୁ ଆହୁରି ତ୍ୱରାନ୍ୱିତ କରିବାକୁ ପଡିବ। ଆମର ଆର୍ଥିକ ସ୍ୱଚ୍ଛଳତା ଆସ୍ତେ ଆସ୍ତେ ଖରାପ ଆଡକୁ ଯାଏ ବା ଆମେ ଯଦି ଆଖିଦୃଷ୍ଟିଆ ଅର୍ଥନୈତିକ ପ୍ରଗତି ହାସଲ କରିବାରେ ଅକ୍ଷମ ହେଉ, ତାହାହେଲେ ଚୀନ୍ ନେତାମାନଙ୍କର ଉଦ୍ଦେଶ୍ୟ

କେତେକାଂଶରେ ସାଧିତ ହୋଇଯିବ। ତେଣୁ ଚୀନ୍‌ର ସାମରିକ ବଳସହ ଟକ୍କର ଦେବାକୁ ପ୍ରସ୍ତୁତ ହେବା ସଙ୍ଗେ ସଙ୍ଗେ ଆମର ଯୋଜନା କାର୍ଯ୍ୟକୁ ଆହୁରି କ୍ଷିପ୍ର କରିବାକୁ ପଡିବ, ଅର୍ଥାତ ସାମରିକ ପ୍ରସ୍ତୁତି ଏବଂ ଭାରତର କୋଟି କୋଟି ଦରିଦ୍ର ଜନତାର ଜୀବନ ଧାରଣର ମାନ ବୃଦ୍ଧି କରିବା ପାଇଁ ଉଦ୍ଦିଷ୍ଟ ଯୋଜନାର ପ୍ରଗତି ପରସ୍ପର ପରିପୂରକ।

ଆମର ଯୋଜନାକାରୀ ମାନେ ଏବଂ ଦେଶର ତୁଙ୍ଗ ନେତାମାନେ ଏହା ହୃଦୟଙ୍ଗମ କରିଥିଲେ ମଧ ଏବଂ ଚୀନ୍ ଆକ୍ରମଣ କରିବାର ବର୍ଷେ ପୂରି ଯାଇଥିଲେ ମଧ୍ୟ ଆମ୍ଭର ଅର୍ଥ ବ୍ୟବସ୍ଥା ପ୍ରୟୋଜନୀୟ ଭାବରେ ଗତିଶୀଳ ହୋଇ ପାରିନାହିଁ, ପରନ୍ତୁ, ଅର୍ଥନୈତିକ ପ୍ରଗତିରେ ଏକପ୍ରକାର ସ୍ଥିରତା ଆସିପହଞ୍ଚିଛି। ଦେଶର ସାମରିକ ପ୍ରସ୍ତୁତିକୁ ଦୃଢ କରିବା ପାଇଁ ଏବଂ ଅର୍ଥନୈତିକ ପ୍ରଗତିକୁ ଦ୍ରୁତତର କରିବା ପାଇଁ ଜରୁରୀ ପରିସ୍ଥିତି ଜାରି ହେଲା, ତୃତୀୟ ଯୋଜନାରେ ମୌଳିକ ଲକ୍ଷ୍ୟ ଗୁଡିକ ଏପରି ଭାବରେ ନିର୍ଦ୍ଧାରିତ ହୋଇଛି ଯେ ତାହା ଆର୍ଥିକ ଅବସ୍ଥାକୁ ସ୍ୱଚ୍ଛଳ କରିବା ସଙ୍ଗେ ସଙ୍ଗେ ସାମରିକ ପ୍ରସ୍ତୁତିରେ ମଧ୍ୟ ସହାୟକ ହେବ ବୋଲି କୁହାଗଲା ଏବଂ ଆର୍ଥିକ ସଂଗଠନର ଦୃଢୀକରଣ ନିମିତ୍ତ ବିଭିନ୍ନ ବ୍ୟବସ୍ଥା ଗ୍ରହଣ କରାଗଲା। କିନ୍ତୁ ବର୍ତ୍ତମାନ ଦେଖାଗଲା ଯେ ପୂର୍ବବର୍ଷ ଅପେକ୍ଷା ଚଳିତବର୍ଷ ଆମର ଅର୍ଥନୈତିକ ପ୍ରଗତିର ହାର କମିଯାଇଛି। ଶିଳ୍ପକ୍ଷେତ୍ରରେ ଅଗ୍ରଗତି ଧୀର ହୋଇଯାଇଛି ଏବଂ କୃଷିରେ ଉନ୍ନତି ଆହୁରି ମନ୍ଥର। ଚଳିତ ବର୍ଷରେ ଅଧିକ କୃଷି ଉତ୍ପାଦନ ଆଶା କରାଯାଇଥିଲେ ମଧ ତାହା ଅନୁକୂଳ ପାଗଯୋଗୁଁ ବୋଲି କୁହାଯାଇଛି। ତୃତୀୟ ଯୋଜନାର କାର୍ଯ୍ୟ କିପରି ଚାଲିଛି ତାକୁ ତନଖି ଦେଖିବାପାଇଁ ଏବଂ ଯୋଜନାର ଦୋଷ ତୃଟିକୁ ଦୂର କରିବାକୁ ଉପଯୁକ୍ତ ବ୍ୟବସ୍ଥା ଅବଲମ୍ବନ କରିବାପାଇଁ ଯୋଜନା କମିଶନ ଏକ କମିଟି ଗଢିଥିଲେ। କମିଟିଙ୍କ ମତରେ ତୃତୀୟ ଯୋଜନାର ଗତି ଅତି ଶୀଥିଳ ହୋଇ ପଡିଛି ଏବଂ ପ୍ରଗତିର ଏହି ହାରରେ ଯୋଜନାର ଧାର୍ଯ୍ୟ ଲକ୍ଷ୍ୟ ହାସଲ କରିବା ସମ୍ଭବ ନୁହେଁ ବୋଲି କମିଟି ସ୍ପଷ୍ଟ ମତ ଦେଇଛନ୍ତି। ଏଥିରୁ ସ୍ପଷ୍ଟ ଅନୁମେୟ ଯେ ଆମର ଜଟିଳ ଓ ସମସ୍ୟା ବହୁଳ ଆର୍ଥିକ ଅବସ୍ଥାର ଏପରି ଗତିକୁ ବଦଳାଇ ଏକ ସ୍ୱଚ୍ଛଳ ଆର୍ଥିକ ବ୍ୟବସ୍ଥା ହାସଲ କରିବାପାଇଁ- "ସଞ୍ଚୟ ହିଁ ସମୃଦ୍ଧିର ମୂଳଦୁଆ, କୃଷି ଉତ୍ପାଦନ ବୃଦ୍ଧି କରନ୍ତୁ, ଦେଶର ଯୋଜନା କାର୍ଯ୍ୟରେ ପୂର୍ଣ୍ଣପ୍ରାଣରେ ସହଯୋଗ କରନ୍ତୁ" ଇତ୍ୟାଦି ଯେଉଁସବୁ ସୁସ୍ଥ ଉପାୟ ଗୁଡିକ (Trigger-approach) ଅବଲମ୍ବନ କରାଗଲା ସେ ସବୁ ଫଳପ୍ରଦ ହୋଇନାହିଁ। ଯୋଜନାରେ ଅତ୍ୟଧିକ କଠୋରତା, ଅତ୍ୟଧିକ କେନ୍ଦ୍ରିୟ ନିୟନ୍ତ୍ରଣ, ଅମଲାତାନ୍ତ୍ରିକ ପଙ୍ଗୁତା ଓ ଉଦ୍ଦୀପନାର ଅଭାବ ଏପରି ଏକ ଅର୍ଥନୈତିକ ସ୍ଥିରତାର

(Economic Stagnation) କାରଣ ବୋଲି ଅର୍ଥମନ୍ତ୍ରୀ ଟି.ଟି. କୃଷ୍ଣମାଚାରୀ ଏବଂ ପ୍ରଧାନମନ୍ତ୍ରୀ ନେହେରୁ ସ୍ୱୀକାର କରିଛନ୍ତି। ତେଣୁ ଯୋଜନା କାର୍ଯ୍ୟକୁ ଅତିଦ୍ରୁତ କ୍ରମବର୍ଦ୍ଧମାନ, କୋହଳ ନୀତିରେ ନିୟନ୍ତ୍ରିତ, ଓ ଗତିଶୀଳ କରିବାକୁ ହେଲେ କେତେକ ନିର୍ଦ୍ଦିଷ୍ଟ ପନ୍ଥା ଅନୁସରଣ କରିବାକୁ ପଡିବ।

ବର୍ତ୍ତମାନ ଜରୁରୀ ପରିସ୍ଥିତି କେବଳ ସାମ୍ବିଧାନିକ ମାତ୍ର। ଅର୍ଥାତ୍ ରାଷ୍ଟ୍ରପତି ତାଙ୍କର ସ୍ୱତନ୍ତ୍ର କ୍ଷମତାବଳରେ ଦେଶକୁ ବହିଃଶତ୍ରୁ ଆକ୍ରମଣରୁ ରକ୍ଷାକରିବା ପାଇଁ ଦେଶରେ ଏକ ଜରୁରୀ ପରିସ୍ଥିତି ଜାରୀକରିଛନ୍ତି। କିନ୍ତୁ ଆମ ଦେଶର ଅର୍ଥନୈତିକ ଜରୁରୀ ପରିସ୍ଥିତି ୧୯୪୭ ମସିହା ବା ଆମେ ସ୍ୱାଧୀନତା ପାଇବାଠାରୁ ଆରମ୍ଭ ହୋଇଛି। ବର୍ତ୍ତମାନ ସ୍ୱତଃ ପ୍ରଶ୍ନ ଉଠେ, ଆମର ଅର୍ଥନୈତିକ ଜରୁରୀ ପରିସ୍ଥିତି ଆରମ୍ଭ ହେବାର ୧୬ବର୍ଷ ହୋଇଗଲା ଏବଂ ଦୁଇଟା ପଞ୍ଚବାର୍ଷିକ ଯୋଜନା ପୁରି ତୃତୀୟ ପଞ୍ଚବାର୍ଷିକ ଯୋଜନାର ଅର୍ଦ୍ଧାଧିକକାଳ ଚାଲିଗଲା। କିନ୍ତୁ ଆମେ କାହିଁକି ଭଲ ଫସଲପାଇଁ ଅନୁକୂଳ ପାଗ ଉପରେ ନିର୍ଭର କରୁଛୁ ଏବଂ ସରକାରୀ ଉଦ୍ୟୋଗରେ ଆଧୁନିକ ଧରଣର ତିନିଟା ଲୁହା-ଇସ୍ପାତ କାରଖାନା ନିର୍ମାଣ କରିସାରିବା ପରେ ମଧ୍ୟ ବୋକାରୋ କାରଖାନା ପାଇଁ ବୈଦେଶିକ ସାହାଯ୍ୟ ଉପରେ ନିର୍ଭର କରୁଛୁ। ଯୁଦ୍ଧୋତ୍ତର ଜର୍ମାନି ଓ ଜାପାନର ଅର୍ଥନୈତିକ ପ୍ରଗତି ଦେଖିଲେ ବାସ୍ତବିକ୍ ଆଶ୍ଚର୍ଯ୍ୟ ହେବାକୁ ପଡେ। ଏଠାରେ ଉପରୋକ୍ତ ପ୍ରଶ୍ନର ଉତ୍ତର ସ୍ୱରୂପ କୁହାଯାଉଛି ଯେ ଭାରତ ଭଳି ଏକ ଉନ୍ନୟନାଭିମୁଖୀ (Developing) ରାଷ୍ଟ୍ରରେ ପୁଞ୍ଜି (capital) ର ଅତ୍ୟଧିକ ଅଭାବ ଯୋଗୁଁ ଉନ୍ନୟନ ବାଧାପ୍ରାପ୍ତ ହେଉଛି। କିନ୍ତୁ ପ୍ରକୃତରେ ପୁଞ୍ଜିଠାରୁ ବୈଷୟିକ ପ୍ରାଚୁର୍ଯ୍ୟ ଦ୍ୱାରାହିଁ ଯୁଦ୍ଧୋତ୍ତର ଜର୍ମାନି ଓ ଜାପାନରେ ଏପରି ଅଭୂତପୂର୍ବ ଅର୍ଥନୈତିକ ପ୍ରଗତି ହାସଲ କରାଯାଇପାରିଛି। ଅବଶ୍ୟ ଏକଥା ସତ୍ୟ ଯେ ଏକ ଉନ୍ନୟନାଭିମୁଖୀ ରାଷ୍ଟ୍ରର ଅର୍ଥନୈତିକ ଉନ୍ନତି ଅତି କମ୍, ସଂଚୟ ସହଗ (very low savings Co-efficient) ଦ୍ୱାରା ସୀମିତ ହୋଇଥାଏ। ବର୍ତ୍ତମାନ ଆମର ଯୋଜନା କାର୍ଯ୍ୟକୁ କ୍ଷିପ୍ରତର କରିବାକୁ ହେଲେ ଏବଂ ଅର୍ଥନୈତିକ ପ୍ରଗତିକୁ ତ୍ୱରାନ୍ୱିତ କରିବାକୁ ହେଲେ ବୈଷୟିକ ଶିକ୍ଷା ଓ ତାଲିମର ମାନବୃଦ୍ଧି ଓ ତାଲିମପ୍ରାପ୍ତ ଲୋକଙ୍କର ସଂଖ୍ୟା ବୃଦ୍ଧି କରିବାକୁ ପଡିବ ଏବଂ ସଞ୍ଚୟର ହାରକୁ ବଢାଇବାକୁ ହେବ। ସଞ୍ଚୟ ବୃଦ୍ଧି କରିବାକୁ ହେଲେ କେବଳ Slogan ଦେଲେ ହେବ ନାହିଁ, ଏକଦିଗରେ ଗ୍ରାମାଞ୍ଚଳ ଓ ସହରାଞ୍ଚଳର ଅନୁକୂଳ ସଂସ୍ଥାମାନ ଗଢିବାକୁ ହେବ ଏବଂ ଅନ୍ୟ ଦିଗରେ Refrigerator, ଶୀତତାପ ନିୟନ୍ତ୍ରଣ ନିମିତ୍ତ ଯନ୍ତ୍ରପାତି ଉତ୍ପାଦନ ଏବଂ ଏପରିକି Rayon ଏବଂ Tery ପ୍ରଭୃତିର ଉତ୍ପାଦନ ଦୃଢ ଭାବରେ କାଟିଦେବା ଉଚିତ ବା ପୂର୍ଣ୍ଣଭାବରେ ବନ୍ଦ କରିବା ଉଚିତ।

Prof. W.W. Rostow ଏ ସମ୍ପର୍କରେ କହିଛନ୍ତି ଯେ ଉନ୍ନୟନାଭିମୁଖୀ ରାଷ୍ଟ୍ରରେ ଦାମିକା Radio ଏବଂ ଅନ୍ୟାନ୍ୟ ବିଳାସ ସାମଗ୍ରୀର ଉତ୍ପାଦନ ସର୍ବୋତ୍ତଭାବେ ଅନୁଚିତ। କାରଣ ଏହା ଏହି ଦେଶଗୁଡିକର ନିମ୍ନ-ସଞ୍ଚୟ ହାରକୁ ଆହୁରି ତଳକୁ ଟାଣିନେବାରେ ସାହାଯ୍ୟ କରିଥାଏ।

ମାନବ ସଭ୍ୟତାର ଇତିହାସକୁ ପର୍ଯ୍ୟାଲୋଚନା କଲେ ସ୍ପଷ୍ଟ ଜଣାପଡେ ଯେ ଉତ୍ପାଦନ, ବୈଜ୍ଞାନିକ ଓ ବୈଷୟିକ କଳାକୌଶଳ ଏବଂ ମାନବ ଜୀବନର ଅନ୍ୟାନ୍ୟ ବିଭାଗ ଗୁଡିକରେ ଯୁଦ୍ଧ ସମୟରେ ଅଭୂତପୂର୍ବ ଉନ୍ନତି ସାଧିତ ହୋଇଛି। ତେଣୁ ଲାଲ୍‌ଚୀନର ବର୍ତ୍ତମାନର ଆକ୍ରମଣ ଦୃଷ୍ଟିରୁ ଆମେ ଦେଶର ସମସ୍ତ ସମ୍ପଦର (Resources) ଉପଯୁକ୍ତ ବିନିଯୋଗ କରି ଆର୍ଥିକ, ସାମାଜିକ ଇତ୍ୟାଦି କ୍ଷେତ୍ରରେ ଆଶାନୁରୂପ ଉନ୍ନତି ସାଧନ କରିପାରିବା। କିନ୍ତୁ ଏଥିପାଇଁ ଯୋଜନାର ବିଭିନ୍ନ ଦିଗ ଗୁଡିକର ପରିବର୍ତ୍ତନ ଦରକାର ଏବଂ ପ୍ରୟୋଜନୀୟତା ଓ ଜରୁରତା (Urgeney) ଅନୁଯାୟୀ ଯୋଜନାର ବିଭିନ୍ନ କାର୍ଯ୍ୟ ଗୁଡିକୁ ପରୀକ୍ଷାକରି ଦେଖିବା ଦରକାର ଏବଂ ଯୋଜନାକୁ ବାସ୍ତବାଭୀମୁଖୀ କରିବାକୁ ହେଲେ ଏକ ଉନ୍ନୟନାଭୀମୁଖୀ ରାଷ୍ଟ୍ରର ବିଭିନ୍ନ ଚାରିତ୍ରିକ ବୈଶିଷ୍ଟ୍ୟ (Characteristic features) ପ୍ରତି ଦୃଷ୍ଟି ଦେବାକୁ ପଡିବ ଏବଂ ସର୍ବୋପରି ଜାତୀୟ ଜୀବନର ପ୍ରତ୍ୟେକ କ୍ଷେତ୍ରରେ ଏକ 'ଜରୁରୀ ମନୋବୃତ୍ତି' ସୃଷ୍ଟିକରିବାକୁ ପଡିବ।

ବର୍ତ୍ତମାନର ପରିବର୍ତ୍ତିତ ପରିପ୍ରେକ୍ଷୀରେ ଯୋଜନାର ପୁନଃପର୍ଯ୍ୟାୟୀକରଣପାଇଁ ନିମ୍ନରେ କେତୋଟି ପ୍ରସ୍ତାବ ଦିଆଗଲା।

୧-ଯେଉଁ ଯୋଜନାକାର୍ଯ୍ୟଗୁଡିକ ବର୍ତ୍ତମାନର ଆବଶ୍ୟକତା ସହ ନିକଟଭାବରେ ସମ୍ପୃକ୍ତ ନୁହେଁ ସେ ସବୁକୁ ବାତିଲ୍ କରିବାକୁ ହେବ ବା କାଟଛାଣ୍ଟ କରିବାକୁ ହେବ।

୨-ବିଦ୍ୟୁତ୍‌ଶକ୍ତି, ଇସ୍ପାତ୍, ସିମେଣ୍ଟ ପ୍ରଭୃତି ବିରଳ ପଦାର୍ଥ ଗୁଡିକୁ ବ୍ୟବହାର କରୁଥିବା ବୃହତ୍ ଯୋଜନା ଗୁଡିକ ଏପରି ଭାବରେ ପ୍ରବର୍ତ୍ତିତ କରିବାକୁ ହେବ ସେପରି ସେଥିରୁ ଖୁବ୍ ଶୀଘ୍ର ଉତ୍ପାଦନ ସମ୍ଭବ ହେବ।

୩- କୃଷି ଓ ଶିଳ୍ପ ଉତ୍ପାଦନ କାର୍ଯ୍ୟକୁ ଆହୁରି ସଘନ କରିବାକୁ ହେବ।

୪-ବୈଷୟିକ ତାଲିମ ପ୍ରାପ୍ତ ଶକ୍ତିର ପୂର୍ଣ୍ଣ ବିନିଯୋଗ କରିବାକୁ ପଡିବ ଏବଂ ତାଲିମ୍‌ର ମାନ ନକମାଇ ତାର ସମୟ କମାଇବାକୁ ପଡିବ, ଯଦ୍ୱାରାକି ବେଶି ବେଶି ତାଲିମ ପ୍ରାପ୍ତ ଲୋକ ଯେତେ କମ୍ ସମୟ ସମ୍ଭବ ସେଭିତରେ ଉତ୍ତୁରି ପାରିବେ।

୫- ସମସ୍ତ ସ୍ତରରେ ଶାସନ ତଳକୁ ନିର୍ମଳ ଏବଂ ଦୃଢ କରିବାକୁ ପଡିବ

ଏବଂ ସମସ୍ତ ସ୍ୱେଚ୍ଛାକୃତ ଅନୁଷ୍ଠାନ ଓ ଗ୍ରାମ୍ୟ ନେତୃତ୍ୱକୁ ସୁସଂଗଠିତ କରିବା ସଙ୍ଗେ ସଙ୍ଗେ ସ୍ଥାନୀୟ ସମ୍ପଦର ପୂର୍ଣ୍ଣ ବିନିଯୋଗ କରିବାକୁ ପଡିବ।

ଯୋଜନାର ପ୍ରତ୍ୟେକ ବିଭାଗ ଗୁଡିକୁ ଦେଶରକ୍ଷା ଚାହିଦା ଅନୁଯାୟୀ ପୁନର୍ଗଠିତ କରିବାକୁ ହେଲେ ନିମ୍ନଲିଖିତ ବିଷୟ ଗୁଡିକ ପ୍ରତି ଦୃଷ୍ଟି ଦେବାକୁ ପଡିବ।

ଯେଉଁ ସବୁ ଯୋଜନା ଗୁଡିକର କାର୍ଯ୍ୟ ଆରମ୍ଭ ହୋଇଯାଇଛି ତାହା ଦେଶରକ୍ଷା କାର୍ଯ୍ୟ ନିମିତ୍ତ ବା ଅର୍ଥନୈତିକ ପ୍ରଗତିର ହାର ଦ୍ରୁତ କରିବା ନିମିତ୍ତ କେତେଦୂର ଦରକାର ତାକୁ ଲକ୍ଷ ରଖି ସେ ସବୁକୁ ତ୍ୱରାନ୍ୱିତ କରିବାକୁ ପଡିବ।

ଯୋଜନା ଗୁଡିକ କେତେଦୂର ବର୍ତ୍ତମାନ ଆବଶ୍ୟକତା ସହ ଏବଂ ଉତ୍ପାଦନ ବୃଦ୍ଧି ସହ ସିଧାସଳଖ ସଂଶ୍ଳିଷ୍ଟ ତଦନୁଯାୟୀ ସେଗୁଡିକର ଅନୁପର୍ବିକତ୍ୱ ନିର୍ଦ୍ଧାରିତ କରିବାକୁ ହେବ।

କଳାକାରଖାନା ଗୁଡିକର ଶକ୍ତିକୁ ପୂର୍ଣ୍ଣ ଭାବରେ ବିନିଯୋଗ କରିବାକୁ ପଡିବ ଏବଂ ସେ ସମସ୍ତର ରକ୍ଷଣାବେକ୍ଷଣପ୍ରତି ଦୃଷ୍ଟି ରଖିବାକୁ ପଡିବ। କିନ୍ତୁ ପ୍ରତ୍ୟେକ ଯୋଜନାକୁ କାର୍ଯ୍ୟକାରୀ କଲାବେଳେ ବୈଦେଶିକ ମୁଦ୍ରାର ସ୍ୱଳ୍ପତା ଏବଂ ଅତ୍ୟଧିକ ପ୍ରୟୋଜନୀୟତା ଦୃଷ୍ଟିରୁ ସେହି ସେହି ଯୋଜନାର ବୈଦେଶିକ ମୁଦ୍ରାର ଆବଶ୍ୟକତା ପ୍ରତି ତୀକ୍ଷ୍ଣ ଦୃଷ୍ଟି ରଖିବାକୁ ହେବ।

ଏହିପରିଭାବେ କୃଷି, ପରିବହନ ଲୌହ ଓ ଇସ୍ପାତ, ବିଦ୍ୟୁତ୍, ଗୁରୁଯନ୍ତ୍ରପାତି ନିର୍ମାଣ, କୋଇଲା, ସିମେଣ୍ଟ ପ୍ରଭୃତି ଯୋଜନାର ମୁଖ୍ୟ ବିଭାଗ ଗୁଡିକର ଦ୍ରୁତ ଉନ୍ନୟନକୁ ସର୍ବାଧିକ ଗୁରୁତ୍ୱ ଦିଆଯିବା ଆବଶ୍ୟକ। ଚୀନ୍ ଆକ୍ରମଣକୁ ଦୃଢଭାବରେ ପ୍ରତିହତ କରିବାକୁ ହେଲେ କେବଳ ଆମର ସୈନ୍ୟବାହିନୀର ଦୃଢୀକରଣ ଏବଂ ନବୀକରଣ ନୁହେଁ, ଏକ ଦୃଢ କୃଷି ଶିଳ୍ପ ଆଭିମୁଖ୍ୟ (an agricultural and industrial complex) ମଧ୍ୟ ଗଢିବାକୁ ପଡିବ। ଶିଳ୍ପର ଏକ ଦୃଢ ଭିତ୍ତିଭୂମି ଗଢିବାକୁ ହେଲେ ଅପର୍ଯ୍ୟାପ୍ତ ପରିମାଣରେ ବିଭିନ୍ନ ଧରଣର କଞ୍ଚାମାଲ ପ୍ରୟୋଜନ ଯାହାକି ଖଣିଜ ସମ୍ପଦର ପୂର୍ଣ୍ଣ ବିନିଯୋଗ ଏବଂ କୃଷିର ବ୍ୟାପକ ଉନ୍ନୟନ ଦ୍ୱାରା ସମ୍ଭବ ହେବ।

ଦେଶରକ୍ଷା ଏକ ଅବିଚ୍ଛେଦ୍ୟ ଅଙ୍ଗ ହିସାବରେ ଯୋଜନା କାର୍ଯ୍ୟର ବିଭିନ୍ନ ଦିଗର ଦୃଢ କାର୍ଯ୍ୟକାରିତା ପ୍ରତି ତୀକ୍ଷ୍ଣ ଦୃଷ୍ଟି ରଖିବାକୁ ହେବ। ଦେଶରକ୍ଷା କାର୍ଯ୍ୟର ମୋଟାମୋଟି ଚାହିଦା ଦୃଷ୍ଟିରୁ ଗୁରୁଯନ୍ତ୍ରଶିଳ୍ପ ଓ ଶିଳ୍ପକାରିଗରୀ ଓ ବୈଜ୍ଞାନିକ କଳାକୌଶଳକୁ ଗୁରୁତ୍ୱ ଦିଆଯିବା ଆବଶ୍ୟକ ଏବଂ ପ୍ରତ୍ୟେକ କାର୍ଯ୍ୟରେ ମିତବ୍ୟୟିତା ଏବଂ ଆମର ମୂଲ୍ୟବାନ ବୈଦେଶିକ ମୁଦ୍ରାର ଖର୍ଚ୍ଚ ପ୍ରତି ନଜର ରଖିବା ଉଚିତ। ଶିଳ୍ପକ୍ଷେତ୍ରରେ ମିଳୁଥିବା କଞ୍ଚାମାଲ ଏବଂ କାରିଗରିର ସର୍ବାଧିକ ବିନିଯୋଗ କରିବାକୁ

ହେଲେ ଶ୍ରମିକ ଏବଂ ଶିଳ୍ପପତି ମାନଙ୍କ ମଧ୍ୟରେ ଘନିଷ୍ଠତମ ସମ୍ପର୍କ ରହିବା ଆବଶ୍ୟକ। ଯୌଥ ଆଳାପ ଆଲୋଚନା ମାଧ୍ୟମରେ ଶ୍ରମିକ ଏବଂ ମାଲିକମାନଙ୍କ ମଧ୍ୟରେ ସମସ୍ତ ବିବାଦର ଶାନ୍ତିପୂର୍ଣ୍ଣ ସମାଧାନ ହୋଇଯିବା ଆବଶ୍ୟକ ଏବଂ ଏହି ଦୃଷ୍ଟିରୁ ଉଭୟ ଦିଗରୁ ବଳକଷାକଷି ମନୋବୃତ୍ତି ଲୋପ ପାଇଯିବା ଉଚିତ, ଏବଂ ଧ୍ୱଂସାତ୍ମକ ପ୍ରତିଯୋଗିତାମୂଳକ ଆଚରଣ ଶୀଘ୍ର ଅବସାନ ଘଟିବା ଜାତୀୟ ସ୍ୱାର୍ଥ ଦୃଷ୍ଟିରୁ ଜରୁରୀ ଆବଶ୍ୟକ। କିନ୍ତୁ ଅତ୍ୟନ୍ତ ଦୁଃଖ ଓ ପରିତାପର ବିଷୟ ଯେ ଜରୁରୀ ପରିସ୍ଥିତି କାର୍ଯ୍ୟକାରୀ ହେବା ଦିନଠାରୁ କେତେକ ମୁଖ୍ୟ ମୁଖ୍ୟ ଶିଳ୍ପାନୁଷ୍ଠାନ ମାନଙ୍କରେ ବିବାଦ ଦେଖାଦେଇଛି ଓ ଧର୍ମଘଟର ସଂଖ୍ୟା ବଢିଯାଇଛି।

ଆହୁରିମଧ୍ୟ ଶିଳ୍ପକ୍ଷେତ୍ରରେ ଉତ୍ପାଦନ ବୃଦ୍ଧି କରିବାକୁ ହେଲେ ସରକାରୀ ଓ ବେସରକାରୀ ଉଦ୍ୟୋଗ ମଧ୍ୟରୁ କିଏ ବେଶି କାର୍ଯ୍ୟଦକ୍ଷ ଓ ଉତ୍ପାଦନକ୍ଷମ ଏ ବିବାଦକୁ ଟିକିନିଖି ବିଚାର କରି ସରକାରୀ ଉଦ୍ୟୋଗର ଉନ୍ନୟନ ସଙ୍ଗେ ସଙ୍ଗେ ବେସରକାରୀ ପ୍ରୟାସକୁ ମଧ୍ୟ ଯୋଜନାର ଲକ୍ଷ୍ୟ ଦୃଷ୍ଟିରୁ ସୀମାମଧ୍ୟରେ ଉତ୍ସାହିତ କରିବା ଦରକାର। ନଚେତ୍ ଉତ୍ପାଦନ ଗୁରୁତରଭାବେ ବ୍ୟାହତ ହେବ।

ପୁନଶ୍ଚ ଯଦି ଲାଲ୍‌ଚୀନର ଆକ୍ରମଣ ସରକାରୀ ଦୃଷ୍ଟିକୋଣ ଏବଂ ବ୍ୟୟରେ କିଛି ପରିବର୍ତ୍ତନ ଆଣିବା କଥା ତାହାହେଲେ ଏହା କୃଷିରେ ହିଁ ବେଶି ଦରକାର। ଯାତାୟତ, ବିଦ୍ୟୁତ୍ ଶକ୍ତି, ଏବଂ ଶିଳ୍ପଭଳି କୃଷିର ଉନ୍ନୟନ ମଧ୍ୟ ଯୁଦ୍ଧକାଳୀନଭିତ୍ତିରେ (war-footing) ହେବା ଉଚିତ। କାରଣ କୃଷି କ୍ଷେତ୍ରରେ ଉତ୍ପାଦନ ବୃଦ୍ଧି ଖାଦ୍ୟାଭାବ-ଦୂରକରିବା ସଙ୍ଗେ ସଙ୍ଗେ ବିଭିନ୍ନ ଶିଳ୍ପକୁ କଞ୍ଚାମାଲ ଯୋଗାଇବାରେ ଏବଂ ଦରଦାମ୍ ସ୍ଥିର ରଖିବାରେ ସାହାଯ୍ୟ କରିବ। କିନ୍ତୁ ଏଥିପାଇଁ କୃଷକର ପ୍ରକୃତ ସମସ୍ୟାଗୁଡିକ କ'ଣ ତାକୁ ଭଲଭାବେ ବୁଝିବାକୁ ପଡିବ ଏବଂ ସେ ସବୁ ସମସ୍ୟାଗୁଡିକ ପ୍ରତି ଏକ ବାସ୍ତବ ଦୃଷ୍ଟିକୋଣ ଗ୍ରହଣ କରିବାକୁ ପଡିବ ଏବଂ ଗ୍ରାମାଞ୍ଚଳର ସରକାରୀ କୃଷି ଅଫିସରମାନଙ୍କୁ କୃଷକର ଜୀବନ ସହ ଅଧିକ ସଂସ୍ପର୍ଶରେ ଆଣିବାକୁ ପଡିବ। ଆମର ସୈନ୍ୟବାହିନୀକୁ ଦୃଢ କରିବାକୁ ହେଲେ ପରିବାରର ସବୁଠାରୁ ସୁସ୍ଥ ବ୍ୟକ୍ତିଙ୍କୁ ସୈନ୍ୟବାହିନୀରେ ଯୋଗଦେବାକୁ ପଡିବ ଏବଂ ଏହିପରିଭାବେ ଅପେକ୍ଷାକୃତ ବେଶି ବୟସର ବା ଶାରୀରିକ ଶକ୍ତିରେ ଅଳ୍ପ କ୍ଷମ ଲୋକ ପରିବାରରେ ରହିଯିବେ ଯେଉଁମାନେ କି କୃଷି କ୍ଷେତ୍ରରେ କାର୍ଯ୍ୟ କରିବେ। ଏଥିରୁ ସ୍ପଷ୍ଟ ଅନୁମେୟ ଯେ କୃଷି କ୍ଷେତ୍ରରେ ଉତ୍ପାଦନ ବୃଦ୍ଧି କରିବାକୁ ହେଲେ ପ୍ରଚଳିତ ରୀତିର ପରିବର୍ତ୍ତନ ନିହାତି ଦରକାର। କୃଷିର ଦ୍ରୁତ ଉନ୍ନୟନ ଏବଂ ଜମିରୁ ଲାଭଜନକ ଭାବରେ ଫସଲ ଉତାରିବାକୁ ହେଲେ ଛୋଟ ଧରଣର ଶସ୍ତା କୃଷି ଯନ୍ତ୍ରପାତିର ବ୍ୟବହାର ଜରୁରୀ ଆବଶ୍ୟକ। ଛୋଟ ଛୋଟ

ଟ୍ରାକ୍ଟର ଯାହାର କି ମୂଲ୍ୟ ତିନି ଚାରି ହଜାର ଟଙ୍କାରୁ ବେଶି ହେବ ନାହିଁ, ଏଥିପାଇଁ ଖୁବ୍ ଉପଯୋଗୀ ବୋଲି ମନେ ହୁଏ। ଭାରତୀୟ କୃଷକ ଅତ୍ୟନ୍ତ ଦରିଦ୍ର ଏବଂ ପରମ୍ପରା ରୀତିରେ ବାନ୍ଧିହୋଇ ରହିଥିଲେ ହେଁ ମଧ୍ୟବିତ୍ତ ଶ୍ରେଣୀର ଚାଷୀ ଏଭଳି ଏକ ପରିବର୍ତ୍ତନପାଇଁ ବର୍ତ୍ତମାନ ପ୍ରସ୍ତୁତ। ଆଗ୍ରହୀ ଚାଷୀମାନଙ୍କୁ ଏଭଳି ଛୋଟ ଧରଣର କୃଷି ଯନ୍ତ୍ରପାତି ଯୋଗାଇ ଦେବାପାଇଁ ପର୍ଯ୍ୟାପ୍ତ ପରିମାଣରେ ସରକାରୀ ଋଣର ବ୍ୟବସ୍ଥା କରିବା ଦରକାର। କ୍ଷୋଭର କଥା, ସରକାର କୃଷି ଯନ୍ତ୍ରପାତିର ଉତ୍ପାଦନ ପାଇଁ ଆଜି ପର୍ଯ୍ୟନ୍ତ ବିଶେଷ ଦୃଷ୍ଟି ଦେଇନାହାନ୍ତି। ଯଦିଓ ତୃତୀୟ ପଞ୍ଚବାର୍ଷିକ ଯୋଜନାରେ କୃଷି ପାଇଁ ପ୍ରଚୁର ଅର୍ଥର ବ୍ୟବସ୍ଥା କରାଯାଇଛି, ଏହି ଅର୍ଥକୁ ଖର୍ଚ୍ଚକରିବା ନିମିତ୍ତ ଉଦ୍ଦିଷ୍ଟ ସରକାରୀ ସଂସ୍ଥାଗୁଡିକ ଆବଶ୍ୟକମତେ କାର୍ଯ୍ୟକ୍ଷମ ନୁହନ୍ତି। ତେଣୁ ଧାର୍ଯ୍ୟ ଲକ୍ଷ୍ୟକୁ ପୂରଣ କରିବାକୁ ହେଲେ ସେଗୁଡିକୁ ଆହୁରି କାର୍ଯ୍ୟଦକ୍ଷ ହେବାକୁ ପଡିବ।

ଦେଶରକ୍ଷାର ଆବଶ୍ୟକତା ଦୃଷ୍ଟିରୁ କୃଷି, ଶିଳ୍ପ, ପରିବହନର ଉନ୍ନୟନ ପରେ ଶିକ୍ଷାର ଦ୍ରୁତ ପ୍ରସାର ଓ ମାନବୃଦ୍ଧିର ପ୍ରୟୋଜନୀୟତା ସର୍ବାପେକ୍ଷା ବେଶି। ଯଦିଓ ଇଂଲଣ୍ଡ ପ୍ରଭୃତି ଦେଶରେ ଯୁଦ୍ଧରେ ଜିଣିବାକୁ ହେଲେ ଶିକ୍ଷାର ପ୍ରସାରକୁ ମୁଖ୍ୟ ଅସ୍ତ୍ରରୂପେ ନିଆଯାଏ, ଏ ଦେଶରେ ଜରୁରୀ ପରିସ୍ଥିତି ଜାରିହେବା ପରଠାରୁ ଶିକ୍ଷାହିଁ ପ୍ରଥମେ ଦଣ୍ଡିତ ହୋଇଛି। ବର୍ତ୍ତମାନର ପରିବର୍ତ୍ତିତ ପରିସ୍ଥିତିରେ ଯେ କୌଣସି ଦେଶ ପକ୍ଷରେ ଶତ୍ରୁକୁ ହରାଇବାକୁ ହେଲେ ଶିକ୍ଷା, ଶିଳ୍ପ, କାରିଗରୀ ଏବଂ ବୈଜ୍ଞାନିକ କଳା କୌଶଳରେ ଉଚ୍ଚ ଦକ୍ଷତା ହାସଲ କରିବା ପ୍ରଥମେ ଆବଶ୍ୟକ। ଏହି ଦୃଷ୍ଟିରୁ ଦେଶର ଜରୁରୀ ପରିସ୍ଥିତିରେ ଶିକ୍ଷାର ମାନବୃଦ୍ଧି କରିବା ସଙ୍ଗେ ସଙ୍ଗେ ଏହାର ବ୍ୟାପକ ପ୍ରସାର ଜରୁରୀ ଆବଶ୍ୟକ ବୋଲି ମନେହୁଏ। ଅର୍ଥନୈତିକ ଉନ୍ନୟନ ଦୃଷ୍ଟିରୁ ମଧ୍ୟ ଅଧ୍ୟାପକ ଜନ କେନେଥ୍ ଗଲ୍‌ବ୍ରେଥଙ୍କ ଭାଷାରେ ଶିକ୍ଷା ସବୁଠାରୁ ବେଶି ଉତ୍ପାଦନକ୍ଷମ ବିନିଯୋଗ। ତେଣୁ ଶିକ୍ଷା କ୍ଷେତ୍ରରେ ସରକାରୀ ବ୍ୟୟ କାଟଛାଟ କରିବା ସର୍ବତୋଭାବେ ଅନୁଚିତ। ଶିକ୍ଷାକ୍ଷେତ୍ରରେ ବୈଷୟିକ ଶିକ୍ଷାପ୍ରତି ଗୁରୁତ୍ୱ ଦିଆଯିବା ସଙ୍ଗେ ସଙ୍ଗେ ପାଠ୍ୟପୁସ୍ତକ ଜରିଆରେ ମାତୃଭୂମିର ସମ୍ମାନ ରକ୍ଷା କରିବା ନିମିତ୍ତ ଛାତ୍ରମାନଙ୍କ ମନୋବଳ ଦୃଢ଼ କରିବାକୁ ପଡିବ।

ଚୀନ୍ ଆକ୍ରମଣର ମୁକାବିଲା କରିବାକୁ ହେଲେ ଅର୍ଥନୈତିକ ସଂଗଠନକୁ ସୁଦୃଢ଼ କରିବାକୁ ହେବ। କିନ୍ତୁ ଏଥିପାଇଁ ଯଦି ଜିନିଷ ପତ୍ରର ଦରଦାମ ନିୟନ୍ତ୍ରଣ କରା ନଯାଏ ଏବଂ ଅତ୍ୟାବଶ୍ୟକୀୟ ପଦାର୍ଥ ଗୁଡିକର ଦରଦାମ ହୁ ହୁ ବଢିଚାଲେ ତାହାହେଲେ ଅର୍ଥନୀତି ଘୋର ବିପର୍ଯ୍ୟର ସମ୍ମୁଖୀନ ହେବ ଏବଂ ସମସ୍ତ ଯୋଜନାକାର୍ଯ୍ୟ ବ୍ୟର୍ଥତାରେ ହିଁ ପରିଣତ ହେବ। ଦରଦାମ ହୁ ହୁ ବଢି ଚାଲିଲେ ବେସରକାରୀ ପୁଞ୍ଜିବ୍ୟବସାୟ ଏବଂ ବେଶି ଲାଭ ଦେଉଥିବା ଖାଉଟି ଦ୍ରବ୍ୟ ଶିଳ୍ପ ଆଡକୁ ଚାଲିଯିବ ଏବଂ ଏକ ପ୍ରମାଦପୂର୍ଣ୍ଣ

ରାତାରାତ୍ ଧନୀ ହୋଇ ଯିବାର ମନୋବୃତ୍ତି ବଢ଼ି ଚାଲିବ ଯାହାକି ଯୋଜନାର ସମାଜବାଦୀ ଗଣତାନ୍ତ୍ରିକ ଲକ୍ଷ୍ୟଗୁଡ଼ିକୁ ବିପର୍ଯ୍ୟସ୍ତ କରି ପକାଇବ। ଏଣୁ ଦରଦାମ ରୋକିବାକୁ ଯଦି ଦୃଢ଼ ପଦକ୍ଷେପ ନ ନିଆଯାଏ, ଯୋଜନା କାର୍ଯ୍ୟରେ ଜନସାଧାରଣଙ୍କର ସମର୍ଥନ ହରାଇବାକୁ ପଡ଼ିବ ଏବଂ ପରିଶେଷରେ ଜନସାଧାରଣ ଯୋଜନା ଉପରୁ ଆସ୍ଥା ହରାଇବେ।

ଏହି ଦରବୃଦ୍ଧିକୁ ରୋକିବାକୁ ହେଲେ ଏହାର ମୁଖ୍ୟ କାରଣ ଗୁଡ଼ିକୁ ପ୍ରଥମେ ଜାଣିବା ଦରକାର। ପ୍ରଥମ, କ୍ରମବର୍ଦ୍ଧମାନ ଚାହିଦାନୁଯାୟୀ ଉତ୍ପାଦନ ବୃଦ୍ଧି ହେଉନାହିଁ, ଦ୍ୱିତୀୟ, ଯୋଜନାରେ ଅତ୍ୟଧିକ ନିଅଣ୍ଟିଆ ଅର୍ଥ ସଂସ୍ଥାନ ବ୍ୟବସ୍ଥା (Deficit financing) ଏବଂ ତୃତୀୟ, ଆମର ପୁଞ୍ଜି ବିନିଯୋଗରେ ଗତି-ଏହି ତିନୋଟିକୁ ମୁଖ୍ୟକାରଣ ରୂପେ ନିଆଯାଇପାରେ। ଅବଶ୍ୟ ଏହା ବ୍ୟତୀତ ଅନ୍ୟାନ୍ୟ କାରଣଗୁଡ଼ିକ ରହିଛି। ଆମର କେତେକ ଟିକସ୍ ଜନସାଧାରଣଙ୍କର କ୍ରୟଶକ୍ତି ହ୍ରାସ କରାଇ ମୂଲ୍ୟବୃଦ୍ଧିକୁ ରୋକିବା ପାଇଁ ଉଦ୍ଦିଷ୍ଟ। କିନ୍ତୁ ବସ୍ତୁତଃ ଏହା ମୂଲ୍ୟ ବୃଦ୍ଧିରେ ହିଁ ସାହାଯ୍ୟ କରିଥାଏ। ଆମର ନୀତି ନିର୍ଦ୍ଧାରଣକାରୀମାନେ ଜନସାଧାରଣଙ୍କର କ୍ରୟଶକ୍ତିର ଉଚ୍ଚପ୍ରାନ୍ତିକ ହାର ଯାହାକି ଅନୁନ୍ନତ ରାଷ୍ଟ୍ରର ଏକ ପ୍ରଧାନତମ ଚାରିତ୍ରିକ ବୈଶିଷ୍ଟ୍ୟ, କଥା ଭୁଲିଯାଆନ୍ତି। ବଣ୍ଟନରେ ଅବ୍ୟବସ୍ଥା ଏବଂ ବ୍ୟବସାୟୀ ମାନଙ୍କର ଗଚ୍ଛିତ କରି ରଖିବାର ମନୋବୃତ୍ତିହିଁ ବାସ୍ତବିକ୍ ଚାହିଦା ଅନୁଯାୟୀ ଉତ୍ପାଦନ ସେ କମ ତା ଅପେକ୍ଷା ମୂଲ୍ୟବୃଦ୍ଧିର ବେଶିକାରଣ ହୋଇପଡୁଛି। ଆମ ଦେଶରେ କଣ୍ଟ୍ରୋଲ ଏବଂ ପଡ଼ି ପ୍ରଥା (Rationing) ମଧ୍ୟ କେତେକାଂଶରେ ଦରବୃଦ୍ଧିର କାରଣ ହେଉଛି। କାରଣ ଏହା ଜନସାଧାରଣଙ୍କ ମନରେ ଜିନିଷପତ୍ରର ଅଭାବର ଏକ ଅଯଥା ଆତଙ୍କ ସୃଷ୍ଟି କରୁଛି ଏବଂ ବ୍ୟବସାୟୀମାନଙ୍କୁ ଅସାଧୁ ଉପାୟ ଅବଲମ୍ବନ କରି ଅର୍ଥୋପାର୍ଜ୍ଜନ କରିବାକୁ ପ୍ରଶ୍ରୟ ଦେଉଛି।

ତେଣୁ ଦରବୃଦ୍ଧିକୁ ଉପଯୁକ୍ତ ସୀମା ମଧ୍ୟରେ ରଖିବାକୁ ହେଲେ ଆମର ଟିକସ ବ୍ୟବସ୍ଥାରେ ସଂସ୍କାର ଆଣିବାକୁ ପଡ଼ିବ। ଯୋଜନାରେ ନିଅଣ୍ଟିଆ ଅର୍ଥ ସଂସ୍ଥାନକୁ ସୀମା ମଧ୍ୟରେ ରଖିବାକୁ ପଡ଼ିବ ଏବଂ ଅତି କମରେ ଅତ୍ୟାବଶ୍ୟକୀୟ ପଦାର୍ଥ ଗୁଡ଼ିକର ସୁଷମ ବଣ୍ଟନ ପ୍ରତି ନଜର ଦେବାକୁ ହେବ। ଜିନିଷପତ୍ର ଗଚ୍ଛିତ ରଖି ଦର ବୃଦ୍ଧିରେ ସାହାଯ୍ୟ କରୁଥିବା ଲାଭଖୋର ବ୍ୟବସାୟୀମାନଙ୍କ ପାଇଁ କଠୋର ଶାସ୍ତିର ବ୍ୟବସ୍ଥା କରିବାକୁ ପଡ଼ିବ। କଣ୍ଟ୍ରୋଲ ଏବଂ ପଡ଼ିପ୍ରଥା ଉପରୁ ଗୁରୁତ୍ୱ କମାଇ ସରକାରୀ ଶସ୍ତା ଦୋକାନ ଏବଂ ଖାଉଟି ସମବାୟ ସମିତି ଉପରେ ଗୁରୁତ୍ୱ ଦେବାକୁ ହେବ।

■

ସାଗରିକା, ୧୯୬୩

ବିକାଶଶୀଳ ରାଷ୍ଟ୍ରରେ ଶ୍ରମିକ ସଂସ୍ଥାର ସ୍ଥାନ

ଏକ ଉନ୍ନତ ସଂପଦଶାଳୀ ସମାଜ ଗଠନ ପାଇଁ ସ୍ୱାଧୀନତା ପ୍ରାପ୍ତି ପରଠାରୁ ଯୋଜନାବଦ୍ଧ ବିକାଶକୁ ଆମ୍ଭେ ଅସ୍ତ୍ରରୂପେ ଗ୍ରହଣ କରି ନେଇଛେଁ। ଏକ ପାରମ୍ପରିକ ସମାଜକୁ ଶତାବ୍ଦୀ ବ୍ୟାପି ଜମାଟ ବନ୍ଧା ଜଡତା ଓ ନିଷ୍କ୍ରିୟତାରୁ ମୁକ୍ତ କରି ଏକ ନୂତନ, ଆଧୁନିକ ଓ ଦ୍ରୁତବର୍ଦ୍ଧନଶୀଳ ସମାଜରେ ପରିଣତ କରିବାକୁ ହେଲେ ସମଗ୍ର ଅର୍ଥନୀତିକ ଓ ସାମାଜିକ ସଂଗଠନ କ୍ଷେତ୍ରରେ ବ୍ୟାପକ ଓ ଚୂଡ଼ାନ୍ତ ପରିବର୍ତ୍ତନ ଆଣିବାକୁ ହେବ। ଏକ ଦ୍ରୁତ ଆର୍ଥନୀତିକ ଅଭିବୃଦ୍ଧିର ସୁଦୃଢ ଭିତ୍ତି ସ୍ଥାପନ ନିମିତ୍ତ କୃଷି ଓ ଶିଳ୍ପର ବିପୁଳ ଅଭିବୃଦ୍ଧିକୁ ସମଗ୍ର ଯୋଜନାର ଏକ ଅବିଚ୍ଛେଦ୍ୟ ଅଙ୍ଗରୂପେ ଗ୍ରହଣ କରିବାକୁ ପଡିବ। କୃଷି ଓ ଶିଳ୍ପ କ୍ଷେତ୍ରର ଏ ପରିବର୍ତ୍ତନ ଧାରାରେ ଶ୍ରମିକ ଓ ଶ୍ରମିକ ସଂସ୍ଥାମାନଙ୍କର ଯେ ଗୁରୁତ୍ୱପୂର୍ଣ୍ଣ ଭୂମିକା ରହିଛି ତାହା ଅନସ୍ୱୀକାର୍ଯ୍ୟ। ଏହି କ୍ଷେତ୍ରରେ ବିକାଶର ଧାରାକୁ ଅବ୍ୟାହତ ରଖିବାକୁ ହେଲେ ଓ ତ୍ୱରାନ୍ୱିତ କରିବାକୁ ହେଲେ ଦେଶର ଏକ ଶକ୍ତିଶାଳୀ ଓ ସୁସ୍ଥ ଶ୍ରମିକ ଆନ୍ଦୋଳନ ଆବଶ୍ୟକ।

ଆମ ଦେଶର ଶ୍ରମିକ-ଆନ୍ଦୋଳନର ଇତିହାସ ଏମିତି। ବିଧିବଦ୍ଧ ଓ ସଂଗଠିତ ଶ୍ରମିକ ଆନ୍ଦୋଳନ ୧୯୨୦ ମସିହାରୁ ଆରମ୍ଭ ହେଲା ବୋଲି କହିଲେ ଚଳେ। ଏହା ପୂର୍ବରୁ ଶ୍ରମିକମାନେ ବିକ୍ଷିପ୍ତ ଭାବରେ ଓ କାଁ ଭାଁ ସ୍ଥାନୀୟ କାରଣ ଯୋଗୁ ମାଲିକମାନଙ୍କ ବିରୋଧରେ କେବଳ ପ୍ରତିବାଦ କରିଥିଲେ। ୧୮୭୭ ମସିହାରେ ନାଗପୁରର ଇମ୍ପ୍ରେସ୍ ମିଲ (Empress mill)ର ଶ୍ରମିକମାନେ ଅତି ନିମ୍ନ ମଜୁରୀପାଇଁ ବିକ୍ଷୋଭ ପ୍ରଦର୍ଶନ କରିଥିଲେ। କିନ୍ତୁ ଧାରାବାହିକ ଆନ୍ଦୋଳନ ୧୯୨୦ ମସିହା ଠାରୁ ଆରମ୍ଭ ହେଲା। ମାତ୍ର ଯୁକ୍ତରାଷ୍ଟ୍ର ଆମେରିକାରେ ୧୮୫୯ ବେଳକୁ ଶ୍ରମିକମାନଙ୍କର ଏକ ଟାଣୁଆ ଆନ୍ଦୋଳନ ଆରମ୍ଭ ହୋଇ ପାରିଥିଲା ଏବଂ ବ୍ରିଟେନରେ ୧୫୬୩ ବେଳକୁ ଶ୍ରମିକ ସଂସ୍ଥମାନ ଗଢି ଉଠିଥିଲା। ଆନ୍ଦୋଳନର ପ୍ରାରମ୍ଭରେ

ଅନ୍ୟାନ୍ୟ ଦେଶମାନଙ୍କ ପରି ଆମ ଦେଶରେ ମଧ୍ୟ କଳ ମାଲିମାନେ କାରଖାନାରେ ଶ୍ରମିକ ସଂସ୍ଥା ଗଠନର ତୀବ୍ର ବିରୋଧ କରିଥିଲେ। କିନ୍ତୁ ଅନ୍ୟାନ୍ୟ ଦେଶମାନଙ୍କର ଶ୍ରମିକ ସଂସ୍ଥା ପରି ଭାରତର ଶ୍ରମିକ ସଂସ୍ଥା ଗୁଡିକ ସ୍ୱତଃସ୍ଫୁର୍ତ୍ତ ନୁହେଁ।

ଆମର ଶ୍ରମିକ ସଂସ୍ଥା ଗୁଡିକ ମୁଖ୍ୟତଃ ଶ୍ରମଜୀବୀ-ସମ୍ବଳ ହୋଇପାରିନାହିଁ। ଶ୍ରମିକ ସଂଗଠନ ଗୁଡିକର ପ୍ରାରମ୍ଭିକ ଅବସ୍ଥା ପର୍ଯ୍ୟାଲୋଚନା କଲେ ଜଣାଯାଏ ଯେ, ସେଗୁଡିକ ଅଣଶ୍ରମଜୀବୀ ଅର୍ଥାତ୍ ବୁଦ୍ଧିଜୀବୀ ମାନଙ୍କର ପ୍ରେରଣା ଓ ପ୍ରୋତ୍ସାହନ ଦ୍ୱାରା ଗଢି ଉଠିଛି। ଆମର ଶ୍ରମିକ ଆନ୍ଦୋଳନ ଜାତୀୟ ଆନ୍ଦୋଳନ ସହ ଓତଃପ୍ରୋତ ଭାବରେ ଜଡିତ। ଜାତୀୟ ସଂଗ୍ରାମ ବେଳେ ସାଧାରଣତଃ ତିନି ଶ୍ରେଣୀର ବୁଦ୍ଧିଜୀବି ଶ୍ରମ ଆନ୍ଦୋଳନର ଅଗ୍ରଣୀ ଥିଲେ-ସେମାନେ ହେଲେ ୧-ଜାତୀୟ ସଂଗ୍ରାମର ନେତୃବର୍ଗ, ୨-ନେତୃ ସ୍ଥାନୀୟ ସମାଜସେବୀ , ୩-ମାର୍କସଲେନିନ୍ ପନ୍ଥୀ ବିପ୍ଳବବାଦୀ। ଏହି ତିନି ଶ୍ରେଣୀର ନେତାମାନେ ମୁଖ୍ୟତଃ ସେମାନଙ୍କ ନିଜ ନିଜର ଉଦ୍ଦେଶ୍ୟ ସାଧନ ପାଇଁ ଶ୍ରମିକ ସଂଗଠନ ଗୁଡିକୁ ରୂପ ଦେଇଥିଲେ। ବିକ୍ଷିପ୍ତ ଓ ପୁଞ୍ଜିପତିମାନଙ୍କ ଦ୍ୱାରା ଶୋଷିତ ଓ ନିଷ୍ପେଷିତ ଶ୍ରମିକମାନଙ୍କୁ ସଂଗଠିତ କରି ଏକ ଧାରାବାହିକ ଶ୍ରମିକ ଆନ୍ଦୋଳନର ସୂତ୍ରପାତ ଏହି ବୁଦ୍ଧିଜୀବି ମାନଙ୍କ ଯୋଗୁ ହିଁ ହୋଇପାରିଥିଲା, ଏବଂ ସେଥିପାଇଁ ସେମାନେ ପ୍ରଶଂସାର୍ହ। କିନ୍ତୁ ସେହି ବୁଦ୍ଧିଜୀବୀ ଓ ପରେ ଅନ୍ୟାନ୍ୟ ଅଣ-ଶ୍ରମିକ ନେତାମାନେ ହିଁ ବର୍ତ୍ତମାନ ଶ୍ରମିକ ସଂସ୍ଥାମାନଙ୍କରେ ଦେଖା ଦେଇଥିବା ଗୁରୁତର ଦୋଷତ୍ରୁଟି ପାଇଁ ବେଶି ପରିମାଣରେ ଦାୟୀ। ଶ୍ରମିକମାନଙ୍କ ମଧ୍ୟରେ ଉପଯୁକ୍ତ ଶିକ୍ଷାର ଅଭାବ; ଏବଂ ଏପରି ସ୍ଥଳେ ବହୁଳଭାବେ ଶ୍ରମଆଇନ୍ ପ୍ରଣୟନ, ସରକାରୀ ଭାବେ ଇଂରାଜୀ ଭାଷାର ପ୍ରଚଳନ ବାହାରର ରାଜନୈତିକ ନେତାମାନଙ୍କର ପ୍ରବେଶକୁ ସୁଗମ କରିଦେଲଣି। ଅନ୍ୟାନ୍ୟ ଆଭ୍ୟନ୍ତରୀଣ ଦୋଷ ତ୍ରୁଟି ମାନଙ୍କ ମଧ୍ୟରେ ଶ୍ରମିକ-ସଂସ୍ଥାମାନଙ୍କର ଦୁର୍ବଳ ଆର୍ଥିକ ଅବସ୍ଥା ଏବଂ ଶ୍ରମିକମାନଙ୍କର ସିଧାସଳଖ ଭାବେ ମାଲିକମାନଙ୍କ ସହ ଆଲୋଚନା ଚଳାଇବାର ଅସୁବିଧା ଇତ୍ୟାଦି ପ୍ରଧାନ।

ମୋଟାମୋଟି ଭାବରେ ଦେଖିବାକୁ ଗଲେ ଆମର ଶ୍ରମିକ ସଂସ୍ଥା ମାନଙ୍କର ଆଭ୍ୟନ୍ତରୀଣ, ସାଂଗଠନିକ ଓ ପ୍ରଶାସନିକ ଅବସ୍ଥା ଅତି ଦୁର୍ବଳ। ଏକ ଦୃଢ, ସୁସଂଗଠିତ ଓ ଦାୟିତ୍ୱସଂପନ୍ନ ଶ୍ରମିକ-ଆନ୍ଦୋଳନର ବିକାଶ କରିବାକୁ ହେଲେ ବର୍ତ୍ତମାନର ଶ୍ରମିକ-ସଂସ୍ଥା ଗୁଡିକର ବିଶେଷ ପରିବର୍ତ୍ତନ ଆବଶ୍ୟକ। ପ୍ରଥମତଃ ଶ୍ରମିକମାନଙ୍କ ମଧ୍ୟରେ ଏକ ଦୃଢ ସଂଗଠନ ଚେତନା ଆସିବା ଆବଶ୍ୟକ। ଶ୍ରମିକ ମାନେ ଶିଳ୍ପ ସମ୍ବନ୍ଧୀୟ ଓ ଅର୍ଥନୈତିକ ପ୍ରଶାସନିକ କାର୍ଯ୍ୟଗୁଡିକ ଉତ୍ତମ ରୂପେ ତୁଲାଇବାକୁ ହେଲେ ଶ୍ରମିକମାନଙ୍କ ଭିତରୁ ହିଁ ଶ୍ରମିକଙ୍କ ନେତୃବର୍ଗ ବାହାରିବା ଉଚିତ। କେବଳ ବିପ୍ଳବବାଦୀ ହୋଇ

ପଡିବା ଶ୍ରମିକମାନଙ୍କର ଲକ୍ଷ୍ୟ ହେବା ଉଚିତ ହେବ ନାହିଁ। ଦେଶର ଦ୍ରୁତ ଶିଳ୍ପାୟନରେ ସେମାନଙ୍କର ଯେ ଏକ ଗଠନମୂଳକ ଭୂମିକା ରହିବ ତାହା, ଭଲ ଭାବେ ହୃଦୟଙ୍ଗମ କରି କାର୍ଯ୍ୟ କରିବା ଉଚିତ। ବିଶେଷତଃ ଶିଳ୍ପ କ୍ଷେତ୍ରରେ ବିଶେଷ ସୁପ୍ରସାରଣ ହେଉଥିବା ଦୃଷ୍ଟିରୁ ଶ୍ରମିକ ମାନେ ନିଜର କର୍ତ୍ତବ୍ୟ ଗୁଡିକ ପ୍ରତି ଅଧିକ ସଜାଗ ଓ ସଚେତନ ହେବା ଉଚିତ। ତା' ନହେଲେ ବର୍ଦ୍ଧିଷ୍ଣୁ ଶିଳ୍ପ କ୍ଷେତ୍ରରେ ଗୁରୁତର ବିଭ୍ରାଟ ଉପୁଜିବ। ଶ୍ରମିକମାନେ କଳକାରଖାନାର ପରିଚାଳନା ଦାୟିତ୍ୱରେ ମିଳିତ ପରିଚାଳନା ପରିଷଦ (Joint Management Councils) ଜରିଆରେ ଅଂଶ ଗ୍ରହଣ କରିବାକୁ ହେଲେ ସେମାନଙ୍କର ଶିକ୍ଷାଗତ ଯୋଗ୍ୟତା ବୃଦ୍ଧି ପାଇବା ଉଚିତ। ଅର୍ଥାତ୍ ଶ୍ରମିକ ସଂସ୍ଥାମାନଙ୍କର ବ୍ୟାପକ ଗୁଣାତ୍ମକ ପରିବର୍ତ୍ତନ (Qualitative Improvement) ଆବଶ୍ୟକ।

କିନ୍ତୁ ଏଭଳି ବ୍ୟାପକ ଗୁଣାତ୍ମକ ପରିବର୍ତ୍ତନ ନିମିତ୍ତ ଶ୍ରମିକ ସଂଘ ଗୁଡିକର ଆମୂଳଚୂଳ ପରିବର୍ତ୍ତନ ଆବଶ୍ୟକ। ଶ୍ରମିକ ସଂଘ ଗୁଡିକ ସେତିକି ସ୍ୱାଧୀନ ହୋଇ ପାରିଲେ, ସେମାନେ ସେତିକି ସୁସ୍ଥ ଓ ଶକ୍ତିଶାଳୀ ହେଇପାରିବେ। ସ୍ୱାଧୀନ ଭାବେ, ନିଜ ଗୋଷ୍ଠୀ ଓ ଦେଶପ୍ରତି ସେମାନଙ୍କର ଦାୟିତ୍ୱ ତୁଲାଇବା ନିମିତ୍ତ ସେମାନେ ପ୍ରସ୍ତୁତ ହେବା ଉଚିତ୍ ଏବଂ ଏଥିପାଇଁ ରାଜନୈତିକ ଦଳ ଗୁଡିକର ହାତବାରିଶୀ ହୋଇ କାମ କରିବା ଅନୁଚିତ। ଶ୍ରୀ ସି.ସୁବ୍ରମଣ୍ୟମ ଯେତେବେଳେ ଇସ୍ପାତ ଓ ଖଣି ମନ୍ତ୍ରୀ ଥିଲେ, କହିଥିଲେ "unless we take away the political attachment of trade unions no progress will be possible in public sectors" ତାଙ୍କ ମତରେ ଭାରତୀୟ ଶ୍ରମିକସଂଘର ଦଳୀୟ ଭିତ୍ତି ହେଉଛି ଏକ ମୌଳିକ ଅପରାଧ। (Original Sign) । ରାଜନୈତିକ ଦଳ ମାନଙ୍କ ପ୍ରଭାବରୁ ପୂର୍ଣ୍ଣଭାବେ ମୁକ୍ତ ନ ରହିଲେ, ଏକ ସୁସ୍ଥ ଶ୍ରମିକ ସଂଘର ବିକଶ ଅସମ୍ଭବ। କେବଳ ନିଜର ସ୍ୱାର୍ଥ ଦୃଷ୍ଟିରୁ ତା' ନୁହେଁ, ଦେଶର ବୃହତ୍ତର ସ୍ୱାର୍ଥ ଦୃଷ୍ଟିରୁ ଓ ଏକ ଯୋଜନାବଦ୍ଧ ଅର୍ଥନୀତିର ଆବଶ୍ୟକତା ଦୃଷ୍ଟିରୁ ଶ୍ରମିକ ସଂଘ ଗୁଡିକ ଦଳୀୟ ରାଜନୈତିକ ପ୍ରଭାବରୁ ଦୂରରେ ରହିବା ଉଚିତ୍। ଆମେରିକାର ଶ୍ରମିକ ସଂଘ ଗୁଡିକ ଖୁବ୍ ଶକ୍ତିଶାଳୀ ହୋଇଥିବା ଦୃଷ୍ଟିରୁ ଶ୍ରମିକସଂଘ ଗୁଡିକ ଦଳୀୟ ରାଜନୈତିକ ଦଳମାନଙ୍କୁ ନିଜ କାମରେ ଲଗାନ୍ତି। କିନ୍ତୁ ଆମର ସଂଘଗୁଡିକର ଦୁର୍ବଳତାର ସୁଯୋଗନେଇ ରାଜନୈତିକ ଦଳ ଗୁଡିକ ସେମାନଙ୍କର ନିଜନିଜର ସ୍ୱାର୍ଥସାଧନ ପାଇଁ ସଂଘ ଗୁଡିକୁ ନିୟୋଜିତ କରନ୍ତି। ଯାହାଦ୍ୱାରା କି ଶ୍ରମିକ ସଂଘ ଗୁଡିକ ଆହୁରି ଦୁର୍ବଳ ହେଇପଡନ୍ତି।

ଦ୍ରୁତ ଶିଳ୍ପାୟନ ଜରିଆରେ ସମାଜବାଦୀ ସମାଜ ଗଠନ କରିବାକୁ ହେଲେ ଶିଳ୍ପ କ୍ଷେତ୍ରରେ ଶ୍ରମ-ବିବାଦ ରହିବା ଅନୁଚିତ। ଶ୍ରମିକ ମାନଙ୍କର ସମସ୍ୟା ଗୁଡିକୁ

ଯଥାଶୀଘ୍ର ଆପୋଷ ଆଲୋଚନା ଦ୍ୱାରା ତୁଟାଇଦେବା ଆବଶ୍ୟକ। ଶ୍ରମିକ ମାନଙ୍କ ମଧ୍ୟରେ ଗୁରୁତର ଅଶାନ୍ତି ରହିଲେ ଶିଳ୍ପ କାର୍ଯ୍ୟ ଯେ ବ୍ୟାହତ ହେବ ତାନୁହେଁ। ଭବିଷ୍ୟତ ଉନ୍ନୟନର ମୂଳଦୁଆ କଞ୍ଚା ହୋଇପଡିବ। ବେସରକାରୀ କ୍ଷେତ୍ରରେ ଶ୍ରମିକ-କଳ ମାଲିକମାନଙ୍କ ମଧ୍ୟରେ ସୁସମ୍ପର୍କ ସ୍ଥାପନ କରିବା ନିମିତ୍ତ ପ୍ରଥମେ ରାଷ୍ଟ୍ରାୟତ୍ତଶିଳ୍ପ କ୍ଷେତ୍ରରେ ରାଷ୍ଟ୍ର ଏକ ଆଦର୍ଶ କଳମାଲିକ (Model employer) ହେବା ଉଚିତ। ସରକାରୀ ଉଦ୍ୟୋଗରେ ଏକ ନିର୍ଦ୍ଦିଷ୍ଟ ପୁଞ୍ଜିପତି ଦ୍ୱାରା ଶ୍ରମିକ ମାନଙ୍କର ଶୋଷଣ ହୋଇ ନଥାଏ,ତେଣୁ ଏଠାରେ ଅନ୍ୟାନ୍ୟ ସମସ୍ୟା ଯଥା ଶ୍ରମିକମାନଙ୍କୁ କାରଖାନାର ଉପଯୁକ୍ତ ଲାଭାଂଶ ଦେବା, ଅନ୍ୟାନ୍ୟ ସୁଖସୁବିଧା ଦେବା, କାର୍ଯ୍ୟ କରିବା ନିମିତ୍ତ କଳକାରଖାନାରେ ଉପଯୁକ୍ତ ପରିବେଶ ସୃଷ୍ଟିକରିବା ଇତ୍ୟାଦି ପ୍ରତି ନଜର ଦେଇ ଶ୍ରମିକ-ବାଦ ବିସମ୍ବାଦକୁ ପୁରା ଏଡାଇ ଦେଇ ହେବ। କାରଖାନାର ପରିଚାଳନାରେ ମଧ୍ୟ ଶ୍ରମିକମାନେ ଯଥାଯଥ ଅଂଶଗ୍ରହଣ କରିବା ଆବଶ୍ୟକ। ତାହାହେଲେ ସାଧାରଣତଃ ଉପୁଜୁଥିବା ବହୁତ ଭୁଲ ବୁଝାମଣା ଦୂର ହୋଇ ପାରିବ ଏବଂ ଶ୍ରମିକମାନେ କଳକାରଖାନା ଗୁଡିକ ନିଜରବୋଲି ଗ୍ରହଣକରିବେ ଓ ଉତ୍ପାଦିକାଶକ୍ତି ନିଶ୍ଚିତ ଭାବେ ବଢିବ। କିନ୍ତୁ ରାଉରକେଲା ଓ ଭୋପାଳ ଇତ୍ୟାଦି ସରକାରୀ କାରଖାନା ଗୁଡିକରେ ଯେଉଁ ଶ୍ରମିକ-ଅଶାନ୍ତି ଦେଖାଗଲା, ତାହା ଅତି କ୍ଷୋଭର ବିଷୟ। ଦଳୀୟ ସ୍ୱାର୍ଥ ସିଦ୍ଧିପାଇଁ କେତେକ ରାଜନୈତିକ ଦଳ ସେ ଶ୍ରମିକମାନଙ୍କୁ ହାତବାରିସୀ କରି ଅଶାନ୍ତି ଉପୁଜାଉଛନ୍ତି, ଏଥିରେ ସନ୍ଦେହ ନାହିଁ, କିନ୍ତୁ ସରକାରୀ କଳ କାରଖାନା ମାନଙ୍କରେ ସେ ଏଭଳି ଅଶାନ୍ତି ଉପୁଜିବା ପାଇଁ ଅବକାଶ ରହୁଛି, ତାହ ବିଶେଷ ପରିତାପର ବିଷୟ।

ବିକାଶଶୀଳ ରାଷ୍ଟ୍ରରେ କୃଷି ଓ ଶିଳ୍ପ କ୍ଷେତ୍ରରେ ବ୍ୟାପକ ଅଭିବୃଦ୍ଧି ନିମିତ୍ତ ଓ ଉନ୍ନୟନର ଧାରାକୁ ଅବ୍ୟାହତ ରଖିବା ନିମିତ୍ତ ଅଧିକ ସ୍ୱାଧୀନ, ଶକ୍ତିଶାଳୀ, ଉଦ୍ଦେଶ୍ୟ ମୂଳକ ଓ ଗଠନ ମୂଳକ ଶ୍ରମିକ ସଂଘ ଗଠନର ଯଥେଷ୍ଟ ଆବଶ୍ୟକତା ରହିଛି। କଳକାରଖାନା ଗୁଡିକରେ ଯେତିକି ଶ୍ରମ ଅଶାନ୍ତି ଦେଖାଦେବ ଶିଳ୍ପାୟନ ସେତିକି ବ୍ୟାହତ ହେବ। ଏହି ଶ୍ରମ-ଅଶାନ୍ତି ଏଡାଇବାକୁ ହେଲେ ଶ୍ରମିକମାନଙ୍କୁ ଆବଶ୍ୟକ ଶିକ୍ଷା ଦେବାର ବ୍ୟବସ୍ଥା କରିବା ଓ ସଂଘ ଗୁଡିକର ଆର୍ଥିକ ସ୍ୱଚ୍ଛଳତା ପ୍ରତି ଦୃଷ୍ଟି ଦେବାକୁ ହେବ। ତାହାହେଲେ ଶ୍ରମଜୀବୀମାନଙ୍କ ମଧ୍ୟରୁ ହିଁ ଏକ ନେତୃଶ୍ରେଣୀ ଗଢି ଉଠିବ ଓ ସଂଘଗୁଡିକ ରାଜନୈତିକ ପ୍ରଭାବରୁ ଦୂରରେ ରହି ସେମାନଙ୍କର ଗୁରୁଦାୟିତ୍ୱ ତୁଲାଇପାରିବେ।

■

ବାଣୀ ବିଥିକା, ଦ୍ୱିତୀୟବର୍ଷ, ଜାନୁଆରୀ, ୧୯୬୫

ଅନୁନ୍ନତ ରାଷ୍ଟ୍ରର ମୁଦ୍ରାସ୍ଫୀତି

ଅନୁନ୍ନତ ରାଷ୍ଟ୍ରର ଜନସାଧାରଣ ସେ ଆଉ ବେଶୀ ଦିନ ଅନଗ୍ରସର ଅବସ୍ଥାରେ ରହିବାକୁ ଚାହାଁନ୍ତି ନାହିଁ ତାହା ବର୍ତ୍ତମାନ ଏହି ରାଷ୍ଟ୍ରମାନଙ୍କର ସାମାଜିକ, ରାଜନୈତିକ ଓ ଅର୍ଥନୈତିକ କ୍ଷେତ୍ରରେ ଦୈନନ୍ଦିନ ଘଟିଯାଉଥିବା ବିପ୍ଳବାତ୍ମକ ପରିବର୍ତ୍ତନରୁ ସ୍ପଷ୍ଟ ପ୍ରମାଣିତ ହେଉଛି। ପ୍ରାୟ ସମଗ୍ର ଅନଗ୍ରସର ଜଗତରେ ପରିବର୍ତ୍ତନର ଯେ ଏକ ପ୍ରବଳ ବାତ୍ୟା ବହୁଛି ଏଥିରେ ସନ୍ଦେହ ନାହିଁ। ଶତାଧିକ ବର୍ଷ ସାମାଜ୍ୟବାଦର କବଳରେ ରହିବାପରେ ରାତାରାତି ଉନ୍ନତ ବା ବିଭବଶାଳୀ ହେବା ପାଇଁ ବର୍ତ୍ତମାନ ପ୍ରତ୍ୟେକ ଅନୁନ୍ନତ ରାଷ୍ଟ୍ରରେ ଲୋକମତ ଦେଖାଯାଉଛି। ନୂତନ ଜାଞ୍ଜିବର ସରକାର ପ୍ରଗତି ନାଁରେ ଯେଉଁସବୁ ରିକ୍‌ସାଗୁଡ଼ିକୁ ପୋଡ଼ି ପକାଇଲେ, ଏବଂ ଇଣ୍ଡୋନେସିଆ ସରକାର ସମସ୍ତ ଇଂରେଜ ସମ୍ପତ୍ତିର ଜାତୀୟକରଣ କରିଦେଲେ ଏବଂ ବର୍ମା ସରକାର ଯେପରି ଭାବରେ ଦୋକାନ ଗୁଡ଼ିକୁ ମଧ୍ୟ ଜାତୀୟକରଣ କରିଦେଲେ, ସେଥିରୁ ଏହି ଧୈର୍ଯ୍ୟହୀନତାର ପରିଚୟ ମିଳେ। ଏଥିରୁ ସ୍ପଷ୍ଟ ଜଣାପଡୁଛି ଯେ ସେମାନେ ଆଉ ସେଇ ପୁରୁଣା କାଳିଆ ମାନଧାତା ଅମଳର ପୁଞ୍ଜିବାଦୀ ତଥା ସାମନ୍ତବାଦୀ ପନ୍ଥା ଅନୁସରଣକରି ଅର୍ଥନୈତିକ ବିକାଶ ପାଇଁ ବର୍ଷ ବର୍ଷ ଧରି ଅପେକ୍ଷା କରିବା ପାଇଁ ପ୍ରସ୍ତୁତ ନୁହଁନ୍ତି। ଯୋଜନା ସେମାନଙ୍କ ପାଇଁ ଅପରିହାର୍ଯ୍ୟ ହୋଇ ପଡିଛି। ଯୋଜନା ଜରିଆରେ ବର୍ତ୍ତମାନର ଯଥା ପୂର୍ବଂ ତଥା ପରଂ ଅର୍ଥନୈତିକ ବ୍ୟବସ୍ଥାରେ ବିପ୍ଳବାତ୍ମକ, ପରିବର୍ତ୍ତନ ଆଣି ଆଜିର ଉନ୍ନତ ରାଷ୍ଟ୍ରମାନଙ୍କ ସହ କାନ୍ଧ ମିଳାଇ ରହିବାକୁ ସେମାନେ ବ୍ୟାକୁଳ।

ଏହି ରାଷ୍ଟ୍ରଗୁଡ଼ିକ ସେମାନଙ୍କର ଯୋଜନା କାଳ ମଧ୍ୟରେ ଏକ ବିଶେଷ ପ୍ରକାର ଅବସ୍ଥାର ସମ୍ମୁଖୀନ ହୁଅନ୍ତି। ଯାହାକୁ କି ମୁଦ୍ରାସ୍ଫୀତି କୁହାଯାଏ। ବ୍ୟକ୍ତିଗତ ଉଦ୍ୟୋକ୍ତାମାନଙ୍କର ସ୍ୱଳ୍ପତା ଏବଂ ବେସରକାରୀ ପୁଞ୍ଜିର ଅଭାବ ଯୋଗୁଁ ଏଠାରେ

ରାଷ୍ଟ୍ର ଉଦ୍ୟମରେ ଶିଳ୍ପସଂସ୍ଥା ସବୁ ଗଢାଯାଏ ଏବଂ ସରକାରୀ ଉଦ୍ୟୋଗ ସମଗ୍ର ଅର୍ଥନୀତିରେ ଏକ ବିଶେଷ ଅଂଶ ଗ୍ରହଣ କରେ। ଏଥିପାଇଁ ରାଷ୍ଟ୍ର ଯେଉଁ ପରିମାଣରେ ପୁଞ୍ଜି ଦରକାର କରେ ଏବଂ ପୁଞ୍ଜି ଯେପରି ଭାବରେ ମୁଖ୍ୟତଃ ଗୁରୁଶିଳ୍ପ, ରାସାୟନିକ ଶିଳ୍ପ ଏବଂ ଅନ୍ୟାନ୍ୟ ଅତ୍ୟାବଶ୍ୟକୀୟ ଶିଳ୍ପଗୁଡିକରେ ବିନିଯୁକ୍ତ ହୁଏ ତଦ୍ଦ୍ୱାରା ମୁଦ୍ରାସ୍ଫୀତିକୁ ସାଧାରଣତଃ ଯୁଦ୍ଧକାଳୀନ ଅବସ୍ଥାସହ ସମ୍ପୃକ୍ତକରି ବିଚାର କରାଯାଇଥାଏ। କିନ୍ତୁ ଅନୁନ୍ନତ ରାଷ୍ଟ୍ର ଗୁଡିକରେ ଯୋଜନା ଜରିଆରେ ଅର୍ଥନୈତିକ ଉନ୍ନୟନ ହାସଲ କରିବାକୁ ଗଲାବେଳେ ଯୁଦ୍ଧ ଭିତ୍ତିରେ କାର୍ଯ୍ୟ କରିବାକୁ ପଡିଥାଏ। ତେଣୁ ଯୋଜନାକୁ କାର୍ଯ୍ୟକାରୀ କରିବାକୁ ଗଲାବେଳେ ମୁଦ୍ରାସ୍ଫୀତି ଦେଖାଯାଏ। ମୁଦ୍ରାସ୍ଫୀତି କହିଲେ ଆମେ ସାଧାରଣତଃ ମୂଲ୍ୟବୃଦ୍ଧି ବୁଝିଥାଉ। କିନ୍ତୁ ପ୍ରକୃତରେ ତାହାନୁହେଁ। ମୂଲ୍ୟବୃଦ୍ଧି ମୁଦ୍ରାସ୍ଫୀତିର ଗୋଟିଏ ଲକ୍ଷଣ ମାତ୍ର। ଆର୍ଥିକ ସଂସ୍ଥାରେ ମାନ୍ଦାଅବସ୍ଥା ପରେ ଯେଉଁ ଅର୍ଥନୈତିକ ପୁନରଉତ୍ଥାନ ଘଟେ ସେତେବେଳେ ମୂଲ୍ୟବୃଦ୍ଧି ଘଟେ କିନ୍ତୁ ସେପରି ମୂଲ୍ୟବୃଦ୍ଧିକୁ ମୁଦ୍ରାସ୍ଫୀତିର ଆଖ୍ୟା ଦିଆଯାଇପାରିବ ନାହିଁ। ଯେତେବେଳେ ବିଭିନ୍ନ ପଦାର୍ଥର ଚାହିଦାନୁଯାୟୀ ଉତ୍ପାଦନ ବଢିପାରେ ନାହିଁ ଏବଂ ଚାହିଦା ସେପରି କ୍ରମବର୍ଦ୍ଧିଷ୍ଣୁ ଅବସ୍ଥାରେ ରହେ, ସେତେବେଳେ ଏହି ମୁଦ୍ରାସ୍ଫୀତି ସୃଷ୍ଟିହୁଏ ଏବଂ ଏହି ସମୟରେ ସାଧାରଣତଃ ବିଭିନ୍ନ ଜିନିଷପତ୍ରର ପରିମାଣ ଅପେକ୍ଷା ଟଙ୍କାର ପରିମାଣ ବେଶୀ ହୋଇଥାଏ।

ଏପରି ଅବସ୍ଥାରେ ଅନୁନ୍ନତ ରାଷ୍ଟ୍ରରେ ଯୋଜନା କାଳରେ ଅର୍ଥନୈତିକ ଅଗ୍ରଗତି ପାଇଁ ସମ୍ବଳ ସଂଗଠନ ଉଦ୍ୟମ ଉପରେ କି କି ପ୍ରଭାବ ରହିଛି ତାହା ହିଁ ଆଲୋଚନାର ବସ୍ତୁ। ମୁଦ୍ରାସ୍ଫୀତିର ସମ୍ବଳ ସଂଗଠନ ଉପରେ ଯେଉଁ ଅନୁକୂଳ ବା ପ୍ରତିକୂଳ ପ୍ରଭାବ ପଡିବ ତାହା ବିଚାର କରିବାକୁ ହେଲେ ନିମ୍ନଲିଖିତ ବିଷୟଗୁଡିକୁ ବିଚାର କରିବାକୁ ହେବ।

(କ) ମୁଦ୍ରାସ୍ଫୀତିଜନିତ ଧନର ପୁନର୍ବଣ୍ଟନ, ସଞ୍ଚୟ ଓ ଦ୍ରବ୍ୟ ଉପଭୋଗର ହାର ଉପରେ ପ୍ରଭାବ।

(ଖ) ନୂତନ ନୂତନ ପୁଞ୍ଜି ବିନିଯୋଗର ଦିଗ ନିର୍ଦ୍ଧାରଣ ଉପରେ ମୁଦ୍ରାସ୍ଫୀତିର ପ୍ରଭାବ।

(ଗ) ଅତ୍ୟଧିକ ମୂଲ୍ୟବୃଦ୍ଧି ଘଟିବା ଦ୍ୱାରା ଯେଉଁ ନୂତନ ପରିବେଶ ସୃଷ୍ଟି ହୁଏ ତାହାର ସମଗ୍ର ଅର୍ଥନୀତି ଉପରେ ମୋଟାମୋଟି ପ୍ରଭାବ।

ମୁଦ୍ରାସ୍ଫୀତି ସମୟରେ ଯେଉଁ ଅତ୍ୟଧିକ ମୂଲ୍ୟବୃଦ୍ଧି ଘଟିଥାଏ ତାହାର ଜାତୀୟ ଆୟ ଓ ସମ୍ପଦର ବଣ୍ଟନ ଉପରେ କେତେକ ଗୁରୁତ୍ୱପୂର୍ଣ୍ଣ ପ୍ରଭାବ ପଡିଥାଏ। ଅତ୍ୟଧିକ ମୂଲ୍ୟବୃଦ୍ଧି ଘଟିଲେ ପୁଞ୍ଜିପତି ଓ ଶିଳ୍ପପତିମାନେ ବେଶୀ ଲାଭବାନ୍ ହୋଇଥାନ୍ତି ଏବଂ

ଧନର ବଣ୍ଟନରେ ବୈଷମ୍ୟ ପରିଲକ୍ଷିତ ହୁଏ। ଶିଳ୍ପପତି ଏବଂ ପୁଞ୍ଜିପତିମାନଙ୍କ ହାତରେ ବେଶୀ ବେଶୀ ଧନ ରହିଲେ ତାହା ସମ୍ବଳ ସଂଗଠନରେ ସାହାଯ୍ୟ କରିବା କଥା ଏବଂ ସେମାନଙ୍କର ସଞ୍ଚୟର ହାର ବଢ଼ିବା ସହ ବିଭିନ୍ନ ଶିଳ୍ପରେ ବିନିଯୋଗ ବଢ଼ିବା କଥା। କିନ୍ତୁ ଅନୁନ୍ନତ ରାଷ୍ଟ୍ରମାନଙ୍କରେ ସାଧାରଣତଃ ଏହା ହୋଇନଥାଏ। ଲାଟିନ୍ ଆମେରିକାର ଦେଶଗୁଡ଼ିକର ଅଭିଜ୍ଞତାରୁ ଏବଂ ଆମ ନିଜ ଦେଶର ଅଭିଜ୍ଞତାରୁ ଜଣାପଡ଼ିବ ଯେ ମୁଦ୍ରାସ୍ଫୀତି ବା ଦରବୃଦ୍ଧିର ହାର ସହ ପୁଞ୍ଜି ବିନିଯୋଗ ବୃଦ୍ଧିର ସିଧା ସଳଖ ସମ୍ପର୍କ ରହୁନାହିଁ।

ଏହି ରାଷ୍ଟ୍ରମାନଙ୍କର ମୂଲ୍ୟବୃଦ୍ଧି ବା ମୂଲ୍ୟହାର ସାଧାରଣତଃ କୃଷିର ଉତ୍ପାଦନ ଉପରେ ନିର୍ଭର କରିଥାଏ। କୃଷିଜାତଦ୍ରବ୍ୟ ଜାତୀୟ ଆୟର ଶତକଡ଼ା ୫୦ ଓ ୭୫ ମଧ୍ୟରେ ହୋଇଥାଏ ଏବଂ ଜନସାଧାରଣଙ୍କର ଆୟର ଶତକଡ଼ା ୭୫ ବା ତା ଠାରୁ ବେଶୀ ଅଂଶ ଖାଦ୍ୟରେ ବ୍ୟୟ ହୋଇଥାଏ। ତେଣୁ କୃଷି ଉତ୍ପାଦନର ହ୍ରାସ ଓ ବୃଦ୍ଧି ସହ ସାଧାରଣ ମୂଲ୍ୟର ହ୍ରାସ ବୃଦ୍ଧି ଘଟିଥାଏ। କିନ୍ତୁ ଆମେରିକାର ଇତିହାସରୁ ଜଣାଯାଏ ଯେ ସେଠାରେ କୃଷିଜାତ ଦ୍ରବ୍ୟର ମୂଲ୍ୟସୂଚୀ ସହ ସାଧାରଣ ମୂଲ୍ୟସୂଚୀର ଏବଂ ଶିଳ୍ପ କ୍ଷେତ୍ରରେ ଉତ୍ପାଦନର ସମ୍ପର୍କ ପ୍ରାୟ ନାହିଁ। ବ୍ରାଜିଲ୍‌ରେ ମଧ୍ୟ ଦେଖାଯାଇଛି ଯେ ସେଠାରେ ମୁଦ୍ରାସ୍ଫୀତିର ପରିମାଣ ସହ ସଞ୍ଚୟ ବା ଶିଳ୍ପକ୍ଷେତ୍ରରେ ବିନିଯୋଗର ବିଶେଷ କିଛି ସମ୍ପର୍କ ନାହିଁ। କିନ୍ତୁ ଭାରତ ପରି ଅନୁନ୍ନତ ରାଷ୍ଟ୍ରରେ ଅର୍ଥନୈତିକ ଅଗ୍ରଗତିର ପ୍ରଥମ ପର୍ଯ୍ୟାୟରେ ସମ୍ବଳ ସଂଗଠନ ଓ ମୋଟାମୋଟି ଦୀର୍ଘ ମିଆଦୀ ଅର୍ଥନୈତିକ ବିକାଶ ଉପରେ ମୁଦ୍ରାସ୍ଫୀତିର ପ୍ରଭାବ କଣ ହେବ ସେ ସମ୍ପର୍କରେ ଅର୍ଥନୀତିଜ୍ଞମାନେ ଏକମତ ନୁହଁନ୍ତି। ଏ ସମ୍ପର୍କରେ ଅର୍ଥନୀତିଜ୍ଞ ମାନଙ୍କର ବିଭିନ୍ନ ବିଚାରଧାରା ପ୍ରଥମେ ଆଲୋଚନା କରାଯାଉ।

କେତେକ ଅର୍ଥନୀତିଜ୍ଞ କହନ୍ତି ଯେ ଉନ୍ନୟନ କାଳ ମଧ୍ୟରେ ମୁଦ୍ରାସ୍ଫୀତି ହିତକର ଓ ଦ୍ରୁତ ଅର୍ଥନୈତିକ ବିକାଶ ପାଇଁ ଏହା ଆବଶ୍ୟକ। ସେମାନଙ୍କ ମତରେ ଅନଗ୍ରସର ରାଷ୍ଟ୍ରର ଅର୍ଥନୀତି ପୁରୁଣା କାଳିଆ ଅବସ୍ଥାରୁ ପାରଂପରିକ ସଂସ୍ଥାମାନଙ୍କର ଶୃଙ୍ଖଳ ସବୁ ଛିନ୍ନ କରି ସ୍ୱତଃସ୍ଫୂର୍ତ୍ତ ଅବସ୍ଥାକୁ ପରିବର୍ତ୍ତିତ ହେଲାବେଳେ ଭୟଙ୍କର ମୂଲ୍ୟବୃଦ୍ଧି ନିଶ୍ଚୟ ଘଟିବ ଏବଂ ଏହା ବିକାଶର ହାରକୁ ତ୍ୱରାନ୍ୱିତ କରିବାରେ ସାହାଯ୍ୟ କରିବ। ଏହା ରୁଷିଆ, ଇଂଲଣ୍ଡ, ଆମେରିକା, ଜାପାନ ପ୍ରଭୃତି ଦେଶର ଅଭିଜ୍ଞତାରୁ ପ୍ରମାଣିତ ହୋଇଛି। ଏହାର କାରଣ ସ୍ୱରୂପ ସେମାନେ କହନ୍ତି ଯେ ମୂଲ୍ୟବୃଦ୍ଧି ଘଟିବା ଦ୍ୱାରା ପ୍ରଧାନତଃ କୃଷକ ଶ୍ରେଣୀ ଓ ଶିଳ୍ପପତିମାନେ ବିଶେଷ ଲାଭବାନ୍ ହୋଇଥାଆନ୍ତି ଏବଂ ସେମାନେ ଲାଭବାନ୍ ହେବା ଦ୍ୱାରା ଅର୍ଥନୀତିର ଦୁଇଟି ମୁଖ୍ୟ କ୍ଷେତ୍ରରେ ବିକାଶ ସାଧିତ ହୁଏ

ଏବଂ ଏହି ଦୁଇଟିକ୍ଷେତ୍ର ପରସ୍ପର ବିରୋଧୀମୂଳକ ନୁହେଁ। ଉଭୟ ପରସ୍ପରର ପରିପୂରକ। ଫଳରେ ଉନ୍ନୟନ ବାଧାପ୍ରାପ୍ତ ନହୋଇ ତ୍ୱରାନ୍ୱିତ ହୋଇଥାଏ।

ଏହି ଅର୍ଥନୀତିଜ୍ଞମାନେ ପୁଣି ମତ ଦିଅନ୍ତି ସେ ଯେତେବେଳେ ଅର୍ଥନୀତି ପରଂପରାର ଜାଲ ମଧ୍ୟରେ ବାନ୍ଧିହୋଇ ରହିଥାଏ ସେତେବେଳେ ଏକ ସାହାସୀ ଉଦ୍ୟୋକ୍ତା ଶ୍ରେଣୀ ସୃଷ୍ଟିହେବାପାଇଁ ଅନୁକୂଳ ପରିବେଶ ନଥାଏ ଏବଂ ଦୀର୍ଘ ମିଆଦୀ ଅନିଶ୍ଚିତ ଯୋଜନାଗୁଡିକରେ ପୁଞ୍ଜି ବିନିଯୋଗ ହୋଇପାରେ ନାହିଁ ଓ ଦେଶର ଭବିଷ୍ୟତ ଶିଳ୍ପାୟନ ବା ପ୍ରଗତି ଗୁରୁତର ଭାବେ ବ୍ୟାହତ ହୁଏ। କିନ୍ତୁ ଉନ୍ନୟନର ପ୍ରାକ୍‌କାଳରେ ଲାଭଜନକ ଭାବରେ ପୁଞ୍ଜି ଲଗାଣ ପାଇଁ ଉପଯୁକ୍ତ କ୍ଷେତ୍ର ସୃଷ୍ଟି ହୁଏ ଏବଂ ଧୀରେ ଧୀରେ ଏହାର ପରିସର ବୃଦ୍ଧିପାଏ। ପୂର୍ବରୁ ଯେଉଁ ଧନବିଳାସୀ ଜମିଦାରମାନଙ୍କ ଦ୍ୱାରା ସୌଖୀନ୍ ଦ୍ରବ୍ୟ କ୍ରୟ କରିବାରେ ଧନ ବ୍ୟବହୃତ ହେଉଥିଲା ତାହା ଆସ୍ତେ ଆସ୍ତେ ଶିଳ୍ପରେ ଖଟେଇବା ପାଇଁ ବ୍ୟବହୃତ ହେବ ଏବଂ ଯେଉଁ ଧନ ସବୁ ମନ୍ଦିର ନିର୍ମାଣ କରିବା ବା ସ୍ମୃତି ରକ୍ଷା କରିବା ଉଦ୍ଦେଶ୍ୟରେ ବିଭିନ୍ନ ଫଳକ ସ୍ଥାପନ କରିବା ଏବଂ ଗହଣା ତିଆରି କରିବା ଓ ଭୂଇଁ ତଳେ ପୋତି ରଖିବା ପ୍ରଭୃତି ଅଣ ଉତ୍ପାଦନକାରୀ କ୍ଷେତ୍ରରେ ବ୍ୟବହୃତ ହେଉଥିଲା ତାହା ବିଭିନ୍ନ ଲାଭଜନକ କ୍ଷେତ୍ରରେ ବ୍ୟବହୃତ ହେବ ଏବଂ ସମାଜର ସଞ୍ଚୟର ହାର ବୃଦ୍ଧି ହେବା ସହ ପୁଞ୍ଜି ଗଠିତ ହୋଇପାରିବ। ଆସ୍ତେ ଆସ୍ତେ ମହାଜନ ଏବଂ ସାହୁକାରମାନେ ଧନକୁ ବ୍ୟକ୍ତିଗତ ଭାବରେ ଋଣ ନଦେଇ ବିଭିନ୍ନ ଶିଳ୍ପରେ ଲଗାଇବା ପାଇଁ ପ୍ରୋତ୍ସାହିତ ହେବେ, କାରଣ ବିଭିନ୍ନ ଶିଳ୍ପରେ ପୁଞ୍ଜି ଖଟେଇଲେ ଏକ ନିଶ୍ଚିତ ଲାଭର ସମ୍ଭାବନା ସେମାନେ ଦେଖିପାରିବେ। ଏ ସମସ୍ତ ଫଳରେ ଅର୍ଥନୀତିରେ ଏକ ଦ୍ରୁତ ଏବଂ ପୂର୍ଣ୍ଣାଙ୍ଗ ରୂପାନ୍ତର ଘଟିବ।

ଏ ଗଲା ଶିଳ୍ପକ୍ଷେତ୍ରରେ ଉନ୍ନୟନ କାଳ ମଧ୍ୟରେ ଘଟିବା ମୂଲ୍ୟବୃଦ୍ଧିର ଫଳ। କୃଷିକ୍ଷେତ୍ରରେ ମଧ୍ୟ ମୂଲ୍ୟବୃଦ୍ଧି ସହ ଆପେ ଆପେ ଉନ୍ନତି ହେବ। କାରଣ ସ୍ୱରୂପ ସେମାନେ କହନ୍ତି ଯେ ଦେଶରେ ଶିଳ୍ପ କ୍ଷେତ୍ରରେ ପରିସର ଓ କାର୍ଯ୍ୟ ବଢିବା ସହିତ ଅଧିକରୁ ଅଧିକ କୃଷିଜାତ କଞ୍ଚାମାଲ ଦରକାର ପଡିବ ଏବଂ ଜନସାଧାରଣଙ୍କର ମୁଣ୍ଡପିଛା ଆୟ ବଢିବା ସହ ଖାଦ୍ୟ ପଦାର୍ଥର ଚାହିଦାର ପରିମାଣ ଓ ମାନବୃଦ୍ଧି ଘଟିବ। କିନ୍ତୁ ସ୍ୱଳ୍ପମିଆଦୀ ଭାବରେ କୃଷିଜାତ ପଦାର୍ଥର ଯୋଗାଣ ଚାହିଦାର ବୃଦ୍ଧି ସହ ବଢିପାରିବନାହିଁ। ଫଳରେ ଖାଦ୍ୟ ପଦାର୍ଥ ଓ କୃଷିଜାତ ଦ୍ରବ୍ୟଗୁଡିକ ପାଇଁ ଚାଷୀ ଯେଉଁ କମ୍ ମୂଲ୍ୟ ପାଉଥିଲା ତାହା ନପାଇ ନ୍ୟାଯ୍ୟ ମୂଲ୍ୟପାଇବ ବା ଅଧିକ ମୂଲ୍ୟ ମଧ୍ୟ ପାଇପାରେ। କିନ୍ତୁ ତାର ଉତ୍ପାଦନ ଖର୍ଚ୍ଚ ତଦନୁଯାୟୀ ବଢିବନାହିଁ, ଫଳରେ ସେ କୃଷିକ୍ଷେତ୍ରରେ ଉତ୍ପାଦନ ବଢାଇ ଅଧିକ ଲାଭ ପାଇବା ପାଇଁ ଆସ୍ତେ ଆସ୍ତେ ଉତ୍ସାହିତ

ହେବ ଏବଂ କୃଷକର ଆର୍ଥିକ ସ୍ୱଚ୍ଛଳତା ବଢ଼ିବା ସହ ସେ ଜମିରେ ବେଶୀ ପୁଞ୍ଜି ଖଟାଇବ ଏବଂ ନୂତନ ନୂତନ ବୈଜ୍ଞାନିକ ପନ୍ଥାର ଆଶ୍ରୟ ଗ୍ରହଣ କରିବ। ଏହିପରି ଭାବେ ମୂଲ୍ୟବୃଦ୍ଧି ଫଳରେ ଶିଳ୍ପାୟନ କାର୍ଯ୍ୟ ଦ୍ରୁତ ହୋଇପାରିବ ଏବଂ କୃଷି କ୍ଷେତ୍ରରେ ମଧ୍ୟ ଅନୁରୂପ ଉନ୍ନତି ଘଟିପାରିବ ଏବଂ ଅର୍ଥନୀତି ପରଂପରାର ବନ୍ଧନରୁ ମୁକ୍ତି ପାଇ ସ୍ୱତଃସ୍ଫୁର୍ତ୍ତ ହେବାର ପଥକୁ ମୂଲ୍ୟବୃଦ୍ଧି ସୁଗମ କରିଦେବ।

ଅନ୍ୟ କେତେକ, ଅର୍ଥନୀତିଜ୍ଞ ଏହାର ଠିକ୍ ବିପରୀତ ମତ ଦିଅନ୍ତି। ଅର୍ଥାତ୍ ସେମାନଙ୍କ ମତରେ ମୁଦ୍ରାସ୍ଫୀତି ଉନ୍ନୟନର ସହାୟକ ନୁହେଁ, ଏହା ପ୍ରତିବନ୍ଧକ ମାତ୍ର ଏବଂ ବିଶେଷତଃ ଅନୁନ୍ନତ ରାଷ୍ଟ୍ରଗୁଡ଼ିକରେ ଯଦି ମୁଦ୍ରାସ୍ଫୀତି ଘଟେ ଏହା ଖୁବ୍ କମ୍ ସମୟରେ ଭୟଙ୍କର ଆକାର ଧାରଣ କରେ ଏବଂ ଅଣ ଆୟତ୍ତାଧୀନ ହୋଇ ସମଗ୍ର ଅର୍ଥନୀତିକୁ ବିପର୍ଯ୍ୟସ୍ତ କରିପକାଏ। ଏମାନଙ୍କ ମତରେ ଉନ୍ନୟନର ପ୍ରଥମ ଭାବରେ ମୁଦ୍ରାସ୍ଫୀତିର ଶିଳ୍ପ କ୍ଷେତ୍ରରେ ଅଗ୍ରଗତି ବା କୃଷିକ୍ଷେତ୍ରରେ ଉନ୍ନତି ଉପରେ କିଛି ଅନୁକୂଳ ପ୍ରଭାବ ନାହିଁ। ଏମାନଙ୍କ ଯୁକ୍ତି ହେଲା ଯେ କୃଷିଜାତ ଦ୍ରବ୍ୟର ଚାହିଦା ବୃଦ୍ଧି ସହ ମୂଲ୍ୟବୃଦ୍ଧି ଘଟିପାରେ କିନ୍ତୁ ମୂଲ୍ୟବୃଦ୍ଧି ସହ ଉତ୍ପାଦନ କ୍ଷେତ୍ରରେ ଅନୁରୂପ ବୃଦ୍ଧି ହେବନାହିଁ। ଶିଳ୍ପ କ୍ଷେତ୍ରରେ ଯେପରି ଚାହିଦାର ବୃଦ୍ଧି ସହ ଉତ୍ପାଦନ ବୃଦ୍ଧି କରିବା ସମ୍ଭବ, କୃଷିକ୍ଷେତ୍ରରେ ସେପରି ହଠାତ୍ ଉତ୍ପାଦନ ବୃଦ୍ଧି କରିଦେବା ସମ୍ଭବନୁହେଁ। ପୁନଶ୍ଚ ଅନଗ୍ରସର ରାଷ୍ଟ୍ରମାନଙ୍କରେ କୃଷି ପ୍ରକୃତି ଉପରେ ନିର୍ଭର କରିଥାଏ ଏବଂ ପ୍ରକୃତି ଅନୁକୂଳ ବା ପ୍ରତିକୂଳ ହେବା ସହ କୃଷି କ୍ଷେତ୍ରରେ ଉତ୍ପାଦନ ବୃଦ୍ଧି ବା ହ୍ରାସ ହୋଇଥାଏ। ଏଠାକାର କୃଷକ ଜୀବନର ନିମ୍ନତମ ଆବଶ୍ୟକତା ପୂରଣ କରିପାରି ନଥାଏ ଏବଂ ଯଦି କୃଷିଜାତ ଦ୍ରବ୍ୟର ମୂଲ୍ୟବୃଦ୍ଧି ହେତୁ ସେ କିଛି ଅଧିକ ଅର୍ଥ ପାଏ, ତାହାହେଲେ ସେହି ଧନ ଏହି ଆବଶ୍ୟକତା ପୂରଣ କରିବାରେ ବ୍ୟୟ ହୋଇଥାଏ ଏବଂ ଅନେକ ସମୟରେ ସେ ଉତ୍ପନ୍ନ ଦ୍ରବ୍ୟର ବେଶୀ ଅଂଶ ନିଜେ ଉପଭୋଗ କରିଥାଏ। ଫଳରେ ବଜାରରେ ବିକ୍ରିପାଇଁ ଉଦ୍ଦିଷ୍ଟ ଖାଦ୍ୟ ପଦାର୍ଥର ପରିମାଣ କମିଯାଏ ଏବଂ ଜିନିଷପତ୍ରର ମୂଲ୍ୟ ଆହୁରି ବଢ଼ିଯାଏ। ଆହୁରି ମଧ୍ୟ ଚାଷୀ ଯାହା ବଳକା ମୂଲ୍ୟ ପାଏ ସେହି ମୂଲ୍ୟ ତାହାର ପୂର୍ବର ଋଣ ପରିଶୋଧ କରିବା ଏବଂ ସାମାଜିକ ପର୍ବପର୍ବାଣିରେ ଖର୍ଚ୍ଚ କରିବା ଇତ୍ୟାଦିରେ ବ୍ୟୟ ହୋଇଥାଏ। ତେଣୁ ମୁଦ୍ରାସ୍ଫୀତି ଯୋଗୁ ସେ ଯେଉଁ ଅଧିକ ମୂଲ୍ୟପାଏ, ତାହା ନୂତନ ନୂତନ ବୈଜ୍ଞାନିକ ଉପାୟରେ କୃଷିକ୍ଷେତ୍ରରେ ପ୍ରୟୋଗ କରିବାରେ ବ୍ୟବହୃତ ହୁଏ ନାହିଁ ବରଂ ତାହା ବିଭିନ୍ନ ଅନୁତ୍ପାଦନକାରୀ କାର୍ଯ୍ୟରେ ବ୍ୟବହୃତ ହୁଏ ଓ ପରୋକ୍ଷରେ ତାହା ଉନ୍ନୟନକୁ ତ୍ୱରାନ୍ୱିତ କରିବା ପରିବର୍ତ୍ତେ ମୂଲ୍ୟବୃଦ୍ଧିକୁ କେବଳ ତ୍ୱରାନ୍ୱିତ କରିଥାଏ।

ଶିକ୍ଷକ୍ଷେତ୍ରରେ ମୂଲ୍ୟବୃଦ୍ଧିର ଫଳାଫଳ କ'ଣ ଦେଖାଯାଉ। ଯେଉଁ ଅର୍ଥନୀତିଜ୍ଞମାନେ ମୁଦ୍ରାସ୍ଫୀତିକୁ ଉନ୍ନୟନର ଏକ ଅସ୍ତ୍ର ରୂପେ ବ୍ୟବହାର କରିବା ନୀତିର ପକ୍ଷପାତୀ ନୁହଁନ୍ତି ସେମାନଙ୍କ ଯୁକ୍ତିହେଲା ଯେ ଯେତେବେଳେ ଜିନିଷପତ୍ରର ମୂଲ୍ୟ ଦ୍ରୁତ ଭାବରେ ବଢିଚାଲେ ସେତେବେଳେ ସ୍ୱଳ୍ପ ସଞ୍ଚୟକାରୀମାନେ ଜୀବନ ବୀମା, ପୋଷ୍ଟ ଅଫିସ ବା ଅନ୍ୟାନ୍ୟ ଜାତୀୟ ଯୋଜନାଗୁଡିକରେ ଅର୍ଥ ବିନିଯୋଗ କରିବାପାଇଁ କୁଣ୍ଠିତ ହୁଅନ୍ତି। କାରଣ ସେହି ବିନିଯୋଗର ଉପରେ ଶତକଡା ୪ ବା ୫ ସୁଧ ପାଇଲାବେଳକୁ ସେହି ବର୍ଷରେ ଜିନିଷ ପତ୍ରର ଦରଦାମ ତା'ଠାରୁ ଅଧିକ ବଢିଯାଇଥାଏ ଏବଂ ସେମାନେ ପ୍ରକୃତରେ କ୍ଷତିଗ୍ରସ୍ତ ହୁଅନ୍ତି। ଯଦି ଜଣେ ଲୋକ ୫୦୦ ଟଙ୍କା ସଞ୍ଚୟ ଯୋଜନାରେ ବିନିଯୋଗ କରି ୫ବର୍ଷରେ ଟ୨୨୫ ପାଏ ଏବଂ ଏହି ୫ବର୍ଷ ଭିତରେ ବର୍ଷକୁ ଶତକଡା ୧୦ ହିସାବରେ ଦର ବୃଦ୍ଧି ପାଇଥାଏ। ଅର୍ଥାତ୍ ସେହି ଟ୫୦୦ର ଜିନିଷ କରିବାକୁ ତାକୁ ୫ ବର୍ଷରେ ଟ୫୦ ଆବଶ୍ୟକ ହୁଏ। ତାହାହେଲେ ସେ କାହିଁକି ସଞ୍ଚୟ ଯୋଜନାରେ ତାର ଏହି ସ୍ୱଳ୍ପ ଧନକୁ ବିନିଯୋଗ କରିବ? କିନ୍ତୁ ଅନଗ୍ରସର ରାଷ୍ଟ୍ର ମାନଙ୍କରେ ସମ୍ବଳ ସଂଗଠନକୁ ଦୃଢ ଓ ବ୍ୟାପକ କରିବାକୁ ହେଲେ ସ୍ୱଳ୍ପ ସଞ୍ଚୟ ଯୋଜନାଗୁଡିକ ଉପରେ ବିଶେଷ ଗୁରୁତ୍ୱ ଆରୋପ କରିବାକୁ ହେବ। ଅତଏବ ଦରବୃଦ୍ଧି ଯଦି ଉପଯୁକ୍ତ ସୀମା ମଧ୍ୟରେ ଆବଦ୍ଧ ନ ହୁଏ ଅର୍ଥାତ୍ ଶତକଡା ୩ ବା ୪ ଭିତରେ ନରହେ ତାହାହେଲେ ଦେଶର ସମ୍ବଳ ସଂଗଠନ ଗୁରୁତର ଭାବରେ ବ୍ୟାହତ ହେବ। ପୁଣି ଅନୁନ୍ନତ ରାଷ୍ଟ୍ରମାନଙ୍କରେ ବ୍ୟାଙ୍କରେ ଟଙ୍କା ଜମା ରଖିବା ବା ଅନ୍ୟାନ୍ୟ ସଂସ୍ଥାମାନଙ୍କରେ ଅର୍ଥ ଜମା ରଖିବା ପ୍ରବୃତ୍ତି ପୂର୍ବରୁ ନଥାଏ ଏବଂ ଜନସାଧାରଣଙ୍କ ମଧ୍ୟରେ ଏପରି ଏକ ମନୋଭାବ ସୃଷ୍ଟି ହେବା ଦରକାର ଯଦ୍ୱାରା କି ସେମାନେ ବ୍ୟାଙ୍କ ସହ କାରବାର ବୃଦ୍ଧି କରିବାପାଇଁ ପ୍ରୋତ୍ସାହିତ ହେବେ। ଏହି ରାଷ୍ଟ୍ରମାନଙ୍କରେ ବିଶେଷତଃ ଭାରତରେ ସୁନା ରୂପା ଏବଂ ଅନ୍ୟାନ୍ୟ ମୂଲ୍ୟବାନ ଧାତୁମାନଙ୍କରେ ଗହଣା କରି ଗଚ୍ଛିତ ରଖିବାରେ ଏବଂ ଆୟଉ ବୃଦ୍ଧି ସହ କୋଠାବାଡି ତିଆରି କରିବାରେ ସାଧାରଣତଃ ପୁଞ୍ଜି ଖଟାଇଯାଇଥାଏ। ଯଦି ଆମେରିକାର ଜଣେ ଲୋକର ଘରେ ଦୁଇଟି ଟେଲିଭିଜନ ସେଟ୍ ନାହିଁ ବା ନୂତନତମ କାର୍ ସେ କିଣିନାହିଁ, ସେ ଯେପରି ନିଜକୁ ଅନ୍ୟମାନଙ୍କ ଅପେକ୍ଷା ଗରିବ ବୋଲି ଭାବେ ବା ଯଦି ନିଜ ଜୀବନକାଳ ମଧ୍ୟରେ ସେ ବ୍ୟାଙ୍କ ଜମା ବା ଅନ୍ୟାନ୍ୟ ଦ୍ରବ୍ୟର ଉପଭୋଗର ହାର ବୃଦ୍ଧି କରିପାରିନାହିଁ, ତାହାହେଲେ ସେ ଯେପରି ନିଜ ଜୀବନକୁ ବ୍ୟର୍ଥ ମଣେ। ଭାରତରେ ବିଶେଷତଃ ଦକ୍ଷିଣ ଭାରତରେ ସୁନା ବା ଅନ୍ୟାନ୍ୟ ମୂଲ୍ୟବାନ ଧାତୁର ଅଳଙ୍କାରର ପରିମାଣ ବା ନିଜର ପୈତୃକ ଭୂସମ୍ପତ୍ତିର ପରିମାଣ ଯଦି ସେ ବୃଦ୍ଧି କରି

ପାରିଲା ନାହିଁ ସେ ନିଜ ଜୀବନକୁ ବ୍ୟର୍ଥ ବୋଲିଭାବେ। ସୁନା ପ୍ରତି ଏ ଯେଉଁ ଗଭୀର ଅନୁରକ୍ତି ଏହି ଦେଶମାନଙ୍କରେ ଥାଏ ତାହାକୁ ଭାଙ୍ଗିବାକୁ ହେଲେ ଏବଂ ଜନସାଧାରଣ ଶିକ୍ଷାନୁଷ୍ଠାନ ମାନଙ୍କରେ ଅର୍ଥ ବିନିଯୋଗ କରିବାକୁ ପ୍ରବର୍ତ୍ତାଇବାକୁ ହେଲେ କେବଳ ଆଇନ ପାସ୍ କରିଦେଲେ ଯଥେଷ୍ଟ ହେବ ନାହିଁ, ସମାଜରେ ଆନୁଷ୍ଠାନିକ ପରିବର୍ତ୍ତନ ଆଣିବା ସହ ସୁନା ପରି ସ୍ଥାୟୀ ମୂଲ୍ୟ ବିଶିଷ୍ଟ ଅନ୍ୟାନ୍ୟ ପନ୍ଥା ସେମାନଙ୍କୁ ଦେଖାଇ ଦେବାକୁ ହେବ। ସୁନାରେ ଅର୍ଥ ବିନିଯୋଗ କରିବାର ବିଭିନ୍ନ କାରଣମାନଙ୍କ ମଧ୍ୟରୁ ଏହାର ସ୍ଥାୟୀ ବା ବର୍ଦ୍ଧିଷ୍ଣୁ ମୂଲ୍ୟ ହିଁ ପ୍ରଧାନ। ଏଣୁ ଜନସାଧାରଣ ଶିକ୍ଷାନୁଷ୍ଠାନମାନଙ୍କରେ ଅର୍ଥ ବିନିଯୋଗ କରିବାକୁ ହେଲେ ଦରଦାମକୁ ଅପେକ୍ଷାକୃତ ଭାବରେ ସ୍ଥିର ରଖିବାକୁ ହେବ, ଯଦ୍ଦ୍ୱାରା କି ସେମାନେ ସଞ୍ଚୟ ଦ୍ୱାରା ଲାଭବାନ୍ ହୋଇପାରିବେ। ଅତଏବ ଅତ୍ୟଧିକ ଦରବୃଦ୍ଧି କେବଳ ସେ ପୁଞ୍ଜି ଗଠନରେ ବାଧା ସୃଷ୍ଟି କରିବ ତା ନୁହେଁ, ଏହା ପୁଞ୍ଜି ବିନିଯୋଗର ଦିଗକୁ ମଧ୍ୟ ବିଭ୍ରାନ୍ତ କରିଦେବ ଏବଂ ଶିକ୍ଷାନୁଷ୍ଠାନଗୁଡିକ ପୁଞ୍ଜି ଅଭାବର ତୀବ୍ରତା ଆହୁରି ଅଧିକ ଅନୁଭବ କରିବେ।

ପୁନଶ୍ଚ ଶିଳ୍ପପତି ଏବଂ ପୁଞ୍ଜିପତିମାନେ ଅତ୍ୟଧିକ ଦରବୃଦ୍ଧି ସମୟରେ ଦର୍ଘ ମିଆଦୀ ଯୋଜନାଗୁଡିକରେ ଅର୍ଥ ବିନିଯୋଗ ନକରି ଆଶୁ ଲାଭଦାୟକ ଖାଉଟି ଦ୍ରବ୍ୟ ଶିଳ୍ପରେ ବିନିଯୋଗ କରିବେ, ଯାହା କି ବିକାଶୋନ୍ମୁଖୀ ରାଷ୍ଟ୍ରମାନଙ୍କରେ ବାସ୍ତବ ବିକାଶର ପରିପନ୍ଥୀ ହୋଇପଡିବ। ତେଣୁ ଏହି ଅର୍ଥନୀତିଜ୍ଞ ମାନଙ୍କ ମତରେ ମୁଦ୍ରାସ୍ଫୀତି ଅର୍ଥନୈତିକ ବିକାଶର ପ୍ରତିକୂଳ।

ବର୍ତ୍ତମାନ ଦେଖାଯାଉ ଯଦି ମୂଲ୍ୟ ବୃଦ୍ଧିକୁ ସୀମା ମଧ୍ୟରେ ରଖାଗଲେ ତାହା ଅର୍ଥନୈତିକ ଅଗ୍ରଗତିପାଇଁ ଅନୁକୂଳ ହେଉଛି, ତାହାହେଲେ ଅନଗ୍ରସର ରାଷ୍ଟ୍ରମାନଙ୍କରେ ମୁଦ୍ରାସ୍ଫୀତିକୁ ଦରକାର ଅନୁଯାୟୀ ସୀମା ମଧ୍ୟରେ ରଖି ମୁଦ୍ରାସ୍ଫୀତିର ସୁଫଳଗୁଡିକ ପାଇ ହେବ କି ନାହିଁ? ଉନ୍ନତ ରାଷ୍ଟ୍ରଗୁଡିକରେ ମୁଦ୍ରାସ୍ଫୀତିକୁ ଉପଯୁକ୍ତ ସୀମା ମଧ୍ୟରେ ରଖିବାପାଇଁ ଯେଉଁସବୁ ପନ୍ଥା ଅବଲମ୍ବନ କରାଯାଏ ସେ ସମସ୍ତ ପନ୍ଥାର କାର୍ଯ୍ୟକାରୀତା ଏହି ଦେଶମାନଙ୍କରେ ଖୁବ୍ ସନ୍ଦେହାତ୍ମକ। ଏଠାରେ ବିକାଶଧାରାର ଗତିପଥରେ ହିଁ ସ୍ୱତଃ ମୁଦ୍ରାସ୍ଫୀତି ଜନ୍ମିଥାଏ ଏବଂ ମୁଦ୍ରାସ୍ଫୀତିକୁ ପୂର୍ଣ୍ଣଭାବରେ ରୋକି ଦେବାକୁ ଚେଷ୍ଟା କରିଦେବା ଅର୍ଥ ଉନ୍ନୟନର ଗତିପଥକୁ ରୋଧ କରିଦେବା। ଏକଥା ଅବଶ୍ୟ ସତ ଯେ ଅତ୍ୟଧିକ ମୂଲ୍ୟ ବୃଦ୍ଧି ଜନିତ ଯେଉଁ ପରିବେଶ ଉପୁଜେ ତାହା ଯେ କେବଳ ସମ୍ବଳ ସଂଗଠନକୁ ବ୍ୟାହତ କରି ଉନ୍ନୟନ କାର୍ଯ୍ୟରେ ବାଧା ସୃଷ୍ଟି କରିଥାଏ ତା ନୁହେଁ, ଗଣତନ୍ତ୍ରକୁ ମଧ୍ୟ ବିପନ୍ନ କରିଦେଇଥାଏ। ଅତ୍ୟଧିକ ଦରବୃଦ୍ଧି ସମୟରେ ବି ମଧ୍ୟବିତ୍ତ ଶ୍ରେଣୀର ଜନସାଧାରଣ ଓ ନିର୍ଦ୍ଦିଷ୍ଟ ଆୟ କରୁଥିବା ବେତନଭୋଗୀ କର୍ମଚାରୀ

ଗୋଷ୍ଠୀ ବିଶେଷଭାବରେ ଭାବରେ କ୍ଷତିଗ୍ରସ୍ତ ହୋଇଥାଆନ୍ତି। କିନ୍ତୁ ଏହି ଶ୍ରେଣୀର ଲୋକମାନେ ହିଁ ଗଣତନ୍ତ୍ରର ପ୍ରଧାନ ପୃଷ୍ଠପୋଷକ। ଏମାନେ ଯେତେବେଳେ ଦୈନନ୍ଦିନ ଜୀବନରେ ଘୋର ଆର୍ଥିକ ସଂକଟର ସମ୍ମୁଖୀନ ହୁଅନ୍ତି, ଗଣତନ୍ତ୍ରର ଅସଲ ମୂଳଦୁଆ ସେତେବେଳେ ଦୋହଲି ଯାଏ, ତେବେ ଏକଛତ୍ରବାଦ ପାଇଁ ପଥ ଉନ୍ମୁକ୍ତ ହୋଇଯାଏ। ତେଣୁ ଏକ ବିକାଶଶୀଳ ରାଷ୍ଟ୍ରରେ ଉନ୍ନୟନର ଗତିକୁ ତ୍ୱରାନ୍ୱିତ କରିବାକୁ ହେଲେ ଏବଂ ଗଣତନ୍ତ୍ରର ଏକ ସୁଦୃଢ ମୂଳଦୁଆ ସ୍ଥାପନ କରିବାକୁ ହେଲେ ମୁଦ୍ରାସ୍ଫୀତିକୁ ନିର୍ଦ୍ଦିଷ୍ଟ ସୀମା ମଧ୍ୟରେ ରଖିବା ନିତାନ୍ତ ଆବଶ୍ୟକ।

କିନ୍ତୁ ଅନଗ୍ରସର ରାଷ୍ଟ୍ରମାନଙ୍କରେ ମୁଦ୍ରାସ୍ଫୀତିକୁ ସୀମିତ କରିବାକୁ ଗଲାବେଳେ କଳାବଜାରୀ ଓ ଦୁର୍ନୀତି ଭଳି ଆଉ କେତେକ ଜଟିଳ ସମସ୍ୟାର ସମ୍ମୁଖୀନ ହେବାକୁ ହୁଏ, ଯାହକି ମୂଲ୍ୟବୃଦ୍ଧି ଠାରୁ ବେଶୀ ମାରାତ୍ମକ ହୋଇପଡେ। ଏକ ଦକ୍ଷ ଓ ନିର୍ମଳ ଶାସନକଳର ଅଭାବରେ ପଡିପ୍ରଥା, ନିୟନ୍ତ୍ରଣ ଜାରି ପ୍ରଭୃତି ବ୍ୟବସ୍ଥାଗୁଡ଼ିକ କେବଳ ଦୁର୍ନୀତି ଓ କଳାବଜାର ପ୍ରଭୃତି ବ୍ୟାଧି ସୃଷ୍ଟିକରେ। ଏସବୁ ବ୍ୟାଧି ସୃଷ୍ଟି ନକରି ମୁଦ୍ରାସ୍ଫୀତିକୁ ଉଚିତ ସୀମା ମଧ୍ୟରେ ରଖିବାକୁ ହେଲେ ନିୟନ୍ତ୍ରଣଜାରି ବା ପଡିପ୍ରଥା ପ୍ରଚଳନ କରିଦେଲେ ହେବ ନାହିଁ, ବିନିଯୋଗର ଦିଗକୁ ଫଳପ୍ରଦ ଭାବରେ ନିୟନ୍ତ୍ରିତ କରିବା ପ୍ରଥମେ ଆବଶ୍ୟକ। ସ୍ୱଳ୍ପ ପୁଞ୍ଜିର ଯଦୃଚ୍ଛା ବିନିଯୋଗ ନକରି ସବୁଠାରୁ ବେଶୀ ଉତ୍ପାଦନକ୍ଷମ କାର୍ଯ୍ୟଗୁଡିକରେ ବିନିଯୋଗ କରିବା ଉଚିତ। ଉଦାହରଣସ୍ୱରୂପ ଯଦି ଆମର ପୁଞ୍ଜି ସୀମିତ ତାହାହେଲେ ପ୍ରଥମେ କୃଷକ ପାଇଁ ସାର, ଯନ୍ତ୍ରପାତି ଓ ତାର ଜମିକୁ ଜଳ ଯୋଗାଇ ସାରିଲା ପରେ ଏବଂ ଗାଁଗୁଡିକୁ ରାସ୍ତା ତିଆରି କରି ସାରିଲାପରେ ଏବଂ ସ୍କୁଲ କଲେଜ ସ୍ଥାପନ କରି ଶିକ୍ଷିତ ଓ ତାଲିମପ୍ରାପ୍ତ ସଂଖ୍ୟା ବୃଦ୍ଧି କରି ଓ ଶିକ୍ଷାର ମାନବୃଦ୍ଧି କରି ସାରିଲା ପରେ ହିଁ ଲକ୍ଷ ଲକ୍ଷ ଟଙ୍କା ବ୍ୟୟରେ ବଡ ବଡ କୋଠାବାଡି ନିର୍ମାଣ କରିବା ବା ଅଫିସର ମାନଙ୍କ ପାଇଁ କ୍ଲବ୍ ତିଆରି କରିବା କଥା ଚିନ୍ତାର କରିବା କଥା। ତା'ହେଲେ ମୁଦ୍ରାସ୍ଫୀତି ଜନିତ ଚାପ ଅର୍ଥନୀତି ଉପରୁ ବହୁତ ପରିମାଣରେ ଲାଘବ ହୋଇଯିବ। ଦ୍ୱିତୀୟ ଗୁରୁତ୍ୱପୂର୍ଣ୍ଣ ପଦକ୍ଷେପ ହେଲା ବିଭିନ୍ନ ସ୍ତରରେ ଏବଂ ଉଭୟ ଗ୍ରାମାଞ୍ଚଳ ଓ ସହରାଞ୍ଚଳରେ କ୍ରୟ ଓ ବିକ୍ରୟ ନିମିତ୍ତ ସମବାୟ ସମିତିମାନ ସ୍ଥାପନକରି ସେଗୁଡିକୁ ଉତ୍ସାହିତ କରିବା। ଏହା ଫଳରେ ବଣ୍ଟନରେ ବୈଷମ୍ୟ ଓ ଅବ୍ୟବସ୍ଥା ଜନିତ ମୂଲ୍ୟବୃଦ୍ଧିକୁ ରୋକି ହେବ।

ଏ ସମସ୍ତ ବ୍ୟବସ୍ଥା ସତ୍ତ୍ୱେ ଅନଗ୍ରସର ରାଷ୍ଟ୍ରର ଜନସାଧାରଣଙ୍କ ଏକ ଦୀର୍ଘ ସମୟ ପାଇଁ ନିରବଚ୍ଛିନ୍ନ ଭାବେ କ୍ରମାଗତ ମୂଲ୍ୟବୃଦ୍ଧିର ଚାପ ସହିବାକୁ ପଡିବ କାରଣ ଅର୍ଥନୈତିକ ସ୍ଥିରତାକୁ ଭାଙ୍ଗି ଏବଂ ପରମ୍ପରାର ଶୃଙ୍ଖଳକୁ ଛିନ୍ନକରି, ଏକ ପ୍ରାଚୁର୍ଯ୍ୟମୟ

ସମାଜ ଗଢିବାକୁ ହେଲେ ମୂଲ୍ୟବୃଦ୍ଧି ଅବଶ୍ୟମ୍ଭାବୀ ହୋଇପଡିବ ଏବଂ ଏଭଳି ଏକ ପ୍ରଗତିଶୀଳ ସମାଜ ଗଠନ ପାଇଁ ଯେଉଁ ଅସୀମ ତ୍ୟାଗ ଓ ବିପୁଳ ଶ୍ରମ ସ୍ୱୀକାର କରିବାକୁ ପଡିବ ସେଥିପାଇଁ ଏଠାକାର ଜନସାଧାରଣଙ୍କୁ ପ୍ରସ୍ତୁତ ହେବାକୁ ପଡିବ। କିନ୍ତୁ ଜନସାଧାରଣ ଏଥିପାଇଁ ପ୍ରସ୍ତୁତ ହେବା ପୂର୍ବରୁ ଦେଶ ଗୁଡିକର ନେତୃତ୍ୱ ସୁସଂଗଠିତ ଏବଂ ସଂଯତ ହେବା ଆବଶ୍ୟକ। ଉନ୍ନୟନ ପାଇଁ ଯେଉଁ ଅସୀମ ତ୍ୟାଗ ଓ ଶ୍ରମ ସ୍ୱୀକାର କରିବାକୁ ପଡିବ ଏକଥା ପ୍ରଥମେ ଏ ଦେଶଗୁଡିକର ନେତୃତ୍ୱରେ ହିଁ କାର୍ଯ୍ୟତଃ ପ୍ରଦର୍ଶିତ ହେବା ବିଧେୟ। ନଚେତ୍ ଆହ୍ୱାନ ଆହ୍ୱାନରେ ହିଁ ରହିଯିବ।

■

ସାମ୍ମୁଖ୍ୟ, ୧୯୬୬

ଦୁଇଟି ସନ୍ତାନ ଯଥେଷ୍ଟ

"ନୟାଗଡ ହସ୍‌ପିଟାଲ ଷ୍ଟାଫ୍" ଜିନ୍ଦାବାଦ୍, ଛୋଟ ପରିବାର--ସୁଖୀ ପରିବାର- ନୟାଗଡ ସରକାରୀ ଡାକ୍ତରଖାନା ସାମନାରେ ସ୍ଲୋଗାନ ଦେଉଥିଲେ ସେଠାରୁ ଅଠର ମାଇଲ ଦୂରବର୍ତ୍ତୀ ରଙ୍ଗଣୀପାଟଣା ମୌଜାର ପନ୍ଦର ଜଣ ଲୋକ। ସ୍ଲୋଗାନର କାରଣ ଜାଣିବା ପାଇଁ ସଙ୍ଗେ ସଙ୍ଗେ ଡି.ଏସ୍.ପି ପୋଲିସ ପଠାଇ ଦେଇଥିଲେ। କାରଣ ସେ ସମୟ ଥିଲା ଭିନ୍ନ ପ୍ରକାରର, ନଭେମ୍ବର ମାସ, ଛାତ୍ର ଆନ୍ଦୋଳନ ସମୟ। କିନ୍ତୁ ସେହି ପନ୍ଦର ଜଣ ବ୍ୟକ୍ତି ଆସିଥିଲେ ଅସ୍ତ୍ରୋପଚାର ନିମିତ୍ତ। ସେମାନେ ବୁଝିଥିଲେ ଦାରିଦ୍ର୍ୟର କଷାଘାତରୁ ମୁକ୍ତି ପାଇବାକୁ ହେଲେ ଏବଂ ସେମାନଙ୍କ ସନ୍ତାନ ସନ୍ତତିମାନଙ୍କୁ ପେଟପୁରା ଦୁଇଓଳା ଗଣ୍ଡେ ଖାଇବାକୁ ଓ ଖଣ୍ଡେ ପିନ୍ଧିବାକୁ ଦେବାକୁ ହେଲେ, ସେମାନେ ଆଉ ବେପରୁଆ ଭାବେ ସନ୍ତାନ ସଂଖ୍ୟା ବଢାଇପାରିବେ ନାହିଁ। ସେମାନେ ଭଲଭାବେ ହୃଦୟଙ୍ଗମ କରିଥିଲେ ଅସ୍ତ୍ରୋପଚାର ବା ବୈଜ୍ଞାନିକ ପଦ୍ଧତିରେ ଶିଶୁମାନଙ୍କ ସଖ୍ୟାକୁ ସୀମାବଦ୍ଧ କରିବା ଧର୍ମ୍ମବିରୋଧୀ କାର୍ଯ୍ୟ ନୁହେଁ, ଅନ୍ୟାୟ କିମ୍ବା ଅସାମାଜିକ କାର୍ଯ୍ୟ ନୁହେଁ। ଅବଶ୍ୟ ଏକଥା ସତ୍ୟ ଯେ ସେମାନେ କେବଳ ନିଜର ଓ ନିଜ ପରିବାରର ସ୍ୱାର୍ଥକୁ ଆଖି ଆଗରେ ରଖିଥିଲେ ଏବଂ ଜନ୍ମନିୟନ୍ତ୍ରଣ ଯେ ଏକ ଜାତୀୟ ବା ଆନ୍ତର୍ଜାତୀୟ ଆବଶ୍ୟକତା, ସେକଥା ସେମାନେ ଚିନ୍ତା କରିପାରି ନଥିଲେ। ସେମାନଙ୍କ ମଧ୍ୟରୁ ଅଧିକାଂଶ ସେମାନଙ୍କର ନାମ ଲେଖିବା ପାଇଁ ଅକ୍ଷମ ଥିଲେ। ଯେଉଁମାନେ ବା ଲେଖି ପାରୁଥିଲେ ସେମାନଙ୍କର ଅକ୍ଷରରେ କୌଣସି ଭାରସାମ୍ୟ ରହୁନଥିଲା। ସେମାନଙ୍କ ଦୃଷ୍ଟିକୋଣର ଦିଗ୍‌ବଳୟ ଏତେ ସୀମିତ ଯେ ଜନ୍ମ ନିୟନ୍ତ୍ରଣକୁ ଏକ ଜାତୀୟ ବା ଆନ୍ତର୍ଜାତୀୟ ସମସ୍ୟା ବୋଲି ଭାବିବା ଏକରକମ ଅସମ୍ଭବ ଥିଲା। କିନ୍ତୁ ସେମାନେ ବୁଝିଥିଲେ ବେପରୁଆ ଭାବେ ସନ୍ତାନ ଜନ୍ମକରିବା ଏକ ଅପରାଧ।

ତା'ହେଲେ ଜନ୍ମ ନିୟନ୍ତ୍ରଣ କଣ ? ଏହା କାହିଁକି ଆବଶ୍ୟକ ଏବଂ ଏହା ନୀତି ଗର୍ହିତ କି? ଏହା କ'ଣ ଭଗାବନଙ୍କ ଇଚ୍ଛା-ବିରୋଧୀ ଅଧର୍ମ୍ମ କାର୍ଯ୍ୟ ?

ଦ୍ରୁତ ଜନସଂଖ୍ୟା ବୃଦ୍ଧିକୁ ଏକ ଆନ୍ତର୍ଜାତିକ ସମସ୍ୟା ବୋଲି ବିଚାର କରାନଯାଇ ଆମର ଏକ ଜାତୀୟ ସମସ୍ୟା ବୋଲି ବିଚାର କରାଯାଉ। ଭାରତର ଜନସଂଖ୍ୟା ବୃଦ୍ଧିର ହାରକୁ ପର୍ଯ୍ୟାଲୋଚନା କଲେ ଜଣାଯାଏ ଯେ ଏହି ଶତାବ୍ଦୀର ୨ୟ ଦଶକଠାରୁ ଅର୍ଥାତ୍ ୧୯୨୧ ମସିହା ପରଠାରୁ ଜନସଂଖ୍ୟା ଦ୍ରୁତ ହାରରେ ବଢ଼ିବାକୁ ଆରମ୍ଭ କରିଛି। ମୋର୍‌ଲାଣ୍ଡଙ୍କ ହିସାବ ଅନୁସାରେ ଭାରତର ଜନସଂଖ୍ୟା ୧୬ ଶହ ଖ୍ରୀଷ୍ଟାବ୍ଦ ବେଳକୁ ପ୍ରାୟ ଦଶ କୋଟି ଥିଲା। ସିରାଜ୍‌ଙ୍କ ହିବାସ ଅନୁସାରେ ୧୭୫୦ ବେଳକୁ ଜନସଂଖ୍ୟା ୧୩ କୋଟିଥିଲା। ମ୍ୟାକ୍‌କୁଲୋଙ୍କ ହିସାବ ଅନୁଯାୟୀ ୧୮୪୭ ବେଳକୁ ୧୩.୩ କୋଟି ଥିଲା। ୧୮୮୧ର ଜନଗଣନା ଅନୁଯାୟୀ ଭାରତର ଲୋକସଂଖ୍ୟା ହେଲା ୨୫.୪ କୋଟି, ଅର୍ଥାତ୍ ଭାରତର ଜନସଂଖ୍ୟା ଦ୍ୱିଗୁଣିତ ହେବା ପାଇଁ ପ୍ରାୟ ଶହେ ଅଶୀ ବର୍ଷ ଲାଗିଗଲା। ଏଇ ଶତାବ୍ଦୀର ଆରମ୍ଭରେ ଆମର ଲୋକସଂଖ୍ୟା ହେଲା ୨୩.୬ କୋଟି (ଅବିଭକ୍ତ ଭାରତର) ୧୯୧୧ ବେଳକୁ ପ୍ରାୟ ୨୫ କୋଟି, ୧୯୨୧ରେ ୨୫.୧ କୋଟି, ୧୯୩୧ ରେ ୨୭.୯ କୋଟି, ୧୯୪୧ରେ ୩୧.୯ କୋଟି, ୧୯୫୧ରେ ୩୬.୧ କୋଟି ଏବଂ ଗତ ଜନଗଣନା ଅନୁଯାୟୀ ଭାରତର ଲୋକସଂଖ୍ୟା ପ୍ରାୟ ୪୪ କୋଟି। ଏଥିରୁ ଜଣାଯାଏ ଯେ ୧୯୦୧ ଠାରୁ ୧୯୨୧ ପର୍ଯ୍ୟନ୍ତ ଆମର ଜନସଂଖ୍ୟାରେ ବିଶେଷ ବୃଦ୍ଧି ହୋଇନାହିଁ। ଏହାର କାରଣ ହେଲା ବିଭିନ୍ନ ପ୍ରକାର ସଂକ୍ରାମକ ରୋଗ, ଦୁର୍ଭିକ୍ଷ ଓ ବନ୍ୟା ପ୍ରଭୃତିରେ ବହୁତ ଲୋକଙ୍କର ମୃତ୍ୟୁ ହେଉଥିଲା। କିନ୍ତୁ ଉନ୍ନତ ଚିକିତ୍ସା ପ୍ରଣାଳୀର ଅଧିକରୁ ଅଧିକ ବ୍ୟବହାର ଫଳରେ ସଂକ୍ରାମକ ରୋଗର ଦାଉ କମି ଆସିଲା ଏବଂ ଆସ୍ତେ ଆସ୍ତେ ଦୁର୍ଭିକ୍ଷ ଇତ୍ୟାଦିର ପ୍ରକୋପ ମଧ୍ୟ କମିଆସିଲା। ୧୯୩୧ ଠାରୁ ଆମର ଜନସଂଖ୍ୟା ନିରବଚ୍ଛିନ୍ନ ଭାବରେ ବୃଦ୍ଧି ପାଇବାକୁ ଆରମ୍ଭ କଲା ଏବଂ ବୃଦ୍ଧିର ହାର ମଧ୍ୟ ବଢ଼ିବାକୁ ଲାଗିଲା। ବର୍ତ୍ତମାନ ଯଦି ଜନସଂଖ୍ୟାକୁ ଏହି ହାରରେ ବଢ଼ିବାକୁ ଦିଆଯାଏ, ତାହାହେଲେ ଏହି ଶତାବ୍ଦୀ ଶେଷଭାଗକୁ ଜନସଂଖ୍ୟା ୧୦୦ କୋଟିରେ ପହଞ୍ଚିବ।

କିନ୍ତୁ ଏଥିରେ ଭୟଭୀତ ହୋଇ ପଡିବାର କାରଣ କଣ ? ମଣିଷ ଜାତିର ଯଦି ବୃଦ୍ଧି ଘଟିଲା, ତାହାହେଲେ ମଣିଷ କ'ଣ ଆତଙ୍କିତ ହୋଇ ପଡିବାର କାରଣ ରହିଛି ? ପ୍ରତ୍ୟେକ ମଣିଷ ଯଦି ତାର ଅନ୍ନସଂସ୍ଥାନ କରିପାରିଲା ତାହାହେଲେ ଜନବୃଦ୍ଧିରେ କ୍ଷତି କ'ଣ ? ମଣିଷ ତା'ର ଗୋଟିଏ ପାଟି ପାଇଁ ଯୋଡିଏ ହାତ ନେଇ ଆସିଛି, ତାହା ହେଲେ ସେ କ'ଣ ବଞ୍ଚିପାରିବ ନାହିଁ? କିନ୍ତୁ ମଣିଷ ବେପରୁଆ ଭାବେ ନିଜର

ସଂଖ୍ୟା ବୃଦ୍ଧି କରି ଅତୀତରେ ହଜାର ହାଜର ମାଇଲ ବୁଲିଛି ନିଜପାଇଁ ଚରାଭୂଇଁର ଅନ୍ୱେଷଣରେ, ଭୟଙ୍କର ଯୁଦ୍ଧ ସୃଷ୍ଟି କରିଛି, ଅନ୍ୟ ଦେଶର ଭୂମି ଉପରେ ଆକ୍ରମଣ କରିଛି- ଇତିହାସ ଏସବୁର ଦୃଷ୍ଟାନ୍ତରେ ଭରପୁର । ହଜାର ହାଜର ବର୍ଷ ପୂର୍ବେ ଆର୍ଯ୍ୟମାନଙ୍କୁ ଭଲ୍‌ଗାକୂଳରୁ ଜନସଂଖ୍ୟାର ଚାପରେ ଖାଦ୍ୟ ଅନ୍ୱେଷଣ ନିମିତ୍ତ ଗଙ୍ଗା, ଟାଇଗ୍ରୀସ୍, ଇଉଫେଟିସ୍ ଓ ରାଇନ୍ ନଦୀର କୂଳ ପର୍ଯ୍ୟନ୍ତ ଯିବାକୁ ପଡିଥିଲା । ଅଷ୍ଟାଦଶ ଶତାବ୍ଦୀର ବ୍ରିଟେନ୍, ଉନବିଂଶ ଶତାବ୍ଦୀର ଜର୍ମାନୀ ଓ ବିଂଶ ଶତାବ୍ଦୀର ଜାପାନ୍ ନିଜ ନିଜର ଦ୍ରୁତବର୍ଦ୍ଧିଷ୍ଣୁ ଜନସଂଖ୍ୟା ନିମିତ୍ତ ଉପନିବେଶର ଅନ୍ୱେଷଣରେ ବାହାରି ଥିଲେ ଏବଂ ଏଥିପାଇଁ ଯେ କେତେ ଯୁଦ୍ଧର ଘନଘଟା ସୃଷ୍ଟି ହୋଇଛି, କେତେ ରକ୍ତପାତ ହୋଇଛି ତା'ର ଇୟତ୍ତା ନାହିଁ ।

ଆମର ଜନସଂଖ୍ୟା ଯେପରି ଭାବେ ବୃଦ୍ଧି ପାଉଛି ଯଦି ତାହା ଅବ୍ୟାହତ ରହେ, ତା'ହେଲେ ଯୋଜନା ଜନିତ ଫଳକୁ ଆମେ ପୂର୍ଣ୍ଣଭାବେ ଉପଭୋଗ କରିପାରିବା ନାହିଁ । ପ୍ରଥମ ପଞ୍ଚବାର୍ଷିକ ଯୋଜନାରେ ମୁଣ୍ଡ ପିଛା ଆୟରେ ଶତକଡା ୧୮ ବୃଦ୍ଧି ହେବାକୁ ଧାର୍ଯ୍ୟ କରାହୋଇଥିଲା ଏବଂ ଦ୍ୱିତୀୟ ପଞ୍ଚବାର୍ଷିକ ଯୋଜନାରେ ମୁଣ୍ଡପିଛା ଆୟ ଶତକଡା ୨୫ ବଢିବା ପାଇଁ ଧାର୍ଯ୍ୟ କରାହୋଇଥିଲା । କିନ୍ତୁ ଦେଖାଗଲା ଯେ ଯୋଜନା ପ୍ରଣୟନକାରୀମାନେ ଜନସଂଖ୍ୟା ଯେଉଁ ହାରରେ ବଢିବ ବୋଲି ଭାବିଥିଲେ, ତାହାଠାରୁ ଅଧିକ ହାରରେ ବଢିଗଲା ଏବଂ ଶତକଡା ୧୮ ଏବଂ ୨୫ ପରିବର୍ତ୍ତେ ମୁଣ୍ଡପିଛା ଆୟ ଯଥାକ୍ରମେ ଶତକଡା ୧୧ ଓ ୧୮ ବଢିଲା । ଏପରି ଯଦି ଚାଲେ, ତାହାହେଲେ ଆମର ଗଣତନ୍ତ୍ର ବିପନ୍ନ ହେବା ସହ ଆମର କଷ୍ଟାର୍ଜିତ ସ୍ୱାଧୀନତା ବିପନ୍ନ ହୋଇପଡିବ । ତେଣୁ ଆମର ସମ୍ବଳ ଅନୁଯାୟୀ ଓ ଉନ୍ନତି କରିବାର ଶକ୍ତି ଅନୁଯାୟୀ ଜନ୍ମହାରକୁ ଫଳପ୍ରଦ ଭାବେ ନିୟନ୍ତ୍ରିତ କରିବାକୁ ହେବ ।

ଏ ଜନ୍ମ ନିୟନ୍ତ୍ରଣ କ'ଣ ? ଜନ୍ମ ନିୟନ୍ତ୍ରଣ (Birth Control) ଶବ୍ଦଟି ପ୍ରଥମେ ୧୯୧୪ ମସିହାରେ ଆମେରିକାର ମାର୍ଗାରେଟ୍ ସଙ୍ଗେର ନାମ୍ନୀ ଜଣେ ମହିଳା "Woman Rebel" ନାମକ ଏକ ପତ୍ରିକାରେ ବ୍ୟବହାର କରିଥିଲେ । କିନ୍ତୁ ଜନ୍ମ ନିୟନ୍ତ୍ରଣ ଶବ୍ଦଟି ଠିକ୍‌ଭାବେ ବ୍ୟବହାର କରାଯାଇ ନାହିଁ । ଏହା ଗର୍ଭ ନିୟନ୍ତ୍ରଣ ହୋଇଥିଲେ ଭଲ ହୋଇଥାନ୍ତା । କାରଣ ଜନ୍ମନିୟନ୍ତ୍ରଣ କରିବା ପାଇଁ ଯେଉଁସବୁ ପ୍ରଣାଳୀ ଗୁଡିକ ବ୍ୟବହାର କରାଯାଉଛି, ତାହା ପ୍ରଥମରୁ ଗର୍ଭ ଧାରଣକୁ ନିୟନ୍ତ୍ରଣ କରିବା ପାଇଁ ଉଦ୍ଦିଷ୍ଟ । ଜନ୍ମ ନିୟନ୍ତ୍ରଣକୁ ଅଧିକାଂଶ ଭ୍ରୁଣହତ୍ୟା ସହ ସମାନ କରି ଦେଇଥାନ୍ତି । କିନ୍ତୁ ସେଭଳି ଧାରଣା ଭୁଲ୍ । କାରଣ ଜନ୍ମ ନିୟନ୍ତ୍ରଣ କହିଲେ ଗର୍ଭଧାରଣ ନିୟନ୍ତ୍ରଣ (Conception Control) ବୁଝାଏ ଏବଂ ଏହା ଗର୍ଭପାତର ବିରୋଧୀ ।

ଯଦି ଗର୍ଭ ହେବା ବନ୍ଦ କରି ଦିଆଯାଏ, ତାହେଲେ ଭ୍ରୁଣହତ୍ୟା ହେଲା କେଉଁଠୁ? ପୁନଶ୍ଚ, ଆଦର୍ଶ ପରିବାର ବା ଜନ୍ମନିୟନ୍ତ୍ରଣ କହିଲେ ବୈବାହିକ ଜୀବନର ପ୍ରଥମରୁ କ୍ରମାନ୍ୱୟରେ ଦୁଇ ବା ତିନୋଟି ସନ୍ତାନ ଲାଭକରି ପୂର୍ଣ୍ଣଭାବେ ବନ୍ଦ କରିବା ନୁହେଁ। ସମସ୍ତ ଜନନ ସମୟ ମଧ୍ୟରେ ବାଣ୍ଟିହୋଇ ଦୁଇ ବା ତିନୋଟି ସନ୍ତାନ ଲାଭ କରିବା ହେଲା ଆଦର୍ଶ ଜନ୍ମ ନିୟନ୍ତ୍ରଣ।

ଡଃ ଜୁଲିୟାନ୍ ହକ୍ସଲେ ଙ୍କ ମତରେ ମଣିଷ ଇତିହାସରେ ଅତି ସରଳ ଅଥଚ ଅତି ଗୁରୁତ୍ୱପୂର୍ଣ୍ଣ ଅଗ୍ନିର ଆବିଷ୍କାର ବା ଲେଖା ପଢାର ଉଦ୍ଭାବନ ସହ ଜନ୍ମ ନିୟନ୍ତ୍ରଣର ତୁଳନା କରାଯାଇପାରେ। ଆଧୁନିକ ଜଗତରେ ଜନ୍ମ ନିୟନ୍ତ୍ରଣକୁ ୧୯୧୪ ମସିହାରେ ମାର୍ଗାରେଟ୍ ସଙ୍ଗେର ପ୍ରଚାରିତ କରିଥିଲେ ମଧ୍ୟ Norman E. Himes ତାଙ୍କର "Medicial History of contraception" ରେ ୧୫୮୦ ଖ୍ରୀଷ୍ଟାବ୍ଦ ରେ ଲିଖିତ Eber-papyrus ରେ ଏବଂ ୧୮୫୦ ଖ୍ରୀଷ୍ଟାବ୍ଦରେ ଲିଖିତ Kahnu papyrusରେ ଜନ୍ମ ନିୟନ୍ତ୍ରଣ କରିବା ପାଇଁ ବ୍ୟବସ୍ଥା ଥିବାର ଉଲ୍ଲେଖ କରିଛନ୍ତି। ବହୁକୁଟୁମ୍ବୀ ହେବା ଯେ ଏକ ପାପ; ଆମ ଭାରତରେ ମଧ୍ୟ ପୁରାଣ ଯୁଗରୁ ପ୍ରଚାରିତ ହୋଇଛି ଏବଂ ଅଧୁନିକ ସମାଜ ସଂସ୍କାରକମାନଙ୍କ ମଧ୍ୟରେ ରାଜା ରାମମୋହନ ରାୟଙ୍କଠାରୁ ଆରମ୍ଭ କରି ବିଶ୍ୱକବି ରବୀନ୍ଦ୍ରନାଥ ଠାକୁର, ଗାନ୍ଧିଜୀ ଓ ସର୍ବପଲ୍ଲୀ ରାଧାକୃଷ୍ଣନଙ୍କ ପର୍ଯ୍ୟନ୍ତ ସମସ୍ତେ ଏକସ୍ୱରରେ ନିୟନ୍ତ୍ରିତ ମାତୃତ୍ୱ ଓ ପିତୃତ୍ୱ ପାଇଁ ଉପଦେଶ ଦେଇଛନ୍ତି। ଅତି ଦୁଃଖ ଓ ପରିତାପର ବିଷୟ ଯେ ଜନ୍ମନିୟନ୍ତ୍ରଣର ଆବଶ୍ୟକତା ଓ ଉପକାରିତା ବିଷୟରେ ଏ ଦେଶରେ ଆହୁରି ମଧ୍ୟ ତର୍କ ବିତର୍କ ଲାଗିଛି ଓ ଆମର ସମସ୍ତ ରାଜନୈତିକ ଦଳଗୁଡିକୁ ଜନ୍ମ ନିୟନ୍ତ୍ରଣରୁ ଏକ ଜାତୀୟ ନୀତି ରୁପେ ଆହୁରି ଗ୍ରହଣ କରିନାହାନ୍ତି। ଧର୍ମ, ନୀତି, ପ୍ରକୃତିର ନିୟମ, ଭଗବାନଙ୍କ ଇଚ୍ଛା ପ୍ରଭୃତି ନାନାପ୍ରକାର ପୁରୁଣାକାଳିଆ ଓ ମାନଧାତା ଅମଳିଆ ଚିନ୍ତାଧାରାର ଦୁଆ ଉଠାଇ ଜନ୍ମ ନିୟନ୍ତ୍ରଣକୁ ବିରୋଧ କରାଯିବା ବାସ୍ତବିକ୍ ଚରମ ଦୁଃଖର କଥା। ଜନ୍ମ ନିୟନ୍ତ୍ରଣ ବିରୋଧରେ ତଥାକଥିତ୍ ବିଜ୍ଞାନସମ୍ମତ ସିଦ୍ଧାନ୍ତ ମଧ୍ୟ ଉତ୍ଥାପିତ ହୁଏ। ଗର୍ଭଧାରଣ ନିରୋଧ ଦ୍ୱାରା ସ୍ତ୍ରୀ ଓ ପୁରୁଷଙ୍କଠାରେ ଏକପ୍ରକାର ମାନସିକ ବିକୃତି (Psychological Neurosis) ଦେଖାଯିବାର ଭୟ ଥିବା ଏବଂ ଉନ୍ମାଦ (Hysteria) ରୋଗରେ ସ୍ତ୍ରୀ ଓ ପୁରୁଷ ଆକ୍ରାନ୍ତ ହେବାର ଭୟ ଥିବାର କଥା କୁହାଯାଇଥାଏ। କିନ୍ତୁ ଆଜି ପର୍ଯ୍ୟନ୍ତ ଯେତେ ଅସ୍ତ୍ରୋପଚାର ବା ଅନ୍ୟ ଉପାୟରେ ଗର୍ଭଧାରଣର ନିରୋଧ କରାଯାଇଛି, ସେଥିରୁ ଦେଖାଯାଇଛି ଯେ ଗର୍ଭଧାରଣ ନିରୋଧ ସହ ଏଭଳି ମାନସିକ ବିକୃତି ବା ଉନ୍ମାଦ ରୋଗର ସମ୍ପର୍କ ନାହିଁ। ସ୍ତ୍ରୀ ଓ ପୁରୁଷ ଉଭୟଙ୍କ ଜ୍ଞାତସାରରେ ଓ ଉଭୟଙ୍କ

ବୁଝାମଣାରେ ଗର୍ଭଧାରଣର ନିରୋଧ ରୋଗରେ, ଏଭଳି ଭୟର ଆଦୌ ସମ୍ଭାବନା ନାହିଁ ବୋଲି ବିଶେଷଜ୍ଞମାନେ ମତ ଦିଅନ୍ତି ଓ ଏହା ମଧ୍ୟ ପରୀକ୍ଷାରୁ ଜଣାପଡିଛି। ଉଭୟ ସ୍ତ୍ରୀ ଓ ପୁରୁଷ ସେତେବେଳେ ଗର୍ଭଧାରଣଣ ଉପକାରିତାକୁ ଭଲଭାବେ ହୃଦୟଙ୍ଗମ କରିଥାନ୍ତି ସେତେବେଳେ ଏଭଳି ଆଶଙ୍କା ପୋଷଣ କରିବାର ପ୍ରଶ୍ନ ଉଠେ ନାହିଁ।

ଗର୍ଭଧାରଣ ନିରୋଧ ବିରୋଧରେ ଅନ୍ୟ ଏକ ସାଧାରଣ ଅଭିଯୋଗ ହେଲା ଯେ ଏହା ଅପ୍ରାକୃତିକ ଅର୍ଥାତ୍ ସମ୍ଭୋଗଜନିତ ଗର୍ଭଧାରଣକୁ ନିରୋଧ କରିବା ଦ୍ୱାରା ପ୍ରକୃତିର ସାଧାରଣ ନିୟମରେ ହସ୍ତକ୍ଷେପ କରାଗଲା ଏବଂ ଏହା ଭଗବାନଙ୍କ ଇଚ୍ଛାବିରୋଧୀ ହେଲା। ଏପରି ଅଭିଯୋଗର ଉତ୍ତର ଦେବାକୁ ହେଲେ କୌଣସି ତାତ୍ତ୍ୱିକ ଆଲୋଚନାର ଅବତାରଣା କରିବା ଅନାବଶ୍ୟକ। ଆମର ଦୈନନ୍ଦିନ ଜୀବନରେ ପ୍ରକୃତିର ନିୟମରେ ହସ୍ତକ୍ଷେପ କରିବା ଏକ ସାଧାରଣ କଥା। ଆଧୁନିକ ବିଜ୍ଞାନ ଓ କଳାକୌଶଳର ବିକାଶର ମୂଳତତ୍ତ୍ୱ ହେଲା ପ୍ରକୃତିର ନିୟମକୁ ଭାଙ୍ଗିବା ଓ ଆମର ପାରିପାର୍ଶ୍ୱିକ ଅବସ୍ଥା ଯେପରି ଅଛି, ସେପରି ଭାବେ ଗ୍ରହଣ ନ କରି ସେ ସବୁକୁ ମଣିଷର କାମରେ ଲଗାଇବା। ଯେଉଁ ଦେଶ ପ୍ରକୃତିକୁ ଯେତେ ଆୟତ୍ତ କରିପାରିଛି, ଆଜି ସେ ସେତେ ସଭ୍ୟ ଓ ସମୃଦ୍ଧ ହୋଇପାରିଛି। ଲୁଗାପିନ୍ଧା ଓ ରୋଷେଇ ପରି ଅତି ମୌଳିକ କଥାଠାରୁ ଆରମ୍ଭ କରି ସଡକ, ପୋଲ, ବନ୍ଧ, ସାଇକେଲ, ମଟର, ଏରୋପ୍ଲେନ୍ ଇତ୍ୟାଦି ସଭ୍ୟ ସମାଜର ସମସ୍ତ ଆବଶ୍ୟକତା ପ୍ରକୃତି ବିରୁଦ୍ଧରେ ନୁହେଁ କି ? ପ୍ରକୃତି ପ୍ରଦ ହାତ ଗୋଡର ନଖ ଓ ମୁଣ୍ଡର ବାଳ କାଟିବା ଅପ୍ରାକୃତିକ ଅର୍ଥାତ୍ ଏକ ଅପରାଧ କି ? ତ'ହେଲେ ପ୍ରଜନନ ପରି ଏକ ଗୁରୁତ୍ୱପୂର୍ଣ୍ଣ କାମକୁ ମଣିଷ କାହିଁକି ପ୍ରକୃତିର କୁରାଢିଆ ନିୟମ ଉପରେ ଛାଡିଦେବ ? ସେଥିପାଇଁ ଜନ୍ମନିୟନ୍ତ୍ରଣକୁ To have child by choice not by chance ବୋଲି କୁହାଯାଇଛି। ମଣିଷ ସଭ୍ୟତାର କୌଣସି ଏକ ସ୍ତର ନାହିଁ, ଯେଉଁଥିରେ ମଣିଷ ପ୍ରକୃତିର ବିରୋଧରେ ଯାଇନାହିଁ। ମଣିଷ ସଭ୍ୟତାର କ୍ରମବିକାଶର ଇତିହାସକୁ ପର୍ଯ୍ୟାଲୋଚନା କଲେ ସ୍ପଷ୍ଟ ଜଣାଯାଏ ଯେ ଯେଉଁସ୍ତରରେ ମଣିଷ ପ୍ରକୃତିକୁ ଯେତେ ପରିମାଣରେ ଜୟ କରିପାରିଛି, ସେ ସେତିକି ସୁଖୀ ହୋଇପାରିଛି ଏବଂ ବର୍ତ୍ତମାନ ଯେତେବେଳେ ମଣିଷ ଗ୍ରହ-ଗ୍ରହାନ୍ତର ଯାତ୍ରାକୁ ଏକ ଆସନ୍ନ ସମ୍ଭାବନା ବୋଲି ବିଚାର କରୁଛି, ସେତେବେଳେ ଜନ୍ମ ନିୟନ୍ତ୍ରଣକୁ ପ୍ରକୃତି ବିରୋଧୀ କହି ବିରୋଧ କରାଯିବା ଅତି ଆଶ୍ଚର୍ଯ୍ୟର କଥା।

ଗର୍ଭଧାରଣ ନିରୋଧ ବିରୋଧରେ ଆଉ ଏକ ସାଧାରଣ ଅଭିଯୋଗ ହେଲା ଯେ ଏହା ନୀତିଗର୍ହିତ ଏବଂ ଜନ୍ମ ନିୟନ୍ତ୍ରଣ ପାଇଁ ଯେଉଁସବୁ ବ୍ୟବସ୍ଥା ଗ୍ରହଣ କରାଯାଏ, ତାହାସବୁ ସମାଜରେ ମୌନ ଅପରାଧ ସୃଷ୍ଟି କରିବ। ପୂର୍ବୋକ୍ତ ଅଭିଯୋଗ ପରି

ଏଥିରେ ମଧ୍ୟ କୌଣସି ସାରବତ୍ତା ନାହିଁ। ପ୍ରଥମତଃ ନୀତି ବା ଅନୀତି ଏ ସବୁ ନିର୍ଦ୍ଦିଷ୍ଟ ବା ଚୁଡାନ୍ତ ନୁହେଁ। କେଉଁ କାର୍ଯ୍ୟ ନୀତିସଂଗତ ଓ କେଉଁ କାର୍ଯ୍ୟ ନୀତିଗର୍ହିତ ସେ ସବୁ ମଣିଷକୃତ। ସମୟ ଓ ସ୍ଥାନ ଭେଦରେ ନୀତି ଓ ଅନୀତି ଭିନ୍ନ ଭିନ୍ନ ହୋଇଥାଏ। ଉଦାହରଣସ୍ୱରୂପ ସତୀଦାହ ପ୍ରଥା ଯେତେବେଳେ ପ୍ରଚଳିତ ଥିଲା, ସେତେବେଳେ ଯଦି କୌଣସି ସ୍ତ୍ରୀ ସ୍ୱତଃ ସ୍ୱାମୀର ଚିତାନଳରେ ଝାସ ଦେବାକୁ ସମ୍ମତ ହେଉନଥିଲା, ତା' ହେଲେ ତାକୁ ଏକ ନୀତିଗର୍ହିତ କାର୍ଯ୍ୟ ବୋଲି ଗ୍ରହଣ କରାଯାଉଥିଲା ଏବଂ ସେ ସ୍ତ୍ରୀକୁ ବଳପୂର୍ବକ ଅଗ୍ନିକୁ ନିକ୍ଷେପ କରାଯାଉଥିଲା। କିନ୍ତୁ ପରେ ସତୀଦାହ ପ୍ରଥାକୁ ଏକ ଅସାମାଜିକ ଓ ଅମାନୁଷିକ କାର୍ଯ୍ୟ ବୋଲି ବିଚାର କରାଗଲା ଏବଂ ତାକୁ ବନ୍ଦ କରାଗଲା। ସେହିପରି ବର୍ତ୍ତମାନ ଯୁଗରେ କେତେକ ସମାଜରେ ଅତିଥିକୁ ନିଜର ସ୍ତ୍ରୀକୁ ସମ୍ଭୋଗ କରିବା ପାଇଁ ଦିଆଯିବାର ବ୍ୟବସ୍ଥା ରହିଛି। ଏ ସବୁଥିରୁ ସ୍ପଷ୍ଟ ଯେ ନୀତି ଏକ ଆପେକ୍ଷିକ ଶବ୍ଦ ମାତ୍ର।

ଏ ସମସ୍ତ ବ୍ୟତୀତ କୌଣସି କାର୍ଯ୍ୟ ନୀତି ସମ୍ମତ କି ନୁହେଁ, ତାହା ସେତେବେଳର ସାମାଜିକ ଆବଶ୍ୟକତା ଉପରେ ବି ନିର୍ଭରକରେ। ସାମାଜିକ ଆବଶ୍ୟକତାକୁ ବାଦ ଦେଇ କୌଣସି କାର୍ଯ୍ୟକୁ ନୀତିସମ୍ମତ କି ନୁହେଁ କହିବା ଭୁଲ୍ ହେବ। ଯଦି ଋଗ୍ ବେଦରେ ୧୦ ଗୋଟି ସନ୍ତାନ ଲାଭ କରିବା ପାଇଁ ଉପଦେଶ ଦିଆଯାଇଛି, ତା ହେଲେ ମନେରଖିବାକୁ ହେବ ଯେ ସେତେବେଳର ଆବଶ୍ୟକତାକୁ ଲକ୍ଷ୍ୟ ରଖି ସେଭଳି ଉପଦେଶ ଦିଆଯାଇଛି। ବେଦୋକ୍ତ ବାଣୀ ଗୁଡିକର ଚିରନ୍ତନ ମୂଲ୍ୟ ରହିଛି ସତ୍ୟ, କିନ୍ତୁ ସେଥିରେ ଉଲ୍ଲିଖିତ ସାମାଜିକ ବିଧିବିଧାନଗୁଡିକ ଯେ ଚିରଦିନ ଲାଗୁ ହେବା ପାଇଁ ଉପଯୁକ୍ତ, ସେ କଥା କୁହାଯାଇ ପାରେନା। ପରିବର୍ତ୍ତିତ ସାମାଜିକ ଆବଶ୍ୟକତା ସହ ତାଳ ରଖି ଆମକୁ ସାମାଜିକ ବିଧିବିଧାନରେ ମଧ୍ୟ ପରିବର୍ତ୍ତନ ଆଣିବାକୁ ହେବ। ତେଣୁ ବେଦର ୧୦ ଗୋଟି ସନ୍ତାନ ଲାଭ କରିବା ଉପଦେଶକୁ ବର୍ତ୍ତମାନର ପରିବର୍ତ୍ତିତ ପରିସ୍ଥିତିରେ ବାଦ ଦେବାକୁ ହେବ ଏବଂ ବର୍ତ୍ତମାନ କେବଳ ବ୍ୟକ୍ତିଗତ ଆବଶ୍ୟକତା ଦୃଷ୍ଟିରୁ ନୁହେଁ, ସାମାଜିକ, ଜାତୀୟ ତଥା ଅନ୍ତର୍ଜାତୀୟ ଆବଶ୍ୟକତା ଦୃଷ୍ଟିରୁ ଜନ୍ମନିୟନ୍ତ୍ରଣକୁ ନୀତିଗର୍ହିତ ବୋଲି ବିଚାର କରିବା ପୂର୍ଣ୍ଣ ଅସମୀଚିତ ହେବ। ପରିବାରକୁ ଆଦର୍ଶଭାବେ ନିୟନ୍ତ୍ରିତ କରିବାକୁ ଏକ ନୀତିସମ୍ମତ କାର୍ଯ୍ୟ ବୋଲି ଏବଂ ଆମର ସାମାଜିକ ବିଧିବିଧାନ ମଧ୍ୟରେ ଏକ ପ୍ରଧାନ ଅନୁଷ୍ଠାନ ବୋଲି ଗ୍ରହଣ କରିନେବା ପାଇଁ ସମୟ ଆସିଛି।

ଆଉ କେତେକ ମଧ୍ୟ ଜନ୍ମ ନିୟନ୍ତ୍ରଣ ବିରୁଦ୍ଧରେ କେତେକ ଉଦ୍ଭଟ ଯୁକ୍ତି ବାଢନ୍ତି। ସେମାନଙ୍କର ଆଶଙ୍କା ହେଲା ଗର୍ଭନିରୋଧ ପାଇଁ ଯେତେ ଶସ୍ତା ଓ ଫଳପ୍ରଦ

ବ୍ୟବସ୍ଥାର ପ୍ରସାର ହେବ, ଗୁପ୍ତ ପ୍ରଣୟର ସଂଖ୍ୟା ସମାଜରେ ସେତେ ବଢ଼ିଯିବ। ଏଭଳି ଆଶଙ୍କା କରିବା ଭିତ୍ତିହୀନ ଓ ଅମୂଳକ। ପ୍ରଥମତଃ ଗର୍ଭଧାରଣ କରିବାର ସମ୍ଭାବନା ଓ ଲୋକାପବାଦ ଗୁପ୍ତ ପ୍ରଣୟକୁ ବନ୍ଦ କରିଥାଏ, ତାହା ନୁହେଁ। ଏପରି ଭାବିବା ଭୁଲ୍। ସ୍ତ୍ରୀ ଓ ପୁରୁଷଙ୍କଠାରେ କିଛି ନା କିଛି ଉଚ୍ଚତର ମୂଲ୍ୟବୋଧ ଯେ ରହିଛି, ଏ କଥା ନିଶ୍ଚିତ। ଯଦି ଗୋଟିଏ ଘରେ କେହି ନାହିଁ କିମ୍ବା କାହାଦ୍ୱାରା ଧରାପଡ଼ିଯିବାର ସମ୍ଭାବନା ନାହିଁ, ତା ହେଲେ କ'ଣ ଜଣେ ଲୋକ ଚୋରି କରିବ? ଜଙ୍ଗଲ ଭିତରେ ବା କୌଣସି ନିଛାଟିଆ ଜାଗାରେ ଯଦି ଜଣେ ଖୁବ୍ ଦୁର୍ବଳ ଓ ବଳବାନ୍ ଲୋକ ଯାଉଥାଏ, ତା ହେଲେ କ'ଣ ଦୁର୍ବଳ ସବଳଦ୍ୱାରା ଅତ୍ୟାଚାରିତ ହେବ? ସ୍କୁଲ କଲେଜର ଶ୍ରେଣୀରେ ଛାତ୍ରମାନେ କ'ଣ କେବଳ ଦଣ୍ଡ ଭୟରେ ଶିକ୍ଷକ ଅଧ୍ୟାପନା କଲାବେଳେ କେତେକ ନିର୍ଦ୍ଦିଷ୍ଟ ନିୟମ ମାନି ଚଳନ୍ତି? ଏ ସମସ୍ତର ଉତ୍ତର 'ନାହିଁ' ହେବ। ପୁନଶ୍ଚ, ଯଦି ଜଣେ ଲୋକର ମନରେ ଚୋରି କରିବାର ପ୍ରବୃତ୍ତି ରହିଛି ଏବଂ କେବଳ ଭୟରେ ଚୋରି କରୁନାହିଁ, ତାହା ହେଲେ, ତାକୁ ଆମେ କ'ଣ ସାଧୁ କହିବା? ତାକୁ ଭୟ ଦେଖାଇ ଚୋରି କରିବାରୁ ନିବୃତ୍ତ କରାଇବା ନା ତାଠାରୁ ଚୋରି କରିବାର ମନୋବୃତ୍ତିକୁ ସଂପୂର୍ଣ୍ଣ ରୂପେ ଦୂର କରିଦେବା? ସମାଜର କର୍ତ୍ତବ୍ୟ କ'ଣ? ଯଦି ଚୋରି କରିବାର ମନୋବୃତ୍ତିକୁ ଦୂର କରିବା ଅସମ୍ଭବ, ତା ହେଲେ ଆମକୁ ଏ ସମସ୍ତ ସମସ୍ୟା ପ୍ରତି ଏକ ବାସ୍ତବ ଦୃଷ୍ଟିକୋଣ ଗ୍ରହଣ କରିବାକୁ ପଡ଼ିବ।

ଧରାଯାଉ ଗର୍ଭନିରୋଧ ବ୍ୟବସ୍ଥାର ପ୍ରସାର ସଙ୍ଗେ ସଙ୍ଗେ ଗୁପ୍ତପ୍ରଣୟର ସଂଖ୍ୟା ମଧ୍ୟ ସମାଜରେ ବଢ଼ିଯିବ। ତା' ହେଲେ ଆମକୁ ଦୁଇଟି ଅପରାଧ ମଧ୍ୟରେ ତୁଳନା କରି ଗୋଟିକୁ ଗ୍ରହଣ କରିବାକୁ ପଡ଼ିବ। ବେପରୁଆ ଭାବେ ସନ୍ତାନ ଜନ୍ମ କରି ଲକ୍ଷ ଲକ୍ଷ ଶିଶୁଙ୍କୁ ଅକାଳ ମୃତ୍ୟୁ ମୁହଁକୁ ଠେଲି ଦେଇ ବ୍ୟାପକ ଶିଶୁହତ୍ୟା ଅପରାଧ ଅର୍ଜିବା, ବାରମ୍ବାର ପ୍ରସବଜନିତ ବେଦନା ଓ ପରିଶେଷରେ ଲକ୍ଷ ଲକ୍ଷ ସ୍ତ୍ରୀମାନଙ୍କୁ ଅକାଳ ମୃତ୍ୟୁବରଣ କରିବାକୁ ବାଧ୍ୟ କରି ସ୍ତ୍ରୀହତ୍ୟା ଅପରାଧ ଅର୍ଜିବା ଏବଂ ଦେଶରେ ଏକ ବିରାଟ ଖର୍ବକାୟ, ଅଳ୍ପାୟୁ, ଦରିଦ୍ର, ଅଜ୍ଞ ସୈନ୍ୟବାହିନୀ ଗଢ଼ିବା ବେଶୀ ପାପ ନା ଗୁପ୍ତପ୍ରଣୟ, ଯାହା କି ଏକ ଭାବପ୍ରବଣ ଭିତ୍ତି ଉପରେ ପ୍ରତିଷ୍ଠିତ ଅଧିକ ଅପରାଧ? ଭୋକିଲା ପେଟ ପାପପୁଣ୍ୟ, ନୀତି ଅନୀତି, ଭଲମନ୍ଦ, ବିଚାର କରିପାରେନା। ତେଣୁ ଦେଶରେ ଯଦି କୋଟି କୋଟି ଜନସାଧାରଣ ବୁଭୁକ୍ଷା, ଅଶିକ୍ଷା ଓ ଅଜ୍ଞତାର ରଥଚକତଳେ ମୁହୁର୍ମୁହୁ ପେଷି ହୁଅନ୍ତି, ତା' ହେଲେ ଆମର ନୈତିକ ମାନ କେଉଁଠି ରହିବ? ଆମର ମାନବିକ ମୂଲ୍ୟବୋଧ କେଉଁଠି ରହିବ?

ପରିବାର ନିୟନ୍ତ୍ରଣ କରିବା ଦ୍ୱାରା ସମାଜରେ ଯଦି ଅପରାଧ ବେଶି ହୁଏ, ତା'ହେଲେ ଏହା ପରିବାର ନିୟନ୍ତ୍ରଣର ଦୋଷ ନୁହେଁ। ମଣିଷର ଏକ ମୌଳିକ ଉଦ୍ଭାବନ ଅର୍ଥାତ୍ ଅଗ୍ନିକଥା ଦେଖାଯାଉ। ଅଗ୍ନିବିନା ଆମର ସ୍ଥିତି ଅସମ୍ଭବ। କିନ୍ତୁ ଅଗ୍ନିଦ୍ୱାରା କୋଟି କୋଟି ଟଙ୍କା ନଷ୍ଟ ହୁଏ। ପରମାଣୁ ଶକ୍ତିର ଉଦ୍ଭାବନ ମଧ୍ୟ ସେହିପରି। ଉଭୟର ଧ୍ୱଂସାତ୍ମକ ଓ ସୃଜନାତ୍ମକ ଦିଗ ରହିଛି। କିନ୍ତୁ ଅଗ୍ନି ବା ପରମାଣୁ ଶକ୍ତି କ'ଣ ସେମାନଙ୍କର ଧ୍ୱଂସାତ୍ମକ କାର୍ଯ୍ୟ ପାଇଁ ଦାୟୀ? ମଣିଷର ପ୍ରତ୍ୟେକ ଉଦ୍ଭାବନରେ ମଧ୍ୟ ଏହିପରି ଦୁଇଟି ଦିଗ ରହିଛି। ସେଗୁଡିକର ଭଲମନ୍ଦ ମଣିଷର ପ୍ରବୃତ୍ତି ଉପରେ ନିର୍ଭର କରେ।

■

ସାଙ୍ଖ୍ୟ, ପୃଷ୍ଠା ୭୧-୭୬, ୧୯୬୩

ଗୀତା ରଚନା ପଛରେ ରହିଛି ପରଭୋଜୀମାନଙ୍କର ମନ୍ଦ ଉଦ୍ଦେଶ୍ୟ

ଅଭିରାମ ବାବୁଙ୍କର 'ଗୀତାରେ ଜାତିବାଦ' ବହିଟି ମୋତେ ଏତେ ଭଲ ଲାଗିଲା ଯେ ତାକୁ ବାରମ୍ବାର ପଢ଼ିଲି । ଜାତିବାଦକୁ ଦୃଢ଼ କରିବା ତା' ସହ ଅନ୍ୟାନ୍ୟ ପ୍ରତିକ୍ରିୟାଶୀଳ ମତବାଦ ଯାହାସବୁ ଗୀତାରେ ରହିଛି ସେ ସବୁକୁ ମଧ୍ୟ ମଜବୁତ କରିବାରେ ଗୀତା ଯେ ଏକ ପ୍ରମୁଖ ଭୂମିକା ଗ୍ରହଣ କରିଛି, ତାକୁ ଖୁବ୍ ଶାଣିତ, ବଳିଷ୍ଠ ଓ ଅକାଟ୍ୟ ଯୁକ୍ତିଦ୍ୱାରା ଲେଖକ ଉପସ୍ଥାପନ କରିଛନ୍ତି । ଗୀତାର ସୁଅରେ ସଂଖ୍ୟାଧିକ ଲୋକ ଭାସୁଛନ୍ତି, କିନ୍ତୁ ତା'ର କଟୁ ସମାଲୋଚନା କରି ତା' ପଛରେ ଥିବା ପରଭୋଜୀ ମାନଙ୍କର ମନ୍ଦ ଉଦ୍ଦେଶ୍ୟକୁ ଯୁକ୍ତିସିଦ୍ଧ ଭାବେ ଲୋକଲୋଚନକୁ ଆଣି ଅଭିରାମ ବାବୁ ଏକ ଅଭିନନ୍ଦନୀୟ କାର୍ଯ୍ୟ କରିଛନ୍ତି ।

ଗୋଟେ ନିର୍ଦ୍ଦିଷ୍ଟ ଅର୍ଥନୀତିକ, ସାମାଜିକ, ରାଜନୈତିକ ଓ ଧାର୍ମିକ ବ୍ୟବସ୍ଥାରୁ ଯେଉଁମାନେ ସୁବିଧା ଉଠାଇଥାନ୍ତି ସେମାନେ ସେ ବ୍ୟବସ୍ଥାଟିକୁ ସମର୍ଥନ କରି ଗୀତ, ପୁସ୍ତକ, ନାଟକ ଇତ୍ୟାଦି ରଚନା କରିଥାନ୍ତି, ତା' ସହ ଶିକ୍ଷା ବ୍ୟବସ୍ଥା, ଆଇନ କାନୁନ, ସାମାଜିକ ଓ ଧାର୍ମିକ ଅନୁଷ୍ଠାନ ମଧ୍ୟ ସେ ବ୍ୟବସ୍ଥାର ସମର୍ଥନରେ ସୃଷ୍ଟି ହୋଇଥାଏ । ସେଥିପାଇଁ କେବଳ ମହାଭାରତ, ଗୀତା ଭଳି ରଚନା ବ୍ୟତୀତ ଆମେ ଅସଂଖ୍ୟ ସଂହିତା, ଶ୍ଳୋକ, ସ୍ଥାନୀୟ ଭାଷାରେ ରଚିତ ପୁସ୍ତକ ଦେଖୁ ଯେଉଁଠି ସୁବିଧାବାଦୀ ଗୋଷ୍ଠୀଙ୍କର ପ୍ରଶସ୍ତି ଗାନକରି ଅନ୍ୟମାନଙ୍କ ଉପରେ କ୍ଷମତା ଜାହିର କରିବାର ପ୍ରୟାସ ରହିଛି । କାଳେ ସାଧାରଣ ଲୋକ ସେସବୁ ଗ୍ରନ୍ଥଗୁଡ଼ିକର ମହତ୍ତ୍ୱ ଉପରେ ପ୍ରଶ୍ନ କରିବେ ସେଥିପାଇଁ ସେଗୁଡ଼ିକୁ ଭଗବାନଙ୍କ ମୁଖନିଃସୃତ ବାଣୀ ଭାବେ ଚିତ୍ରଣ କରାଯାଏ । ଗୀତା ସେଭଳି ଏକ ଗ୍ରନ୍ଥ । ଏହା କେବଳ ଭାରତରେ ନୁହେଁ ଭାରତ ବାହାରେ ମଧ୍ୟ ପରିଲକ୍ଷିତ ହୁଏ ।

ଆମେରିକା ଓ ୟୁରୋପୀୟ ଦେଶମାନେ ଯେତେବେଳେ ଅତି ଘୃଣ୍ୟ ଓ ଜଘନ୍ୟ ଦାସ ପ୍ରଥାର ସମର୍ଥକ ଥିଲେ ସେତେବେଳେ ଦାସପ୍ରଥା ବାଇବେଲ୍ ସମ୍ମତ ବୋଲି ଖ୍ରୀଷ୍ଟିଆନ ଧର୍ମର ପୁରୋଧାମାନେ କହୁଥିଲେ। ଯେଉଁଦିନ ବ୍ରିଟିଶ ପାର୍ଲାମେଣ୍ଟରେ ଦାସପ୍ରଥା ଲୋପପାଇଁ ଉପସ୍ଥାପିତ ବିଲ୍‌ଟି ପାଶ୍ ହୋଇ ପାରିଲା ନାହିଁ ସେଦିନ ଚର୍ଚ୍ଚମାନେ ଆନନ୍ଦରେ ଘଣ୍ଟି ବଜେଇଥିଲେ। ଭାରତରେ ସତୀଦାହ ପ୍ରଥା ଶାସ୍ତ୍ର ସମ୍ମତ ବୋଲି ଆମର ଶାସ୍ତ୍ରଜ୍ଞମାନେ ମତ ଦେଇଥିଲେ ଓ ସେଥିପାଇଁ ସତୀଦାହ ପ୍ରଥାର ବିରୋଧୀ ରାଜା ରାମମୋହନ ରାୟଙ୍କୁ ଘରୁ ଓ ଗାଁରୁ ବହିଷ୍କାର କରାଯାଇଥିଲା।

ଏବେ ଜାତିପ୍ରଥାକୁ ଆସିବା। ଏ ସଂପର୍କରେ ଏକ ଉଦାହରଣ ଦେବା ପ୍ରାସଙ୍ଗିକ ହେବ। ବିଲାତ ଲୋକ ବିଲାତରେ ନିଜେ ସବୁ କାମ କରିବେ, କୌଣସି କାମ ଉଚ୍ଚ ଓ ଅନ୍ୟ କାମ ନୀଚ ବିଚାର କରିବେ ନାହିଁ। କିନ୍ତୁ ଯେତେବେଳେ ଭାରତ ଆସିଲେ, ଯୁଦ୍ଧ ପାଇଁ ତ ସୈନିକ ସେନାପତି ଇତ୍ୟାଦିଙ୍କର ଆବଶ୍ୟକ ହେଲା ଓ ଭାରତୀୟମାନଙ୍କୁ ଶାସନ କରିବା ପାଇଁ ଶାସକ ଅବଶ୍ୟକ ହେଲା। ବିଜିତ ଭାରତୀୟମାନଙ୍କୁ ନ୍ୟୁନ ଚକ୍ଷୁରେ ଦେଖିଲେ, ମନ ଇଚ୍ଛା ଅତ୍ୟାଚାର ଓ ଉତ୍ପୀଡ଼ନ କଲେ ଓ ବିଲାତି ସାହେବମାନେ ଘରେ ଆଉ ନିଜେ ନିଜ କାମ କଲେନାହିଁ। ଘରସଫା କରିବା ପାଇଁ, ବାଡ଼ିବଗିଚା ପାଇଁ ରୋଷେଇ ପାଇଁ, ଘର ଦେଖାଶୁଣା କରିବା ପାଇଁ, ପାଲିଙ୍କି/ସବାରୀ ବୋହିବା ପାଇଁ ଏଭଳି ପ୍ରକାରପ୍ରକାର ଗଣ୍ଡାଗଣ୍ଡା ଲୋକ ଆବଶ୍ୟକ ହେଲେ। ଠିକ୍ ସେହିଭଳି ଆର୍ଯ୍ୟମାନେ ଭାରତ ଭୂମିରେ ପ୍ରବେଶ କରି ଏଠାରେ ସ୍ଥାନୀୟ ଅଧିବାସୀମାନଙ୍କୁ ହଟେଇ ନିଜର ବସତି ସ୍ଥାପନ କଲେ। ସେତେବେଳେ ତାଙ୍କର ସେବା ଶୁଶ୍ରୁଷା, ଖାଦ୍ୟ, ଉତ୍ପାଦନ ଓ ଜିନିଷ ପତ୍ର ବିକ୍ରିବଟା ସହ ଅନ୍ୟାନ୍ୟ କାମ ପାଇଁ ଲୋକ ଦରକାର ପଡ଼ିଲେ। ଯେଉଁ ଜନପଦକୁ ଜିତିଲେ, ସେଠାର ଲୋକଙ୍କୁ ଘୃଣାକଲେ ତାଙ୍କ ସଂସ୍କୃତିକୁ ନ୍ୟୁନ ଚକ୍ଷୁରେ ଦେଖିଲେ ଓ ସେମାନଙ୍କୁ ଦାସ, ଦସ୍ୟୁ ଇତ୍ୟାଦି ଆଖ୍ୟାଦେଇ ସମାଜର ସବା ତଳସ୍ତରରେ ରଖିଲେ। ଅତୀତରେ ଯାହା ନିଜେ କରୁଥିଲେ ଯେମିତିକି ଶିକାର କରିବା, ମାଂସ କାଟିବା, ଗାଈଗୋରୁ ଓ ଘୋଡ଼ା ଇତ୍ୟାଦି ପାଳିବା, ଅସ୍ତ୍ର ଶସ୍ତ୍ର ତିଆରି କରିବା ଓ ଲଢ଼େଇ କରିବା କାମସବୁ ଏବେ ବିଜିତମାନେ କରିବେ ଓ ସେ କାମ ପୁରୁଷାନୁକ୍ରମେ କରିବେ। ଏ ବ୍ୟବସ୍ଥା ଯେପରି ସୁଚାରୁରୂପେ ଚାଲିବ ସେଥିପାଇଁ ଗୀତା ଭାଗବତ ଭଳି ଗ୍ରନ୍ଥ ରଚନା କଲେ। କେବଳ ମନୁ ସଂହିତା ନୁହେଁ, ଏଥିପାଇଁ ଅନେକ ସଂହିତା ବା ଆଚରଣ ବିଧିର ବ୍ୟବସ୍ଥା ହେଲା ଓ ତା'ର ବ୍ୟତିକ୍ରମରେ କଠୋର ଦଣ୍ଡର ବ୍ୟବସ୍ଥା ରହିଲା। ରାମାୟଣର ଶମ୍ବୁକ ଉପାଖ୍ୟାନର ଉଲ୍ଲେଖ କିଛି ଲେଖକ ଯଥାର୍ଥ ଉଦାହରଣ ଦେଇଛନ୍ତି।

ଗୀତା ରଚନାର ଆବଶ୍ୟକତା କାହିଁକି ଆସିଲା । ମହାଭାରତ ଯୁଦ୍ଧ ପାଖାପାଖି ୩୫୦୦ ବର୍ଷ ପୂର୍ବେ ହୋଇଥିବା ଅନୁମାନ କରାଯାଏ କିନ୍ତୁ ମହାଭାରତର ରଚନାକାଳ ଖ୍ରୀଷ୍ଟପୂର୍ବ ଚତୁର୍ଥ ଶତାବ୍ଦୀରୁ ଚତୁର୍ଥ ଖ୍ରୀଷ୍ଟାବ୍ଦ ପର୍ଯ୍ୟନ୍ତ ଦୀର୍ଘ ୮୦୦ ବର୍ଷବୋଲି ଧରାଯାଇଛି । ଯଦିଓ ମହାଭାରତ ବ୍ୟାସଙ୍କ ଦ୍ୱାରା ଲିଖିତ ବୋଲି କୁହାଯାଇଛି । ତେବେ ୮୦୦ ବର୍ଷ ଧରି ବ୍ୟାସ ଲେଖି ନଥିଲେ । ପ୍ରଥମେ ପାଖାପାଖି ୮୦୦୦ ଶ୍ଲୋକରୁ ବଢ଼ି ବଢ଼ି ଲକ୍ଷାଧିକ ଶ୍ଳୋକ ପହଞ୍ଚିଲା ଏହି ୮୦୦ ବର୍ଷ ମଧ୍ୟରେ । ଶତାଧିକ ଲେଖକ ଓ ସହସ୍ରାଧିକ ଗୀତିକାରଙ୍କ ଅବଦାନରେ ମହାଭାରତ ପୁଷ୍ଟ । କର୍ଣ୍ଣ ଓ ବିଦୁର ଚରିତ୍ରର ଉଦାହରଣ ଦେଇ ଲେଖକ ମହାଭାରତରେ ଥିବା ଜାତିପ୍ରଥାର ଉଲ୍ଲେଖ କରିଛନ୍ତି । ପଣ୍ଡୁଙ୍କର ମୃତ୍ୟୁପରେ ତାଙ୍କ ପତ୍ନୀ ମାଦ୍ରୀ ଅଗ୍ନିରେ ଝାସ ଦେବା କଥା ଉଲ୍ଲେଖ କରାଯାଇଛି । ସତୀଦାହ ପ୍ରଥାକୁ ଏଥିରେ ପରୋକ୍ଷରେ ଉତ୍ସାହିତ କରାଯାଇଛି । ସେଇଭଳି ଶକୁନ୍ତଳା ନିଜର ଦୁଃଖ ଭୁଲି ରାଜାଙ୍କୁ ତାଙ୍କର ପୁତ୍ର ସନ୍ତାନ କିପରି ଆବଶ୍ୟକ ଓ ପୁତ୍ରର ଯତ୍ନନେବା କାହିଁକି ଆବଶ୍ୟକ ସେ ବିଷୟରେ ବୁଝାଇଛନ୍ତି ଏବଂ ସାବିତ୍ରୀ ଉପାଖ୍ୟାନରେ ଆମେ ଦେଖୁ ସାବିତ୍ରୀ ଶତପୁତ୍ର ପାଇଁ ବର ମାଗିଛନ୍ତି ଅଥଚ ଗୋଟିଏ କନ୍ୟାପାଇଁ ବର ମାଗି ପାରିଲେ ନାହିଁ । ଏଥିରୁ କନ୍ୟା ସନ୍ତାନ ଅପେକ୍ଷା ପୁତ୍ର ସନ୍ତାନର ପ୍ରାଧାନ୍ୟ ଜଣାପଡ଼େ । ନଳ ଦମୟନ୍ତୀ ଉପାଖ୍ୟାନରୁ ଦାସ ପ୍ରଥା ପ୍ରଚଳନର ଆଭାସ ମିଳେ ମହାଭାରତରୁ ।

ଦୀର୍ଘ ଆଠଶହ ବର୍ଷ ଭିତରେ ଯେପରି ଗପ, ଗପ ଭିତରେ ଗପ ଓ ସେ ସବୁ ଜରିଆରେ କେତେକ ମୂଲ୍ୟବୋଧକୁ ସାମାଜିକ ଧର୍ମ ହିସାବରେ ପ୍ରତିପାଦିତ କରାଯାଇଛି ସେହିଭଳି ଗୀତାକୁ ମଧ୍ୟ ମହାଭାରତରେ ଯୋଡ଼ି ଦିଆଯାଇଛି । ତା' ନହେଲେ ଲେଖକ ଯାହା ଲେଖିଛନ୍ତି ଯେ ଉଭୟ ପକ୍ଷର ସେନାପତି ସେନାବାହିନୀ ପ୍ରସ୍ତୁତ ଯୁଦ୍ଧପାଇଁ ଅଥଚ ତା' ମଝିରେ ଥାଇ ସାତଶହ ଶ୍ଳୋକ କହି ତାକୁ ବୁଝାଇ ଯୁଦ୍ଧପାଇଁ ଅର୍ଜୁନଙ୍କୁ ପ୍ରବର୍ତ୍ତାଇବା ଅସମ୍ଭବ ଜଣାପଡ଼େ । ଗୀତା ଯେ ପରବର୍ତ୍ତୀ କାଳର ଏକ ପ୍ରକ୍ଷେପ ଏଥିରୁ ସହଜରେ ଅନୁମେୟ । ତେବେ ଏ ପ୍ରକ୍ଷେପ ଓ ଗୀତା ଭଗବାନଙ୍କ ମୁଖନିଃସୃତ ବାଣୀ ବୋଲି କହିବାର ଅବଶ୍ୟକତା ଜଣାପଡ଼େ ଏହାର ରଚନା କାଳରୁ । ଖ୍ରୀଷ୍ଟପୂର୍ବ ଷଷ୍ଠ ଶତାବ୍ଦୀରେ ଗୌତମ ବୁଦ୍ଧଙ୍କର ଜନ୍ମ । ପରମକାରୁଣିକ ବୁଦ୍ଧ କରୁଣାର ଅବତାର ଥିଲେ । ଯାଗ ଯଜ୍ଞ ବିଭିନ୍ନ ପ୍ରକାର ବଳୀ, ହିଂସା ଘୃଣ୍ୟ ଜାତିପ୍ରଥାକୁ ନେଇ ମଣିଷକୁ ଭାଗ ଭାଗ କରି ଏକ ପରଭୋଜୀ ବ୍ରାହ୍ମଣ ଗୋଷ୍ଠୀର ଉତ୍ପୀଡ଼ନ ଓ ଏକ ଭୟଙ୍କର ସାମାଜିକ ବ୍ୟବସ୍ଥା ବିରୁଦ୍ଧରେ ବୁଦ୍ଧ ସ୍ୱର ଉତ୍ତୋଳନ କଲେ ଓ ତାହୁଁ ତାହୁଁ ବ୍ରାହ୍ମଣମାନଙ୍କ ଅତ୍ୟାଚାରରେ ତ୍ରାହି ତ୍ରାହି ଡାକୁ ଥିବା ଜନସାଧାରଣ ବୁଦ୍ଧଙ୍କର ଅହିଂସା, ସମତ୍ୱ ଓ

ପ୍ରେମ ଭାବନାରେ ଉଦ୍‌ବୁଦ୍ଧ ହୋଇ ତାଙ୍କର ଅନୁଗାମୀ ହୋଇଗଲେ। ବହୁ ନିପୀଡ଼ିତ ଶୁଦ୍ର ସମାଜ ଜଣେ ତ୍ରାଣକର୍ତ୍ତା ପାଇଗଲେ। ଯାଗଯଜ୍ଞ ଇତ୍ୟାଦି ବ୍ୟବସ୍ଥାରୁ ଧୀରେ ଧୀରେ ବିଶ୍ୱାସ ତୁଟିଗଲା। ମୁନିଋଷିମାନଙ୍କ ଦ୍ୱାରା ପ୍ରଚଳିତ ରାଜନ୍ୟବର୍ଗ ଓ ବୈଶ୍ୟମାନଙ୍କର ପୃଷ୍ଠ ପୋଷକତାରେ ଚାଲିଥିବା ଯାଗଯଜ୍ଞ, ତା' ସହ ଥିବା ଦାନ ଉପଢୌକନ ଇତ୍ୟାଦି ବ୍ରାହ୍ମଣ ମାନଙ୍କର ବିନା ପରିଶ୍ରମରେ ଦିବ୍ୟ ଘୃତାନ୍ନ ଓ ନାନାବିଧି ବ୍ୟଞ୍ଜନ ପ୍ରତି ଘୋର ବିପଦ ମାଡ଼ି ଆସିଲା।

ପୁଞ୍ଜିବାଦ ଯେପରି ନିଜର ସୁରକ୍ଷା ପାଇଁ **Workers Participation in Management** ବା ଏବର **Corporate Social Responsibility** ଭଳି ନୂତନ ନୂତନ ତତ୍ତ୍ୱ ବାହାର କରେ, ଠିକ୍ ସେହିଭଳି ବ୍ରାହ୍ମଣମାନେ ଆତ୍ମା, ପୁନର୍ଜନ୍ମ, କର୍ମଫଳ, ନିଷ୍କାମକର୍ମ, ବ୍ରହ୍ମବାଦ ଇତ୍ୟାଦି ନୂତନ ତତ୍ତ୍ୱ ଉତ୍‌ଥାପନ କଲେ। ମହାକାବ୍ୟଗୁଡ଼ିକ ସେଥିପାଇଁ ବଳିଷ୍ଠ ମାଧ୍ୟମ ହୋଇଗଲା। ମୁଁ ଦରିଦ୍ର, ମୁଁ ଦୈନିକ ଭୋକର ଜ୍ୱାଳା ସହେ ବା ମୁଁ ଅସ୍ପୃଶ୍ୟ, ମୁଁ ଗାଁ ବାହାରେ ରହେ, ମୋ ହାତରୁ କେହି ପାଣି ପିଅନ୍ତି ନାହିଁ, ମୁଁ ଯେତେ ସାଧୁ ସଚ୍ଚୋଟ ହେଲେ ମଧ୍ୟ ମୋର ସ୍ଥାନ ନୀଚରେ ଆଉ ଶାସ୍ତ୍ର ଅନୁଯାୟୀ ମୋତେ ହତ୍ୟାକଲେ ଗୋଟେ ବେଙ୍ଗ, ବିରାଡ଼ି ବା କୁକୁରକୁ ମାରିଲେ ଯେତେ ଦଣ୍ଡ, ମୋର ହତ୍ୟାକାରୀ ସେତିକି ଦଣ୍ଡ ପାଇବ। ମୁଁ ବିନା ବାଧାରେ ପ୍ରହାରଯୋଗ୍ୟ, ବା ମୁଁ କୁଷ୍ଠରୋଗାକ୍ରାନ୍ତ, ମୋର ହାତ ଗୋଡ଼ ଛିଣ୍ଡି ଗୋଟେ ମାଦଳ ମାତ୍ର - କାରଣ ହେଲା ପୂର୍ବଜନ୍ମର କର୍ମଫଳ। ଆଉ ଜଣେ ପ୍ରଭୂତ ସଂପତ୍ତିର ଅଧିକାରରେ କ୍ଷମତାଶାଳୀ, ପ୍ରତିପତ୍ତିଶାଳୀ ଓ ବଳଶାଳୀ - ଏ ସବୁ ମଧ୍ୟ ପୂର୍ବ ଜନ୍ମର କର୍ମଫଳ। ପୂର୍ବଜନ୍ମର ପାପକର୍ମର ଫଳ ଏ ଗୋଟେ ଜନ୍ମରେ ଭୋଗ କରି ନ ପାରିଲେ ହୁଏତ ଆହୁରି ଅନେକ ଜନ୍ମ ମୋତେ ଭୋଗ କରିବାକୁ ହେବ। ତେଣୁ ଏ ଜନ୍ମରେ ମୋର ନିସ୍ତାର ନାହିଁ। ମୋର ସାମାଜିକ ସ୍ଥିତିରେ ପରିବର୍ତ୍ତନ ପାଇଁ ଆଶା ବା ଉଦ୍ୟମ କରିବା ବୃଥା ଓ ଅଳୀକ ମାତ୍ର। ସମସ୍ତ ଉତ୍ପୀଡ଼ନ, ଶୋଷଣ, କଷଣ, ନିର୍ଯ୍ୟାତନା, ଦାରିଦ୍ର୍ୟ ଓ ଦୁଃଖ ମୋତେ ପୂର୍ବଜନ୍ମର କର୍ମଫଳ ହିସାବରେ ସୁନାପିଲା ପରି ସ୍ୱୀକାର କରି ଉଚ୍ଚବର୍ଗର ଲୋକଙ୍କୁ ସେବା କରିବାକୁ ହେବ। ଏପରିକି ମୃତ୍ୟୁ ମଧ୍ୟ ଏଥିରୁ ଉଦ୍ଧାର କରିପାରିବ ନାହିଁ, କାରଣ ପୂର୍ବଜନ୍ମର ପାପ ଯଦି ଅତ୍ୟଧିକ ଥାଏ, ତେବେ ଗୋଟେ ଜନ୍ମରେ ତା'ର ପ୍ରାୟଶ୍ଚିତ ଶେଷ ନହୋଇ ଆରଜନ୍ମକୁ ମଧ୍ୟ ଯାଇପାରେ। ଏହା ଏତେ ସୁନିର୍ଦ୍ଦିଷ୍ଟ ଯେ ଯଦି ଭଗବାନ ଥା'ନ୍ତି, ସେ ମଧ୍ୟ କର୍ମଫଳକୁ ପରିବର୍ତ୍ତନ କରିପାରିବେ ନାହିଁ।

ଆମେରିକାର କ୍ରୀତଦାସ ଯେପରି ଦିନରେ ୧୦ର ଘଣ୍ଟା କାମ କରିଥାଏ କିନ୍ତୁ ଉତ୍ପାଦନରେ ତାର ଭାଗ ନଥାଏ, ଠିକ୍ ସେହିଭଳି ଶୁଦ୍ର ଉଚ୍ଚବର୍ଗମାନଙ୍କ ପାଇଁ ଯେତେ

ଶ୍ରମ କଲେ ମଧ୍ୟ ତା'ର କିଛି ଭାଗ ନାହିଁ। ନିଷ୍କାମକର୍ମ କହିଲେ ପ୍ରକୃତରେ ଏହାକୁ ହିଁ ବୁଝାଏ, ଏଥିରେ ଯେତେ ପୁଟ ଦିଆଯାଉ ବା ଭାଷାର କସରତ କରାଯାଉ ନା କାହିଁକି। ଗୋଟେ ଉଦାହରଣ ଦେଲେ ନିଷ୍କାମ କର୍ମ ଭଲ ଭାବରେ ବୁଝିହେବ। ଗୋଟେ ସ୍କୁଲର ହଷ୍ଟେଲରେ ଯଥେଷ୍ଟ ଜାଗାଥାଏ, ଆମ୍ବ, ପିଜୁଳି ଇତ୍ୟାଦି ଫଳ ଗଛରେ ଭର୍ତ୍ତି। ପିଲାଙ୍କ କାମ ସେଥିରେ ପାଣିଦେବା। କିନ୍ତୁ ଝଡ଼ି ଯାଇଥିବା ଆମ୍ବଟିଏ କିମ୍ବା ପଡ଼ିଯାଇଥିବା ପିଜୁଳିଟିଏ ଖାଇବାର ଜୁ ନଥାଏ ପିଲାଙ୍କର। କାରଣ ସେମାନଙ୍କ କାମ ପ୍ରକୃତରେ ନିଷ୍କାମ ଥିଲା। ଏବେ ନିଷ୍କାମ କର୍ମକୁ ନାନା ଭାବରେ ନାନା ଢଙ୍ଗରେ ବୁଝାଇ ଦିଆଯାଇଛି। କାରଣ ସାଂପ୍ରତିକ ପରିସ୍ଥିତିରେ ଜଣେ ଶ୍ରମିକ କାମ କରି ଚାଲିବ, କୌଣସି ଫଳ ଆଶା ରଖିବ ନାହିଁ, ତାହା ସଂପୂର୍ଣ୍ଣ ଅଗ୍ରାହ୍ୟ ହୋଇଯିବ ଓ ଲୋକହସା ହୋଇଯିବ।

ବର୍ଣ୍ଣାଶ୍ରମ ନିୟମ ଅନୁଯାୟୀ ମୁଁ ଯଦି ଶୁଦ୍ରକୁଳରେ ଜନ୍ମ ହୋଇଛି, ମୋତେ ଶୁଦ୍ରର ଧର୍ମ ପାଳନ କରିବାକୁ ହେବ। ଏଥିରେ ଥିବା ସମସ୍ତ ଦୁଃଖଦୈନ୍ୟ, ଯାତନା ବିନା ପ୍ରତିବାଦରେ ଗ୍ରହଣ କରିବାକୁ ହେବ, ଏପରିକି ଏଥିରେ ନିଧନ ବା ମୃତ୍ୟୁ ହେଲେ ମଧ୍ୟ ଶୁଦ୍ରର ବୈଶ୍ୟ ବା ବୈଶ୍ୟ ମଧ୍ୟ ବୈଶ୍ୟରୁ କ୍ଷତ୍ରିୟ, ବା କ୍ଷତ୍ରିୟ କେବେ ମଧ୍ୟ ଚେଷ୍ଟା କରିବ ନାହିଁ ବ୍ରାହ୍ମଣ ହେବାପାଇଁ। ସେଥିପାଇଁ ଶ୍ରୀକୃଷ୍ଣ ଅର୍ଜୁନଙ୍କୁ ବୁଝାଇଲେ ଯେ ସେ କ୍ଷାତ୍ର ଧର୍ମ ପାଳନ କରିବାକୁ। ସେ ଧର୍ମ ପାଳନ କରି ଅର୍ଥାତ୍ ଯୁଦ୍ଧକରି ଯଦି ମୃତ୍ୟୁ ହୋଇଯାଏ, ତେବେ ସ୍ୱର୍ଗରେ ସ୍ଥାନ ପାଇବେ। ଏ ସଂପର୍କରେ ବିଶ୍ୱାମିତ୍ର, ବଶିଷ୍ଠ ଉପାଖ୍ୟାନ ପ୍ରଣିଧାନଯୋଗ୍ୟ। ବିଶ୍ୱାମିତ୍ର କ୍ଷତ୍ରିୟ ଥିଲେ, ସେ ତାଙ୍କର ସମସ୍ତ ଚେଷ୍ଟାସତ୍ତ୍ୱେ ବଶିଷ୍ଠଙ୍କ ପରି ମହର୍ଷି ହୋଇ ପାରିଲେ ନାହିଁ, ରାଜର୍ଷି ହୋଇ ରହିଲେ। ଅଭିରାମ ବାବୁ ଗୀତାର ଏଇ ଉକ୍ତିଟିକୁ ଏଭଳି ବୁଝାଇଛନ୍ତି। ଏହା ଠିକ୍ ହୋଇପାରେ, କିନ୍ତୁ ଏହା ସହ ମୋର ଆଉଗୋଟିଏ ମତ ଏ ସମ୍ପର୍କରେ ଅଛି।

ଗୀତା ରଚନା କାଳରେ ଯାହା ଅଭିରାମ ବାବୁ ଉଲ୍ଲେଖ କରିଛନ୍ତି ଉଭୟ ବୌଦ୍ଧ ଧର୍ମ ଓ ଜୈନଧର୍ମର ପ୍ରସାର ଚାଲିଥାଏ। ଜାତିବାଦ ଓ ମଣିଷ ମଣିଷ ଭିତରେ ଥିବା ଜନ୍ମଗତ ବିଭେଦକୁ ଉଭୟ ଧର୍ମ ବିରୋଧ କରୁଥିଲେ। ତେଣୁ ତଥାକଥିତ ସନାତନ ଧର୍ମରେ ଶୋଷିତ, ବଂଚିତ ଓ ନିଷ୍ପେସିତ ଶୁଦ୍ର ଶ୍ରେଣୀର ଲୋକମାନେ ଉଭୟ ବୌଦ୍ଧ ଓ ଜୈନଧର୍ମ ପ୍ରତି ବହୁସଂଖ୍ୟାରେ ଆକୃଷ୍ଟ ହେଉଥିଲେ। ଏଭଳି ଧର୍ମାନ୍ତରୀକରଣକୁ ବ୍ରାହ୍ମଣମାନେ ବିରୋଧ କରିଥିବା ସ୍ୱାଭାବିକ ମନେହୁଏ। ଯଦି ସବୁ ଶୁଦ୍ରଲୋକ ଏଭଳି ଚାଲିଯିବେ ତେବେ ତାଙ୍କର କାମ ସବୁ କରିବ କିଏ? ଏଥିପାଇଁ ଶ୍ରୀକୃଷ୍ଣଙ୍କ ମୁହଁରେ ଗୀତାରେ କୁହାଇ ଦେଲେ ଯେ ନିଜ ଧର୍ମରେ ଶୋଷଣ

କଷଣ କ'ଣ, ମୃତ୍ୟୁ ମଧ୍ୟ ଶ୍ରେୟସ୍କର। ଅନ୍ୟ ଧର୍ମକୁ ଯିବା ଯାଠୁ ଅଧିକ ଭୟାବହ ହେବ। ଉଭୟ ବୌଦ୍ଧ ଓ ଜୈନ ଧର୍ମର ପ୍ରସାରକୁ ରୋକିବାକୁ ଏହା ଏକ ପ୍ରୟାସ।

ବର୍ଣ୍ଣାଶ୍ରମ ଧର୍ମ ବା ଜାତିବାଦକୁ ବଜାୟ ତଥା ସୁପ୍ରତିଷ୍ଠିତ କରିବା ପାଇଁ ଗୀତାରେ ଯଥେଷ୍ଟ ଉପାଦାନ ଅଛି। ସାମାଜିକ ସ୍ଥିତାବସ୍ଥାରେ ଯେପରି କୌଣସି ପରିବର୍ତ୍ତନ ହେବନାହିଁ ସେଥିପାଇଁ ଏଥିରେ ବହୁ ଉଦ୍ୟମ କରାଯାଇଛି। ଏହା ସହ ଆଉ ଏକ ବିପଜ୍ଜନକ ତତ୍ତ୍ୱ ଗୀତାରେ ନିହିତ ରହିଛି। ଏଥିରେ ମଣିଷ ବା ଅର୍ଜ୍ଜୁନ ଯୁଦ୍ଧର ଅଳୀକତା ଓ ଭୟାବହତା ବିଷୟରେ ଭଗବାନଙ୍କୁ ବୁଝାଉଛନ୍ତି, ଆଉ ଯୁଦ୍ଧର ସମସ୍ତ ବିଭୀଷିକା ଓ ହାହାକାର ସତ୍ତ୍ୱେ ଭଗବାନ ମଣିଷକୁ ଯୁଦ୍ଧପାଇଁ ପ୍ରବର୍ତ୍ତାଉଛନ୍ତି। ଏକ ଓଲଟା ତଥା ବିକୃତ ବିଚାରକୁ ନେଇ ଗୀତା ଆରମ୍ଭ ହୋଇଛି।

ଶେଷରେ ଭଗବତ୍ ଗୀତା ବା Song the Lord/God ର ଅନୁବାଦ ଗୀତା ନହୋଇ ଗୀତ ହେବା କଥା। କିନ୍ତୁ ଆମ ଭିତରୁ ଯେପରି କିଛିଲୋକ ରାମଙ୍କୁ ରାମା, ଶିବଙ୍କୁ ଶିବା କହନ୍ତି ବୋଧହୁଏ ଗୀତକୁ ସେଭଳି ଗୀତା କୁହାଯାଉଛି।

■

ଗୀତାରେ ଜାତିବାଦ
ପ୍ରଥମ ସଂସ୍କରଣ, ଜୁନ୍ ୨୦୧୭

ରୋଟି କପଡ଼ା ଓ ମକାନ

ମହନି ଓ ମହାଜନ, ଉଭୟେ ହରିଜନ, ଜାତିରେ ପାଣ। ଗଲା ୩-୪ ବର୍ଷ ହେଲା ଗାଁରୁ ଆସି ଭୁବନେଶ୍ୱରରେ କାମ କରୁଛନ୍ତି। ଆଗ ଯେତେବେଳେ ଯାହାକାମ ମିଳୁଥିଲା ସେକାମ କରୁଥିଲେ, ଏବେ ରିକ୍ସା ଟାଣୁଛନ୍ତି।

ରୋଜଗାର ମନ୍ଦ ନୁହେଁ, ଦିନେ ଦିନେ ୪୦-୫୦ରୁ ମଧ୍ୟ ଟପିଯାଏ। କାହାରି ହେଲେ କିଛି ଖରାପ ଅଭ୍ୟାସ ନାହିଁ। ପେଟପୁରା ଖାଇବାରେ ତେଣୁ କିଛି ଅସୁବିଧା ନାହିଁ। ରବିନ୍ଦ୍ର ମଣ୍ଡପ ପଛପାଖେ ଏମ.ଏଲ.ଏ କଲୋନୀ ଛକରେ ଜଳଖିଆ ଦୋକାନ ପାଖରେ ଯୋ ଭିଡ଼ ହୁଏ ସକାଳ ଓ ବିଶେଷକରି ସଂଧ୍ୟାରେ, ସେଇଠି ଚଉକୀରେ ବସି ଅନ୍ୟ ବାବୁମାନଙ୍କ ସାଥିରେ ସେମାନେ ଖାଉଥିବାର ଦେଖିବାକୁ ମିଳେ ମଝିରେମଝିରେ। ଟିଣ ଚଉକିରେ ବସି ପ୍ଲେଟ୍‌ରୁ ଚାମଚରେ ଜଳଖିଆ ଖାଇବାରେ ସେମାନଙ୍କର ଅସୁବିଧା ନାହିଁ, ବରଂ ସେ ପରିସ୍ଥିତିଟାକୁ ସେମାନେ ଖୁବ୍ ଉପଭୋଗ କରୁଥିବାର ଜଣାଯାଏ।

କିଏ ପଚାରେ ତାଙ୍କ ନାଁ ଗାଁ, କିଏ ପଚାରେ ସେଠି ସେମାନଙ୍କର ଜାତି ଗୋତ୍ର ? ଖାଲି ଜଳଖିଆ ଖାଇଲାବେଳେ କାହିଁକି ଅନ୍ୟ ସମୟରେ ବା କିଏ ସେ କଥା ବୁଝୁଛି ?

ପିଲାମାନେ ଗାଁରେ ଅଛନ୍ତି, ତେଣୁ ଦୁଇଓଳା ଖାଇବାଟା ମଧ୍ୟ ହୋଟେଲରେ। ଛୋଟ ଗୁମୁଟି ହୋଟେଲ ହେଲେ ମଧ୍ୟ ବେଞ୍ଚ ଓ ଟେବୁଲତ ପଡ଼ିଛି, ଅନେକ ବାବୁଭାୟା ମଧ୍ୟ ସେଠି ଖାଉଛନ୍ତି। ଯୋଉଦିନ ଭଲ ଦି ପଇସା ମିଳୁଛି, ସେଦିନ ମାଉଁସ ପ୍ଲେଟ୍‌ଟେ ବା ଦହି ଗିନାଟେ ବା ସ୍ପେସାଲ ତରକାରୀ ପ୍ଲେଟ୍‌ଟେ ଚଢ଼େଇ ଦେଉଛି। ସେଦିନ ବାବୁଭାୟାଙ୍କର ମଧ୍ୟ ଇର୍ଷାହୁଏ ୟାଙ୍କ ଖାଇବା ଦେଖି।

ଆଉ ଦିନେ ଦିନେ ରାସ୍ତାକଡ଼ ଜାମାପଟା ଦୋକାନରୁ ରଙ୍ଗ ରଙ୍ଗିଆ ଗଞ୍ଜି

ଖଣ୍ଡେ କିଣି ପିନ୍ଧିବାରେ ବେଶ ଆନନ୍ଦ ମିଳେ। ତାକୁ ପିନ୍ଧି ସିନେମା ଦେଖିବାକୁ ମହନି ଓ ମହାଜନ ଚାଲିଯା'ନ୍ତି। ସିନେମା ଘରେ ଅନ୍ୟ ସମସ୍ତଙ୍କ ସହ ଚଉକିରେ ବସି ଦେଖିବାରେ କାହାର ଅଶାନ୍ତି ନାହିଁ।

ଇଚ୍ଛା ହେଲେ ବାସନା ସାବୁନ ଦେହରେ ଲଗେଇ ରାସ୍ତାକଡ଼ ନଳକୂଅରେ ଗାଧୋଇ ହେଉଛି, ରିକ୍ସାଟା ବାହାରେ ରଖି ପାର୍କରେ ବେଶି ସମୟ ନ ହେଲେ ମଧ୍ୟ ଅଧଘଣ୍ଟାଏ ଆରାମ କରିବରେ ଅସୁବିଧା କ'ଣ?

ଜାନୁଆରୀ ଛବିଶ ବା ଅଗଷ୍ଟ ପନ୍ଦର ପ୍ୟାରେଡ ଦେଖିବା ପାଇଁ ଆଗ୍ରହୀ ବାବୁ ବାବୁଆଣୀମାନଙ୍କୁ ରିକ୍ସାରେ ନେଇ ସମସ୍ତଙ୍କ ସହ ପ୍ୟାରେଡ ଦେଖନ୍ତି ମହନି ଓ ମହାଜନ। ଆଉ ଯେଉଁଦିନ ପ୍ରଧାନମନ୍ତ୍ରୀଙ୍କ ବା ଦଳ ସଭାପତିଙ୍କ ବା ସେଭଳି କିଛି ବିଶେଷ ବ୍ୟକ୍ତିଙ୍କ ଆଗମନ ଉପଲକ୍ଷେ ବା ଅନ୍ୟ କୌଣସି କାରଣ ନେଇ ରାଜଧାନୀରେ ବିରାଟ ସଭାର ଆୟୋଜନ ହୋଇଥାଏ, ସେ ସଭାରେ ଅନ୍ୟ ଦେଖଣାହାରୀଙ୍କ ସହିତ ମହନି ଓ ମହାଜନ ଯୋଗ ଦେବାରେ କାହାରି ତ ଆପତ୍ତି ନାହିଁ, ବରଂ ସଭାର କଳେବର ବୃଦ୍ଧିପାଇଁ ସେମାନେ ସ୍ୱାଗତ ଯୋଗ୍ୟ ସଭାରେ ଯେତେ ଲୋକ, ସଭା ସେତେ ସଫଳ।

ମଝିରେମଝିରେ କିନ୍ତୁ ମହନି ଓ ମହାଜନକୁ ଗାଁକୁ ଯିବାକୁ ହେବ। ପିଲାମାନେ ଅଛନ୍ତି, ତାଙ୍କ କଥା ବୁଝିବାକୁ ହେବ, ଟଙ୍କା ପଇସା ଦେବାକୁ ହେବ ସେମାନଙ୍କର ଚଳଣି ପାଇଁ। ଗାଁର ମମତା ବି ଅଛି, ଜନ୍ମ ମାଟିର ଆକର୍ଷଣ ରହିଛି। ବସ୍‌ରେ ଗଲେ ବସ୍‌ରୁ ଓହ୍ଲେଇ ଗାଁକୁ ଯିବାକୁ ୪ କିଲୋମିଟର ଚାଲିବାକୁ ହୁଏ। ସେମାନେ କିନ୍ତୁ ଯେବେ ଗାଁକୁ ଯାଆନ୍ତି ଅତି କମ୍‌ରେ ୧୦ କି.ମି. ବା ଦୁଇ ତିନୋଟି ଷ୍ଟପେଜ୍ ପୂର୍ବରୁ ହୁସିଆର ହୋଇ ଯାଆନ୍ତି। ଇଏତ ସହର ନୁହେଁ ଯେ କିଏ କାହାକୁ ପଚାରୁଛି, କିଏ ବା କାହାକୁ ଚିହ୍ନୁଛି? ଲୋକମାନେ ତାଙ୍କୁ ଚିହ୍ନିଛନ୍ତି, ସେମାନେ ମହନି ପାଣ ମହାଜନ ପାଣ ବର୍ତ୍ତମାନ। ଗାଁରେ ପହଞ୍ଚିଗଲେ ଘରର ଲୋକମାନଙ୍କ ସହ ମିଶିଗଲେ ଅନେକ ଆନନ୍ଦରେ ଦିନେ ଦି'ଦିନ କଟିଯାଏ। କିନ୍ତୁ ଗାଁ ମୁଣ୍ଡରେ ତାଙ୍କର ସାହି, ଆଉ ସାହିରୁ ବାହାରିଲେ ବହୁତ ସତର୍କ ଭାବେ ଚଳିବାକୁ ହୁଏ। ଇଏ ଆଉ ଭୁବନେଶ୍ୱର ନୁହେଁ। ସମସ୍ତେ ତାଙ୍କୁ ଜାଣନ୍ତି, ତାଙ୍କର ଗାଁରେ, ସମାଜରେ ସ୍ଥାନ ନିର୍ଦ୍ଦିଷ୍ଟ କରି ଦିଆ ହୋଇଛି। ଗଲା ୩୦-୪୦ ବର୍ଷରେ ସେ ସ୍ଥାନର ଯେ କିଛି ପରିବର୍ତ୍ତନ ହୋଇନାହିଁ ତାହା ନୁହେଁ, ତେବେ ସହର ଓ ଗାଁରେ ସେମାନଙ୍କର ସ୍ଥିତିରେ ତାଳ ତିଳ ଫରକ।

ଗାଁ ସାହୁକାରଠାରୁ କେତେ ଦୂରରେ ରହିବାକୁ ହେବ, ତାଙ୍କ ସହ କିଭଳି କଥାବାର୍ତ୍ତା କରିବାକୁ ହେବ ପିଲାଦିନୁ ଶିଖିଛନ୍ତି, ସେଥିରେ ତ୍ରୁଟି ହେବନାହିଁ ସତ,

କିନ୍ତୁ ସହରର ଅପେକ୍ଷାକୃତ ଢ଼େର ଅଧିକ ମୁକ୍ତ ବାତାବରଣରେ ଅନେକ ଦିନ ଅଭ୍ୟସ୍ତ ହୋଇଗଲା ପରେ, ଗାଁରେ ସେମାନେ ରୁନ୍ଧ ଚୁଣ୍ଟିହୋଇଯାଆନ୍ତି। ଗାଁର ସର୍ବସାଧାରଣ କୂଅରୁ ପାଣି ଆଣି ପାରିବେ ନାହିଁ, 'ଭଲ' ଲୋକଙ୍କୁ ଦେଖିଲେ ଟିକିଏ ଛାଡ଼ି ରହିବାକୁ ହେବ, ଗାଁ ସଭାରେ ଗୋଟିଏ କୋଣରେ ଦୂରେଇ କରି ବସିବାକୁ ହେବ, କଥା କହିହେବନି, କହିଲେ କଥା ରହିବନି। ଭୋଜିଭାତରେ କିଏ ଗଣ୍ଡେ ଖାଇବାକୁ ଡାକିଲେ ରାତି ଅଧକୁ ସବୁ ଶେଷ ହେଲେ, ବାରି ମୁଣ୍ଡରେ ଖତ ଗାତ ପାଖରେ ଅଲଗା ଚାଉଳର ଭାତ ଓ କିଛି ବଳକା ବଳକି ତରକାରୀ ପତ୍ର ମିଳିଲେ ଭାଗ୍ୟର କଥା।

କାମ ଦାମ ନାହିଁ ଗାଁରେ, 'ଭଲ' ଲୋକ ହଳିଆ ଲାଗି ସାରିଲେ ବା ମୁଲ ପାଇଲେ, ଲୋଡ଼ା ପଡ଼ିଲେ ଏମାନଙ୍କ ଡାକରା ହୁଏ। ବଣ ବୁଦା କାମ ଯାହା ମିଳୁଥିଲା, ଏବକୁ ଆସ୍ତେ ବଣ ସରିଗଲା, ୮-୧୦ କିଲୋମିଟର ଗଲେ କାଠ ବାଉଁଶ କିଛି ମିଳିବ, ତାକୁ ବୁଲେଇ ବୁଲେଇ ବିକିବାକୁ ହେବ। ଦୁଇ ଚାରିଥର ଦୌଡ଼ିଲେ, ନେହୁରା ହୋଇ କହିଲେ ପଇସା ବା ଚାଉଳ ମିଳିବ। କେଉଁଦିନ ଜାଉ କାଞ୍ଜି ତ କେଉଁ ଦିନ ଆମ୍ବିଳି ତୋରାଣୀ, ତାଙ୍କର ଭଲ ଖାଇବା ହେଲା ଭାତ ଓ ମିଶାମିଶି ଶାଗ।

ଏଥିରେ ବାପ ଗୋସେଇଁବାପ ଭଳି ମଧ ଅଭ୍ୟସ୍ତଥିଲେ, କିନ୍ତୁ ଥରେ ସହରକୁ ଆସି ବାବୁଭାୟାଙ୍କ ସହ ମିଶି ଖାଇବାରେ, ସିନେମା ଦେଖିବାରେ, ସଭାରେ ଯୋଗଦେବାରେ, ବା ସେଲୁନ୍‌ରେ ବାଳ କାଟିବାରେ ଯେଉଁ ଆନନ୍ଦ ଅଛି ସେଥିରେ ଓ ସର୍ବୋପରି ଏକ ମୁକ୍ତ ବାତାବରଣର ସ୍ୱାଦ ଚାଖିଲାପରେ ଗାଁର ସାମାଜିକ ଦୌରାତ୍ମ୍ୟ ସେମାନଙ୍କୁ ଅସହ୍ୟ ବୋଧ ହଉଛି। ଗାଁର ପରିସ୍ଥିତିକୁ ବଦଳେଇବାର ସାମର୍ଥ୍ୟ ନାହିଁ। ତେଣୁ ସହରକୁ ପଳେଇ ଆସିବେନିତ ଆଉ କ'ଣ କରିବେ? ସେମାନଙ୍କର ମନ ଅନେକ ସମୟରେ ବିଦ୍ରୋହ କରି ଉଠେ, କିନ୍ତୁ... ... କିନ୍ତୁ କ'ଣ ବା କରିପାରିବେ? ଗାଁରେ ଥିଲାଯାଏଁ ସେମାନଙ୍କୁ ଗାଁର ସେଇ ସାହୁକାର ବା 'ଭଲ' ଲୋକଙ୍କ ଉପରେ ହିଁ ନିର୍ଭର କରିବାକୁ ହେବ ବଞ୍ଚିବା ପାଇଁ। ଲୋଡ଼ା ପଡ଼ିଲେ କିଏ ଚାଉଳ ଗଣ୍ଡେ ଦେବ, ଦେହପା ସମୟରେ କିଏ ଦି'ପଇସା ଉଧାର ଦେବ? କୋଉ ସରକାର ସେତେବେଳେ ସାହାଯ୍ୟ କରିବ? - ଏମିତି ମନକୁ ବୁଝେଇବାକୁ ହୁଏ।

ତା'ପରେ ସେମାନେ କ'ଣ ଶୁଣୁ ନାହାନ୍ତି ନା ଦେଖି ନାହାନ୍ତି, ଯେଉଁଠି ତାଙ୍କ ଭାଇମାନେ ଟିକିଏ ସାମାନ୍ୟ ସୁବିଧା ଚାହିଁଛନ୍ତି କ'ଣ ହୋଇଛି ସେମାନଙ୍କର ଅବସ୍ଥା। ଘର ପୋଡ଼ିଯାଇଛି, ସ୍ତ୍ରୀ ଲୋକଙ୍କର ଇଜ୍ଜତ ଯାଇଛି, କିଏ ମରିଛି ତ କିଏ ବିକଳାଙ୍ଗ

ହୋଇ ଜୀବନ ସାରା ରହିଛି । କୋଉ ସରକାର ସେମାନଙ୍କର ପିଠିରେ ପଡ଼ିଛି ? ଗାଁର ଭିଟାମାଟିର ମୋହ ତଥାପି କିଛି ଅଛି ଓ ସେହି ମୋହ ମଝିରେ ମଝିରେ ତାକୁ ଅଳ୍ପଦିନ ପାଇଁ ହେଲେ ମଧ୍ୟ ଗାଁକୁ ଟାଣି ନେଉଛି, କିନ୍ତୁ ସହରର ଆକର୍ଷଣ ଅଧିକ ହେଉଛି ତାଙ୍କଠୁ ସହରର କଥା ଶୁଣି ଏବେ ଗାଁର ଧନୀ ପାଣ ମଧ୍ୟ ତାଙ୍କ ସହ ଯୋଗ ଦେଇଛି ।

କେବେ ଚକ ଲେଉଟିବ, ଗାନ୍ଧୀ ବୁଢ଼ାର ରାମରାଜ୍ୟ ହେବ, ସହର ଦୌଡ଼ ଶେଷ ହେବ ?

■

(ନାମ ଓ ବିଷୟବସ୍ତୁ କାଳ୍ପନିକ ନୁହେଁ ।)

ବସ୍ତି ଖବର, ୧ ଜୁନ୍ - ୩୧ ଅଗଷ୍ଟ, ୧୯୯୦

ଅଦମ୍ୟ ସୁଭାଷ

ଅନ୍ଦାଜ କରିବା, ଜଣେ ପିଲା ଆଇ ଆଇଟି ପରୀକ୍ଷାରେ ଟପ୍ପର ହେଲା ବା ଆଇ ଆଇଏମରେ ଟପ୍ପର ହେଲା ବା ଆଇ.ଏ.ଏସରେ ଟପ୍ପର ହେଲା, ତା'ପରେ ନିପୀଡିତମାନଙ୍କର ମୁକ୍ତିପାଇଁ ମାଓବାଦୀ ଆନ୍ଦୋଳନରେ ଯୋଗଦେଲା, ଆମେ ସାଧାରଣ ଲୋକ ସେ ପିଲାକୁ କ'ଣ କହିବା ? ସେ ପାଗଳ ହୋଇଗଲା, ଲକ୍ଷ୍ମୀଛଡା, ପ୍ରକୃତି ଛଡା ହୋଇଗଲା । ସୁଭାଷ ସେହିଭଳି ଧର୍ମ ଛଡା, ପ୍ରକୃତି ଛଡା, ସୃଷ୍ଟି ଛଡା, ଲକ୍ଷ୍ମୀଛଡା ହୋଇଗଲେ ଯେଉଁଦିନ ଆଇ.ସି.ଏସ୍‌ରୁ ଇସ୍ତଫା ଦେଇଦେଲେ ମାତୃଭୂମିର ମୁକ୍ତି ପାଇଁ । ଏ କ୍ଷେତ୍ରରେ ସାଧାରଣତଃ ମା'ମାନେ ଅଧିକ ବ୍ୟସ୍ତ ହୋଇପଡନ୍ତି, ଭାଙ୍ଗି ପଡନ୍ତି, କିନ୍ତୁ ସୁଭାଷଙ୍କ ବାପା ବ୍ୟସ୍ତ ହୋଇପଡିଲେ ସୁଭାଷଙ୍କ ଇସ୍ତଫା ପରେ, ମା' କିନ୍ତୁ ସମର୍ଥନ କଲେ ପୁଅର କାମକୁ । ବଡଭାଇ ଶରତ ମଧ୍ୟ ସମର୍ଥନ ଜଣାଇଲେ ସାମାନ୍ୟ ବିଚଳିତ ହେବା ପରେ ।

କାମ୍ବ୍ରିଜ୍ ବିଶ୍ୱବିଦ୍ୟାଳୟର କିଛି ଅଧ୍ୟାପକ ଇସ୍ତଫା ନ ଦେବା ପାଇଁ ବୁଝେଇଥିଲେ, କିନ୍ତୁ ବିଶ୍ୱବିଦ୍ୟାଳୟରେ ନା ଲେଖାଇବା ମଂଜୁର କରିଥିବା ରେଡ୍ଡାଓ୍ୱେ ଇସ୍ତଫା ନିଷ୍ପତ୍ତିକୁ ହାର୍ଦ୍ଦିକ ସମର୍ଥନ ଜଣାଇଥିଲେ । ଇଂଲଣ୍ଡର ସିଭିଲ୍ ସର୍ଭିସ୍ ବୋର୍ଡର ମୁଖ୍ୟ ମିଷ୍ଟର ରବର୍ଟଙ୍କ ସହ ଆ.ସି. ଏସ୍ ପାଇଲା ପରେ ଟ୍ରେନିଂ ସମୟରେ ସୁଭାଷଙ୍କୁ ଭାରତରେ ଘୋଡାମାନଙ୍କର କିପରି ରତ୍ନ ନେବାକୁ ହେବ ସେ ବିଷୟରେ ନିର୍ଦ୍ଦେଶ ଦେଲାବେଳେ କହିଲେ ଯେ ଘୋଡାମାନଙ୍କର ଖାଦ୍ୟ ଭାରତୀୟମାନେ ଖାଇଦେବେ ଓ ରାଜା ଅସାଧୁ ଭାରତୀୟ ବ୍ୟବସାୟୀ ମାନଙ୍କ ପ୍ରତି ହୁସିଆର ରହିବାକୁ ହେବ । ସୁଭାଷ ଏ ମନ୍ତବ୍ୟକୁ ଦୃଢ ବିରୋଧ କଲେ । ଉତ୍ତରରେ ରବର୍ଟ କହିଲେ ବ୍ରିଟେନ୍‌ର ଭୁଲ ବାଛିବା କାମ ତୁମର ନୁହେଁ, ଆଦେଶ ପାଳିବା ତୁମର କାମ । ରବର୍ଟଙ୍କ ସହ ସୁଭାଷଙ୍କର ଝଗଡା ହେଲା । ସୁଭାଷଙ୍କର ଇସ୍ତଫା କଥା ଶୁଣିବାପରେ ରବର୍ଟ ଖୁସୀ

ହେବା ପରିବର୍ତ୍ତେ ଆଶ୍ଚର୍ଯ୍ୟର କଥା ଇସ୍ତଫା ପ୍ରତ୍ୟାହାର କରିବା ପାଇଁ ସୁଭାଷଙ୍କୁ ବୁଝେଇ ଥିଲେ।

ଅନେକ ବିଚାରପରେ ଇସ୍ତଫା ପାଇଁ ସୁଭାଷ ନିଷ୍ପତ୍ତି ନେଇଥିଲେ ଓ ତାହା ଚୁଡାନ୍ତ ଥିଲା। ଭାବିଲେ ଯେ ଦୁଃଖ ଓ ଯନ୍ତ୍ରଣାର ଭୂମି ଉପରେ ହିଁ ମୁକ୍ତିର ସୌଧ ଗଢା ଯାଇପାରେ, ଅନ୍ୟଥା ନୁହେଁ। ସେ ଆଶ୍ଚର୍ଯ୍ୟ ହୋଇଥିଲେ ଯେ କାହିଁକି ସେ ପର୍ଯ୍ୟନ୍ତ ଅନ୍ୟ କେହି ଭାରତୀୟ ଆଇ.ସି.ଏସ୍ ରୁ ମାତୃଭୂମିର ମଂଗଳ ପାଇଁ ଇସ୍ତଫା ଦେଇନାହାନ୍ତି। ଦର୍ଶନ ଶାସ୍ତ୍ରରେ ଅଧ୍ୟୟନ କ୍ୟାମ୍ବ୍ରିଜ୍ ବିଶ୍ୱବିଦ୍ୟାଳୟରେ ଶେଷ ହେଲା, ଏବେ ଭାରତ ଯାତ୍ରା ଆରମ୍ଭ ହେଲା। ବମ୍ବେ ବନ୍ଦରରେ ଓହ୍ଲେଇବା ପରେ ସିଧା ଗଲେ ଗାନ୍ଧୀ ରହୁଥିବା ମଣିବେନ୍ ଭବନକୁ ଗାନ୍ଧୀଙ୍କ ସହ ଆଲୋଚନା କରିବା ପାଇଁ ଭାରତର ସ୍ୱାଧୀନତା ବିଷୟରେ। ଗାନ୍ଧୀ ସତ୍ୟାସହ ଓ ଅସହୋଯୋଗ ଆନ୍ଦୋଳନ ଆରମ୍ଭ କରିଦେଇଥାନ୍ତି ଓ ୧୯୨୧ ମସିହା ଶେଷସୁଦ୍ଧା ବ୍ରିଟିଶ୍ ଶାସନରୁ ଭାରତ ମୁକ୍ତ ହୋଇଯିବ ବୋଲି ଗାନ୍ଧୀ ଦୃଢ ଭାବେ କହୁଥାନ୍ତି।

ସୁଭାଷଙ୍କୁ ଦେଖି ଗାନ୍ଧୀ ସହାସ୍ୟ ବଦନରେ ଅଭିବାଦନ ଜଣେଇଲେ ଓ ଆଲୋଚନାରେ ଭାଗ ନେବା ପାଇଁ ଇସାରା ଦେଲେ। ସତ୍ୟାଗ୍ରହ ଓ ଅସହୋଯୋଗ ଆନ୍ଦୋଳନ ଫଳରେ ବ୍ରିଟିଶ୍‌ବାଲା କେମିତି ବର୍ଷ ଶେଷ ସୁଦ୍ଧା ଭାରତ ଛାଡି ଚାଲିଯିବେ ବୋଲି ସୁଭାଷ ଗୁଡେଇ ତୁଡେଇ ପ୍ରଶ୍ନ ପଚାରିଚାଲିଲେ। ଗାନ୍ଧୀଙ୍କ ଉତ୍ତରରେ ସେ ସନ୍ତୁଷ୍ଟ ହେଲେ ନାହିଁ ସତ କିନ୍ତୁ ଭାବିଲେ ଯେ ସମସ୍ତ କୌଶଳ ଆଗନ୍ତୁରା ଜଣେ ଆଗନ୍ତୁକ ତରୁଣଙ୍କୁ କହିବା ଉଚିତ ହୋଇନଥାପରେ ଓ ବୋଧହୁଏ ଗାନ୍ଧୀଙ୍କର ମନରେ କିଛି ଅଧିକ ଫଳପ୍ରଦ ଉପାୟ ଥାଇପାରେ-ଏହା ଭାବି ସୁଭାଷ ଗାନ୍ଧୀଙ୍କ ପାଖରୁ ଫେରି କଲିକତା ଚାଲିଗଲେ ଓ ବଡଭାଇ ଶରତଙ୍କ ପାଖରେ ରହିଲେ। ଶରତ ସମସ୍ତ ପ୍ରକାର ମାନସିକ ଓ ଆର୍ଥିକ ସହାୟତା ଦେଲେ, ତାଙ୍କର ସ୍ତ୍ରୀ ବିଭାବତୀ ତାଙ୍କର ସମସ୍ତ ଶ୍ରଦ୍ଧା ସ୍ନେହ ସୁଭାଷଙ୍କ ଉପରେ ଅଜାଡିଦେଲେ। ଭାଇ ଭାଉଜଙ୍କ ପାଖରେ ରହି ସୁଭାଷ ତାଙ୍କର ଆନ୍ଦୋଳନ ଜାରୀ ରଖିଲେ।

ଏଠାରେ ଉଲ୍ଲେଖଯୋଗ୍ୟ ଯେ ଯେଉଁ ଜାହାଜରେ କ୍ୟାମ୍ବ୍ରିଜରୁ ସୁଭାଷ ଫେରୁଥିଲେ ଭାରତ, ସେଇ ଜାହାଜରେ ୟୁରୋପ ଭ୍ରମଣସାରି ରବୀନ୍ଦ୍ରନାଥ ଟାଗୋର ଫେରୁଥିଲେ। କଲିକତାରେ ଟାଗୋର ଓ ଦେଶବନ୍ଧୁ ଚିତ୍ତରଂଜନ ଦାସଙ୍କ ସହ ସୁଭାଷଙ୍କର ଆଲୋଚନା ହେଉଥାଏ। ଗାନ୍ଧୀଙ୍କର ସ୍ୱଦେଶୀ ଆନ୍ଦୋଳନକୁ ଟାଗୋର ସମର୍ଥନ କରୁଥିଲେ କିନ୍ତୁ ଅସହଯୋଗ ଆନ୍ଦୋଳନର ଅଂଶ ରୂପେ ସ୍କୁଲ କଲେଜ ଛାଡିଦେବା କଥାଟା ଟାଗୋର ପସନ୍ଦ କଲେନି। କିଏ ଜାଣେ ମୁକ୍ତି ଆନ୍ଦୋଳନ

କେବେ ପୁରା ସଫଳ ହେବ, ବିଲାତବାଲା ଭାରତ ଛାଡିବେ ଓ ଯଦି ସେ ଯାଏଁ ଭାରତର ପିଲାମାନେ ସ୍କୁଲ କଲେଜ ଛାଡିଦେବେ, ଆଉ କେହି ସ୍କୁଲମାନଙ୍କରେ ଭର୍ତ୍ତି ହେବେ ନାହିଁ, ତେବେ କେତେ ପିଢି ମୂର୍ଖ ହୋଇଯିବେ ଓ ଗାନ୍ଧୀ ଏହା କିପରି କହୁଛନ୍ତି ବୋଲି ଟଗୋର ଆଶ୍ଚର୍ଯ୍ୟ ହେଉଥାନ୍ତି। ଅବଶ୍ୟ ଏ ବିଷୟରେ ଗାନ୍ଧୀ ଓ ତାଙ୍କର ସହଯୋଗୀ ଆନ୍ଦୋଳନକାରୀ ଅବହିତ ଥିଲେ। ସେଥିପାଇଁ ସରକାରୀ ସ୍କୁଲ୍ ବଦଳରେ ଦେଶର ବିଭିନ୍ନ ସ୍ଥାନରେ ଜାତୀୟବାଦୀ ସ୍କୁଲମାନ ପ୍ରତିଷ୍ଠିତ ହେଲା। ଆମ ରାଜ୍ୟରେ ଗୋପବନ୍ଧୁ ଓ ତାଙ୍କର ସାଥିମାନେ ସାକ୍ଷୀଗୋପାଳଠାରେ ବନବିଦ୍ୟାଳୟ ଆରମ୍ଭ କରିଦେଇଥିଲେ।

ଦେଶସାରା ଧୀରେ ଧୀରେ ସ୍ୱଦେଶୀ ଆନ୍ଦୋଳନ ତୀବ୍ରରୁ ତୀବ୍ରତର ହେଉଥାଏ। ଗାନ୍ଧୀତ ନିଜେ ବେପାରୀ ବଂଶଜ ଥିଲେ ଓ ବିଲାତ ବାଲାମଧ୍ୟ ବେପାର ପାଇଁ ଭାରତ ଆସିଥିଲେ। ବେପାରରୁ ଲାଭକୁ ସୁନିଶ୍ଚିତ କରିବାପାଇଁ ଭାରତ ତା'ର କଂଚାମାଲ ବ୍ରିଟେନ ବ୍ୟତୀତ ଅନ୍ୟ କାହାକୁ ବିକ୍ରୀ କରିପାରିବ ନାହିଁ ଓ ସମସ୍ତ କାରଖାନା ତିଆରି ଜିନିଷ କେବଳ ବିଲାତରୁ ହିଁ କିଣିବ - ଏ ବ୍ୟବସ୍ଥାଟି ଜାହିର କରିବା ପାଇଁ ତ ବିଲାତବାଲା ଭାରତକୁ ଦଖଲକରି ଶାନ୍ତି ଓ ଏ ବ୍ୟବସ୍ଥାର ବିରୋଧ କରୁଥିବା ଲୋକଙ୍କୁ ସାବାଡ କରିବା ପାଇଁ ବିଲାତବାଲା ଏଠି ସୈନ୍ୟବାହିନୀ ରଖିଛନ୍ତି ଓ କଠୋର ଆଇନ କାନୁନ୍ କରିଛନ୍ତି। ଗାନ୍ଧୀଙ୍କୁ ଏଇ ମୂଳ କଥାଟି ବୁଝିବା ପାଇଁ ଅସୁବିଧା ହେଲାନାହିଁ। ଯଦି ବିଲାତି ଜିନିଷ ସଂପୂର୍ଣ୍ଣ ବର୍ଜନ କରାଯାଏ ତେବେ ଲାଭ ଆସିବ କେଉଁଠୁ ଓ ବିଲାତବାଲା ତା ଛାଏଁ ଭାରତ ଛାଡି ଚାଲିଯିବେ, ଏ ତତ୍ତ୍ୱଟି ଗାନ୍ଧୀ ବୁଝେଇଦେଲାପରେ ହଜାର ହଜାର ସଂଖ୍ୟାରେ ସ୍ୱେଚ୍ଛାସେବୀ ଓ କଂଗ୍ରେସ କର୍ମୀ ବିଲାତି ବସ୍ତ୍ର ଓ ଅନ୍ୟାନ୍ୟ ସାମଗ୍ରୀମାନ ସହର ବଜାର ଛକମାନଙ୍କରେ ଏକାଠି କରି ନିଆଁ ଲଗେଇଦେଉଥାନ୍ତି।

କଲିକତାରେ ଦେଶବନ୍ଧୁ ଚିତ୍ତରଂଜନ ଦାସଙ୍କ ନେତୃତ୍ୱରେ ସ୍ୱଦେଶ, ଆନ୍ଦୋଳନ ତୀବ୍ର ଆକାର ଧାରଣ କରୁଥାଏ। ସୁଭାଷ ତରୁଣ ମାନଙ୍କର ପୁରୋଭାଗରେ ଥାଆନ୍ତି। ଏଇ ସମୟରେ ଆନ୍ଦୋଳନକୁ ଭଣ୍ଡୁର କରିବା ପାଇଁ ଓ ଜନମାନସକୁ ବିଭ୍ରାନ୍ତ କରିବାପାଇଁ ବିଲାତ ସରକାର ଶାସନ ସଂସ୍କାର ନାମରେ ଓ ଭାରତୀୟମାନଙ୍କୁ କ୍ଷମତାର ସହଭାଗୀ କରିବା ପାଇଁ ଗୋଟିଏ ମିଠା ଗାଜର ଝୁଲେଇ ଦେଲେ। ମିଠା ଗାଜରଟି ହେଲା ଯେ ପ୍ରତି ରାଜ୍ୟରେ ରାଜ୍ୟ କାଉନ୍‌ସିଲ ଭୋଟ ଜରିଆରେ ପ୍ରତିଷ୍ଠିତ ହେବ। ଭାରତୀୟମାନେ ନିର୍ବାଚିତ ହୋଇ ସରକାର ଗଢିବେ ଓ ଶାସନ ଭାର ନିଜ ହାତକୁ ନେବେ। ତେବେ ଅସଲ କ୍ଷମତା ଥିବା ବିଭାଗ ଗୁଡିକ ବିଲାତି ଶାସକମାନଙ୍କ ପାଖରେ ରହିବ ଓ ଅପେକ୍ଷାକୃତ କ୍ଷମତା ବିହୀନ ବିଭାଗ ଯଥା ଶିକ୍ଷା ଓ ସ୍ୱାସ୍ଥ୍ୟ

ଭାରତୀୟମାନଙ୍କ ହାତରେ ରହିବ ନୂଆ ବ୍ୟବସ୍ଥା ଅନୁଯାୟୀ। କଂଗ୍ରେସ ଅଧିବେଶନରେ ଏ ବ୍ୟବସ୍ଥାକୁ ବିରୋଧ କରାଗଲା। ଦେଶବନ୍ଧୁ ଚିତ୍ତରଂଜନ ଦାସଙ୍କ ଭଳି କିଛି ନେତା କିନ୍ତୁ ଏ ସଂସ୍କାରକୁ ସମର୍ଥନ କଲେ। ତାଙ୍କର ଯୁକ୍ତି ଥିଲା ଯେ ଆଗ କ୍ଷମତାକୁ ଆସ ତା ପରେ ଧୀରେ ଧୀରେ ତା'ର ପରିସର ବଢେଇବା ପାଇଁ ଆନ୍ଦୋଳନ କରାଯାଇପାରେ। ଯେଉଁମାନେ ଏଇ ମତକୁ ସମର୍ଥନ କଲେ ସେମାନଙ୍କୁ ସ୍ୱରାଜବାଦୀ କୁହାଗଲା। ଗୋଟିଏ ସାଲିସ୍ ପ୍ରସ୍ତାବ ହେଲା ଯେ ଯେଉଁଠାରେ ଚାହିଁବେ କଂଗ୍ରେସ ଦଳ ସେଠାରେ ନିର୍ବାଚନରେ ଭାଗ ନେଇ ସରକାର ଗଢିପାରେ। ସେହି ବ୍ୟବସ୍ଥାରେ ଅନେକ ସ୍ଥାନରେ ସ୍ୱରାଜବାଦୀମାନେ ସରକାର ଗଢିଲେ।

କଲିକତାରେ ମ୍ୟୁନିସ୍‌ପାଲ କରପୋରେସନରେ ସ୍ୱରାଜବାଦୀମାନେ କ୍ଷମତାକୁ ଆସିଲେ ଓ ଦେଶବନ୍ଧୁ ଚିତ୍ତରଂଜନ ଦାସ କର୍ପୋରେସନର ମେୟର ହେଲେ। ସେ ସୁଭାଷଙ୍କୁ ଚିଫ୍ ଏକଜିକ୍ୟୁଟିଭ ଅଫିସର ରୂପେ ନିଯୁକ୍ତି ଦେଲେ। ସେତେବେଳେ କଲିକତା ମ୍ୟୁନିସିପାଲ କର୍ପୋରେସନ ବ୍ରିଟିଶ ସାମ୍ରାଜ୍ୟର ଦ୍ୱିତୀୟ ବୃହତ୍ତମ ଥିଲା। ସୁଭାଷ ପୁରା ଦମରେ କଲିକତାର ଉନ୍ନତି ପାଇଁ ଲାଗିପଡିଲେ। ଶିକ୍ଷାର ପ୍ରସାର ପାଇଁ ଅନେକ ସ୍କୁଲ ପ୍ରତିଷ୍ଠା କଲେ ଓ ସ୍ୱାସ୍ଥ୍ୟ ତଥା ପରିଷ୍କାର ପ୍ରତି ବିଶେଷ ଦୃଷ୍ଟି ଦେଲେ। ସମସ୍ତ ପ୍ରକାର ପ୍ରଶାସନିକ କାର୍ଯ୍ୟ ଦକ୍ଷତାର ସହ ତୁଲେଇବା ଭିତରେ ମୁକ୍ତି ଆନ୍ଦୋଳନ ପାଇଁ ତାଙ୍କର ଆବେଗର ତ୍ରୁଟି ପରିଲକ୍ଷିତ ହୋଇନଥିଲା, ବରଂ ଶିଥିଳତା ବଦଳରେ ଅଧିକ ଉତ୍ସାହର ସହ ସ୍ୱଦେଶୀ ଆନ୍ଦୋଳନକୁ ଆଗେଇ ନେଲେ।

ସେପାଖେ ଗାନ୍ଧୀ ଅସହଯୋଗ ଆନ୍ଦୋଳନର ଚୁଡାନ୍ତ ପର୍ଯ୍ୟାୟ ହିସାବରେ ବ୍ରିଟିଶ ସରକାରକୁ କୌଣସି ଟିକସ ନଦେବା ପାଇଁ ଭାରତୀୟମାନଙ୍କୁ ଆହ୍ୱାନ ଦେଲେ। ବିଲାତି ଜିନିଷ ବର୍ଜନ କରିଦେଲେ ଓ ତାସହ ଟିକସ ନଦେଲେ ଅଚିରେ ବିଲାତି ଶାସନ ଲୋପ ହୋଇଯିବ ବୋଲି ଗାନ୍ଧୀଙ୍କର ବିଚାର ଥିଲା। ଦୁର୍ଭାଗ୍ୟର କଥା ଥିଲା ଯେ ଗୁଜୁରାଟର ଚଉରୀଚୌରାରେ ଆନ୍ଦୋଳନକାରୀମାନେ ପୋଲିସ୍ ଷ୍ଟେସନରେ ନିଆଁ ଲଗାଇଦେବା ଫଳରେ ଏକୋଇଶ ଜଣ ପୋଲିସ୍‌ଙ୍କର ମୃତ୍ୟୁ ହେଲା। ଏଭଳି ହିଂସାକାଣ୍ଡକୁ ଗାନ୍ଧୀ ନିନ୍ଦା କରି ଅସହଯୋଗ ଆନ୍ଦୋଳନକୁ ସାମୟିକ ଭାବେ ବନ୍ଦ କରିଦେବା ପାଇଁ ଘୋଷଣା କରିଦେଲେ ଯେଉଁ ନିଷ୍ପତ୍ତି ଅନେକ ଆନ୍ଦୋଳନକାରୀଙ୍କୁ ନିରୁତ୍ସାହିତ କରିଦେଲା। ଠିକ୍ ସେହି ସମୟରେ ମହମ୍ମଦଅଲ୍ଲୀ ଓ ସୌକତ ଅଲ୍ଲୀ ଭାରତୀୟ ସୈନ୍ୟମାନଙ୍କୁ ଆହ୍ୱାନ ଦେଲେ ସୈନ୍ୟବାହିନୀରୁ ଇସ୍ତଫା ଦେଇଦେବାପାଇଁ। ସରକାରରେ ଥିବା ଭାରତୀୟ କର୍ମଚାରୀ ଓ ସ୍କୁଲ କଲେଜ ଛାଡିବା ପାଇଁ ଆହ୍ୱାନ ଦେଇଥିଲେ ଏବଂ ସୈନ୍ୟବାହନୀ ଓ ପୋଲିସ ସଂସ୍ଥାରେ କାମ କରୁଥିବା

ଭାରତୀୟମାନଙ୍କୁ ଚାକିରୀ ଛାଡିବା ପ୍ରସ୍ତାବକୁ ସମର୍ଥନ କରି ତାଙ୍କ ଦ୍ୱାରା ସଂପାଦିତ 'ୟଙ୍ଗ୍ ଇଣ୍ଡିଆ' ପତ୍ରିକାରେ ଲେଖିଲେ ଅନ୍ୟାୟ ଅନାଚାରରେ ବୁଡିରହିଥିବା ବିଲାତି ଶାସନକୁ କୌଣସି ପ୍ରକାର ବେସାମରିକ ହେଉ ବା ସାମରିକ ହେଉ ସାହାଯ୍ୟ ନକରି ଇସ୍ତଫା ଦେଇଦେବା ଉଚିତ। ଏଇ ଲେଖାଟି ଏତେ ମର୍ମସ୍ପର୍ଶୀ ଥିଲା ଯେ ସୁଭାଷ ତାକୁ ଗାନ୍ଧୀଙ୍କର ସର୍ବୋତ୍ତମ ଲେଖାବୋଲି ଅଭିହିତ କଲେ। କିନ୍ତୁ ଏଥିରେ ଉତ୍କ୍ଷିପ୍ତ ହୋଇ ସରକାର ତାଙ୍କ ବିରୁଦ୍ଧରେ ଦେଶଦ୍ରୋହ ଅପରାଧରେ ୟେରଓ୍ୱାଡା ଜେଲ୍ ପଠାଇଦେଲେ।

ଏପାଖେ ସୁଭାଷ 'ବଂଗଳାର କଥା' ପତ୍ରିକାଟିଏ ବଂଗାଳୀ ଭାଷାରେ 'ଫରଓ୍ୱାଡ' ପତ୍ରିକା ଇଂରେଜୀଭାଷାରେ ପ୍ରକାଶ କରୁଥିଲେ। କର୍ପୋରେସନର ଚିଫ୍ ଏକଜିକ୍ୟୁଟିଭ୍ ହିସାବରେ 'କଲିକତା ମ୍ୟୁନିସ୍‌ପାଲଟି ଗେଜେଟ୍‌ସ୍ ନାମକ ଏକ ପତ୍ରିକା ପ୍ରକାଶନ କଲେ। ଇଂରେଜ ମାନଙ୍କ ଦ୍ୱାରା ପରିଚାଳିତ ଦୁଇଟି ଖବରକାଗଜ ସୁଭାଷଙ୍କ ବିରୁଦ୍ଧରେ କେତେ ମିଥ୍ୟା ଅଭିଯୋଗ ଆଣିଲେ, ସୁଭାଷଙ୍କ ସପକ୍ଷରେ ଦେଶ ବନ୍ଧୁ ଚିତ୍ତରଂଜନ ଦାସ କୋର୍ଟରେ ଲଢିଲେ ଓ କହିଲେ ଦେଶଭକ୍ତି ଯଦି ଅପରାଧ, ତେବେ ସୁଭାଷ ଅପରାଧୀ, ସେଥିପାଇଁ ଯଦି ସୁଭାଷ ଅପରାଧୀ ତେବେ ମୁଁ ମଧ୍ୟ ଅପରାଧୀ। କୋର୍ଟରେ ଅଭିଯୋଗଗୁଡିକ ମିଥ୍ୟା ପ୍ରମାଣିତ ହେଲା ସତ କିନ୍ତୁ ସରକାର ସେତିକିରେ ସନ୍ତୁଷ୍ଟ ହେଲେନି।

ଅକ୍ଟୋବର ୨୫, ୧୯୨୪ ମସିହା ବଡିଭୋରବେଳେ ସୁଭାଷଙ୍କୁ ଗିରଫ କରିନେଲେ ଓ ବିନା ବିଚାରରେ ଏପରିକି କୌଣସି କାରଣ ନ ଦର୍ଶାଇ ଅନିର୍ଦ୍ଦିଷ୍ଟକାଳ ପାଇଁ ବନ୍ଦୀ ରଖାଯାଇପାରିବାର ଆଇନ ବଳରେ ସୁଭାଷକୁ ବର୍ମା ମାଣ୍ଡାଲେ ଜେଲ୍‌କୁ ପଠାଇଦେଲେ। ସୁଭାଷ ପୂର୍ବରୁ ୧୯୦୮ ରୁ ୧୯୧୪ ମସିହା ଯାଏଁ ସେହି ମାଣ୍ଡାଲେ ଜେଲ୍‌ରେ ରହିଥିଲେ। ବାଲ୍ ଗଂଗାଧର ତିଲକ ସେ ବନ୍ଦୀଥିବା ଅବସ୍ଥାରେ ଗୀତା ଉପରେ ତାଙ୍କର ପ୍ରସିଦ୍ଧ ଟିକ୍କା ଲେଖିଥିଲେ ଓ ସୁଭାଷ ସେହି ଦୃଷ୍ଟିରୁ ମାଣ୍ଡାଲେ ଜେଲ୍‌କୁ ତାଙ୍କର ପବିତ୍ର ତୀର୍ଥସ୍ଥାନ ମନେକଲେ। ୧୯୨୭ ମସିହାରେ ସେ ଜେଲ୍‌ରୁ ମୁକ୍ତ ହୋଇ କଲିକତା ଫେରିଲେ ଓ ଡଃ ବିଧାନ ଚନ୍ଦ୍ର ରାୟଙ୍କର ତତ୍ତ୍ୱାବଧାନରେ ତାଙ୍କର ସ୍ୱାସ୍ଥ୍ୟ ଫେରିପାଇଲେ। ମାଣ୍ଡାଲେ ଜେଲ୍ ଭିତରେ ଥିବା ସମୟରେ ଦେଶବନ୍ଧୁଙ୍କର ଦେହାନ୍ତ ହୋଇଗଲା ଓ ପ୍ରେରଣା, ଦିଗ୍‌ଦର୍ଶନର ଉତ୍ସ ହରାଇ ସେ ଦୁଃଖିତ ହୋଇପଡିଥିଲେ। କଲିକତାରେ ପହଞ୍ଚିବା ପରେ ଧୀରେ ଧୀରେ ତାଙ୍କର ମୁକ୍ତିପାଇଁ କାର୍ଯ୍ୟାବଳୀ ଦ୍ୱିଗୁଣିତ ହେବାରେ ଲାଗିଲା। ହିନ୍ଦୁ, ମୁସଲମାନ, ଖ୍ରୀଷ୍ଟିଆନ୍ ଓ ସାମଜରେ ସବୁଠୁ ନିମ୍ନରେ ଥିବା ଜନସାଧାରଣଙ୍କୁ ଉଦ୍‌ବୁଦ୍ଧ କରିବାରେ ସଫଳ ହୋଇଥିଲେ।

କଲିକତା ସେତେବେଳେ ମୁସଲମାନଙ୍କ ସଂଖ୍ୟା ଅଧିକ ଥିଲା, ତେଣୁ ସେ ଚିଫ୍ ଏକଜିକ୍ୟୁଟିଭ ଅଫିସର ଥିଲାବେଳେ ଅନେକ ମୁଲମାନଙ୍କୁ ଚାକିରୀ ଦେବାରେ ସମର୍ଥ ହୋଇଥିଲେ। କିଛି ହିନ୍ଦୁ ଲୋକ ସୁଭାଷଙ୍କର ଏଭଳି ବିଚାରକୁ ନାପସନ୍ଦ କରିଥିଲେ ସତ, କିନ୍ତୁ ଗାନ୍ଧୀ ଏ କାର୍ଯ୍ୟକୁ ଦୃଢ ସମର୍ଥନ ଜଣାଇଥିଲେ। ସଂପ୍ରଦାୟିତ ଏକତା ଉପରେ ସୁଭାଷଙ୍କର ଯଥେଷ୍ଟ ଆସ୍ଥାଥିଲା ଯାହା ଫଳରେ ତାଙ୍କ ସହ ସେତେବେଳେ ଓ ପରେ ସୁଭାଷଙ୍କ ଦ୍ୱାରା ସଂଗଠିତ ଇଣ୍ଡିଆନ୍ ନ୍ୟାସନାଲ ପାର୍ଟିରେ ଅନେକ ମୁସଲମାନ ତରୁଣ ଯୋଗ ଦେଇଥିଲେ। ସେହିଭଳି ମାଡ୍ରାସ ପ୍ରେସିଡେନ୍ସିର ଅନେକ ତାମିଲ କଂଗ୍ରେସ ଦଳ ଛାଡିଦେଇଥିଲେ କାରଣ ପଛୁଆବର୍ଗ, ତଥାକଥିତ ଅଛୁଆଁ ଲୋକଙ୍କର କଂଗ୍ରେସରେ ଯୋଗଦାନ ସଂର୍ପକରେ କଂଗ୍ରେସର ଆଭିମୁଖ୍ୟ ସ୍ୱଷ୍ଟ ନଥିଲା, କିନ୍ତୁ ସୁଭାଷ ସେମାନଙ୍କର ମୁକ୍ତି ଆନ୍ଦୋଳରେ ଯୋଗଦାନର ମହତ୍ତ୍ୱ ବିଷୟରେ ପ୍ରାଧାନ୍ୟ ଦେବାଯୋଗୁଁ ସେମାନେ କେବଳ କଂଗ୍ରେସକୁ ଫେରିଆସିନଥିଲେ, ଦକ୍ଷିଣ ପୂର୍ବ ଏସିଆରେ ସୁଭାଷଙ୍କର ଯୁଦ୍ଧ ଅଭିଯାନ ସମୟରେ ଅନେକ ସଂଖ୍ୟାରେ ତାମିଲମାନେ ଯୋଗ ଦେଇଥିଲେ। ସ୍ୱାଧୀନତା ସଂଗ୍ରାମକୁ ବ୍ୟାପକ କରିବାରେ ଗାନ୍ଧୀଙ୍କ ସହ ସୁଭାଷଙ୍କର ଉଦ୍ୟମ ସର୍ବଦା ପ୍ରଶଂସନୀୟ।

■

ଅପ୍ରକାଶିତ ପାଣ୍ଡୁଲିପି

ବଳଦର ବ୍ରହ୍ମଚର୍ଯ୍ୟ

ଲୁଗା ବୋଲି ଖଣ୍ଡେ, ଶାଶୁ ପିନ୍ଧୁଛି ଦଣ୍ଡେ ତ ବୋହୂ ପିନ୍ଧୁଛି ଦଣ୍ଡେ - ଏଇ ଥିଲା ସ୍ୱାଧୀନତାର ଅନେକ ଦିନ ପର୍ଯ୍ୟନ୍ତ ଢେଙ୍କାନାଳର ଗାଁ ଗଣ୍ଡାର ଲୋକକଥା। ପ୍ରକୃତରେ ଢେଙ୍କାନାଳ କାହିଁକି ଊଣାଅଧିକେ ଆମର ଗ୍ରାମାଞ୍ଚଳର ସେହି ଥିଲା ଦୂରବସ୍ଥା। ଘରେ ଥିଲା ଯାଏଁ ଲଜ୍ଜା ନିବାରଣ ପାଇଁ ମହିଳାଜଣକ ଛାତିରେ କନା ଖଣ୍ଡେ ଓ ଅଣ୍ଟାତଳକୁ କନା ଖଣ୍ଡେ ବ୍ୟବହାର କରୁଥିଲେ, କେବଳ ବାହାରକୁ ଗଲେ ଘରେ ଥିବା ଖଣ୍ଡିଏ ଲୁଗାକୁ ଶାଶୁବୋହୂ ପାଳିକରି ବ୍ୟବହାର କରୁଥିଲେ। ଓଡିଶା ଗସ୍ତରେ ଆସି ବୋଲଗଡରେ ଗାନ୍ଧୀ ଅବସ୍ଥାନ କରୁଥିବାବେଳେ ମହିଳାମାନଙ୍କର ଏପରି ଅବସ୍ଥା ଦେଖି ଅତି ମର୍ମାହତ ହୋଇପଡିଥିଲେ। ଅଢେଇଶହ ବର୍ଷର ବ୍ରିଟିଶ ସୁଶାସନର ଏଇଥିଲା ପରିଣତି।

ଆଜିର ତରୁଣତରୁଣୀମାନେ ଏସବୁ କଥା ବିଶ୍ୱାସ କରିପାରିବେନି ଯେ ଆମେ ସ୍ୱାଧୀନ ହେବା ପରେ କିଛି ବର୍ଷ ଯାଏ ଲୁଗା ମାନେ କେବଳ ଥାନ ଲୁଗା, ସେ ପୁଣି କଣ୍ଟ୍ରୋଲ, ଜଣେ ଲୋକ ବର୍ଷକୁ କେତେ ଗଜ ଲୁଗା କିଣିପାରିବ, ସରକାର ଠିକ୍ କରୁଥିଲେ। ଶଗଡ଼ ଚକରେ ଲୁହାପାତର ନାଲଟିଏ କିଣିବା ପାଇଁ ଚାଷୀଙ୍କୁ ଅନେକଥର ଧାଁ ଦୌଡ କରିବାକୁ ପଡୁଥିଲା ଅନୁମତି ପାଇବା ପାଇଁ। ବିବାହରେ, ଶ୍ରାଦ୍ଧ, ଶୁଦ୍ଧି ଇତ୍ୟାଦି କାର୍ଯ୍ୟ ପାଇଁ ପଚାଶ କେଜି ଚିନି ପାଇଁ ଦରଖାସ୍ତ କଲେ, ଅନେକ କାକୁତିମିନତି ପରେ ଦି' ତିନି କେଜି ଚିନି ମିଳିପାରୁଥିଲା। ଯେଉଁ ଗାଁମାନଙ୍କରେ କିଛି ବୁଣାକାର ଲୁଗା ବୁଣୁଥିଲେ, ସେମାନେ ନିଜ ଗାଁ ଓ ଆଖପାଖ ଗାଁର ଲୁଗା ଆବଶ୍ୟକତା ମେଣ୍ଟୋଇଥିଲେ କିନ୍ତୁ ସେମାନେ କଣ୍ଟ୍ରୋଲରେ ସୀମିତ ପରିମାଣର ସୂତା ପାଉଥିଲେ ଓ ମୋଟାସୂତା ମିଳୁଥିଲା।

ପାଣିପାଗ ଅର୍ଥାତ୍ ମୁଖ୍ୟତଃ ମୌସୁମୀ ବର୍ଷାରେ ସାମାନ୍ୟ ଏପଟ ସେପଟ

ହୋଇଯାଉଥିଲେ ଖାଦ୍ୟ ପରିସ୍ଥିତି ଅସମ୍ଭାଳ ହୋଇଯାଉଥିଲା । ସମୟେସମୟେ ଦେଶବ୍ୟାପୀ ବର୍ଷାଭାବ ହେଲେ ଗୁରୁତର ଖାଦ୍ୟାଭାବ ତଥା ଦୁର୍ଭିକ୍ଷ ପରିସ୍ଥିତି ସୃଷ୍ଟି ହେଉଥିଲା । ଭାରତର ପ୍ରଧାନମନ୍ତ୍ରୀ ତଥା କୃଷିମନ୍ତ୍ରୀଙ୍କୁ ଭିକ୍ଷାଥାଳ ଧରି ଦେଶଦେଶ ବୁଲିବାକୁ ପଡୁଥିଲା । କୃଷିମନ୍ତ୍ରୀ ଯେତେ ଦକ୍ଷ ଓ ଅନୁଭୂତି ସମ୍ପନ୍ନ ହେଉଥାନ୍ତୁ ନା କାହିଁକି ସେଭଳି ପରିସ୍ଥିତିର ମୁକାବିଲା କରିବାବେଳେ ଆଣ୍ଠେଇ ପଡୁଥିଲେ ।

ଅନ୍ୟପକ୍ଷରେ ହାତରେ ଧନ ନଥିଲା ବିଦେଶରୁ ଆମଦାନୀ କରିବାକୁ ଖାଦ୍ୟ ପଦାର୍ଥ ଓ ଅନ୍ୟାନ୍ୟ ଆବଶ୍ୟକ ଜିନିଷ । ଭାରତ ସ୍ୱାଧୀନ ହେବା ପୂର୍ବରୁ ମୁଖ୍ୟତଃ କପା ଓ ଝୋଟ ଭଳି କଞ୍ଚାମାଲ ରପ୍ତାନି କରୁଥିଲା ଓ ବୈଦେଶିକ ମୁଦ୍ରା ଆୟର ମୁଖ୍ୟ ଉପାଦନ ଥିଲା । କପା ଅଞ୍ଚଳ ପଶ୍ଚିମ ପାକିସ୍ତାନ ଓ ଝୋଟ ଅଞ୍ଚଳ ପୂର୍ବ ପାକିସ୍ତାନ ବା ବର୍ତ୍ତମାନର ବାଂଲାଦେଶକୁ ଚାଲିଗଲା, ଫଳରେ ବିଦେଶୀ ମୁଦ୍ରା ଅର୍ଜନ ଓ ବିଦେଶୀ ମୁଦ୍ରାକୁ ବ୍ୟବହାର କରି ଖାଦ୍ୟ ଭଳି ଅନ୍ୟାନ୍ୟ ଅତି ଆବଶ୍ୟକ ଜିନିଷ କିଣିପାରିବାର ଶକ୍ତି ଭାରତର ନଥିଲା ।

ସ୍ୱାଧୀନତା ପାଇଁ ସଂଗ୍ରାମ ଚାଲିଥିଲାବେଳେ ନେତୃବୃନ୍ଦ ଜନସାଧାରଣଙ୍କୁ ପ୍ରତିଶ୍ରୁତି ଦେଇଥିଲେ ଯେ ବିଦେଶୀ ଶାସନ ହଟିଗଲେ ଦେଶରେ ଖାଦ୍ୟଭାବ ରହିବ ନାହିଁ, କେହି ଭୋକଉପାସରେ ରହିବେ ନାହିଁ । ଚାଷଜମିକୁ ପାଣି ଯୋଗାଇ ଦିଆଯିବ, ଉନ୍ନତ ଚାଷ ପ୍ରଣାଳୀରେ ଚାଷ ହେବ । ଜଳସେଚନ ଯୋଜନାମାନ ତିଆରି ହେବ । ସ୍କୁଲ, କଲେଜ ପ୍ରତିଷ୍ଠା କରାଯାଇ ଶିକ୍ଷାର ପ୍ରସାର ହେବ, କେହି ଯେମିତି ନିରକ୍ଷର ରହିବେ ନାହିଁ । ସବୁ ଲୋକଙ୍କ ପାଇଁ ଚିକିତ୍ସା ବ୍ୟବସ୍ଥା କରାଯିବ । ରାସ୍ତାଘାଟର ଉନ୍ନତି କରାଯାଇ ଗମନାଗମନ ବ୍ୟବସ୍ଥାକୁ ଉନ୍ନତ କରାଯିବ । ଭୂଗୋଳ, ଲୁହା ଇସ୍ପାତ କାରଖାନା, ସିମେଣ୍ଟ କାରଖାନା, ମାଲ ପରିବହନ ଓ ରେଳ ଯାତ୍ରା ପାଇଁ ରେଳ ଲାଇନ ପ୍ରସାର, ବିମାନବନ୍ଦର ଓ ସାମୁଦ୍ରିକ ବନ୍ଦରମାନ ପ୍ରତିଷ୍ଠା କରିବାକୁ ହେବ । ଏହିଭଳି ବହୁ ସ୍ୱପ୍ନ ଦେଖିଥିଲେ ନେତାମାନେ ଓ ଜନସାଧାରଣ ମଧ୍ୟ । ମୋଟାମୋଟି ଭାବେ କହିଲେ, ଦେଶରୁ ଦାରିଦ୍ର୍ୟ ହଟିବ ଓ ଭାରତ ପୃଥିବୀର ଧନୀ ଦେଶମାନଙ୍କ ଭିତରେ ଗଣା ହେବ । ଅନ୍ୟ ଦେଶମାନଙ୍କ ସହ ବସିଲାବେଳେ ମୁଣ୍ଡଟେକି ବସିପାରିବ, ସମକକ୍ଷ ଦେଶ ଭାବେ ବ୍ୟବହାର କରିପାରିବ ଓ ଭାରତ ହୀନିମାନ ଅବସ୍ଥା ହଟିଯିବ ।

୧୯୪୫ ମସିହାରେ ଦ୍ୱିତୀୟ ବିଶ୍ୱଯୁଦ୍ଧର ଅନ୍ତ ହେଲା ଓ ତା' ସହ ଏସିଆ ଓ ଆଫ୍ରିକାର ଅନେକ ଦେଶ ବିଦେଶୀ ଶାସନରୁ ମୁକୁଳିଗଲେ । ସ୍ୱାଧୀନ ହେବା ପରେ ପରେ ଭାରତର ଅବସ୍ଥା ଯାହା ଥିଲା, ଅଳ୍ପ ବହୁତେ ନୂଆକରି ସ୍ୱାଧୀନ ହୋଇଥିବା ଦେଶମାନଙ୍କର ସେହିଭଳି ଶୋଚନୀୟ ଅବସ୍ଥା ଥିଲା ଓ ସମସ୍ତଙ୍କର ସ୍ୱପ୍ନ ମଧ୍ୟ ସମାନ

ଥିଲା । ଦ୍ୱିତୀୟ ମହାଯୁଦ୍ଧ ସମୟରେ ଜର୍ମାନୀ, ଜାପାନ ଓ ଇଟାଲିକୁ ହରାଇବା ପାଇଁ ଏକାଠି ହୋଇଥିବା ରୁଷିଆ, ଆମେରିକା ଓ ଇଂଲଣ୍ଡ ଇତ୍ୟାଦି ଦେଶ ତାଙ୍କର ପୂର୍ବାବସ୍ଥାକୁ ଫେରିଗଲେ, ଅର୍ଥାତ୍ ରୁଷିଆ ସେତେବେଳର ସୋଭିଏତ୍ ୟୁନିଅନ ସହ ଇଂଲଣ୍ଡ, ଫ୍ରାନ୍ସ ଓ ଆମେରିକାର ଯେଉଁ ପ୍ରବଳ ଶତ୍ରୁ ମନୋଭାବ ଥିଲା ତାହା ପୁଣି ଆରମ୍ଭ ହୋଇଗଲା । ପୁଞ୍ଜିବାଦୀମାନଙ୍କର ନେତୃତ୍ୱ ନେଲା ଆମେରିକା ଓ ସାମ୍ୟବାଦୀ ଦେଶମାନଙ୍କର ନେତୃତ୍ୱ ନେଲା ସୋଭିଏତ ୟୁନିଅନ । ଉଭୟ ଗୋଷ୍ଠୀ ମଧ୍ୟରେ ନିଜର ଆଧିପତ୍ୟ ବିସ୍ତାର ପାଇଁ ପ୍ରବଳ ଉଦ୍ୟମ ଆରମ୍ଭ ହୋଇଗଲା । ତା'ସହ ଉଭୟଙ୍କ ମଧ୍ୟରେ ଭୟଙ୍କର ଓ ମାରାତ୍ମକ ଅସ୍ତ୍ରଶସ୍ତ୍ର ଓ ବୋମା ଇତ୍ୟାଦି ଉଦ୍ଭାବନରେ ପ୍ରତିଯୋଗିତା ଆରମ୍ଭ ହୋଇଗଲା । ପରମାଣୁ ବୋମା, ଉଦ୍‌ଯାନ ବୋମା, ବିଭିନ୍ନ ପ୍ରକାର କ୍ଷେପଣାସ୍ତ୍ର, ଯୁଦ୍ଧ ବିମାନ ଇତ୍ୟାଦିକୁ ନେଇ ପ୍ରତିଯୋଗିତା ତୀବ୍ରରୁ ତୀବ୍ରତର ହେବାରେ ଲାଗିଲା । ଉଭୟପକ୍ଷ ଅସ୍ତ୍ରଶସ୍ତ୍ର ପ୍ରତିଯୋଗିତାରେ ଅମାପ ଅର୍ଥ ଖର୍ଚ୍ଚ କଲେ ।

ଭାରତ କୌଣସି ଗୋଷ୍ଠୀରେ ରହିଲା ନାହିଁ, ଅନେକ ରାଷ୍ଟ୍ରକୁ ନେଇ ନିରପେକ୍ଷ ଗୋଷ୍ଠୀ ଗଠନ କଲା ଓ ପୃଥିବୀରେ ଶାନ୍ତି ପ୍ରତିଷ୍ଠା, ନିରସ୍ତ୍ରୀକରଣ ବିଶେଷତଃ ପରମାଣୁ ନିରସ୍ତ୍ରୀକରଣ ପାଇଁ ଉଦ୍ୟମ ଜାରିରଖିଲା । ଶାନ୍ତିର ପ୍ରବଚନ ଦେବାରେ ଭାରତ ମୁଖ୍ୟ ଭୂମିକା ଗ୍ରହଣ କଲା । ଗୋଟିଏ ପରମାଣୁ ବୋମା ତିଆରିରେ ଏତେ ପଇସା ଖର୍ଚ୍ଚ ଓ ସେଇ ପଇସାରେ ଏସିଆ, ଆଫ୍ରିକାର ଏତେ ଗାଁରେ ବିଶୁଦ୍ଧ ପାଣି ଯୋଗାଇ ଦେଇହୁଅନ୍ତା ବା ଗୋଟିଏ ଅତ୍ୟାଧୁନିକ ଯୁଦ୍ଧ ବିମାନରେ ଏତେ ଡାକ୍ତରଖାନା ହୋଇପାରନ୍ତା ଓ ଲୋକମାନଙ୍କୁ ଶିକ୍ଷା, ସ୍ୱାସ୍ଥ୍ୟ, ବିଶୁଦ୍ଧ ପାଣି ଦେବା ଏତେ ଜରୁରୀ ଯେ ବୃହତ୍ ଶକ୍ତିମାନେ ଅସ୍ତ୍ର ପ୍ରତିଯୋଗିତାରେ ଅର୍ଥ ଖର୍ଚ୍ଚ ନକରି ଗରିବ ଦେଶମାନଙ୍କୁ ସାହାଯ୍ୟ କରିବା ଅଧିକ ସମୀଚୀନ ହେବ - ଏଇ କଥା ଆମର ନେତୃବୃନ୍ଦ, ସ୍ତମ୍ଭକାର ଓ ବୁଦ୍ଧିଜୀବୀମାନେ ଭାଷଣରେ, ପ୍ରବନ୍ଧରେ ଓ ଗଣମାଧ୍ୟମରେ ପ୍ରକାଶ କରୁଥିଲେ । କୋଟିକୋଟି ଲୋକ ଏତେ ଅଭାବ ଅସୁବିଧାରେ ଶଢୁଥିଲାବେଳେ ମଣିଷକୁ ମାରିବା ପାଇଁ ନୂତନ ନୂତନ ଅସ୍ତ୍ରଶସ୍ତ୍ର ଉଦ୍ଭାବନ ତଥା ପରୀକ୍ଷାରେ ଅଜସ୍ର ଅର୍ଥ ଖର୍ଚ୍ଚ କରିବା ନୀତି ଓ ମାନବିକତା ଦୃଷ୍ଟିରୁ ଅତ୍ୟନ୍ତ ଗର୍ହିତ ବୋଲି ଆମେ କହିଲୁ । ଗୋଟେ ଶାନ୍ତିକାମୀ ଦେଶ ଭାବେ ଆମେ ପ୍ରତିଷ୍ଠା ଅର୍ଜନ କଲୁ ।

ଧୀରେ ଧୀରେ ଭାରତର ଅବସ୍ଥା ବଦଳିବାରେ ଲାଗିଲା, ଆମେ ଅଣ୍ଟା ସଳଖିଲୁ, କାରିଗରୀ କୌଶଳରେ ଆଗେଇଲୁ । ପେଟପୁରା ଓ ଦେହ ତଥା ମନର ବିକାଶ ପାଇଁ ଯେଉଁଭଳି ଖାଦ୍ୟ ଆବଶ୍ୟକ ସମସ୍ତେ ବର୍ତ୍ତମାନ ସୁଦ୍ଧା ନ ପାଇଲେ ମଧ୍ୟ ଆମ ଖାଦ୍ୟଭଣ୍ଡାରରେ ଖାଦ୍ୟ ମହଜୁଦ ରହିଲା । ଆମର ନେତାମାନେ ଭିକ୍ଷାଥାଳ ଧରି

ଖାଦ୍ୟ ପାଇଁ ବିଭିନ୍ନ ଦେଶକୁ ଯିବା ଦରକାର ହେଲାନି । ଅନେକ ସ୍କୁଲ କଲେଜ, ବିଶ୍ୱବିଦ୍ୟାଳୟ ଗବେଷଣାଗାର ପ୍ରତିଷ୍ଠା କଲୁ ଯଦିବା ସବୁ ପିଲା ଅତିକମ୍‌ରେ ମାଟ୍ରିକ୍ୟୁଲେସନ୍ ପର୍ଯ୍ୟନ୍ତ ପଢ଼ିପାରିନାହାନ୍ତି । ଅନେକ ପିଲା ଉଚ୍ଚଶିକ୍ଷା ପାଇ, ଗବେଷଣା କରି ବିଦେଶକୁ ଗଲେ, ବେଶ୍ ଉଚ୍ଚ ପଦପଦବୀରେ ରହିଲେ, ଭଲ ପଇସା ରୋଜଗାର କଲେ ଓ ଦେଶକୁ ପଠେଇଲେ । ଆମର ସ୍ୱାସ୍ଥ୍ୟ ଅବସ୍ଥାରେ ଅନେକ ଉନ୍ନତି ହେଲା, ହାରାହାରି ଆୟୁ ୩୦/୩୫ ବର୍ଷରୁ ବଢ଼ି ଏବେ ସତୁରି ଛୁଇଁଲା ।

ହାତରେ ବେଶ୍ ଦି'ପଇସା ହେଲା, ବିଦେଶୀ ମୁଦ୍ରାପାଣ୍ଠି କ୍ରମାଗତ ବଢ଼ିବାରେ ଲାଗିଲା । ଏସବୁ ସହ ଆମର ଚରିତ୍ର ମଧ୍ୟ ବଦଳିଗଲା । ଏବେ ଆଉ ଶାନ୍ତି କଥା କହୁନୁ, ଅସ୍ତ୍ର ପ୍ରତିଯୋଗିତାରୁ ନିବୃତ୍ତ ହେବାକୁ କାହାକୁ ଅନୁରୋଧ କରୁନୁ । ନିରପେକ୍ଷ ଗୋଷ୍ଠୀ ଭିତରେ ଆମେ ପ୍ରଥମେ ପରମାଣୁ ବୋମା ପରୀକ୍ଷା କଲୁ ପ୍ରତିବର୍ଷ ହଜାର ହଜାର କୋଟି ଟଙ୍କାର ଅସ୍ତ୍ରଶସ୍ତ୍ର ଆମଦାନୀ କଲୁ ଓ ପୃଥିବୀର ଦ୍ୱିତୀୟ ବୃହତ୍ତମ ଅସ୍ତ୍ର ଆମଦାନୀକାରୀ ରାଷ୍ଟ୍ର ହୋଇଗଲୁ । ଆଗ ଯେଉଁ ହିସାବ ଦେଉଥିଲୁ ଯେ ଗୋଟିଏ ପରମାଣୁ ବୋମା ବା ମିଜାଇଲ୍ ବା ଯୁଦ୍ଧ ବିମାନର ଅର୍ଥରେ ଏତେ ସ୍କୁଲଘର, ଏତେ ଡାକ୍ତରଖାନା ବା ଏତେ ଗାଁକୁ ପାଣି ଯୋଗାଇ ହେବ ଇତ୍ୟାଦି, ସେସବୁ ଭୁଲିଗଲୁ । ଏବେ ଆମେ ଆଉ ପାହୁଣ୍ଡେ ଆଗେଇଗଲୁ, ମାଲେସିଆକୁ ଯୁଦ୍ଧବିମାନ ବିକିବା ଆରମ୍ଭ କଲୁ । ଅସ୍ତ୍ରଶସ୍ତ୍ର ନିର୍ମାଣରେ ପ୍ରାଇଭେଟ୍ କମ୍ପାନୀ ଯୋଗ ଦେବାର ବ୍ୟବସ୍ଥା କଲୁ । ଭାରତ ଏବେ ମୃତ୍ୟୁର ସୌଦାଗରମାନଙ୍କ ସହିତ ସମାନ ହୋଇଗଲା ।

ଏବେ ଆମେ ବିଭିନ୍ନ ଫାଉଣ୍ଡେସନ ଜରିଆରେ ବିଶ୍ୱବିଦ୍ୟାଳୟ ଗୁଡିକୁ ଅର୍ଥ ଦେବୁ ମାଲେସିଆର କାହାର ସହିତ କେଉଁ ବିଷୟରେ ମତଭେଦ ବା ବିଭେଦ ରହିଛି ସେଗୁଡିକୁ ଠାବ କରିବେ ଓ ସେ ବିବାଦକୁ ବା ଫାଟକୁ କିପରି ବଢେଇ ହେବ - ସେ ସବୁନେଇ ଗବେଷଣା କରିବେ । ଗବେଷଣାରୁ ଜଣାପଡିବ ଯେ, ଉଦାହଣ ସ୍ୱରୂପ ଇଣ୍ଡୋନେସିଆ ସହ ମାଲେସିଆର ବହୁଦିନର ବିବାଦ ରହିଛି । ଏବେ ସେ ନେଇ ଉଭୟ ଦେଶର ଖବରକାଗଜରେ ସମ୍ବାଦମାନ ବାହାରିବ ଭାରତ ମାଲେସିଆକୁ ଯୁଦ୍ଧବିମାନ ବିକ୍ରି କରିବ ଓ ଇଣ୍ଡୋନେସିଆକୁ ବିମାନ ବିଧ୍ୱଂସୀ କାମଣ ବା ମିଜାଇଲ ବିକ୍ରି କରିବ । ଏଥିପାଇଁ ଭାରତୀୟ ବ୍ୟାଙ୍କମାନେ ଋଣ ଯୋଗାଇଦେବେ, ଦଲାଲ ରହିବେ ଓ ଲାଞ୍ଚ କାରବାର ମଧ୍ୟ ହେବ । ଏଭଳି ତ ଅସ୍ତ୍ରଶସ୍ତ୍ର ବିକ୍ରେତାମାନେ ଆଜି ପର୍ଯ୍ୟନ୍ତ କରିଆସୁଛନ୍ତି ।

ତା'ହେଲେ ସ୍ୱାଧୀନତା ପାଇବାର ୧୦/୧୫ ବର୍ଷ ପର୍ଯ୍ୟନ୍ତ ଆମେ ଶାନ୍ତି, ନିରସ୍ତ୍ରୀକରଣ କଥା କାହିଁକି କହୁଥିଲେ ? ଭାରତ ବୁଦ୍ଧଙ୍କ ଦେଶ, ମହାବୀର ଓ ଗାନ୍ଧୀଙ୍କ

ଦେଶ, ଏଠି ଚଣ୍ଡାଶୋକ ଧର୍ମଶୋକରେ ପରିଣତ ହୋଇଥିଲେ ଓ ବିନା ତରବାରିରେ ବୌଦ୍ଧ ଧର୍ମର ପ୍ରସାର କରିଥିଲେ- ଏ ନୀତିବାଣୀର ପ୍ରସାର କାହିଁକି କରୁଥିଲେ ? ପ୍ରକୃତରେ ଶାନ୍ତି ଆମ ମୁହଁରେ ଥିଲା, ହୃଦୟରେ ନଥିଲା । ଆମେ ଏତେ ଦରିଦ୍ର ଥିଲେ ଓ କାରିଗରୀ କୌଶଳରେ ଏତେ ପଛରେ ଥିଲେ ଯେ ଆମର ଅନ୍ୟ ଉପାୟ ନଥିଲା । ଠିକ୍ ଯେମିତି ବଳଦର ବ୍ରହ୍ମଚର୍ଯ୍ୟ ପାଳନ ବ୍ୟତୀତ ଆଉ କ'ଣ ବା ଚାରା ଅଛି !

■

ସମାଜ, ୧୮ ଏପ୍ରିଲ୍, ୨୦୨୧

ହେ ଭାରତର ଦିବ୍ୟ ସନ୍ତାନ !

ଫେବୃଆରୀ ୨, ୧୪୨୧ ଅର୍ଥାତ୍ ଠିକ ଆଜିର ତାରିଖରେ ସାତଶହ ବର୍ଷ ତଳେ, ଚୀନର ସମ୍ରାଟ 'ଝୁ ଦି' ସାରା ପୃଥିବୀର ରାଜା ମହାରାଜାମାନଙ୍କୁ ସ୍ତମ୍ଭୀଭୂତ କରିଦେଲାଭଳି ତିଆରି କରିଥିବା ରାଜପ୍ରସାଦ ନିଷିଦ୍ଧ ନଗରୀର ଉଦ୍‌ଘାଟନ ଉତ୍ସବକୁ ଅନ୍ୟମାନଙ୍କ ମଧ୍ୟରେ, ତିବ୍‌ବତର ବୌଦ୍ଧ ଧର୍ମଗୁରୁ କର୍ମପାଙ୍କୁ ନିମନ୍ତ୍ରଣ କରିଥିଲେ। କର୍ମପା ନୂଆ କରି ଗଢିଥିବା ବେଜିଂ ସହରରେ ଉତ୍ସବରେ ଯୋଗଦେବାପାଇଁ ପହଞ୍ଚିବା ପରେ ଅନେକ ବୌଦ୍ଧ ସନ୍ନ୍ୟାସୀଙ୍କ ଗହଣରେ ନିଜେ ସମ୍ରାଟ ଯାଇ ତାଙ୍କୁ 'ହେ ଭାରତର ଦିବ୍ୟସନ୍ତାନ, ମର୍ତ୍ତ୍ୟମଣ୍ଡଳର ବୁଦ୍ଧଙ୍କ ଅବତାର, ଲିପିର ଉଦ୍‌ଭାବକ, ରାଜ୍ୟର ଧନଧାନ୍ୟର ରକ୍ଷକ ଓ ବାଚସ୍ପତି କହି ପାଛୋଟି ଆଣିଥିଲେ। ଏଭଳି ସମ୍ବୋଧନରୁ ଜଣାପଡୁ ନାହିଁ ସେତେବେଳେ ତିବ୍‌ବତ ଭାରତ ଏକ ଅଂଶବିଶେଷ ଥିଲା ବା କର୍ମପା ଭାରତରୁ ଯାଇ ତିବ୍‌ବତରେ ବୌଦ୍ଧ ଧର୍ମଗୁରୁ ଭାବେ ଅଧିଷ୍ଠିତ ହୋଇଥିଲେ ଓ ସେହି ଦୃଷ୍ଟିରୁ ତାଙ୍କୁ 'ହେ ଭାରତର ଦିବ୍ୟ ସନ୍ତାନ' ଭାବେ ସମ୍ବର୍ଦ୍ଧିତ କରାଯାଇଥିଲା।

ସେ ଯାହା ହେଉ, ସମ୍ରାଟ ଝୁ ଦିଙ୍କ ବିଷୟରେ କିଛି କହି ବେଜିଂ ସହର ନିଷିଦ୍ଧ ନଗରୀ ଉଦ୍‌ଘାଟନ ଉତ୍ସବ ଓ ପରବର୍ତ୍ତୀ ପରିସ୍ଥିତି ବିଷୟ ଉଲ୍ଲେଖ କରିବା। ଝୁ ଦିଙ୍କ ବାପା ଥିଲେ ଝୁ ୟାନ୍‌ଝାଙ୍ଗ, ଜଣେ ସାଧାରଣ ଶ୍ରମିକଙ୍କ ପୁଅ। ୧୩୫୨ ମସିହାର ଭୟଙ୍କର ବନ୍ୟା, ଦୁର୍ଭିକ୍ଷ ଫଳର ଚୀନରେ ଅସଂଖ୍ୟ ଲୋକଙ୍କ ମୃତ୍ୟୁ ହେଲା। ସେତେବେଳେ ଚୀନ୍‌ରେ ମଙ୍ଗୋଲମାନେ ରାଜୁତି କରୁଥିଲେ। ଲୋକଙ୍କର ଅକଥନୀୟ ଦୁର୍ଦ୍ଦଶା ସମୟରେ ମଙ୍ଗୋଲ୍ ସମ୍ରାଟ ବେଶ୍ ଆୟସରେ ସମୟ କାଟୁଥିବା ହେତୁ ଦେଶରେ ବିଦ୍ରୋହ ଦେଖାଦେଲା ଓ ଝୁ ଦିଙ୍କ ବାପା ବିପ୍ଳବର ନେତୃତ୍ୱନେଇ ମଙ୍ଗୋଲମାନଙ୍କୁ ଗାଦିଚ୍ୟୁତ କରି ନିଜେ ସମ୍ରାଟ ହେଲେ ଓ ମିଙ୍ଗ ବଂଶର ରାଜୁତି ଆରମ୍ଭ କଲେ। ସେତେବେଳକୁ ଝୁ ଦିଙ୍କୁ ମାତ୍ର ଆଠବର୍ଷ ବୟସ। ତାଙ୍କୁ ଏକୋଇଶ ବର୍ଷ ହେଲାବେଳକୁ ଅଶ୍ୱ ଚାଳନାରେ ବେଶ୍ ଦକ୍ଷତା ହାସଲ

କରିସାରିଥିଲେ। ୟୁନାନ୍ ପ୍ରଦେଶର ପାହାଡ଼ିଆ ଅଞ୍ଚଳରେ ମଙ୍ଗୋଲମାନଙ୍କର କିଛି ଦୁର୍ଗ ଥିଲା। ସେ ଦୁର୍ଗସବୁକୁ ଜୟ କରି ମଙ୍ଗୋଲମାନଙ୍କୁ ସଂପୂର୍ଣ୍ଣ ବିତାଡ଼ିତ କରିବାପାଇଁ ଝୁ ଦିଙ୍କୁ ପଠାଗଲା। ସେ ତ ବିଜୟ ହାସଲ କଲେ, ସମସ୍ତ ନାବାଳକ ପୁଅମାନଙ୍କୁ ନପୁଂସକ କରି ସାଥୀରେ ନେଇ ଆସିଲେ। ସେଇ ନପୁଂସକ ବାଳକମାନଙ୍କର ଜୀବନ ମରଣ ଏବେ ଝୁ ଙ୍କ ହାତରେ। ଆଶ୍ଚର୍ଯ୍ୟର କଥା ସେଇମାନେ ହିଁ ତାଙ୍କର ସବୁଠୁ ବେଶୀ ବିଶ୍ୱସ୍ତ ହୋଇ ରହିଲେ। ସେମାନଙ୍କର ଭିତରୁ ଝେଙ୍ଗ୍ ଡି. ସାଢେ ଛ'ଫୁଟିଆ ଓ ବିପୁଳକାୟ ନପୁଂସକ, ଝୁ ଦିଙ୍କ ସହ ଶେଷ ପର୍ଯ୍ୟନ୍ତ ରହି ସମସ୍ତ କାର୍ଯ୍ୟରେ ସାହାଯ୍ୟ କଲେ।

ଝୁ ଦି ବାପାଙ୍କର ଚତୁର୍ଥ ପୁତ୍ର ସନ୍ତାନ ଥିଲେ। ବାପା କିନ୍ତୁ ତାଙ୍କର ଦେହାନ୍ତ ପୂର୍ବରୁ ପ୍ରଥମ ପୁଅର ପୁଅ ଅର୍ଥାତ ଝୁ ଙ୍କର ପୁତୁରା ହାତରେ ସାମ୍ରାଜ୍ୟ ଅର୍ପଣ କରିଦେଲେ। କାଳେ ଝୁ ତାଙ୍କୁ କ୍ଷମତାଚ୍ୟୁତ କରିଦେବେ ସେଇ ଆଶାଙ୍କାରେ ତାକୁ ହତ୍ୟା କରିବାପାଇଁ କିଛି ସୈନ୍ୟଙ୍କ ସହ ହତ୍ୟାକାରୀମାନଙ୍କୁ ପଠାଇଲେ, କିନ୍ତୁ ସୈନ୍ୟମାନଙ୍କ ସହ ହତ୍ୟାକାରୀମାନଙ୍କୁ ମଧ୍ୟ ଝୁ ଦି ନିପାତ କରି ଉତ୍ତରକୁ ବେଜିଂ ଚାଲିଗଲେ। ସେଠାରେ ତାଙ୍କର ବିଶ୍ୱସ୍ତ ନପୁଂସକ ଅଙ୍ଗରକ୍ଷକ ସାହାଯ୍ୟରେ ଏକ ସୈନ୍ୟବାହିନୀ ଗଠନ କଲେ। ଏ ସମ୍ବାଦ ପାଇ ପୁତୁରା ପାଞ୍ଚଲକ୍ଷ ସୈନ୍ୟଙ୍କୁ ପଠାଇଲେ ସେମାନେ କିନ୍ତୁ ଖରାଦିନିଆ ପୋଷାକରେ ଥିଲେ ଓ ବେଜିଂର ଜାଡ଼ ସମ୍ଭାଳି ପାରିଲେ ନାହିଁ, ଅନେକ ମୃତ୍ୟୁ ବରଣ କଲେ, ଅନ୍ୟମାନଙ୍କର ମନୋବଳ ଭାଙ୍ଗିଗଲା ଓ ଅନାୟସରେ ଝୁ ଦି ସେମାନଙ୍କୁ ନିପାତ କରିଦେଇ ପରେ ଚୀନର ସେତେବେଳର ରାଜଧାନୀ ନାନ୍‌ଜି ଦଖଲ କଲେ। ଏବେ ନିଜକୁ ସମ୍ରାଟ ଘୋଷଣା କରି ଚୀନର ରାଜଧାନୀ ନାନଜିଂରୁ ବେଜିଂକୁ ସ୍ଥାନାନ୍ତର କଲେ।

ବେଜିଂର ପୂର୍ବ ନାଁ ଥିଲା 'ଡା ଡୁ'। କୁବୁଲାଇ ଖାଁ ପ୍ରତିରକ୍ଷା ପାଇଁ ଗୋଟିଏ ଛୋଟିଆ ସହର ତିଆରି କରିଥିଲେ। ଏବେ ସମଗ୍ର ଚୀନର ରାଜଧାନୀ ହେବ ନୂଆ ନାଁରେ। ପ୍ରଥମେ ଦଶହଜାର ପରିବାକୁ ଜବରଦସ୍ତ ଉଚ୍ଛେଦକରି ରାଜଧାନୀ ଗଢିବାପାଇଁ ଅଣାଗଲା। ପରେପରେ ଲକ୍ଷ ଲକ୍ଷ ଶ୍ରମିକଙ୍କୁ ଆସିବାକୁ ହେଲା ରାଜଧାନୀ ତିଆରି ପାଇଁ। ଏଥିପାଇଁ ଦକ୍ଷିଣ ଚୀନରୁ ଖାଦ୍ୟ ଆସିବାକୁ ହେଲେ ଗ୍ରାଣ୍ଡ କେନାଲ ଯାହାକି ଖ୍ରୀ.ପୂ ୪୬୮ରେ ଆରମ୍ଭ ହୋଇଥିଲା। ଧୀରେ ଧୀରେ ସଂପ୍ରସାରିତ ହୋଇ ୧୮୦୦କି.ମି. ଦୀର୍ଘ ହେଲା। ପୃଥିବୀର ଆଜି ପର୍ଯ୍ୟନ୍ତ ଏହା ହେଉଛି ସବୁଠାରୁ ଦୀର୍ଘତମ ମଣିଷ ତିଆରି ଜଳପଥ। ଏହି ଗ୍ରାଣ୍ଡ କେନାଲ କେବଳ ସଂପ୍ରସାରିତ ହେଲାନାହିଁ ବେଜିଂ ପର୍ଯ୍ୟନ୍ତ ଅଧିକ ଓସାର ଓ ଗଭୀର କରାଯାଇ ଖାଦ୍ୟବୋଝେଇ ଜାହାଜ ଆସିବାପାଇଁ ସୁବିଧା କରାଗଲା। ଅସଂଖ୍ୟ ଶ୍ରମିକ ଏଥିରେ ଦିନରାତି ଲାଗିଲେ। ଚୀନକୁ ଉତ୍ତର ଦିଗରୁ ଆକ୍ରମଣରୁ ସୁରକ୍ଷିତ ରଖିବାପାଇଁ ଯେଉଁ ଗ୍ରେଟ୍ ୱାଲ ଅଫ ଚୀନ ତିଆରି ଆରମ୍ଭ ହୋଇଥିଲା

ଖ୍ରୀ.ପୂ ୨୨୧ରୁ ୨୦୬ ମଧ୍ୟରେ କ୍ରମଶଃ ବର୍ଦ୍ଧିତ ହୋଇ ୫୦୦୦ କି.ମି. ଦୈର୍ଘ୍ୟ ବିଶିଷ୍ଟ ହୋଇଥିଲା ସମ୍ରାଟଙ୍କ ସମୟକୁ। ସମ୍ରାଟ ଝୁ ଦି ଆବଶ୍ୟକ ମରାମତି ସହ ସେଥିରେ ଆଉ ଚଉଦଶହ କି.ମି. ଯୋଡିଲେ ବେଜିଂ ସହରକୁ ସୁରକ୍ଷିତ କରିବାପାଇଁ।

ପ୍ରଥମେ ବେଜିଂ ସହର ତିଆରି ପାଇଁ ପରେ ସହରବାସୀଙ୍କୁ ଖାଦ୍ୟଯୋଗାଣ ସୁନିଶ୍ଚିତ କରିବାପାଇଁ ଗ୍ରାଣ୍ଡ କେନାଲର ଉନ୍ନତି ଓ ସଂପ୍ରସାରଣ ପାଇଁ ଏବଂ ତା'ସହ ବେଜିଂ ସହର ତଥା ଚୀନକୁ ଆକ୍ରମଣକାରୀମାନଙ୍କୁ ସୁରକ୍ଷିତ କରିବାପାଇଁ ଲକ୍ଷଲକ୍ଷ ଶ୍ରମିକ ଅହୋରାତ୍ର କାର୍ଯ୍ୟ କଲେ ଓ ଏଥିରେ ବିପୁଳ ଅର୍ଥବ୍ୟୟ ହେଲା। ଦକ୍ଷିଣ ଚୀନରୁ କୃଷକମାନଙ୍କଠୁ ବଳପ୍ରୟୋଗ କରି ଖାଦ୍ୟ ସଂଗ୍ରହ କରାଗଲା। ଫଳରେ ସେଠାରେ ଗୁରୁତର ଖାଦ୍ୟାଭାବ ଦେଖାଦେଲା ଓ ଲୋକମାନେ ତ୍ରାହିତ୍ରାହି ଡାକଦେଲେ। ବେଢ଼ି ଉପରେ କୋରଡ଼ା ପରି ଏବେ ଆରମ୍ଭ ହେଲା ସମ୍ରାଟଙ୍କର ରାଜପ୍ରସାଦ ନିର୍ମାଣ। ରାଜ ପ୍ରାସାଦଟି ଏଭଳି ହେବ ଯାହାକି ଅତୀତରେ କହି କରିନଥିଲେ ବା ଭବିଷ୍ୟତରେ କେହି କରିବେ। ସାରା ପୃଥିବୀ ଚକିତ ହେବ ତା'ର ଆକାର ଓ ସୌନ୍ଦର୍ଯ୍ୟରେ। ତାହା ହିଁ ହେଲା।

୧୪୦୬ ଖ୍ରୀଷ୍ଟାବ୍ଦରେ ଆରମ୍ଭ ହୋଇ ୧୪୨୦ରେ ଶେଷ ହେଲା ରାଜପ୍ରସାଦ। ଦଶଲକ୍ଷରୁ ଊର୍ଦ୍ଧ୍ୱ ଶ୍ରମିକ ଚଉଦବର୍ଷରେ ଶେଷକଲେ ପ୍ରାୟ ଅଠସ୍ତରି ଲକ୍ଷ ବର୍ଗଫୁଟର ପ୍ରାସାଦ। ଲୋକମୁଖରେ କୁହାଯାଏ ଯେ ପ୍ରାସାଦରେ ଏକ ଊଣା ଦଶହଜାର କୋଠରି ରହିଛି। ତିନିଶହ ଟନ୍‌ର ମାର୍ବଲ ଓ ଅସଂଖ୍ୟ ସ୍ୱତନ୍ତ୍ରଭାବେ ତିଆରି ସୁନେଲି ଟାଇଲ ବ୍ୟବହୃତ ହୋଇଛି।

ପ୍ରାସାଦର ସୁରକ୍ଷା ପାଇଁ ଛବିଶ ଫୁଟ୍ ଉଚ୍ଚତାର ଚାରିପାଖରେ କାନ୍ଥ। କାନ୍ଥଟି ଏଭଳି ସ୍ୱତନ୍ତ୍ର ପ୍ରଣାଳୀରେ ତିଆରି ହୋଇ ଚିକ୍କଣ ହୋଇଛି ଯେପରି କେହି ଚଢି ଯାଇପାରିବେନି। ଚାରିପାଖ କୋଡିଏଫୁଟ ଗଭୀର, ଶହେ ଏକସ୍ତରି ଫୁଟ ଚଉଡାର ଗଡଖାଇ। ଦକ୍ଷିଣ ଚୀନ ଓ ଭିଏତ୍‌ନାମ୍ ଜଙ୍ଗଲରୁ ସବୁଠୁ ମୂଲ୍ୟବାନ କାଠ ସଂଗ୍ରହକରି ପ୍ରାସାଦରେ ବ୍ୟବହୃତ ହୋଇଛି।

ଲକ୍ଷ ଲକ୍ଷ ଇଟା ତିଆରି, ଶ୍ରମିକଙ୍କ ପାଇଁ ଖାଦ୍ୟ ସଂଗ୍ରହ ପିଇବା ପାଇଁ ପାଣି ନିମନ୍ତେ ବାଟରେ ଓ ନିର୍ମାଣ ସ୍ଥାନରେ ଶତାଧିକ କୂଅ ତିଆରି, ଜଙ୍ଗଲରୁ କାଠ ସଂଗ୍ରହ ପାଇଁ ଓ ପ୍ରାସାଦ ନିର୍ମାଣ କାର୍ଯ୍ୟରେ ଯେପରି କୌଣସି ଅବହେଳା ନ କରାଯାଏ ବା ବିରୋଧର ଦମନ ପାଇଁ ସମ୍ରାଟ ପାଞ୍ଚଲକ୍ଷ ସୈନ୍ୟ ମୁତୟନ କଲେ।

୨ ଫେବୃଆରୀ ୧୪୨୧। ସେଦିନ ଚୀନର ନୂଆବର୍ଷ। ପ୍ରାସାଦ ଉଦ୍‌ଘାଟନ ଉତ୍ସବର ଆୟୋଜନ। ଅଠେଇଶ ଦେଶର ରାଜା ମହାରାଜା ବା ତାଙ୍କର ପ୍ରତିନିଧି ନିମନ୍ତ୍ରିତ ହୋଇ ଆସିଥିଲେ। ସେଥିରେ ସମ୍ରାଟ ଏସିଆ, ମଧ୍ୟପ୍ରାଚ୍ୟ ଓ ଆଫ୍ରିକାର

ଦେଶଗୁଡ଼ିକୁ ସ୍ୱତନ୍ତ୍ର ଭାବେ ଜାହାଜ ପଠାଇଥିଲେ। ଇଂଲଣ୍ଡ, ଫ୍ରାନ୍ସ ଓ ପର୍ତ୍ତୁଗାଲ ଭଳି ରାଜ୍ୟଗୁଡ଼ିକୁ ସମ୍ରାଟ ଅତି ଦୀନହୀନ ସଂସ୍କୃତିବିହୀନ ଓ ବାଣିଜ୍ୟ ପାଇଁ ଅଯୋଗ୍ୟ ଭାବି ନିମନ୍ତ୍ରିତ କରିନଥିଲେ। ସାରା ଜୀବନ ମନେ ରହିବା ଭଳି ଅତିଥିଙ୍କ ପାଇଁ ଭବ୍ୟ ସମ୍ବର୍ଦ୍ଧନା, ରହଣି ସମୟରେ ଖାଦ୍ୟପେୟ ସେବା ଶୁଶ୍ରୂଷାର ବ୍ୟବସ୍ଥା ହେଲା। ବିଦାୟ ଦେବାବେଳ ମୂଲ୍ୟବାନ ଉପହାର ସହ ମାନପତ୍ରର ବ୍ୟବସ୍ଥା ମଧ୍ୟ ହେଲା।

ପ୍ରାସାଦର ଆକାର, ସୌନ୍ଦର୍ଯ୍ୟ, ଭାସ୍କର୍ଯ୍ୟ ଓ ସମ୍ରାଟଙ୍କର ଐଶ୍ୱର୍ଯ୍ୟରେ ହତଚକିତ ହୋଇ ଅତିଥିମାନେ ଫେରିଲେ ସମ୍ରାଟ ଯୋଗାଇଦେଇଥିବା ଜାହାଜ ମାନଙ୍କରେ। ସମ୍ରାଟଙ୍କର ଅନ୍ୟ ଏକ ଉଚ୍ଚାଭିଳାଷ ହେଲା ପୃଥିବୀର ଶେଷ ପର୍ଯ୍ୟନ୍ତ ଚଉଦିଗରେ ଚାରିଦଳରେ ଜାହାଜମାନ ଯିବେ। ବିପୁଳକାୟ ଜାହାଜ, ଖାଦ୍ୟପାନୀୟ ଓ ସେମାନଙ୍କର ସୁରକ୍ଷାପାଇଁ ଜାହାଜସବୁ ଚାରିଟି ଭେଳାରେ ଆରମ୍ଭ କଲେ।

ଫେବୃଆରୀ ୨ରେ ଉଦ୍‌ଘାଟନ। ସେଇ ବର୍ଷ ମେ ମାସ ୯ ତାରିଖ ରାତିରେ ବେଜିଂରେ ଏକ ଭୟଙ୍କର ଝଡ ବର୍ଷା। ବଜ୍ରପାତରେ ସମ୍ରାଟଙ୍କର ସିଂହାସନ ଥିବା କୋଠା ଓ ଅନ୍ତଃପୁର ଓ ବିଶେଷତଃ ସବୁଠାରୁ ପ୍ରିୟ ରକ୍ଷିତାଙ୍କ ପାଇଁ ଉଦ୍ଦିଷ୍ଟ କୋଠାଟି ମାତ୍ର କେତେ ଘଣ୍ଟାରେ ପୋଡି ପାଉଁଶରେ ପରିଣତ ହୋଇଗଲା।

ମୁଁ କ'ଣ କିଛି ଭୁଲ କରିଛି, ବିଧିବିଧାନ ପାଳିବାରେ କିଛି ତ୍ରୁଟି ରହିଗଲା, ନିର୍ଦ୍ଦୋଷ ଲୋକଙ୍କୁ କ'ଣ ଦଣ୍ଡ ଦେଉଛି, କାହିଁକି ସ୍ୱର୍ଗର ଦେବତାମାନେ ମୋ ଉପରେ ଏଭଳି ଅସନ୍ତୁଷ୍ଟ ହୋଇ ଦଣ୍ଡ ବିଧାନକଲେ..। ଏଇଭଳି ସମ୍ରାଟ ଭାବି ଭାବି ଶେଷରେ ହୃଦ୍‌ଘାତରେ ପଡିଲେ।

ଅପର ପକ୍ଷରେ ଜନସାଧାରଣ ଏତେ ଦୁଃଖ, ଶୋକ, ଭୋକ ଉପାସ, ଶୋଷଣ, ଅତ୍ୟାଚାର, ଉତ୍ପୀଡନରେ ପେଷି ହୋଇ ଯାଇଥିଲେ ଯେ ବଜ୍ରପାତ ସମ୍ବାଦରେ ଠିକ୍ ଦୈବଦଣ୍ଡ ମିଳିଲାଭାବି କିଛି ମାତ୍ରାରେ ଆଶ୍ୱସ୍ତ ହେଲେ।

ଚୀନରେ ବ୍ୟାପକ ଜନ ଅସନ୍ତୋଷ ଓ ସମ୍ରାଟଙ୍କର ଅସୁସ୍ଥତା ଖବର ପାଇ ଉତ୍ତର ଦିଗରୁ ଆକ୍ରମଣ ହେବାର ସୂଚନା ପାଇ ସମ୍ରାଟ ନିଜେ ଏକ ବିରାଟ ସୈନ୍ୟବାହିନୀ ନେଇ ଯୁଦ୍ଧପାଇଁ ବାହାରିଲେ, କିନ୍ତୁ ଶତ୍ରୁଙ୍କୁ ଦେଖିବା ପୂର୍ବରୁ ତାଙ୍କର ପ୍ରାଣବାୟୁ ଚାଲିଗଲା। ପୃଥିବୀ ପ୍ରଦକ୍ଷିଣ କରି ଜାହାଜମାନ ଦୁଇବର୍ଷ ପରେ ଫେରି ଦେଖିଲେ ସମ୍ରାଟ ନାହାନ୍ତି ଓ ସବୁ ଓଲଟ ପାଲଟ ହୋଇଯାଇଛି।

ପୃଥିବୀକୁ ପାଦତଳେ ରଖିବାପାଇଁ ଚେଷ୍ଟା କରିଥିବା ଆଲେକ୍‌ଜାଣ୍ଡାରଙ୍କଠୁ ଆରମ୍ଭ କରି ସବୁ ଉଚ୍ଚାଭିଳାଷୀ ଶାସକ ଚୀନ ସମ୍ରାଟଙ୍କ ଦଶା ଭୋଗିଛନ୍ତି।

■

ସମାଜ, ୨୮ ଜାନୁଆରୀ, ୨୦୨୧

ଧର୍ମ ଓ କର୍ମ

କିଛି ଦିନ ତଳେ ତିରୁପତିଠାରେ ଥିବା ରାଷ୍ଟ୍ରୀୟ ସଂସ୍କୃତ ବିଦ୍ୟାପୀଠର ସ୍ନେହୀ ଓ ବନ୍ଧୁବତ୍ସଳ କୁଳପତିଙ୍କର ନିମନ୍ତ୍ରଣ ରକ୍ଷା କରି ସସ୍ତ୍ରୀକ ସେଠାକୁ ଯାଇଥିଲୁ। ବିଦ୍ୟାପୀଠଟି ଗୋଟିଏ କେନ୍ଦ୍ରୀୟ ବିଶ୍ୱବିଦ୍ୟାଳୟ; ତା'ର ଗେଷ୍ଟ ହାଉସ୍ ବା ଅତିଥି ଭବନଟି ବେଶ୍ ସୁନ୍ଦର। କୁଳପତି ମହାଶୟ ତାଙ୍କ ବାସଭବନରେ ଆମର ଖାଇବା ବ୍ୟବସ୍ଥା କଲେ। ଆମେ ଅତିଥି ଭବନରେ ଖାଇନେବୁ ଓ ସେ ନିଜେ ସକାଳଠୁ ରାତି ଯାଏ ଆମର ଭୋଜନ ବ୍ୟବସ୍ଥା ନ କରିବାକୁ ଅନୁରୋଧ କଲୁ। ସେ କହିଲେ ଅତିଥି ଭବନରେ ଖାଇବା ବ୍ୟବସ୍ଥା ନାହିଁ, ଅତିଥିମାନେ ଆସିଲେ ସେମାନେ ନିଜେ ରୋଷେଇ କରନ୍ତି। ସତକୁ ସତ ଦେଖିଲୁ ଅତିଥି ଭବନରେ ପ୍ରତି ରୁମ୍‌ରେ ଗୋଟିଏ ଲେଖାଏଁ ଛୋଟ ରୋଷେଇ ଘର ଅଛି। ଏଭଳି ବ୍ୟବସ୍ଥାର କାରଣ ପଚାରିବାରୁ ଜାଣିଲୁ ଯେ, ସଂସ୍କୃତ ବିଦ୍ୟାପୀଠକୁ ଯେଉଁ ଅତିଥିମାନେ ବିଶ୍ୱବିଦ୍ୟାଳୟ ସମ୍ପର୍କୀୟ କାମରେ ଆସନ୍ତି, ସେମାନେ ଅନ୍ୟ କିଏ ରୋଷେଇ କଲେ ଖାଆନ୍ତି ନାହିଁ। କିଏ କେଉଁ ଜାତିର ହୋଇଥିବ ତେଣୁ ସେମାନେ ରୋଷେଇ କଲେ ଅତିଥିମାନେ ଖାଇବେ କେମିତି ? ସେ ଅତିଥିମାନେ ପ୍ରକୃତରେ କିଏ ? ସେମାନେ ସମସ୍ତେ ଶାସ୍ତ୍ରଜ୍ଞ, ବିଦ୍ୱାନ, ପଣ୍ଡିତ, ବିଭିନ୍ନ ଧର୍ମଶାସ୍ତ୍ରର ବ୍ୟାଖ୍ୟାକାର। ବେଦ, ବେଦାନ୍ତ, ଉପନିଷଦ, ଗୀତା ଭଳି ହିନ୍ଦୁ ଧର୍ମର ମହାନ୍ ଗ୍ରନ୍ଥମାନଙ୍କରେ ଧୂରୀଣ। ସେମାନେ ହେଲେ ଆଚାର୍ଯ୍ୟ, ଶାସ୍ତ୍ରୀ ଓ ବିଦ୍ୟା ବାରିଧି ଇତ୍ୟାଦି। ସେମାନେ ଏସବୁ ଗ୍ରନ୍ଥମାନଙ୍କର ବ୍ୟାଖ୍ୟା କଲାବେଳେ ନିଶ୍ଚୟ ଛାତ୍ରଛାତ୍ରୀମାନଙ୍କୁ କହୁଥିବେ ଯେ, ଏ ସମଗ୍ର ବିଶ୍ୱବ୍ରହ୍ମାଣ୍ଡ ଈଶ୍ୱରଙ୍କର ସୃଷ୍ଟି ଓ ସମସ୍ତ ଜଡ଼ ଓ ଜୀବଜଗତରେ ସେଇ ଏକ ଈଶ୍ୱର ବିଦ୍ୟମାନ। କେବଳ କୀଟଠୁ ବ୍ରହ୍ମଯାଏ ନୁହେଁ, ବାଲିରେ, ଗୋଡ଼ିରେ, ପଥରରେ, ପାହାଡ଼ ଓ ପର୍ବତରେ, ନଦୀ ଓ ନାଳରେ, ସମୁଦ୍ରରେ, ମହାଦ୍ରୁମରେ – ସର୍ବତ୍ର ଈଶ୍ୱର ବିଦ୍ୟମାନ।

ହିନ୍ଦୁଧର୍ମର ଗ୍ରନ୍ଥମାନଙ୍କରେ ଥିବା ବିଶ୍ୱ ଭାତୃତ୍ୱର ଓ ସମସ୍ତ ବିଶ୍ୱବ୍ରହ୍ମାଣ୍ଡର ଐକ୍ୟଭାବ ଶ୍ଳୋକଗୁଡ଼ିକର ବ୍ୟାଖ୍ୟା କଲାବେଳେ - ସଭା ସମିତିରେ ବା ଦୈନିକ କ୍ଲାସ୍ ନେବାବେଳେ - ବିଶ୍ୱବିଦ୍ୟାଳୟରେ ଅଧ୍ୟାପନା କରୁଥିବା ଓ ବିଶ୍ୱବିଦ୍ୟାଳୟକୁ ଅତିଥି ହୋଇ ଆସୁଥିବା ଶାସ୍ତ୍ରୀ ଓ ବିଦ୍ୟାବାରିଧିମାନେ କେତେ ଭାବ ବିହ୍ୱଳ ହୋଇପଡୁଥିବେ ଓ ହିନ୍ଦୁ ଧର୍ମର ମହାନତା ବିଷୟରେ କେତେ ପ୍ରଗଲ୍‌ଭ ଭାବେ ବକ୍ତୃତା ଦେଉଥିବେ ଆପଣମାନେ ଆନ୍ଦାଜ କରିପାରୁଥିବେ।

ସେହି ତିରୁପତିସ୍ଥିତ ଶ୍ରୀ ଭେଙ୍କଟେଶ୍ୱର ବିଶ୍ୱବିଦ୍ୟାଳୟର ଏକ ଉତ୍ସବରେ ଯୋଗ ଦେବାପାଇଁ ନିମନ୍ତ୍ରଣ ପାଇ ପୁଣି ବଡ଼ଝିଅ ସାବରମତୀ, ଆମେ ଦୁହେଁ ଏପରି ତିନିଜଣ ଯାଇ ରାଷ୍ଟ୍ରୀୟ ସଂସ୍କୃତ ବିଦ୍ୟାପୀଠର ଅତିଥି ଭବନରେ ଆଉ ଥରେ ରହିବାର ସୁଯୋଗ ପାଇଲୁ। ଏଥର ଆବିଷ୍କାର କଲୁ ଆଉ ଗୋଟିଏ କଥା। ସେଇ ଶାସ୍ତ୍ରୀ ଓ ବିଦ୍ୟାବାରିଧିମାନଙ୍କ ପାଇଁ ଆଉଏକ ବ୍ୟବସ୍ଥା କରାଯାଇଛି। ସେମାନେ ତ ଅନ୍ୟ କିଏ ରୋଷେଇ କଲେ ଖାଇବେ ନାହିଁ, ସେମାନେ ରୋଷେଇ ପାଇଁ କଳପାଣି ମଧ୍ୟ ବ୍ୟବହାର କରିବେ ନାହିଁ, କାରଣ କଳପାଣି ତ ଛାଏଁ ଆସୁନି, ଅନେକ ଜାତିର ଲୋକଙ୍କ ସଂସ୍ପର୍ଶରେ ସେ ପାଣି ଆସୁଛି, ତେଣୁ ଶାସ୍ତ୍ରୀମାନଙ୍କ ପାଇଁ ଗୋଟିଏ କୂଅ ପାଣି ବାହାର କରିବା ପାଇଁ ବାଲ୍‌ଟି ଓ କୂଅ ଦଉଡ଼ିର ବ୍ୟବସ୍ଥା ମଧ୍ୟ କରାଯାଇଛି।

ଏ ବ୍ୟବସ୍ଥା ଦେଖି ଯେତିକି ହସିଲୁ, ସେତିକି ଧର୍ମ ଓ କର୍ମର ବ୍ୟବଧାନ ନେଇ ଆଶ୍ଚର୍ଯ୍ୟ ଓ ଦୁଃଖିତ ମଧ୍ୟ ହେଲୁ।

ରଥଯାତ୍ରା ସମୟରେ ଜଗନ୍ନାଥଙ୍କ ମହିମା ବିଷୟରେ ଶୁଣି ଆମେ ମୁଗ୍ଧ ହୋଇଯାଉ। ଜଗନ୍ନାଥଙ୍କର ବିଶ୍ୱବ୍ୟାପକତା, ତିନି ମୂର୍ତ୍ତିଙ୍କର ତିନି ବର୍ଣ୍ଣ ପୃଥିବୀର ସମସ୍ତ ଲୋକଙ୍କର ବର୍ଣ୍ଣ ଯଥା କଳା, ଗୋରା ଓ ପୀତର କେମିତି ପ୍ରତିନିଧିତ୍ୱ କରୁଛି, ଜଗନ୍ନାଥଙ୍କର ଅଦ୍ଭୁତ ଶକ୍ତି, ସାଧାରଣ ଗରିବ ଓ ପତିତ ଉଦ୍ଧାର ଖ୍ୟାତି, ସେ କିପରି ସର୍ବଜ୍ଞ, ସର୍ବ ଶକ୍ତିମାନ ଓ ସର୍ବତ୍ର ବିଦ୍ୟମାନ, ଜଗନ୍ନାଥ ସଂସ୍କୃତି ଜଗନ୍ନାଥ ଚେତନା - ଏ ସମସ୍ତ ବିଷୟରେ ଦିନସାରା ଜଣକ ପରେ ଜଣେ ବକ୍ତା ଯେପରି ଅନର୍ଗଳ ଭାବେ କହନ୍ତି ସେ ସବୁ ସହ ଆପଣମାନେ ବହୁ ପରିଚିତ। ଆମର ରେଡ଼ିଓ ଓ ସମସ୍ତ ଓଡ଼ିଆ ଟି.ଭି. ଚାନେଲ୍ ଗୁଡ଼ିକ ଖାଲି ଗୁଣ୍ଡିଚା ଦିନ ନୁହେଁ, ବର୍ଷସାରା ଭଜନ, ଜଣାଣ ଭକ୍ତିର ସ୍ୱର ଇତ୍ୟାଦି କାର୍ଯ୍ୟକ୍ରମରେ ଜଗନ୍ନାଥ ମାହାତ୍ମ୍ୟ କହି ଚାଲିଥାନ୍ତି। ଜାତି, ଧର୍ମ, ବର୍ଣ୍ଣ ନିର୍ବିଶେଷରେ ଜଗନ୍ନାଥ ସମସ୍ତଙ୍କର - ଏକଥା ଆମେ ଅହରହ ପ୍ରଚାର ହେଉଥିବା ଜାଣିଛେ।

ଅଥଚ ବଡ଼ଦାଣ୍ଡରେ ଜଗନ୍ନାଥ ମନ୍ଦିର ସାମ୍ନାରେ ଥିବା ଗରୁଡ଼ ସ୍ତମ୍ଭ ପାରି

ହେଲା ପରେ ମନ୍ଦିରର ପ୍ରବେଶ ଦ୍ୱାରର ଦୁଇ ପାଖରେ ମାର୍ବଲ ପଥରରେ ଲେଖାଯାଇଛି – କେବଳ ରକ୍ଷଣଶୀଳ ହିନ୍ଦୁମାନେ ହିଁ ମନ୍ଦିର ମଧ୍ୟରେ ପ୍ରବେଶ କରିପାରିବେ, ଏହାର ଅନୁବାଦ ହିନ୍ଦୀ, ଇଂରାଜୀରେ ମଧ୍ୟ ରହିଛି। ଅନ୍ୟ ଧର୍ମ କଥା ଛାଡ଼ନ୍ତୁ, ସେ ଯଦି ଦଳିତ, ଆଦିବାସୀ, ନିଜର ଗୋତ୍ର କହିପାରୁନାହାନ୍ତି, ସେ ଯଦି ବାହାର ଦେଶର ଅଥଚ, ହିନ୍ଦୁ ସେ ମଧ୍ୟ ମନ୍ଦିରକୁ ଯାଇପାରିବେ ନାହିଁ। ଯଦି ସାହସ ସଂଚୟ କରି ମନ୍ଦିର ଭିତରକୁ ଯିବା ପାଇଁ ଚେଷ୍ଟା କରନ୍ତି ଓ ମନ୍ଦିର ଭିତରେ ଧରାପଡ଼ନ୍ତି, ସେ କିଭଳି ଅବସ୍ଥାର ସମ୍ମୁଖୀନ ହୁଅନ୍ତି ତା'ର ଉଲ୍ଲେଖ କରିବା ଅନାବଶ୍ୟକ ମନେହୁଏ। ଜଗନ୍ନାଥ ଚେତନା ଓ ସଂସ୍କୃତି, ଧର୍ମ ଭାବନା ଗୋଟେ ଆଡ଼େ, କର୍ମ ଅନ୍ୟ ଆଡ଼େ।

ଇରାକ, ଇରାନ୍ ବା ଆଫଗାନିସ୍ଥାନ ଯୁଦ୍ଧ ହେଉ – ଏ ସମସ୍ତ ଯୁଦ୍ଧ ଓ ଅନ୍ୟ ବହୁ ସ୍ଥାନରେ ଚାଲିଥିବା ଗଣ ସଂହାର ହେଉ, ସେ ସବୁ ଚାଲିଛି – ମୁଖ୍ୟତଃ ଖ୍ରୀଷ୍ଟିଆନ୍ ସୈନିକମାନଙ୍କ ଦ୍ୱାରା ବା ଖ୍ରୀଷ୍ଟିଆନ୍ ନେତାମାନଙ୍କର ପ୍ରରୋଚନାରେ। କ୍ରୀତଦାସମାନଙ୍କ ଉପରେ ହୋଇଥିବା ଲୋମହର୍ଷଣକାରୀ ଅତ୍ୟାଚାର ହେଉ, ବା କାନାଡ଼ା, ଯୁକ୍ତରାଷ୍ଟ୍ର ଆମେରିକା ବା ଅଷ୍ଟ୍ରେଲିଆର ମୂଳ ନିବାସୀଙ୍କୁ ସମୂଳେ ନିପାତ କରିବାର ଉଦ୍ୟମ ଯୋଗୁଁ ଲକ୍ଷ ଲକ୍ଷ ଲୋକଙ୍କର ପ୍ରାଣ ନାଶ ହେଉଛି। ପୃଥିବୀର ବିଭିନ୍ନ ଦେଶରେ ଉପନିବେଶ ସ୍ଥାପନର ଉଦ୍ୟମ ହେଉ ବା ବିଭିନ୍ନ ଦେଶର ମୂଲ୍ୟବାନ ସମ୍ପଦ ଲୁଟ ଉଦ୍ୟମ ହେଉ ବା ଧର୍ମର ପ୍ରତିଷ୍ଠା ପାଇଁ କ୍ରୁସେଡ୍ ବା ଇନକ୍ୟୁସିଜନ ହେଉ – ଏ ସବୁରେ ଅଗଣିତ ଲୋକଙ୍କର ପ୍ରାଣହାନୀ ଘଟିଛି। ଏଥିପାଇଁ ଯେଉଁମାନେ ଦାୟୀ ସେମାନେ କିଏ ?

ସେମାନେ ହେଲେ ସେଇ ଦୟାରସାଗର, ଅଖଣ୍ଡ ପ୍ରେମ ଓ କ୍ଷମାର ପ୍ରତୀକ ଯୀଶୁଖ୍ରୀଷ୍ଟ ଯେ କ୍ରୁଶ ବିଦ୍ଧ ହେଲାବେଳେ 'ହେ ପରମ ପିତା, ଏମାନେ ଯାହା କରୁଛନ୍ତି ବୁଝି ପାରୁନାହାନ୍ତି, ସେମାନଙ୍କୁ କ୍ଷମା ଦିଅନ୍ତୁ' କହିଥିଲେ, ତାଙ୍କର ଅନୁଗାମୀ। ସେ ପରମପିତା ଈଶ୍ୱରଙ୍କ ଦ୍ୱାରା ସଂସାରକୁ ପ୍ରେରିତ ହୋଇଥିଲେ ମଣିଷର ପାପ ସବୁ ନିଜେ ଗ୍ରହଣ କରିବେ ଓ ପାପୀମାନଙ୍କୁ କ୍ଷମା ଦେବେ। ଯୀଶୁ କହିଲେ – ଛୁଞ୍ଚିର କଣାରେ ଗୋଟେ ଓଟ ପଳେଇବା ସମ୍ଭବ ହୋଇପାରେ, କିନ୍ତୁ ଈଶ୍ୱରଙ୍କ ରାଜ୍ୟକୁ ଧନୀଲୋକ କେବେ ହେଲେ ଯିବା ସମ୍ଭବ ନୁହେଁ। ସଂସାରର ସବୁଠାରୁ ଦରିଦ୍ରତମ ଲୋକ ଈଶ୍ୱରଙ୍କ ରାଜ୍ୟରେ ପ୍ରଥମେ ପହଞ୍ଚିବ – ଏଇଥିଲା ଯୀଶୁଙ୍କ ବାଣୀ। ଆଜି କିନ୍ତୁ ପୃଥିବୀର ଅର୍ଦ୍ଧାଧିକ ସଂପତ୍ତିର ମାଲିକ ମାତ୍ର ପଚାଶ ଲୋକ ଆଉ ସେମାନଙ୍କ ଭିତରୁ ଅଶୀଭାଗ ହେଲେ ଖ୍ରୀଷ୍ଟିଆନ ସଂପ୍ରଦାୟର। ଯୀଶୁ ବାଣୀ ଓ ଅନୁଗାମୀଙ୍କର କାର୍ଯ୍ୟ ବିପରୀତ ଦିଗରେ।

ଠିକ୍ ସେହିଭଳି ଦେଖିବା ବୌଦ୍ଧଧର୍ମାବଲମ୍ବୀ ମାନଙ୍କ କ୍ଷେତ୍ରରେ। ବୁଦ୍ଧ ଥିଲେ ଶାନ୍ତି ଓ କରୁଣାର ବାର୍ତ୍ତାବହ। ଅହିଂସା ଓ କ୍ଷମାର ବାରିଧି। କାମନାର ବିନାଶରେ ଦୁଃଖର ବିନାଶ - ଏଇଥିଲା ବୁଦ୍ଧଙ୍କ ବାଣୀ କିନ୍ତୁ ବୁଦ୍ଧିଷ୍ଟ ଜାପାନ ମୋଟର ଗାଡ଼ି, କ୍ୟାମେରା, ଇଲେକ୍ଟ୍ରୋନିକ୍ସ ଭଳି ବିଳାସ ସାମଗ୍ରୀର ଅନ୍ୟତମ ମୁଖ୍ୟ ପ୍ରବର୍ତ୍ତକ ପୃଥିବୀରେ। ଖାଲି ସେତିକି ନୁହେଁ, ଦ୍ୱିତୀୟ ମହାଯୁଦ୍ଧ ସମୟରେ ଚୀନ୍, କୋରିଆ, ଫିଲିପାଇନ୍ସ ଭଳି ଦେଶମାନଙ୍କରେ ଜାପାନ ନିର୍ମମ ନରସଂହାର କରିଥିଲା ଓ ମହିଳାମାନଙ୍କ ସହ ସାଧାରଣ ଜନତା ଅମାନୁଷିକ ଅତ୍ୟାଚାର ଓ ନିର୍ଯ୍ୟାତନାର ସମ୍ମୁଖୀନ ହୋଇଥିଲେ। ଜାପାନୀ ସୈନିକମାନଙ୍କ ଦ୍ୱାରା ଆଜି ମଧ୍ୟ ଶ୍ରୀଲଙ୍କାରେ ବୌଦ୍ଧ ସନ୍ୟାସୀମାନେ ଓ ବର୍ମା ବା ମିଆଁମାରରେ ମଧ୍ୟ ବୌଦ୍ଧ ଧର୍ମାବଲମ୍ବୀମାନେ ମୁସଲମାନ ସଂପ୍ରଦାୟ ଓ ତାମିଲ ଭାଷାଭାଷୀମାନଙ୍କ ଉପରେ ଆକ୍ରମଣ ଜାରି ରଖିଛନ୍ତି ଓ ଅନେକ ଲୋକଙ୍କର ମୃତ୍ୟୁ ସହ ଲକ୍ଷ ଲକ୍ଷ ଲୋକ ବାସଚ୍ୟୁତ ହେଉଛନ୍ତି। ଏସବୁ ଘଟୁଛି ସେହି ଅହିଂସା, ଶାନ୍ତି, କରୁଣାର ଅବତାର ଗୌତମ ବୁଦ୍ଧଙ୍କର ଅନୁଗାମୀମାନଙ୍କ ଦ୍ୱାରା।

ଉପରେ ଦିଆଯାଇଥିବା ତିନୋଟି ଧର୍ମର ଉଦାହରଣରେ ସବୁ ଧର୍ମର ମୂଳତତ୍ତ୍ୱ ଓ ଅନୁଗାମୀମାନଙ୍କର କାର୍ଯ୍ୟ ସମ୍ପର୍କରେ ସୂଚନା ଦିଆଗଲା। ପାଠକ ପାଠିକାମାନେ ନିଜ ନିଜ ଅନୁଭୂତିରୁ ଏହା ସହ ଅଧିକ ଉଦାହରଣ ଯୋଡ଼ିପାରିବେ। ଅବଶ୍ୟ ଏକଥା ସତ ଯେ, ପ୍ରତି ଧର୍ମରେ ସଚ୍ଚା ଧର୍ମାବଲମ୍ବୀ କିଛି ଅଛନ୍ତି, କିନ୍ତୁ ସେମାନଙ୍କ ସଂଖ୍ୟା ଖୁବ୍ କମ୍।

ଶେଷରେ, ଏହି ଭାରତରେ ଜନ୍ମ ହୋଇଥିବା ମହାବୀର, ବୁଦ୍ଧ ଓ ଗାନ୍ଧୀଙ୍କ ଅହିଂସା, ଶାନ୍ତି, ମୈତ୍ରୀର ବାର୍ତ୍ତା ପାଇଁ ଆମେ ଅନେକ ସମୟରେ ଗର୍ବକରୁ। ଆପଣମାନଙ୍କର ମନେଥିବ ଯେଉଁ ଦୁଇ କିସ୍ତିରେ ଭାରତ ପରମାଣୁ ବୋମା ପରୀକ୍ଷା କରିଥିଲା ସେଇ ଉଭୟ ଦିନଥିଲା ଗୌତମ ବୁଦ୍ଧଙ୍କର ଜନ୍ମ ତଥା ମହାପ୍ରୟାଣ ଦିବସ। ଆମର ନେତୃବର୍ଗ କାହିଁକି ସେଇଭଳି ଦିନଟିକୁ ବିଧ୍ୱଂସକାରୀ ପରମାଣୁ ବୋମା ପରୀକ୍ଷା ପାଇଁ ବାଛିଲେ ଜଣାନାହିଁ, ତେବେ ସାଧାରଣ ଭାବେ ଆମର ଧର୍ମ ଭାବନା ଓ କାର୍ଯ୍ୟ ଭିତରେ ଯେଉଁ ବୈଷମ୍ୟ ରହିଛି ତା'ର ହୁଏତ ସେୟା ଥିଲା ପରିପ୍ରକାଶ।

■

କଳିଙ୍ଗାୟାନ, ପ୍ରଥମ ବାର୍ଷିକ ସଂସ୍କରଣ-୨୦୧୬

ସହଜ ଧର୍ମ

ପିଲାଦିନେ ତା'ର କୌଣସି ସଠିକ୍ ଉତ୍ତର ପାଉ ନଥିଲି, ପ୍ରକୃତ କାରଣ ଜାଣି ପାରୁଥିଲି। ମନରେ ଯଦିଓ ପ୍ରଶ୍ନଟି ବାରମ୍ବାର ଉଙ୍କି ମାରୁଥିଲା। ପରେ ଜାଣିଲି କାହିଁକି ଗାଁରେ ଏତେ ଲୋକଙ୍କର ନାଁ ନାରାୟଣ ଓ ଭଗବାନ। ସାହୁ, ପଣ୍ଡା, ଦାସ, ମହାପାତ୍ର, ପାଣିଗ୍ରାହୀ ଇତ୍ୟାଦି ସାଙ୍ଗିଆ ପୂର୍ବରୁ ଅନେକ ନାରାୟଣ ଓ ଭଗବାନ। ପରେ ବୁଝିଲି ଖାଲି ନାରାୟଣ ବା ଭଗବାନ ନୁହେଁ, ବିଷ୍ଣୁଙ୍କର ଅନେକ ନାଁ ଭିତରୁ ଯେକୌଣସି ନାମରେ ଅନେକ ଲୋକ। କାରଣ ହେଲା ନାରାୟଣ ବା ଭଗବାନ ଭଳି ଯେକୌଣସି ନାଁ ଦେଲେ ବାପା ମା'ଙ୍କର ମୃତ୍ୟୁ ସମୟରେ ଯଦି ପୁଅକୁ ସେଇ ପଦୁଟିକୁ ଡାକିଦେଲେ ଆଉ ଯମ ଯନ୍ତ୍ରଣା ଭୋଗିବାକୁ ହେବନି, ବରଂ ସିଧା ସଳଖ ବୈକୁଣ୍ଠ ପ୍ରାପ୍ତି। ଜୀବନ ସାରା ଯାହା ଅପରାଧ କରିଥାନ୍ତୁ ନାଁ କାହିଁକି, ଆଉ ଅପରାଧ ଯେତେ ଜଘନ୍ୟ ହୋଇଥାଉନା କାହିଁକି, ସେଥିରେ ଯାଏଆସେ ନାହିଁ।

ଏଭଳି ଗୋଟେ ବିଶ୍ୱାସ ଏତେ ବ୍ୟାପକ ଭାବେ ସମାଜରେ ପ୍ରତିଷ୍ଠିତ କିପରି ହୋଇଛି ? ବିଶ୍ୱାସର ମୂଳଭିତ୍ତି ହେଲା ଗୋଟିଏ ଗପ। ଅଜାମିଳ ନାମରେ ଜଣେ ମହାପାପୀ ଲୋକ ଥିଲା, ଜୀବନ ବ୍ୟାପୀ ସମସ୍ତ କୁତ୍ସିତ କର୍ମରେ ଲିପ୍ତ ଥିଲା। ପୁଅର ନାଁ ଦେଇଥିଲା ନାରାୟଣ। ମୃତ୍ୟୁ ସମୟରେ ସେ ପୁଅକୁ 'ନାରାୟଣ' ବୋଲି ଡାକିଦେଲା, ଯମଦୂତମାନେ 'ନାରାୟଣ' ନାଁଟି ଶୁଣି ପରମ ବିଷ୍ଣୁ ଭକ୍ତଟିଏ ଭାବି ଅଜାମିଳକୁ ଛାଡ଼ି ଚାଲିଗଲେ ଓ ନାରାୟଣଙ୍କ ଦୂତମାନେ ତାଙ୍କୁ ବୈକୁଣ୍ଠକୁ ନେଇ ଚାଲିଗଲେ। ଏତିକି କଥାରେ ଯଦି ମହାପାପୀ ଅଜାମିଳର ବୈକୁଣ୍ଠପ୍ରାପ୍ତି ହେଲା, ତାହା ହେଲେ ପୁଅର ନାଁ ଦେଇଦେଲେ ତ ଯଥେଷ୍ଟ ଯମ ଯନ୍ତ୍ରଣାରୁ ମୁକ୍ତି ପାଇଁ। ଏତେ ନାରାୟଣ ଓ ଭଗବାନ ନାଁର ତେବେ ଏଇ ହେଉଛି ମୂଳ କାରଣ।

ଯେତେବେଳେ ସମାଜରେ ବିଷ୍ଣୁଭକ୍ତ ଓ ଶିବ ଭକ୍ତମାନଙ୍କ ମଧ୍ୟରେ ପ୍ରବଳ

ପ୍ରତିଯୋଗିତା ବା ପ୍ରତିଦ୍ୱନ୍ଦିତା ଚାଲିଥିଲା ସେତେବେଳେ ବୋଧହୁଏ ବିଷ୍ଣୁଙ୍କର ମହିମା ପ୍ରତିପାଦନ ପାଇଁ ଓ ବିଷ୍ଣୁ ଭକ୍ତମାନେ ଯେପରି ଦଳ ବଦଳ କରି ଶୈବ ହୋଇ ନ ଯାଆନ୍ତି ହୁଏତ ସେଥିପାଇଁ ଏଭଳି ଗପଟିଏ ସୃଷ୍ଟି କରାଯାଇଥାଇପାରେ। ତେବେ ସେ ଯାହା ହେଉନା କାହିଁକି, ଗପଟିର ଏତେ ସୁଦୂର ପ୍ରସାରୀ ପ୍ରଭାବ ଯେ, ଆଜିଯାଏଁ ନାରାୟଣ ବା ବିଷ୍ଣୁଙ୍କର ଅନେକ ନାମ ଭିତରୁ ଗୋଟିଏ ନାମ ଦେଇଦେଲେ ଓ ମଲାବେଳେ ସେଇ ନାଁ ଧରି ପୁଅକୁ ଡାକିଦେଲେ ସମସ୍ତ ପାପରୁ ମୁକ୍ତି ଓ ସିଧା ସଳଖ ବୈକୁଣ୍ଠପ୍ରାପ୍ତିର ଆଶା ରହୁଛି। ଅନେକ ଲୋକ ମୁକ୍ତିର ମାର୍ଗଟିକୁ ଆହୁରି ସୁନିଶ୍ଚିତ କରିବା ପାଇଁ ଶିବରାମ, ରାମକୃଷ୍ଣ, ବା ଦକ୍ଷିଣ ଭାରତରେ ଆମେ ଦେଖୁ ଶିବରାମକୃଷ୍ଣ ନାଁ ଦିଆଯାଉଛି।

ଏଠି ମନରେ ସ୍ୱାଭାବିକ ଭାବେ ପ୍ରଶ୍ନ ଉଠେ ଯେ ସେ ବିଷ୍ଣୁ ହୁଅନ୍ତୁ ବା ଶିବ ହୁଅନ୍ତୁ, ସେ ତ ଅନ୍ତର୍ଯ୍ୟାମୀ, ସେତ ସର୍ବଜ୍ଞ ଓ ତାଙ୍କୁ ତ ଅତୀତ, ବର୍ତ୍ତମାନ ଓ ଭବିଷ୍ୟତ ସବୁ ଜଣା, ତା'ହେଲେ ଅଜାମିଳ ଭଳି ମହାପାପୀର ବୈକୁଣ୍ଠପ୍ରାପ୍ତି କିପରି ହେଲା ? ସେ କ'ଣ ଜାଣିପାରିଲେନି ଅଜାମିଳର ସମସ୍ତ ପାପ କାର୍ଯ୍ୟର ବୃତ୍ତାନ୍ତ ?

କେବେ କେବେ ପୋଲିସ ଏଭଳି ଭୁଲ କରିଥାଏ। ଏକା ନାଁରେ ଗାଁରେ ଦୁଇଜଣ ଥିଲେ ବା ଦୁଇଜଣ ଏକାଭଳି ଦିଶୁଥିଲେ ପୋଲିସ୍ ଅସଲ ଅପରାଧୀକୁ ଛାଡ଼ି ଜଣେ ନିରପରାଧକୁ ଧରିନିଏ। ଆତତାୟୀମାନେ ମଧ୍ୟ ଜଣକୁ ମାରିବା ବଦଳରେ ସମାନ ଭଳି ଦିଶୁଥିବା ଆଉ ଜଣକୁ ମାରି ଦେଇଥାନ୍ତି। ତେବେ ଏଭଳି ଭୁଲ ମଣିଷ ସିନା କରିପାରେ, ସର୍ବଜ୍ଞ ଓ ଅନ୍ତର୍ଯ୍ୟାମୀ ଭଗବାନ କିପରି ଏଭଳି ଭୁଲ କରିବେ ? ତେଣୁ ଏଭଳି ଗପର ପ୍ରକୃତ କିଛି ସାରବତ୍ତା ନାହିଁ - ମାତ୍ର ସହଜ ଧର୍ମମାର୍ଗୀମାନେ ଏଥିରେ ବିଶ୍ୱାସ ନ ରଖି ଗପଟି ସତ୍ୟ ହୋଇଥିବ ଓ ନିଜେ ନାଁଟି କେବଳ ଉଚ୍ଚାରଣ କରି ମୁକ୍ତି ପାଇବାର ଦୃଢ଼ ଆଶା ରଖିଥାନ୍ତି। ଦୈନନ୍ଦିନର ବ୍ୟବହାରିକ ଜୀବନରୁ ବୋଧହୁଏ ଉଦାହରଣଟିଏ ଦିଆଯାଇପାରେ ଯାହାକି ଏଭଳି ନାମୋଚ୍ଚାରଣ କରି ପାପକାର୍ଯ୍ୟ ଖସିବାର ପ୍ରେରଣା ଯୋଗାଉଛି। କେତେକ ସମୟରେ ଟ୍ରାଫିକ୍ ନିୟମ ଭାଙ୍ଗିବା ଭଳି ଅପରାଧ ହେଉ ବା ଧର୍ଷଣ ଭଳି ଅଧିକ ଜଘନ୍ୟ ଅପରାଧ କରି ଅପରାଧୀ କୌଣସି ପ୍ରଭାବଶାଳୀ, ବଳଶାଳୀ, ଧନଶାଳୀ ଲୋକଙ୍କର ନାଁ ନେଇ ପୋଲିସ୍ ହାତରୁ ଖସି ଯାଆନ୍ତି, ଯେମିତି ମହାପାପୀ ଅଜାମିଳ ନାରାୟଣଙ୍କ ନାଁ ନେଇ ଖସିଗଲା।

ଭଗବତ୍ ସତ୍ତାର ସନ୍ଧାନ ପାଇଁ ମୁନି ଋଷିମାନେ ଯୁଗ ଯୁଗ ଧରି କଠୋର ସାଧନା କରିଥାନ୍ତି। କାରଣ ହେଲା ଭଗବାନଙ୍କର ସନ୍ଧାନ ମିଳିଗଲେ ଜନ୍ମ ମୃତ୍ୟୁର

ଅସୀମ ଚକ୍ରରୁ ମୁକ୍ତି ମିଳିଯିବ ଓ ସହସ୍ର ସହସ୍ର ଜନ୍ମର ରୋଗ ଶୋକରୁ ମଧ୍ୟ ସବୁକାଳ ପାଇଁ ମୁକ୍ତି ପ୍ରାପ୍ତି ହୋଇଯିବ ।

ଆତ୍ମା ପରମାତ୍ମାରେ ଲୀନ ହୋଇଯିବା ବା ବୌଦ୍ଧ ଧର୍ମର ନିର୍ବାଣ ପ୍ରାପ୍ତି ଅନେକ ଜନ୍ମର ସୁକର୍ମର ଅନ୍ତିମ ପରିଣତି ବୋଲି କୁହାଯାଇପାରେ, ଅନେକ ଜନ୍ମର ସୁକର୍ମ ଯୋଗୁଁ ଶେଷରେ ସିଦ୍ଧାର୍ଥ ବୁଦ୍ଧତ୍ୱ ପ୍ରାପ୍ତି ହୋଇଥିଲେ । ବୌଦ୍ଧ ଜାତକ ଗଳ୍ପମାନଙ୍କରୁ ଜଣାଯାଏ ଯେ ରୋହନ୍ତା ନାମରେ ହରିଣ ବା ନାନ୍ଦ୍ରିୟ ନାମରେ ମାଙ୍କଡ଼ ହିସାବରେ ହେଇ, ନିଜ ପ୍ରାଣବଳି ଦେଇ ସମୂହର ଉପକାର କରିଥିଲେ ବୁଦ୍ଧ ତାଙ୍କ ପୂର୍ବ ଅବତାରମାନଙ୍କରେ । ସେ ସମସ୍ତ ସୁକୃତିର ଅନ୍ତିମ ପରିଣାମ ଥିଲା ବୁଦ୍ଧତ୍ୱ । ସତ୍ ଜୀବନ ପାଇଁ ଓ ନିର୍ବାଣ ପ୍ରାପ୍ତିର ପ୍ରସ୍ତୁତି ହିସାବରେ ଗୌତମ ବୁଦ୍ଧଙ୍କର ଅଷ୍ଟମାର୍ଗ ବା ଯୀଶୁଙ୍କର ଦଶ ଆଦେଶ ବା ଗାନ୍ଧୀଙ୍କର ଏକାଦଶ ବ୍ରତଭଳି ନିତିନିଷ୍ଠ ନିୟମ ଗୁଡ଼ିକୁ ଅକ୍ଷରେ ଅକ୍ଷରେ ପାଳନ କରିବାକୁ ହୁଏ । ସରଳ, ସତ୍ୟନିଷ୍ଠ ଜୀବନଯାପନ ପ୍ରଣାଳୀ, ପରୋପକାର, ସମୂହ ପାଇଁ ପ୍ରାଣବଳି ଓ କେତେକ ଚିରନ୍ତନ ଆଦର୍ଶକୁ ନିରନ୍ତର ପାଳନ କରିବା ମୁକ୍ତିର ମାର୍ଗ ବୋଲି ଦର୍ଶାଯାଇଛି ବିଭିନ୍ନ ଶାସ୍ତ୍ରମାନଙ୍କରେ । ପୁନର୍ଜନ୍ମରୁ ମୁକ୍ତି ବା ନିର୍ବାଣ ପ୍ରାପ୍ତି ପ୍ରକୃତରେ ଅତି କଠିନ ଓ ଦୁରୂହ ବ୍ୟାପାର ।

ସହଜ ଧର୍ମ କିନ୍ତୁ କହେ ଏସବୁ ଅନାବଶ୍ୟକ ଓ ଅଦରକାରୀ । ସମସ୍ତ ଅନାଚାର ଭ୍ରଷ୍ଟାଚାରରେ ଲିପ୍ତ ରହି ମଧ୍ୟ ଅତି ସହଜରେ ପୁନର୍ଜନ୍ମରୁ ମୁକ୍ତି ମିଳିପାରେ । ସେଇ ବାଟଟି ହେଲା 'ରଥେତୁ ବାମନଂ ଦୃଷ୍ଟା ପୁନର୍ଜନ୍ମ ନ ବିଦ୍ୟତେ ।' କାହିଁକି ଏକ ନୀତିନିଷ୍ଠ ଜୀବନର କଠୋର ସାଧନା କରିବ, କେବଳ ରଥ ଉପରେ କାଳିଆର ଦର୍ଶନ ହୋଇଗଲେ ଢେର । ସେଇଥିପାଇଁ ଲକ୍ଷ ଲକ୍ଷ ଲୋକ ପାଗଳ ପ୍ରାୟ ହୋଇ ରଥ ଉପରେ କାଳିଆର ଦର୍ଶନ ପାଇଁ ଏତେ ଭିଡ଼ କରୁଛନ୍ତି । ନିର୍ବାଣର ବାଟ କେଡ଼େ ସହଜ ତେବେ ?

ସହଜ ଧର୍ମର ଅନ୍ୟ ଏକ ଚମତ୍କାର ଉଦାହରଣ ହେଲା – 'କୃଷ୍ଣ ନାମରେ ପାପ କ୍ଷୟ ଯେତେ, କରି ନପାରେ ପାପୀ ପାପ ସେତେ ।' କୃଷ୍ଣଙ୍କର ମହିମାକୁ ପ୍ରତିଷ୍ଠିତ କରିବାକୁ ଏଇ ଏକ ସୁନ୍ଦର, ସହଜ ଓ ପ୍ରଭାବଶାଳୀ ପ୍ରୟାସ । ଏଭଳି ବିଶ୍ୱାସର ପ୍ରଚାର ପ୍ରସାର କିନ୍ତୁ ମଣିଷ ସମାଜ ପାଇଁ ଓ ସମଗ୍ର ଜଗତ ପାଇଁ ପ୍ରମାଦପୂର୍ଣ୍ଣ ଓ ବିପଜ୍ଜନକ ମଧ୍ୟ । ଏଭଳି ଉକ୍ତି ସମାଜରେ ଜଘନ୍ୟ ଅପରାଧ କରିବା ପାଇଁ ଉଦ୍ଦିଷ୍ଟ ନ ହୋଇଥାଇପାରେ, କିନ୍ତୁ ତା'ର ଶେଷ ପରିଣାମ ସେୟା ।

ଦିନସାରା ବିଭିନ୍ନ ପ୍ରକାର ପାପ କାର୍ଯ୍ୟରେ (ପାପ କାର୍ଯ୍ୟମାନଙ୍କର ବିସ୍ତୃତ ତାଲିକା ଦେବା ଅନାବଶ୍ୟକ ମନେ କରୁଛି), ଲିପ୍ତ ରହି, ସେଥିରୁ ମୁକ୍ତିପାଇଁ କିନ୍ତୁ

ଦୈନିକ ଶୋଇଲାବେଳେ ଥରୁଟିଏ ହରିନାମ, କୃଷ୍ଣ ନାମ ନେଇଗଲେ ଯଥେଷ୍ଟ। ଯଦି ମନେରଖି ଦୈନିକ ହରିନାମ ନେବା ସମ୍ଭବ ନ ହେଉଛି, ତେବେ ତା' ପାଇଁ ସହଜ ଧର୍ମରେ ବ୍ୟବସ୍ଥା ରହିଛି, ସେ ହେଲା ଦଶ / ବାର ବର୍ଷରେ ଥରେ ଗୋବିନ୍ଦ ଦ୍ୱାଦଶୀ ବା କୁମ୍ଭ ମେଳାରେ ସ୍ନାନ କରିଦେଲେ ମଧ୍ୟ ମୁକ୍ତି ପ୍ରାପ୍ତି ହୋଇଯିବ।

ଏ ଲେଖାଟିର ପାଠକ / ପାଠିକାମାନେ କିଏ କାହାକୁ ଊଣା ନୁହନ୍ତି। ସେମାନଙ୍କୁ ଲେଖକର ଅନୁରୋଧ, ସେମାନେ ନିଜ ନିଜ ଅନୁଭୂତିରୁ ସହଜ ଧର୍ମ ମାର୍ଗର ଅନେକ ଉଦାହରଣ ଦେଇ - ଯେମିତିକି ରାସ୍ତାରେ ଗାଡ଼ି ମୋଟରରେ ଗଲାବେଳେ ଝରକାବାଟେ ଟଙ୍କିକିଆ କଏନ୍‌ଟିଏ ରାସ୍ତାକଡ଼େ ଥିବା ଠାକୁର / ଠାକୁରାଣୀ - ମନ୍ଦିର ଆଡ଼କୁ ଫୋପାଡ଼ି ଦେଇ ବା ହୁଣ୍ଡିରେ ମୋଟା ଅଙ୍କର ଅର୍ଥ, ସୁନା, ଅଳଙ୍କାର ଇତ୍ୟାଦି ପକାଇ ପୁଣ୍ୟ ଅର୍ଜନର ପ୍ରୟାସ - ଏ ଲେଖାଟିର ବିଷୟବସ୍ତୁକୁ ଆହୁରି ବଳିଷ୍ଠ ଓ ସମୃଦ୍ଧ କରନ୍ତୁ।

■

କଳିଙ୍ଗାୟାନ, ଦ୍ୱିତୀୟ ବାର୍ଷିକ ସଂସ୍କରଣ-୨୦୧୭

ଅଢ଼େଇ ହଜାର ବର୍ଷ ତଳର ଜଣେ ଝିଅର କାହାଣୀ

ଲୁଗା ଦୋକାନରେ ମହିଳାମାନେ ଶାଢ଼ି କିଣିଲାବେଳେ ଗୋଟିଏ କଥା ଲକ୍ଷ୍ୟକରେ। ଖୁବ୍ ଆଗ୍ରହ ସହକାରେ ଦୋକାନର ପିଲାମାନେ 'ଆପଣଙ୍କର ଏ ଲୁଗାଟି ନିଶ୍ଚୟ ପସନ୍ଦ ହେବ' କହି ଦେଖେଇଲାବେଳେ ହୁଏତ ମହିଳା ଜଣକ ନାକ ଟେକି ଦିଅନ୍ତି ଓ ମନା କରି ଆଉ ଶାଢ଼ି ଦେଖେଇବାକୁ କହନ୍ତି। ଠିକ୍ ସେତିକିବେଳେ ଆଉ ଜଣେ ମହିଳା ଅତି ଆଗ୍ରହରେ ପ୍ରଥମ ମହିଳା ଜଣକ ମନା କରିଥିବା ଶାଢ଼ିଟିକୁ ପସନ୍ଦ କରି କିଣିନେବା ପାଇଁ କହି ଦିଅନ୍ତି। ଏଥିରୁ ଗୋଟିଏ କଥା ଠିକ୍ ହେଲା ଯେ ସୌନ୍ଦର୍ଯ୍ୟ ଏକ ଆପେକ୍ଷିକ ଶବ୍ଦ। ଠିକ୍ ସେହି କାରଣରୁ ଗୋଟିଏ ଝିଅକୁ ଆଠ ଦଶଜଣ ଦେଖି ପସନ୍ଦ ନକରିପାରନ୍ତି, କିନ୍ତୁ ଆଉଜଣକୁ ଝିଅଟି ଅତି ଚମତ୍କାର ଓ ଖୁବ୍ ସୁନ୍ଦରୀ ମନେ ହୋଇଥାନ୍ତି। ସେଇଥିପାଇଁ ଓଡ଼ିଆରେ କଥା ଅଛି, 'ଯିଏ ଯାହାକୁ ରସେ ସିଏ ତାକୁ ମଲ୍ଲିଫୁଲ ପରି ବାସେ।' କାଳଜୟୀ ଇଂରେଜୀ ଲେଖକ ସେକ୍ସପିଅର କଥାଟିକୁ ଅନ୍ୟଭାବରେ କହିଲେ - 'ଏ ଲଭର ଫାଇଣ୍ଡସ୍ ବିଉଟି ଇନ ଆନ୍ ଇଥିଓପସ୍ ଆଇବ୍ରୋ।'

ଏଇ ଲେଖାଟିରେ ଯେଉଁ ସୁନ୍ଦରୀ ଝିଅର କଥା କୁହାଯାଇଛି, ତାର ସୌନ୍ଦର୍ଯ୍ୟ ପ୍ରକୃତରେ ଆପେକ୍ଷିକ ନଥିଲା। ସେ ଅସାମାନ୍ୟ ସୁନ୍ଦରୀ ଥିଲା। ସମସାମୟିକ ସମାଜରେ ତାର କେହି ତୁଳନା ନଥିଲେ। ପ୍ରକୃତି ସୌନ୍ଦର୍ଯ୍ୟର ସମସ୍ତ ବିଭବଗୁଡ଼ିକ ଅଜାଡ଼ି ଦେବାରେ କୁଣ୍ଠା କରିନଥିଲା। ଝିଅଟିର ଶରୀର ଏତେ କମନୀୟ ଏତେ ଲୋଭନୀୟ ଥିଲା ଯେ, ତା'ର ସୌନ୍ଦର୍ଯ୍ୟ ବିଷୟ ସମସ୍ତଙ୍କ ମୁହଁରେ ଥିଲା। ବିବାହଯୋଗ୍ୟ ବୟସ ହୋଇଗଲା ପରେ ତା'ର ଶରୀରର ସୌନ୍ଦର୍ଯ୍ୟର ପ୍ରଶଂସା କରିବାରେ ଲୋକମାନେ

ଶତମୁଖ ହେଲେ। ସମୟ ଗଡ଼ିବା ସହ ଝିଅଟିର ମୁଖର କାନ୍ତି, କେଶ ବିନ୍ୟାସ, ଶରୀରର ଅପୂର୍ବ ଗଠନ, ସମୁଚିତ ବକ୍ରିମା, ଆଖିର ଚାହାଣୀର ମାଦକତା ଇତ୍ୟାଦି ସଂପର୍କରେ ନିକଟ ଓ ଦୂର ଦୂରାନ୍ତର ଲୋକମାନେ ବିଭିନ୍ନ ଭାବେ ବର୍ଣ୍ଣନା କରିବାରେ ପ୍ରଗଲ୍ଭ ହୋଇଉଠିଲେ। କଥା ଏଭଳି ହେଲା ଯେ ଝିଅଟିର ଦର୍ଶନ ଦୂରର କଥା ତା'ର ସୌନ୍ଦର୍ଯ୍ୟକୁ କଳ୍ପନା କରିବାରେ ଲୋକମାନେ ପରମ ତୃପ୍ତିଲାଭ କଲେ। ତାର ଅଙ୍ଗ ସୌଷ୍ଠବ କଥା ଭାବିଲାବେଳେ କି ତରୁଣ କି ପ୍ରୌଢ଼ ସମସ୍ତଙ୍କର ଶରୀର ପୁଲକିତ, ରୋମାଞ୍ଚିତ ହୋଇଉଠୁଥିଲା, ଧମନୀରେ ରକ୍ତ ପ୍ରବାହ ତୀବ୍ରତର ହେଉଥିଲା ଓ ହୃଦୟରେ କଂପନ ସୃଷ୍ଟି ହେଉଥିଲା। ଆଉ କିଛି ଲୋକ ତାଳୁରୁ ତଳିପା ଯାଏଁ ଶରୀରର ପ୍ରତ୍ୟେକ ଅଂଶଟି ଚିନ୍ତାକରି ନିଜକୁ ହଜେଇ ଦେଉଥିଲେ।

କହିବା ବାହୁଲ୍ୟ ଯେ କି ଧନୀ, କି ଗରିବ, ସମ୍ଭ୍ରାନ୍ତ ବଂଶୀୟ ରାଜା ମହାରାଜା, ତରୁଣ ଓ ପ୍ରୌଢ଼ ସମସ୍ତେ ଆଶା କରୁଥିଲେ ଝିଅଟିର ହାତ ଧରିବା ପାଇଁ। ସେଥିପାଇଁ ଏକ ପ୍ରକାର ପ୍ରତିଯୋଗିତା ଆରମ୍ଭ ହୋଇଯାଇଥିଲା। ସବୁଦିନ ପାଇଁ ନହେଲେ ମଧ୍ୟ କିଛି ଦିନ ପାଇଁ କିଛି ସମୟ ପାଇଁ ସାନ୍ନିଧ୍ୟ ପାଇଲେ କୃତକୃତ୍ୟ ହେବେ, ଜୀବନ ଧନ୍ୟ ହୋଇଯିବ - ଏଭଳି ଚିନ୍ତା ଅନେକଙ୍କୁ ଗ୍ରାସ କରିଥିଲା। ଝିଅଟି ଏକ ଧନାଢ଼୍ୟ ଶ୍ରେଷ୍ଠୀ ଘରେ ଜନ୍ମଲାଭ କରିଥିଲା। ଏଇ ହେଉଛି ବିଡ଼ମ୍ବନା ଯେ ଅନେକ ସମୟରେ ପ୍ରକୃତି କୋଳରେ ଜନ୍ମ ହୋଇ, ତାହାରି କୋଳରେ ବଢ଼ିଥିବା ଝିଅଟି ପ୍ରତି ପ୍ରକୃତି ଏତେ ସଦୟ ହୁଏ ନାହିଁ। ଚାରିପାଖ ପାହାଡ଼ ପର୍ବତ ଘେରା ଘଂଚ ବନାନୀ - ମଝିରେ ଉପତ୍ୟକାଟି। କେତେ ରଂଗର ପକ୍ଷୀମାନଙ୍କର କାକଳିରେ ଅଞ୍ଚଳଟି ପ୍ରତିଧ୍ୱନିତ। ମଝିରେ କାଚ ପରି ସ୍ୱଚ୍ଛ ପାଣି ନେଇ କଳ କଳ ନାଦରେ ବହିଯାଉଛି ଝରଣା। ଝିଅଟିଏ ଜନ୍ମ ହୋଇଥାଏ ସେଇ ଝରଣା କୂଳେ। ମା' ତା'ର ବିଶ୍ରାମ ନେଇ ନାହିଁ, ଶେଷ ମୁହୂର୍ତ୍ତଯାଏ କାମ କରିଛି। ବଣରୁ ଫଳମୂଳ ସଂଗ୍ରହ କରି ମଧ୍ୟାହ୍ନ ଖରାରେ ଘରକୁ ଫେରିଲାବେଳେ ମା'ର ଗର୍ଭବେଦନା ହେଲା ଓ ମା' ନିଜେ ଝିଅଟିକୁ ଜନ୍ମ ଦେଇ ସେଇ ଝରଣାରେ ସଫା ହୋଇ ଘରକୁ ଫେରିଲା। ଖରା ଓ ତାତି ସହ ଜନ୍ମରୁ ପରିଚୟ ହୋଇଗଲା ଝିଅର। କ୍ରାନ୍ତି ମଣ୍ଡଳୀୟ ସୂର୍ଯ୍ୟ ଧୀରେ ଧୀରେ ତା'ର ଚର୍ମକୁ ଓ ମାଂସକୁ ସିଝେଇ ଦେଲା। ଜଙ୍ଗଲରୁ ସଂଗୃହୀତ ଆହାର ଖରାତରାରେ କାମ ତାକୁ ବଳିଷ୍ଠ କରି ତୋଳିଲା ହୁଏତ, କିନ୍ତୁ ତା'ର ଦେହରେ କମନୀୟତା, ନମନୀୟତା ରହିଲା ନାହିଁ। ଶରୀରରେ କାନ୍ତି ଉକୁଟିଲା ନାହିଁ। ଯୌବନ କେତେବେଳେ ଆସିଲା ଓ କେତେବେଳେ ଚାଲିଗଲା ଝିଅଟି ବୁଝିପାରିଲାନି। ଯେଉଁ ଝିଅଟି ବିଷୟରେ ପ୍ରଥମରୁ କୁହାଯାଇଛି ସିଏ ଧନୀକ ଶ୍ରେଣୀର ଝିଅ, ସୂର୍ଯ୍ୟର ପ୍ରଖର ଉତ୍ତାପ ତା'ର ପାଖ ମାଡ଼ିନି।

ପ୍ରକୃତିଠାରୁ ସେଏ ବହୁ ଦୂରରେ ରହି ପ୍ରାସାଦ ମଧ୍ୟରେ ବଢ଼ିଲା। ପ୍ରକୃତି ତା'ର ଉପରେ ଅତିଶୟ ସଦୟ ହେଲା। ସବୁ ସୌନ୍ଦର୍ଯ୍ୟ ତାରି ଉପରେ ଢ଼ାଳି ଦେଲା।

ବହୁ ବିଭବଶାଳୀ, ପ୍ରଭାବଶାଳୀ, ତରୁଣ କାନ୍ତିମାନ ଯୁବରାଜ ଓ ସମାଜରେ ଭିନ୍ନ ଭିନ୍ନ ଭାବେ ଅତି ପ୍ରତିଷ୍ଠିତ ବ୍ୟକ୍ତିମାନେ ଶ୍ରେଷ୍ଠୀଙ୍କ ପାଖରେ ପହଞ୍ଚିଲେ କନ୍ୟାସହ ବିବାହ ପ୍ରସ୍ତାବ ନେଇ। ପ୍ରକୃତରେ ଏଭଳି ପ୍ରସ୍ତାବର ସୁଅ ଛୁଟିଲା। ସମସ୍ତେ ଆଶାନ୍ୱିତ। ବିଚରା ପିତା କିଛି ନିଷ୍ପତ୍ତି ନେଇ ପାରିଲେ ନାହିଁ। ଦିନ ଗଡ଼ିବା ସହ ପିତାଙ୍କର ଚିନ୍ତା ବଢ଼ିବାରେ ଲାଗିଲା। ଚିନ୍ତାର ଅନ୍ତ ପାଇଁ ଏକ ଅଦ୍‌ଭୁତ ପ୍ରସ୍ତାବ ମନକୁ ଆସିଲା। ପିତା ଠିକ୍ କଲେ ସେ ରହୁଥିବା ଜନପଦର ବା ଗଣର ମୁଖ୍ୟଙ୍କୁ ପଚାରିବେ ଓ ତାଙ୍କର ନିଷ୍ପତ୍ତି ଅନୁଯାୟୀ କାର୍ଯ୍ୟ କରିବେ। ଗଣର ମୁଖ୍ୟ ସଭା ଡ଼ାକିଲେ ଓ ଅନେକ ଆଲୋଚନା ତର୍କ ବିତର୍କ ପରେ ଗଣ ନିଷ୍ପତ୍ତି ନେଲା। ନିଷ୍ପତ୍ତି ଏଇଭଳି ଥିଲା - ଏଭଳି ଅତି ଆକର୍ଷଣୀୟ ଅନନ୍ୟା ଓ ଅସାମାନ୍ୟା ସୁନ୍ଦରୀ କନ୍ୟା କେବଳ ଜଣେ ଭୋଗ କରିପାରିବ ନାହିଁ, ସେ ଗଣର ହେବ, ତା'ର ଅନୁପମ ସୌନ୍ଦର୍ଯ୍ୟ ଉପଭୋଗ କରିବାର ଅଧିକାର ସମଗ୍ର ଗଣର ହିଁ ହେବ।

ସ୍ୱୟମ୍ବରରେ ଜିତିବା ପରେ ଦୌପଦୀଙ୍କୁ ପଞ୍ଚଭ୍ରାତା ଘରକୁ ନେଇ ଆସି ମାତା କୁନ୍ତୀଙ୍କୁ ସୁସମ୍ବାଦଟି ଜଣାଇବାରେ ଯାହା ଆଣିଛ ତାକୁ ସବୁ ଭାଇ ମିଶି ଭୋଗକର ବୋଲି ଯେତେବେଳେ କୁନ୍ତୀ କହିଦେଲେ ଓ ଦ୍ରୌପଦୀ ଜାଣିଲେ ଯେ ସେ ଏବେ କେବଳ ଧନୁର୍ଦ୍ଧାରୀ ଅର୍ଜ୍ଜୁନଙ୍କର ନୁହେଁ ପାଞ୍ଚ ଭାଇଙ୍କର ପତ୍ନୀ ହୋଇଗଲେ, ସେ ବିଷର୍ଣ୍ଣ ହୋଇଗଲେ। କୃଷ୍ଣଙ୍କ ନିକଟକୁ ଯାଇ ଏ କ'ଣ କଲ କେଶବ ପଚାରିବାରେ ଯୋଗେଶ୍ୱର ଯାଜ୍ଞସେନୀକୁ ବୁଝାଇଦେଲେ।

ଦୌପଦୀ ସିନା ପାଞ୍ଚ ଭ୍ରାତାଙ୍କର ପତ୍ନୀ ହେଲେ କିନ୍ତୁ ଶ୍ରେଷ୍ଠୀଙ୍କ ଚୁମ୍ବକୀୟ ସୌନ୍ଦର୍ଯ୍ୟର ଅଧିକାରିଣୀ କନ୍ୟା ଏବେ ସମସ୍ତ ଗଣର ହୋଇଗଲେ। ଝିଅଟିର ନାଁ ଥିଲା ଆମ୍ରପଲ୍ଲୀ, ସେ ହୋଇଗଲେ ଗଣିକା ଆମ୍ରପଲ୍ଲୀ। ହାୟ, ସୌନ୍ଦର୍ଯ୍ୟ ଏବେ ଅଭିଶାପରେ ପରିଣତ ହୋଇଗଲା।

ଆମ୍ରପଲ୍ଲୀ କିନ୍ତୁ କେତେକ ସର୍ତ୍ତ ରଖିଥିଲେ। ତାଙ୍କର ସଙ୍ଗ ସୁଖ ପାଇଁ ଅଜସ୍ର ଅର୍ଥ ଓ ମହାର୍ଘ ଉପହାର ଦାବୀ କଲେ। ପ୍ରେମ ନିବେଦନ ପାଇଁ ଆସୁଥିବା ବ୍ୟକ୍ତିମାନେ ମଧ୍ୟ ମହାର୍ଘ ପୋଷାକ ପରିହିତ ହୋଇଥିବେ। ଯାହାର ନାମୋଚ୍ଚାରଣରେ ପୁରୁଷମାନଙ୍କର ରକ୍ତରେ ନିଆଁ ଲାଗିଯାଉଥିଲା, ଏଭଳି ଦାବୀ କରିବା ଆମ୍ରପଲ୍ଲୀ ପକ୍ଷରେ କିଛି ଅସ୍ୱାଭାବିକ ନଥିଲା।

ଗଣିକା ଆମ୍ରପଲ୍ଲୀଙ୍କର ଉତ୍ତପ୍ତ ଓ ନିବିଡ଼ ଆଲିଙ୍ଗନର ଅନୁଭବ ଓ ବିମ୍ବୋଷ୍ଠର

ମଧୁବିନ୍ଦୁ ଆସ୍ୱାଦନ ନିମନ୍ତେ ଧନୀକ ଗୋଷ୍ଠୀ ଧାଡ଼ି ବାନ୍ଧିଲେ। ଆମ୍ରପଲ୍ଲୀ ଅଳ୍ପଦିନ ମଧ୍ୟରେ ପ୍ରେମ କଳାରେ ନିପୁଣା ହୋଇଗଲେ। ନବୀନମାନେ ଆମ୍ରପଲ୍ଲୀଙ୍କଠାରୁ ପ୍ରେମକଳା ଶିଖିଲେ ଓ ପୁରାତନମାନେ ଶିଖାଇଲେ।

ଏବେ ଗଣିକା ଆମ୍ରପଲ୍ଲୀ ଅମାପ ସଂପତ୍ତି, ସୁରମ୍ୟ ହର୍ମ୍ୟ ଓ ମନୋରମ ଉଦ୍ୟାନର ଅଧିକାରିଣୀ, ମହାର୍ଘ ବସ୍ତୁ ତଥା ପ୍ରସାଧାନ ସାମଗ୍ରୀରେ ସଜ୍ଜିତା ତଥା ଅନେକ ପରିଚାରିକା ବେଷ୍ଟିତା। ଖ୍ୟାତି ଯେତେଯେତେ ବଢ଼ିଲା, ଏସବୁ ଆନୁପାତିକ ଭାବେ ମଧ୍ୟ ବଢ଼ିଲା। ବିପୁଳ ବୈଭବ ଓ ପ୍ରେମ ବିପତାନରେ କିଛିକାଳ କଟିଗଲା। ସମୟକ୍ରମେ ତାରୁଣ୍ୟର ଉଦ୍ଦାମତା ଶୀଥିଳ ହେବା ଆରମ୍ଭ ହେଲା, ଅଂଗ ସୌଷ୍ଠବ ଓ ଶରୀରର ଔଜ୍ଜଲ୍ୟ ତଥା କାନ୍ତି ମଳିନ ପଡ଼ିବାରେ ଲାଗିଲା।

ସେତିକିବେଳେ ତଥାଗତ ଜନପଦରୁ ଜନପଦ ଭ୍ରମଣ କରି ତାଙ୍କର ପ୍ରେମ ଓ ପ୍ରଶାନ୍ତିର ବାର୍ତ୍ତା ପ୍ରଚାର କରୁଥାନ୍ତି। ସମସ୍ତ ସାଂସାରିକ କାମନା ବାସନା ସହ ଦୁଃଖ ଓ ଯନ୍ତ୍ରଣାର ଅନ୍ତକରି ନିର୍ବାଣର ପରମ ମୋକ୍ଷ ପ୍ରାପ୍ତି ପାଇଁ ପରମ କାରୁଣିକ ବୁଦ୍ଧଙ୍କର ପଥ ଅନୁସରଣ କରିବା ନିମନ୍ତେ ଅନେକ ତାଙ୍କର ଶିଷ୍ୟତ୍ୱ ଗ୍ରହଣ କରୁଥାନ୍ତି। ଦଳଦଳ ଶ୍ରମଣମାନଙ୍କର ବୁଦ୍ଧଂ ଶରଣଂ ଗଚ୍ଛାମି, ସଂଘମ୍ ଶରଣଂ ଗଚ୍ଛାମି ନାଦରେ ପୁର ପଲ୍ଲୀର ଗଗନ ପବନ ପ୍ରକମ୍ପିତ ହେଉଥାଏ।

ଏ ବାର୍ତ୍ତା ଆମ୍ରପଲ୍ଲୀଙ୍କର କର୍ଣ୍ଣରେ ବାରମ୍ବାର ଝଙ୍କୃତ ହେବାରେ ଲାଗିଥାଏ। ଦିନେ ଆମ୍ରପଲ୍ଲୀ ଖବର ପାଇଲେ ଯେ ତଥାଗତ ସେ ରହୁଥିବା ନଗରୀରେ ପହଞ୍ଚିଅଛନ୍ତି। ତାଙ୍କର ମନୋରମ ଉପବନରେ ଅବସ୍ଥାପନ ପାଇଁ ଓ ତାଙ୍କର ଆତିଥ୍ୟ ଗ୍ରହଣ ନିମନ୍ତେ ଆମ୍ରପଲ୍ଲୀ ବୁଦ୍ଧ ଦେବଙ୍କୁ ଅନୁରୋଧ କଲେ। ବୁଦ୍ଧଦେବ ଆମ୍ରପଲ୍ଲୀଙ୍କର ଆମନ୍ତ୍ରଣକୁ ସ୍ୱୀକାର କଲେ।

ସମସ୍ତ ବୈଭବ, ସକଳ କାମନା ବାସନା ପରିତ୍ୟାଗ କରି ଆମ୍ରପଲ୍ଲୀ ବୁଦ୍ଧଙ୍କର ଶିଷ୍ୟତ୍ୱ ଗ୍ରହଣ କଲେ। ଏବେ ସେ ଜଣେ ବୌଦ୍ଧ ଭିକ୍ଷୁଣୀ ହୋଇଗଲେ ଓ ତା ସହ ଅମର ହୋଇଗଲେ।

■

ଶ୍ରୁତିଲିପି, ପଞ୍ଚଦଶ ବାର୍ଷିକ ସଂସ୍କରଣ-୨୦୨୦

ଟା' ପ୍ଲେଟ୍‌ଟି ଭାଙ୍ଗିଦେଲି ବୋଲି...

ଟା' ପ୍ଲେଟ୍‌ଟି ମୋ ହାତରୁ ଖସିଗଲା, ପ୍ଲେଟ୍‌ଟି ଦିଖଣ୍ଡ ହୋଇଗଲା। ମୁଁ ପିଲାଲୋକ, ଜାଣିକରି ଖସେଇନି। ମୋତେ କିନ୍ତୁ ଗାଳିହେଲା; ମାଡ଼ ମଧ୍ୟ ଖାଇଲି। ଆଉ ତୁମେ ସବୁ ବଡ଼ଲୋକ, ବହୁତ ବଡ଼ ଲୋକ। ବସି ଭାବି ଚିନ୍ତି, ବିଚାର ଆଲୋଚନା କରି ଦେଶଟାକୁ ଖଣ୍ଡ ଖଣ୍ଡ କରିଦେଲ !'

ଭାରତ ସ୍ୱାଧୀନ ହେଲା, କିନ୍ତୁ ବିଭାଜିତ ହୋଇଗଲା, ଦିଖଣ୍ଡ ହୋଇଗଲା। ଏଇ ବିଭାଜନକୁ ନେଇ ଗୋଟେ ଛୋଟ ଝିଅ କଣ୍ଠରେ ଗାଇଥିବା ଗୋଟିଏ ଗୀତର ଏଇଥିଲା ସାରାଂଶ। କଣ୍ଠ ବଡ଼ ମଧୁର ଥିଲା, କିନ୍ତୁ ଗୀତଟିରେ ଦୁଃଖ, କ୍ଷୋଭ ଓ କ୍ରୋଧ ଥିଲା, ଗୀତଟିର ବାର୍ତ୍ତା ଓ ଗୀତରେ ଥିବା ସତ୍ୟ ବଡ଼ କଠୋର ଥିଲା। ଗୀତଟି କିଏ ରଚନା କରିଥିଲେ ମନେ ନାହିଁ, କିନ୍ତୁ ପାଖାପାଖି ତିରିଶ ବର୍ଷତଳେ ଅକ୍ସଫାମ୍‌ରେ କାମ କରୁଥିବା ବଂଧୁ ତୁଷାର ଭଟ୍ଟାଚାର୍ଯ୍ୟ ଓ ତାଂକ ପତ୍ନୀ ରିନି ଭଟ୍ଟାଚାର୍ଯ୍ୟ ଏଇ ଗୀତଟିକୁ ଶୁଣେଇଥିଲେ।

ଦ୍ୱିତୀୟ ମହାଯୁଦ୍ଧ ଶେଷହେଲା, ଭାରତର ସ୍ୱାଧୀନତା ପାଇଁ ଚାଲିଥିବା ସଂଗ୍ରାମ ମଧ୍ୟ ଶେଷ ହେଲା। ଯୁଦ୍ଧ ପରେ ବିଲାତର ଶ୍ରମିକ ଦଳର ବିଜୟ ହେଲା ଓ ଦଳର ନେତା ତଥା ବିଲାତ ସରକାରର ମୁଖ୍ୟ ଅଟ୍‌ଲୀ ଭାରତର ସ୍ୱାଧୀନତା ଶୁଣେଇଦେଲେ। ଅଗଷ୍ଟ ୧୫, ୧୯୪୭ ତାରିଖ ମଧ୍ୟ ଘୋଷିତ ହୋଇଗଲା।

ସେତେବେଳକୁ କିନ୍ତୁ ଧର୍ମକୁ ନେଇ ବିଭେଦ ଓ ବିଦ୍ୱେଷର ବୀଜ ବୁଣିଦେଇସାରିଥିଲେ ବ୍ରିଟିଶ୍ ଶାସକମାନେ ଓ ସେ ବୀଜ ଅଂକୁରିତ ହୋଇ ତା'ର ଚେର ବେଶ୍ ଟାଣ ହୋଇଯାଇଥିଲା।

ଜୁନ୍ ୩, ୧୯୪୭, ଭାରତକୁ ଭାଗ କରିବାକୁ ଭାରତରେ ଥିବା ବିଲାତର ଶେଷ ଭାଇସ୍‌ରାୟ ଲର୍ଡ ମାଉଣ୍ଟବାଟେନ୍ ସଭା ଡାକିଲେ। ମଝିରେ ଭାଇସ୍‌ରାୟ,

ଗୋଟିଏ ପାଖେ ମୁସଲିମ୍ ଲିଗ୍ ତରଫରୁ ମହମ୍ମଦ ଅଲ୍ଲୀ ଜିନ୍ନା, ଲିଆକତ ଅଲ୍ଲୀ ଖାଁ ଓ ସର୍ଦ୍ଦାର ଅବଦୁଲ ନିସ୍ତାର। ଅନ୍ୟ ପାଖରେ କଂଗ୍ରେସ ତରଫରୁ ପଣ୍ଡିତ ଜବାହରଲାଲ ନେହରୁ, ସର୍ଦ୍ଦାର ବଲ୍ଲଭଭାଇ ପଟେଲ, ଆଚାର୍ଯ୍ୟ କୃପାଳିନୀ ଓ ଶିଖ୍ ସଂପ୍ରଦାୟକୁ ପ୍ରତିନିଧିତ୍ୱ କରୁଥିଲେ ବଲଦେବ ସିଂ। ଏ ସଭାର ଚିତ୍ର ବା ଫଟୋ ଦେଖିଲେ ସବୁଠୁ ଖୁସୀ ଜଣାପଡୁଥିଲେ ମାଉଣ୍ଟବାଟେନ୍। ପାକିସ୍ତାନ ପାଇଁ ଲଢୁଥିବା ଜିନ୍ନାଙ୍କ ମୁହଁରେ ମଧ୍ୟ ସେତେ ଖୁସୀ ଜଣା ପଡୁନଥିଲା। ସଭା ଶେଷ ହେଲା, ଭାରତ ବିଭାଜନର ମୁଣ୍ଡି ମରାହୋଇଗଲା।

ଜୁଲାଇ ୮, ୧୯୪୭। ଭାଗ ବଣ୍ଟା କାମ ଶେଷ କରିବା ପାଇଁ ସାର୍ ସିରିଲ୍ ରାଡ୍‌କ୍ଲିଫ୍ ଆସି ପହଞ୍ଚିଲେ। ୧୯୪୧ର ଜନଗଣନାର କାଗଜପତ୍ର ଓ ଅଖଣ୍ଡ ଭାରତର ମାନଚିତ୍ରଟି ତା'କୁ ଦେଇ ଗୋଟେ ଘରେ ବନ୍ଦୀପ୍ରାୟ ରଖାଗଲା, ଫଉଜ ଜଗିରହିଲେ। ଅଗଷ୍ଟ ୧୫ ପୂର୍ବରୁ ପାକିସ୍ତାନ ଓ ଭାରତର ସୀମା ନିର୍ଦ୍ଧାରଣ ପାଇଁ ନିର୍ଦ୍ଦେଶ ଦିଆଗଲା। ହିନ୍ଦୁ, ମୁସଲମାନ୍ ଓ ଶିଖ ସଂପ୍ରଦାୟର ଲୋକମାନେ ଏଭଳି ମିଳିମିଶି ହୋଇ ରହିଥିଲେ ଯେ ରାଡ୍‌କ୍ଲିଫ୍ ଅସୁବିଧାରେ ପଡ଼ିଥିଲେ। ଜନଗଣନାର ହିସାବ ଓ ମାନଚିତ୍ର ମଧ୍ୟ କେତେ ଠିକ ଥିଲା ଜଣା ନାହିଁ। ଏସବୁ ସତ୍ତ୍ୱେ ଉଭୟ ଦେଶର ସୀମା ନିର୍ଦ୍ଧାରିତ ହୋଇଗଲା ଓ ଦେଶ ଖଣ୍ଡିତ ହୋଇ ଯେ ଯାହାର ସ୍ୱାଧୀନତା ଦିବସ ପାଳନ କଲେ।

କଥା ଏତିକିରେ ସରିନଥିଲା। ଭାରତର ପାଞ୍ଚଶହ ଛବିଶ ଦେଶୀୟ ରାଜାମାନଙ୍କୁ କ୍ଷମତା ଦିଆଗଲା, ସେମାନେ ଇଚ୍ଛାକଲେ ସ୍ୱାଧୀନ ରହିବେ ବା ନିଜ ଇଚ୍ଛାନୁଯାୟୀ ପାକିସ୍ତାନ ବା ଭାରତରେ ମିଶି ପାରିବେ। ବିଲାତବାଲା ବୋଧହୁଏ ଭାବିଥିଲେ ଯେ ଯଦି କିଛି ରାଜା ସ୍ୱାଧୀନ ରହିବା ପାଇଁ ଠିକ୍ କରିବେ ତେବେ ଭବିଷ୍ୟତରେ ଜଣକୁ ଅନ୍ୟ ଜଣଙ୍କ ବିରୁଦ୍ଧରେ ବା ଭାରତ ବିରୁଦ୍ଧରେ ଲଗେଇ ପୁଣି ପଶିହେବ ଓ ନିଜ ଅକ୍ତିଆରକୁ ଆଣିହେବ। ଠିକ୍ ଯେମିତି ବଣରେ ବାଘ, ସିଂହ, ହାତୀ ବା ମଇଁଷି ଘଉକୁ ଭାଗ କରି ଗୋଟିଏକୁ ଦଳରୁ ଅଲଗା କରିଦେଇ ସହଜରେ କାବୁ କରିନିଅନ୍ତି। ଏଇ ନ୍ୟାୟରେତ ଏଠୁ ସେଠୁ ଏକାଠି ହୋଇ ଅଳ୍ପ କେତେକ ସାହସୀ ଲୋକ ଇଷ୍ଟ୍‌ଇଣ୍ଡିଆ କଂପାନୀ କରି ସାରା ଭାରତକୁ ନିଜ ଅଧୀନକୁ ଆଣିପାରିଲେ।

ଏବେ ପୁଣି ବିଭାଜନକୁ ଆସିବା। ୧୯୪୭ ମସିହାରେ ଜିନ୍ନା ପ୍ରତ୍ୟକ୍ଷ କାର୍ଯ୍ୟାନୁଷ୍ଠାନ ବା ଡାଇରେକ୍ଟ ଆକ୍ସନ ଡାକରା ଦେବା ପରେ ଦେଶର ଉଭୟ ପୂର୍ବ ଓ ପଶ୍ଚିମ ପଟେ ଦଙ୍ଗା ଆରମ୍ଭ ହୋଇଗଲା। ବ୍ୟାପକ ଜଳାପୋଡ଼ା, ଗୃହଦାହ, ହତ୍ୟା, ଧର୍ଷଣ, ଅପହରଣ ଓ ଲୁଟପାଟ ଇତ୍ୟାଦି ଦେଶ ସ୍ୱାଧୀନ ହେଲାବେଳକୁ ପରିସ୍ଥିତିକୁ ଏତେ ଗମ୍ଭୀର କରିଦେଇଥିଲା ଯେ ସୀମାକୁ ନେଇ ଜନମତ ଲୋଡ଼ିବା ବା ସେଥିରେ

ସଂଶୋଧନ ଆଣିବାର ଅବକାଶ ନଥିଲା। ଉଭୟ ପକ୍ଷର ନେତୃବୃନ୍ଦ ପରିସ୍ଥିତି ଏପରି ଅଣାୟତ୍ତ ହୋଇଯିବା କଥା କଳ୍ପନା କରିପାରିନଥିଲେ। ପ୍ରାୟ କୋଡ଼ିଏଲକ୍ଷ ଲୋକ ପ୍ରାଣ ହରାଇଲେ, ଦେଢ଼କୋଟି ଲୋକ ସ୍ଥାନାନ୍ତର ହେଲେ। ସାଂପ୍ରଦାୟିକ କ୍ଷତ ବହୁତ ଗଭୀର ହୋଇଗଲା। ମଣିଷ ଅମଣିଷ ହୋଇଗଲା। ଅବଶ୍ୟ ଉଭୟ ସଂପ୍ରଦାୟର କିଛି ମଣିଷ ନିଜକୁ ଓ ନିଜ ପରିବାରକୁ ବାଜି ଲଗାଇ ଅନ୍ୟ ସଂପ୍ରଦାୟର ଲୋକ ଓ ପରିବାରକୁ ସୁରକ୍ଷା ମଧ୍ୟ ଦେଲେ।

ତେବେ ବିଭାଜନର ବିଭୀଷୀକା ସଂପର୍କରେ ବିସ୍ତୃତ ବିବରଣୀ ଦେବା ଏ ଲେଖାର ଉଦ୍ଦେଶ୍ୟ ନୁହେଁ। ବିଭାଜନ ପାଇଁ କିଏ କେତେ ପରିମାଣରେ ଦାୟୀ ଓ କ'ଣ କରିଥିଲେ ବିଭାଜନକୁ ଏଡ଼ାଇ ଦିଆଯାଇପାରିଥାନ୍ତା ସେ ବିଷୟ ମଧ୍ୟ ଏଠାରେ ଆଲୋଚିତ ହୋଇନାହିଁ। ଉଭୟ ଦେଶ ମଧ୍ୟରେ ଥିବା ଅବିଶ୍ୱାସ ଓ ଶତ୍ରୁତା କିଭଳି ଦୂର କରିହେବ, ପାକିସ୍ତାନ ଓ ଭାରତ ଭିତରେ ପୁଣି ଯୁଦ୍ଧ ଲାଗିଯିବାର ସମ୍ଭାବନାକୁ କିପରି ଏଡ଼ାଇ ହେବ, ଉଭୟପକ୍ଷ ଅସ୍ତ୍ର ଶସ୍ତ୍ର, ଆଣବିକ ଅସ୍ତ୍ର, ସୈନ୍ୟବଳ ସୀମା ସୁରକ୍ଷା ନେଇ ଅଜସ୍ର ଅର୍ଥ ଖର୍ଚ୍ଚକୁ କିପରି ଏଡ଼ାଇ ସେଇ ଅର୍ଥକୁ କିପରି ଉଭୟ ଦେଶର ଜନସାଧାରଣଙ୍କର ଉନ୍ନତି ପାଇଁ ଖର୍ଚ୍ଚ କରିହେବ, ପାକିସ୍ତାନ ଓ ଭାରତ ଭିତରେ ଥିବା ଦ୍ୱନ୍ଦକୁ ନେଇ ବାହାର ଦେଶମାନେ ଯେପରି ହସ୍ତକ୍ଷେପ କରିବାର ସୁଯୋଗ ପାଉଛନ୍ତି ତାକୁ କିପରି ଦୂର କରିହେବ, ଉଭୟ ଦେଶ ମଧ୍ୟରେ କାହିଁକି, ସାରା ଉପମହାଦେଶରେ ସଦ୍‌ଭାବନାର ବାତାବରଣ ସୃଷ୍ଟି କରିହେବ - ଏସବୁର ଅବତାରଣା କରାଯାଇଛି ଏଇ ଲେଖାଟିରେ।

ପ୍ରଥମ ପର୍ଯ୍ୟାୟରେ ଭାରତ, ପାକିସ୍ତାନ ଓ ବାଂଲାଦେଶକୁ ନେଇ ଏକ କନ୍‌ଫେଡେରେସନ୍ ବା ମହାସଂଘ ଗଢ଼ାଯାଇପାରେ ଓ ପରେପରେ ଭୁଟାନ, ନେପାଳ, ଶ୍ରୀଲଂକା ଓ ମିଆଁମାରକୁ ମିଶାଇ ଏକ ଉପମହାଦେଶୀୟ ମହାସଂଘ ବା ସବ୍‌କଣ୍ଟିନେଣ୍ଟାଲ୍ କନ୍‌ଫେଡ଼େରେସନ୍ କରାଯାଇପାରେ। ମହାସଂଘର ସଦସ୍ୟମାନେ ନିଜ ନିଜର ପାର୍ଲ୍ୟାମେଣ୍ଟ ବା ଆସେମ୍ବ୍ଲି ଓ ତାହା ସହ ସରକାରର ଅନ୍ୟାନ୍ୟ ଅଂଶ ଯଥା ପ୍ରଶାସନ ଓ ନ୍ୟାୟିକ ବ୍ୟବସ୍ଥା ରଖିବେ। ନିଜ ନିଜର ସୈନ୍ୟବାହିନୀ, ନୌବାହିନୀ ଓ ବ୍ୟୋମବାହିନୀ ମଧ୍ୟ ରଖିବେ। କିନ୍ତୁ ସମସ୍ତ ସଦସ୍ୟ ପରସ୍ପର ଅନାକ୍ରମଣ ଚୁକ୍ତିରେ ଆବଦ୍ଧ ରହିବେ ଓ ପର୍ଯ୍ୟାୟକ୍ରମେ ସୁରକ୍ଷା ଖର୍ଚ୍ଚ ହ୍ରାସ କରିବେ ଓ ଆଣବିକ ଅସ୍ତ୍ରଗୁଡ଼ିକ ମଧ୍ୟ ହ୍ରାସ କରିବେ। ସଦସ୍ୟନଥିବା ରାଷ୍ଟ୍ରମାନଙ୍କ ତରଫରୁ କୌଣସି ସଦସ୍ୟ ରାଷ୍ଟ୍ର ଉପରେ ଆକ୍ରମଣ ହେଲେ ମିଳିତ ଭାବେ ମୁକାବିଲା କରିବେ। ବୈଦେଶିକ ନୀତି ଓ ସୁରକ୍ଷା ସଂପର୍କରେ ପରସ୍ପର ମଧ୍ୟରେ ସାମଞ୍ଜସ୍ୟ ରଖିବେ ଓ ସଦସ୍ୟ ରାଷ୍ଟ୍ରମାନଙ୍କ

ମଧ୍ୟରେ ଅବାଧ ଗମନାଗମନ ବ୍ୟବସ୍ଥା ରହିବ। ପ୍ରତ୍ୟେକ ସଦସ୍ୟ ରାଷ୍ଟ୍ର ନିଜ ନିଜର ଟିକସନୀତି ଓ ବାଣିଜ୍ୟ ବ୍ୟବସାୟ ପାଇଁ ନୀତି ନିର୍ଦ୍ଧାରଣ କରିପାରିବେ କିନ୍ତୁ ପର୍ଯ୍ୟାୟକ୍ରମେ ବ୍ୟବସାୟ ବାଣିଜ୍ୟକ୍ଷେତ୍ରରେ ଥିବା କଟକଣାସବୁକୁ ସଦସ୍ୟ ରାଷ୍ଟ୍ରମାନଙ୍କ ମଧ୍ୟରେ କୋହଳ କରିବେ। ଏସବୁ କାର୍ଯ୍ୟକାରୀ ହେଲାବେଳେ ଉପୁଜୁଥିବା ଅସୁବିଧାଗୁଡ଼ିକ ଦୂର କରିବାପାଇଁ ବା କୌଣସି ସଭ୍ୟ ରାଷ୍ଟ୍ରର ଅଭିଯୋଗ ଥିଲେ ତା'ର ବିଚାର ଓ ବୁଝାମଣା ପାଇଁ ସ୍ୱତନ୍ତ୍ର କାଉନ୍‌ସିଲ୍ ଗଠନର ବ୍ୟବସ୍ଥା ରହିବ। ଏଇ ହେଲା ଏକ ମୋଟାମୋଟି ରୂପରେଖ।

ବର୍ତ୍ତମାନ ଉପମହାଦେଶରେ ଥିବା ପରସ୍ଥିତିକୁ ଅନୁଧ୍ୟାନ କଲେ ଏପ୍ରସ୍ତାବ ସବୁ ଅବାସ୍ତବ, ଅସମ୍ଭବ ଓ ହାସ୍ୟାସ୍ପଦ ଜଣାପଡ଼େ। କିନ୍ତୁ ତଳେ ଦିଆଯାଇଥିବା ଉଦାହରଣଗୁଡ଼ିକୁ ପଢ଼ିଲେ ଅବାସ୍ତବ ଓ ଅସମ୍ଭବ ମନେ କରୁଥିବା ଲୋକମାନଙ୍କ ମନରେ ଦମ୍ଭ ଓ ବିଶ୍ୱାସ ଆସିବା ଆଶା କରାଯାଏ।

ପ୍ରଥମେ ଫ୍ରାନ୍ସ ଓ ଜର୍ମାନୀ ସଂପର୍କରେ ଦେଖିବା। ବହୁ ଅତୀତରେ ହୋଇଥିବା ଯୁଦ୍ଧ କଥା ଛାଡ଼ି ଏବେ ଦୁଇ ଦୁଇଟା ବିଶ୍ୱ ଯୁଦ୍ଧ ସମୟରେ ହୋଇଥିବା ଯୁଦ୍ଧ କଥା କହିବା। ୧୯୧୪ ରୁ ୧୯୧୮ ମଧ୍ୟରେ ଜର୍ମାନୀ ଆକ୍ରମଣରେ ଫ୍ରାନ୍ସ ଲହୁଲୁହାଣ ହୋଇଗଲା। ଜର୍ମାନ ସୈନ୍ୟବାହିନୀ ଫ୍ରାନ୍ସ ଦଖଲ କରି ଅନେକ ଧନ ଜୀବନହାନି ଘଟେଇଲେ। ସହସ୍ରାଧିକ ଫ୍ରାନ୍ସର ସନ୍ତାନ ସନ୍ତତିମାନଙ୍କ ମଧ୍ୟରେ ଜର୍ମାନ ରକ୍ତ ବୋହିଲା। ପୁଣି ୨ୟ ବିଶ୍ୱଯୁଦ୍ଧ ଆରମ୍ଭ ହୋଇଗଲା ୧୯୩୯ ମସିହାରେ ଓ ଶେଷ ୧୯୪୫ ମସିହାରେ। ପୂର୍ବଥର ପରି ଏଥର ମଧ୍ୟ ଜର୍ମାନୀ ପ୍ରଥମେ ଆକ୍ରମଣ ଆରମ୍ଭ କରିଦେଲା ଫ୍ରାନ୍ସ ଉପରେ। ଏଥର କିନ୍ତୁ ମଣିଷ ମାରିବା ପାଇଁ, କମ୍ ସମୟରେ ଅଧିକ ମଣିଷ ମାରିବା ଓ ସଂପତ୍ତି କ୍ଷୟ କରିବାପାଇଁ ବୈଜ୍ଞାନିକମାନେ ବାହାର କରିଥିବା ଉପାୟ ସବୁ ଜର୍ମାନୀ ଖୁବ୍ ଦକ୍ଷତାର ସହ ବ୍ୟବହାର କଲା ଓ ଲକ୍ଷାଧିକ ଜୀବନହାନି ଘଟିଲା। ପୂର୍ବଥର ପରି ଏଥର ମଧ୍ୟ ଫରାସୀ ଝିଅ ବୋହୂମାନେ ଜର୍ମାନ୍ ସୈନ୍ୟମାନଙ୍କ ଦ୍ୱାରା ଧର୍ଷିତା ହେଲେ। ଯୁଦ୍ଧର ଶେଷ ପର୍ଯ୍ୟାୟରେ ଫରାସୀ ସୈନ୍ୟମାନେ ଜର୍ମାନୀର ଯେତେ ପାରିଲେ ସେତେ କ୍ଷତି କଲେ ଓ ଜର୍ମାନ୍ ମହିଳାମାନଙ୍କ ଉପରେ ଦାଉ ସାଧିଲେ। ଯୁଦ୍ଧର ଏତାଣ୍ଡବ ଦିନେ ଅଧେ ନୁହେଁ ପ୍ରଥମ ବିଶ୍ୱଯୁଦ୍ଧ ବେଳେ ଛଅ ବର୍ଷ ଓ ୨ୟ ବିଶ୍ୱଯୁଦ୍ଧ ବେଳେ ପୁଣି ଛଅ ବର୍ଷ ଚାଲିଲା।

ଏବେ ଉଭୟ ଜର୍ମାନୀ ଓ ଫ୍ରାନ୍ସ କେବଳ ଗୋଟିଏ ଶିବିରରେ ନାହାନ୍ତି, ଉଭୟଙ୍କ ମଧ୍ୟରେ ସଂପର୍କ ବେଶ୍ ନିବିଡ଼ ଓ ଘନିଷ୍ଠ। ୨ୟ ବିଶ୍ୱଯୁଦ୍ଧ ମଝାମଝି ସମୟରେ ଯେତେବେଳେ ଆମେରିକା ଯୋଗଦେଲା, ଏହି ସମୟରେ ଆମେରିକାର ପାଞ୍ଚଲକ୍ଷ

ସୈନ୍ୟ ଜର୍ମାନୀ ଓ ତା'ର ସହଯୋଗୀ ରାଷ୍ଟ୍ରମାନଙ୍କ ବିରୁଦ୍ଧରେ ଲଢ଼ିଲେ। ଜର୍ମାନୀ ଓ ଜାପାନ ଉପରେ ଶତାଧିକ ବୋମାବର୍ଷୀ ଉଡ଼ାଜାହାଜ ଧାଡ଼ି ହୋଇ ବୋମା ବର୍ଷଣ କରି ଜର୍ମାନୀର ଓ ଜାପାନର କଳ କାରଖାନା, ଗୁରୁତ୍ୱପୂର୍ଣ୍ଣ ପୋଲ ଇତ୍ୟାଦି ଧ୍ୱଂସ କରି ଜର୍ମାନୀକୁ ତଳିତଳାନ୍ତ କରିସାରିଲା ପରେ ତା'କୁ ଦୁଇଭାଗ କରିଦେଲେ। ପୂର୍ବ ଜର୍ମାନୀ ଓ ପଶ୍ଚିମ ଜର୍ମାନୀ ମଧ୍ୟରେ ବେଶ୍ ଚଉଡ଼ା ଓ ଅତି ଉଚ୍ଚର କଂକ୍ରିଟ୍ ପାଚେରୀ ତିଆରି ହେଲା। ସେଥିରେ ବିଦ୍ୟୁତ୍ ତାର ଖଞ୍ଜା ହେଲା, ଏପାଖ ସେପାଖ ଯେପରି ଲୋକମାନେ ଯାଆଆସ କରିପାରିବେନି ସେଥିପାଇଁ ଏତିକିରେ ସନ୍ତୁଷ୍ଟ ନରହି ଅହରହ ଅତି ଆଧୁନିକ ମାରଣାସ୍ତ୍ରରେ ସଜ୍ଜିତ ସୈନ୍ୟବାହିନୀ ଜଗି ରହିଲେ। କିନ୍ତୁ କ'ଣ ହେଲା ? ସେ ଅଭେଦ୍ୟ କାନ୍ଥ, ବିଦ୍ୟୁତ୍ ତାର, ଜଗୁଆଳି ସୈନ୍ୟ କୁଆଡ଼େ ଗଲେ ? ସେ ସବୁ ଉଭେଇ ଗଲା, ଦୁଇ ଜର୍ମାନୀ ଏକ ହୋଇଗଲେ ଓ ଜର୍ମାନ୍ ଶିଳ୍ପ ପୁଣି ମୁଣ୍ଡ ଟେକିଲା ଓ କେବଳ ୟୁରୋପ କାହିଁକି ପୃଥିବୀରେ ଜର୍ମାନୀ ଜିନିଷର ପୁଣି ଆଦର ବଢ଼ିଲା। ଯେଉଁ ଆମେରିକା ଧ୍ୱଂସର ନେତୃତ୍ୱ ନେଇଥିଲା ସେଇ ଆମେରିକା ପୁନର୍ଗଠନରେ ସାହାଯ୍ୟ କଲା ଓ ଜର୍ମାନୀ ଏକୀକରଣରେ ମଧ୍ୟ ଆୟୁଧ ହେଲା।

ଆମେରିକା-ଜାପାନ ସଂପର୍କ କ୍ଷେତ୍ରରେ ମଧ୍ୟ ସେୟାହିଁ ଦେଖିବା। ୨ୟ ବିଶ୍ୱଯୁଦ୍ଧ ଶେଷବେଳକୁ ଜାପାନ ନିଜେ ହାରିଯାଉଥିବା ଦେଖି ନିଜ ଆଡୁ ଶାନ୍ତି ଓ ଆତ୍ମସମର୍ପଣ ପ୍ରସ୍ତାବ ପଠାଇଲା, ସେତିକିରେ ସନ୍ତୁଷ୍ଟ ନହୋଇ ଆମେରିକାର ଯୁଦ୍ଧଖୋର ଗୋଷ୍ଠୀ ହିରୋସୀମା ଓ ନାଗାସାକି ଉପରେ ପରମାଣୁ ବୋମା ପକାଇ ଯୁଦ୍ଧ ସହ ସଂପର୍କ ନଥିବା ଲକ୍ଷ ଲକ୍ଷ ସାଧାରଣ ନାଗରିକମାନଙ୍କ ଜୀବନ ନେଲା କେତୋଟି ମିନିଟ୍‌ରେ।

ଏବେ ବେଳ ଆସିଛି ସାମ୍ପ୍ରଦାୟିକତାର ଯେଉଁ ବିଷ ମଂଜି ବୁଣି ପାଣିଦେଇ ବିଲାତି ବାଲା ବଢ଼େଇଥିଲେ ସେ ଗଛ ତ ବୁଢ଼ା ହୋଇଗଲାଣି, ତା'କୁ ଆଉ ଖତ ସାର ଦେଇ ନ ବଂଚେଇ ଉପାଡ଼ିଦେବାର କଥା। ଏଥିପାଇଁ ଚତୁର ରାଜନୀତିଜ୍ଞ ନୁହନ୍ତି, ଆବଶ୍ୟକ ପଡ଼ୁଛି ଦୂରଦ୍ରଷ୍ଟା, ଶାନ୍ତିକାମୀ ସମ୍ପନ୍ନ ଜନସାଧାରଣଙ୍କର ତଥା ଭାରତବର୍ଷର ପ୍ରକୃତ ହିତାକାଂକ୍ଷୀମାନଙ୍କର ଆଜି ନହେଲେ କାଲି ଏହା ସମ୍ଭବ ହେବ।

■

ଅପ୍ରକାଶିତ ପାଣ୍ଡୁଲିପି

ଶାସ୍ତ୍ର ଓ ଶାସ୍ତ୍ରୀଗଣ

ଦକ୍ଷିଣ କୋରିଆର ଡ. ଚୋ ହାନ୍‌ଙ୍କର ଏକ ସୂକ୍ଷ୍ମ ଓ ସରଳ ଜୈବିକ ଚାଷ ପଦ୍ଧତି ବିଷୟରେ ଚାରିଦିନିଆ ତାଲିମ ଶିବିରରେ ଯୋଗଦାନ ନିମନ୍ତେ ନିମନ୍ତ୍ରଣ ପାଇଲି। ଶିବିରଟି ତିରୁପତିଠାରେ ଅନୁଷ୍ଠିତ ହେଉଥିବାର ଜାଣି ମୋର ପତ୍ନୀ ଯିବାକୁ ଆଗ୍ରହ ପ୍ରକାଶ କଲେ। ଆମେ ଉଭୟ ତିରୁପତି ଯାଉଥିବାର ଜାଣି ତିରୁପତିର ରାଷ୍ଟ୍ରୀୟ ସଂସ୍କୃତ ସଂସ୍ଥାନର କୁଳପତି ତାଙ୍କର ବିଶ୍ୱବିଦ୍ୟାଳୟର ଅତିଥି ଭବନରେ ରହିବା ପାଇଁ ଅନୁରୋଧ କଲେ। କୁଳପତି ଓଡ଼ିଶାର ଓ ପୂର୍ବ ପରିଚିତ, ବଡ଼ ଅତିଥି ପରାୟଣ ଓ ବନ୍ଧୁବତ୍ସଳ। ଅତିଥି ଭବନରେ ଖାଇବା ବ୍ୟବସ୍ଥା ନାହିଁ ଓ ତାଙ୍କ ଘରେ ଖାଇବା ପାଇଁ ଅନୁରୋଧ କଲେ। ଦିନେ ଅଧେ ନୁହେଁ, ଉଭୟେ ଚାରିଦିନ ରହିବୁ, ଶେଷରେ ପ୍ରହାରେଣ ଧନଞ୍ଜୟ ଅବସ୍ଥା ହେବାର ଆଶଙ୍କା ଅମୂଳକ ହେଲା। ଆତିଥ୍ୟରେ ସାମାନ୍ୟତମ ତ୍ରୁଟି ରହିଲା ନାହିଁ। ଅତିଥି ଭବନରେ ଦେଖିଲୁ ପ୍ରତି ରୁମ୍‌କୁ ଲାଗି କରି ଗୋଟାଏ ଛୋଟିଆ କିଚିନ୍ ବା ରୋଷେଇ ଘର। କୁଳପତି ମହୋଦୟ କହିଲେ ବାହାରୁ ଆସୁଥିବା ପଣ୍ଡିତମାନେ ବାହାର ବା ଅନ୍ୟ କାହାର ରୋଷେଇ ଖାଦ୍ୟ ଖାଆନ୍ତି ନାହିଁ, ସେମାନେ ନିଜେ ରୋଷେଇ କରି କରି ଖାଆନ୍ତି; ସେଇଥିପାଇଁ ରୋଷେଇ ଘର ଓ ରୋଷେଇ ସରଞ୍ଜାମ ରହିଛି ଓ ଅତିଥି ଭବନରେ ରୋଷେଇ ବ୍ୟବସ୍ଥା ନାହିଁ। ପ୍ରାୟ ବର୍ଷେ ପରେ ତିରୁପତି ଠାରେ ଥିବା ଶ୍ରୀ ଭେଙ୍କଟେଶ୍ୱର ବିଶ୍ୱବିଦ୍ୟାଳୟର ବାୟୋଟେକ୍ନୋଲୋଜି ବିଭାଗ ତରଫରୁ ଏକ ସମ୍ବର୍ଦ୍ଧନା କାର୍ଯ୍ୟକ୍ରମରେ ଯୋଗ ଦେବା ପାଇଁ ନିମନ୍ତ୍ରଣ ପାଇ ଗଲୁ। ପୂର୍ବଭଳି ରାଷ୍ଟ୍ରୀୟ ସଂସ୍କୃତ ପ୍ରତିଷ୍ଠାନର କୁଳପତିଙ୍କ ଅନୁରୋଧରେ ତାଙ୍କରି ଆତିଥ୍ୟ ଗ୍ରହଣ କଲୁ। ସମ୍ବର୍ଦ୍ଧନା କାର୍ଯ୍ୟକ୍ରମଟି ବଡ଼ ଝିଅ ପାଇଁ ଉଦ୍ଦିଷ୍ଟ ଥିବାରୁ ଏଥର ଆମ ଦୁଇଜଣଙ୍କ ସହ ଝିଅ-ଏପରି ତିନିଜଣ ରହିଲୁ। ଅତିଥି ଭବନର ପରିସରରେ ଗୋଟାଏ କୂଅ ଓ ରୋଷେଇ ଘରେ ଗୋଟାଏ ଛୋଟ ବାଲଟି ଓ କୂଅରୁ ପାଣି କାଢ଼ିବା

ପାଇଁ ଦଉଡ଼ି ଥିବା ଆବିଷ୍କାର କଲୁ। ଏ ସମ୍ପର୍କରେ କୁଳପତିଙ୍କୁ ପଚାରିବାରେ ସେ କହିଲେ ସଂସ୍କୃତ ବିଶ୍ୱବିଦ୍ୟାଳୟର ବିଭିନ୍ନ କାମରେ ଆସୁଥିବା ଦେଶର ବିଭିନ୍ନ ପ୍ରାନ୍ତର ପଣ୍ଡିତମାନେ ତ ନିଜେ ରୋଷେଇ କରନ୍ତି, ତା'ସହ ରୋଷେଇ ପାଇଁ କଳ ପାଣି ମଧ୍ୟ ବ୍ୟବହାର କରିନ୍ତି ନାହିଁ; ସେମାନେ ନିଜେ କୂଅରୁ ପାଣି କାଢ଼ି ରୋଷେଇ କରନ୍ତି। ସହରମାନଙ୍କରେ କଳ ପାଣି ନାନା ପ୍ରକାର ରାସାୟନିକ ଦ୍ରବ୍ୟରେ ଦୂଷିତ ହୋଇଥିବା କାରଣରୁ ନୁହେଁ, ଅତିଥି ଭବନରେ କଳରେ ପାଣି ପହଞ୍ଚିବା ପୂର୍ବରୁ ସେଥିରେ ନାନା ଜାତିର ଲୋକ କାମ କରିଥିବେ ଓ ସେଇ କାରଣରୁ ସେ ପାଣି ବ୍ରାହ୍ମଣ ପଣ୍ଡିତମାନଙ୍କର ବ୍ୟବହାର ଯୋଗ୍ୟ ନୁହେଁ।

ଏଥିରେ ଆଶ୍ଚର୍ଯ୍ୟ ହେଲୁ, ଦୁଃଖିତ ମଧ୍ୟ ହେଲୁ। ବିଶ୍ୱବିଦ୍ୟାଳୟକୁ ଆସୁଥିବା ବ୍ରାହ୍ମଣ ପଣ୍ଡିତମାନେ ତ ଶାସ୍ତ୍ରୀ, ଆଚାର୍ଯ୍ୟ, ବିଦ୍ୟାବାରିଧି ଓ ମହୋପାଧ୍ୟାୟ; ସେମାନେ ଭାରତର ସଂସ୍କୃତିର ମୂଳପିଣ୍ଡ ବେଦ ଓ ଉପନିଷଦ ସହ ଭଲ ଭାବେ ପରିଚିତ ଥିବେ। ଇସାବାସ୍ୟମ୍ ଇଦମ୍ ସର୍ବମ୍- ସମଗ୍ର ବିଶ୍ୱ ବ୍ରହ୍ମାଣ୍ଡ ସୃଷ୍ଟିକର୍ତ୍ତାଙ୍କର ପ୍ରତିରୂପ ମାତ୍ର। କୀଟ ଠାରୁ ବ୍ରହ୍ମ ଯାଏଁ, ସମସ୍ତ ଜଗତ୍ ସେଇ ଗୋଟିଏ ସତ୍ତା। ଏଇ ତ ଆମ ଶାସ୍ତ୍ରମାନଙ୍କର ସନ୍ଦେଶ। ନିଜ ଆତ୍ମାରେ ସକଳ ଆତ୍ମାର ଦର୍ଶନ ଓ ସକଳ ଆତ୍ମାରେ ନିଜ ଆତ୍ମାର ଦର୍ଶନ- ଏଇ ତ ବେଦ ଓ ଉପନିଷଦମାନଙ୍କର ବିଚାର। ସାରା ବିଶ୍ୱକୁ ନିଜର କୁଟୁମ୍ବ ଭାବିବା ଭଳି ବିଶ୍ୱଦର୍ଶନ ଆମ ଶାସ୍ତ୍ରମାନଙ୍କରେ ନିହିତ। ଆମେ ସମସ୍ତେ ଏକ; ଆମର ବିଚାର ସମାନ ହେଉ; ଆମର ଲକ୍ଷ୍ୟ ଗୋଟିଏ ହେଉ; ଆମେ ସମସ୍ତେ ଗୋଟିଏ ଦିଗରେ ଗତି କରୁ; ଏଭଳି ଭାବନା ଆମର ଶାସ୍ତ୍ରରେ ପାଉ। ବେଦମାନଙ୍କରେ ପୁଣି କୁହାଯାଇଛି- ତୁ ସେ (ବ୍ରହ୍ମ) ଅଟୁ, ମୁଁ ବ୍ରହ୍ମ ଅଟେ ଓ ଏସବୁ ବ୍ରହ୍ମ। ପୁଣି ଆମ ସମସ୍ତଙ୍କର ମାତା ପୃଥିବୀ ଓ ଆମେ ସମସ୍ତେ ତାର ସନ୍ତାନ।

ଆମ ଶାସ୍ତ୍ରଗୁଡ଼ିକ ଏସବୁ ଉଦାର ଓ ଅନନ୍ୟ ଚିନ୍ତାରେ ଭରପୂର। ଆମର ଶାସ୍ତ୍ରୀ ଓ ଆଚାର୍ଯ୍ୟମାନେ, ଆମର ବିଦ୍ୟାବାରିଧିମାନେ ସଂସ୍କୃତ ବିଶ୍ୱବିଦ୍ୟାଳୟରେ ଛାତ୍ରଛାତ୍ରୀମାନଙ୍କୁ ପଢ଼େଇଲା ବେଳେ କେତେ ଚମତ୍କାର ଭାବେ ଭାରତୀୟ ସଂସ୍କୃତିର ଏଇସବୁ ମହାନ୍ ଦିଗ ପ୍ରତି ଦୃଷ୍ଟି ଆକର୍ଷଣ କରୁଥିବେ। ହୁଏତ ସେମାନଙ୍କ ମଧ୍ୟରୁ କେତେକ ଆତ୍ମହରା ହୋଇ ପଡୁଥିବେ ଓ ଅନେକ ହୁଏତ ଶାସ୍ତ୍ରମାନଙ୍କରେ ଥିବା ସମତ୍ୱ ଓ ଏକତ୍ୱ ଭାବକୁ ନେଇ ଗର୍ବ ଅନୁଭବ କରୁଥିବେ। ଉଭୟ ଜଡ଼ ଓ ଜୀବ ଜଗତ୍‌ରେ ସେଇ ଗୋଟିଏ ସତ୍ତା ଏବଂ ସକଳ ପ୍ରାଣୀ ଓ ସକଳ ପଦାର୍ଥ ଗୋଟିଏ ସୂତ୍ରରେ ବନ୍ଧା ବୋଲି କଥାଗୁଡ଼ିକ କହିଲା ବେଳେ ଆତ୍ମହରା ହୋଇଯିବା ବାସ୍ତବିକ

ସ୍ୱାଭାବିକ। ଏସବୁ ବିଚାରକୁ ନେଇ କିଛି ମାତ୍ରାରେ ଗର୍ବ କରିବା ମଧ୍ୟ ଜଣେ ଭାରତୀୟ ପକ୍ଷରେ ଅସ୍ୱାଭାବିକ ନୁହେଁ।

କିନ୍ତୁ ଆଶ୍ଚର୍ଯ୍ୟ ହେବାକୁ ହୁଏ ଯେ ବର୍ଷ ବର୍ଷ ଧରି ଆମ ଶାସ୍ତ୍ରମାନଙ୍କରେ ଥିବା ବିଶ୍ୱ ଚେତନାରେ ଆତ୍ମହରା ହୋଇ ବିଶ୍ଳେଷଣ ତଥା ବିସ୍ତୃତ ଆଲୋଚନା କରୁଥିବାବେଳେ ରୋଷେଇ ଘର କଳପାଣି ଆସିବାରେ କିଏ କେଉଁ ଜାତିର ଲୋକ ସଂଶ୍ଳିଷ୍ଟ ଥିବେ ଓ ସେଥିପାଇଁ ସେ ପାଣି ଛୁଆଁହୋଇଗଲା ଓ ଶାସ୍ତ୍ରୀମାନଙ୍କର ବ୍ୟବହାରରେ ଏ ବିରାଟ ବ୍ୟବଧାନ କାହିଁକି ଆସେ ?

ଜ୍ଞାନ ଓ ବୁଦ୍ଧିର ପ୍ରୟୋଗରେ ଯେଉଁମାନେ ଜୀବିକା ନିର୍ବାହ କରନ୍ତି, ସେମାନେ କ୍ଷେତରେ, ବିଲବାଡ଼ିରେ ଓ ଅନ୍ୟାନ୍ୟ କ୍ଷେତ୍ରରେ କାମ କରି ବଞ୍ଚୁଥିବା ଲୋକଙ୍କୁ ନ୍ୟୁନ ଚକ୍ଷୁରେ ଦେଖନ୍ତି; କିନ୍ତୁ ଇଏତ ସାଧାରଣ ଲୋକଙ୍କ ବିଚାର। ସକଳ ପ୍ରାଣୀ ମଧ୍ୟରେ ଗୋଟିଏ ସତ୍ତା ବା ସକଳ ପ୍ରାଣୀ ଜଣେ ପରମେଶ୍ୱରଙ୍କର ସ୍ୱରୂପ କଥା କହୁଥିବା ଓ ବର୍ଷ ବର୍ଷ ଧରି ନିଷ୍ଠାର ସହ ସେହି କଥା ବୁଝାଉଥିବା ଶାସ୍ତ୍ରୀମାନେ କିପରି ସେଭଳି କହିବେ ?

ଆମର ବେଦ ଓ ଉପନିଷଦ ଭଳି ଶାସ୍ତ୍ରମାନଙ୍କରେ ଥିବା ବିଚାର ଓ ସେସବୁର ଅଧ୍ୟୟନ ଓ ଅଧ୍ୟାପନା କରୁଥିବା ଶାସ୍ତ୍ରୀ ଓ ବିଦ୍ୟାବାରିଧିମାନଙ୍କର ବ୍ୟବହାର କଥା ତ ଦେଖିଲେ। ତେବେ ସଂସ୍କୃତ ପଣ୍ଡିତମାନଙ୍କ କଥା ବା ଖାଲି କାହିଁକି କହିବା? ଆମ ମହାବିଦ୍ୟାଳୟ ଓ ବିଶ୍ୱବିଦ୍ୟାଳୟମାନଙ୍କରେ ଅବସ୍ଥାପିତ ପଣ୍ଡିତ ମଣ୍ଡଳୀ ମଧ୍ୟ ସମାନ ବିଚାର ପୋଷଣ କରିଥାନ୍ତି। ମେହନତୀ ବା ଶ୍ରମଜୀବୀମାନଙ୍କ ପ୍ରତି ବୁଦ୍ଧିଜୀବୀମାନଙ୍କ ମନୋଭାବ ତ ଉଣା ଅଧିକେ ସମାନ। ସାଧାରଣ ମଣିଷକୁ ଦି ଅକ୍ଷର ପଢ଼ିଥିବା ଲୋକ ତୁଚ୍ଛ ଓ ହେୟ ଜ୍ଞାନ କରିଥାନ୍ତି।

ଏବେ ଆମେ ଦେଖିବା ଆମର ସର୍ବ ପୁରାତନ ଗ୍ରନ୍ଥ ଋଗ୍‌ବେଦର ମନ୍ତ୍ରଗୁଡ଼ିକର ଦ୍ରଷ୍ଟା ଋଷିମାନଙ୍କର ବିଚାର ଓ କାର୍ଯ୍ୟ। ଋଗ୍‌ବେଦର ସମସ୍ତ ମନ୍ତ୍ରର ଚାରି ଭାଗରୁ ଏକ ଭାଗ ମନ୍ତ୍ରର ଦ୍ରଷ୍ଟା ଋଷି ଗୃତ୍ସମଦଙ୍କର କାହାଣୀ। ସମୁଦାୟ ଦ୍ୱିତୀୟ ମଣ୍ଡଳର ତେୟାଳିଶ ସୁକ୍ତ ଓ ଚାରିଶହ ମନ୍ତ୍ରର ଦ୍ରଷ୍ଟା ଗୃତ୍ସମଦ, ଆମେ ଆଶ୍ଚର୍ଯ୍ୟ ହେବା, ପୃଥିବୀର ସେହି ପ୍ରଥମ କପା ଚାଷୀ। ସେ ଯେଉଁ କପା ଉତ୍ତାରିଥିଲେ ଲୋକମାନେ ତା'ର ନାଁ ଦେଲେ 'ଗାର୍ତ୍ସ୍ୟମଦମ୍'। ହୁଏତ କପାର ଲାଟିନ୍ ନାମ 'ଗାସିପିଅମ'ର ଏହା ସହ ସମ୍ପର୍କ ରହିଛି। ଋଷି ଗୃତ୍ସମଦ କେବଳ ଯେ କପା ଚାଷ କଲେ ତା'ନୁହେଁ, ମନ୍ତ୍ର ପଢ଼ି ପଢ଼ି ସେଥିରୁ ସୂତା ବାହାର କଲେ। ଗୃତ୍ସମଦ ଲୁଗା ବୁଣିଲେ ଓ ମନ୍ତ୍ରରେ ଯାହା କହିଲେ ତା'ର ଅର୍ଥ ହେଲା- "ମୋର ଲୁଗା ବୁଣା କାମ କେବଳ କାମ ନୁହେଁ, ଏହା ଗୋଟେ ଉପାସନା, ଇଏ ମୋର ଧ୍ୟାନ ଯୋଗ। ଏ ସୂତା ଛିଣ୍ଡିଗଲେ ମୋର ମନ ଦୁଃଖ

ହେଉଛି ଯେ ଏ ସୂତା ଛିଣ୍ଡିବାର ନୁହେଁ। ସୂତା ଛିଣ୍ଡିବା ସହ ମୋର ଧ୍ୟାନ ଭଙ୍ଗ ନ ହେଉ।" ଗୃତ୍ସମଦ ଋଷିଙ୍କର ଅନ୍ୟ ଏକ ମହତ୍ତ୍ୱପୂର୍ଣ୍ଣ ଦିଗ ହେଲା ଯେ, ସେ ସବୁବେଳେ ଗୋଟିଏ କଥା ଚିନ୍ତା କରୁଥିଲେ ଯେ ଲୋକଙ୍କ ଠାରୁ ତାଙ୍କୁ ଯାହା ମିଳୁଛି, ତାର ଶହେ ଗୁଣ ଲୋକଙ୍କୁ ସେ ଫେରେଇଛନ୍ତି କି ନାହିଁ? ଗୃତ୍ସମଦ ଗୁଣନ ଓ ପଣକିଆର ଉଦ୍‌ଭାବକ ଥିଲେ ଓ ଅନ୍ୟ ଏକ ଆବିଷ୍କାରର କର୍ତ୍ତା ସେ ଥିଲେ। ତା ହେଲା ଗର୍ଭସ୍ଥ ସନ୍ତାନ ଉପରେ ଚନ୍ଦ୍ରର ପ୍ରଭାବ। ଏବେ ଦେଖିବା ଋଗବେଦର ଅନ୍ୟ ଜଣେ ମନ୍ତ୍ର ଦ୍ରଷ୍ଟା ଋଷି ଅଗସ୍ତ୍ୟଙ୍କ କଥା। ଅଗସ୍ତ୍ୟ ବିନ୍ଧ୍ୟ ପର୍ବତ ଖୋଳିଲେ। ଅଗସ୍ତ୍ୟଙ୍କର ଅର୍ଥ ହୋଇଗଲା ଖଣତି ଧରି ପର୍ବତ ତାଡ଼ିବା ବାଲା। ଆମେ ତାଙ୍କୁ ଦକ୍ଷିଣ ଦିଗରେ ଏ ଉଜ୍ଜ୍ୱଳ ତାରକା ଭାବେ ଦେଖୁ। ଜଣେ ଋଷି କପା ଚାଷ, ସୂତା କଟା ଓ ଲୁଗା ବୁଣା ଆରମ୍ଭ କଲେ, ଆଉ ଜଣେ ପର୍ବତ ତାଡ଼ି ବାଟ ଫିଟେଇଲେ। ଶାସ୍ତ୍ର କହିଲା 'ଯସ୍ତ କ୍ରିୟାବାନ୍ ସ ପଣ୍ଡିତଃ'। ଯକ୍ଷଙ୍କର 'ପଣ୍ଡିତ କିଏ?' ବୋଲି ପ୍ରଶ୍ନ ଉତ୍ତରରେ ଯୁଧିଷ୍ଠିର କହିଲେ ଅନେକ ଜ୍ଞାନ ତଥ୍ୟର ଅଧିକାରୀ ପଣ୍ଡିତ ନୁହନ୍ତି, ଯିଏ ଶାସ୍ତ୍ର ବ୍ୟବସ୍ଥା ଅନୁଯାୟୀ କାର୍ଯ୍ୟ କରେ ସେ ହିଁ ପଣ୍ଡିତ ଗୃତ୍ସମଦ ଓ ଅଗସ୍ତ୍ୟ ପ୍ରକୃତ ଅର୍ଥରେ ପଣ୍ଡିତ ଥିଲେ। ଆମର ପଣ୍ଡିତ, ଶାସ୍ତ୍ରୀ ଓ ବିଦ୍ୟାବାରିଧି ଓ ଆଚାର୍ଯ୍ୟମାନେ ଏହି ଋଷିମାନଙ୍କ ଠାରୁ ଶିଖିବା ଉଚିତ ମନେ ହୁଏ।

■

ସମ୍ବାଦ, ୨୧ ଅକ୍ଟୋବର, ୨୦୧୯

ନିରବ ଭଗବାନ

ବାପା ମା' ଓ ଦୁଇ ଝିଅଙ୍କୁ ନେଇ ସଂସାର। ଜମି ଅଳ୍ପ। କଷ୍ଟେମଷ୍ଟେ ଧାର ଉଧାର ନକରି ସଂସାର ଚାଲେ। ବାପା ହେଦ ଦୁଃଖରେ ପଡ଼ିଲେ, କ'ଣ ହେଲା କେଜାଣି ଅନେକ ପଇସା ସରିଲା, ଜମି ଖଣ୍ଡେ ବିକ୍ରି ହୋଇଗଲା, ଶେଷରେ ସେ ଚାଲିଗଲେ। ଅବଶ୍ୟ ସଂସାରରୁ ଯିବାପୂର୍ବରୁ ବଡ଼ ଝିଅଟିର ବିବାହ କରିଦେଇଥିଲେ। ସାନ ଝିଅର ଏବେ ବୟସ ଚଉଦ ପନ୍ଦର ହେବ। ପିଲାଦିନୁ ବାଳଗୋପାଳ ଚିତ୍ର ଥିବା କ୍ୟାଲେଣ୍ଡରଟିଏ ଘର କାନ୍ଥରେ ଟଣା ହୋଇଥାଏ ଓ ତା'ରି ଆଗରେ ଅନେକ ସମୟ କଟାଏ। ଓଷା ଉପବାସ, ମନ୍ଦିର ଯିବାରେ କେବେ ହେଳା କରେନି। ତା'ର ବୟସକୁ ଚାହିଁ ଏସବୁ ଟିକିଏ ଅସ୍ୱାଭାବିକ ଜଣାପଡ଼େ।

ଏ ଭିତରେ ମା'ଙ୍କର ଦେହ ଖରାପ ହେଲା। ତା'ର ବିବାହ କାମଟି ଶେଷ କରଦେଇ ଆଖି ବୁଜିଦେଲେ କିଛି ଯାଏଆସେ ନାହିଁ ବୋଲି ମା' ଭାବନ୍ତି। ଠିକ୍ ସେଇ ସମୟରେ ପୋଖତ ଶିକାରୀଟିଏ ଜୁଟିଗଲା। ସନ୍ଧ୍ୟାହେଲେ ବଣରେ ହରିଣମାନେ କେଉଁ ଜାଗାକୁ ଗଡ଼ିବେ ଯେମିତି ଶିକାରୀମାନେ ଜାଣିଥାନ୍ତି, ଠିକ୍ ସେହିଭଳି ଏ ଶିକାରୀମାନଙ୍କୁ ଜଣା କେଉଁ ଝିଅଟି ଜାଲରେ ପଡ଼ିବ। ଗାଁଗଣ୍ଡାର ବସ୍ତିମାନଙ୍କର ସେ ଖବର ସେମାନେ ବରାବର ରଖୁଥାନ୍ତି।

ଦିନେ ପହଞ୍ଚିଗଲା ଓ ମା'ଙ୍କୁ ବୁଝେଇଦେଲା ଯେ, ସେ ଏମିତି ଅନେକ ବିବାହର ବ୍ୟବସ୍ଥା କରିଛି ଓ ଝିଅମାନେ ବେଶ୍ ଆରାମରେ ଅଛନ୍ତି, ବିବାହ ପାଇଁ କିଛି ପଇସା ଖର୍ଚ୍ଚ କରିବାକୁ ପଡ଼ିବନି, ସବୁ ବରପକ୍ଷ ତୁଲେଇବେ। ଦିନ ବାର ଠିକ୍ ହୋଇଗଲା, କାହିଁ ଦୂରରୁ ଆସିଥିବା ଜଣେ ଯୁବକ ସହ ଶିକାରୀ ପହଞ୍ଚିଗଲା। ଝିଅ ବିବାହ ହୋଇ ଚାଲିଗଲା। ମା' ନିଶ୍ଚିନ୍ତ ହୋଇଗଲେ ଯେ ଯେଉଁ କାମଟି ମୁଣ୍ଡ ଉପରେ ଥିଲା, ସେ ହୋଇଗଲା।

ନିଶା ଗର୍ଜୁଛି, କେଉଁ ଏକ ଅଜଣା ଷ୍ଟେସନରେ ରାତିରେ ଓହ୍ଲେଇ ଟାକ୍ସିରେ ଝିଅ

ପହଞ୍ଚିଲା ସଂପୂର୍ଣ୍ଣ ଏକ ଅଜଣା ପରିବେଶରେ। ଦିନ କେତୁଟାରେ ଝିଅ ବୁଝିଗଲା ଯେ, ସେ ବିକ୍ରି ହୋଇଯାଇଛି ଓ ମାତ୍ର ମାସେ ଦି' ମାସ ଭିତରେ ସେ କେତେ ହାତ ହୋଇଗଲା। ଏ ଭିତରେ ସେ ଅକଥନୀୟ ମାନସିକ ଶାରୀରିକ ନିର୍ଯ୍ୟତନା ଭୋଗିବା ସହ ସମସ୍ତ ପ୍ରକାର ଯୌନଚାରର ଶିକାର ହେଲା। ତା'ର ପ୍ରତିରୋଧ କରିବାର ଶକ୍ତି, ମନୋବଳକୁ ବିଭିନ୍ନ ଉପାୟରେ ଭାଙ୍ଗି ଦିଆଗଲା। ଫୁଲଟି ପୁରା ଫୁଟି ମହକିତ ହେବା ପୂର୍ବରୁ ମକଚି ହୋଇଗଲା।

ବାପା ମା'ଙ୍କୁ ଗାଁର ସାଙ୍ଗସାଥୀମାନଙ୍କୁ ମନେ ପକାଇ ବାହୁନି କାନ୍ଦିବାରେ ଲାଗିଲା, ଅଜସ୍ର ଲୁହ ଗଡ଼ାଇଲା। ଖାଲି କୋହ ଓ ଲୁହ। ପିଲାଦିନୁ ଯେଉଁ ବାଳଗୋପାଳ ଚିତ୍ରକୁ ଚାହିଁ ଅନେକ ସମୟ କଟେଇଥିଲା, ସେଇ ଚିତ୍ରଟି ବାରମ୍ବାର ମନେକଲା। ସକଳ ଆଶା ଛାଡ଼ି ସେଇ ଗୋବିନ୍ଦଙ୍କୁ ତ ଭରସା କରିଥିଲା, ସେ ଗୋବିନ୍ଦ ଏବେ କ'ଣ କଲେ? ସାଲବେଗଙ୍କ ଭଜନରେ ଗୋବିନ୍ଦର କୀର୍ତ୍ତି ସବୁ ସେ ଶୁଣିଥିଲା। କୁରୁସଭାରେ ଦ୍ରୌପଦୀଙ୍କର ଲଜ୍ଜା ନିବାରଣ କଥା ଅନେକଥର ଶୁଣିଛି। ଏବେ ତ ତାକୁ ଦୈନିକ ଏକାଧିକ ବାର ବିବସନ କରାଯାଉଛି, ଆଉ ଏତେ କକୁତି ମିନତି ହୋଇ ହୃଦୟର ସହ ସେଇ ଗୋବିନ୍ଦଙ୍କୁ ଡାକୁଛି, କାହିଁକି ସେ ଶୁଣୁନାହାଁନ୍ତି? ଅବଶ୍ୟ କୁନ୍ତି ଗୋବିନ୍ଦଙ୍କର ପିଉସୀ ଥିଲେ ଓ ଦ୍ରୌପଦୀ ପିଉସୀଙ୍କର ବୋହୂ ଥିଲେ। ତାହାହେଲେ ଆମ ସାଧାରଣ ଲୋକଙ୍କ ଭଳି କୃଷ୍ଣ କ'ଣ କେବଳ ନିଜର ସଂପର୍କୀୟା ବୋଲି ତାଙ୍କର ଡାକ ଶୁଣି କୋଟି ବସ୍ତ୍ର ଦେଇ ଲଜ୍ଜା ନିବାରଣ କରିଥିଲେ? ତାହାହେଲେ ଗୋବିନ୍ଦ କ'ଣ ପ୍ରିୟାପ୍ରୀତି ତୋଷଣ ଭଳି ବିକାରଯୁକ୍ତ? କିନ୍ତୁ ସେ ତ ନିର୍ବିକାର ହେବା କଥା। ସେ ତ ସମସ୍ତଙ୍କର ଦୁଃଖ ଶୁଣିବା କଥା, କାହିଁକି ସେ ଓ ତା'ଭଳି ଆହୁରି ଅନେକ ଝିଅଙ୍କ ବିବସନ କାଳରେ ସାହାଯ୍ୟ କରିବାକୁ ଆସୁନାହାଁନ୍ତି?

ପୁଣି ସେ ପଚାରେ- ଯଦି ତୁମର ଇଚ୍ଛା ବିନା ଏ ସଂସାର ପତ୍ରଟିଏ ବି ହଲିବନି, ତେବେ ଏକବସ୍ତ୍ରୀ ଦ୍ରୌପଦୀଙ୍କୁ କୁରୁସଭାକୁ ଘୋଷାଡ଼ି ଅଣାଯିବା ତ ତୁମର କାମ। କୁରୁସଭାକୁ ଦ୍ରୌପଦୀଙ୍କୁ ଅଣାଯିବାର ବ୍ୟବସ୍ଥା କରିବ, କୋଟି ବସ୍ତ୍ର ଦେଇ ଲଜ୍ଜା ନିବାରଣ କରିବ ଓ ସେଇଥିପାଇଁ ତୁମର ସଂସାରେ କୀର୍ତ୍ତିର ବାନା ଉଡ଼ିବ? କାହିଁକି ତୁମେ ଦ୍ରୌପଦୀଙ୍କୁ ସେ ନିର୍ଯ୍ୟାତନାର ସମ୍ମୁଖୀନ ହେବାକୁ ଦେଲ? ଫକୀର ମୋହନଙ୍କର ଛଅ ମାଣ ଆଠ ଗୁଣ୍ଠର ଜମିଦାର ଭଗିଆକୁ ନିସ୍ତୁକ ମାଡ଼ଦେବାର ବ୍ୟବସ୍ଥା କରି ପରେ ଡାକ୍ତରଖାନାରେ ପହଞ୍ଚି ତା'ର ଚିକିତ୍ସା ଖର୍ଚ୍ଚ ବହନ କଲାପରି ତ ତୁମେ କାମ କଲ, ତେବେ ସେଇ ପ୍ରତାରକ ଜମିଦାରଠାରୁ ତୁମେ କିଭଳି ଭିନ୍ନ? ତାହେଲେ 'ତୁ ହିଁ ବିଗାଡ଼ୁ, ତୁ ହିଁ ସଜାଡ଼ୁ।' ବିଗାଡ଼ିବୁ କାହିଁକି ଓ ସଜାଡ଼ିବୁ କାହିଁକି? ଦୁଃଖ ଦେବୁ ଓ ଦୁଃଖ ନେବୁ, ସେଇଥିପାଇଁ କରୁଣାସାଗର ବୋଲାଇବୁ- ଇଏ କି କଥା? କିନ୍ତୁ ସେ ତ କେବଳ ଦୁଃଖ ପାଉଛି, ଦୁଃଖ ତ ଯିବାର

ଦିଶୁନି। ସେ ତ ପିତଳ ମାଠିଆ ନୁହେଁ, ମାଟି ମାଠିଆ ସମାଜ ଆଗରେ। ଏବେ ସେ ଯିବ କୁଆଡ଼େ? ଏଇଭଳି ଦୁଃଖରେ ଅଭିମାନରେ ଅନେକ କଥା ପଚାରେ, ମନରେ ଅଜସ୍ର ପ୍ରଶ୍ନର ଲହଡ଼ି କିଛି କୂଳକିନାରା ପାଏନି। ତାର ପ୍ରିୟ ଗୋବିନ୍ଦ ଫଟୋରେ ଯେମିତି ନିର୍ବାକ, ସେଇଭଳି ନିର୍ବାକ। ଗୋବିନ୍ଦ ନିରବ।

ଅନ୍ୟ ଏକ କାହାଣୀ। ବିବାହର ଅନେକ ଦିନ ପରେ କୋଳକୁ ଆସିଥିଲା। ବାପାମା'ଙ୍କର ଠାଣି ନେଇ ଆସିଥିଲା। ସୁନ୍ଦର ଝିଅଟେ କହିଲେ ସଂସାର ଯାହା ବୁଝେ, ସେ ସବୁ ଝିଅଟି ପାଖରେ ଥିଲା। ବାପାମା' ତାଙ୍କର ସମସ୍ତ ସ୍ନେହଶ୍ରଦ୍ଧା ଦେଇ ବଢ଼େଇଲେ। ଖୁବ୍ ଅଲିଅଳ ହୋଇ ସମୟ କୁଆଡ଼େ ଚାଲିଗଲା ଜଣାପଡ଼ିଲାନି। ଠିକ୍ ବିବାହ ବୟସ ବେଳକୁ ଜଣେ ଚିକ୍କଣକୁହା ମଧ୍ୟସ୍ଥି ଜୁଟିଗଲା। ଝିଅ ଦେଖିବାକୁ ଯେମିତି, ପୁଅ ମଧ୍ୟ ସେମିତି, କିଏ କାହାକୁ ଊଣା ହେବେନି, ପୁଅ ଚେନ୍ନାଇରେ ଚାକିରି କରିଛି, ଢେର ଦରମା, ଗୋଟେ ଫ୍ଲାଟଟେ କିଣିସାରିଛି, କିଛି ଖେଳୁନି, କେବଳ ସୁନ୍ଦର ପିଲାଟିଏ ଦରକାର। ବହୁତ ଭଲ ହେବ ସେଇଠି ଝିଅଟି ଦେଲେ- ଏଇଭଳି କହି ବାପାମା'ଙ୍କ ମନରେ ବିଶ୍ୱାସ ଜନ୍ମେଇଦେଲା। ପ୍ରସ୍ତାବଟିରେ ବାପାମା' ଖୁସି ହେଲେ, ବିବାହ କାର୍ଯ୍ୟ ସୁରୁଖୁରୁରେ ଶେଷ ହୋଇଗଲା। ଘର ଛାଡ଼ି ଝିଅ ଚାଲିଗଲା ଚେନ୍ନାଇ। ଝିଅ ବିଦାୟ ବେଳେ ଝିଅ ଯାହା ନକାନ୍ଦିଲା, ମା'କୁ ସମ୍ଭାଳିବା କଷ୍ଟ ହେଲା। ଘରର ସିଏ ଥିଲା କେନ୍ଦ୍ରବିନ୍ଦୁ, କେତେ ସରାଗରେ ବଢ଼େଇଥିଲା ମା'। କାହିଁକି କେଜାଣି ଏକ ଅହେତୁକ ଭୟ ମାଆକୁ ଗ୍ରାସ କରି ରଖିଲା। ଝିଅର ବିଦାୟ ମା'କୁ ମର୍ମାନ୍ତିକ ଯନ୍ତ୍ରଣା ଦେଲା। ତା'ରି କଥା ଭାବି ଭାବି ଅଳ୍ପଦିନରେ ମା' ସଂସାରରୁ ବିଦାୟ ନେଇଗଲା। ସଂସାର ଚଳେଇବା ପାଇଁ ବାପା ବର୍ଷେ ନଯାଉଣୁ ଆଉ ଜଣକୁ ବିବାହ କଲେ। ଚେନ୍ନାଇରେ ପହଞ୍ଚି ଝିଅଟି ଦେଖିଲା, ଅତି ଚିକ୍କଣକୁହା ମଧ୍ୟସ୍ଥଟି ଯାହା କହିଥିଲା ତାହା ସତ, କିନ୍ତୁ ଗୋଟିଏ କଥା ସେ କହିନଥିଲା ବା ସେ ଜାଣିନଥିଲା। ସେ ଅକୁହା କଥାଟି ହିଁ ତା'ର ସମସ୍ତ ଯନ୍ତ୍ରଣା ନିର୍ଯ୍ୟାତନାର କାରଣ ହୋଇଗଲା। ସ୍ୱାମୀଟି ବିଳମ୍ବିତ ରାତିରେ ପେଟେ ମଦପିଇ ପୂରା ନିଶାଗ୍ରସ୍ତ ହୋଇ ଘରକୁ ଫେରେ। ପ୍ରଥମେ ଅଶ୍ରାବ୍ୟ ଭାଷାରେ ଗାଳିଗୁଲଜ, ମାରପିଟ- ଏଇ ହେଲା ନିତିଦିନ ବା ନିତିରାତିର କଥା। ପ୍ରଚଣ୍ଡ ପବନରେ ଶୁଖିଲାପତ୍ର ଉଡ଼ିଗଲା। କେତେବେଳେ ପ୍ରଚଣ୍ଡ ଧକ୍କାରେ ତଳେ କଚାଡ଼ି ହୋଇ ପଡ଼େ ତା କେତେବେଳେ କାନ୍ଥରେ ମୁଣ୍ଡ ବାଡ଼େଇ ହୋଇ ରକ୍ତ ବୋହିଯାଏ। ମନରେ ଉଲ୍ଲାସ ଓ ପୁଲକ ବଦଳରେ ଘରକୁ ସ୍ୱାମୀର ଆଗମନରେ ତା'ର ସମସ୍ତ ଶରୀର ଭୟରେ ଆଚ୍ଛାଦିତ ହୋଇଗଲା। ଦିନେ ଦିନେ ଏଭଳି ଗର୍ଜନ କରେ ଯେ, ତା'ର କଲିଜା ପାଣି ହୋଇଯାଏ, ଦେହଟି ଥରିଉଠେ।

ଏବେ ସେ କରିବ କ'ଣ? ଯିବ କୁଆଡ଼େ? ମା' ତ ଚାଲିଯାଇଛି ତାକୁ ସୁମରି

ସୁମରି, ବାପା ଆଉ ଜଣେ ସ୍ତ୍ରୀଙ୍କୁ ଘରକୁ ଆଣିଛନ୍ତି, ସେ ସାବତମାଆ। ସବୁ ବାଟ ବନ୍ଦ ତା' ପାଇଁ। ଭଗବାନଙ୍କ ଉପରେ ଭରସା କରି ଡାକେ, କେତେ ଆକୁଳ ନିବେଦନ କରେ ସେଥିରୁ ରକ୍ଷା ପାଇଁ। କାହିଁ ଭଗବାନ ତ ଶୁଣୁନାହାଁନ୍ତି। ଘୋର ବନରେ ମୃଗୁଣୀ ବିପଦରେ ପଡ଼ିଥିଲା ବୋଲି ତାକୁ ରକ୍ଷାକରିବା କଥା ସେ ଅନେକଥର ଶୁଣିଛି, ସିଏ କ'ଣ ଅପରାଧ କରିଛି ? ଭଗବାନ କାହିଁକି ତା' କଥା ଶୁଣିବେନି ? ତାହେଲେ ସେସବୁ କଥା କ'ଣ ମିଛ ? କେବଳ କଳ୍ପନା ମାତ୍ର ! ତା'ର ସନ୍ତାପିତ ହୃଦୟରେ ଏଭଳି କେତେ କ'ଣ ଭାବେ। ତା'ର ସ୍ୱାମୀ ନଥିଲାବେଳେ ଯେଭଳି କାନ୍ଦେ ସେଥିରେ ପଥର ପାଣି ଫାଟିଯିବ। ଭଗବାନଙ୍କ କାନରେ କ'ଣ ସେସବୁ ପଡ଼େନି ? ଅନେକ ସମୟରେ ଭଗବାନଙ୍କ ବିଶ୍ୱାସ ତୁଟେଇ ଦିଏ, ପୁଣି ସେ ଆଶାବାଡ଼ିଟିକୁ ଧରେ। ପୁଣି ଭାବେ ସିଏ କ୍ଷୀର ସମୁଦ୍ରରେ ଭାସୁଛନ୍ତି କି ଅନନ୍ତନାଗରେ ଶୋଇଛନ୍ତି, ସେଥିରେ ତା'ର ଯାଏଆସେ କେତେ ? ସେ ଯଦି ଅନ୍ତର୍ଯ୍ୟାମୀ ତେବେ ସେ କାହିଁକି ତା'ର ଅନ୍ତରର ବେଦନା ବୁଝିପାରୁ ନାହାଁନ୍ତି ? ହତାଶା ଓ ନୈରାଶ୍ୟର ଯନ୍ତ୍ରଣା ଓ ନିର୍ଯ୍ୟାତନାର ବତାସରେ ସେ ହଜିଯାଏ, ଭଗବାନ ତା' ପାଇଁ ନିରବ ରହନ୍ତି।

ତୃତୀୟ କାହାଣୀଟି ଏହିପରି। ମାଳ ମାଳ ପାହାଡ଼ ମଝିରେ ଝୋଲା ଓ ଝରଣା। ସେଇ ପ୍ରକୃତି କୋଳରେ ସେମାନେ ବଢ଼ିଛନ୍ତି। ଦୁଇଟି ପୁତ୍ର ସନ୍ତାନର ପିତାମାତା। ଦି' ମୁହଁରେ ଝଡ଼ି, ବର୍ଷା ବନ୍ଦ ହେବାର ନା' ଧରୁନି। ସନ୍ଧ୍ୟାବେଳକୁ ଗୋଟିଏ ପୁଅର ପତଳା ଝାଡ଼ା ଆରମ୍ଭ ହେଲା। ଅନ୍ଧାର ଓ ବର୍ଷା ରାତିରେ ଯିବ କୁଆଡ଼େ ? ସକାଳ ବେଳକୁ ପୁଅ ଆଖି ତରାଟି ଦେଲାଣି। ଦୂରରେ ଥିବା ଡାକ୍ତରଖାନାକୁ ନେବାପାଇଁ ସଜବାଜ ବେଳକୁ ଆରପାରିକୁ ଚାଲିଗଲା। କେତେ ମହାପ୍ରଭୁଙ୍କୁ ଡାକିଲା, କେତେ ମୁଣ୍ଡ କଚାଡ଼ି ହେଲା, ସେ ତ ଦୁଇ ଚାରି କେଜି ସୁନା ଯାଚିପାରିବନି ମହାପ୍ରଭୁଙ୍କୁ, କୁକୁଡ଼ାଟିଏ ଯାଚିଲା। ମହାପ୍ରଭୁ ଶୁଣିଲେନି।

କୃଷ୍ଣ ସିନା ତାଙ୍କର ଗୁରୁଙ୍କର ପୁଅକୁ ଯମପୁରରୁ ଫେରେଇ ଆଣିଥିଲେ। ଏ ମାଆ ପାଇଁ କାହିଁକି ପୁଅକୁ ଫେରେଇ ଆଣିପାରିଲେନି। ଦ୍ରୌପଦୀଙ୍କ କ୍ଷେତ୍ରରେ ଯେମିତି ପ୍ରିୟାପ୍ରୀତିର କାରବାର, ଗୁରୁଙ୍କର ପୁଅକୁ ଫେରେଇ ଆଣିବାରେ ମଧ୍ୟ କ'ଣ ହେଲା ? ମହାପ୍ରଭୁ କାହିଁକି କେତେକଙ୍କ କଥା ଶୁଣନ୍ତି, ତାଙ୍କ ଭଳି ଦୁଃଖୀ ନିରିମାଖିମାନଙ୍କର କଥା ଶୁଣନ୍ତି ନାହିଁ ? କାହିଁକି ସେମାନଙ୍କର ସବୁ ପ୍ରାର୍ଥନା, ଆକୁଳ ନିବେଦନ ବୃଥାଯାଏ ? ତାଙ୍କର ଘର ଭାଙ୍ଗିଦେଲା ବେଳେ, ଘରୁ ହଟେଇ ଅନ୍ୟତ୍ର ପଠେଇ ଦିଆଗଲା ବେଳେ, ତାଙ୍କର ଜନ୍ମ ଜାତିକୁ ନେଇ ଦୂର୍ ଦୂର୍ ମାର୍ ମାର୍ କଲାବେଳେ ଭଗବାନ କାହିଁକି ନିରବ ରହନ୍ତି ? କାହିଁକି ସେହି ହୀନହୀନ ଦୁଃଖୀ ନିରିମାଖିମାନଙ୍କର ଦୁର୍ଦ୍ଦଶାର ଅନ୍ତ ହୁଏନାହିଁ ?

■

ପ୍ରମେୟ, ୨୭ ଏପ୍ରିଲ୍,୨୦୨୧

ସାଧୁଙ୍କ ସ୍ୱୟମ୍ବର ପ୍ରସ୍ତାବ

ମହିମା ଧର୍ମର ମୁଖ୍ୟ ପୀଠଟି ଢେଙ୍କାନାଳ ନିକଟସ୍ଥ ଜୋରନ୍ଦାରେ ଅବସ୍ଥିତ। ମହିମା ଧର୍ମରେ ଧନୀ ଗରିବ, ବ୍ରାହ୍ମଣ, ଅବ୍ରାହ୍ମଣ ଭେଦଭାବ ନାହିଁ। ପୁରୁଷ ସ୍ତ୍ରୀ ଉଭୟଙ୍କ ପାଇଁ ଗୁରୁଙ୍କ ଦ୍ୱାର ଖୋଲା। ଏହା ବ୍ୟତୀତ 'ପ୍ରାଣୀଙ୍କ ଆରତ, ଦୁଃଖ ଅପ୍ରମିତ ଦେଖୁ ଦେଖୁ କେବା ସହୁ, ଏ ଜୀବନ ପଛେ ନର୍କେ ପଡ଼ିଥାଉ, ଜଗତ ଉଦ୍ଧାର ହେଉ'- ଏଭଳି କାଳଜୟୀ ବାଣୀ ମହିମା ଧର୍ମ ପ୍ରତି ଅନେକ ଲୋକଙ୍କୁ ଆକୃଷ୍ଟ କରେ।

ଢେଙ୍କାନାଳରେ ଥିବା ସମୟରେ ଜଣେ ମହିମା ଧର୍ମାବଲମ୍ବୀ ସାଧୁଙ୍କ ସହ ଦେଖାହେଲା। ବିଭିନ୍ନ ସମୟରେ ସେ ଘରକୁ ଆସନ୍ତି ଓ ମହିମା ଧର୍ମ ବିଷୟରେ ଆଲୋଚନା ହୁଏ। ବେଳେବେଳେ ସନ୍ଧ୍ୟା ପୂର୍ବରୁ ଆସନ୍ତି ଓ ଘରେ ଭିକ୍ଷା (ଭୋଜନ) କରି ବିଶ୍ରାମ ନିଅନ୍ତି। ବଡ଼ିଭୋରରୁ ଉଠି ଖଞ୍ଜଣୀ ଭଜନ କରି କୁଞ୍ଜକାନ୍ତ ପୋଖରୀରେ ନିତ୍ୟକର୍ମ ସାରି ଚାଲିଯାଆନ୍ତି। ମହିମା ଧର୍ମାବଲମ୍ବୀମାନେ ଜଣକ ଘରେ ଥରେ ଭିକ୍ଷା କରନ୍ତି ଓ ପୁଣି କେବେ ଆସିଲେ ସେହିଭଳି ଥରେ ଭିକ୍ଷା କରି ଚାଲିଯାଆନ୍ତି। ଏ ବ୍ୟବସ୍ଥାରେ 'ପ୍ରହାରେଣ ଧନଞ୍ଜୟ' ନ୍ୟାୟର ସୁଯୋଗ ନଥାଏ।

ଏଭଳି ଆସିବା ଭିତରେ ଥରେ ଗୋଟିଏ କାଗଜ ଦେଖାଇଲେ। କାଗଜରେ ଯାହା ଲେଖା ହୋଇଥିଲା ତାକୁ ପଢ଼ି ଆଶ୍ଚର୍ଯ୍ୟ ହେଲି। ସେ ଛାପା କାଗଜଟି ସହର ଓ ବାହାରେ ସେ ବାଣ୍ଟିଥିବା କଥା କହିଲେ। ଲେଖାଟିର ସାରାଂଶ ହେଲା "ଆମେ ତ ସାଧୁ ଲୋକ, ଘର ସଂସାର ଛାଡ଼ିଲୁ, ଜମିବାଡ଼ି ସଂପତ୍ତିକୁ ନେଇ ମହିମା ଧର୍ମର କୌପନୀଧାରୀ ଓ ବଳ୍କଳଧାରୀ ଦୁଇଗୋଷ୍ଠୀ ସଂସାରୀ ଲୋକଙ୍କ ପରି କଳିତକରାଳ କରି କୋର୍ଟ କଚେରି ଧାଇଁଛନ୍ତି। ସେଥିରେ ସମୟ ଓ ଅର୍ଥ ଖର୍ଚ୍ଚ କରୁଛନ୍ତି। ଏଇଟା କ'ଣ ଠିକ୍ ହେଉଛି ? ଅନେକ ଦିନ ଧରି ମୁଁ ଉଭୟଙ୍କୁ କୋର୍ଟ କଚେରି, ମାଲିମକଦ୍ଦମାରୁ ନିବୃତ୍ତ ହେବାପାଇଁ କହି ବ୍ୟର୍ଥ ହେବାପରେ ଏବେ ନିଷ୍ପତ୍ତି ନେଇଛି, ଆସନ୍ତା ମାଘ

ପୂର୍ଣ୍ଣିମା ଜୋରନ୍ଦା ମେଳା ପୂର୍ବରୁ ଉଭୟ ଗୋଷ୍ଠୀ ମାଲିମକଦ୍ଦମା ପ୍ରତ୍ୟାହାର କରନ୍ତୁ, ନଚେତ୍ ସେହିଦିନ ଆତ୍ମାହୁତି ଦେବି।"

ଆପଣଙ୍କ ସାଥିରେ ଆଉ କିଏ ବାବା ଅଛନ୍ତି କି ଏଥିପାଇଁ ପଚାରିଲି। ସମସ୍ତଙ୍କୁ ବୁଝେଇଲେ ମଧ୍ୟ କେହି ରାଜି ନୁହଁନ୍ତି ସଂପତ୍ତି ଉପରେ କଳିତକରାଳ ନକରିବା ପାଇଁ। ଏଥିରେ ମୁଁ ଏକା, ଏକା ହେଲେ ମଧ୍ୟ ମୋର ନିଷ୍ପତ୍ତିରେ ଦୃଢ଼ପ୍ରତିଜ୍ଞ, ଉତ୍ତରରେ କହିଲେ। ଏଭଳି ଚୂଡ଼ାନ୍ତ ଓ ଚରମ ନିଷ୍ପତ୍ତି ନେବା ପୂର୍ବରୁ ଆଉ ଟିକିଏ ଅଧିକ କଥା ଆଲୋଚନା ଆବଶ୍ୟକ; ବହୁଦିନର ମନୋମାଳିନ୍ୟ ଓ ମାଲିମକଦ୍ଦମା ତୁଟେଇବା ପାଇଁ ଯଦି ଦୁଇ ଗୋଷ୍ଠୀର ବାବାମାନେ ରାଜି ନୁହଁନ୍ତି, ତେବେ ସାଧାରଣ ଲୋକଙ୍କୁ ଏଥିରେ ସାମିଲ କରିବା ଯେଉଁମାନେ ଉଭୟ ଗୋଷ୍ଠୀ ସହ ଆଲୋଚନା ଚାଲୁ ରଖିବେ ଓ କିଛି ବାଟ ବାହାରିବ। ଏକଥା ଶୁଣିଲେ ଓ ଏସବୁ ଠିକ୍, କିନ୍ତୁ ଯାହା ହେବ ଜୋରନ୍ଦା ମେଳା ପୂର୍ବରୁ ହେଉ, ନଚେତ୍ ମୁଁ ଆତ୍ମାହୁତି ଦେବାଟା ଥୟ, ଉତ୍ତରରେ ବାବା କହିଲେ।

ଜୋରନ୍ଦା ମେଳାରେ ରାଜ୍ୟର ବିଭିନ୍ନ ଅଞ୍ଚଳରୁ ଓ ରାଜ୍ୟ ବାହାରୁ ଅନେକ ଲୋକ ଆସିଥାନ୍ତି। ଧର୍ମକାର୍ଯ୍ୟ ଓ ବ୍ୟବସାୟ, ମେଳା ଦେଖା ପାଇଁ ପିଲାଛୁଆ ସହ ବହୁତ ଲୋକଙ୍କର ସମାଗମ ହୁଏ। ଜଣେ ବାବା ସେଇଠି ଆତ୍ମାହୁତି ଦେଲେ ଆଇନ ଶୃଙ୍ଖଳା ପରିସ୍ଥିତି ଜଟିଳ ହୋଇଯିବାର ସମ୍ଭାବନା ଦୃଷ୍ଟିରୁ ପ୍ରଶାସନ ସଜାଗ ହୋଇଉଠିଲା। ମୁଁ ରହୁଥିବା ସାହିର ଶେଷମୁଣ୍ଡରେ ଡିଏସପିଙ୍କ ସରକାରୀ ଘର। ପୁଲିସ ପାଖରେ ବାବା ଆମ ଘରକୁ ଆସୁଥିବା ଖବର ବୋଧହୁଏ ଥିଲା। ଡିଏପି ଘରେ ଆସି ପହଞ୍ଚିଲେ ଓ କ'ଣ କରିବାକୁ ହେବ, କିପରି ଆତ୍ମାହୁତିରୁ ବାବାଙ୍କୁ ନିବୃତ୍ତ କରିବା ସେ ନେଇ ଆଲୋଚନା ହେଲା। ବାବାଙ୍କ ସହ ଆଉ ଥରେ ଆଲୋଚନା କରିବା ପରେ ପରବର୍ତ୍ତୀ ପଦକ୍ଷେପ ଠିକ୍ କରିବା ପାଇଁ କହିଲି। ସମ୍ମତ ହୋଇ ସେ ଫେରିଲେ। ବାବାଙ୍କ ସହ ଆଲୋଚନା ପୂର୍ବରୁ ଥରେ ଜୋରନ୍ଦା ଯାଇ ଉଭୟ ଗୋଷ୍ଠୀର ବାବାମାନଙ୍କ ସହ ପ୍ରଥମେ ଆଲୋଚନା କରିବା ଉଚିତ୍ ହେବ ଭାବି ବନ୍ଧୁ ଦେବବ୍ରତ ମିଶ୍ର ଓ ପ୍ରାଣକୃଷ୍ଣ ଗିରି ଉଭୟେ ଇଂରାଜୀ ଅଧ୍ୟାପକଙ୍କ ସାଙ୍ଗରେ ଜୋରନ୍ଦା ବାହାରିଲୁ। ମହିମା ଧର୍ମର ମୂଳ ପୀଠର ପାଚେରି ବାହାରେ କୌପୀନଧାରୀ ଗୋଷ୍ଠୀର ମୁଖ୍ୟ ବିଶ୍ୱନାଥ ବାବାଙ୍କୁ ଭେଟିଲୁ। ଆମର ପରିଚୟ ଓ ଭେଟିବାର ଉଦ୍ଦେଶ୍ୟ ଜାଣିବା ପରେ ଆମକୁ ଯଥେଷ୍ଟ ଶ୍ରଦ୍ଧାର ସହ ଗ୍ରହଣ କଲେ। ମାଲିମକଦ୍ଦମା ଉଠାଇବା ନେଇ ଯେଉଁ ପ୍ରଚାର ହୋଇଛି ସେ ବିଷୟରେ ଜାଣିଛନ୍ତି ଓ ମକଦ୍ଦମା ଉଠାଇନେବାରେ ତାଙ୍କର କିଛି ଆପତ୍ତି ନାହିଁ। କିନ୍ତୁ ବଳ୍କଳ ଗୋଷ୍ଠୀ ମଧ୍ୟ ରାଜିହେବା ଆବଶ୍ୟକ ବୋଲି ମନ୍ତବ୍ୟ

ଦେଲେ। ଆମେ ଖୁସି ତ ହେଲୁ, ଅନେକ ଉତ୍ସାହିତ ହୋଇ ବଳ୍କଳ ଗୋଷ୍ଠୀଙ୍କ ପାଖକୁ ଗଲୁ। ଦୁଇଜଣ ବଳ୍କଳବାନ୍ ତରୁଣ ବାବା ଗୋଟିଏ କୁମ୍ଭୀ ଗଛର ଖଣ୍ଡେ କାଣ୍ଡରୁ ବଳ୍କଳ ବାହାର କରିବାରେ ଲାଗିଥାନ୍ତି। ଆମର ପରିଚୟ ଦେଇ ତାଙ୍କର ମୁଖ୍ୟ ବାବାଙ୍କ ସହ ଭେଟିବାକୁ ଆସିଛୁ କହିବାରେ, ପାଖରେ ଥିବା ଗୋଟିଏ ପିଣ୍ଡିରେ ବସିବାକୁ କହି ଜଣେ ଭିତରକୁ ଗଲେ ଅନୁମତି ପାଇଁ। ବେଶ୍ କିଛି ସମୟ ଅପେକ୍ଷା କରିବା ପରେ ସେ ଆସି ଆମକୁ ମୁଖ୍ୟ ବାବାଙ୍କୁ ଭେଟିବା ପାଇଁ ନେଇଗଲେ। ଆମେ ପରିଚୟ ଦେଇ ଉଦ୍ଦେଶ୍ୟ ବିଷୟରେ କହିଲୁ ଓ ତାଙ୍କ ଭିତରୁ ଜଣେ ମହିମା ଧର୍ମାବଲମ୍ବୀ ବାବାଙ୍କର ଜୀବନ ରକ୍ଷା ପାଇଁ କିଛି କରିବାକୁ ଅନୁରୋଧ କଲୁ। ଆମକୁ କିଛି ସମୟ ନିରୀକ୍ଷଣ କରି କହିଲେ "ଆପଣମାନଙ୍କୁ କିଏ ଅଧିକାର ଦେଇଛନ୍ତି ଏ ବିଷୟରେ ଆଲୋଚନା କରିବା ପାଇଁ?" ନା, କିନ୍ତୁ ଆପଣମାନଙ୍କ ଭିତରୁ ଜଣେ ବାବା ଆତ୍ମାହୁତି ଦେବା କଥା ଶୁଣି ଆମେ ବିବ୍ରତ ହେଲୁ, ତେଣୁ ସମାଧାନ ପାଇଁ କିଛି ବାଟ ବାହାର କରିବାକୁ ଆସିଛୁ।" ଓଃ, ଆମେ ସେ ବାବାଙ୍କୁ ଚିହ୍ନିଛୁ, ଆମର ଲୋକ ଅଛନ୍ତି ତାଙ୍କ କଥା ବୁଝିବା ପାଇଁ। ତାହାପରେ ଆପଣ ଯିବେ, ସରକାରଙ୍କୁ କହିବେ, ଭୁବନେଶ୍ୱରର ସେକ୍ରେଟାରିଏଟଟାକୁ ଆମକୁ ଦେଇ ଦିଅନ୍ତୁ, ନହେଲେ ଆତ୍ମାହୁତି ଦେବୁ, ଏୟା କହିଲେ କ'ଣ ସେକ୍ରେଟାରିଏଟଟାକୁ ଆପଣଙ୍କ ହାତରେ ଟେକିଦେବେ ସରକାର? ଆପଣମାନେ ଯାଆନ୍ତୁ, ମେଳା ଠିକ୍ ଚାଲିବ, କିଛି ଅଘଟଣ ହେବନାହିଁ। ଆମେ ସେ ବାବାଙ୍କୁ ବୁଝିବାକୁ ବେଶ୍ ସମର୍ଥ।

ଅନେକ ଦିନ ଧରି ମାଲିମକଦ୍ଦମାରେ ମାତିବାର ଅନେକ ପ୍ରଭାବ ବାବାଙ୍କର କଥାବାର୍ତ୍ତାର ଢଙ୍ଗ ଉପରେ ପଡ଼ିଥିବା ଲକ୍ଷ୍ୟ କଲୁ। ବିଶେଷକରି ସଂପତ୍ତି ବାଡ଼ିର ମାଲିକ ସେ ହୋଇଥିବାରୁ। ମନ ଦୁଃଖରେ ସେଇଠୁ ଫେରି ପୁଣି କୌପୀନଧାରୀ ବାବାଙ୍କ ମୁଖ୍ୟ ବିଶ୍ୱନାଥ ବାବାଙ୍କୁ ସବୁ କଥା ଜଣାଇଲୁ। ସେ ବୋଧହୁଏ ତାହା ହିଁ ହେବ ବୋଲି ଜାଣିଥିଲେ। ସନ୍ଧ୍ୟା ପାଖେଇ ଆସୁଥିବାରୁ ତାଙ୍କର ନିୟମାନୁଯାୟୀ ସୂର୍ଯ୍ୟାସ୍ତ ପୂର୍ବରୁ ଭୋଜନ ଶେଷ କରିବା କଥା, ଆମକୁ ସେଥିରେ ଯୋଗଦେବାକୁ ଅନୁରୋଧ କଲେ। ପଙ୍କ୍ତି ଭୋଜନରେ ଯୋଗଦେଇ ବସ୍‌ଯୋଗେ ଢେଙ୍କାନାଳ ଫେରିଆସିଲୁ।

ପରଦିନ ଡିଏସପି ଆମର ଜୋରନ୍ଦା ଯାତ୍ରାର ଫଳାଫଳ କ'ଣ ହେଲା ଜାଣିବା ପାଇଁ ଘରେ ପହଞ୍ଚିଲେ। କିଛି ସମୟ ଆଲୋଚନା ପରେ ଠିକ୍ ହେଲା- ମେଳା ଅର୍ଥାତ୍ ମାଘ ପୂର୍ଣ୍ଣିମା ପୂର୍ବଦିନ ଆମ ଘରେ ରହିବା ପାଇଁ ବାବାଙ୍କୁ ଅନୁରୋଧ କରାଯିବ। ସେ ବଡ଼ିଭୋରୁ ଯଥାରୀତି ତାଙ୍କର ନିତ୍ୟକର୍ମ ଶେଷ କରିବା ପାଇଁ କୁଞ୍ଜକାନ୍ତ ପୋଖରୀକୁ

ଯିବେ। ଫେରିଲାବେଳେ ବାଟରେ ପୁଲିସ ଗାଡ଼ି ଅପେକ୍ଷା କରିଥିବ, ବାବାଙ୍କୁ ଗାଡ଼ିରେ ବସେଇ ଦୂରକୁ ନେଇଯିବେ ଓ କୌଣସି ସରକାରୀ ଘରେ ମେଳା ଶେଷଯାଏ ରଖିଦେବା। ଠିକ୍ ସେୟା ହିଁ ହେଲା। କିନ୍ତୁ ବାବାଙ୍କୁ ଦୂରକୁ ନନେଇ ଢେଙ୍କାନାଳ ସଦର ଥାନା ହତା ଭିତରେ ଜଣେ ମହିମାଧର୍ମୀ ପୁଲିସଙ୍କ ଘରେ ରଖେଇଦେଲେ ଓ ମୋତେ ସେ ଖବର ଦେଇଦେଲେ। ଅପରାହ୍ନ ପ୍ରାୟ ଚାରିଟା ବେଳକୁ ଯାଇ ବାବାଙ୍କୁ ଭେଟିଲି। "ବାବା, ଏମିତି କାମ କଲ?" ମୋତେ କହିଲେ। ଆପଣଙ୍କ ଜୀବନ ମୂଲ୍ୟବାନ, ମାଲି ମକଦ୍ଦମା ତୁଟାଇବା ଅନେକ ସମୟସାପେକ୍ଷ ହୋଇପାରେ। ଆପଣଙ୍କ ଦ୍ୱାରା ଆହୁରି ଭଲ କାମ ହୋଇପାରିବ, ଏହା ହିଁ ଭାବି ଏଭଳି ବ୍ୟବସ୍ଥା କରିବାକୁ ହେଲା।

କିଛିଦିନ ଚାଲିଗଲା। ଆଉ ଦିନେ ବାବା ଗୋଟେ ଛାପା କାଗଜ ନେଇ ଘରେ ପହଞ୍ଚିଲେ। ଏଥର ପ୍ରସ୍ତାବ ଥିଲା ଏକ ସ୍ୱୟମ୍ବରର ଆୟୋଜନ। ପୁଅ ଝିଅ, ତାଙ୍କର ପିତାମାତା ଏକାଠି ହୁଅନ୍ତୁ, ପରସ୍ପର କଥାବାର୍ତ୍ତା ହୋଇ ବିବାହ ଠିକ୍ କରନ୍ତୁ, ବର୍ତ୍ତମାନ ପରିସ୍ଥିତିରେ ସମସ୍ତଙ୍କ ପାଇଁ ମଙ୍ଗଳକର ହେବ।

ଏ ବିଷୟରେ ପରବର୍ତ୍ତୀ ଲେଖାରେ ଜାଣିବେ।

■

ପ୍ରମେୟ, ୧୫ ଡିସେମ୍ବର,୨୦୨୦

ସ୍ୱୟମ୍ବର ପ୍ରସ୍ତାବ ଓ ସମୂହ ବିବାହ

ଯେଉଁ ମହିମା ଧର୍ମାବଲମ୍ବୀ ସାଧୁ ସ୍ୱୟମ୍ବର ପ୍ରସ୍ତାବ ଦେଇଥିଲେ ତାଙ୍କର ନାଁ ହେଲା ଆନନ୍ଦ ବାବା। ସେ କହୁଥିଲେ- ଆମେ ତ ସଂସାର ଛାଡ଼ିଲେ, ଆମର ବ୍ୟବସାୟରେ ହାନି-ଲାଭ, ଚାଷର ଲାଭ-କ୍ଷତି ଇତ୍ୟାଦି ବିଷୟରେ ଚିନ୍ତା ନାହିଁ। ପିଲାମାନଙ୍କ ପାଇଁ, ତାଙ୍କର ଭବିଷ୍ୟତ ପାଇଁ ଟଙ୍କା ପଇସା ସଂଚୟ, ଜମିବାଡ଼ି, ଘରଦ୍ୱାର ଇତ୍ୟାଦିର ମଧ୍ୟ ଭାବିବାର ନାହିଁ। ତାହା ବୋଲି ଆମେ କ'ଣ ଖଞ୍ଜଣି ବଜେଇ ଭଜନ ଗାଇ ଓ ଘରମାନଙ୍କରେ ଭିକ୍ଷା, ଅର୍ଥାତ୍ ଭୋଜନ କରି ଖାଲି ଗାଁକୁ ଗାଁ ବୁଲିବୁ? ସମାଜର ଲୋକମାନଙ୍କର ସକଳ ପ୍ରାଣୀଙ୍କର ମଙ୍ଗଳ ପାଇଁ ଚିନ୍ତା କରିବା, ସେ ଦିଗରେ ଲୋକମାନଙ୍କୁ ବୁଝେଇବା ଆମର କାମ ନୁହେଁ କି? ସମାଜରେ ଚାଲିଥିବା ଯୌତୁକ ପ୍ରଥା, ନାରୀ ନିର୍ଯ୍ୟାତନା, ଛୁଆଁଅଛୁଆଁ ଭେଦଭାବ ଓ ଜାତିକୁ ନେଇ ଘଟୁଥିବା ସବୁ ଅନର୍ଥ ବିଷୟରେ କ'ଣ ଚୁପ୍ ରହିବୁ? ଆମର ଗୁରୁ ସେଇଥିପାଇଁ ତ କହିଲେ - ପ୍ରାଣୀଙ୍କ ଆରତ ଦୁଃଖ ଅପ୍ରମିତ ଦେଖୁ ଦେଖୁ କେବା ସହୁ...।

ଏସବୁ କଥା ସେ କହିଲାବେଳେ ତାଙ୍କର ମୁହଁକୁ ଅନାଏ, ଭାବେ ଇଏ ଜଣେ ନିଆରା ସାଧୁ। ବୌଦ୍ଧଭିକ୍ଷୁମାନେ ତ ଗାଁକୁ ଗାଁ ବା ଜନପଦରୁ ଜନପଦକୁ ବୁଲି ଭିକ୍ଷା ସଂଗ୍ରହ କରିବା ସହ 'ବୁଦ୍ଧଂ ଶରଣଂ ଗଚ୍ଛାମି, ସଂଘଂ ଶରଣଂ ଗଚ୍ଛାମି...' କହୁଥିଲେ ଓ ତାହା ସହ ବୁଦ୍ଧଙ୍କ ଅଷ୍ଟମାର୍ଗ, ଅର୍ଥାତ୍ ସତ୍ ଜୀବନ ଯାପନ ପାଇଁ ବୁଦ୍ଧଙ୍କର ବାଣୀଗୁଡ଼ିକୁ ମଧ୍ୟ ପ୍ରଚାର ପ୍ରସାର କରୁଥିଲେ। ଆନନ୍ଦ ବାବାଙ୍କ ଯୁକ୍ତିଗୁଡ଼ିକ ଦ୍ୱାରା ମୁଁ ମଧ୍ୟ ଉଦ୍‌ବୁଦ୍ଧ ହେଉଥିଲି ଓ ନିଜକୁ ନିଜେ ପ୍ରଶ୍ନ ପଚାରୁଥିଲି- ସରକାର ତ ଦରମା ଦେଉଛି, ଚଳିବାରେ ଅସୁବିଧା ହେଉନି, ତେବେ ଖାଲି କ'ଣ କଲେଜରେ ପିଲାଙ୍କୁ ଦି' ଅକ୍ଷର ପଢ଼େଇଦେଲେ କାମ ଶେଷ ହୋଇଗଲା? ଯେଉଁମାନଙ୍କର ଟିକସ ପଇସାରେ ପାଳିପୋଷି ହେଉଛି, ସେଇ ଲୋକମାନଙ୍କ ପାଇଁ ଆଉ କିଛି କର୍ତ୍ତବ୍ୟ ନାହିଁ?

ଆନନ୍ଦ ବାବାଙ୍କ ପ୍ରତି ଏଇସବୁ କାରଣରୁ ମୋର ସମ୍ମାନବୋଧ ବହୁତ ଥାଏ। ଯେଉଁଦିନ ସେ ପୁଅଝିଅଙ୍କ ପାଇଁ ସ୍ୱୟମ୍ବର ଆୟୋଜନର ପ୍ରସ୍ତାବ ଦେଲେ। ତାଙ୍କୁ କେତେକ ପ୍ରଶ୍ନ ପଚାରିଲି- ଆଗକାଳେ ସ୍ୱୟମ୍ବର ସମୟରେ ରାଜା ମହାରାଜାମାନେ କେବଳ ସ୍ୱୟମ୍ବର ଆୟୋଜନ କରୁଥିଲେ, ସେଇଠି ସ୍ୱୟମ୍ବର ସର୍ତ୍ତ ଯଥା- ଶିବଧନୁ ଭାଙ୍ଗିବା ବା ଘୂରୁଥିବା ମାଛର ଆଖିକୁ ତଳେ ଥିବା ପାଣିରେ ତା'ର ପ୍ରତିବିମ୍ବକୁ ଦେଖି ଶର ବିନ୍ଧିବା ଇତ୍ୟାଦି ବ୍ୟବସ୍ଥା ପିତା ଠିକ୍ କରୁଥିଲେ। ସେଥିରେ କନ୍ୟାର କିଛି କହିବାର ନଥିଲା। ଖାଲି ସେତିକି ନୁହେଁ, ତରୁଣୀ କନ୍ୟାପାଇଁ ଯୁବରାଜମାନେ ତ ଆସୁଥିଲେ। ତାଙ୍କ ସହ ବହୁପତ୍ନୀ ଥିବା, ବିବାହ ବୟସ ବହୁଦିନରୁ ଅତିକ୍ରାନ୍ତ ହୋଇଯାଇଥିବା ବୃଦ୍ଧ ରାଜା ମହାରାଜାମାନେ ମଧ୍ୟ ଆସୁଥିଲେ। ଅବଶ୍ୟ ଲକ୍ଷ୍ମୀ ସର୍ତ୍ତ ରଖିଥିଲେ ଯେ, ଯିଏ ତାଙ୍କୁ ନାହୁଁନଥିବ ତାଙ୍କୁ ସେ ବର ହିସାବରେ ବାଛିବେ ଓ ବିଷ୍ଣୁ ତାଙ୍କୁ ଚାହୁଁନଥିବାରୁ ଲକ୍ଷ୍ମୀ ତାଙ୍କୁ ପତି ହିସାବରେ ବରଣମାଳା ଦେଇଥିଲେ। କିନ୍ତୁ ଅନ୍ୟମାନଙ୍କ ବିଷୟରେ କଥା ଅଲଗା ଥିଲା। ଆପଣ କ'ଣ ସେଇଭଳି ସ୍ୱୟମ୍ବର ଚାହୁଁଛନ୍ତି, ଯେଉଁଠି କି ବହୁପତ୍ନୀ ଥିବା ଓ ବୟସାଧିକ୍ୟ ଲୋକମାନେ ମଧ୍ୟ ଆସିବେ?

ଉତ୍ତରରେ ଆନନ୍ଦ ବାବା କହିଲେ- ନା, ଗୋଟିଏ ସ୍ଥାନରେ ପୁଅ ଝିଅଙ୍କର ବାପାମାଆ ଓ ପୁଅଝିଅ ମଧ୍ୟ ଏକାଠି ହେବେ, ଦେଖାଦେଖି ଓ ଆଲୋଚନା ପରେ ବିବାହ ପ୍ରସ୍ତାବ ହେବ ଓ ପରେ ବିବାହ ହେବ। ଯୌତୁକ ରହିବନାହିଁ ଓ ଆଡମ୍ବରପୂର୍ଣ୍ଣ ବିବାହ ହେବନାହିଁ। ଏଇ କଥା ଲେଖି ଗୋଟିଏ କାଗଜରେ ଛପେଇ ଆନନ୍ଦ ବାବା ଢେଙ୍କାନାଳ ସହର ଓ ଆଖପାଖ ଗାଁରେ ବାଣ୍ଟିଲେ।

ସେଇ ସମୟରେ ଆଉ ଏକ ଘଟଣା ଘଟିଲା। ଢେଙ୍କାନାଳଠୁ ପ୍ରାୟ ଦଶ କିଲୋମିଟର ଦୂରରେ ଯେଉଁ ନୂଆଗାଁରେ କିଛି ନା କିଛି କାମ ଚାଲିଥାଏ, ସେଇଠି ଗାଁରେ ମତାନ୍ତର ଘଟିଲା ଓ ଆମକୁ ସମାଧାନ ପାଇଁ ଡାକରା ହେଲା। ବନ୍ଧୁ ଇଂରାଜୀ ଅଧ୍ୟାପକ ପ୍ରଫୁଲ୍ଲ ବାବୁଙ୍କ ସହ ଗାଁକୁ ଗଲୁ। ଅନେକ ସମୟ ଆଲୋଚନା ପରେ ସବୁ ବିବାଦ ତୁଟିଲା ଓ ଆମେ ରାତି ଖାଇବା ଶେଷ କରି ରାତି ପ୍ରାୟ ସାଢ଼େ ଦଶଟା ବେଳେ ବାହାରିଲୁ। ବାଟରେ ଖଳିବନ୍ଧ ଗାଁ। ସାମାନ୍ୟ ଉଠାଣି ଥିବାରୁ ସାଇକେଲରୁ ଓହ୍ଲାଇ ଚାଲି ଚାଲି ଆସିବାବେଳେ ଖଳିବନ୍ଧ ଗାଁର ରାସ୍ତାକଡ଼ରେ ଥିବା ବାମପାଖ ସାହିର ଜଣେ ଝିଅର କାନ୍ଦଣା ଶୁଭିଲା। ରାସ୍ତାକଡ଼ରେ ଗାଁରେ କେଉଁ କାଳର ଗୋଟିଏ କୁସୁମ ଗଛ ଓ ତା' ଚାରିପାଖରେ ଗୋଟିଏ ପିଣ୍ଡି। ପୂରା ଖରାଦିନ ହୋଇନଥିଲେ ମଧ୍ୟ କିଛି ଲୋକ ପିଣ୍ଡିରେ ବସି ଗପସପ ହେଉଥାନ୍ତି। ସେଇଠି ଅଟକି ପଚାରିଲୁ- ଏତେ ରାତିରେ ଝିଅଟି କାହିଁକି କାନ୍ଦୁଛି? ଉତ୍ତରରେ କହିଲେ- ଝିଅର ବାପା ନାହିଁ, ମା'

ଏକା। ଗାଁଗଣ୍ଡା କଥା, ଝିଅଟିଏକୁ ବାହା କରେଇ ପାରୁନି, ପଇସାପତ୍ର ଯୋଗାଡ଼ କରିପାରୁନି। ମନଦୁଃଖରେ ମା' କାନ୍ଦିଲା। ସେ କାନ୍ଦିବା ବନ୍ଦ କରିବା ପରେ ତା'ପାଇଁ ଚିନ୍ତା କରି ମା' କାନ୍ଦୁଛି ବୋଲି ଝିଅ କାନ୍ଦୁଛି। ଏତକ ଶୁଣି ଚାଲିଆସିଲୁ, କିନ୍ତୁ କଥାଟା ମନକୁ ଏତେ ଆନ୍ଦୋଳିତ କଲା ଯେ, ତା' ପରଦିନ ପୁଣି ସେଇ ଗାଁକୁ ଗଲୁ। ଲୋକଙ୍କ ସହ ଆଲୋଚନା ପରେ ଜାଣିଲୁ ଯେ ଏଭଳି ଅନେକ ଝିଅ ବାହା ହୋଇପାରୁ ନାହାଁନ୍ତି ଓ ଗାଁ ଗଣ୍ଡାରେ ଗୋଟାଏ ସମସ୍ୟା ହେଲାଣି। ମୂଳରେ ରହିଲା ଯୌତୁକ ପାଇଁ ଟଙ୍କା ପଇସା ଯୋଗାଡ଼ କରିନପାରିବା। ଧାର ଉଧାର ନକରି ବର୍ଷଯାକ ଚଳିଯାଉଥିବା ପରିବାରମାନଙ୍କରେ ମଧ୍ୟ ଏଇ ସମସ୍ୟା। ଯଦି ପରିବାରର ଏକାଧିକ ଝିଅ, ତେବେ କଷ୍ଟେମଷ୍ଟେ ଜଣେ ଦି'ଜଣଙ୍କୁ ବିବାହ କଲାପରେ ଆଉ ଯଦି ଜଣେ ଦି'ଜଣ ରହିଯାଉଛନ୍ତି, ସେଇଠି ମଧ୍ୟ ସମସ୍ୟାଟି ରହୁଛି। ଖାଲି କ'ଣ ଝିଅମାନେ ରହିଯାଉଛନ୍ତି ବିବାହ ହୋଇନପାରି! ପୁଅମାନେ ମଧ୍ୟ ରହିଯାଉଛନ୍ତି।

ଅନେକ ଆଲୋଚନା ପରେ ଠିକ୍ ହେଲା ଯେ, ଆଖପାଖ ଦଶ ପନ୍ଦର ଖଣ୍ଡ ଗାଁର ମୁଖିଆ ଲୋକମାନଙ୍କୁ ନେଇ ଗୋଟେ ସଭା ହେବ ନୂଆଗାଁ ସ୍କୁଲ ହତାରେ। ସେଇଠି ସବୁ କଥା ଟିକିନିଖି ଆଲୋଚନା ପରେ କାର୍ଯ୍ୟପନ୍ଥା ସ୍ଥିର ହେବ। ସେଇଠୁ ନୂଆଗାଁ ଯାଇ ଲୋକଙ୍କ ସହ ଆଲୋଚନା ହେଲା। ଆଖପାଖ ଗାଁର ଲୋକଙ୍କୁ ନେଇ ସଭାର ଦିନ ବାର ସମୟ ଇତ୍ୟାଦି ଠିକ୍ ହେଲା। ଉଭୟ ଖଲିବନ୍ଧ ଓ ନୂଆଗାଁ ଲୋକ ଦାୟିତ୍ୱ ନେଲେ। ବର୍ତ୍ତମାନର ଜିଲ୍ଲାସ୍ତରରେ ଥିବା ଡିଆରଡିଏର ପୂର୍ବ ଅବତାର ଥିଲା ଏସଏଫଡିଏ। ତା'ର ପ୍ରୋଜେକ୍ଟ ଡାଇରେକ୍ଟର ଥିଲେ ସମର ବଲ୍ଲଭ ମହାପାତ୍ର। ତରୁଣ ଆଇଏଏସ୍ ହାକିମ, ଉତ୍ସାହ ଅନେକ। ପୁରୀ କଲେଜରେ ପଢ଼ିଲାବେଳେ ମୋର ଉପର ବ୍ୟାଚର ପାଥେରପୁରୀ ହଷ୍ଟେଲରେ ସାଙ୍ଗ ହୋଇ ରହୁଥିଲୁ। ଢେଙ୍କାନାଳ କଲେଜରୁ ମୁଁ ରହୁଥିବା ଅମଲାପଡ଼ାକୁ ଫେରିଲାବେଳେ ଘର ପାଖରେ ତାଙ୍କର ଅଫିସଟି ଥାଏ, ମଝିରେ ମଝିରେ ଦେଖାସାକ୍ଷାତ ହୁଏ। ଅନେକ ଆଲୋଚନା, ଦୁଃଖସୁଖ ହୁଏ। ଖଲିବନ୍ଧ ଓ ନୂଆଗାଁରେ ଯାହା କିଛି ଘଟୁଥାଏ, ସେ ବିଷୟରେ ଆଲୋଚନା ହୁଏ। ଯେଉଁଦିନ ଦଶପନ୍ଦର ଖଣ୍ଡ ଗାଁର ଲୋକ ଏକାଠି ହୋଇ ଆଲୋଚନା କରିବାର ଥିଲା, ସେଦିନ ଯିବାପାଇଁ ସେ ଆଗ୍ରହ ପ୍ରକାଶ କଲେ। ଯୌତୁକଜନିତ ସମସ୍ୟାଟିକୁ ଲୋକମାନେ କିଭଳି ବୁଝୁଛନ୍ତି ଓ କ'ଣ ଉପାୟ ବାହାର କରିବେ ସେ ବିଷୟରେ ଜାଣିବା ପାଇଁ ଚାହିଁଲେ। ବନ୍ଧୁ ପ୍ରଫୁଲ ବାବୁଙ୍କ ସହ ସମସ୍ତେ ନୂଆଗାଁ ସ୍କୁଲରେ ଯଥାସମୟରେ ପହଞ୍ଚିଲୁ।

ଧୀରେ ଧୀରେ ଲୋକମାନଙ୍କ ସଂଖ୍ୟା ବଢ଼ିଲା। ଗାଁ ମୁଖିଆଙ୍କ ବାଦ୍ କଥାଟିର

ଗୁରୁତ୍ୱ ଓ ଆବଶ୍ୟକତା ଦୃଷ୍ଟିରୁ ଆଉ ଅନେକ ଲୋକ ପହଞ୍ଚିଲେ। ଅନେକ ସମୟ ଧରି ଘମାଘୋଟ ଆଲୋଚନା ହେଲା। ଶେଷରେ ସ୍ଥିର ହେଲା- ଗୋଟିଏ ଦିନ ଠିକ୍ ହେଲା, ସେହି ଦିନ ପୂର୍ବରୁ ପ୍ରତ୍ୟେକ ଗାଁ ଅଭାବ ଅସୁବିଧା ବା ଅନ୍ୟ କାରଣରୁ ବିବାହ ହୋଇପାରୁନଥିବା ଝିଅମାନଙ୍କର ତାଲିକା କରିବେ। ସେଇଭଳି ପୁଅମାନଙ୍କର ମଧ୍ୟ ତାଲିକା ହେବ। ବାପା ମାଆ ବିଚାର କରି ବିବାହ ପାଇଁ ପୁଅଝିଅ ଠିକ୍ କରିବେ। ଗୋଟିଏ ଦିନରେ ନୂଆଗାଁ ସ୍କୁଲ ହତାରେ ସମସ୍ତଙ୍କର ବିବାହ ହେବ, ସେଥିରେ ଭୋଜିଭାତର ଆଡମ୍ବର ରହିବ ନାହିଁ। ଭାତ, ଡାଲମା, ଖଟା ବା ଭାତ, ଡାଲି, ତରକାରି ସମସ୍ତଙ୍କ ପାଇଁ ରୋଷେଇ ହେବ ସେଇ ସ୍କୁଲରେ। ଯୌତୁକ କଥା ରହିବନି। ପ୍ରକୃତରେ ଜଣେ ଲୋକଙ୍କର ବକ୍ତବ୍ୟ ଯଥା- ଯୌତୁକ ଯୌତୁକ ହେଉଛି, ଧରାଯାଉ ଜଣେ ଢେର୍ ଯୌତୁକ ଆଣିଲା, ଚାରି ପାଞ୍ଚ ବର୍ଷରେ ତାର ଯୋଡ଼େ ଝିଅ ହୋଇଗଲା, ସେଇଠୁ ? କଥାଟି ଲୋକଙ୍କର ମନକୁ ପାଇଲା। ଲୋକମାନେ ପ୍ରସ୍ତୁତି କାମରେ ଲାଗିପଡ଼ିଲେ।

ନୂଆଗାଁଟି ସେତେବେଳର ମୁଖ୍ୟମନ୍ତ୍ରୀ ନନ୍ଦିନୀ ଦେବୀଙ୍କର ନିର୍ବାଚନମଣ୍ଡଳୀରେ ଥିଲା। ତାଙ୍କୁ ଅନୁରୋଧ କଲୁ ଏଇ ସମୂହ ବିବାହ ଉତ୍ସବରେ ରହିବା ପାଇଁ, ଜରୁରି କାମରେ ଦିଲ୍ଲୀରେ ରହୁଥିବାରୁ ସେ ଉପସ୍ଥିତ ରହିପାରିବେନି, କିନ୍ତୁ ଯାହା ଆବଶ୍ୟକ କରେଇ ଦେବେ ବୋଲି କହିଲେ। ଗାଁକୁ ବିଜୁଳି ଯୋଗାଣ, ଜିଲ୍ଲାସ୍ତରୀୟ ହାକିମମାନଙ୍କର ଉପସ୍ଥିତି ସହ ସମୁଦାୟ ଉତ୍ସବଟିର ଗୋଟେ ଫିଲ୍ମ କରିବା କାମଟି କରିଦେଲେ। ଫିଲ୍ମଟି ଅନେକ ଦିନ ଧରି ରାଜ୍ୟର ସିନେମା ହଲମାନଙ୍କରେ ଟ୍ରେଲର ଭାବେ ଦେଖାଗଲା।

ସମୁଦାୟ ଉଣେଇଶିଟି ବିବାହ ଏକ ସମୟରେ ଅନୁଷ୍ଠିତ ହେଲା। ଆଡ଼ମ୍ବର ନଥିଲା, ଗାଁ ତରଫରୁ ସମସ୍ତଙ୍କ ପାଇଁ ଖାଇବା ବ୍ୟବସ୍ଥା ହେଲା। ଏ ଖବର ବିଭିନ୍ନ ଆଡ଼େ ବ୍ୟାପିବାରେ ଲାଗିଲା। ଏକଥା ଶୁଣି ଢେଙ୍କାନାଳ-ଭାପୁର ରାସ୍ତାରେ ଥିବା ମଙ୍ଗଳପୁର ଗାଁ ନିଜ ଆଡୁ ସମୂହ ବିବାହ ଆୟୋଜନ କରି ଷୋହଳଟି ବିବାହ ଅନୁଷ୍ଠିତ କଲେ। ଆନନ୍ଦ ବାବାଙ୍କର ଉଦ୍ଦେଶ୍ୟ ସାଧିତ ହେଲା।

■

ପ୍ରମେୟ, ୧୪ ଜାନୁୟାରୀ,୨୦୨୧

ମହିଳାଙ୍କ ଜନ୍ତାଳ ଓ ବାମାବାଦୀ ବିଚାର

ଢେଙ୍କାନାଳଠୁ ତରଭା-ନୂଆଗାଁ ଗଲାବେଳେ ବାଟରେ ରଞ୍ଜା ଛକ ପଡ଼େ, ସେଇଠୁ ଡାହାଣ ପାଖକୁ ଗଲେ ଅଳ୍ପବାଟ ପରେ ଡେରାସିଙ୍ଗି ଗାଁ। ପାହାଡ଼ ତଳେ, ବିଶେଷ ବଡ଼ ଗାଁ ନୁହେଁ। ସେଇ ଗାଁର କିଛି ଯୁବକ ଦିନେ ଆସି ଘରେ ପହଞ୍ଚିଲେ। ସେମାନେ ବେଶ୍ ଉତ୍‌ଫୁଲ୍ଲିତ ଜଣାପଡୁଥିଲେ। ତାଙ୍କର ପ୍ରଶ୍ନ ଥିଲା- ଆମେ ତ ଆମ ପାଖ ପାହାଡ଼ଟିକୁ ଜଗିଦେଲୁ, ଏବେ କ'ଣ କରିବୁ କହନ୍ତୁ। ପ୍ରକୃତରେ ଜଙ୍ଗଲ ପାଇଁ ପଦଯାତ୍ରା ଆରମ୍ଭ ହେଲା ସେଇ ଡେରାସିଙ୍ଗି ଗାଁରୁ, ସେମାନେ ପ୍ରଥମ ଦିନ ରାତିରେ ସଭାରେ ନିଷ୍ପତ୍ତି ନେଇଥିଲେ ତାଙ୍କର ପାହାଡ଼ଟିର ସୁରକ୍ଷା ପାଇଁ। ଦେଖିଲି ଗାଁର ତରୁଣମାନେ ସେତିକିରେ ସନ୍ତୁଷ୍ଟ ନୁହଁନ୍ତି, ଆଉ କିଛି କରିବାକୁ ଚାହାଁନ୍ତି।

ତାଙ୍କୁ ପଚାରିଲି- ଗାଁରେ ଜନ୍ତାଳ ହୁଏ? ହୁଏ ଆଜ୍ଞା। କେବେଠୁ ହେଉଛି? ଆମେ ପିଲା ଲୋକ, କହିପାରିବୁନି, କିନ୍ତୁ କେବେଠୁ ଚାଲିଛି। ସେଥିରେ ଝିଅ ଓ ମହିଳାମାନେ ଯୋଗ ଦିଅନ୍ତି? ନା ଆଜ୍ଞା, କେବଳ ପୁଅ ପିଲା, ପୁରୁଷମାନେ ଯୋଗ ଦିଅନ୍ତି। ମାଆ ଭଉଣୀମାନଙ୍କର ଜନ୍ତାଳରେ ମିଶିବା ପାଇଁ ଇଚ୍ଛା ହେଉନଥିବ? ଗାଁଯାକର ପୁଅମାନେ ଭୋଜି ଖାଇଲା ବେଳେ ନିଶ୍ଚୟ ତାଙ୍କର ଇଚ୍ଛା ହେଉଥିବ। ତେବେ ବର୍ଷବର୍ଷ ଧରି ଆମର ଗାଁରେ ଜନ୍ତାଳ ହେଉଛି, ଏବଂ ପ୍ରତିବର୍ଷ ସେମାନେ ଚୁପ୍ ରହିବାକୁ ବାଧ୍ୟ ହେଉଛନ୍ତି। ଆମେ କେବଳ ମହିଳାମାନଙ୍କ ପାଇଁ ଏବର୍ଷ ଦିନେ ଜନ୍ତାଳ ବ୍ୟବସ୍ଥା କରିବା, ସବୁ ମା' ଭଉଣୀ ସେଥିରେ ଯୋଗଦେବେ, କିନ୍ତୁ କୌଣସି ପୁଅ ବା ପୁରୁଷ ଲୋକ ଯୋଗଦେବେ ନାହିଁ। ଏ ପ୍ରସ୍ତାବରେ ରାଜି? ବଢ଼ିଆ ହେବ, ଆମେ ଗାଁରେ ଯାଇ ଆଲୋଚନା କରିବୁ, ଆପଣଙ୍କୁ କହିବୁ।

ନୂଆ ପିଢ଼ିର ଓ ସହରରେ ବଢ଼ିଥିବା ଲୋକଙ୍କୁ ଜନ୍ତାଳ କଥାଟା ଟିକିଏ ବୁଝେଇଦେବା ଆବଶ୍ୟକ। ସାଧାରଣତଃ ଚୈତ୍ର ମାସରେ ଗାଁରେ କୌଣସି ଦେବୀ

ଠାକୁରାଣୀ ମନ୍ଦିର ସାମନାରେ ଗୋଟେ ସମୂହ ଭୋଜିର ଆୟୋଜନ ହୁଏ। ପ୍ରତି ଘରର ମରଦ ଲୋକଙ୍କ ସଂଖ୍ୟା ଅନୁଯାୟୀ ଚାନ୍ଦାଭେଦା ଅସୁଲ ହୁଏ। ନିର୍ଦ୍ଦିଷ୍ଟ ଦିନରେ ଠାକୁରାଣୀଙ୍କର ବୋଦାଟିଏ ବଳି ପଡ଼େ। ସବୁ ଲୋକଙ୍କର ଚାହିଦା ଅନୁଯାୟୀ ମାଂସ ଅଣ୍ଟେନି, ତେଣୁ ପରିବାପତ୍ର ସହ ମାଂସ ରନ୍ଧା ହୋଇଥାଏ। କାହା ହାବୁଡ଼େ ପଡ଼େନି, ତେବେ ଆମିଷ ବାସନାରେ ମାଂସ ଖାଇବାର ଇଚ୍ଛାଟି ପୂରଣ ହୋଇଥାଏ। ଗାଁର ସଂଖ୍ୟାଧିକ ଲୋକଙ୍କ ପାଇଁ ଏ ଦିନଟି ବଡ଼ ମହତ୍ତ୍ୱପୂର୍ଣ୍ଣ ଓ ସେମାନେ ଅପେକ୍ଷା କରିଥାନ୍ତି ସେଇ ଦିନଟିକୁ। ଏଥିରେ କିନ୍ତୁ କୌଣସି ଝିଅ ଓ ମହିଳା ଯୋଗ ଦିଅନ୍ତି ନାହିଁ, ଯଦିଓ ଠାକୁରାଣୀ ମନ୍ଦିରରେ ବଳି ପଡ଼େ ଓ ସେଇଠି ଏ ଭୋଜିର ଆୟୋଜନ ହୋଇଥାଏ।

ଆଜିକାଲି ପରି ସେତେବେଳେ ଗାଁମାନଙ୍କରେ କୁକୁଡ଼ା ଫାର୍ମ ନଥିଲା ବା ମାଂସଦୋକାନ ମଧ୍ୟ ନଥିଲା। ଲୋକଙ୍କ ପାଖରେ ପଇସା ବି ନଥିଲା। ତେଣୁ ଅତି ବେଶୀରେ ବର୍ଷକେ ଥରେ ମାଂସ ବାସନାରେ କାମ ଚଳୁଥିଲା ଏବଂ ବର୍ତ୍ତମାନ ଭଣଭୋଜିର ଇଏ ଏକପ୍ରକାର ପ୍ରତିରୂପ। ଆଜିକାଲି ମଧ୍ୟ ଅନେକ ଗାଁରେ ଜନ୍ତାଳ ବ୍ୟବସ୍ଥାଟି ଅଛି। ଗାଁ ବଡ଼ ହୋଇଯିବାରୁ କେତେକ ଗାଁରେ ସାହିଓ୍ୱାରି କରାଯାଇଛି।

ଏବେ ଡେରାସିଙ୍ଗି ଗାଁକୁ ଫେରିବା। ଦି'ଦିନ ପରେ ସେହି ଯୁବକମାନେ ପୁଣି ଫେରିଲେ। ହସ ହସ ମୁହଁରୁ ଜାଣିଲି ପ୍ରସ୍ତାବଟି ଗାଁରେ ମଞ୍ଜୁର ହୋଇଛି। ଗାଁରେ ଆଲୋଚନା ହେଲା, ଲୋକେ ରାଜିହେଲେ, ଘରର ମାଇପିଙ୍କ ସଂଖ୍ୟା ଅନୁଯାୟୀ ଚାନ୍ଦାଭେଦା, ପୁରୁଷ ଲୋକମାନେ ହଣ୍ଡାହାଣ୍ଡି କାଠ ଯୋଗାଡ଼ କରିବେ। ବଜାରରୁ ପରିବାପତ୍ର ଇତ୍ୟାଦି କିଣାବିକା କରି ନେଇଆସିବେ, ଘରର ସ୍ତ୍ରୀଲୋକମାନେ ସକାଳ ନଅଟା ସୁଦ୍ଧା ପୁରୁଷ ଲୋକଙ୍କ ପାଇଁ ରୋଷେଇବାସ ସାରି ଚାଲିଆସିବେ। ଗାଁ ସ୍କୁଲରେ ଜନ୍ତାଳ ହେବ ଓ ରବିବାର ଦିନ ଛୁଟି ଥିବା ଯୋଗୁଁ ଅସୁବିଧା ହେବନି। ଏକା ନିଃଶ୍ୱାସରେ ସବୁ କହିଚାଲିଲେ।

ବଢ଼ିଆ ହେଲା। ତେବେ ତୁମେ ଜାଣ, ଗାଁଗଣ୍ଡା ଓ ସହରମାନଙ୍କରେ ମଧ୍ୟ ମହିଳାମାନଙ୍କର କେତେକ ବେମାର ଥାଏ। ତାକୁ ବେମାର ବୋଲି ଭାବନ୍ତିନି ବା ଭାବିଲେ ମଧ୍ୟ କହନ୍ତିନି। ଆଉ ସାଧାରଣତଃ ପୁରୁଷ ଡାକ୍ତରଙ୍କୁ ଦେଖେଇବାକୁ ପସନ୍ଦ କରନ୍ତି ନାହିଁ। ସେଥିପାଇଁ ସମସ୍ୟା ଉତ୍କଟ ନହେଲେ ବାହାରକୁ ବାହାରନ୍ତି ନାହିଁ। ତେଣୁ ଆମେ ଗୋଟେ କାମ କରିବା। ସେଦିନ ଆମେ ଢେଙ୍କାନାଳ ଜିଲ୍ଲା ହସପିଟାଲର କିଛି ଡାକ୍ତରାଣୀଙ୍କୁ ଅନୁରୋଧ କରିବା, ସେମାନେ ଯିବେ, ରୋଷେଇବାସ ଚାଲିଥିବା ଭିତରେ ସେମାନେ ସ୍ୱାସ୍ଥ୍ୟ ପରୀକ୍ଷା କରିନେବେ ଓ ଆବଶ୍ୟକୀୟ ପରାମର୍ଶ ଦେବେ। ଏ ପ୍ରସ୍ତାବରେ ଆନନ୍ଦରେ କରୁଲି ଉଠିଲେ ପିଲାମାନେ।

ସେଦିନ ଗାଁରେ ହଇଚଇ ଦେଖିବାର କଥା। ସକାଳ ନଅଟା ସୁଦ୍ଧା ଘରକାମ ଓ ରୋଷେଇବାସ ସାରି ଘରୁ ବାହାରି ଆସିଲେ ଝିଅ, ବୋହୂ ଓ ଶାଶୂମାନେ। ସତେଯେମିତି କୋଟିନିଧି ମିଳିଛି। ପୁରୁଷ ଲୋକମାନେ ସବୁ ସରଞ୍ଜାମ ଯୋଗାଡ଼ କରି ଚାଲିଗଲେ, କିଛି ତରୁଣ ଆୟୋଜକ ଧାଁଦଉଡ଼ କାମ ପାଇଁ ରହିଥାନ୍ତି।

ସେତେବେଳେ ଢେଙ୍କାନାଳ ସହର ହସପିଟାଲରେ ଡ. ସେବା ମହାପାତ୍ର ଓ ଡ. ଅଜୟ ମିଶ୍ରଙ୍କ ପତ୍ନୀ ଡ. ସବିତା ମିଶ୍ର ଥାଆନ୍ତି। ସେମାନଙ୍କୁ କାର୍ଯ୍ୟକ୍ରମଟି ବୁଝେଇଦେଲି ଓ ଅନୁରୋଧ କଲି ସେଥିରେ ଯୋଗଦେବା ପାଇଁ। ଉଭୟେ ବହୁତ ଖୁସି ହେଲେ ଓ ଯଥାସମୟରେ ଯୋଗଦେଲେ। ମହିଳାମାନଙ୍କର ସ୍ୱତନ୍ତ୍ର ସମସ୍ୟା ଓ ସନ୍ତାନ ଜନ୍ମ ସଂପର୍କୀୟ ଆବଶ୍ୟକୀୟ ପରାମର୍ଶ ଦେଇସାରିଲା ପରେ ଅନ୍ୟ କୋଠରିରେ ଜଣକ ପରେ ଜଣଙ୍କର ସମସ୍ୟା ବୁଝି ପରାମର୍ଶ ଦେଲେ। ଏଇ ସ୍ୱାସ୍ଥ୍ୟ ପରୀକ୍ଷା କାର୍ଯ୍ୟକ୍ରମରେ କେବଳ ମହିଳା ନୁହଁନ୍ତି, ପୁରୁଷ ଲୋକମାନେ ମଧ୍ୟ ବେଶ୍ ଖୁସିହେଲେ। ସବୁ ସରିଲା ପରେ ସମସ୍ତେ ଘରକୁ ଫେରିଲେ, ଡାକ୍ତରଙ୍କ ସହ ଢେଙ୍କାନାଳ ଫେରିଲି।

ସମୁଦାୟ ଘଟଣାଟି ବିଶେଷ ଗୁରୁତ୍ୱପୂର୍ଣ୍ଣ ଜଣାନପଡ଼ିଲେ ମଧ୍ୟ ଅନେକ ଦୃଷ୍ଟିରୁ ଖୁବ୍ ମହତ୍ତ୍ୱପୂର୍ଣ୍ଣ। ପ୍ରଥମ କଥା ହେଲା, ଆମ ସମାଜରେ ଝିଅ, ମହିଳାମାନେ ନାନା ବାଧାବିଘ୍ନ ବନ୍ଧନ ଦୈନନ୍ଦିନ ମୁକାବିଲା କରୁଛନ୍ତି ଓ ଅନେକ କଥାରୁ ବଂଚିତ ହେଉଛନ୍ତି। ଏହା ସହ ବିଭିନ୍ନ ପ୍ରକାର କଟକଣା, ନିର୍ଯ୍ୟାତନା ଓ ଅତ୍ୟାଚାର ମଧ୍ୟ ଭୋଗିବାକୁ ବାଧ୍ୟ ହେଉଛନ୍ତି। ସେମାନଙ୍କର ବର୍ତ୍ତମାନର ପରିସ୍ଥିତିରେ ପରିବର୍ତ୍ତନ ଯେଉଁ ପୁରୁଷ ଓ ମହିଳାମାନେ ଚାହୁଁଛନ୍ତି ଗୁରୁତ୍ୱ ଦୃଷ୍ଟିରୁ ପ୍ରଥମ ପର୍ଯ୍ୟାୟରେ କେତେକକୁ ବାଛିବାକୁ ହେବ। ଶେଷ ଲକ୍ଷ୍ୟ ଯଦିଓ ସାମଗ୍ରିକ ପରିବର୍ତ୍ତନ ବା ଆମୂଳଚୂଳ ସଂସ୍କାର, ତେବେ ପାଦେ ପାଦେ ଆଗେଇବା ଅଧିକ ସମୀଚୀନ ଓ ଦୀର୍ଘସ୍ଥାୟୀ ହେବ ଏବଂ ସେଇ ଅଲୋଚନା ପ୍ରକ୍ରିୟାରେ ପ୍ରଥମରୁ ହିଁ ପୁରୁଷମାନଙ୍କୁ ସାମିଲ କରାଯିବା ଉଚିତ ହେବ।

ମଣିଷ ଜାତି କଥା କହିଲାବେଳେ ଆମେ କେବଳ ମହିଳା ବା କେବଳ ପୁରୁଷଙ୍କୁ ବୁଝିବା ନାହିଁ। ଯଦି ଉଭୟଙ୍କୁ ନେଇ ମାନବ ଜାତି ବା ଆମ ସମାଜ, ତେବେ ଉଭୟଙ୍କର ପ୍ରଗତିରେ ସାମଗ୍ରିକ ପ୍ରଗତି ହାସଲ ହୋଇପାରିବ। ଅନେକ ସମୟରେ ମହିଳାମାନଙ୍କର ବର୍ତ୍ତମାନର ପରିସ୍ଥିତିର ପରିବର୍ତ୍ତନ ପାଇଁ କେତେକ ଫେମିନିଷ୍ଟ ବା ବାମାବାଦୀମାନେ ଭାବନ୍ତି ଯେ, ଯେହେତୁ ପୁରୁଷପ୍ରଧାନ ସମାଜ ହିଁ ସେମାନଙ୍କର ସମସ୍ତ ଅବନତି ତଥା ଦୁଃସ୍ଥିତିର କାରଣ, ସେଥିପାଇଁ ସେମାନଙ୍କ ସହ ମୁହାଁମୁହିଁ ବା ସାଲିସହୀନ ଲଢ଼େଇ ଅନିବାର୍ଯ୍ୟ ଓ ପୁରୁଷମାନେ କସ୍ମିନକାଳେ ମହିଳାମାନଙ୍କର ମୁକ୍ତି ଚାହିଁବେ ନାହିଁ, ସେଥିପାଇଁ ସେମାନଙ୍କୁ ସାଥିରେ ନେବାର ପ୍ରଶ୍ନ ଉଠୁନାହିଁ।

ଆଉ କିଛି ବାମାବାଦୀ, ବିଶେଷତଃ ପାଶ୍ଚାତ୍ୟ ଜଗତର ବାମାବାଦୀ ଧରିନେଲେ ଯେ ସେମାନଙ୍କୁ ପୁରୁଷମାନଙ୍କ ସହ ସମକକ୍ଷ ହେବାକୁ ହେଲେ ପୁରୁଷମାନେ ଯେପରି ପୋଷାକ ପିନ୍ଧନ୍ତି ସେଭଳି ପିନ୍ଧିବାକୁ ହେବ, ସିଗାରେଟ ପିଇବା, ମଦ ପିଇବା, ବାର୍‌ମାନଙ୍କରେ ବିଳମ୍ବିତ ରାତିଯାଏ କଟେଇବାକୁ ହେବ। ଆଉ କିଛି ଉଗ୍ରମାର୍କା ବାମାବାଦୀ ବା ଫେମିନିଷ୍ଟ ବିବାହ ବ୍ୟବସ୍ଥାଟିକୁ ନାକଚ କରିଦେଲେ, ଅନ୍ତଃବସ୍ତ୍ର ଫୋପାଡ଼ିଦେଲେ ବା ପୋଡ଼ିଦେଲେ, ମୁକ୍ତଯୌନ ସଂପର୍କକୁ ଯଥାର୍ଥ ପ୍ରତିପାଦିତ କଲେ, ବକ୍ଷକୁ ଉନ୍ମୁକ୍ତ କରି ସ୍ତନଯୁଗଳ ପ୍ରଦର୍ଶନରେ କେବଳ ଗୌରବ ଅନୁଭବ କଲେନାହିଁ, ବରଂ ନାରୀମୁକ୍ତିର ତାକୁ ପ୍ରଶସ୍ତ ମାର୍ଗ ବୋଲି ଭାବିଲେ। ବାମାବାଦୀମାନଙ୍କର ଅନ୍ୟ ଏକ ଗୋଷ୍ଠୀ ବେଶ୍ୟାବୃତ୍ତିରେ ନିଜକୁ ନିୟୋଜିତ କରି ଅର୍ଥ ଉପାର୍ଜନ କରିବା ନାରୀର ସ୍ୱାଧୀନତାର ଏକ ପ୍ରତୀକ ଓ କ୍ୟାମେରା ଆଗରେ ବିଭିନ୍ନ ପ୍ରକାର ଯୌନକର୍ମରେ ଲିପ୍ତ ଥିବାର ଦୃଶ୍ୟ ଦେଖେଇ ସେ ଚିତ୍ରକୁ ବିକ୍ରି କରି ବଂଚିବା ମଧ୍ୟ ନାରୀ ପ୍ରଗତି ତଥା ସ୍ୱାଧୀନତାର ଚିହ୍ନ ବୋଲି ଅଭିହିତ କଲେ। ପାଶ୍ଚାତ୍ୟ ଜଗତର ବାମାବାଦୀଙ୍କ ମତରେ, ନାରୀମୁକ୍ତିର ଏସବୁ ହେଲା ପ୍ରଶସ୍ତ ପଥ।

ଆମ ଦେଶର, ଆମ ସମାଜର ନାରୀମାନଙ୍କର ସମସ୍ୟା ସବୁର ସମାଧାନର ବାଟ ପାଇଁ ଉପରୋକ୍ତ କୌଣସି ବିଚାର ଉପଯୁକ୍ତ ନୁହେଁ। ଆମ ଦେଶରେ ବିବାହ ସମୟରେ ଝିଅମାନଙ୍କର ଅନେକ ସମୟରେ ଜୀବସାଥୀ ବାଛିବାରେ କିଛି କହିବାର ନଥାଏ, ବିବାହ ପାଇଁ ଯଥେଷ୍ଟ ଯୌତୁକ ଯୋଗାଡ଼ କରିବାକୁ ପଡ଼େ, ସେଥିରେ କିଛି ଉଣା ହେଲେ ନାନା ନିର୍ଯ୍ୟାତନାର ସମ୍ମୁଖୀନ ହେବାକୁ ପଡ଼େ, ଏପରିକି ମୃତ୍ୟୁ ମଧ୍ୟ ହୋଇଥାଏ। ଏଇଥିପାଇଁ ଝିଅକୁ ଗୋଟେ ବୋଝ ବୋଲି ଧରିନିଆଯାଏ। ଏଇ ହେଲା ଭ୍ରୂଣ, ହତ୍ୟାର ମୁଖ୍ୟ କାରଣ। ଆଉ କେତେକ ସମୟରେ ଝିଅମାନେ ନାନାପ୍ରକାର ପ୍ରଲୋଭନ ତଥା ପ୍ରତାରଣାର ଶିକାର ହୋଇଥାନ୍ତି। କେତେକ କ୍ଷେତ୍ରରେ ବାପାମାଆଙ୍କର ଦାରିଦ୍ର୍ୟର ସୁଯୋଗ ନେଇ ଝିଅମାନେ ଅପହୃତା ବା ବିକ୍ରି ହୋଇଥାନ୍ତି। ଚାକିରି ବାକିରି କ୍ଷେତ୍ରରେ ନାନା ଅସୁବିଧାର ସମ୍ମୁଖୀନ ହୋଇଥାନ୍ତି। ଅସୁବିଧାରେ ପଡ଼ିଲେ ବାପଘର ବା ଶାଶୂଘର ଆଡୁ ଆବଶ୍ୟକୀୟ ସାହାଯ୍ୟ ଓ ସମର୍ଥନ ମିଳିନଥାଏ। ଏସବୁ ବାଦ୍ ବାଲ୍ୟବିବାହ, ବିଧବାବିବାହ ଉପରେ କଟକଣା ଇତ୍ୟାଦି ରହିଛି। ଏସବୁ ପୁଣି ଅଞ୍ଚଳ ଓ ଗୋଷ୍ଠୀଭେଦରେ ଭିନ୍ନ ଭିନ୍ନ ରୂପ ନେଇଥାଏ। ଆଉ ଗୋଟାଏ ବଡ଼ ସମସ୍ୟା ହେଲା ଯେକୌଣସି ବସ୍‌ରେ ଓ ଯେକୌଣସି ସ୍ଥାନରେ ଧର୍ଷିତା ହେବାର ଭୟ ଓ ପୁଣି ଯଦି ଦୁଷ୍କର୍ମର ଶିକାର ହୁଏ, ସମର୍ଥନ ଓ ନ୍ୟାୟ ପାଇବାରେ ଅନିଶ୍ଚିତତା।

ମଦ୍ୟପ ଓ ନିଶାଗ୍ରସ୍ତମାନଙ୍କ ଦ୍ୱାରା ପରିବାର ଭିତରେ ଓ ବାହାରେ ମହିଳାମାନେ ବିଭିନ୍ନ ପ୍ରକାର ହିଂସାର ଶିକାର ହୋଇଥାନ୍ତି । ଭାରତରେ ବାମାବାଦୀମାନଙ୍କର କ୍ରମାଗତ ଉଦ୍ୟମ ଫଳରେ ଏ ସମସ୍ୟାମାନଙ୍କର ଅନେକ ସୁଧାର ଆସିଛି, ଆଇନରେ ପରିବର୍ତ୍ତନ ହୋଇଛି, ତେବେ ବହୁତ ବାକି ଅଛି ଓ ପୁରୁଷମାନଙ୍କର ସହଯୋଗ ତଥା ସମର୍ଥନରେ ଅଧିକ ଆଗେଇବାକୁ ହେବ । ତରୁଣ ତରୁଣୀମାନେ ସେଥିରେ ପୁରୋଭାଗରେ ରହିବା ବାଞ୍ଛନୀୟ ।

ପ୍ରମେୟ, ୦୨ ଡିସେମ୍ବର, ୨୦୨୦

ସଫେଇ କର୍ମୀ ଆବଶ୍ୟକ

ବେଦ, ଉପନିଷଦ୍, ରାମାୟଣ, ମହାଭାରତ, ଶ୍ରୀମଦ୍ ଭାଗବତ ସହ ସମସ୍ତ ପୁରାଣ, ସ୍ମୃତି ଶାସ୍ତ୍ର ବିଶେଷତଃ ମନୁ ସ୍ମୃତି ଇତ୍ୟାଦି ଗ୍ରନ୍ଥଗୁଡ଼ିକ ଯୁଗ ଯୁଗ ଧରି ଆମର ବିଚାର, ଭାବନା, ଚଳଣି ଓ ସାମଗ୍ରିକ ଦୃଷ୍ଟିକୋଣକୁ ପ୍ରଭାବିତ କରି ଆସିଛନ୍ତି। ଏସବୁ ବ୍ୟତୀତ ଓଷା ବ୍ରତ ଇତ୍ୟାଦି ପାଇଁ ଲେଖାଯାଇଥିବା ବହିଗୁଡ଼ିକ ମଧ୍ୟ ଆମର ଦୈନନ୍ଦିନ ଜୀବନ ସହ ଓତପ୍ରୋତ ଭାବେ ଜଡ଼ିତ ଅଛନ୍ତି। ଏମାନଙ୍କ ମଧ୍ୟରୁ ରାମାୟଣ, ମହାଭାରତ ଓ ଶ୍ରୀମଦ୍ ଭାଗବତ ଭଳି ମହାନ୍ ଗ୍ରନ୍ଥଗୁଡ଼ିକ ବିଭିନ୍ନ ସମୟରେ ସ୍ଥାନୀୟ ରଙ୍ଗ ପୁଟ ସହ ବହୁ ଭାବରେ ପରିବର୍ତ୍ତିତ ଓ ପରିବର୍ଦ୍ଧିତ ହୋଇଛନ୍ତି। ରାମାୟଣ ବିଭିନ୍ନ ଦେଶରେ ଭିନ୍ନ ଭିନ୍ନ ରୂପ ନେଇଚି, ମହାଭାରତରେ ହଜାର ହଜାର ଶ୍ଳୋକ ବିଭିନ୍ନ ସମୟରେ ଯୋଡ଼ାଯାଇ ଶେଷରେ ଏହା ଅତି ପୃଥୁଳକାୟ ହୋଇଚି। କୁହାଯାଏ ଯେ ମନୁସ୍ମୃତିରେ ଅର୍ଦ୍ଧାଧିକ ଶ୍ଳୋକ ଏଭଳି ଚତୁର ଭାବେ ଖଞ୍ଜି ଦିଆଯାଇଚି ଯେ କେବଳ ଅତି ସୂକ୍ଷ୍ମ ଭାବରେ ନିରୀକ୍ଷଣ କଲେ ସେଗୁଡ଼ିକ ଅପ୍ରାସଙ୍ଗିକ ଓ ମୂଳ ଲେଖା ସହ ଖାପ ଖାଉ ନଥିବା କଥା ଜଣାପଡ଼େ। ଓଷା ଉପବାସ ପାଇଁ ଲେଖା ଯାଇଥିବା ବହିଗୁଡ଼ିକୁ ଅନୁଧ୍ୟାନ କଲେ ଅନେକ ସମୟରେ ଖୁବ୍ ହାସ୍ୟାସ୍ପଦ ଜଣାପଡ଼େ, ଅଥଚ ସେଗୁଡ଼ିକୁ ଶିକ୍ଷିତ ଅଶିକ୍ଷିତ ନିର୍ବିଶେଷରେ ନିଷ୍ଠାର ସହ ପାଳନ କରିଥାନ୍ତି। ବେଦୋକ୍ତ ମନ୍ତ୍ରଗୁଡ଼ିକ ପ୍ରାୟ ଅକ୍ଷତ ଅବସ୍ଥାରେ ଚାଲି ଆସିଥିଲେ ମଧ୍ୟ ମନ୍ତ୍ରରେ ଥିବା ଶବ୍ଦଗୁଡ଼ିକର ବିଭିନ୍ନ ଅର୍ଥ ଥିବାରୁ ପଣ୍ଡିତମାନେ ନିଜର ବିଚାରକୁ ସୁହାଇଲା ଭଳି ଭିନ୍ନ ଭିନ୍ନ ଅର୍ଥ କରି ଦେଇଥାନ୍ତି।

ଆମେ ବ୍ୟବହାର କରୁଥିବା ହାତ ହତିଆରରୁ ଆରମ୍ଭ କରି ସାଇକେଲ, ଗାଡ଼ିମୋଟର ଓ ଯନ୍ତ୍ରପାତିରେ କଳଙ୍କି ଲାଗିଯାଏ, ମଝିରେ ମଝିରେ ସେସବୁରେ ସଫେଇ ଆବଶ୍ୟକ ହୁଏ। ସେହିପରି କାନ୍ଥ ବାଡ଼ରେ ଶିଉଳି ଲାଗିଯାଏ ଓ ଶିଉଳି ସଫା କରିବାକୁ ହୁଏ। ଆମ ଗ୍ରନ୍ଥମାନଙ୍କର ଅବସ୍ଥା ମଧ୍ୟ ସେୟା।

ଏଠାରେ ଆଉ ଗୋଟିଏ କଥା ସୂଚାଇ ଦେବା ଆବଶ୍ୟକ ମନେହୁଏ। ଜନସାଧାରଣଙ୍କର ଆସ୍ଥା ଭାଜନ ପାଇଁ, ତାଙ୍କର ବିଶ୍ୱାସ ବଢ଼େଇବା ପାଇଁ, ଗ୍ରନ୍ଥଗୁଡ଼ିକ ପ୍ରତି ସମ୍ମାନ ବଢ଼େଇବା ପାଇଁ ଏ କଥାଟି ବ୍ରହ୍ମା ନାରଦଙ୍କୁ ବା ଅମୁକ ଋଷିଙ୍କୁ କହିଲେ, ଏହା କୃଷ୍ଣଙ୍କ ମୁଖନିଃସୃତ ବାଣୀ ବା ଲକ୍ଷ୍ମୀ ପଚାରିଲେ ଓ ବିଷ୍ଣୁ ଉତ୍ତରରେ କହିଲେ ବା ପାର୍ବତୀଙ୍କର ପ୍ରଶ୍ନର ଉତ୍ତର ମହାଦେବ ଏହିପରି ଭାବରେ ଦେଇଥିଲେ, ଏଭଳି ଲେଖାଯାଇଥାଏ। ପ୍ରକୃତରେ କିନ୍ତୁ ସେସବୁ କବି ବା ଲେଖକଙ୍କର ନିଜସ୍ୱ ମତ। ଦ୍ୱିତୀୟରେ, ମହାଭାରତ ମହର୍ଷି ବ୍ୟାସ ରଚନା କରିଥିଲେ, ତା'ସହ ଅଷ୍ଟାଦଶ ପୁରାଣରେ ରଚୟିତା ମଧ୍ୟ ସେଇ। ପ୍ରକୃତ କଥା ହେଲା ଏଗୁଡ଼ିକ ବିଭିନ୍ନ ସମୟର। ବର୍ତ୍ତମାନର ମହାଭାରତ ଶହ ଶହ ବର୍ଷ ଧରି ବିଭିନ୍ନ ବ୍ୟକ୍ତିଙ୍କ ଦ୍ୱାରା ଲିଖିତ। ପୁରାଣମାନଙ୍କର ରଚନା କାଳ ତ ଏଇ କେତେ ଶହ ବର୍ଷ ତଳେ। ତେଣୁ ଜଣେ ବ୍ୟାସଙ୍କ ପକ୍ଷରେ ଏ ସବୁ ଲେଖିବା ସମ୍ଭବ ନୁହେଁ। (ଅବଶ୍ୟ ବ୍ୟାସର ଅର୍ଥ ବିସ୍ତାର, ଯିଏ ଗପ ଭିତରେ ଗପ, ତା'ଭିତରେ ଆବୃତ ଗପ ଏ ଭଳି ବିସ୍ତାର କରି ଲେଖିଲେ ସେ ବ୍ୟାସ ହୋଇଗଲେ ଓ ବ୍ୟାସ ଗୋଟାଏ ସାଙ୍ଗିଆ ହୋଇଗଲା।) ପୁଣି କୌଣସି କଥା ଯଦି ସଂସ୍କୃତରେ ଲେଖା ହୋଇଗଲା ଓ ଅମୁକ ଋଷି କହିଛନ୍ତି ବୋଲି କହି ଦିଆଗଲା, ତେବେ ସେ ଧର୍ମଗ୍ରନ୍ଥ ହୋଇଗଲା।

ଏଇ ହଜାର ହଜାର ବର୍ଷ ଭିତରେ ଗ୍ରନ୍ଥଗୁଡ଼ିକରେ ଅନେକ ମିଶ୍ରଣ ବା ଅପମିଶ୍ରଣ ହୋଇଛି। ବିଭିନ୍ନ ଭାବେ ମୂଳ ବିଚାର ଗୁଡ଼ିକ କଳୁଷିତ ହୋଇଛି। ପ୍ରଚଣ୍ଡ ପ୍ରତିଭାବାନ ଓ ବେଦଜ୍ଞ ସ୍ୱାମୀ ଦୟାନନ୍ଦ, ସ୍ୱାମୀ ବିବେକାନନ୍ଦ ପ୍ରଭୃତି ବେଦର କଦର୍ଥ ଓ ଶାସ୍ତ୍ରମାନଙ୍କରେ ପଶିଥିବା ଆବର୍ଜନାଗୁଡ଼ିକୁ ସଫା କରିବା ପାଇଁ ପ୍ରଗାଢ଼ ଓ ନିଷ୍ଠାପର ଉଦ୍ୟମ କରିଥିଲେ; କିନ୍ତୁ କଳଙ୍କି ବା ଅପମିଶ୍ରଣର ପରିମାଣ ଏତେ ଯେ ଓ ସେ ଗୁଡ଼ିକ ଆମର ଏଭଳି ଅସ୍ଥିମଜ୍ଜାଗତ ହୋଇଯାଇଛି ଯେ ଜଣେ ଦି'ଜଣ ବା ଗୋଟେ ଜୀବନକାଳ ମଧ୍ୟରେ ସେଗୁଡ଼ିକୁ ସଫା କରିବା ସମ୍ଭବ ହୋଇନପାରେ। ତା' ବ୍ୟତୀତ ଗ୍ରନ୍ଥମାନଙ୍କରେ ଥିବା ସବୁ ବିଚାର ଯେ ବର୍ତ୍ତମାନ ମଧ୍ୟ ଗ୍ରହଣଯୋଗ୍ୟ, ତା' ହୋଇ ନ ପାରେ। ସବୁ ବିଜ୍ଞ ବ୍ୟକ୍ତି ଅନେକ ଆଲୋଚନା, ତର୍କବିତର୍କ ପରେ ଆମର ସମ୍ବିଧାନ ତିଆରି କଲେ, କିନ୍ତୁ ଶହେ ବର୍ଷ ନ ପୁରୁଣୁ ଶହେରୁ ଅଧିକ ସଂଶୋଧନ ଆବଶ୍ୟକ ହେଲା ଯୁଗୋପଯୋଗୀ କରିବା ପାଇଁ। ହଜାର ହଜାର ବା ଶହ ଶହ ବର୍ଷ ତଳେ ମଣିଷ ସମାଜ ପାଇଁ ଯେଉଁ ଆଚାର ସଂହିତା ରଚିତ ହୋଇଥିଲା ସେଥିରେ ମଧ୍ୟ ପରିବର୍ତ୍ତନର ଆବଶ୍ୟକତା ରହିଛି।

ଏବେ କେତୋଟି ଉଦାହରଣ ଦେବା। ଗୀତା ହିନ୍ଦୁମାନଙ୍କର ଏକ ପବିତ୍ର ଗ୍ରନ୍ଥ,

କିନ୍ତୁ ଏହା ମହାଭାରତର ଏକ ଅଂଶ। ମହାଭାରତର ରଚୟିତା ମହର୍ଷି ବ୍ୟାସ ହୋଇଥିବା ଦୃଷ୍ଟିରୁ ଗୀତାର ରଚୟିତା ମଧ୍ୟ ସିଏ। ଆଉ ଗୀତାରେ କୁହାଗଲା ଯେ, ସ୍ତ୍ରୀ କୁଳଟା ହେଲେ ଧର୍ମ ନଷ୍ଟ ହୁଏ, ବର୍ଣ୍ଣଶଙ୍କର ଜାତ ହୁଅନ୍ତି ଓ ଧର୍ମ ନଷ୍ଟ ହୁଏ। ଏଭଳି କଥା ଠିକ୍ ବା ଭୁଲ୍ କୁହାଯାଉନି, କିନ୍ତୁ ମହର୍ଷି ବ୍ୟାସଙ୍କ ଦ୍ୱାରା ଏଭଳି କଥା କିପରି କୁହାଯିବ? ତାଙ୍କର ପିତା ଥିଲେ ମୁନି ପରାଶର, ମାତା ଥିଲେ କୈବର୍ତ୍ତ ପୁତ୍ରୀ ମତ୍ସ୍ୟଗନ୍ଧା ବା ସତ୍ୟବତୀ। ପୁଣି କୁହାଯାଏ ଯେ ପାଣ୍ଡବାଃ ଜାରଜାତକାଃ। ଆଉ ସେମାନେ ଧର୍ମାଚରଣ କରୁଥିବା, ଧର୍ମରକ୍ଷା ପାଇଁ ଶ୍ରୀକୃଷ୍ଣ ସେମାନଙ୍କ ପକ୍ଷରେ ଥିଲେ। ଏଥିରୁ ଗୋଟିଏ କଥା ସ୍ପଷ୍ଟ ହେଉଛି କୌଣସି ଏକ ସମୟରେ ଗୀତାରେ ଏଇ ଶ୍ଳୋକଟି ଯୋଡ଼ି ଦିଆଯାଇଛି।

ମହାଭାରତର ଅନ୍ୟ ଏକ କାହାଣୀ ପ୍ରତି ଦୃଷ୍ଟି ଦେବା। ଭୀମଙ୍କର ଗଦାଘାତରେ ଦୁର୍ଯ୍ୟୋଧନଙ୍କର ମୃତ୍ୟୁ ହେଲା। ମୃତ୍ୟୁ ପୂର୍ବରୁ ସେ କହିଲେ- ଏ ଯୁଦ୍ଧରେ ଆମର ହିଁ ବିଜୟ ସୁନିଶ୍ଚିତ ଥିଲା। ନାନା ଛଳ କରି, କପଟ କରି ଗୁରୁ ଦ୍ରୋଣାଚାର୍ଯ୍ୟ, ମହାବୀର କର୍ଣ୍ଣ ଓ ଜୟଦ୍ରଥ ଇତ୍ୟାଦିଙ୍କୁ ହତ୍ୟା କରି, ଶ୍ରୀଖଣ୍ଡୀକୁ ଆଗରେ ରଖି ପିତାମହ ଭୀଷ୍ମଙ୍କୁ ନିରସ୍ତ୍ର କଲ। ଅଧର୍ମାଚରଣ କରି ଓ ଅନ୍ୟାୟ ଭାବେ ଆମକୁ ପରାସ୍ତ କରିଛ। ଆଉ ମୁଁ ଧର୍ମରେ ଥିବା ହେତୁ ତୁମ ଆଗରେ ମୁଁ ସ୍ୱର୍ଗାରୋହଣ କରୁଚି। ଏଇ ମର୍ତ୍ତ୍ୟରେ ପଡ଼ିଥାଅ ତୁମେ। ଏତିକି କହିବା ନ ସରୁଣୁ ସ୍ୱର୍ଗରୁ ପୁଷ୍ପ ବୃଷ୍ଟି ହେଲା, ଦୁନ୍ଦୁଭିନାଦ ଓ ଦୁର୍ଯ୍ୟୋଧନଙ୍କର ଯଶୋଗାନ ଶୁଭିଲା। ଅପସରାମାନେ ଦୁର୍ଯ୍ୟୋଧନଙ୍କୁ ସ୍ୱର୍ଗକୁ ପାଛୋଟି ନେଲେ। ଅପର ପକ୍ଷରେ ପାଞ୍ଚ ପତି ଥିଲେ ମଧ୍ୟ ଦ୍ରୌପଦୀ ସମସ୍ତଙ୍କୁ ସମାନ ଦୃଷ୍ଟିରେ ଦେଖୁନଥିଲେ। ନକୁଳ ଓ ସହଦେବ ନିଜ ନିଜର ସୌନ୍ଦର୍ଯ୍ୟ ନେଇ ଗର୍ବ କରୁଥିଲେ ଏବଂ ଭୀମ ଓ ଅର୍ଜୁନ ନିଜ ନିଜର ଶକ୍ତିକୁ ନେଇ ମଧ୍ୟ ଗର୍ବାନ୍ୱିତ ଥିଲେ। ଏଇ ଅପରାଧ ପାଇଁ ସେମାନେ ସ୍ୱର୍ଗ ଦେଖିପାରିଲେ ନାହିଁ। କେବଳ ଯୁଧିଷ୍ଠିର ହିଁ ସ୍ୱର୍ଗ ଦେଖିଲେ। ସେ ପୁଣି ନରେ ବା ଗୁଞ୍ଜରେ ଅଶ୍ୱତ୍‌ଥମା ହତ ଭଳି କଥା କହିଥିବାରୁ ନର୍କ ବାଟ ଦେଇ ସ୍ୱର୍ଗକୁ ଯିବାକୁ ହେଲା। ପୁଣି ସେ ଗଲା ପରେ ତାଙ୍କ ଆଗରୁ ଦୁର୍ଯ୍ୟୋଧନ ଯାଇଥିବା ଦେଖିଲେ।

ମହର୍ଷି ବ୍ୟାସ ମଣିଷ ଚରିତ୍ରର ଏକ ଚମତ୍କାର ବ୍ୟାଖାକାର ଓ ସମସ୍ତଙ୍କର- ଦୁର୍ଯ୍ୟୋଧନ, କର୍ଣ୍ଣ, ଭୀଷ୍ମ, ଯୁଧିଷ୍ଠିର ଇତ୍ୟାଦି- ଉଭୟ ଭଲ ଓ ମନ୍ଦ ଦିଗଗୁଡ଼ିକୁ ଅତି ନିଖୁଣ ଭାବେ ଚିତ୍ରଣ କରିଛନ୍ତି। କିନ୍ତୁ ଦୁର୍ଯ୍ୟୋଧନଙ୍କ ଭକ୍ତି ଓ ପ୍ରଥମେ ସ୍ୱର୍ଗାରୋହଣ କଥାଟା ମହାଭାରତର ମୂଳତତ୍ତ୍ୱର ସଂପୂର୍ଣ୍ଣ ବିପରୀତ ଜଣାପଡ଼େ। ମହାଭାରତ ଭଳି ମହାସମୁଦ୍ରରେ କଥାଟି ମିଶେଇ ଦିଆଯାଇଥିବା ଜଣାପଡ଼େ। କାରଣ ଭୀମ ଓ ଅର୍ଜୁନ, ବା ନକୁଳ ଓ ସହଦେବଙ୍କ ଠାରୁ ଦୁର୍ଯ୍ୟୋଧନଙ୍କର ଗର୍ବ କ'ଣ କମ ଥିଲା? ଏକବସ୍ତ୍ରୀ

କୁଳବଧୂ ଦ୍ରୌପଦୀଙ୍କୁ ରାଜସଭାକୁ ଟାଣି ଆଣି ବିବସନା କରିବା କ'ଣ ଅପରାଧ ନ ଥିଲା ? ସର୍ତ୍ତ ଅନୁଯାୟୀ ପାଣ୍ଡବମାନଙ୍କୁ ଅଜ୍ଞାତବାସ ପରେ ରାଜ୍ୟ ନ ଫେରାଇ, ଏପରିକି ପାଞ୍ଚଟି ପଡ଼ା ମଧ୍ୟ ନଦେଇ ବିନା ଯୁଦ୍ଧରେ ସୂଚ୍ୟଗ୍ର ମେଦିନୀ ନଦେବା ଘୋଷଣା କରି ଯୁଦ୍ଧରେ ଅଶେଷ ରକ୍ତପାତର କାରଣ କ'ଣ ଦୁର୍ଯ୍ୟୋଧନ ନ ଥିଲେ ? ଏମିତି ଦୁର୍ଯ୍ୟୋଧନଙ୍କ ଅଧର୍ମାଚରଣର ଉଦାହରଣରେ ମହାଭାରତ ଭରପୁର ।

ଅନ୍ୟପକ୍ଷରେ ଯୁଧିଷ୍ଠିରଙ୍କୁ କାହିଁକି ନର୍କ ବାଟ ଦେଇ ସ୍ୱର୍ଗକୁ ଯିବାକୁ ହେଲା । ଅଶ୍ୱତ୍‌ଥମାଙ୍କର ମୃତ୍ୟୁର ସତ୍ୟତା ଜାଣିବା ପାଇଁ ଗୁରୁ ଦ୍ରୋଣ ଯୁଧିଷ୍ଠିରଙ୍କୁ ପଚାରିଲେ, କାରଣ ସେ ଧର୍ମରେ ଥାଆନ୍ତି ଓ ସେ ହିଁ ସତ୍ୟ କହିବେ, କିନ୍ତୁ ସିଧାସଳଖ ଉତ୍ତର ନ ଦେଇ ବାଆଁରେଇ ଦେଲେ । ଏ ଆଚରଣ ପାଇଁ ହିଁ ତାଙ୍କୁ ନର୍କ ଦର୍ଶନ ଯୋଗ ମିଳିଲା । ନିଜ ପତ୍ନୀଙ୍କୁ ପଶା ଖେଳରେ ଯେ ବାଜି ରଖିଲେ ଓ ସେଇଥିପାଇଁ ନିଜ ଆଖିରେ ପଞ୍ଚପତି ନିଜ ପତ୍ନୀଙ୍କର ଇଜ୍ଜତ ଲୋଟିବାର ଦୃଶ୍ୟ ଦେଖି ମଧ୍ୟ ନିର୍ଧୈର୍ଯ୍ୟ ହୋଇ ରହିଲେ- ଏ ଘଟଣାଟି, ଏ ଅପରାଧଟି କ'ଣ ଗୌଣ ଥିଲା ?

ଏ ସବୁ ବ୍ୟତୀତ ମହାଭାରତର ଯାହା ଅସଲ ମଞ୍ଜି କଥା, ତା' ହେଲା କୃଷ୍ଣାବତାରଟି ଧର୍ମସଂସ୍ଥାପନ ପାଇଁ ହୋଇଥିଲା । ଏହା ଯଦି ସତ୍ୟ, ତେବେ ଦୁର୍ଯ୍ୟୋଧନଙ୍କର ପ୍ରଥମେ ସ୍ୱର୍ଗାରୋହଣ କଥାଟି ସମ୍ପୂର୍ଣ୍ଣ ଖାପଛଡ଼ା ଜଣାଯାଏ । ଏହା ଏକ ଅପମିଶ୍ରଣ, କାରଣ ଧର୍ମରେ ଥିବା ହେତୁ ତ ପାଣ୍ଡବଙ୍କ ପକ୍ଷରେ କୃଷ୍ଣ ରହିଲେ ।

ମହାଭାରତର ଆଉ କେଉଁ କେଉଁ କାହାଣୀଗୁଡ଼ିକ ଏଭଳି ମିଶେଇ ଦିଆଯାଇଚି ଯାହା ମୂଳ ବିଚାରକୁ ବିରୋଧ କରୁଚି; ଗଭୀର ଅନୁଧ୍ୟାନ ପରେ ସେସବୁ ଠାବ କରିବାକୁ ହେବ, ସେ କାମଟି ସଫେଇ କର୍ମୀମାନେ କରିବେ । ଏହା ଏକ ଜଟିଳ କାର୍ଯ୍ୟ, କିନ୍ତୁ ସମ୍ଭବ ।

■

ସମ୍ବାଦ, ୧୨ ଡିସେମ୍ବର, ୨୦୨୦

ବେଦ, ପୁରାଣ ଓ ସଂହିତାରେ ଅପମିଶ୍ରଣ

ଯେଉଁମାନେ ଋକ୍‌ବେଦକୁ ଗଭୀର ଭାବେ ଅନୁଶୀଳନ କରିଛନ୍ତି ସେମାନେ ଆମକୁ କହନ୍ତି ଯେ ଋକ୍‌ବେଦର ମନ୍ତ୍ରଦ୍ରଷ୍ଟା ଋଷିମାନେ ଏ ସଂସାର ଅଳୀକ, ମିଥ୍ୟା, ମାୟା, ଜୀବନ ଦୁଃଖମୟ ବା ଜୀବନ ପାଣିଫୋଟକା ପରି ଏଭଳି ଭାବି ନାହାନ୍ତି। ସେମାନେ ଖାଲି ବଞ୍ଚିବାକୁ ଚାହିଁ ନାହାନ୍ତି, ବରଂ ଭଲ ଭାବେ ବଞ୍ଚିବା, ଶହେ ବର୍ଷ ବଞ୍ଚିବା ଓ ବିନା ଦୁଃଖ ଦାରିଦ୍ର୍ୟରେ ବଞ୍ଚିବାକୁ ଚାହିଁଛନ୍ତି। ସେମାନେ ଅର୍ଥ, ସମ୍ପତ୍ତି, ସୁନା ଓ କନ୍ୟା ସନ୍ତାନ ପରିବର୍ତ୍ତେ ପୁତ୍ର ସନ୍ତାନ ଚାହିଁଛନ୍ତି। ଶତ୍ରୁର ପରାଜୟ ନିଜର ବିଜୟ, ଗୋଧନ- ଏସବୁ ଚାହିଁଛନ୍ତି। ସୁଖ ସମୃଦ୍ଧି ପାଇଁ ବୈଦିକ ଋଷିମାନେ ପ୍ରାର୍ଥନା କରିଛନ୍ତି। ଭଲ ବର୍ଷା ହେଉ, ଫସଲ ଭଲ ହେଉ, ଗାଈଗୋରୁଙ୍କ ସଂଖ୍ୟା ବଢୁ, ଗାଈମାନେ ଅଧିକ ଦୁଗ୍ଧବତୀ ହୁଅନ୍ତୁ- ଏସବୁ କାମନା କରିଛନ୍ତି। ଏସବୁ ତ ବର୍ତ୍ତମାନ ମଣିଷର ମଧ୍ୟ କାମନା। ଧନ ଲୋଡ଼ା ନାହିଁ, ଜନ ଲୋଡ଼ା ନାହିଁରେ ସେମାନଙ୍କର ବିଶ୍ୱାସ ନଥିଲା।

ବେଦର ଯେଉଁ ଅଂଶରେ ବିସ୍ତୃତ କର୍ମକାଣ୍ଡର ବ୍ୟବସ୍ଥା ରହିଲା ସେଥିରେ ବ୍ରାହ୍ମଣମାନଙ୍କର ପାର୍ଥିବ ଇଚ୍ଛା ପୂରଣ ପାଇଁ ମଧ୍ୟ ବ୍ୟବସ୍ଥା ରହିଲା, କିନ୍ତୁ ଅନ୍ୟର ସମ୍ପତ୍ତିରେ ଲୋଭର ନିନ୍ଦା କରାଗଲା, ତଥା ଯେତିକି ଆବଶ୍ୟକ ସେତିକିରେ ଚଳିବା ପାଇଁ ପରାମର୍ଶ ଦିଆଗଲା। ବ୍ରାହ୍ମଣମାନେ ଅଧ୍ୟୟନ, ଅଧ୍ୟାପନା କରିବେ, ଦାନ ଗ୍ରହଣ କରିବେ ଓ ଦାନ ମଧ୍ୟ ଦେବେ। କିନ୍ତୁ ଋକ୍‌ବେଦର ଦାନସ୍ତୁତିରେ ଆମେ ଜଣେ ଅତି ଲୋଭୀ ବ୍ରାହ୍ମଣଙ୍କର ପାର୍ଥିବ ଲୋଭ ବିଷୟରେ ଉଦାହରଣ ପାଇବା। ଜଣେ ରାଜା କିପରି ନିଜର ବଡ଼େଇ ବଢ଼େଇବା ପାଇଁ, ନିଜର ଖ୍ୟାତି ଓ ମହିମାର ପ୍ରଚାର ପ୍ରସାର ପାଇଁ ଯଜ୍ଞ କଲେ ଓ କିପରି ଯଜ୍ଞର ଜଣେ ପୁରୋହିତ ତାଙ୍କ ଠାରୁ ହଜାର ସଂଖ୍ୟାରେ ଗାଈ/ଗୋରୁ, ସ୍ୱର୍ଣ୍ଣମୁଦ୍ରା, ଘୋଡ଼ାମାନଙ୍କ ସହ ଦଶଟି ରଥରେ ଭର୍ତ୍ତି ଦାସୀ କନ୍ୟା ମଧ୍ୟ ପାଇପାରିଲେ ତା'ର ଉଲ୍ଲେଖ ରହିଛି।

କିନ୍ତୁ ଦାନସ୍ତୁତିରେ ତ ଜଣେ ବ୍ରାହ୍ମଣଙ୍କର ନିଛକ ଲୋଭର ଉଦାହରଣ ରହିଛି। ଆଉ କେତେକ ମନ୍ତ୍ର ରହିଛି ସେସବୁ ବର୍ତ୍ତମାନର ଯୌନ କ୍ଷେତ୍ରରେ ଏକ ପ୍ରକାର ମୁକ୍ତ ବାତାବରଣରେ ମଧ୍ୟ ଅତି ଅଶ୍ଳୀଳ ଜଣାପଡ଼ିବ। ଖବରକାଗଜରେ ଛାପି ପାରିବା ଭଳି ମାତ୍ର ଦୁଇଟି ଉଦାହରଣ ଦିଆଯାଉଛି। ୧- ଯେପରି ବଙ୍କା ଶିଂଘ ବାଲା ଷଣ୍ଢ ମସ୍ତ ହୋଇ ହୁଙ୍କାର କରି ରମଣ କରେ। ସେହିପରି ମୋ ସହ ସମ୍ଭୋଗ କର। (ଋକ୍ ୧୦.୮୬/୮୫), ୨- ହେ ସୋମ, ମୁଁ ତୁମକୁ ସେହି ପ୍ରକାରେ ଗ୍ରହଣ କରେ। (ଋକ୍/୯/୩୧/୫) ଏକଥା ସତ ଯେ ଋକ୍‌ବେଦର ମନ୍ତ୍ରଦ୍ରଷ୍ଟା ଋଷିଗଣ ଜୀବନକୁ ଭୋଗ କରିବା ପାଇଁ ଚାହିଁଛନ୍ତି, କିନ୍ତୁ ଦାନସ୍ତୁତିଟିକୁ ପରବର୍ତ୍ତୀ ସମୟରେ କେହି ଖଞ୍ଜି ଦେଇଥିବାର ଜଣାଯାଏ। ସେହିପରି ଅତିମାତ୍ରାରେ ଅଶ୍ଳୀଳ ମନ୍ତ୍ରଗୁଡ଼ିକୁ ତନ୍ତ୍ରଯୁଗର ପ୍ରାଧାନ୍ୟ ସମୟରେ ଋକ୍‌ବେଦରେ ଅପମିଶ୍ରିତ ହୋଇଥିବା ଅନୁମାନ କରାଯାଇପାରେ। ସେସବୁ ମନ୍ତ୍ରର ସଫେଇ ଆବଶ୍ୟକ। ଅବଶ୍ୟ ଏଠାରେ ପ୍ରଣିଧାନଯୋଗ୍ୟ ଯେ ବୈଦିକ ସଂସ୍କୃତି ଲୌକିକ ସଂସ୍କୃତିଠାରୁ ଭିନ୍ନ ବୋଲି କୁହାଯାଏ ଓ ଗୋଟିଏ ମନ୍ତ୍ରର ଏକାଧିକ ଅର୍ଥ ବାହାର କରାଯାଇପାରେ। ହେଲେ ମଧ୍ୟ ବେଦରେ ଏଭଳି ଅଶ୍ଳୀଳ ଅର୍ଥ ବାହାରି ପାରୁଥିବା ମନ୍ତ୍ର ରଚନା ଗ୍ରହଣଯୋଗ୍ୟ କି ?

ଏବେ ବ୍ୟାସକୃତ ଶ୍ରୀମଦ୍ ଭାଗବତକୁ ଆସିବା। ଅନ୍ୟମାନେ ପୁରାଣ, ଶ୍ରୀମଦ୍ ଭାଗବତ କିନ୍ତୁ ମହାପୁରାଣ। ଅନ୍ୟମାନେ ଶାସ୍ତ୍ର, ଇଏ ପରମଶାସ୍ତ୍ର। ପରମଶାସ୍ତ୍ର ଭାଗବତ, ଅଭ୍ୟାସ କରୁଥିବ ନିତ୍ୟ। ମୂଳ ସଂସ୍କୃତ ଗ୍ରନ୍ଥର ସରଳ ଓଡ଼ିଆ ଅନୁବାଦ କରି ଅତିବଡ଼ୀ ଜଗନ୍ନାଥ ଦାସ ଓଡ଼ିଶାର ପୁରପଲ୍ଲୀରେ ଭାଗବତକୁ ଅତି ପରିଚିତ କରିଦେଲେ। ଗାଁମାନଙ୍କରେ ଭାଗବତ ଟୁଙ୍ଗୀ ହୋଇଗଲା ଓ ଦୈନିକ ଭାଗବତ ପାଠ ଅତ୍ୟନ୍ତ ଶ୍ରଦ୍ଧା ଓ ସମ୍ମାନର ସହ କରାଗଲା। ଅନେକ ଭାଗବତ ବାଣୀ ଯଥା, ପ୍ରାଣୀଙ୍କ ଭଲମନ୍ଦ ବାଣୀ, ମରଣ କାଳେ ତାହା ଜାଣି। ଆପଣା ହସ୍ତେ ଜିହ୍ୱା ଛେଦି, କେ ଅଛି ତା'ର ପ୍ରତିବାଦୀ। ସକଳ ଦେହେ ନାରାୟଣ, ବସନ୍ତି ଅନାଦି କାରଣ। ମନୁଷ୍ୟ ଦେହେ ଦିବ୍ୟଜ୍ଞାନ, ଦେଖି ସନ୍ତୋଷ ଭଗବାନ। ଘୋର ତପ ଯେ ଆଚରନ୍ତି, ଦେବେ ତାଙ୍କର ମନ୍ଦ ଚିନ୍ତି। ମର୍ତ୍ତ ମଣ୍ଡଳେ ଦେହ ବହି, ଦେବତା ହୋଇଲେ ମରଇ ଇତ୍ୟାଦି ଓଡ଼ିଆଙ୍କର ଅସ୍ଥି ମଜ୍ଜାଗତ ହୋଇଗଲା। କୁହାଯାଏ ଯେ ସମସ୍ତ ବେଦ, ଉପନିଷଦ ଓ ଶାସ୍ତ୍ରମାନଙ୍କର ସାର କଥା ବ୍ୟାସଦେବ ଶ୍ରୀମଦ୍ ଭାଗବତରେ ରଖିଦେଲେ। ସକଳ ଶାସ୍ତ୍ରର ନିର୍ଯ୍ୟାସ ବା ଲହୁଣି ହେଲା ଭାଗବତ। କୃଷ୍ଣ କୀର୍ତ୍ତିଗାଥା ବ୍ୟତୀତ ଭାଗବତକୁ ଘନୀଭୂତ ଭାଗବତ୍ ସତ୍ତା ବୋଲି କେତେକ ମତ ଦିଅନ୍ତି। ସାରକଥା ହେଲା, ନିଜ ଆତ୍ମାରେ ସାରା ସଂସାର ଦର୍ଶନ ବା ସକଳ ପ୍ରାଣୀଙ୍କ ମଧ୍ୟରେ ନିଜର ଆତ୍ମାର ଉପଲବ୍ଧି। ଯୀଶୁଖ୍ରୀଷ୍ଟ

ଯେତେବେଳେ କହିଲେ ପଡ଼ୋଶୀଙ୍କୁ ନିଜ ପରି ମନେ କରି ଭଲ ପାଅ, ସେ ଏହି କଥା ହିଁ ଅନ୍ୟ ଭାବରେ କହିଥିଲେ। ଅଧିକନ୍ତୁ ଭାଗବତର ମର୍ମ ହେଲା ସାରା ବିଶ୍ୱ ବ୍ରହ୍ମାଣ୍ଡର ସ୍ଥାବର ଜଙ୍ଗମ ସବୁ ଗୋଟିଏ ସୂତାରେ ଗୁନ୍ଥା।

ଏଭଳି ମହାନ୍ ବାର୍ତ୍ତା ଦେଉଥିବା ଗ୍ରନ୍ଥରେ ଆମେ କିପରି ପାଇବା ସ୍ୱଭାବେ ସ୍ତିରୀ ଜନ୍ମ ପାଇ, ଭଲ ମନ୍ଦ ମୁଁ ନଜାଣଇ ବା ସ୍ୱଭାବେ ସ୍ତିରୀ ଜନ୍ମ ହୋନ୍ତି, ବେଦ ପୁରାଣ ନ ଜାଣନ୍ତି। ପୁଣି ପୁରୁରବା ଉର୍ବଶୀ ଉପାଖ୍ୟାନରେ ଉର୍ବଶୀ, ଅର୍ଥାତ୍ ଜଣେ ନାରୀ ମୁଖରେ କୁହାଗଲା:- ସ୍ତିରୀଙ୍କ ଦେହେ ଯେତେ ଗୁଣ, ରାଜନ ସାବଧାନେ ଶୁଣ। ନିର୍ଦ୍ଦୟ, କପଟ, କଠିନ, ସାହସ ଆଦି ଚାରିଗୁଣ। ଅଳ୍ପ କ୍ରୋଧେ ପ୍ରାଣ ନ୍ୟନ୍ତି, ପତି ଭ୍ରାତାଙ୍କୁ ନ ଗଣନ୍ତି। ଅଜ୍ଞାନ ଭାବେ ଥାନ୍ତି ନିତ୍ୟେ, ବାଞ୍ଛିତ କାମ ଭୋଗ ଚିତ୍ତେ। ସ୍ୱଭାବେ ହୋନ୍ତି ନିତ୍ୟକାମୀ, ଇଚ୍ଛନ୍ତି ନବ ନବ ସ୍ୱାମୀ। ନାରୀଙ୍କ ସ୍ୱଭାବ ଏମନ୍ତ, କିମ୍ପା ତୁ କରୁ ଦୁଃଖ ଚିତ୍ତ। (ନବମ ସ୍କନ୍ଧେ, ଚତୁର୍ଦ୍ଦଶ ଅଧ୍ୟାୟ (୧୩୫-୧୪୧)। ପୁଣି କୁହାଗଲା ସକଳ ଭୂତେ ବାସ ମୋର, ମୁଁ ଆତ୍ମା ସୁହୃଦ ଈଶ୍ୱର। ଏକାଦଶ ଅଧ୍ୟାୟ (୨୬)। ଏ ସବୁରୁ ଗୋଟିଏ କଥା ସ୍ପଷ୍ଟ ହେଉଛି ଯେ ଭାଗବତର ବିଚାର, ମୂଳ ଦର୍ଶନ ସହ ନାରୀ ଜାତି ବିଷୟରେ ଯାହା କୁହାଯାଇଛି ତାହା ଖାପ ଖାଉନି ଓ ଏହା ନାରୀ ବିଦ୍ୱେଷୀଙ୍କ ଦ୍ୱାରା ଅପମିଶ୍ରିତ ହୋଇଛି। ଭାଗବତର ସମୁଦାୟ ଦ୍ୱାଦଶ ସ୍କନ୍ଧଟି ପରେ ଯୋଡ଼ାଯାଇଛି ବୋଲି କୁହାଯାଏ। ନିମ୍ନରେ ଦିଆଯାଇଥିବା କେତୋଟି ପଦରୁ ତାହା ସ୍ପଷ୍ଟ ହୋଇ ଯାଉଛି 'କୂଳ ଧର୍ମକୁ ନ ରଖିବେ, ବର୍ଣ୍ଣଭେଦକୁ ସେ ଛାଡ଼ିବେ। ବେଦରେ ଜାତିଭେଦ ନାହିଁ, ସମସ୍ତେ ଏକାକାର ହୋଇ। ଜାତିଧର୍ମକୁ ନ ବିଚାରି, ବଚନେ ଉପ୍ରୋଧ ନ କରି। ଜାତିଭେଦକୁ ଭୟ ନାହିଁ, ଦୀପେ ପତଙ୍ଗ ପ୍ରାୟ ହୋଇ। (ଦ୍ୱାଦଶ ସ୍କନ୍ଧ ୨୪, ୫୧, ୧୨୮, ୨୭୬) ମାନବ ଦେହେ ଦବ୍ୟଜ୍ଞାନ, ଦେଖି ସନ୍ତୋଷ ଭଗବାନ ବା ସକଳ ଦେହେ ନାରାୟଣ, ବସନ୍ତି ଅନାଦି କାରଣ। ଏହି ଉକ୍ତିଗୁଡ଼ିକ ଯାହା ଭାଗବତର ନିର୍ଯ୍ୟାସର ଅଂଶ ତା' ସହ ଉପରୋକ୍ତ ଦ୍ୱାଦଶ ସ୍କନ୍ଧର ଉକ୍ତିଗୁଡ଼ିକ କିପରି ଖାପ ଖାଉଛି? ଏ ଉକ୍ତିଗୁଡ଼ିକ ଅପ୍ରାସଙ୍ଗିକ ନୁହେଁ କି? ଜାତି ବିଦ୍ୱେଶୀମାନଙ୍କ ଦ୍ୱାରା ଏହି ଉକ୍ତିଗୁଡ଼ିକ ପରେ ଯୋଡ଼ି ଦେଇଥିବା ସ୍ପଷ୍ଟ ଜଣାଯାଉଛି।

ପୁରପଲ୍ଲୀରେ ଭାଗବତ ପଢ଼ା ହେଉଥିବା ଓ ଭାଗବତ ଗ୍ରନ୍ଥ ପ୍ରତି ଲୋକମାନଙ୍କର ଶ୍ରଦ୍ଧା ଓ ସମ୍ମାନର ସୁଯୋଗ ନେଇ ଜନମାନସକୁ ପ୍ରଭାବିତ କରିବା ପାଇଁ ଏଭଳି ଉଦ୍ୟମ କରାଯାଇଛି। ସଫେଇ କର୍ମୀମାନେ ଏଭଳି ଖାପଛଡ଼ା ଅପ୍ରାସଙ୍ଗିକ ଉକ୍ତିଗୁଡ଼ିକୁ ଠାବ କରି ଭାଗବତ ଭଳି ମହାନ୍ ଗ୍ରନ୍ଥରୁ ବାଦ୍ ଦେବା ଆବଶ୍ୟକ।

ଏବେ ସ୍ମୃତି ଶାସ୍ତ୍ରମାନଙ୍କୁ ଆସିବା। ଯେପରି ନିର୍ବାଚନ ହେବା ସମୟରେ

ସେଥିରେ ଭାଗ ନେଉଥିବା ବ୍ୟକ୍ତିମାନେ କେତେକ ମୌଳିତ କଥା ମାନି ଚଳିବା ଦରକାର ଭାବି ସେମାନଙ୍କ ପାଇଁ ଆଚାର ସଂହିତା ପ୍ରଣୟନ କରାଯାଇଛି ଓ ସେଥିରେ ମଝିରେ ମଝିରେ ସଂଶୋଧନ କରାଯାଉଛି, ସେହିଭଳି ଅତୀତରେ ସମାଜକୁ ଠିକ୍ ଭାବେ ପରିଚାଳିତ କରିବା ପାଇଁ ବିଭିନ୍ନ ସମୟରେ ଭିନ୍ନ ଭିନ୍ନ ଋଷିମାନେ ଜନସାଧାରଣଙ୍କ ପାଇଁ ବିଭିନ୍ନ ବର୍ଗ ପାଇଁ ଆଚାର ସଂହିତା, ଯାଜ୍ଞବଲ୍‌କ୍ୟ ସଂହିତା, ନାରଦ ସଂହିତା, ବୃହସ୍ପତି ସଂହିତାମାନଙ୍କରେ ସମାଜର ଚଳଣିଗୁଡ଼ିକୁ ସଜାଡ଼ିବା ପାଇଁ ନିୟମମା କରାଯାଇଛି। କିନ୍ତୁ ଏ ସମସ୍ତଙ୍କ ଭିତରେ ମନୁ ସଂହିତାର ପ୍ରଭାବ ବେଶି ଥିବା ଜଣାଯାଏ। ସେଥିପାଇଁ ବିଭିନ୍ନ ସମୟରେ ମନୁ ସଂହିତାକୁ ପୋଡ଼ିବାଠୁ ଆରମ୍ଭ କରି ତାଙ୍କୁ ନିଷିଦ୍ଧ କରିବା ପାଇଁ ଆହ୍ୱାନ ଦିଆଯାଉଛି। କାହିଁକି ଏଭଳି ଡାକରା ଦିଆଯାଉଛି ଦେଖିବା।

ମନୁ ସଂହିତାକୁ ମାନବ ଧର୍ମଶାସ୍ତ୍ର ବୋଲି ମଧ୍ୟ କହନ୍ତି। ଗୋଟିଏ ମତ ହେଲା ବେଦକୁ ଆଧାର କରି ମଣିଷ ସମାଜର ପରିଚାଳନା ତଥା କର୍ତ୍ତବ୍ୟ ବିଷୟରେ ମନୁ ପ୍ରବଚନ ଦେଇଥିଲେ ଓ ତାଙ୍କର ଶିଷ୍ୟବର୍ଗ ସେଗୁଡ଼ିକୁ ସଂକଳନ କରି ମନୁ ସଂହିତା ଭାବେ ପ୍ରଚଳନ କଲେ। ତେବେ ମନୁ ସଂହିତାର ଉତ୍ପତ୍ତି ଯେଭଳି ହୋଇଥାଉ, ଏହାର ମୁଖ୍ୟ ବ୍ୟବସ୍ଥାଗୁଡ଼ିକ କ'ଣ ?

ମନୁ ସ୍ମୃତିରେ ଅହିଂସା କଥା କୁହାଯାଇଛି। ଯଥା ନିଜର ସୁଖ କାମନା କରି ସେ ଅହିଂସକ ଜୀବମାନଙ୍କୁ ହତ୍ୟା କରେ, ସେ ଜୀବନ କାଳରେ ଓ ମୃତ୍ୟୁ ପରେ କେଉଁଠାରେ ହେଲେ ସୁଖ ପାଏ ନାହିଁ। ସେହିପରି ପ୍ରାଣୀମାନଙ୍କୁ ପୀଡ଼ା ଦେବାକୁ ଯେ ଇଚ୍ଛା କରେ ନାହିଁ, ସେ ସମସ୍ତଙ୍କର ହିତାକାଂକ୍ଷୀ ହୋଇ ଅତ୍ୟନ୍ତ ସୁଖ ଲାଭ କରେ, (୭(୪୫), ୮(୪୬) ଜୀବ ହିଂସା ନ କଲେ ମାଂସ ପାଇ ହୁଏନଏନି ଓ ଜୀବହତ୍ୟା କେବେ ହେଲେ ସୁଖ ଦିଏନି। ତେଣୁ ମାଂସ ଭକ୍ଷଣ ସର୍ବଦା ବର୍ଜନୀୟ (୧୦.୪୮)। କେବଳ ସେତିକି ନୁହେଁ ପୁଣି କୁହାଯାଇଛି ଜୀବହତ୍ୟା ପାଇଁ କହିଥିବା ବ୍ୟକ୍ତି, ମାଂସ ବିକ୍ରି କରୁଥିବା ବ୍ୟକ୍ତି, ହତ୍ୟାହାରୀ, ପରିବେଷଣକାରୀ ଓ ମାଂସାହାରୀ- ଏ ସମସ୍ତଙ୍କୁ ଘାତକ କୁହାଯିବ ୧୨(୫୧)। ଅଥଚ ସେଇ ମନୁ ସ୍ମୃତିରେ କୁହାଗଲା ଯେ କୁକୁର ଦ୍ୱାରା ହତ ପଶୁ, ପକ୍ଷୀ ମାଂସ, ବାଘ, ଚିଲ, ଚଣ୍ଡାଳ, ଦସ୍ୟୁ ଦ୍ୱାରା ହତ ଜୀବର ମାଂସ ପବିତ୍ର। ପୁଣି ମଧୁପର୍ବ, ଯଜ୍ଞ, ଶ୍ରାଦ୍ଧ ଓ ଦେବ କାର୍ଯ୍ୟରେ ପଶୁବଧ କରିବ। ଏହ ସମୟରେ ବେଦଜ୍ଞ ବ୍ରାହ୍ମଣ ପଶୁ ହିଂସା କରି ଆପଣାର ଓ ନିହତ ପ୍ରାଣୀର ସଦ୍‌ଗତି ସମ୍ପାଦନ କରନ୍ତି। (୫-୪୨), ୫(୪୪)। ଏଥି ସହ ଶ୍ରାଦ୍ଧରେ କେଉଁ ପଶୁପକ୍ଷୀ, ମାଛ ଇତ୍ୟାଦି ଭୋଜନ ଦେଲେ ମୃତ ଆତ୍ମା କେତେ ବର୍ଷ ସ୍ୱର୍ଗରେ ବାସ କରିବେ

ତା'ର ତାଲିକା ଦିଆଯାଇଛି । ଏଥିରୁ ଗୋଟିଏ କଥା ସ୍ପଷ୍ଟ ଯେ ହିଂସା ଓ ମାଂସ ଭକ୍ଷଣ ପାଇଁ ଲିଖିତ ଶ୍ଳୋକଗୁଡ଼ିକ ମାଛ, ମାଂସ ଭୋଜନରେ ଆଗ୍ରହୀ ପଣ୍ଡିତମାନଙ୍କ ଦ୍ୱାରା ପ୍ରକ୍ଷେପ ବା ଅପମିଶ୍ରଣ କରାଯାଇଛି ।

ନାରୀମାନଙ୍କ ବିଷୟରେ ମନୁ ସ୍ମୃତିର ବାର୍ତ୍ତା ଖୁବ୍ ଚମତ୍କାର ହୋଇଛି । କେତୋଟି ଉଦାହରଣ ହେଲା- ଯେଉଁ ଘରେ ନାରୀମାନଙ୍କ ପୂଜା ବା ସତ୍‌କାର ହୁଏ, ସେଠାରେ ଦିବ୍ୟ ସନ୍ତାନ ହୁଅନ୍ତି ଓ ଯେଉଁ ଘରେ ନାରୀମାନଙ୍କର ଆଦର ନଥାଏ, ସେଠାରେ ସବୁ କର୍ମ ନିଷ୍ଫଳ ହୁଏ । ୩୨ (୫୬) । ଯେଉଁଠି ପତିଙ୍କ ବ୍ୟବହାରରେ ସ୍ତ୍ରୀ ଲୁହ ଗଡ଼ାଏ, ସେ ଘର ଶୀଘ୍ର ନାଶ ହୁଏ ଓ ଯେଉଁଠି ନାରୀମାନଙ୍କର ଦୁଃଖ ଶୋକ ନ ଥାଏ, ସେଠାରେ ସମୃଦ୍ଧି ଥାଏ । (୩୩-୫୭) । ଐଶ୍ୱର୍ଯ୍ୟ ଚାହୁଁଥିବା ପୁରୁଷମାନେ ସ୍ତ୍ରୀମାନଙ୍କୁ ଭୂଷଣ, ବସ୍ତ୍ର ଓ ଖାଦ୍ୟପେୟ ଦ୍ୱାରା ପ୍ରସନ୍ନ ରଖିବେ । (୩୫,୫୯) । ଏହିଭଳି ଅନେକ ଶ୍ଳୋକ ରହିଛି । ଅଥଚ ସେହି ମନୁ ସ୍ମୃତିରେ କୁହାଗଲା- ଯେଉଁ ଯଜ୍ଞରେ ସ୍ତ୍ରୀ ଓ ଶୂଦ୍ର ଘୃତାହୁତି ଦିଅନ୍ତି ତାହା ସାଧୁମାନଙ୍କ ପାଇଁ ଅହିତକର ଓ ଦେବତାମାନଙ୍କ ପାଇଁ ପ୍ରତିକୂଳ । ତେଣୁ ତାହା ତ୍ୟାଜ୍ୟ । ୪ (୨୦୬) । ପୁଣି ସ୍ତ୍ରୀମାନେ ରୂପ ଓ ବୟସ ନିର୍ବିଶେଷରେ ପୁରୁଷ ପାଇଲେ ସମ୍ଭୋଗ ଇଚ୍ଛା କରନ୍ତି । ... ଏମାନେ ପତିଙ୍କ ଦ୍ୱାରା ସୁରକ୍ଷିତ ରହିଲେ ସୁଦ୍ଧା ତାଙ୍କର ବିରୁଦ୍ଧାଚରଣ କରନ୍ତି ।... କାମ, କ୍ରୋଧ, କୁଟିଳତା, ଦ୍ରୋହ ଓ କୁତ୍ସିତାଚାର- ଏସବୁ ମନୁ ସ୍ତ୍ରୀଙ୍କ ପାଇଁ ଗଢ଼ିଛନ୍ତି, (୯.୧୬) ଏହିପରି ଅନେକ ଶ୍ଳୋକ ମୂଳ ବିଚାରର ପରିପନ୍ଥୀ ଓ ଅପମିଶ୍ରଣ ମାତ୍ର ।

■

ସମ୍ବାଦ, ୨୫ ଜାନୁଆରୀ, ୨୦୨୧

ଅଳିଆ ପ୍ରକ୍ଷେପର ପରିଷ୍କରଣ ଜରୁରୀ

ମନୁସ୍ମୃତିକୁ ଚିରି ଫୋପାଡ଼ି ଦେବା ବା ପୋଡ଼ିଦେବା ପାଇଁ ବିଭିନ୍ନ ସମୟରେ ଆହ୍ୱାନ ଦିଆଯାଉଛି। ତାର କାରଣ ହେଲା ସେଥିରେ ଥିବା ଉଗ୍ର ଜାତିଆଣ ଭାବ, ବାଛ ବିଚାର ଓ ପକ୍ଷପାତମୂଳକ, ଅପମାନଜନକ ବ୍ୟବସ୍ଥା ବିଶେଷତଃ ଶୁଦ୍ରମାନଙ୍କ ପାଇଁ। ସେଥିରେ କେବଳ ଅସ୍ପୃଶ୍ୟତାକୁ ସମର୍ଥନ କରାଯାଇନାହିଁ, ବରଂ କେତେକ ଲୋକଙ୍କୁ ଅସ୍ପୃଶ୍ୟ କହି ସେମାନଙ୍କ ପ୍ରତି ଅତି କଠୋର, ନିର୍ଦ୍ଦୟ ଓ ଅମାନୁଷିକ ବିଚାର କରାଯାଇଛି। କେତୋଟି ଉଦାହରଣ ଦେବା।

ଅଗ୍ନି ଶ୍ମଶାନରେ ଥାଉ ବା ଯଜ୍ଞ ସ୍ଥଳରେ ଥାଉ, ସେ ଯେପରି ମହାନ ଦେବତା, ସେହିପରି ବ୍ରାହ୍ମଣ ବିଦ୍ୱାନ ହେଉ ବା ମୁର୍ଖ ହେଉ, ସେ କୁତ୍ସିତ କାର୍ଯ୍ୟରେ ଲିପ୍ତ ଥାଉ, ସେ ସର୍ବପୂଜ୍ୟ, ସେ ମହାନ୍ ଦେବତା (୯,୩୧୭,୩୧୮, ୩୧୯) ଯଦି ଶୁଦ୍ର ବ୍ରାହ୍ମଣକୁ କଠୋର ବାକ୍ୟରେ ଗାଳି ଦିଏ, ତାହାର ଜିଭ କଟାଯିବ, ଆଉ ଯଦି ଅହଂକାର ବଶତଃ ବ୍ରାହ୍ମଣକୁ ଧର୍ମୋପଦେଶ ଦେବାକୁ ସାହସ କରେ, ତେବେ ରାଜା ତାହାର ମୁହଁରେ ଓ କାନରେ ଗରମ ତେଲ ଢ଼ାଳି ଦେବେ। ପୁଣି ଯେଉଁ ବ୍ୟକ୍ତି ଶୁଦ୍ରକୁ ଧର୍ମୋପଦେଶ ଦେବ, ସେ ସହ ଅସଂବୃତ ନାମକ ନରକରେ ପଡ଼ିବ। (୪, ୮୧) ଶୁଦ୍ରକୁ ଘୁଷୁରି ସହ ତୁଳନା କରି କୁହାଗଲା- କୁକୁର ଖାଇ ଦେଲେ, ଘୁଷୁରୀ ମୁହଁ ମାରିଦେଲେ ଖାଦ୍ୟ ଯେପରି ଅଭୋଜ୍ୟ ହୋଇଯାଏ, ସେହିପରି ଶୁଦ୍ର ଯଦି ଛୁଇଁ ଦେବେ, ତେବେ ତାହା ମାରା ହୋଇଯିବ। (୩, ୨୪୧) କ୍ଷତ୍ରିୟମାନେ ଯଦି ବ୍ରାହ୍ମଣକୁ ପୂଜା କରିବାରେ ହେଳା କରନ୍ତି, ତେବେ ସେମାନେ ଶୁଦ୍ର ହୋଇଯିବେ। (୧୦, ୪୩) ଯେଉଁ ଶୁଦ୍ର ଯଜ୍ଞ ପାଇଁ ଖର୍ଚ୍ଚ ନ କରିବ, ତା'ର ସମସ୍ତ ସମ୍ପତ୍ତି ଲୁଟ୍ କରାଯିବ। (୭, ୨୪୮) ଶୁଦ୍ର ଠାରୁ ସଂପତ୍ତି ଜବରଦସ୍ତି ବିନା ଦ୍ୱିଧାରେ ନେଇ ନିଆଯିବ, ସେଥିପାଇଁ ଶୁଦ୍ରର ସମ୍ମତିର ଆବଶ୍ୟକତା ନାହିଁ। (୧୧, ୨୩) ବ୍ରାହ୍ମଣ ବସିଥିବା

ସ୍ଥାନରେ ଯଦି ଶୁଦ୍ର ବସେ, ତେବେ ତା'ର ପିଚାରେ ଗରମ ଚେଙ୍କ ଦିଆଯିବ ଓ ଗ୍ରାମରୁ ବିତାଡ଼ିତ କରାଯିବ। (୮, ୨୮୧) ଯଦି ଜଣେ ଶୁଦ୍ର ନିଜର କୌଳିକ ବୃତ୍ତି ଛାଡ଼ି ଅନ୍ୟ ବୃତ୍ତି କରିବାକୁ ଚେଷ୍ଟା କରେ, ତା'ର ସମସ୍ତ ସଂପତ୍ତି ବାଜ୍ୟାପ୍ତ କରାଯିବ ଓ ରାଜ୍ୟରୁ ବିତାଡ଼ିତ କରାଯିବ। ଯଦି ଶୁଦ୍ର ବ୍ରାହ୍ମଣ ମହିଳାଙ୍କୁ ବଳାତ୍କାର କରେ, ତା'ଙ୍କୁ ମୃତ୍ୟୁଦଣ୍ଡ ଦିଆଯିବ, ତା'ର ଶରୀରକୁ ଖଣ୍ଡ ଖଣ୍ଡ କରି କାଟି ଦିଆଯିବ ଓ ତା'ର ସମସ୍ତ ସମ୍ପତ୍ତି ବାଜ୍ୟାପ୍ତ କରାଯିବ। (୮, ୧୧୪, ୧୧୫) ଯେଉଁଠି ଶୁଦ୍ର ଶାସନ କରେ, ସେଠାରେ ବ୍ରାହ୍ମଣ ବାସ କରିବ ନାହିଁ ଓ ସେହିପରି ଚଣ୍ଡାଳମାନଙ୍କ ବାସସ୍ଥାନ ନିକଟରେ ବ୍ରାହ୍ମଣର ବାସସ୍ଥାନ ରହିବ ନାହିଁ। (୪, ୭୧) ଜୀବନରେ ବା ବଞ୍ଚିଥିଲା ବେଳେ ଯେପରି ଶୁଦ୍ର ବାଛ ବିଚାରର ସମ୍ମୁଖୀନ ହୁଏ ମୃତ୍ୟୁପରେ ମଧ୍ୟ ସେହିଭଳି ହୁଏ। ଯଥା ଶୁଦ୍ରର ଶବକୁ ଦକ୍ଷିଣ ଦିଗ ଦେଇ ନିଆଯିବ, କ୍ଷତ୍ରିୟର ଶବକୁ ଉତ୍ତର ଦିଗ, ବୈଶ୍ୟର ଶବକୁ ପଶ୍ଚିମ ଦିଗ ଓ କେବଳ ବ୍ରାହ୍ମଣଙ୍କ ଶବକୁ ପୂର୍ବ ଦିଗ ଦେଇ ନିଆଯିବ। (୫, ୯୧)

ବ୍ରାହ୍ମଣମାନଙ୍କ କ୍ଷେତ୍ରରେ ନିୟମ ଅଲଗା ହୋଇଗଲା। ବ୍ରାହ୍ମଣ ଯେତେ ପାପ କଲେ ମଧ୍ୟ ବ୍ରାହ୍ମଣଙ୍କୁ ହତ୍ୟା କରିବ ନାହିଁ ବା ମୃତ୍ୟୁଦଣ୍ଡ ଦେବ ନାହିଁ। ସେ ତାଙ୍କର ଅସ୍ଥାବର ସଂପତ୍ତି ସହ ଅନ୍ୟ ଦେଶକୁ ଚାଲିଯିବେ।

ଧାର୍ମିକ ରାଜା ଅନ୍ୟ ତିନିବର୍ଣ୍ଣର ମିଥ୍ୟା ସାକ୍ଷୀଙ୍କୁ ଦେଶରୁ ଦଣ୍ଡ ସହ ନିର୍ବାସିତ କରିବେ, କିନ୍ତୁ ବ୍ରାହ୍ମଣ କେବଳ ନିର୍ବାସିତ ହେବେ। (୮, ୧୨୩) ଯଦି ରାଜା କୌଣସି ସ୍ଥାନରେ ଧନ ପାଆନ୍ତି, ତେବେ ସେଥିରୁ ଅଧା ବ୍ରାହ୍ମଣଙ୍କୁ ଦେବେ ଓ ବାକି ଧନ ନିଜର ଭଣ୍ଡାରକୁ ନେବେ।

କିନ୍ତୁ ମୂଳ ମନୁସ୍ମୃତିରେ ଜନ୍ମ ଅନୁଯାୟୀ ନୁହେଁ ବରଂ କର୍ମ ଅନୁଯାୟୀ ବର୍ଣ୍ଣ ବ୍ୟବସ୍ଥା ରହିଥିଲା। ପ୍ରଥମ ଅଧ୍ୟାୟରେ ଚାରି ବର୍ଣ୍ଣର କର୍ତ୍ତବ୍ୟ ନିର୍ଦ୍ଧାରଣ କରି କୁହାଗଲା- ବ୍ରାହ୍ମଣ ଅଧ୍ୟୟନ, ଅଧ୍ୟାପନ କରିବେ, ଦାନ ନେବେ, ଦାନ ଦେବେ; କ୍ଷତ୍ରିୟ ଅଧ୍ୟୟନ କରିବେ, ପ୍ରଜା ରକ୍ଷଣ ଓ ସଂଯମ ଆଚରଣ କରିବେ; ଦାନ, ବାଣିଜ୍ୟ, ପଶୁରକ୍ଷା ଋଣ ପ୍ରଦାନ ଓ କୃଷି ବୈଶ୍ୟ କରିବେ; ଯେ ବିଦ୍ୟାହୀନ ସେ ଶୁଦ୍ର ଓ ସେମାନେ ବିଦ୍ୱାନମାନଙ୍କ ନିର୍ଦ୍ଦେଶରେ କାର୍ଯ୍ୟ କରିବେ। (୨) ତେଣୁ ବ୍ରାହ୍ମଣ ବିଦ୍ୟାହୀନ ହେଲେ ଶୁଦ୍ର ହେବେ, ଶୁଦ୍ର ଅଧ୍ୟୟନ, ଅଧ୍ୟାପନା ଇତ୍ୟାଦି କାର୍ଯ୍ୟ କଲେ ବ୍ରାହ୍ମଣ ହେବେ। ବୈଶ୍ୟମାନଙ୍କ ଓ କ୍ଷତ୍ରିୟମାନଙ୍କ କ୍ଷେତ୍ରରେ ମଧ୍ୟ ସେୟା। ଯେପରି କାଠ ତିଆରି ହାତୀ, ଚର୍ମ ତିଆରି ମୁଖା, ସେହିପରି ବିଦ୍ୟାହୀନ ବ୍ରାହ୍ମଣ ନାମକୁ ମାତ୍ର ବ୍ରାହ୍ମଣ। (୩) ଆମର ଶାସ୍ତ୍ରମାନଙ୍କରେ ଏହାର ଭୁରି ଭୁରି ପ୍ରମାଣ ରହିଛି। ଋଷି

ଉଦ୍ଦାଳକ କିଛି ଗୃହସ୍ଥଙ୍କ ସହ ରାଜା ଅଶ୍ୱପତିଙ୍କ ଠାରେ ପହଞ୍ଚିଲେ ଆତ୍ମଜ୍ଞାନ ପ୍ରାପ୍ତି ନିମନ୍ତେ। ଅଶ୍ୱପତିଙ୍କ ଠାରୁ ବୈଶ୍ୱାନର ଆତ୍ମ ବା କସ୍‌ମିକ୍ ସେଲ୍‌ଫ ବିଷୟରେ ଜାଣିବା ପରେ ଉଦ୍ଦାଳକ ତାଙ୍କ ପୁତ୍ର ଶ୍ୱେତକେତୁଙ୍କୁ ବୁଝାଇଲେ ଯେ ଆତ୍ମା ବ୍ରହ୍ମଠାରୁ ଭିନ୍ନ ନୁହେଁ। ସେହିପରି ଶିକ୍ଷା ସମାପ୍ତି ପାଇଁ ମହର୍ଷି ବ୍ୟାସ ମହାମୁନି ଶୁକଙ୍କୁ ରାଜା ଜନକଙ୍କ ପାଖକୁ ପଠାଇଲେ। ବ୍ରାହ୍ମଣ ଗୌତମ କ୍ଷତ୍ରିୟ ରାଜା ପ୍ରବାହଣଙ୍କର ଶିଷ୍ୟତ୍ୱ ଗ୍ରହଣ କଲେ, କାରଣ ଯେଉଁ ଆଧ୍ୟାତ୍ମିକ ଜ୍ଞାନ କ୍ଷତ୍ରିୟକୁ ଜଣା ଥିଲା, ତାହା ବ୍ରାହ୍ମଣଙ୍କୁ ଜଣା ନ ଥିଲା। ବିଶ୍ୱାମିତ୍ର କ୍ଷତ୍ରିୟ ଥିଲେ କିନ୍ତୁ ଗାୟତ୍ରୀ ମନ୍ତ୍ର ସହ ଅନେକ ବୈଦିକ ମନ୍ତ୍ରରେ ଦ୍ରଷ୍ଟା ହୋଇଗଲେ। ଗୃହମଦ କପା ଚାଷ କଲେ, ସୂତା କାଟିଲେ ଲୁଗା ବୁଣିଲେ, ଋକ ବେଦର ଅନେକ ମନ୍ତ୍ରର ଦ୍ରଷ୍ଟା ମଧ୍ୟ ହେଲେ। ଗର୍ଗ ଗୋତ୍ରୀୟ ବ୍ରାହ୍ମଣ ବାଲାଜି ରାଜା ଅଜାତଶତ୍ରୁଙ୍କୁ ବ୍ରହ୍ମଜ୍ଞାନ ଶିକ୍ଷା ଦେବା ପାଇଁ ଗଲେ, କିନ୍ତୁ ତାଙ୍କଠାରୁ ଅସଲ ବ୍ରହ୍ମଜ୍ଞାନ ଶିଖି କରି ଆସିଲେ। ଶୁଦ୍ର ପୁଣ୍ଡରିକ ଓ ଚମାର ରୋହିଦାସଙ୍କ ପାଖକୁ ଭଗବାନ ଯାଇ ପହଞ୍ଚିଗଲେ।

ଏସବୁ ବ୍ୟତୀତ ଯଦି ମନୁସ୍ମୃତିକୁ ମାନବ ଧର୍ମଶାସ୍ତ୍ର ଓ ତାହା ବେଦ ଆଧାରିତ ବୋଲି କୁହାଯାଏ, ତା'ହେଲେ ବେଦ ତ ବିଶ୍ୱ ମାନବ କଥା କହିଛି। "ମୁଁ ପୃଥିବୀର ପୁତ୍ର ଓ ପୃଥିବୀ ମୋର ମାତା।" "ବିଶ୍ୱର ଅମର/ଦିବ୍ୟ ସନ୍ତାନମାନେ ଶୁଣନ୍ତୁ।" "ବିଶ୍ୱର ଚତୁର୍ଦ୍ଦିଗରୁ ମହତ ଚିନ୍ତା ଆମ ପାଖକୁ ପ୍ରବାହିତ ହେଉ।" "ସାରା ବିଶ୍ୱ ଗୋଟିଏ କୁଟୁମ୍ବ ପରି ଓ ସମସ୍ତେ ସୁଖରେ ରହନ୍ତୁ।" "ଯେଉଁ ପୃଥିବୀରେ ଅନେକ ଧର୍ମ ଅଛି, ଅନେକ ବାଣୀ, ଅନେକ ଭାଷା ଅଛି, ସେ ପୃଥିବୀକୁ ଆମେ ବନ୍ଦନା କରୁଛୁ।" "ମାନବକୁ ମାନବ ଭାବରେ ଗ୍ରହଣ କରିବା।" "ମୁଁ ଯଦି ଚାହେଁ ଯେ ମୋ ଆଖ ପାଖରେ ଦୁନିଆ ମୋତେ ମିତ୍ର ଦୃଷ୍ଟିରେ ଦେଖୁ, ତେବେ ମୁଁ ସାରା ଦୁନିଆକୁ ମିତ୍ର ଦୃଷ୍ଟିରେ ଦେଖିବି।" ମୈତ୍ରୀରେ ଅଧିକାର ନ ଥାଏ, କେବଳ କର୍ତ୍ତବ୍ୟ ହିଁ ଥାଏ।" ମୁଁ ବ୍ରହ୍ମ! ତୁମେ ମଧ୍ୟ ସେୟା, ଏ ସମସ୍ତରେ ବ୍ରହ୍ମ ପରିବ୍ୟାପ୍ତ, ଆମମାନଙ୍କ ମଧ୍ୟରେ ଯେ ପ୍ରଭେଦ ଖୋଜେ, ଭିନ୍ନତା ଦେଖେ ଓ ଆମେ ସମସ୍ତେ ଯେ ଏକ- ଏକଥା ସ୍ୱୀକାର ନ କରେ ସେ କେବେ ମୁକ୍ତିଲାଭ କରିପାରେ ନାହିଁ, ଜନ୍ମ ମୃତ୍ୟୁ ଚକ୍ରରେ ଘୂରି ବୁଲୁଥାଏ। ଏଇ ହେଲା ବୃହଦାରଣ୍ୟଙ୍କ, ଛାନ୍ଦୋଗ୍ୟ, ମାଣ୍ଡୁକ୍ୟ ଓ କଠୋପନିଷଦ୍ ମାନଙ୍କର ମଣିଷ ପାଇଁ ବାର୍ତ୍ତା।

ଏସବୁ ବେଦ ଓ ଉପନିଷଦ ବାଣୀ, ଏଥିରେ ଜାତି ବିଦ୍ୱେଷ ବା ସଂକୀର୍ଣ୍ଣ ଦୃଷ୍ଟିକୋଣ ଆସିଲା କେଉଁଠୁ? ମୂଳ ମନୁସ୍ମୃତିରେ ମଧ୍ୟ ତାହା ନ ଥିଲା। ତେଣୁ କୌଶଳକ୍ରମେ ପରବର୍ତ୍ତୀ ସମୟରେ ପ୍ରକ୍ଷେପ ବା ଯୋଡ଼ି ଦିଆଯାଇଥିବା ନାରୀ ଓ

ଜାତି ବିଦ୍ୱେଷ ଓ ଘୃଣା ସୃଷ୍ଟିକାରୀ ଶ୍ଳୋକଗୁଡ଼ିକୁ ଅନୁଧ୍ୟାନ କରି ସଫେଇ କର୍ମୀମାନେ ସଫା କରିବା ଆବଶ୍ୟକ।

ମନୁସ୍ମୃତି ଅନେକ ଦିନ ଧରି ଆମର ବିଚାର ବ୍ୟବସ୍ଥାକୁ ମଧ୍ୟ ପ୍ରଭାବିତ କରିଥିଲା। ଏହା ସର୍ବାଧିକ ପଠିତ ହୋଇଥିବାରୁ ଏହାର ଗୁରୁତ୍ୱ ଅଧିକ, କିନ୍ତୁ ଅନ୍ୟ ଶାସ୍ତ୍ର ଓ ସଂହିତାରୁ ମଧ୍ୟ ଅନେକ ପକ୍ଷପାତ ବିଚାର ଓ ସର୍ବଦୌ ଅସମୀଚୀନ ତଥା ଯୁକ୍ତିହୀନ ଚିନ୍ତା ସବୁକୁ ସଫା କରିବାକୁ ହେବ। ଉଦାହରଣ ସ୍ୱରୂପ- "ବ୍ରାହ୍ମଣମାନଙ୍କର ଦାନ୍ତକାଠି ବାର ଆଙ୍ଗୁଳି, କ୍ଷତ୍ରିୟଙ୍କର ନଅ ଆଙ୍ଗୁଳି ଓ ସ୍ତ୍ରୀମାନଙ୍କର ଦାନ୍ତକାଠି ଚାରି ଅଙ୍ଗୁଳିର ହେବା ବିଧେୟ।" "କନ୍ୟାମାନଙ୍କର କୁଚୋଦ୍‌ଗମ ବା ଛାତିରେ ଝିଅର ଲକ୍ଷଣ ଦେଖିବା କ୍ଷଣି ତା'ର ପାଠ ପଢ଼ା ବନ୍ଦ କରିବ, ତା'ର ବିବାହ ମଧ୍ୟ କରିଦେବ।" "କନ୍ୟା ରଜସ୍ୱଳା ହେବା ପୂର୍ବରୁ ବା ହେବା କ୍ଷଣି ବିବାହ ଯୋଗ୍ୟ ହୋଇଯାଏ, ଋତୁମତି ହେବାପରେ ମଧ୍ୟ ପିତାମାତା ଯଦି ବିବାହ ନ କରାନ୍ତି, ସେମାନେ ନର୍କଗାମୀ ହେବେ ଓ ପ୍ରତି ମାସର ଋତୁକାଳୀନ ସ୍ରାବକୁ ସେମାନେ ପିଇବା ଭଳି ହେବ।" "ସ୍ତ୍ରୀ ପାଣି କଖାରୁ କାଟିବ ତ ସେ ବଂଶହୀନ ହୋଇଯିବ। ଜଳୁଥିବା ଦୀପ ଲିଭାଇ ଦେଲେ ସାତଜନ୍ମ ଯାଏଁ ଜୁଳୁଜୁଳିଆ ପୋକ ହୋଇ ଜନ୍ମ ହେବ।"

ଏବେ ପୁରାଣକୁ ଆସିବା। କୁହାଯାଏ ମୂଳ ମହାଭାରତରେ ରାଧାଙ୍କ କଥା ନ ଥିଲା। ପ୍ରଥମ କବି ବ୍ରହ୍ମ-ବୈବର୍ତ୍ତ ପୁରାଣର ରଚୟିତା ମୋହନଙ୍କ ସହ ରାଧାଙ୍କୁ ଯୋଡ଼ିଦେଲେ। ତା'ପରେ ଆରମ୍ଭ ହେଲା 'ଦେହି ପଦପଲ୍ଲବ ମୁଦାରମ୍... "ଯୋଷାଚରଣେ ଯଥାର୍ଥରେ ଜାଣ ମୁଁ ତୋହରରେ...," "ଆଲୋ ଆଲୋ ରାଧା...", ପାଖରେ ବସିଚି ରାଧା, କହ୍ନେଇ ହସୁଚି ଅ...ଧା", ଇତ୍ୟାଦି। ଦୂରଦୃଷ୍ଟି ସଂପନ୍ନ ରଣକୌଶଳ ନିପୁଣ, ଚକ୍ରଧାରୀ, ଯୋଗେଶ୍ୱର କୃଷ୍ଣ ହୋଇଗଲେ "ଯୁବତୀ ରସିଆ କାମିନୀ ରଂକା।" ରାଧାପାଦ ଦର୍ଶନ ଓ ଝୁଲଣ ପର୍ବ ପାଳିତ ହେଲା ରାସଲୀଳା, ରାଧାପ୍ରେମ ଲୀଳା ଗୀତିନାଟ୍ୟ ରଚିତ ହେଲା। ମହାଭାରତ ଭଳି ମହାସମୁଦ୍ରରେ ପର୍ବତ ପ୍ରମାଣ ଅଳିଆ ପ୍ରକ୍ଷେପ, ଅପମିଶ୍ରଣ ଜମିଗଲା।

ଆମର ପୁରାଣ ତଥା ଶାସ୍ତ୍ରମାନଙ୍କରେ ମଣିଷ ସମାଜ ପାଇଁ, ବିଶ୍ୱର କଲ୍ୟାଣ ପାଇଁ ଅନେକ ମହତ୍ତ୍ୱପୂର୍ଣ୍ଣ କଥା ରହିଛି। ତା' ସହ ଅନେକ ନିରାଧାର, ଅଯୌକ୍ତିକ ତଥା ହାସ୍ୟସ୍ପଦ କଥା ମଧ୍ୟ ରହିଛି, ଯେମିତିକି ଶତଭିଷା ନକ୍ଷତ୍ରରେ ଯଦି ସ୍ତ୍ରୀମାନେ ଋତୁସ୍ନାନ କରନ୍ତି ତାହାହେଲେ ସେମାନେ ସାତଜନ୍ମ ଯାଏ ବିଧବା ହେବେ (ସ୍କନ୍ଦ ପୁରାଣ) ବା ଯଦି ସ୍ତ୍ରୀ ନବମୀରେ ସ୍ନାନ କରନ୍ତି, ତେବେ ତା'ର ପୁତ୍ରନାଶ ହେବ, ତ୍ରୟୋଦଶୀରେ ନିଜେ ମୃତ୍ୟୁବରଣ କରିବ ଓ ତୃତୀୟାରେ ବିଧବା ହେବ (କାଳ

ବିବେକ) ବା ତ୍ରୟୋଦଶୀରେ ବାଇଗଣ ଖାଇଲେ ବୁଦ୍ଧି ନାଶ ହୁଏ ଇତ୍ୟାଦି (ବ୍ରହ୍ମବୈବର୍ତ୍ତ) ଅଥବା, ଯେଉଁ ସ୍ତ୍ରୀ ସ୍ୱାମୀ ଖାଇବା ପୂର୍ବରୁ ଖାଇଦିଏ ସେ ନିଶ୍ଚିତ ନର୍କରେ ପଡ଼ି ଅନେକ ଦୁଃଖ ପାଏ। (କୂର୍ମ ପୁରାଣ)

ଏବେ ଲକ୍ଷ୍ମୀ ପୁରାଣ ଉପରେ ଆଖି ପକାଇବା ଯେଉଁଠି ପରିଶ୍ରମ, ସ୍ୱଚ୍ଛତା, ପରିଷ୍କାର ପରିଚ୍ଛନ୍ନତା ଲକ୍ଷ୍ମୀ ଠାକୁରାଣୀ ସେଇଠିକି ଗଲେ। ତା'ଙ୍କୁ ବିରୋଧ କରି ପତି ଜଗନ୍ନାଥ ଓ ତା'ଙ୍କ ବଡ଼ ଭାଇ କେତେ ଯେ ଦୁଃଖ ପାଇଲେ ଭାବି ହେଉନି, ପତ୍ନୀଙ୍କୁ ଛାଡ଼ିଲେ ବହୁତ ଦୁଃଖ ହେଲା, କିନ୍ତୁ ଲକ୍ଷ୍ମୀ ପୁରାଣରେ ଲେଖି ଦିଆଗଲା ପତି ବିନା ନାହିଁ ଗତି। ଏଥିରେ ସଂଗତି ରହୁନାହିଁ। ଅପମିଶ୍ରଣ ବା ପ୍ରକ୍ଷେପ ନିଶ୍ଚୟ।

■

ସମ୍ବାଦ, ୧୫ ଫେବୃୟାରୀ, ୨୦୨୧

ସବୁ ଶେଷ ହୋଇଯିବା ପରେ

ଜାନୁଆରୀ ୩୦, ୧୯୪୮ ମସିହା, ସମୟ ସନ୍ଧ୍ୟା ୫ଟା ବାଜି ୧୭ ମିନିଟ୍। ଅଳ୍ପ ସମୟ ପରେ ପ୍ରାର୍ଥନାସଭାରେ ପ୍ରିୟ ଭଜନ ରାମଧୂନ ବୋଲାଯାଇଥାନ୍ତା। ତାହା ପୂର୍ବରୁ 'ହେ ରାମ' କହି ନାଥୁରାମଙ୍କ ପିସ୍ତଲର ଗୁଳିରେ ଗାନ୍ଧୀ ଟଳିପଡ଼ିଲେ। ଏ ମରଶରୀରରୁ ମୁକ୍ତିପାଇବା ସହ ଜୀବନର ଶେଷ ନମସ୍କାର ମଧ୍ୟ ପାଇଲେ ଜଣେ ରାମଙ୍କଠାରୁ। ସେତେବେଳର ଅସ୍ତମୁଖୀ ସୂର୍ଯ୍ୟ ଏ ଜାତି ପାଇଁ ଗୋଟାଏ ପ୍ରତୀକ ଥିଲା।

ଅଳ୍ପଦିନ ପୂର୍ବରୁ ସେଇ ପ୍ରାର୍ଥନାସଭାରେ ଗାନ୍ଧୀଙ୍କର ଜୀବନଦୀପ ଲିଭେଇଦେବା ପାଇଁ ଉଦ୍ୟମ ହୋଇଥିଲା ଓ ତାଙ୍କର ଜୀବନରକ୍ଷା ପାଇଁ ଘରୋଇ ବିଭାଗ ଦାୟିତ୍ୱରେ ଥିବା ସର୍ଦ୍ଦାର ପଟେଲ ପୁଲିସ ବ୍ୟବସ୍ଥା କରିବା ନିମନ୍ତେ ପ୍ରସ୍ତାବ ଦେଇଥିଲେ। ମୋର ବଞ୍ଚିବା ମରିବା ପୁଲିସ ଉପରେ ନିର୍ଭର କରେନାହିଁ, ତାହା ଈଶ୍ୱରଙ୍କ ହାତରେ ବୋଲି କହି ସୁରକ୍ଷା ବ୍ୟବସ୍ଥାକୁ ଗାନ୍ଧୀ ମନା କରିଦେଇଥିଲେ। ଆତତାୟୀମାନେ ତା'ର ସୁଯୋଗ ନେଲେ। ଅହିଂସାର ପୂଜାରୀ ହିଂସାର ଶିକାର ହୋଇଗଲେ।

ଗୁଳିଚୋଟରେ ଗାନ୍ଧୀ ଟଳିପଡ଼ିବା କଥା ପ୍ରାର୍ଥନାସଭାରେ ଉପସ୍ଥିତ ଥିବା ଶତାଧିକ ଲୋକଙ୍କୁ ଚକିତ କରିଦେଲା ଓ ଅଧିକାଂଶ ଲୋକ କାନ୍ଦିବା ଆରମ୍ଭ କରିଦେଲେ। ସେଇ ସଭାରେ ଉପସ୍ଥିତ ଥିଲେ ସରୋଜିନୀ ନାଇଡୁ। ନିଜର କୋହ ସମ୍ବରଣ କରି ଉଚ୍ଚସ୍ୱରରେ କ୍ରନ୍ଦନରତ ଲୋକମାନଙ୍କୁ କହିଲେ- କାନ୍ଦିବା ବନ୍ଦ କରନ୍ତୁ, ଗାନ୍ଧୀଙ୍କ ଭଳି ଜଣେ ମହାନ୍ ଲୋକ ଯେଉଁଳି ଜୀବନ ତ୍ୟାଗ କରିବା କଥା ସେହିଭଳି ହିଁ ହୋଇଛି, ସେ କ'ଣ ବେମାରରେ ପଡ଼ି ପ୍ରାଣତ୍ୟାଗ କରିଥିଲେ ଭଲ ହୋଇଥାନ୍ତା ? ଆଉ କିଛି ଲୋକ ଉଚ୍ଚସ୍ୱରରେ ତାଙ୍କର ପ୍ରିୟ ଭଜନଗୁଡ଼ିକୁ ବୋଲିବାରେ ଲାଗିଲେ, କାଳେ ସେଥିରେ ଗାନ୍ଧି ବଞ୍ଚିଯିବେ ବୋଲି।

ତାଙ୍କର ଧୋବ ଫରଫର ରକ୍ତରଞ୍ଜିତ ପିନ୍ଧାଲୁଗା ସହ ଗୁଳିବିଦ୍ଧ ଗାନ୍ଧୀଙ୍କୁ ସେ

ରହୁଥିବା ବିରଳା ଭବନକୁ ସ୍ଥାନାନ୍ତର କରାହେଲା । ଡାକ୍ତର ଆସିଲେ, ସେତେବେଳକୁ ସବୁ ଶେଷ ହୋଇଯାଇଥିଲା । ଗାନ୍ଧୀଙ୍କର ମୃତ୍ୟୁ ଖବର ପାଇ ପ୍ରଥମେ ସର୍ଦ୍ଦାର ପଟେଲ ଓ ପରେ ପରେ ନେହରୁ ପହଞ୍ଚିଲେ । ମାନ୍ଦ୍ରାଜରୁ ଫେରିବା ପରେ ମାଉଣ୍ଟବାଟେନ ଅନ୍ତିମ ସଂସ୍କାର ବ୍ୟବସ୍ଥା ଓ ଅନ୍ୟାନ୍ୟ ଆନୁଷଙ୍ଗିକ ବିଷୟରେ ପଟେଲ ଓ ନେହରୁଙ୍କ ସହ ଆଲୋଚନା କଲେ । ଗାନ୍ଧୀଙ୍କର ଶେଷଦର୍ଶନ ପାଇଁ ତାଙ୍କର ମର ଶରୀରକୁ ଦଶଦିନ ପାଇଁ ସୁବିଧା ସ୍ଥାନରେ ରଖାଯିବା ପାଇଁ ସ୍ଥିର ହେବାବେଳକୁ ଗାନ୍ଧୀଙ୍କର ବ୍ୟକ୍ତିଗତ ସଚିବ ପ୍ୟାରେଲାଲ ପହଞ୍ଚି ପ୍ରସ୍ତାବଟିକୁ ନାପସନ୍ଦ କଲେ ଓ କହିଲେ ଗାନ୍ଧୀଙ୍କର ଇଚ୍ଛା ହେଲା ମୃତ୍ୟୁ ପରେ ଯେତେଶୀଘ୍ର ସମ୍ଭବ ତା'ର ସଂସ୍କାର କାର୍ଯ୍ୟ ସାରିଦେବା ପାଇଁ । ଗାନ୍ଧୀଙ୍କର ଇଚ୍ଛାକୁ ସମ୍ମାନ ଦେବାପାଇଁ, ତେଣୁ ତା' ପରଦିନ ଅର୍ଥାତ୍ ଜାନୁଆରୀ ୩୧ ତାରିଖ ଦିନ ଏଗାରଟା ବେଳେ ଅନ୍ତିମ ଯାତ୍ରା ଆରମ୍ଭ ହେବାପାଇଁ ସ୍ଥିର ହେଲା । ଯମୁନା ନଦୀକୂଳରେ ଥିବା ବିସ୍ତୀର୍ଣ୍ଣ ପଡ଼ିଆକୁ ବଛାଗଲା ସଂସ୍କାରସ୍ଥଳ ଭାବେ ।

ଏଣେ ବିଦ୍ୟୁତ ବେଗରେ ଦିଲ୍ଲୀ ତଥା ସମଗ୍ର ଦେଶରେ ଓ ପୃଥିବୀର ବିଭିନ୍ନ ପ୍ରାନ୍ତରେ ଗାନ୍ଧୀଙ୍କର ମୃତ୍ୟୁ ସମ୍ବାଦ ପ୍ରସାରିତ ହୋଇଗଲା । କେବଳ ଭାରତ ନୁହେଁ, ସାରା ଦୁନିଆ ମୃତ୍ୟୁ ସମ୍ବାଦରେ ସ୍ତବ୍ଧ ହୋଇଗଲା । ଶେଷଦର୍ଶନ ପାଇଁ ଗାନ୍ଧୀଙ୍କର ମରଶରୀରକୁ ଏକ ସୁବିଧାଜନକ ସ୍ଥାନରେ ରଖାଗଲା । ସେଇ ରାତିରୁ ହିଁ ଧୀରେ ଧୀରେ ଜନଗହଳି ବଢ଼ିବାରେ ଲାଗିଲା ଓ ଶୃଙ୍ଖଳାରକ୍ଷା କରିବା କାଠିକର ପାଠ ହୋଇଗଲା । ଦେଶ ଭିତରୁ ଓ ବାହାରୁ ଯେଉଁମାନେ ପାରିଲେ ଦିଲ୍ଲୀରେ ପହଞ୍ଚିଲେ । ଶୋକବାର୍ତ୍ତାମାନ ପହଞ୍ଚିବାରେ ଲାଗିଲା ।

ପରଦିନ ସକାଳ ଏଗାରଟା ବେଳେ ଏକ ସୁସଜ୍ଜିତ ଗାଡ଼ିରେ ଶବ ଶୋଭାଯାତ୍ରା ବାହାରିଲା । ଅପରାହ୍ନ ୪.୪୫ ମିନିଟରେ ସଂସ୍କାର କାର୍ଯ୍ୟ ଆରମ୍ଭ ହେଲା । ବାଟରେ ଲକ୍ଷ ଲକ୍ଷ ଲୋକଙ୍କର ଭିଡ଼ । ଯମୁନା ନଦୀର ବିସ୍ତୀର୍ଣ୍ଣ ପ୍ରାନ୍ତରରେ ଦଶଲକ୍ଷ ଲୋକ ଏକାଠି ହେଲେ ବାପୁଙ୍କୁ ଶେଷ ବିଦାୟ ଦେବାପାଇଁ । ପରିବେଶ ଶୋକାକୁଳ ହୋଇପଡ଼ିଲା ଓ ଜନତାର ଭିଡ଼ ଓ ଶେଷଦର୍ଶନ ପାଇଁ ଠେଲାପେଲାକୁ ସମ୍ଭାଳିବା ପୁଲିସ ଓ ସାମରିକ ବାହିନୀ ପକ୍ଷରେ ଏକପ୍ରକାର ଅସମ୍ଭବ ହୋଇପଡ଼ିଲା । ବହୁ କଷ୍ଟରେ ଦାହସ୍ଥଳଟିକୁ ଭିଡ଼ଠୁ ରକ୍ଷା କରାହେଲା । ସାନପୁଅ ଦେବଦାସ ମୁଖାଗ୍ନି ଦେଲେ । 'ମହାତ୍ମା ଗାନ୍ଧୀ କୀ ଜୟ, ମହାତ୍ମା ଗାନ୍ଧୀ ଅମର ରହେ' ଧ୍ୱନି ଭିତରେ ମରଶରୀରଟି ଚନ୍ଦନକାଠର ଅଗ୍ନିରେ ଭସ୍ମୀଭୂତ ହୋଇଗଲା ।

ଦେବଦାସଙ୍କଠୁ ବଡ଼ ହରିଦାସ ସେ ସମୟରେ ଦିଲ୍ଲୀରେ ଥିଲେ । କିନ୍ତୁ ସଂସ୍କାର

ସମୟରେ ସେ ଅନୁପସ୍ଥିତ ଥିଲେ ଜାଣିଶୁଣି। ରାତିର ଶେଷ ପ୍ରହରରେ ପେଟେ ମଦ ପିଇ ନିଶାଗ୍ରସ୍ତ ଅବସ୍ଥାରେ ଦାହସ୍ଥଳରେ ପହଞ୍ଚି ଅସଂଗତ ଭାବେ ଏଣୁତେଣୁ କଥା କହିବାର ଦେଖାଯାଇଥିଲା। ବନ୍ଧାକୋବି ଚାଷ କରୁଥିବା ଚାଷୀମାନେ ଜାଣନ୍ତି ଯେ, ଗୋଟାଏ କୋବି ବାନ୍ଧେନି, ପତ୍ରଗୁଡ଼ିକ ଉପରକୁ ଠିଆହୋଇ ରହେ। ସେ ଗଛଟିକୁ ଫୁରୁସିଗଲା ବୋଲି କହନ୍ତି। ସେଇଭଳି ଗାନ୍ଧୀଙ୍କର ଚାରି ପୁଅ ମଧ୍ୟରୁ ହରିଦାସ ଫୁରୁସିଗଲେ। ଗାନ୍ଧୀଙ୍କର କଠୋର ଶୃଙ୍ଖଳା ଓ ସଂଯମ ଆଚରଣ ମାନିବାକୁ ସେ ପ୍ରସ୍ତୁତ ନଥିଲେ। ଗାନ୍ଧୀଙ୍କ ବିରୋଧରେ ବିଦ୍ରୋହ କରି ଘରୁ ବାହାରିଗଲେ, ମଦ ପିଇ ମାତାଲ ହୋଇ ବୁଲିଲେ, ବେଶ୍ୟାସକ୍ତ ହେଲେ। ଜଣେ ମୁସଲିମ ଝିଅକୁ ଭଲପାଇ ବିଭା ହେଲେ, ସେଥିପାଇଁ ଧର୍ମ ପରିବର୍ତ୍ତନ କଲେ, ପୁଣି ମୌଲବୀ ହୋଇ ଇସଲାମ ଧର୍ମ ପ୍ରଚାରରେ ବାହାରିଲେ। ବଞ୍ଚିଥିବା ସମୟରେ ମାଆ କସ୍ତୁରବା ଗାନ୍ଧୀ ଦୁଃଖିତ ହୋଇ ବାରମ୍ବାର ପୁଅକୁ ନିବେଦନ କଲେ ସବୁ କୁଅଭ୍ୟାସ ଛାଡ଼ି ଘରକୁ ଲେଉଟିବାକୁ, ସେ ସବୁ ବୃଥା ହେଲା। କୋଟି କୋଟି ହୃଦୟକୁ ଜିଣିଥିବା ଗାନ୍ଧୀ ଘରେ ଫେଲ୍ ହୋଇଗଲେ।

ଗାନ୍ଧୀଙ୍କର ଚିତାଭସ୍ମ ତ୍ରିବେଣୀ- ଗଙ୍ଗା, ଯମୁନା ଓ ସରସ୍ୱତୀ ନଦୀର ମିଳନସ୍ଥଳରେ ବିସର୍ଜନ ପାଇଁ ସ୍ଥିରହେଲା। ରେଳବାଇର ପାଞ୍ଚଟି ତୃତୀୟ ଶ୍ରେଣୀ ଡବା, ଗାନ୍ଧୀ ସେଇ ତୃତୀୟ ଶ୍ରେଣୀରେ, ଆଜିର ଜେନେରାଲ କୋଚରେ ଯିବାଆସିବାପାଇଁ ପସନ୍ଦ କରୁଥିଲେ। ରେଳଡବାଗୁଡ଼ିକ ସଜ୍ଜିତ ହେଲା, ମଝି ଡବାରେ ସୁସଜ୍ଜିତ ଭାବେ ଚିତାଭସ୍ମ ରହିଲା। ଦିଲ୍ଲୀରୁ ବାହାରି ଏଗାରଟି ଷ୍ଟେସନରେ ରହି ଟ୍ରେନଟି ତ୍ରିବେଣୀରେ ପହଞ୍ଚିଲା। ବାଟରେ ଲକ୍ଷ ଲକ୍ଷ ଲୋକ ଲୋତକ ଢାଳି ଶେଷ ପ୍ରଣାମ ଜଣାଉଥାନ୍ତି। ସଙ୍ଗମସ୍ଥଳରେ ତିରିଶ ଲକ୍ଷ ଲୋକଙ୍କର ସମାଗମ। ମଣିଷ ଇତିହାସରେ ଏହା ପୂର୍ବରୁ ଏତେ ସଂଖ୍ୟାରେ ଲୋକ ଅନ୍ତିମ ସଂସ୍କାର ସମୟରେ ଓ ଚିତାଭସ୍ମ ବିସର୍ଜନ ବେଳେ ଯୋଗ ଦେଇନଥିଲେ। ପରେ ପରେ ଦେଶର ଶହେ ଚଉଦଟି ନଦୀରେ ଗାନ୍ଧୀଙ୍କର ଚିତାଭସ୍ମ ବିସର୍ଜନ କରାଗଲା।

ସଂକଟ ପଡ଼ିଲେ ଯେପରି ପାଣ୍ଡବମାନେ ଶ୍ରୀକୃଷ୍ଣଙ୍କୁ ମନେପକାନ୍ତି ଓ ନିକଟରେ ଥିଲେ ତାଙ୍କରି ପରାମର୍ଶ ନିଅନ୍ତି, ସେହିଭଳି ଯେତେବେଳେ କିଛି ସଂକଟ ସମୟ ଉପସ୍ଥିତ ହେଉଥିଲା ନେହରୁ ଓ ତାଙ୍କର ସାଥୀମାନେ ଗାନ୍ଧୀଙ୍କ ପରାମର୍ଶ ଲୋଡୁଥିଲେ। ଗାନ୍ଧୀଙ୍କ ମୃତ୍ୟୁ ହୋଇସାରିଲାଣି, ନେହରୁ ଜାଣିସାରିଲେଣି, କିନ୍ତୁ ନିର୍ବୋଧ ଭାବେ କହୁଛନ୍ତି ଏବେ କ'ଣ କରିବାକୁ ହେବ, ଚାଲ ଯିବା ଗାନ୍ଧୀଙ୍କୁ ପଚାରିବା। ଅବଶ୍ୟ ଖୁବ୍ ଶୀଘ୍ର ନିଜର ନିର୍ବୋଧତା ବୁଝିପାରିଲେ। ସେଇଥିପାଇଁ ଗାନ୍ଧୀଙ୍କ ମୃତ୍ୟୁରେ ନେହରୁ କହିଲେ "ଆମ ଭିତରୁ ସବୁଦିନ ପାଇଁ ଆଲୋକ ଚାଲିଗଲା।" ପରେ ପୁଣି ସଂଶୋଧନ

କରି ଖାଲି ଆମ ଭିତରୁ ନୁହେଁ, ମଣିଷ ଜାତିକୁ ଆଲୋକ ଦେଖେଇବାକୁ ଆଉ ରହିଲେନି ଗାନ୍ଧୀ ବୋଲି କହିଲେ ନେହରୁ। ଗାନ୍ଧୀଙ୍କର ପଟ୍ଟଶିଷ୍ୟ ବିନୋବା ଗାନ୍ଧୀଙ୍କର ଶେଷଦର୍ଶନ କରିବାକୁ ଆସିଲେନି ଦିଲ୍ଲୀ। ସେ କହିଲେ ଗାନ୍ଧୀଙ୍କର ବିଚାର, ତାଙ୍କର ଦର୍ଶନ ଓ ଭାବନା ଏବେ ସ୍ଥୁଳ ଶରୀରରୁ ମୁକ୍ତ ହୋଇଗଲା, ଏବେ ତାହା ଗଗନ ପବନରେ ମୁକ୍ତଭାବେ ସାରା ବିଶ୍ୱରେ ବିଚରଣ କରିବ ଓ ବିଶ୍ୱକୁ ପ୍ରଭାବିତ କରିବ। ବିନୋବା ଆହୁରି ମଧ୍ୟ କହିଲେ ଯେ, ଯାଦବମାନଙ୍କୁ ଯେପରି ଶତ୍ରୁଶୂନ୍ୟ କରି ଶ୍ରୀକୃଷ୍ଣ ଚାଲିଗଲେ ଶରବିଦ୍ଧ ହୋଇ, ସେହିଭଳି ଗାନ୍ଧୀ ବ୍ରିଟିଶ କବଳରୁ ଭାରତକୁ ମୁକ୍ତ କରିଦେଇ ଗୁଳିବିଦ୍ଧ ହୋଇ ପ୍ରାଣତ୍ୟାଗ କଲେ। ତାଙ୍କର କାର୍ଯ୍ୟ ଶେଷ କରିଦେଇ ଚାଲିଗଲେ।

ଗାନ୍ଧୀ କିନ୍ତୁ ଭାବୁନଥିଲେ ଯେ ବ୍ରିଟିଶବାଲା ଭାରତରୁ ବିଦାୟ ହୋଇଗଲେ ତାଙ୍କର କାମ ଶେଷ ହୋଇଗଲା ଓ ତାଙ୍କର ବିଦାୟ ସମୟ ଆସିଗଲା। ସିଏ ତ ଅନେକ ଥର କହିଥିଲେ ଯେ, ସେ ପୂରା ଜୀବନ ବଞ୍ଚିବେ, ଅର୍ଥାତ୍ ଶହେପଚିଶବର୍ଷ ବଞ୍ଚି ଦେଶର ସେବା କରିଚାଲିବେ। କିନ୍ତୁ ସ୍ୱାଧୀନତା ପୂର୍ବରୁ ଓ ପରେ ଯାହାସବୁ ଘଟିଗଲା ସେଥିରେ ସେ ଏତେ ବ୍ୟଥିତ ହୋଇପଡ଼ିଲେ ଯେ ଜୀବନ ପ୍ରତି ଆଉ ମୋହ ନଥିଲା। କୌଣସି କଥାରେ ଅହିଂସା ଓ ସତ୍ୟକୁ ଜଳାଞ୍ଜଳି ଦେବାପାଇଁ ଗାନ୍ଧୀ ପ୍ରସ୍ତୁତ ନଥିଲେ। ମାତ୍ର ଦେଶର ବିଭାଜନ ପାଇଁ ଓ ବିଭାଜନ ପରେ ଯେଭଳି ହିଂସା, ଦ୍ୱେଷ ଓ ଘୃଣାର ବାତାବରଣ ସୃଷ୍ଟିହେଲା ଓ ସାଂପ୍ରଦାୟିକତାର ବିଷଜ୍ୱାଳାରେ ଅସଂଖ୍ୟ ମୃତ୍ୟୁ ଓ ଯନ୍ତ୍ରଣା ଦେଖିବାକୁ ମିଳିଲା ଓ ବର୍ବରତା, ନୃଶଂସତାର ତାଣ୍ଡବଲୀଳା ସୃଷ୍ଟିହେଲା ସେଥିରେ ଗାନ୍ଧୀ ଭାଙ୍ଗି ପଡ଼ିଥିଲେ। ଜୀବନକୁ ବାଜି ଲଗେଇ ପରିସ୍ଥିତିରେ ସୁଧାର ଆଣିବା ପାଇଁ ଆପ୍ରାଣ ଚେଷ୍ଟା କଲେ, ଅନେକାଂଶରେ ସଫଳ ହେଲେ ମଧ୍ୟ। ତେବେ ଶେଷବେଳକୁ ଭାରତର ସ୍ୱାଧୀନତା ସଂଗ୍ରାମ ସତ୍ୟ ଓ ଅହିଂସା ଉପରେ ଆଧାରିତ ହୋଇଥିବା କଥାଟା ଉପରେ ନିଜେ ସନ୍ଦେହ ପ୍ରକାଶ କରିଥିଲେ। ଚତୁର୍ଦ୍ଦିଗରେ ହିଂସାର ହିଲ୍ଲୋଳ ଦେଖିସାରିବା ପରେ ଅହିଂସା ଅହିଂସା କହି ତାହାହେଲେ ମୁଁ ନିଜକୁ ନିଜେ ଠକୁଥିଲି, ପ୍ରତାରିତ କରୁଥିଲି ବୋଲି ଗାନ୍ଧୀ କହିଲେ।

ବାସ୍ତବରେ ତାଙ୍କର ଚାରିପାଖରେ ଥିବା ଲୋକମାନଙ୍କର ମଧ୍ୟ ସତ୍ୟ ଓ ଅହିଂସା ଉପରେ ଥିବା ଉପରଠାଉରିଆ ବିଶ୍ୱାସ, ଧନ ତଥା କ୍ଷମତା ପାଇଁ ବ୍ୟାକୁଳତା, ଅଧିକ ଦିନ ବଞ୍ଚିଥିଲେ ଗାନ୍ଧୀଙ୍କୁ ମର୍ମାନ୍ତିକ ବେଦନା ଦେଇଥା'ନ୍ତା।

■

ପ୍ରମେୟ, ୩୦ ଜାନୁଆରୀ, ୨୦୨୦

ଢେଙ୍କାନାଳ କଲେଜର ଛାତ୍ର ଓ ଗ୍ରାମବାସୀମାନଙ୍କ ଗହଣରେ ୧୯୭୩ ମସିହାରେ ଖଳିବନ୍ଧ, ଢେଙ୍କନାଳଠାରେ ପ୍ରଫେସର ରାଧାମୋହନ ବସିଛନ୍ତି, ଡାହାଣ ପାର୍ଶ୍ୱରେ କୋଟ୍ ପିନ୍ଧି ବସିଛନ୍ତି ସାମ୍ବାଦିକ ସୁଧା ମିଶ୍ର, ଛାତ୍ର ପ୍ରତାପ ମିଶ୍ର ଲେଖୁଛନ୍ତି।

'ସମ୍ଭବ' ନୟାଗଡ଼ଠାରେ କର୍ଣ୍ଣାଟକର କିଛି ଚାଷୀ ଓ ସ୍ୱେଚ୍ଛାସେବୀମାନଙ୍କୁ ବୁଲାଇ ଦେଖାଉଛନ୍ତି।

୨୦୧୭ରେ ମ୍ୟାରୀଲାଣ୍ଡ, ଯୁକ୍ତରାଷ୍ଟ୍ର ଆମେରିକାଠାରେ
ରାଚେଲ କାର୍ସନ କଞ୍ଜରଭେସନ ପାର୍କରେ ରାଧାମୋହନ

BLACK EAGLE BOOKS

www.blackeaglebooks.org
info@blackeaglebooks.org

Black Eagle Books, an independent publisher, was founded as a nonprofit organization in April, 2019. It is our mission to connect and engage the Indian diaspora and the world at large with the best of works of world literature published on a collaborative platform, with special emphasis on foregrounding Contemporary Classics and New Writing.

www.ingramcontent.com/pod-product-compliance
Lightning Source LLC
Chambersburg PA
CBHW020522080526
44583CB00013B/697
9781645602866